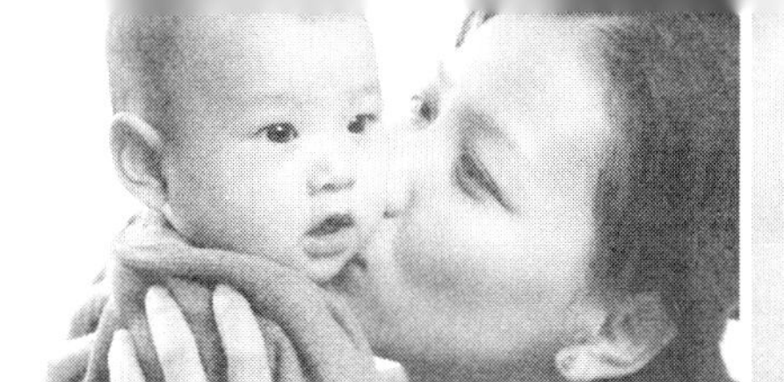

# 언어 발달

## 이론에서 실제까지

Khara L. Pence · Laura M. Justice 공저

김성수 · 김화수 · 이상경 · 황보명 공역

Language Development from Theory to Practice

학지사

**Language Development from Theory to Practice**

ISBN: 0131708139

by Pence, Khara L., Justice, Laura M.

published by Pearson Education, Inc., publishing as Allyn & Bacon

# 역자 서문

이 책은 Khara L. Pence와 Laura M. Justice가 공동 저술한 *Language Development from Theory to Practice*를 번역한 것이다. 현재 국내 언어병리학계에는 Robert E. Owens, Jr와 Erika Hoff가 각각 저술한 『언어 발달』이라는 동명의 역서 두 권이 있다. 그러나 이 책은 단순히 학생들이 선택할 수 있는 교재가 하나 더 추가되었다는 의미에 더하여, 기존 역서와 비교해 다음과 같은 중요한 특징을 가진다. 첫째, '근거 기반 실제(evidence-based practice)'에 입각하여 아동의 언어적 성취를 가장 최신의 경험적 결과로 기술한다. 둘째, 주요 언어 발달 구간(유아, 아장이, 학령 전, 학령기, 학령기 이후)별 핵심 개념과 발달표 외에도 '다문화적 초점'을 추가 제공함으로써, 아동의 언어장애를 '언어 차이(language difference)'라는 측면으로 해석해 볼 수 있는 가능성을 확장해 준다. 셋째, '이론에서 실제까지'라는 부제가 암시하듯이, 이 책의 각 장은 언어 발달의 과학적 기초와 임상, 교육 및 연구 간의 상호적 연계를 강조하고, 이에 따라 여러 이론적 조망이 임상적 실제에 부여하는 다양한 시사점에 관해 기술하고 있다.

예를 들어, 특히 제2장에서는 아동의 언어 습득 기제를 바라보는 여러 갈래의 기존 이론들을 '본성 지향적' 관점과 '양육 지향적' 관점으로 묶어 각 이론들의 요점을 정의하였고, 이 각각이 언어 발달 연구 및 임상적 실제에 미치는 함의를 요약하고 있다. 또한 제8장에 등장하는 '표현적 정교화(expressive elaboration)'는 아동의 내러티브 발달을 또 다른 질적 측면에서 분석하고 중재하도록 돕는 비교적 새로운 방식에 대해 기술하고 있다. 제9장에서는 최근 국내에서도 주된 현안이 되고 있는 '이중언어'와 '제2언어'의 습득 과정 및 그 변화 양상에 관한 탁월한 설명을 제공해 준다. 위와 같은 이 책의 특징은 언어병리학에 처음 입문한 학생이나 현장의 임상가 그리고 연구자에게도 저마다의 지식 수준에 따라 아동 언어 발달에 관한 특별한 조망을 제공해 줄 수 있으리라 믿는다.

한국어로 출판된 모든 전문서적들의 지면 어디에도 '이 책을 공부하기 위해서는 반드시 먼저 한글을 읽고 이해할 수 있어야 한다.' 라는 식의 문구가 적혀 있지는 않을 것이다. 이처럼 세상에는 때론 너무나도 당연한 나머지 굳이 특별하게 강조되거나 선언되지 않는 명제도 있기 마련이다. 이를테면 언어 발달에 관한 이해와 지식이 언어 임상에 의미하는 바가 바로 그러하다. 언어장애전문가에게 언어 발달에 관한 깊이 있는 지식과 통찰이 필수적이라는 사실은 아무리 강조해도 지나치지 않을 듯싶다. 이제 막 언어병리에 입문한 학생들이 앞으로 훌륭한 임상가가 되어 언어의 지체나 장애를 효율적으로 중재하고자 한다면 그리고 해당 학문 영역의 연구를 수행하고자 한다면, 단지 언어병리 현상뿐만 아니라, '언어' '아동'(아동의 인지, 운동, 사회 및 정서를 포함하여), 아동의 '언어 발달' 그 자체에 대해 깊이 공부해야 하며, 이 세 영역을 아울러 통합해 내는 전문가가 되도록 애써 주기를 간곡히 당부하고 싶다.

제법 많은 역서들이 그러하듯이 이 책에서도 원문의 몇 가지 용어를 한글화하는 과정에 적지 않은 어려움이 따랐다. 혹 원저자들의 의도를 놓치지는 않을까 우려하여, 부분적인 의역을 제외하고는 가능한 한 원어에 가깝게 번역하려 노력하였다. 중요 용어들은 원어와 함께 병기하였고, 몇몇 예문들은 그 맥락에 따라 한글(원어) 또는 원어(한글)의 형태로 병기함으로써 행간에 숨은 의미까지 가능한 한 충실히 전달하기 위해 애썼다. 다만 아직 국내에 정착되지 않은 몇 가지 용어에 대해서는 관행적으로 사용되는 용어들을 혼용하기도 했다. 예를 들어, 제7장에서 주로, 그리고 그 외의 장에서 종종 등장하는 'literacy'는 기존의 역서나 논문에서의 사용 경향을 고려하여 어느 하나로 통일시키기보다는 '문식성'이나 '문해'를 함께 사용하였고, 경우에 따라서는 '문식성(문해)' '문해(문식성)'의 형태로 표기된 부분도 있다. 또한 본문 전역에 걸쳐 등장하는 '유아'나 '영아'는 대개 'infant'를 지칭한 것임을 알리고자 한다. 이 밖에도 곳곳에 미처 바로잡지 못한 흠결에 대해 동료 선후배들께 언제든 아낌없는 질책과 조언을 부탁드린다.

이 책이 출판되기까지 도움을 주신 학지사 김진환 사장님, 그리고 여러 차례에 걸친 교정과 편집 작업 내내 많은 수고를 아끼지 않은 신경아 님 등 모든 관계자 분들께 역자 모두를 대신하여 감사의 말씀을 전한다.

마지막으로 번역에 착수하여 출판되기까지의 지난 2년여 남짓한 시간 동안, 내 가장 가까이에서 본문에 기술된 문장 그대로의 모습으로—때론 생경한 모습으로—말하고 이야기하며, 웃고, 조르며 떼쓰고, 함께 산책하며, 놀고 뒹굴면서 아빠와 소통하던 내내, 3~5세 어린아이의 언어 발달의 매 순간순간을 날것 그대로 낱낱이 드러내 줌으로써 내게 언어 발달에 관한 그 은밀하면서도 경이로운 통찰의 끊임없는 원천이 되어 준 아들 동주에게 사랑을 전한다.

역자 대표 김성수

# 저자 서문

언어 발달의 영역은 관련 병리학(예: 언어병리학, 청각학), 인문학(예: 언어학, 심리학), 교육학(예: 초등교육, 특수교육)을 포함한 다양한 학과의 대학생들에게 믿을 수 없을 만큼 높은 관심이 집중되는 분야다. 많은 전문가 입문 훈련 프로그램의 학생들에게는 학부 또는 대학원 수준의 언어 발달 기초 교과과정이 요구된다. 그러나 언어 발달 교과과정을 가르치는 이들은 일반적으로 기존의 언어 발달용 교재들이 다음과 같은 몇 가지 중요한 준거들을 충족시키지 못하고 있다고 지적한다.

- 언어 발달 이론들이 아동에 대한 예술적 수준의 교육 및 임상 이행에 어떠한 영향을 미칠 수 있을 것인가에 관한 논의를 포함하는 이론과 실제의 통합
- 다양한 문화 내에서 언어 발달을 하는 아동이나 비전형적인 언어 발달을 보이는 아동을 포함하는 언어 발달의 개인차에 관한 논의
- 컴퓨터 소프트웨어를 포함하여, 아동의 언어적 성취를 측정하기 위해 교육자, 치료사, 연구자들이 사용하는 기법에 관한 설명
- 다학제적 조망과 그것이 여러 학문 영역의 이론과 실제에 미치는 관련성 측면에 입각해 이루어지는 언어 발달에 대한 조사

이 책 『언어 발달: 이론에서 실제까지(*Language Development from Theory to Practice*)』는 이러한 준거들을 충족시키고 그것을 초월하기 위해 설계된 책이다. 이 책은 언어 발달에 관한 연구방법, 이론적 조망, 출생에서 사춘기까지의 주된 언어 발달의 이정표를 포함하여 언어 발달의 핵심 주제 및 언어의 다양성과 언어장애에 관해 상세히 다룬다. 이 책이 제공하는 연구의 기초와 이론적 토대는 언어장애, 언어심리학, 제2언어 또는 외국어로서의 영어 교수, 발달심리학 등 언어장

애와 관련된 영역에서 학생들에게 더욱 심도 있는 학습을 마련해 주기 위해 설계된 것이다.

### 이 책의 내용 구성

이 책은 총 10개 장으로 이루어져 있다. 제1장에서 제4장까지는 언어 발달을 이해하기 위한 기초가 제공된다. 특히 제1장에서는 언어를 정의하고, 언어가 말, 청각, 의사소통 영역과 어떻게 연관되는지를 설명한다. 또한 언어의 주요 3개 영역—내용, 형식, 사용—을 소개하고, 이들을 뚜렷이 구별시켜 주는 언어의 특징을 기술하며, 언어 차이와 언어장애를 설명한다.

제2장에서는 언어 발달을 연구하는 연구자들의 유형과 이들이 언어 발달을 연구하는 이유에 대해 기술한다. 몇 가지 주요 언어 발달 이론들뿐 아니라 언어 발달 연구의 몇 가지 접근법에 대해 소개한다. 우리가 도입한 이론과 접근방식들은 이 책의 여러 영역에서 계속 언급된다. 제2장은 언어 발달 이론들이 몇몇 영역에서의 임상적 실제에 어떠한 영향을 미치는지에 관한 논의로 마무리된다. 제3장에서는 의미론적, 형태론적, 구문론적, 음운론적, 화용론적 발달이라는 언어 발달의 구성 요소에 대해 소개한다. 제4장에서는 언어 신경해부학 및 신경생리학을 다룬다. 뇌의 주요 구조에 대해 기술하고, 뇌가 언어를 처리하고 산출하는 방식에 관해 설명하며, 신경해부학적 및 신경생리학적 발달에서의 민감기(sensitive periods)에 관해 논의한다.

제5장에서 제8장까지는 4개 연령 집단의 언어 습득에 관한 발달적 조망을 제공한다(제5장-영아기, 제6장-아장이기, 제7장-학령 전기, 제8장-학령기 및 학령기 이후). 이 4개 장에서는 각 시기 동안에 성취되는 것으로 여겨지는 언어 발달의 주요 이정표들에 대해 기술하고, 언어의 내용, 형식, 사용 영역에서의 성취를 조사한다. 또한 언어 발달에서 개인 간 및 개인 내 차이에 대해 설명하며, 연구자나 임상가들이 언어 발달을 조사하기 위해 사용하는 방법에 관해 논의한다.

제9장과 제10장에서는 언어의 다양성과 언어장애를 다룬다. 제9장에서는 언어와 문화 사이의 관련성에 관해 상세히 살피고, 언어가 어떻게 진화하고 변화되어 가는지 설명하며, 이중언어와 제2언어 습득에 관해 기술하고, 주요 제2언어 습득 이론 및 그것이 임상적 실제에 주는 시사점에 관해 논의한다. 제10장에서는

언어장애라는 용어를 정의하고, 언어장애 아동을 판별하고, 치료하는 전문가에 대해 설명하며, 주요 언어장애 유형에 대해 논의한다. 마지막으로는 언어장애를 판별하고 치료하는 방법에 관해 기술한다.

## 이 책의 주요 특징

각 장은 언어 발달이라는 학문의 이론 및 과학적 기초를 제공하며 언어 발달 이론과 임상적 실제를 연계하고 있다. 우리는 이 책이 제공하게 될 자원과 학생들이 지금 그리고 미래에 임상적, 교육적 및 연구 맥락에서 경험할 수 있는 사안들 간의 연계성을 강조한다.

### ▪ 다문화적 고찰

이 책의 현 관점은 언어 발달을 이해하는 데 다문화적 측면을 고려하는 일이 갖는 중요성을 강조한다. 이 책은 여러 유형의 북미 지역사회 내부 또는 기타 지역으로부터 기원하는 다양한 문화 배경을 가진 아동들의 언어 발달과 상호작용 방식에 관하여 학생들의 자각을 촉구하고 있다.

### ▪ 연구의 기초

교육학, 사회학, 건강 관련 학문 영역에서 현재의 주된 흐름은 근거 기반 실제(evidence-based practice)를 강조한다는 점이다. 이러한 임상적 실제는 연구의 결과가 교육 및 임상적 결정에 도움을 주어야 할 필요성을 강조한다. 이러한 인식에 발맞추어 우리는 이 책에서 언어 발달 학문 연구의 토대를 강조하며, 나아가 아동의 언어적 성취를 기술하는 데 최신의 경험적 결과들을 사용한다.

### ▪ 다학제적 초점

언어 발달 학문은 현재도 지속적으로 진화되고 있으며, 많은 다양한 학문 분야로부터 영향을 받고 있다. 이러한 다차원적이며 다학제적인 토대야말로 많은 학생들을 언어 발달이라는 학문의 세계로 유인하는 요인이 되는 것이다. 우리는 많은 다양한 연구 영역으로부터 비롯된 이론 및 임상에서의 흥미로운 혁신에 대해 소개한다.

▪ **읽기 쉬운 체제**

이 책은 학생들의 학습을 촉진시키는 형태로 제시된다. 첫째, 추상적이며 복잡한 정보들을 맥락화해 내기 위하여 그림, 표, 사진들을 적절히 구성하였다. 둘째, 학습 및 참고가 용이하도록 중요한 용어들을 시각적으로 강조한다. 셋째, 학생들에게 잠시 읽기를 멈추고 중요한 정보들을 고찰할 수 있는 기회를 제공하기 위해 책 전체에 걸쳐 논의 요점들이 마련되어 있다. 이러한 특징은 모두 학생들로 하여금 이 책의 내용에 능동적으로 참여할 수 있도록 도울 것이다.

▪ **교육적 요소**

이 책에는 많은 교육적 요소가 포함되어 있다.

- 각 장을 조직하는 핵심 문제
- 각 장 전체적으로 분산되어 있는 논의 요점
- 각 장의 요약
- 연구 논문, 책, 웹사이트를 포함하는 주요 자원 목록
- 글상자 삽입
  - 발달표(developmental timeline): 우리는 이 글상자에 언어 발달의 이정표, 각 이정표에서 관찰 가능한 특징, 그리고 일반적으로 개인이 각 이정표에 도달하게 되는 연령을 제공한다.
  - 다문화적 초점(multicultural focus): 우리는 이 글상자에서 언어 발달의 문화적 차이에 대해 소개하고, 그 차이가 가져오는 관찰 가능한 특징에 관해 기술한다. 또한 문화적 차이가 교육 및 임상에 주는 시사점에 관해서도 논의한다.
  - 연구 패러다임(research paradigms): 이 글상자에는 임상가에게 언어 발달에 관한 지식을 제공하기 위해 사용되는 다양한 연구 패러다임에 대한 설명이 제시된다.
  - 이론에서 실제까지(theory to practice): 이 글상자에서는 서로 다른 다양한 이론적 조망이 교육 및 임상적 실제를 위해 제공하는 시사점에 관해 논의한다.

▪ 보충 자원

이 책에는 다음과 같은 자원이 포함되어 있다.

- 논의 문항, 장(chapter)의 요약, 일련의 평가 질문으로 구성된 온라인상의 교수자용 매뉴얼
- 각 장에서 다루는 주제 및 학습 문항들을 반영하는 웹사이트(www.prenhall.com/pence) 및 관련 분야와 연계되는 추가 웹사이트
- 신생아에서부터 13세까지에 이르는 아동들의 언어 샘플, 언어 발달 공부에 도움이 되도록 연구 패러다임에 관한 비디오 클립이 담긴 CD-ROM

## 감사의 글

우리는 우리의 가족, 친구, 그리고 이 프로젝트 전반에 걸쳐 우리를 지지해 준 동료들에게 감사의 마음을 전하고자 한다. 특히 이들 가운데 Pence의 가족, Powell의 가족, Doug Trunbull, Justice의 가족에게 감사한다. 그들이 이 책에 보여 준 관심과 지원에 감사드린다. 우리는 또한 우리가 학문적 초심자일 때부터 언어 습득에 관한 모든 것을 배울 수 있도록 도와주신 우리의 학문적 스승, Roberta Golinkoff 박사와 Dr. Helen Ezell 박사에게 감사의 마음을 전하고자 한다. 이 두 분 모두 완벽한 안내자 역할을 해 주셨다. 그리고 교수자용 매뉴얼과 관련 웹사이트 개발을 위해 수고한 Elizabeth Bottonari에게 진정으로 감사드린다.

우리는 이 책의 판권 자료 재출판을 승인해 준 Alice Wiggins에게 감사드린다. 언어 발달에 관하여 우리와 관심을 공유해 준 University of Virginia의 동료들, Anita Bailie, Angela Beckman, Ryan Bowles, Elizabeth Cottone, Sarah Friel, Anita McGinty, Bob Pianta, Sara Rimm-Kaufman, Lori Skibbe, Amy Sofka, Maurie Sutton에게 감사의 마음을 전한다. 이 책에 동봉된 CD-ROM의 비디오 클립들을 수집하는 과정에서 도움을 준 Wanda Colvin, Heather Emmons, Sarah Friel, Roberta Golinkoff, Susan Massey, Becca Seston에게도 감사드린다. 또한 우리에게 그들 자녀들의 언어를 비디오에 담을 수 있도록 허락해 준 가족 분들에게도 감사의 마음을 전하고자 한다.

프로젝트를 지원해 준 Merrill/Prentice Hall 출판사의 Allyson Sharp와 Jeffery

Johnston에게 깊은 감사의 마음을 표한다. Kathy Burk는 저술, 편집, 출판 과정을 원만히 조율하였고, Lori Whitley는 책 속에 담긴 사진들을 선택하고 배치하는 데 도움을 주었다. 특히 Merrill/Prentice Hall 출판사의 수석편집자인 Heather Doyle Fraser가 이 프로젝트의 모든 측면에서—가장 세세한 부분에서부터 전반적인 조직과 설계에 대해—보여 준 관심에 대해 특별히 감사드린다. 또한 단지 철자나 구두점 오류 수정 이상의 큰일을 해 주신 편집자 Kathy Riley-King, 고품질의 출판을 할 수 있도록 해 준 Sarvesh Mehrotra에게도 역시 감사드린다. 마지막으로 이 책의 원고를 검토해 준 Old Dominion University의 Eileen Abrahamsen, University of Louisiana at Lafayette의 Linda C. Badon, Brigham Young University의 Ross A. Flom, University of Utah의 Susan Johnston, Oklahoma State University의 Shelia M. Kennison에게 감사드린다.

# 차 례

## 제4장 언어 신경해부학 및 신경생리학 / 167

## 제5장 영아기: 언어 획득의 시작 / 213

## 제8장 학령기 및 학령기 이후: 후기 언어의 발달 / 351

## 제9장 언어의 다양성 / 399

## 제10장 아동 언어장애 / 437

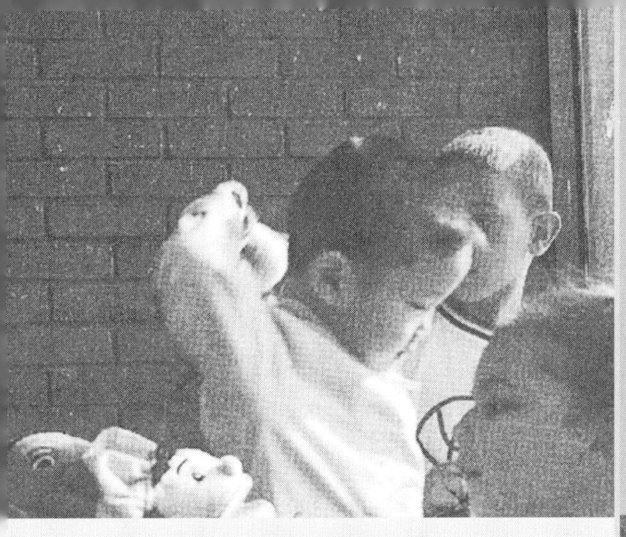

제1장

# 언어 발달 입문

## ❒ 핵심 문제

이 장에서 우리는 다음의 다섯 가지 문제에 관해 살펴볼 것이다.

1. 언어란 무엇인가?
2. 언어는 말, 청각, 의사소통과 어떻게 관련되는가?
3. 언어의 주요 영역은 무엇인가?
4. 언어의 특징은 무엇인가?
5. 언어 차이와 언어장애란 무엇인가?

세계적으로 수많은 학자들이 언어 발달의 주목할 만한 현상들에 관해 연구한다. 매년 그들은 다음의 문제들과 관련된 수많은 연구 결과들을 학술지에 발표한다.

- 아동이 어떤 언어를 습득하느냐(예: 중국어 대 영어)가 언어 발달 속도에 영향을 미치는가?
- 부모가 자녀와 상호작용하는 방식이 아동의 첫 낱말(first word) 산출 시점에 어떠한 영향을 미치는가?
- 초기 언어 발달에 지체를 보이는 아동은 일반적으로 또래들을 따라잡는가?
- 수화 습득 아동은 구어 언어 습득 아동과 유사한 방식으로 언어를 발달시키는가?
- 왜 성인은 아동보다 새로운 언어를 배우는 일에 더 어려움을 보이는가?

이러한 문제들은 언어 발달을 공부하는 학생들로 하여금 언어과학자들이 범세계적으로 연구의 초점으로 삼고 있는 흥미로운 화제들에 관해 개괄할 수 있도록 해 준다. 이런 문제들은 아동의 완전한 언어 발달 가능성의 성취를 위해 노력하는 부모, 교사, 심리학자 및 기타 전문가들의 일상적 임상이나 활동에 필요한 정보를 제공하는 데 언어 연구가 얼마나 중요한지를 시사해 준다. 이 문제들에 대해 아직까지 충분한 해답이 나오지 못했다는 사실은 언어 발달의 연구가 현재도 지속적으로 진화하고 있으며, 또한 임상가들이 여전히 해답보다는 의문을 더 많이 가지는 복합적인 과학의 영역임을 알게 해 준다.

이 장에서 우리는 주된 다섯 가지 화제에 대해 논의함으로써 언어 발달 연구로의 입문을 제공할 것이다. 첫 번째 절에서 우리는 '언어란 무엇인가?'라는 질문에 답하고, 우리가 앞으로 이 책 전체를 통해 구축해 나갈 언어의 정의를 제시할 것이다. 두 번째 절에서는 말(speech), 청각(hearing), 의사소통(communication)의 차이점에 대해 논의할 것이다. 인간 발달 및 행동에서 이 세 영역은 서로 밀접하게 관련되면서도 명백히 구별되는 능력이다. 세 번째 절에서는 다섯 가지 언어 영역을 포괄할 것이다. 이 장에서는 입문 수준으로 논의하고, 제3장에서는 보다 상세히 논의할 것이다. 네 번째 절은 언어에 포함된 몇 가지 현저한 특징들을 다루며, 다섯 번째 절에서는 언어 차이와 언어장애에 대해 기술할 것이다. 이 두 가지 주제는 제9장(언어 차이)과 제10장(언어장애)에서 보다 상세히 다룰 것이다.

## 언어란 무엇인가

### 언어의 정의

당신은 아마도 언어가 무엇인가에 관한 직관적 감각을 가지고 있을 것이다. 왜냐하면 그것이 당신이 정교한 수준으로 발달시키고, 다양한 의도를 표하기 위해 규칙적으로 사용하는 인간 행위이기 때문이다. 사실상 당신은 이 장의 내용을 읽고 분석하는 순간에도 자신의 언어능력을 이용하고 있다. 그렇지만 잠시 멈추어 언어를 보다 명확히 정의하고자 하는 순간에는 그것이 꽤나 어려운 일임을 깨닫게 될 것이다. 10명의 동료들에게 언어의 정의에 대해 묻는다면 모두 다르게 답할 수도 있다. 그러나 10명의 언어 연구자들에게 질문한다면 그 답은 아마 모두 동일할 것이다.

우리 대부분은 언어가 삶의 초기에 발달하는 인간의 기본적이며 필수적인 행위임을 잘 알고 있다. 당신은 아마도 언어는 낱말과 문장, 표현(언어의 산출) 및 이해(언어의 이해)를 포함하고 있음을 알고 있을 것이다. 게다가 언어가 말(speech)과 의사소통(communication)이란 차원에서 어떻게 다른 것인지에 관해서는 다소 불분명할지 몰라도, 그것이 사람들이 각자의 사고를 다른 개인들과 의사소통하기 위한 뇌의 처리 활동임은 알고 있을 것이다.

그렇지만 언어란 무엇인가에 관해 가능한 한 구체적으로 말하자면, 먼저 N. W. Nelson(1998)의 다음과 같은 정의를 숙고해 볼 것을 제안한다.

> **언어**(language)란 "동일한 기호(code)를 알고 있는 타인들에게 의미 있는 세계에 관한 지식을 표상하기 위하여 자의적 상징들(arbitrary symbols)로 구성된 관례적 시스템(conventional system)을 사용하는 사회적으로 공유된 코드다." (p. 26)

이제 우리는 이 정의에 따라 판별되는 다음과 같은 언어의 네 가지 특징에 대해 상세히 묘사하고자 한다.

**1. 언어란 사회적으로 공유된 것이다.** 언어의 첫 번째 주요 특징은 그것이 공동체의 구성원들에게 공유되어 있다는 점이다. 언어 공동체(language community)란 공통의 언어를 사용하는 사람들로 구성된 집단을 말한다. 사실상 인간 종족의 역사 어디에서든, 아마도 약 100명으로 구성된 사회적 공동체 안에서도 하나의 단일 언어가 출현하였을 것이다(Cartwright, 2000). 일부 전문가들은 이 공동체 내에서 스스로를 돌보기 위한 행위 유형으로서, 사회적으로 유용한 정보를 공유하기 위한 효율적인 방식으로서의 언어가 필연적으로 출현할 수밖에 없었으리라는 견해에 동의하고 있다(Dunbar, Duncan, & Nettle, 1994). 그리하여 이러한 언어 사용자들의 단일 공동체들로부터 세상의 수많은 언어들이 출현하게 된 것이다.

언어 공동체는 여러 이유로 인해 출현한 것이다. 우크라이나어—구소련 서쪽 지역의 국가인 우크라이나에서 말하는 언어—의 경우처럼, 어떤 것은 지형학적 환경의 결과로 형성된다. 한편 유대 신앙을 공유하는 히브리어(Hebrew)나 미국의 청각장애 사회 구성원이 쓰는 미국 수화(American Sign Language)의 경우처럼, 어떤 언어 공동체는 사회학적 이유로 인해 형성된 것일 수도 있다. 언어 공동체는 경제적인 이유로도 조직될 수 있다. 예를 들어, 세계 148개국의 무역 조정 및 감독을 담당하는 세계무역기구(World Trade Organization: WTO)는 영어, 불어, 스페인어를 공용어로 사용한다.

**2. 언어는 자의적 상징 시스템을 사용하는 기호다.** 언어의 두 번째 특징은 그것이 특히 **형태소**(morphemes)라고 하는 상징의 조합을 이용하여 하나의 기호를 구성해 낸다는 것이다. 형태소란 의미를 수반하는 언어의 최소 단위를 말한다. 그것이 조합되어 낱말(words)을 만든다. 어떤 낱말들은 단일 형태소로 구성(예: school)되기도 하지만, 다른 많은 낱말들은 schools(형태소 2개: school + -s)나 preschools(형태소 3개: pre- + school + -s)와 같이 2개 이상의 형태소로 이루어져 있다.

**기호**(code)라는 용어는 한 유형의 정보가 다른 유형의 정보로 전환(translation)될 수 있는 것을 말한다. 언어에서 낱말이란 언어 공동체를 둘러싼 세계의 여러 측면들을 표상해 내기 위해 형태소들을 이용하여 생성한 것이다. 예를 들어, 영어 화자들은 happy라는 하나의 낱말로 행복감이라는 내적 감정을 표상해 낼 수 있다. 우리가 타인과 대화 중에 우리의 감정을 기술하기 위해 happy라고 말하는 순간, 우리는 낱말을 사용하여 우리의 감정을 전환시켜 낸 것이다. 비록 우리가 다른 수단—예를 들어, 제스처, 표정, 자세—을 통해서도 감정과 사고를 공유할 수는 있으나, 낱말은 그보다 훨씬 더 구체적이며 의사소통에 있어 특별히 강력한 도구를 제공한다.

언어 기호의 한 가지 중요한 특징은 낱말과 그 **참조물**(referent, 낱말이 참조하는 세계의 일면) 사이의 관련성이 자의적(arbitrary)이라는 것이다. 예를 들어, 어떤 영어 화자가 happy가 특별한 감정을 참조한다는 사실을 인식한다 해도, 다른 어떤 낱말로도(예: sprit, nopic, grendy) 그렇게 할 수 있다. 마찬가지로 영어에서 복수를 표현하는 한 가지 방식은 낱말에 복수형태소 -s를 첨가시키는 것인데(예:

낱말과 그 표상 사이의 관계는 자의적이다. 영어 화자는 행복감이라는 내적 감정을 표상하기 위해 happy라는 낱말을 사용하지만, 다른 어떤 낱말도 같은 의미로 사용될 수 있다.
사진 출처: Michael Newman/PhotoEdit Inc.

pens, dogs), 이 밖에도 복수를 표현하기 위한 다양한 방식들이 사용될 수 있다. 복수형태소 -s와 그것이 의미하는 복수의 표지 사이의 관련성이란 것이 자의적이기 때문이다. 이와 반대로 낱말들을 문장으로 조직하는 데 사용되는 기호는 자의적이지 않다. 사고를 낱말이나 문장으로 조직하기 위해서는 오히려 특별한 규칙을 따라야만 한다.

**3. 언어 기호는 관례적이다.** 언어의 세 번째 특징은 특정적이며 체계적이고 규칙 지배적인 규약을 따라야 한다는 것이다. 이러한 관례는 한 언어 공동체가 소리(sound)를 낱말로, 그리고 낱말을 구(phrases)와 절(clauses)이나 문장(sentences)으로 배열해 내는 방식을 지배한다. 미국 영어 화자는 소리, 구, 절, 문장을 산출할 때 엄정한 일련의 규칙을 고수해야 한다. 화자가 그 규칙을 위반하면 공동체의 다른 구성원들은 일반적으로 그것을 알아챌 수 있다. 예를 들어, 한 어린 아동의 "I Sweeped the room."과 "I goed with daddy."라는 말은 깜찍하게 여겨질 수는 있겠으나 몇 가지 언어 규칙이 위배된 것임을 알 수 있다. 영화 〈스타워즈(*Star Wars*)〉의 등장인물인 요다는 독특한 규칙에 입각한 영어 방언을 사용한다. 그는 "Agree with you the council does."나 "The dark side of the force easily does flow."와 같이 말한다. 이와 같이 요다의 언어(어떤 이들은 이를 Yodish라 부른다)는 표준적인 영어 방언은 아닐지라도 자기만의 관례로 구성된 조합을 따르고 있다.

**4. 언어는 표상을 위한 도구다.** 언어의 네 번째 특징은 그것이 "우리가 사고하고 의사소통하기 위해 사용하는 세계상(picture of world)을 제공해 주는 인지적 수단"(Bickerton, 1995, p. 23)이라는 것이다. 여기서 '세계상'은 거대한 망(network) 내에 조직되어 있는 언어적 개념에 대한 상징적 표상(예: big, fly, crazy)뿐 아니라 이런 개념들을 표층적 수준(surface-level)의 표상으로 질서정연하게 조직해 내는 공식적인 구문 규칙(syntactic rules)까지도 포함하는 것이다(Bickerton, 1995). 이러한 전제에 따르면, 첫째 그리고 최상의 언어는 사고를 위해 사용되는 표상 도구이며, 둘째는 이 도구가 사람들로 하여금 이러한 사고를 다른 개인과 의사소통할 수 있도록 허용해 준다는 것이다. 언어가 인간 종족에 출현했던 것은 아

마도 두 번째 이유에 의해서였을 것이다. 즉, 공동체 내에서 의사소통을 위한 효율적이면서도 효과적인 수단을 제공하기 위해서 말이다. 어떤 전문가들은 언어가 인간 종족에 출현한 이유는 인간 공동체 규모의 확대(예: 50명 구성원에서 100명 이상의 집단으로)와 그에 따른 사회적 역학의 복잡성 증가 때문이라고 제안한다(Dunbar & Aiello, 1993). 많은 세월이 흐름에 따라 인간 뇌의 신경회로는 사회적 도구로서뿐 아니라 내적 표상을 위한 도구로서의 언어 활용이 가져다주는 적응상의 이점에 반응하게 되었고, 그로 인해 언어가 인간 정신의 특화된 부분으로 출현하게 되었다는 것이다(Cartwright, 2000).

인간의 뇌는 정보 저장, 추론, 가설, 기억, 계획, 문제 해결과 같은 여러 인지적 활동을 수행하기 위한 표상적 도구로서 언어를 사용한다(Bickerton, 1995). 발달 과정 동안, 인지와 언어는 복잡하게 얽혀 있으므로, 언어를 뺀 인간의 뇌 기능을 고려한다는 것은 거의 불가능한 일이다. 예를 들어, 당신이 다음과 같은 문제 해결 과제를 추론해야 한다고 가정해 보자.

> 한 여객기가 오후 2시에 워싱턴 D.C.를 떠나 450mph(724km/h)의 속도로 남쪽으로 날아가고 있다. 그리고 또 다른 여객기가 오후 5시에 애틀랜타를 떠나 500mph(805km/h)의 속도로 북쪽으로 날아가고 있다. 두 여객기는 어떤 도시의 상공에서 교차하게 될까?

**논의 요점**
언어 없는 사고를 생각해 보라. 그것은 극히 어려운 일이다. 당신은 이 두 가지 구조(언어와 사고)의 차이점을 어떻게 구별할 수 있는가? 개인이 언어 없이 생각한다는 것은 어떻게 가능한가?

당신이 언어를 도구로 활용하지 않는다면 이 문제에 답하기는 어려울 것이다. 비록 어떤 이들은 스스로는 낱말이 아닌 이미지로 사고한다는 것에 동의할 수도 있겠으나, 어떤 사고—예를 들면, "너에 대한 나의 믿음은 네가 보인 불성실함 때문에 영원히 흩어져 버렸다."—는 이미지를 통해 생각할 수 없으며, 따라서 표상적 도구로서의 언어가 그것을 환기시켜 주어야만 한다(Bickerton, 1995, p. 22).

## 인간의 인지적 모듈(단원)로서의 언어

언어의 정의에 대해 고찰하려면, 우리는 **단원성**(modularity)이라는 개념을 살펴볼 필요가 있다. 단원성이란 인간의 마음(mind)이 뇌 구조 내에서 어떻게 조직되는가에 관한 인지과학 이론이다. 단원성에 관한 질문은 인간의 뇌가 매우 특정적인 일련의 모듈(module, 단원)—특정 유형의 정보를 처리하기 위해 발달된 뇌의 특정 영역—로 구성된 것인가, 혹은 정보 처리를 위해 뇌의 전 영역이 함께 활동하는 일반화된 모듈인가의 문제와 관련이 있다. 그러므로 모듈이란 제한적 유형의 정보에 반응하는 뇌 내부의 특화된 문제 해결 장치라 할 수 있다. 모듈은 저마다의 특정성으로 인해 **영역 특정적**(domain specific)이라는 용어를 사용하는데, 이는 그것들이 오직 특정한 정보 유형만을 처리한다는 의미를 갖는다(Cartwright, 2000).

어떤 언어 이론가들은 인간의 뇌가 언어적 정보만을 처리하기 위해 개발된 언어 특정적(language-specific) 모듈을 가지고 있다고 주장한다. 그들은 인간의 진화 과정 속에서 뇌 신경회로의 특정 영역들이 언어를 발달시키고 사용하는 과제를 처리할 수 있도록 고도로 특화되었다는 점에 동의하고 있다(Cartwright, 2000).

연구자들은 오래전부터 뇌의 특정한 영역이 언어의 특정 능력과 연합되어 있음을 밝혀 온 바 있다. 예를 들어, 뇌졸중(stroke)으로 인해 좌측 측두엽(temporal lobe)의 특정 영역이 손상된 사람은 종종 문법의 어려움을 보이는데, 이를 **실문법증**(agrammaticism)이라 한다. 그들은 문법 표지를 생략하거나 전보식(telegraphic)으로 말하는데(예: "Tommy go store now."), 이러한 현상은 이 뇌 영역이 문법적 측면을 지배한다는 점을 시사하는 것이다(Grodzinsky, 1990). 손상되지 않은 뇌의 활동 영상을 조영한 연구들 역시 뇌의 다양한 영역이 각각 고도로 특화된 언어적 측면들에 대응하고 있음을 밝힌 바 있다(Bookheimer, 2002; 이에 대해서는 제4장에서 상세히 다룰 것이다). 그렇지만 오직 하나의 언어 모듈만이 존재하는 것 같지는 않다. 오히려 뇌는 "매우 많은 수의 상대적으로 작은, 그러나 긴밀하게 군집되고 상호 연결되어 언어 처리를 위한 고유한 역할을 담당하는 모듈들"(Bookheimer, 2002, p. 152)로 이루어져 있는 것으로 여겨진다.

언어의 단원성이라는 개념에 비판이 없는 것은 아니다(Cartwright, 2000). 어떤 이론가들은 언어가 개인적 문화의 결과로 출현한 것이지 특정한 내적 구조로부터 기인된 것은 아니라고 주장한다. 또 어떤 연구자들은 언어는 모든 영역들을 운용하는 일반적인 신경망(neural network)에 의해 처리되는 것이며, 언어 모듈이라는 가설 역시 "신경학적 실체"(Bickerton, 1995, p. 76)가 결여된 것이라고 주장하고 있다. Bickerton은 단원성 이론을 언어에 적용하는 점에 관하여 정교한 비판을 제시했는데, 발달장애(예: 정신지체)나 뇌손상에 기인한 언어장애 연구 결과들이 단원성을 지지하는 데 실패했음을 입증하였다. 예를 들어, 그는 실문법증과 관련된 것으로 알려진 뇌의 특정 영역이 손상된 환자 연구를 검토한 후에 그들이 구문 결함에 있어서 다양한 패턴을 보였다는 점에 주목하였다. 이 환자들에게는 동일한 모듈이 손상되었을 것이므로 그들의 결함에는 거의 차이가 없어야만 했을 것이다. 확신하건대, 향후 이루어질 수십 년간의 연구들을 통해 뇌의 신경 구조물 내에서 어떻게 언어가 표상되는지가 더욱 분명히 이해될 수 있을 것이다.

## 언어는 말, 청각, 의사소통과 어떻게 관련되는가

언어, 말, 청각, 의사소통은 모두 기본적이며 상호 연관된 인간 능력을 표상한다. 비록 몸짓과 같은 단순한 형태의 의사소통은 언어, 말, 청각을 반드시 필요로 하지는 않지만, 보다 진보된 형태의 의사소통—특히 말하기와 듣기—에는 그것들이 반드시 필요하다.

**언어, 말, 의사소통**이라는 용어들은 종종 동의어로 사용되기도 하지만, 사실은 상당히 다른 형태의 처리를 의미한다. **언어**(language)란 인간이 사고와 개념을 표상하기 위해 사용하는 규칙 지배적이며 기호에 기반한(code-based) 도구를 의미한다. 일단 사고와 개념이 형성되면, 말이나 손을 이용한 수화 시스템을 통해 타인과 의사소통할 수 있게 된다. 그렇지 않으면 개인은 그 사고와 개념을 자신의 내부에 간직하거나(**내적 언어**[inner language]) 글로 표현할 수 있다(**문어**[written language]).

**말**(speech)이란 인간이 대기(또는 전화선 등의 기타 매체)를 통해 언어를 청자에게 전달되는 소리 신호(sound signals)로 전환해 내는 신경근육적 처리다. **청각**(hearing)은 말이 인간의 뇌 속으로 들어가 처리되게 해 주는 감각 시스템이다. **의사소통**(communication)이란 개인들 간에 서로 정보를 공유하는 과정이다. 두 사람 간의 구어 대화는 언어, 청각, 말을 포함한다. 한편 인터넷 채팅에서의 두 사람 간의 의사소통에는 오직 언어만이 포함되어 있다.

**논의 요점**
말, 청각, 의사소통, 언어는 종종 같은 의미로 사용되기는 하지만 각기 다른 처리과정이다. 책을 더 읽어 나가기 전에 먼저 이 네 가지 처리를 구별시켜 주는 것이 무엇인지 각각에 대해 스스로 정의해 보라.

## 말

말(speech)은 인간이 언어를 표현할 수 있도록 해 주며, 구어 의사소통을 위해 필수적인 수의적 신경근육 활동을 말한다. 구어 의사소통 시에 인간은 뇌에서 언어를 사용하여 개념을 형성하고 그 메시지를 말을 통해 전달해야 한다. 말은 네 가지 시스템 내 근육의 정확한 활성—**호흡**(respiration), **발성**(phonation), **공명**(resonation), **조음**(articulation)—으로 이루어진다(Duffy, 1995). 이 네 가지 시스템은 폐로 들어오고 나가는 공기의 호흡을 조정하고(호흡), 이를 기관(trachea) 또는 바람관(windpipe)으로 올려 보낸다(여기까지도 역시 호흡의 영역이다). 그것은 성대(vocal cords)를 지나(발성) 구강과 비강을 거치고(공명), 조음기관—혀, 이, 턱—을 써서 공기 흐름을 조작하여(조음) 일련의 말소리가 산출된다. 이 소리들은 낱말, 구, 문장으로 조합된다. [그림 1-1]은 이러한 시스템을 보여 준다.

이런 말 시스템—호흡, 발성, 공명, 조음—이 처음부터 이러한 목적으로 진화된 것은 아님을 고려해야 한다. 오히려 말은 기존의 시스템 위에 스스로를 걸쳐 놓은 것이다. 호흡, 발성, 공명, 조음 구조들은 인류의 초기 진화 시점부터 숨쉬기와 먹고 마시기와 관련된 중요하면서도 기능적인 메커니즘으로 발달된 시스템이다. 사실상 인류의 말 능력은 "씹기나 삼키기와 같은 섭식 기능의 대가"(Lieberman, 1991, p. 73)로 발달된 것이다. 인간이 언제 그리고 어떻게 처음으로 말을 사용하기 시작했는가는 상당히 대중적이면서도 철학적이며 과학적인 논쟁의 주제가 되어 왔다. 이 시점은 200만 년 전의 **호모에렉투스**(Homo erectus)로부터 고작 3만 5,000년 전의 **호모사피엔스**(Homo sapiens)까지로 다양하게 추정된다. 그렇지만 전문가들은 말이 언어 표현 수단으로 자리 잡은 것은 다른 양식

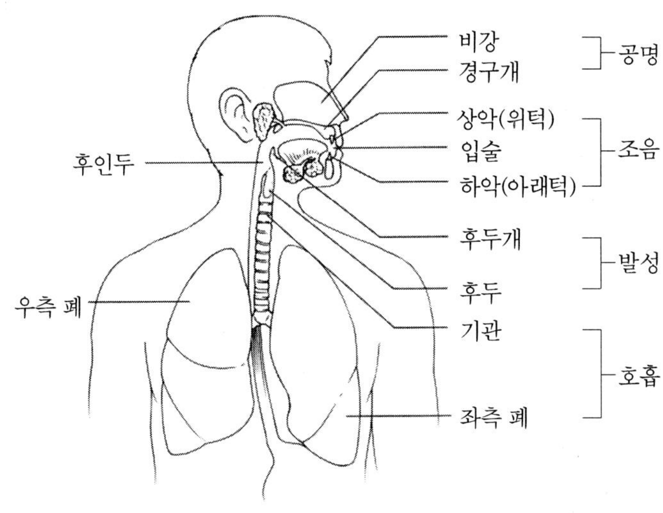


**[그림 1-1] 말 산출 시스템**

출처: Justice, Laura M., *Communication Sciences and Disorders: An Introduction*, 1st Edition, © 2006. Reprinted with permission of Pearson Education, Inc., Upper Saddle River, NJ.

(예: 몸짓이나 으르렁거림)을 압도하는 장점 때문이었으리라는 점에 대체적으로 동의하고 있다. 말은 어둡고 구석지고 또 상대적으로 멀리 떨어진 곳에서도, 심지어 손으로 무언가를 하고 있는 동안에도 의사소통을 가능하게 해 준다(Borden, Harris, & Raphael, 1994). 게다가 말은 개인이 많은 이들을 상대로 의사소통하는 일도 가능하게 해 주는데, 초기 인류의 집단 규모가 10여 명 내외의 작은 사냥꾼 집단에서 100명 이상으로 조직된 대규모 공동체로 확대되기 위해서는 이러한 도구가 필요했을 것이다(Cartwright, 2000). 마지막으로 아마도 말이 가지는 가장 중요한 역할은 그것이 언어를 공유하는 데 필요한 매개체를 제공한다는 점이다.

## 말 산출 모델

하나의 **모델**이란 어떤 미확인된 사건에 대하여 그것을 지배하는 현재까지의 최상의 증거들에 입각하여 설명해 내는 방식으로 정의된다. 말 산출 모델(model of speech production)은 한 개인이 어떻게 인지적 표상("I forgot to bring paper··· I'll have to borrow a piece··· I see she has an extra one in her notebook.")에서 명료하

게 조음되는 구어 산출("May I borrow a piece of paper?")로 이동할 수 있는가에 대한 이론적 설명을 제공한다.

[그림 1-2]는 이 복합적인 과정에 대해 현재까지 밝혀진 바를 기초로 구성된 기본적인 말 산출 모델을 보여 준다. 이 모델에 따르면 말 산출은 세 단계로 구성된다(Borden et al., 1994). 첫 단계는 지각적(perceptual) 사건이다. 말 산출 과정은 산출해야 할 말의 흐름(speech stream)에 대한 정신적이며 추상적인 표상으로부터 출발한다. 이 추상적 표상이 언어 기호(language code)이며, 이것이 말을 통해 무엇을 산출할 것인가의 지각적 목표를 제공한다. 지각적 수준에서 기호는 음소를 통해 표상된다. **음소**(phoneme)란 의미의 차이를 전달할 수 있는 소리의 최소 단위다. 음절이나 낱말 산출 시에는 일련의 음소들이 함께 조합되어 나타난다. 예를 들어, 낱말 big은 3개의 음소, buy는 2개의 음소로 이루어져 있다. 문어 형태에서 음소 표상은 일반적으로 '/'로 구분된다. 그리하여 big은 /b/ / I / / g /로,

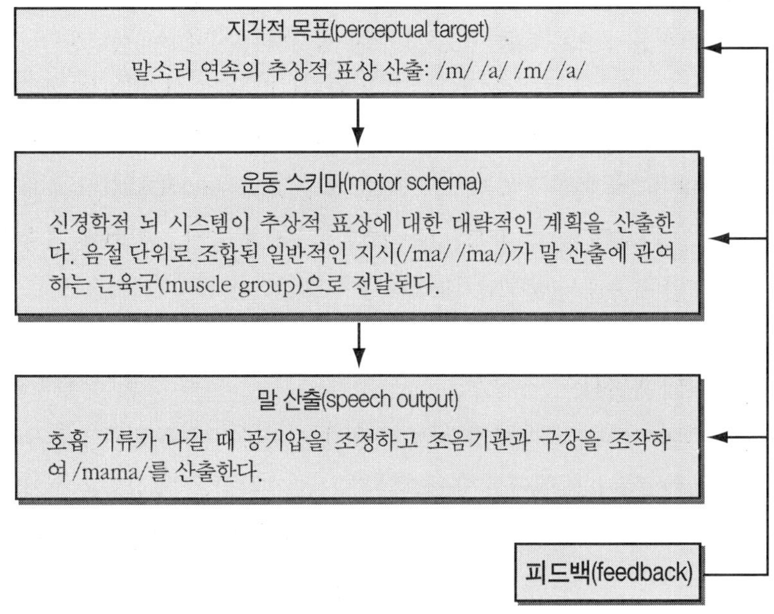


**[그림 1-2] 말 산출 모델**

출처: Justice, Laura M., *Communication Sciences and Disorders: An Introduction*, 1st Edition, © 2006. Reprinted by permission of Pearson Education, Inc., Upper Saddle River, NJ. (Adapted from Borden, Harris, & Raphael, 1994.)

buy는 /b/ /aɪ/로 표기된다. 전통적으로 음소는 국제음성기호(International Phonetic Alphabet: IPA; [그림 1-3] 참조)로 표기된다.

말 산출의 다음 단계는 지각적 수준의 언어에 기반한 표상을 운동 스키마(motor schema)로 전개시키는 것이다. 운동 스키마(또는 도식)는 지각적 목표의 추상적 표상에 기초한 대략적인 운동 계획을 말한다. 이 대략적인 계획은 음소들을 음절 단위로 조직한다. 예를 들어, 한 유아가 엄마를 부르고자 할 때, mama는 2개의 음절 /ma/ /ma/로 표상되어 실현된다. 이 계획은 기류를 내보내고 조정하는 호흡 시스템의 근육, 성대를 포함하는 후두(larynx) 주변 근육, 그리고 혀와 위·아래 턱, 입술의 움직임을 통제하는 구강근육들을 망라하여 말 산출에 관여하는 주요 근육들로 보내진다.

운동 스키마로 전달된 계획은 말의 산출, 즉 **말 출력**(speech output)을 자극한다. 운동 스키마를 수행하기 위해 기류의 흐름, 성대 진동, 구강 운동이 모두 정교하게 조정되면 결국 말이 생성된다.

연속적인 **피드백**(feedback)은 말 출력에 관한 정보를 지각적 목표와 운동 스키마가 최초 기원한 곳으로 되돌려 보낸다. 이 피드백은 시간(타이밍), 전달, 정확성에 관한 정보를 전해 줌으로써 말의 흐름을 감시한다. 대개의 경우 화자는 이러한 피드백의 연속을 의식하지 못하지만, 이 피드백은 지각 및 운동 수준에서 다음에 무엇이 올 것인지에 관한 정보를 제공한다. 종종 피드백은 이를테면 누군가 스스로 말이 잘 안 나오는 것을 지각하고는 보다 신중하게 말하고자 하는 경우에서와 같이 의식적인 수준에서 발생되기도 한다.

### 말과 언어의 관련성

말은 인간이 언어를 공유하기 위해 사용하는 자발적이며 복합적인 신경운동(neuromotor) 활동이다. 언어는 말에 의존하는 것이 아니다. 사람들은 쓰기, 읽기, 수화와 같은 다른 수단을 가지고도 언어를 공유할 수 있거나 또는 우리가 사고하기 위한 수단으로 그것을 자신의 내부에 간직하고 있을 수도 있기 때문이다. 그렇지만 언어가 말에 의미를 부여해 주기 때문에 말은 전적으로 언어에 의존할 수밖에 없다. 언어가 없다면 말은 그저 의미 없이 중얼대는 일련의 소리에 불과한 것이다. 일부 뇌성마비(선천적으로 출현하는 운동 기반 장애)에서와 같이 심각한 말장

CONSONANTS (PULMONIC) © 2005 IPA

| | Bilabial | Labiodental | Dental | Alveolar | Postalveolar | Retroflex | Palatal | Velar | Uvular | Pharyngeal | Glottal |
|---|---|---|---|---|---|---|---|---|---|---|---|
| Plosive | p b | | | t d | | ʈ ɖ | c ɟ | k ɡ | q ɢ | | ʔ |
| Nasal | m | ɱ | | n | | ɳ | ɲ | ŋ | ɴ | | |
| Trill | ʙ | | | r | | | | | ʀ | | |
| Tap or Flap | | ⱱ | | ɾ | | ɽ | | | | | |
| Fricative | ɸ β | f v | θ ð | s z | ʃ ʒ | ʂ ʐ | ç ʝ | x ɣ | χ ʁ | ħ ʕ | h ɦ |
| Lateral fricative | | | | ɬ ɮ | | | | | | | |
| Approximant | | ʋ | | ɹ | | ɻ | j | ɰ | | | |
| Lateral approximant | | | | l | | ɭ | ʎ | ʟ | | | |

Where symbols appear in pairs, the one to the right represents a voiced consonant. Shaded areas denote articulations judged impossible.

CONSONANTS (NON-PULMONIC)

| Clicks | | Voiced implosives | | Ejectives | |
|---|---|---|---|---|---|
| ʘ | Bilabial | ɓ | Bilabial | ʼ | Examples: |
| ǀ | Dental | ɗ | Dental/alveolar | pʼ | Bilabial |
| ǃ | (Post)alveolar | ʄ | Palatal | tʼ | Dental/alveolar |
| ǂ | Palatoalveolar | ɠ | Velar | kʼ | Velar |
| ǁ | Alveolar lateral | ʛ | Uvular | sʼ | Alveolar fricative |

SUPRASEGMENTALS

ˈ Primary stress
ˌ Secondary stress ˌfoʊnəˈtɪʃən
ː Long eː
ˑ Half-long eˑ
˘ Extrashort ĕ
| Minor (foot) group
‖ Major (intonation) group
. Syllable break ɹi.ækt
‿ Linking (absence of a break)

TONES AND WORD ACCENTS

| LEVEL | | CONTOUR | |
|---|---|---|---|
| e̋ or ˥ | Extra-high | ě or ˩˥ | Rising |
| é ˦ | High | ê ˥˩ | Falling |
| ē ˧ | Mid | e᷄ ˧˥ | High rising |
| è ˨ | Low | e᷅ ˩˧ | Low rising |
| ȅ ˩ | Extra-low | e᷈ ˧˦˧ | Rising-falling, etc. |
| ꜜ | Downstep | ↗ | Global rise |
| ꜛ | Upstep | ↘ | Global fall |

VOWELS

Front — Central — Back

Close: i • y — ɨ • ʉ — ɯ • u
ɪ ʏ — ʊ
Close-mid: e • ø — ɘ • ɵ — ɤ • o
ə
Open-mid: ɛ • œ — ɜ • ɞ — ʌ • ɔ
æ — ɐ
Open: a • ɶ — ɑ • ɒ

Where symbols appear in pairs, the one to the right represents a rounded vowel.

OTHER SYMBOLS

ʍ Voiceless labial-velar fricative
w Voiced labial-velar approximant
ɥ Voiced labial-palatal approximant
ʜ Voiceless epiglottal fricative
ʢ Voiced epiglottal fricative
ʡ Epiglottal plosive
ɕ ʑ Alveolo-palatal fricatives
ɺ Voiced alveolar lateral flap
ɧ Simultaneous ʃ and x

Affricates and double articulations can be represented by two symbols joined by a tie bar if necessary.

k͡p t͡s

DIACRITICS Diacritics may be placed above a symbol with a descender, e.g. ŋ̊

| | | | | | | | |
|---|---|---|---|---|---|---|---|---|
| ̥ | Voiceless | n̥ d̥ | ̤ | Breathy voiced | b̤ a̤ | ̪ | Dental | t̪ d̪ |
| ̬ | Voiced | s̬ t̬ | ̰ | Creaky voiced | b̰ a̰ | ̺ | Apical | t̺ d̺ |
| ʰ | Aspirated | tʰ dʰ | ̼ | Linguolabial | t̼ d̼ | ̻ | Laminal | t̻ d̻ |
| ̹ | More rounded | ɔ̹ | ʷ | Labialized | tʷ dʷ | ̃ | Nasalized | ẽ |
| ̜ | Less rounded | ɔ̜ | ʲ | Palatalized | tʲ dʲ | $^{n}$ | Nasal release | $d^{n}$ |
| ̟ | Advanced | u̟ | ˠ | Velarized | tˠ dˠ | ˡ | Lateral release | dˡ |
| ̠ | Retracted | e̠ | ˤ | Pharyngealized | tˤ dˤ | ̚ | No audible release | d̚ |
| ̈ | Centralized | ë | ̴ | Velarized or pharyngealized | ɫ | | | |
| ̽ | Mid-centralized | e̽ | ̝ | Raised | e̝ (ɹ̝ = voiced alveolar fricative) | | | |
| ̩ | Syllabic | n̩ | ̞ | Lowered | e̞ (β̞ = voiced bilabial approximant) | | | |
| ̯ | Non-syllabic | e̯ | ̘ | Advanced Tongue Root | e̘ | | | |
| ˞ | Rhoticity | ɚ a˞ | ̙ | Retracted Tongue Root | e̙ | | | |

[그림 1-3] 국제음성기호

출처: From *The International Phonetic Alphabet* (Revised to 1993, Updated 1996), by The International Phonetic Association, 1996, Thessaloniki, Greece: Author. Copyright 1996 by The International Phonetic Association. Reprinted with permission. http://www.arts.gla.ac.uk/IPA/ipa.html.

인간은 쓰기, 읽기, 손을 이용한 의사소통(예: 수화)과 같은 여러 수단을 통해 언어를 공유할 수 있다.
사진 출처: Mark Lewis/Getty Images Inc.—Stone Allstock.

애를 가진 개인들은 말을 조금밖에 또는 전혀 할 수 없거나 명료하지 못한 말을 산출한다. 이런 이들은 자신의 사고를 타인에게 전달하기 위한 목적으로 말을 사용하지 못한다.

말과 언어는 독립적인 처리 영역이다. 그리하여 어떤 이들은 탁월한 언어기술에도 불구하고 말장애를 가질 수 있다. 예를 들어, Stephen Hawking(케임브리지 대학교의 유명한 이론물리학자)은 근위축성 측색경화증(amyotrophic lateral sclerosis: ALS)으로 인한 최중도 말장애를 가지고 있다. ALS는 운동신경질환으로서 종종 운동 기능의 진행성 손상을 초래하며 말 산출에 심각한 영향을 미친다. 비록 Hawking 박사가 전통적 방식으로 말을 산출하는 능력을 잃긴 했으나, 그의 언어기술은 온전히 남아 있으며, 그는 대안적인 의사소통 수단인 말 합성기(speech synthesizer)를 이용하여 타인과 의사소통한다.

**논의 요점**
Hawking 박사의 예에서 볼 수 있듯이, 말과 언어는 독립적인 처리 영역이다. 당신은 말과 언어의 독립성에 관한 다른 예를 생각해 볼 수 있는가?

## 청각

사람들이 의사소통을 위한 언어 공유의 목적으로 말을 산출할 때는 보내는 사람(화자)뿐 아니라 받는 사람(청자) 역시 필요하다. 수신자의 역할은 화자가 전달한 정보를 받아들이고 이해하는 일이며, 따라서 청각(hearing)은 구어 언어의 **수용**(reception) 및 **이해**(comprehension)에 모두 필수적이다. 청각 또는 **청력**(audition)은 소리의 지각을 의미하며, 일반적인 청지각과 말지각 모두를 포함하는 개념이다.

### 소리의 기초

당신이 청각에 대해 그리고 그것이 어떻게 언어 및 말과 관련되는지에 대해 이해하고자 한다면 먼저 **음향학**(acoustics), 즉 소리과학의 일반적 개념들을 알아야 한다(Borden et al., 1994). 말의 전달 및 수용은 네 가지 음향학적 실재, 즉 음원의 생성, 공기 입자의 진동, 귀를 통한 수용, 뇌에서의 이해로 구성된다(Champlin, 2000).

**1. 음원의 생성** 음원은 일련의 사건을 개시시킨다. 주변의 공기 입자를 교란—즉, 일련의 진동—시킨다. 당신이 손뼉을 치면 소리가 시작된 곳 주변의 공기 입자들에 복합적인 진동 패턴이 시작된다. 마찬가지로 당신이 coffee라는 낱말을 말하는 순간, 그 역시 음원 주위(이 경우는 당신의 입 바로 앞)의 공기 입자들에 복합적인 진동 패턴을 발생시킨다.

**2. 공기 입자의 진동** 소리란 근본적으로 공기 입자의 운동 또는 진동을 말한다. 공기 입자는 음원으로부터 공기를 통해(또는 물과 같은 다른 매체를 통해) 전후 운동에 들어간다. 입자들이 얼마나 빠르게 전후 운동을 하는가가 소리의 **주파수**(frequency), 즉 높낮이(pitch)다. 입자 운동의 전후 간격이 얼마나 멀리 떨어지는가는 **강도**(intensity), 즉 소리의 크기(loudness)를 좌우한다. 손뼉을 치거나 낱말을 말하면 음원 주변의 공기 입자들의 진동 패턴이 개시되는데, 입자들이 운동하는 패턴은 주파수(높낮이)와 강도(크기)에 관한 정보를 전달하는 방식이다. 이러한 정보는 송신자와 수신자 사이에서 공기 입자의 운동으로 나타나는 것이다.

**3. 귀를 통한 수용** 귀는 공기 입자 진동에 수반된 정보가 인체로 향할 수 있도록 특별히 설계된 것이다. 귀는 3개의 방으로 이루어진 복합 구조물이다. 외실

(외이)은 소리를 포착하여 중실(중이)로 향하게 한다. 다음 중이는 음향학적 정보를 내실(내이)로 보낸다. 내이에는 와우(cochlea)가 있다. 청각 정보는 와우로부터 청신경을 거쳐 뇌의 청각 영역으로 상행한다.

**4. 뇌에서의 이해** 뇌의 청각 센터(좌반구에 위치)는 귀를 거쳐 청신경을 따라 투입된 청각 정보를 해석해 낸다. 뇌에 도착한 정보가 말소리를 담고 있다면 말 언어 센터가 이해의 처리를 돕는다. 만일 도착한 정보가 말소리가 아니라면(예: 손뼉 치는 소리, 팬이 돌아가는 소리), 말 언어 센터는 그에 관여하지 않는다. 소리 정보는 인간 뇌에 의해 말(speech) 또는 말이 아닌 소리(nonspeech)로 구분된다. 사실상 인간의 귀와 뇌는 말소리를 처리하는 데 '특별히 반응적'이도록 고안된 것이다(Borden et al., 1994, p. 176).

### 말지각

**말지각**(speech perception)이란 뇌가 말과 언어를 어떻게 지각하는가에 관한 것이다. 말지각은 **청지각**(auditory perception)과는 다른데, 청지각이란 뇌가 어떠한 유형의 청각 정보건 그것을 어떻게 처리하는가에 대해 설명하는 보다 일반적인 용어다. 손뼉 치는 소리나 팬이 돌아가는 소리를 처리하는 것은 청지각이나, coffee라는 낱말의 처리를 위해서는 말지각이 필요하다. 뇌는 일반적인 청각 정보와 말소리를 달리 구별하며, 기타의 청각 자극과는 다른 방식으로 말을 처리한다.

말지각은 인간의 말과 언어에 특정적으로 반응하기 위해 진화된 뇌의 특화된 프로세서다. 유아는 말지각과 연동된 처리 메커니즘을 생물학적으로 부여받은 채 세상에 나와 특정 언어(또는 언어들)에 노출된다. 지각 메커니즘은 이러한 언어를 반영하도록 조율되어 있다. 말지각 메커니즘의 조율에는 어린 아동이 지닌 몇 가지 능력이 도움을 준다. 첫째, 어린 아동은 시각 정보보다는 청각 정보를 더 선호하는 경향을 보인다. **청각적 전조**(auditory overshadowing; Sloutsky & Napolitano, 2003)라 불리는 이러한 현상은 어린 아동이 환경 속에서 특정 청각 정보를 보다 선호한다는 점을 시사하는 하나의 초기 발달 원칙이다. 둘째, 어린 아동—대개 유아—은 청각 자극 중의 한 가지 특별한 유형으로서의 말을 처리하고 분석하는 현저한 능력을 보인다. 초기 연령부터 유아는 "자신이 들은 언어에 포함된 소리의 분포적 속성(distributional properties)에 대한 상세한 분석에 몰두"하는데, 이것이 모국어(들)에 대한 말지각 능력의 조율을 돕는다(Tsao, Liu, & Kuhl, 2004, p. 1068).

가장 기초적 수준에서 말지각은 coffee라는 낱말에 포함된 4개의 음소(/k/ /a/ /f/ /i/)와 같은 음소적 정보의 처리를 포함한다. 마치 말지각이 개별 말소리들을 하나하나씩 연속적으로 처리하는 것처럼 뇌가 어떻게 구어 낱말에 포함된 일련의 음소들을 처리하는가와 독자들이 어떻게 문어 낱말에 포함된 일련의 철자들을 읽어내는가 사이에는 때때로 유사한 유추가 이루어지기도 한다. 그러나 이러한 유추는 부정확한 것이다. 인간이 음소를 산출할 때, 음소들은 **동시조음**(coarticulation)이라는 처리 내에서 상호 간에 교차되기도 한다. 예를 들어, coffee의 초성 /k/와 coop의 초성 /k/는 다르게 산출되는데, 각 낱말의 초성 /k/에는 다음에 이어질 다른 모음에 관한 정보가 담겨 있기 때문이다. coffee의 /k/는 이어지는 ah 소리의 영향을 받는 반면, coop의 /k/는 이어지는 oo 소리의 영향을 받는다. 그 결과, coop의 /k/는 다음의 oo 소리를 예상하면서 원순(rounded lips) 형태로 산출된다. 이러한 말소리의 연속적인 산출 속에서 음소들이 '훼손' 또는 '중복'되는 현상을 기술하는 용어가 바로 동시조음이다. 조음기관(입술, 혀 등)은 말소리들을 동시 조음한다. 그렇게 하는 것이 한 번에 하나씩의 소리를 산출하는 것보다 훨씬 더 효율적일 뿐더러, 인간의 뇌에서 빠르게 발생되면서 동시에 조음되는 말소리들을 처리할 수 있도록 말 처리 메커니즘이 그렇게 진화되어 왔기 때문이다.

## 의사소통

**의사소통**(communication)이란 2명 이상의 사람들 사이에 정보를 공유하는 처리 과정, 보다 구체적으로는 "화자의 정신으로부터 청자의 정신으로 사고와 감정을 전달하는 행위"(Borden et al., 1994, p. 174)다. 의사소통이 일어나기 위해서는 송신자(화자)와 수신자(청자)가 있어야 한다. 비록 어떤 사무원 집단이 문어 메모(written memo)를 함께 준비하거나 3인의 트리오가 노래를 부를 때와 같이 언제나 이러한 상황만 있는 것은 아니지만, 전형적으로 의사소통에서는 단 한 사람이 송신자 역할을 한다. 또한 오직 한 사람의 수신자만 존재하는 의사소통도 있게 마련이지만, 1명의 화자가 수천의 청중 앞에서 연설을 하거나 작가가 수백만 독자가 읽을 책을 저술하는 상황처럼 많은 수신자들이 존재할 수도 있다.

송 · 수신자의 수와 상관없이, 의사소통은 네 가지 기본적 처리 과정인 형성, 전달, 수용, 이해로 이루어진다. **송신자**(sender)는 자신이 전하고자 하는 정보를 형성한 다음 그것을 전달하며, **수신자**(receiver)는 그 정보를 받아들인 다음 이해한다. **형성**(formulation)은 타인과 공유하고자 하는 사고와 개념을 끌어모으는 과정이다. **전달**(transmission)은 그 개념을 타인에게 전하는 과정이다. 이때는 종종 말로 하지만 수화, 제스처, 또는 글로 대신할 수도 있다. **수용**(reception)은 타인으로부터 정보를 받아들이는 과정이고, **이해**(comprehension)는 그 메시지의 의미를 깨닫는 과정이다.

**상징적 의사소통**(symbolic communication)—**참조적 의사소통**(referential communication)이라고도 불린다—은 개인이 특정 실재(사물이나 사건)에 관해 의사소통할 때 발생하는데, 이 실재와 그 참조물(예: 낱말) 사이의 관계는 자의적이다(Leavens, Russell, & Hopkins, 2005). 예를 들어, 무언가 마실 것을 요구하며 "bottle(병)" 이라고 말한 1세 유아는 bottle이라는 말과 그 참조물의 관계가 자의적인 것이었으므로 상징적으로 의사소통했다 할 수 있다. 상징적 의사소통은 또한 "시공간적 제약이 없음을 아는 것이다." (Bickerton, 1995, p. 15)

그렇지만 어떤 의사소통은 상징적인 것이 아니며, 따라서 특정의 시공간적 제약을 받는다. **전의도적 의사소통**(preintentional communication)은 다른 사람들이 특정 의사소통 행위와 그 참조물 사이의 관련성을 가정해야 하는 의사소통을 의미한다. 예를 들어, 고양이의 목울림이나 유아의 울음은 전의도적 의사소통이다. 고양이나 유아는 의사소통 행위를 한 것이나, 그 실질적인 참조물 또는 의사소통의 목적은 의사소통 파트너들에 의해 추론되어야만 한다. 유아의 울음은 '너무 배고파.' 또는 '이 담요는 너무 뜨거워.'를 의미하는 것일 수 있다. 마찬가지로 **의도적 의사소통**(intentional communication)은 그 의도에 있어서는 상대적으로 보다 정확하지만 의사소통 행위와 그 참조물 사이의 관련성이 여전히 자의적이지 못하다. 오히려 이는 송신자, 수신자, 참조물 사이에 공유된 공간적 위치에 의존하게 된다(Leavens et al., 2005). 이러한 유형의 의사소통은 **도상적 의사소통**(iconic communication)이라고도 불리는데, 이는 메시지와 그 참조물 사이에 투명한(또는 도상적인) 관련성이 존재하기 때문이다(Bickerton, 1995). 예를 들어, 유아가 병을 가리키거나 또는 침팬지가 바나나를 향해 제스처를 보이는 행위는 의도적이며 도상적인 의사소통인 것이다.

**논의 요점**
도상적 의사소통에서 의사소통을 위해 사용된 상징과 그 참조물의 관련성은 투명하다. 도상적 의사소통의 또 다른 예는 무엇인가?

의사소통이 의도적이건 상징적이건, 사람들은 요구하기("케이크 좀 먹어도 되나요?"), 거부하기("난 이 케이크 싫어."), 논평하기("이 케이크 맛있어요.")의 세 가지 기본 목적을 위해 정보를 공유한다. 요구하기, 거부하기, 논평하기는, 예를 들어 어떤 성인과 생후 8개월된 유아의 상호작용을 가정해 보면 알 수 있듯이 언어의 사용을 필요로 하지 않는다. 이 시기의 유아는 울음, 웃음, 몸짓, 미소, 옹알이와 같은 비언어적이나 의도적인 일련의 수단을 이용하여 요구하고 거절하고 논평할 수 있다. 그렇지만 언어 사용자로 성장해 감에 따라 그들은 자신의 욕구를 표출하고 보다 정확히 요구하기 위한 수단으로 말과 언어를 사용하기 시작한다. 1세경이면 아장이들은 아직 어휘가 잘 발달하지 못했음에도 불구하고 이 세 목적 모두("Bottle?" "Bottle!" "Bottle.")를 위해 언어를 사용한다.

말하기와 듣기의 조합은 **구어 의사소통**(oral communication)이라 불리는 의사소통의 보편적인 방식이다. 그렇지만 의사소통은 말하거나 들을 필요가 없는 경우도 있다. 누군가 고개를 돌려 버리는 것으로 거절을 표할 수도 있고, 유아는 미소 짓는 것으로 논평할 수도 있다. 강아지는 문 앞에서 헐떡거리는 것으로 요구할 수 있다. 그렇지만 오직 인간의 의사소통에만 특별히 고유한 것은 의사소통 처리 과정에 언어와 말을 사용한다는 것이다. 이 책의 많은 부분에서 우리는 인간만의 고유하며 정교한 의사소통 수단인 언어의 발달과 사용을 강조한다.

### 의사소통 모델

[그림 1-4]는 다음의 세 가지 핵심 요소—(1) 송신자의 메시지 형성과 전달, (2) 수신자의 메시지 수용과 이해, (3) 의사소통을 위해 공유된 상징적 수단—를 포함하는 의사소통 모델(model of communication)을 제시하고 있다. [그림 1-5]는 의사소통 과정에서의 형성, 전달, 수용, 이해에 작용하는 언어, 말, 청각의 역할을 보여 주고 있다.

이 기본적 과정에는 의사소통의 기타 측면인 피드백이 추가된다([그림 1-4] 참조). 피드백은 수신자에 의해 송신자에게 전달되는 정보를 말한다. 효과적인 의사소통에서는 수신자에 의한 피드백이 지속적으로 제공되며, 송신자는 그에

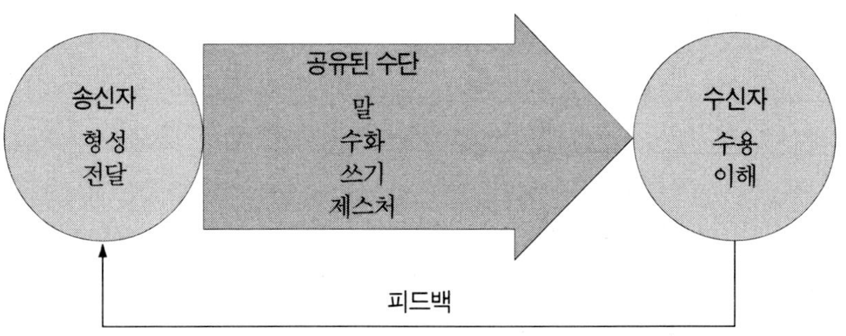


**[그림 1-4] 의사소통 모델**

출처: Justice, Laura M., *Communication Sciences and Disorders: An Introduction,* 1st Edition, © 2006. Reprinted with permission of Pearson Education, Inc., Upper Saddle River, NJ.

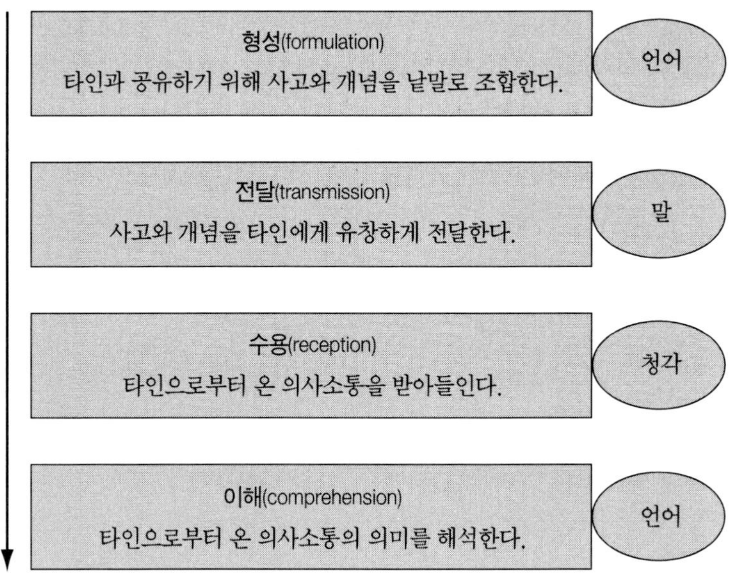


**[그림 1-5] 의사소통에서 언어, 말, 청각의 역할**

출처: Justice, Laura M., *Communication Sciences and Disorders: An Introduction,* 1st Edition, © 2006. Reprinted by permission of Pearson Education, Inc., Upper Saddle River, NJ.

반응하여 의사소통 과정의 효율성을 지속적으로 유지해 낼 수 있다. 이러한 피드백 시스템은 의사소통을 능동적이며 역동적인 것으로 만들어 준다. 능동적(active)이라 함은 송·수신자 모두가 완전히 참여하고 있어야 함을 의미한다. 역동적(dynamic)이라 함은 수신자는 지속적으로 피드백을 내보내며, 송신자는 의사소통의 흐름을 조율하기 위해 그것을 해석하고 사용한다는 의미를 가진다.

수신자는 여러 방식으로 피드백을 제공한다. **언어적 피드백**(linguistic feedback)은 "전적으로 동의해." "네가 말하는 걸 잘 듣고 있어." "잠깐만, 잘 모르겠어."와 같이 말하는 것이다. 이것은 또한 '으음' 또는 '우-오'와 같은 발성을 포함하기도 한다. **비언어적 피드백**(nonlinguistic feedback) 또는 **언어 외적 피드백**(extralinguistic feedback)은 눈 맞춤, 얼굴 표정, 자세, 근접성(proximity)의 사용을 말한다. 이러한 유형의 피드백은 언어적 피드백을 보완하는 것일 수도 있고 그 자체만으로 사용될 수도 있다. **준언어적 피드백**(paralinguistic feedback)은 소리의 높낮이(pitch, 음도), 강도(loudness), 휴지(pausing)를 이용하는 것을 말하는데, 이들 모두 언어적 피드백에 첨가될 수 있다. 이러한 언어적 및 비언어적 형태의 피드백들은 모두 의사소통의 흐름을 유지시켜 주며, 화자에게 청자의 이해와 관련된 중요한 정보를 제공하는 기능을 한다.

의사소통이 효과적이려면 수신자로부터 받는 피드백은 송신자가 보내는 정보만큼이나 중요한 것이어야 한다. 송신자와 수신자는 이러한 피드백을 사용하여 다음과 같은 **의사소통 붕괴**(communication breakdowns)를 예방한다.

아동: 저게 필요해.
아빠: 이거?
아동: 아니, 저거.
아빠: 여기 이거?
아동: 아냐. (울기 시작한다.)
아빠: 그럼 이거?
아동: 그래. 그걸 말한 거였어.

타인과 의사소통할 때, 사람들은 자신의 말이나 언어를 종종 눈 맞춤, 얼굴 표정, 자세, 근접성과 같은 비언어적 또는 언어 외적 피드백으로 대체하기도 한다.
사진 출처: Charles Gupton/Corbis/Bettmann.

당신은 이 대화를 면밀히 살펴보면서 송신자와 수신자의 부적절함으로 인해 발생된 의사소통 붕괴를 발견할 수 있을 것이다. 아동은 자신이 원하는 바에 관한 명확한 정보를 충분히 산출할 정도의 언어를 가지고 있지는 못한 듯 보이며, 아빠는 모호한 정보를 명료화할 수 있을 정도의 적절한 피드백을 제공하지 않았다. 결국에는 아빠가 그 붕괴를 바로잡았는데, 이를 **대화 수정**(conversational repair)이라 한다. 일상의 대화에서는 사소한 의사소통 붕괴가 늘 발생하지만, 송신자가 수신자의 피드백을 주의 깊게 모니터링하고 수신자가 지속적으로 피드백을 제공하기만 한다면 이러한 붕괴는 쉽게 자각되며 복구될 수 있다. 그러나 수신자가 적절한 유형 또는 적절한 양의 피드백을 제공하지 않거나 송신자가 그 피드백에 주의하지 않는다면 보다 심각한 의사소통 붕괴가 일어나게 될 것이다.

### 의사소통의 목적

의사소통의 일차적인 목표는 정보를 제공하거나 요청하는 것이다. 인간은 자신의 감정에 관한 정보를 제공하거나 또는 다른 이들로부터 정보를 얻기 위해 의

〈표 1-1〉 의사소통의 일곱 가지 목적

| 목적 | 내용 | 예 |
|---|---|---|
| 도구적 (instrumental) | 무엇인가를 요구하기 위해 사용한다. | "버터 좀 건네주시겠어요?" ("Will you pass the butter, please?") |
| 조정적 (regulatory) | 타인에게 지시하거나 통제하기 위해 사용한다. | "어서 거기에 앉으세요." ("Go ahead and sit down over there.") |
| 상호작용적 (interactional) | 타인과 사회적인 방식으로 상호작용하거나 대화하기 위해 사용한다. | "어젯밤 경기는 어땠어?" ("How was the game last night?") |
| 개인적 (personal) | 무엇인가에 대한 마음이나 감정을 표현하기 위해 사용한다. | "그 시험을 통과할 방법이 전혀 없어!" ("There is no way I passed that test!") |
| 발견적 (heuristic) | 정보를 찾거나 요구하기 위해 사용한다. | "이 책의 가격이 얼마인지 아시나요?" ("Do you know how much this book is?") |
| 가상적 (imaginative) | 이야기를 하거나 역할놀이를 하기 위해 사용한다. | "좋아. 네가 그녀에게 전화해서 할 말을 연습해 보자." ("OK, let's practice what you're going to say when you call her.") |
| 정보적 (informative) | 사건이나 사물에 관해 조직된 설명을 제공하기 위해 사용한다. | "결국 우리는 호텔에 도착했는데, 우리가 예약한 기록이 없었어. 그러더니 그들은 나에게 남은 방이 없다는 거야." ("So, we got to the hotel, and they had no record of our reservation. Then, they tell me they have no rooms left al all.") |

출처: Based on *Learning How to Mean: Explorations in the Development of Language Development*, by M. A. Halliday, 1975, London: Arnold; and "Presentation of Communication Evaluation Information," by C. Simon and C. L. Holway, in *Communication Skills and Classroom Success* (pp. 151-199), edited by C. Simon, 1991, Eau Claire, WI: Thinking Publications.

사소통한다. 개인은 사소하거나 놀라운 사건에 관한 정보를 공유하기 위해 그리고 각자의 필요나 욕구를 기술해 내기 위해 의사소통한다. 〈표 1-1〉은 의사소통의 주요 목표를 구분하는 한 가지 체계를 보여 준다. 이러한 목표는 타인과의 사회적 관계를 발전시키고 유지시키기 위해 그리고 개인의 기본적인 욕구나 소망을 충족시키기 위해 필수적인 것이다.

# 언어의 주요 영역

## 내용, 형식, 사용

언어는 상호 연관된 내용, 형식, 사용의 세 가지 영역으로 이루어진 단일 차원의 인간 행위다(Lahey, 1988). 3세 여아인 애들레이드의 다음과 같은 발화를 살펴보자. "I beating you up the stairs(내가 너보다 계단을 먼저 올라갔어)." "I wonned(내가 이겼다)!" "I am so fast(난 정말 빨라)." 이 발화들은 애들레이드의 언어를 특징지을 수 있는 분석적 가능성을 제공한다. 첫째, 발화의 내용을 고려해 볼 수 있다. **내용**(content)이란 언어의 의미, 즉 사용된 낱말과 그에 담긴 의미를 말한다. 인간은 개인의 어휘 시스템, 즉 **어휘집**(lexicon, 또는 **어휘사전**)을 통해 내용을 전달한다. 그리하여 우리는 사고를 표현하기 위해 또는 다른 개인이 말하고자 하는 바를 이해하기 위해 낱말을 선택하고 조직한다. 당신은 애들레이드의 발화 내용을 여러 가지 측면에서 생각해 볼 수 있다. 애들레이드는 12개의 낱말을 사용했고, 그중 한 낱말('I')은 여러 번 반복하였다. 따라서 총 10개의 다른 낱말이 사용되었다. 낱말 beating, wonned, fast는 전체 발화 속에서 어휘적 결속을 형성하는데, 이 낱말들이 함께 작용하여 개념적으로 일종의 경주(race)가 있었음을 알게 해 준다. 애들레이드가 사용한 낱말이나 이러한 낱말들을 통하여 표현한 개념은 지극히 구체적이다. 애들레이드는 상징적이거나 비유적인 낱말도, 추상적인 낱말도 사용하지 않았다. 그 초점은 명백히 지금 여기(here and now)에 집중된다. 즉각적 맥락에 치중하는 언어는 **맥락화된**(contextualized) 것이며, 전형적으로 고도로 맥락화된 언어의 내용은 구체적이고 주변 단서들(예: 몸짓, 얼굴 표정)의 지원을 받는다. 그리하여 이 특별한 예에서 애들레이드의 말이 이루어진 맥락은 언어의 내용을 보완하는 중요한 정보를 제공해 준다. 반대로 애들레이드가 할머니에게 전화로 그 경주에 관해 이야기한다고 가정해 보자. 애들레이드는 내용을 전달하려면 이보다 훨씬 더 정확해야 할 필요성을 깨닫게 될 것이다. 우리가 내용을 전달하는 과정에서 맥락에 거의 의존하지 않은 채 언어를 공유하는 것을 **탈맥락화**(decontextualized)되었다고 한다.

둘째, 애들레이드의 발화 형식에 대해 고려해 볼 수 있다. **형식**(form)이란 내용을 전달하기 위해 어떻게 낱말, 문장, 소리들이 조직되고 배열되는가의 문제다. 형식을 고려한다는 것은 문장 구조, 절과 구의 용법, 말 구성 요소, 구 및 명사 구조, 낱말의 접두사와 접미사, 소리를 낱말로 조직하는 일 따위를 분석하는 것이다. 예를 들어, 애들레이드의 발화 형태를 조사할 때, 애들레이드가 3개의 단문을 사용하고 있고 그 첫째는 전치사구(up the stairs)를 포함하고 있음에 주목하는 것이다. 애들레이드는 명사(stairs), 대명사(I), 관사(the), 전치사(up), 동사(running), 부사(so)를 포함하여 말의 다양한 요소를 사용하고, 다양한 유성음(즉, 모음)과 몇 가지 자음 말소리(즉, /b/, /w/, /f/와 같은 자음)를 포함하여 많은 말소리를 사용한다.

형식을 고려할 때는 문장 구조가 어떻게 이루어지는지를 면밀히 관찰해야 한다. 애들레이드의 문장 구조를 살펴보면 각 문장들이 주어를 포함하는데 그 모두는 인칭대명사 'I'다. 각 문장들은 또한 술부, 즉 동사 구조를 포함하고 있다. 애들레이드가 말한 3개의 짧은 발화에서는 3개의 다른 동사 구조가 사용되었다. 첫 문장 I beating you up the stairs에서는 목적어(즉, you)를 요구하는 타동사 beating을 사용한다. 또 현시점에서 행위가 지속적으로 발생하고 있음을 표현하기 위해 동사 beat를 현재진행형 표지인 -ing로 굴절시켰는데, 이때 조동사 am을 생략했음에 주목할 수 있다. 두 번째 문장에서는 동사 wonned를 사용했는데, 이 경우 win의 불규칙 과거형을 산출하면서 과거시제 표지인 -ed를 쓸데없이 덧붙였다. 이 동사는 목적어를 요구하지 않는 자동사이며, 따라서 역시 목적어는 나타나지 않았다. 세 번째 문장에서 동사 구조는 문장의 주동사로 기능하는 be 동사(am)로 구성되어 있고, 따라서 주격 보어(so fast)를 필요로 한다.

**논의 요점**
애들레이드는 wonned라는 낱말을 사용했다. 이러한 오류에 대해 가능한 설명은 무엇일까?

셋째, 언어의 사용을 고려해 볼 수 있다. **사용**(use)이란 사람들이 개인적 및 사회적 욕구를 충족시키기 위해 언어를 어떻게 기능적으로 끌어낼 것인가에 관한 문제다. 당신이 이 영역을 조사할 때는 발화 이면의 의도에 대해, 그리고 그 의도가 얼마나 잘 성취되었는가에 관해 살펴야 한다. 따라서 개별 발화들을 그 의도에 따라 고려해야 한다. 이와 관련된 한 가지 모형은 Halliday의 일곱 가지 의사소통 기능(〈표 1-1〉 참조)이다. 애들레이드의 언어 사용을 분석할 때는 그 아이의 발화

이면의 의도가 주로 상호작용적(interactional, 사회적으로 상호작용하기 위해 사용되는 언어)이며 개인적(personal, 마음 상태를 표현하기 위해 사용되는 언어)인 것이라고 결론지을 수 있을 것이다.

언어의 사용을 분석한다는 것은 또한 언어가 얼마나 훌륭히 각자의 의도를 관철시켰는가를 고려하는 것이기도 하다. 예를 들어, 개인이 대화 중에 몇 차례의 말 주고받기 속에서 특정 주제를 유지시킬 수 있는지, 타인의 참여를 조율해 낼 수 있는지(예: 눈 맞춤, 얼굴 표정, 휴지[pause]를 이용하여), 그리고 의사소통 상황이나 청자의 요구에 부합하도록 언어를 조정해 낼 수 있는지에 관해 고려하는 것이다. 사용에 대한 분석은 언어가 발생하는 맥락에 대한 이해를 요구하는 것이므로 글로 이루어진 사본을 들여다보는 것만으로는 언어 사용을 충분히 살피기가 어렵다. 예를 들어, 애들레이드의 발화 사본만으로는 그녀가 상황에 대한 맥락적 요구에 부합하고 있는지, 또는 자신의 의도를 달성하기 위해 언어를 효과적으로 조율해 내고 있는지를 알 수 없는 것이다.

## 내용, 형식, 사용의 구성 요인

내용, 형식, 사용은 언어의 주요 차원을 표상하고 조직하기 위해 사용되는 3영역 시스템을 구성한다. 세 영역 각각의 요소들을 좀 더 상세히 진술하면 의미론, 구문론, 형태론, 음운론, 화용론의 5요인 시스템이 구성된다. 의미론은 내용 영역, 화용론은 사용 영역과 각각 동의어라 할 수 있고, 구문론, 형태론, 음운론은 형식을 구성하는 세 가지 요소다. 다음은 각 요소들에 대한 간략한 설명이다(이 주제에 대해서는 제3장에서 보다 상세히 다룰 것이다).

**1. 의미론** **의미론**(semantics, 내용)은 개별 낱말 및 낱말 조합의 의미를 지배하는 언어 규칙을 말한다. 사람들이 특정 낱말(예: cat)이나 구(예: black cat)를 산출할 경우, 그들은 특정 의미를 표현한 것이다. 따라서 의미론은 다양한 낱말 및 구의 의미에 대한 고려와 관련이 있다. 예를 들어, 우리는 낱말 culprit이 무엇인가 옳지 못한 일을 저지른 사람임을 알고 있다. 한편 낱말 run은 많은 의미를 가지지만 stapler는 오직 한 의미만을 갖는다. bent over backwards라는 구는 상

징적인 의미와 문자 그대로의 의미 모두를 갖는다. 그리고 papaya, banana, kiwi라는 낱말들은 개념적으로 함께 분류된다. 누군가에게 '운송 수단'이라는 단서로부터 가장 먼저 떠오르는 낱말을 요구한다면 낱말들 간의 의미론적 관련성이 그로 하여금 '자동차'(또는 트럭, 트랙터)라고 답하도록 할 것이다. 의미론적 지식은 Colorless green ideas sleep furiously(무색의 초록 관념이 맹렬히 잠잔다)라는 문장이 무언가 잘못되었음을 알게 해 줄 것이다. 이 문장은 언어학자 Noam Chomsky가 낱말들에 의해 표현된 의미(의미론)와 그 낱말들을 문장으로 조직하기 위해 사용하는 문법의 차이를 분리하기 위해 예시한 것이다(Pinker, 1994).

**2. 구문론** **구문론**(syntax, 형식)은 문장의 내적 조직을 지배하는 언어 규칙을 말한다. 구문을 지배하는 규칙에 대한 지식은 He did it(그가 그것을 했다)이라는 평범한 진술을 즉석에서 Did he do it?(그가 그것을 했니?)이라는 의문형으로 전환해 내거나, 하나의 단문(예: Andre is angry)을 또 다른 단문(예: Andre is not coming) 안에 내포시킴으로써 복문(예: Andre, who is angry, is not coming)을 구성해 낼 수 있도록 해 준다. 구문론은 한 아동으로부터 일련의 단문들을 연결시켜 무한한 문장을 생성해 낼 수 있도록 해 주는 것이다(예: This is Thomas and he is so mad at Lady and Lady goes off the siding and here comes Percy and Thomas gets out of the way and Percy is coming so fast). 한마디로 의미론이 발화에 의미를 제공한다면, 구문론은 구조를 제공하는 것이다. Chomsky가 제안한 바와 같이, Colorless green ideas sleep furiously(무색의 초록 관념이 맹렬히 잠잔다)처럼 의미는 결여되어 있으나 정교한 구문 규칙을 고수하는 문장은 의미론과 구문론의 뚜렷한 차이를 예시해 준다.

**3. 형태론** **형태론**(morphology, 형식)은 낱말의 내적 조직을 지배하는 언어 규칙을 말한다. 이미 형태소란 의미를 수반하는 최소한의 언어 단위라고 정의된 바 있다. 많은 낱말들은 2개 또는 그 이상의 형태소로 구성되어 있다. 낱말은 스스로의 의미를 변화시키기 위해 다양한 방식으로 '형태를 취한다(조작된다).' 예를 들어, 의미 변화를 위해 낱말에 접두사가 첨가될 수 있다(예를 들어, 형태소 pre-가 낱

말에 첨가되어 preschool, predisposition, preview, pretest와 같은 낱말이 생성된다). 또한 접미사는 낱말에 문법 정보를 부가시킨다(즉, 시제나 수와 같은 기본 문법 범주 표지). 이러한 유형의 접미사들을 **문법형태소**(grammatical morphemes)라 한다. 문법형태소는 복수의 –s(cat–cats), 소유의 's(mom–mom's), 과거시제의 –ed(walk–walked), 현재진행의 –ing(do–doing) 등이 있다. 형태론은 언어에 정확성을 허용할 뿐 아니라(예: "Tamika walks." 대 "Tamika had walked."), 상대적으로 적은 수의 핵심 낱말들(기본 어휘)로부터 훨씬 커다란 규모의 낱말 계열(예: school, schools, schooling, schooled, preschool)의 집합체를 형성하는 전형적인 방식을 통해 어휘가 확장될 수 있도록 허용해 준다.

**4. 음운론** **음운론**(phonology, 형식)은 음절이나 낱말을 구성하는 소리를 지배하는 언어 규칙을 말한다. 모든 언어는 상대적으로 적은 수의 의미를 담은 소리, 즉 **음소**(phonemes)를 가지고 있다. 〈표 1-2〉와 같이, **일반 미국 영어**(General American English: GAE; 또는 **표준 미국 영어**[Standard American English: SAE])에는 39개의 음소(방언에 따라 몇 개의 차이는 있지만)가 존재한다. GAE에는 15개의 모음과 24개의 자음이 조합되어 약 10만 개의 낱말이 생성된다. 어떤 언어는 더 많은 음소로 이루어져 있고, 또 어떤 언어는 더 적은 음소로 이루어져 있다.

**변이음**(allophones)은 여러 낱말들에 따라 그 맥락의 영향으로 인해 음소 산출에 미세한 변이가 발생되는 것을 말한다. 예를 들어, pop에 포함된 2개의 /p/ 음소는 낱말 내에서의 위치에 따른 차이로 인해 서로 다르게 산출된다. 초성 /p/는 기식화되어(aspirated) 있는데, 이는 공기가 살짝 터져 나옴을 의미한다. 반대로 종성 /p/는 기식성이 아니다(종성 /p/가 기식화될 수도 있으나 일반적으로는 그렇지 않다). pop에 포함된 이 2개의 /p/ 소리는 단일 음소의 이음적 변이(allophonic variations)며, 많은 음소가 몇 가지씩 이음을 가진다. 그리고 모든 언어는 소리가 낱말로 조직되는 방식을 지배하는 규칙을 가지는데, 이를 **음소배열론**(phonotactics)이라 한다. 예를 들어, 영어에서 음소 /g/는 음절 초성이나 종성 위치에서는 절대로 음소 /s/ 또는 /l/에 이어질 수 없다.

〈표 1-2〉 일반 미국 영어의 모음과 자음

| 자음 기호 | 예 | 자음 기호 | 예 |
|---|---|---|---|
| b | bat | r | rose |
| p | pat | s | sun |
| d | dip | ʃ | shine |
| t | tip | t | toast |
| g | give | tʃ | church |
| h | hot | θ | think |
| j | yes | ð | that |
| k | cat | v | vet |
| l | lot | w | wash |
| m | mine | z | zag |
| n | nose | ʒ | treasure |
| ŋ | ring | ʤ | jail |
| **모음 기호** | **예** | **조음 자질** | |
| i | feet | 고설, 전설, 비원순 | |
| ɪ | fit | 고설, 전설, 비원순 | |
| e | make | 중설(mid), 전설, 비원순 | |
| ɛ | bet | 중설(mid), 전설, 비원순 | |
| æ | cat | 저설, 전설, 비원순 | |
| a | father | 저설, 전설, 비원순 | |
| U | blue | 고설, 후설, 원순 | |
| U | hoof | 고설, 후설, 원순 | |
| ɔ | bought | 중설(mid), 후설, 원순 | |
| o | go | 중설(mid), 후설, 원순 | |
| a | box | 저설, 후설, 원순 | |
| ʌ | bug | 중설(mid), 중설(central), 비원순 | |
| ə | around | 중설(mid), 중설(central), 비원순 | |
| ɝ | bird | 중설(mid), 중설(central), 비원순 | |
| ɚ | father | 중설(mid), 중설(central), 비원순 | |

출처: Justice, Laura M., *Communication Sciences and Disorders: An Introduction*, 1st Edition, © 2006. Adapted by permission of Pearson Education, Inc., Upper Saddle River, NJ.

**5. 화용론** **화용론**(pragmatics, 사용)은 언어가 어떻게 사회적 목적을 위해 사용될 것인가를 지배하는 언어 규칙에 속하는 것이다. 화용론은 언어가 사회적으로 사용될 때 (1) 여러 기능 또는 의도로서의 언어 사용(의사소통 의도), (2) 담화(discourse, 대화; Lahey, 1988)를 위한 언어 조직, (3) 무엇을 말할 것인지와 어떻게 그것을 말할 것인지에 대해 알기(사회적 규약)라는 세 가지 중요한 측면들을 지배하는 규칙들로 구성되어 있다. 사회적 목적으로 언어를 사용할 때의 화용적 규칙은 의사소통의 언어적, 언어 외적, 준언어적 측면, 이를테면 낱말 선택, 주고받기(turn taking), 자세, 몸짓, 얼굴 표정, 눈 맞춤, 근접성, 소리의 높낮이와 크기, 휴지(pause)와 같은 요인들을 지배한다.

## 언어의 특징

언어란 인류의 가장 특별한 능력 중 하나다. 어린 아동들이 보이는 놀랍도록 빠른 언어 습득은 아동 초기 발달에서 가장 주목할 만한 측면 중 하나다. 아동이 자신이 속한 공동체의 언어를 배워 나가는 방식을 포함하여 언어의 놀라운 특성을 밝힌 수천 편의 과학적 연구가 출간되었음을 감안한다면, 당신은 이제 언어 발달에 관한 미지의 영역이란 더는 남아 있지 않으리라 짐작할 것이다. 그러나 이러한 예측은 사실이 아니다. 전문가들은 "아동의 첫 언어 습득은 인간 생애와 관련된 많은 수수께끼들 중의 하나"(Lieberman, 1991, p. 127)라는 사실에 동의하고 있다.

언어는 왜 이리도 신비한 것인가? 이러한 신비로움은 부분적으로는 몇 가지 '언어의 주목할 만한 특징들'과 관련이 있다. 그 특징들이야말로 전 세계 수많은 학자들의 관심을 지속적으로 사로잡고 있으며, 여전히 이 학문 영역을 특별히 복잡한 것으로 만들어 내고 있다. 이 절에서 우리는 언어의 다섯 가지 주요 특징, 즉 습득 속도, 보편성, 종 특정성, 의미성, 생산성에 대해 논의할 것이다.

## 습득 속도

아동들이 어떻게 주목할 만큼의 언어기술을 발달시키는가를 설명해야 하는 과제에 직면하여, 종종 학자들은 가파른 언어 **습득 속도**(acquisition rate)로 인해 그것을 밝히기가 어려움을 피력한다. 예를 들어, 다음의 한 어머니와 그녀의 30개월짜리 딸아이의 상호작용을 살펴보자.

타지카: Thomas the very useful engine is in the siding.
(토마스는 아주 유용한 기차인데, siding에 있어.)
엄 마: He's in the what? (그가 어디 있다고?)
타지카: The siding. This is the siding. (siding. 이게 siding이야.)
엄 마: Oh, that's the siding? (오, 그게 siding이니?)

이 짧은 상호작용은 놀라운 속도로 새 낱말들을 배우고 사용하는 어린 아동들의 특별한 능력을 보여 준다. siding(측선)은 주선로로부터 비껴가는 열차 선로의 일부분을 말한다. 이 짧은 대화에서 타지카는 토마스 기차 모형을 siding에 올려놓았다. 그녀의 엄마는 siding의 의미를 알지 못했으나, 타지카는 정확히 알고 있었다.

초기 언어 발달을 연구하는 학자인 Erica Hoff는 언어 발달은 "모든 아동에 내재하는 천재성을 드러내 준다 ……. 스스로 신발끈을 묶지도 못하고 혼자서는 차도를 건너지도 못하는 세 살배기 아이가 수천 개의 어휘를 습득하고 비교절로 이루어진 문장을 산출한다는 것은 놀라운 일" (Hoff-Ginsberg, 1997, p. 3)이라고 주장하였다. 관찰을 통해 그녀는 비록 아동이 처음 태어났을 때는 어떤 낱말도 이해하거나 사용하지 못하지만, 1년 이내에 몇 개의 낱말을 이해하고 사용하며, 24개월경이면 수백 개의 낱말들을 습득하고 그것들을 묶어 짧은 문장을 만들어 낸다는 사실을 밝히고 있다. 1세 아동은 무언가 마실 것을 요구하기 위해 오직 "mama"라고밖에는 말하지 못하지만, 3세 아동은 "Mom, Daddy said I could have some chocolate milk and I think I'll have it in the pink sippie cup(엄마, 아빠가 초콜릿 우유 먹어도 된다고 했어. 그리고 난 이걸 분홍색 냠냠 컵에 담을 생각

**논의 요점**
이 절에서 우리는 언어 발달에 적용되는 결정적 시기라는 개념을 살핀다. 결정적 시기 개념이 적용될 수 있는 또 다른 발달 영역은 무엇일까?

이야).”이라고 말할 수 있다.

명백히 해야 할 것은 (1) 아동들이 주목할 만큼 빠른 속도로 언어를 발달시키며, (2) 아동들마다 “습득 절차를 임의로 배열시키는 강력한 힘”(Hoff, 2004, p. 923)을 가진다는 것이다. 또 하나 분명한 것은 생애 첫 5~7년은 언어 발달에 있어 **결정적 시기**(critical period, 종종 민감기[sensitive period]라고도 불린다)이며, 이는 곧 언어가 최대한의 용이성으로 매우 빠르게 발달하는 시기 동안 기회의 창(window of opportunity)이 존재한다는 것을 의미한다. 언어의 결정적 시기는 3~39세 사이에 미국에 건너 온 중국어 및 한국어 원어민 화자들의 영어 능력을 연구한 한 팀에 의해 입증되었다(J. S. Johnson & Newport, 1989). 7세가 되기 전에 영어를 제2언어로 습득한 사람들은 가장 정교한 영어 언어 능력을 가진 반면, 17세 이후에 영어를 배운 이들은 가장 덜 정교한 능력을 가지고 있었다. 인간 종의 언어 발달에 있어 결정적 시기는 다른 종들이 생존을 위한 필수적인 행동을 습득하는 과정에 드러내는 결정적 시기와 유사한 양태를 보인다. 예를 들어, 비록 4,000종 이상 가운데 각각의 습득방식에서는 뚜렷한 차이가 존재하기는 하지만, 노래하는 새들은 노래 습득과 관련된 결정적 시기를 보인다(예를 들어, 어떤 새들은 노래를 배우기 위해 초기부터 노래에 노출되어야 하지만, 또 다른 새들은 노래를 별도로 발달시킬 수 있다; Brenowitz & Beecher, 2005). 인간의 경우는 오직 호모사피엔스 한 종만이 존재하므로 언어 발달의 결정적 시기란 전 세계 모든 인간들에게 보편적으로 적용된다.

## 보편성

언어는 전 세계의 모든 공동체에 편재해 있다. 어떠한 인간의 문화든 하나 또는 종종 다수의 언어를 가지며, 모든 언어들은 저마다의 복잡성을 가진다. Steven Pinker는 『언어 본능(*The Language Instinct*)』(1994)이라는 저서를 통해 언어의 **보편성**(universality)에 관해 다음과 같이 기술하였다.

> 언어학자들을 경외감으로 가득 채운 이것은 언어가 단지 문화의 산물이 아니라 인간의 본능에 의한 특별한 산물은 아닐까라는 의구심을 갖게 하는 첫 번째 이유다. …… 문화적 산물이란 이 사회에서 저 사회로 옮겨 감에 따라 그 정교성이 크

> 게 달라진다. …… 그렇지만 언어는 이러한 관계를 파괴시킨다. 석기시대의 사회는 존재했으나, 석기시대의 언어 따위란 존재하지 않는 것이다(p. 26).

언어에 적용시켰을 때의 보편성이라는 개념은 세계 모든 사람들이 언어 학습이라는 과제에 대해 동일한 인지적 기반 구조(cognitive infrastructure)를 적용시킨다는 것과 그 인지적 기반 구조는 사물이나 행위에 대한 상징적 표상을 발달시키는 과제에 특별히 적합한 것이라는 것을 시사한다(Bickerton, 1995). 비록 세상의 여러 언어들이 그 구문 조직에서는 명백히 다르지만(예를 들어, 어떤 언어에는 조동사가 있지만 다른 언어에는 없다; Tomasello, 2003 참조), 인지적 기반 구조는 모든 언어에 동일하게 존재한다. 이러한 이유로 아동이 언어를 습득하는 방식이나 그들이 특정 지표에 도달하게 되는 시점에는 지구의 언어 공동체들 간에 별다른 차이가 나타나지 않는 것처럼 여겨지게 되는 것이다.

## 종 특정성

언어는 명백히 인간만의 능력이다. 다른 어떤 동물도 이러한 성향을 공유하지 않는다. 따라서 인간의 언어는 **종 특정성**(species specificity)을 보인다. 비록 많은 비영장류들도 의사소통을 할 수 있으나, 그들의 의사소통 능력이란 전적으로 도상적인(iconic) 것이다. 도상적 의사소통 시스템은 의사소통해야 할 바와 의사소통하는 방식 사이에 투명한 관련성이 존재하는 것이다. 비영장류의 의사소통 시스템은 정도의 차이가 있을 뿐 모두 도상적이지만, 인간 언어에는 도상적인 것이 거의 없다.

도상적이라는 것에 덧붙여, 동물 의사소통 시스템은 그 조합적 속성에서 인간의 의사소통 시스템과 구별된다(Bickerton, 1995). 인간의 언어는 사고의 단편들을 더 큰 명제로 조합해 낼 수 있도록 허용하는 구문적 틀을 제공한다. 사실상 인간은 구문론이라는 도구를 이용해 새로운 구조의 무한한 배열을 생산해 낼 수 있다. Bickerton이 설명한 바와 같이, 목화머리 타마린(cotton-top tamarin, 일종의 원숭이[역자 주: 이 동물은 위협과 경고의 신호로 찍찍거리거나 깩깩거리는 소리를 조합해 낼 수 있다])을 제외하고는 다른 어떤 동물들도 구문론이 인간에게 허용해 준 것

비록 많은 비영장류들도 의사소통을 할 수는 있으나, 그들의 의사소통 능력이란 전적으로 도상적인 것이다. 도상적 의사소통 시스템이 도상적이라는 것은 무엇을 의사소통할 것인가와 그것을 어떻게 의사소통할 것인가 사이에 투명한 관련성이 존재한다는 것이다.
사진 출처: © Francine Fleischer/Corbis.

과 같은 방식대로 상징들을 조합해 낼 수 있는 수단들로 구성된 의사소통 시스템을 갖추고 있지 못하다.

## 의미성

인간의 언어는 사람들이 탈맥락화된 또는 현시점과 격리된 어떤 사건을 표상할 수 있도록 해 준다. 이는 이 시점 전후에 발생되었거나 또는 발생될 어떤 것을 공유하기 위한 것이다. 이러한 개념을 **의미성**(semanticity)이라 한다. 앞서 언급된 바와 같이, 인간의 언어는 참조물과 이를 기술하기 위해 사용된 언어 사이의 관련성이 전적으로 자의적이므로 어떠한 시공간적 경계도 존재하지 않는다. 예를 들어, cup이라는 낱말은 그것이 참조하는 것과 어떠한 관련성도 없다. 이 관계는 전적으로 자의적인 것이다. 즉, 누구나 현재 컵을 가지고 있지 않아도 cup이라고 말할 수 있으며, 타인들은 그가 무엇을 지칭하고 있는 것인지를 알고 있을 것이다. 의미성이란 사람들이 세계를 표상하도록 허용하는 언어적 측면—다른 어떤 종들에 의해서도 공유되지 않는 특별한 능력—인 것이다(Bickerton, 1995).

## 생산성

**생산성**(productivity)이란 조합의 원칙, 특히 적은 수의 별도 단위들을 일견 무한히 새로운 생성으로 조합하는 원칙을 기술하기 위한 것이다. 생산성은 언어뿐 아니라, 예컨대 수학이나 음악과 같은 인간의 기타 행위에도 적용되는 현상이다. 언어를 지배하는 상대적으로 적은 수의 규칙 세트를 이용하여 인간은 무한한 수의 사고와 새로운 구조를 생산해 낼 수 있다. 예를 들어, 인간은 적은 수의 소리 세트(GAE 화자들은 약 39개의 소리를 이용한다)만을 사용하지만, 이런 작은 단위들을 직관적으로 알고 있는 일련의 규칙들에 입각하여 무한한 수의 낱말로 조합해 낸다. 마찬가지로 인간은 상대적으로 적은 수의 낱말을 사용하지만, 그것을 활용하여 누구도 한 번도 들어 보지 못한 무한히 다양한 새로운 문장을 생성해 낼 수 있다. 생산성의 원칙이라는 특징으로 인해, 당신은 지금 당장 그 어떤 이도 아직 말한 적 없는 문장을 산출할 수 있을 것이다.

생산성의 원칙은 언어에 있어 그 최초의 습득 단계에서부터 고유한 것이다. 생후 18개월에 50개의 낱말을 가진 아동들은 이 작은 낱말 세트를 조합 및 재조합하여 스스로도 그리고 남들도 아직 들어 보지 못한 문장을 생성해 낸다. 비영장류의 의사소통 시스템의 단위들은 새로운 의미를 만들어 내기 위해 재조합될 수 없다는 점에서, 언어가 가지는 이러한 생산성 특징은 오직 인간에게만 고유한 것이다. 예를 들어, 올빼미원숭이(night monkey)는 16개의 의사소통 단위를 가진다. 그러나 이 단위들이 의사소통을 위해 가능한 열여섯 가지 방식 이상으로 재조합되는 것은 불가능하다. 그들에게는 생산성의 원칙이 적용되지 않기 때문이다(Bickerton, 1995).

# 언어 차이와 언어장애

대부분 아동들의 언어 발달은 꽤나 일관적인 경로를 거친다. 전 세계의 아동들은 전형적으로 거의 같은 시기(12개월)에 낱말을 사용하는 방식으로 의사소통을 시작하며, 18개월경에 두 낱말 조합을 사용하기 시작한다(예: daddy shoe, mommy go). 이 시점에서부터 그들은 5세경에 수천 개의 표현 어휘를 축적하고, 사춘기가 되기 전에 충분히 성인 수준의 문법에 이르게 된다. 그러나 이러한 일반적인 발달 궤도는 대부분의 아동들을 특징짓는 것이기는 하지만, 모두를 설명하는 것은 아니다. 사실상 대략 같은 연령의 아동을 아무나 2명만 비교해 봐도 그들 언어는 내용, 형식, 사용 면에서 상당한 차이가 있게 마련이다. 이러한 차이는 습득해야 할 언어, 성별이나 기질, 언어 습득 환경의 영향을 받은 것이다. 게다가 어떤 아동들은 선천적인 유전적 성향, 발달장애 또는 상해나 질병으로 인해 경도에서 최중도에 걸친 언어 습득 장애를 보이기도 한다. 우리는 이 주제에 대해 제9장과 제10장에서 보다 심도 있게 다룰 것이다.

## 언어 차이

**언어 차이**(language differences)란 언어 사용자들 간의 변이성을 설명하기 위해 사용되는 일반적인 용어다. 정확히 동일한 나이의 두 아동일지라도 그들의 언어 능력을 비교해 보면 일정 범주의 차이가 나타날 수 있다. 예를 들어, 그들은 이해하는 낱말의 수, 문장의 길이, 사용하는 낱말의 유형, 대화 중에 타인과 언어를 공유하는 방식 등에서 서로 다를 수 있다. 때로는 두 개인의 차이가 미세할 경우도 있다. 반면 어떤 경우에는 그 차이가 보다 심각하여 심지어 의사소통을 위협하는 지경에 이를 수도 있다. 예를 들어, 미국의 어린 아동에 대한 다음과 같은 진술을 살펴보자.

- 5세 소녀인 라미카는 아프리카계 미국 영어 방언을 사용한다. 그녀는 자신 외의 모든 아동 및 교사가 일반 미국 영어(GAE)를 사용하는 유아원에 다닌다.
- 3세의 청각장애아인 안젤라는 Signed Exact English(일종의 수화)로 의사소통한다. 그녀는 청각장애아 특수유치원에 다니며, 그곳의 또래 대부분은 미국 수화로 의사소통한다.
- 2세의 잭은 스페인어와 영어를 동시에 배운다. 그의 가족은 집에서 이 두 언어를 모두 말한다. 그가 다니는 유아원에서는 또래 대부분이 스페인어 단일 화자들이며, 그의 주 언어는 스페인어이지만 종종 영어 문법을 혼용하기도

한다.

- 3세의 미미는 생후 18개월경에 중국에서 온 입양아인데, 탁아소의 다른 아동들이 사용하는 것에 비해 낱말 수도 적고 문장의 길이도 더 짧다.

이 예들은 문화적 그리고 언어적으로 다른 공동체에 사는 아동들이(그리고 성인들도) 어떻게 언어적 차이를 보일 수 있는지를 예시해 준다. 이 절에서 우리는 언어 발달에 미치는 몇 가지 주된 영향에 대해 논의할 것인데, 이것이 바로 개인들 간의 차이, 특히 방언, 이중언어, 성, 유전적 성향, 언어 학습 환경과 같은 것들에 대한 설명에 유용할 것이다.

## 방언

**방언**(dialect)은 특정 문화나 지형학적 경계 내에서 발생되는 자연스러운 언어 변이를 말한다. 이러한 변이는 형식, 내용, 사용에도 영향을 미친다. 전 세계에 수많은 영어 화자가 있음을 감안하면, 수많은 영어 방언이 존재한다는 사실도 그리 놀라운 일은 아니다. 미국에서는 보편적인 방언에 애팔래치아(Appalachian) 영어, 아프리카계 미국인의 흑인어에서 기원한 영어, 스페인어에서 영향을 받은 영어가 포함되어 있다. 이들 방언은 GAE 방언의 그것에 비해 형식, 내용, 사용에 있어서 미세한 수준에서 현저한 수준까지 차이가 나타난다. 이러한 결과는 영국, 호주, 뉴질랜드의 영어를 포함하여 그 밖의 전 세계에서 사용되는 영어 방언의 경우에도 동일한 현상으로 나타난다.

**논의 요점**
당신은 어떤 방언을 말하는가? 친구들이 말하는 방언은 무엇인가? 이러한 차이들은 당신이 타인과 의사소통 하는 것에 어느 정도까지 영향을 미치는가?

모든 언어는 방언에 따른 어느 정도의 변이를 가지며, 한 언어의 사용자들이 광활한 지역으로 확산되면서 뚜렷한 지형학적 장막이 한 공동체를 다른 공동체들로부터 고립시킬 때, 또는 한 언어 공동체 내에 사회적 장막이 존재할 때 방언의 수가 증가하게 된다. 〈다문화적 초점: 아프리카계 미국인의 흑인 영어〉는 아프리카계 흑인 영어 방언에 대한 깊은 통찰을 제공해 준다.

## 이중언어

비록 미국의 많은 아동들이 하나의 언어(**단일언어**[monolingualism])를 배우지만, 나머지는 2개 이상의 언어(**이중언어**[bilingualism])를 습득하기도 한다. 이중언어는

## 아프리카계 미국인의 흑인 영어

영어는 많은 방언을 가진다. 방언이란 단일언어 내의 형식, 내용, 사용에서의 자연스러운 변이를 지칭하는 용어다. 미국에서 아프리카계 미국인의 흑인 영어(African American Vernacular English: AAVE)는 일부 아프리카계 미국인뿐 아니라 히스패닉이나 비히스패닉계 백인을 포함하여 다양한 민족 및 인종들이 사용하는 주목할 만한 방언이다(Poplack, 1978). AAVE의 개인적 사용은 전형적으로 개인의 민족이나 인종적 유산보다는 오히려 그것을 사용하는 또래와 접촉한 양으로부터 영향을 받는다. 이러한 특징은 어떠한 영어 방언에서도 동일하게 적용되는 현상이다. 예를 들어, 필라델피아의 6학년 푸에르토리코 학생들을 조사한 한 연구에서, Poplack은 푸에르토리코 소년들이 GAE나 푸에르토리코 스페인어를 포함하여 자기 공동체 내의 다른 방언들보다 AAVE를 더 많이 사용하는 경향이 있음을 발견하였다.

사회적 영향으로 인한 언어 변이를 연구하는 사회언어학자들은 GAE와 구별되는 AAVE의 가장 뚜렷한 특징들의 일부에 대해 많은 진술을 제공하고 있다(예: W. Labov, 1972; Washington & Craig, 1994). AAVE의 몇몇 특징은 음운론(예: AAVE의 /mos/ 대 GAE의 /most/와 같은 종성 자음군 축소)과 문법(예: AAVE의 'that hers' 대 GAE의 'that is hers'와 같은 be 동사의 생략; Charity, Scarborough, & Griffin, 2004)을 포함하여 언어의 형식과 관련된 것이다. AAVE의 또 다른 특징들 중에는 언어의 내용 및 사용과 관련된 것도 있다.

다른 모든 영어 방언들과 마찬가지로, AAVE 역시 고유한 규칙과 전통으로 형식, 내용, 사용에 영향을 미치는 체계적이며 규칙 지배적인 시스템이다. 모든 면에서 AAVE는 그 밖의 다른 영어 방언과 그 복잡성에 있어서 조금도 다르지 않다(Goldstein & Iglesias, 2004). 과거에 일부 학자들(예: Bereiter, 1966)이 AAVE를 영어의 '빈약한' 버전이라고 제안했음을 고려하면 이는 매우 중요한 요점이다. 그들의 관점은 모든 언어들(그리고 그 각각의 방언들)이 등가의 복잡성을 가진다는 사실을 포함하여 방언적 변이에 대한 이해의 결핍을 명백히 보여 주는 것이다. 여전히 전 세계의 많은 언어 공동체 내에서 어떤 방언들은 다른 것들보다 더 존중되기도 하며 더욱 높은 명망과 가치를 수반하기도 한다.

미국에서 일부 전문가들은 AAVE 화자들이 학업 성취에 있어 위험에 직면해 있다는 사실에 동의한다. 왜냐하면 그들의 방언이 종종 학교 영어(School English[SE]; Charity et al., 2004)라고도 불리는 가장 보편적으로 학교에서 사용되는 영어와 다르기 때문이다. 이러한 위험의 한 가지 원인은 AAVE 화자들이 가지는 언어 표상의 특징과 그들의 교사 방언—종종(언제나 그런 것은 아니나) GAE일 경우가 많다—에서의 특징들 사이에 불일치가 일어나기 때문이다. 또 다른 가능성은 일부 교사들, 특히 GAE 방언을 사용하는 교사들은 AAVE를 말하는 학생들에 대해 부정적 편견을 가지고 있고, 그들에게는 기대 수준이 낮으며, 또한 그들에게 효과적이지 못한 교수를 제공할 수 있다는 사실에 있다. 그렇지만 어떤 연구자들은 AAVE를 말하는 학생들 가운데 SE에 대한 친숙도 수준이 그들의 읽기 성취와 정적으로 연합되어 있음을 밝힌 바 있으므로(Charity et al., 2004), 교육자들은 방언적 변이가 어떻게 아동의 학업 성공을 돕는지와 이에 대해 미리 계획할 수 있는지에 관한 자신의 이해를 개선시켜야 할 것이다.

여러 나라의 규준이 되기도 한다. 예를 들어, 벨기에 같은 나라는 많은 국민들이 프랑스어와 네덜란드어를 말한다. 이중언어 환경에서 양육되는 아동들은 종종 자신들이 배우는 두 언어의 문법과 어휘를 상호 교환하는 것과 같은, 단일언어 환경의 아동들에게서는 나타나지 않는 언어적 차이를 보이기도 한다. 이러한 현상을 **기호 전환**(code switching)이라 한다(Muñoz, Gillam, Peña, & Gulley-Faehnle, 2003). 예를 들어, 스페인어와 영어를 동시에 쓰는 아동은 영어 구문이 담긴 스페인어 문장이나 또는 스페인어 구문이 반영된 영어 문장을 산출하기도 한다.

여러 언어를 배우는 아동들은 이를 동시에 또는 순차적으로 습득할 수도 있다. 동시적 이중언어에서 아동들은 두 언어를 동시에 습득한다. 순차적 이중언어에서는 아동들이 먼저 한 언어를 발달시킨 후 두 번째 언어를 습득한다. 가정에서 스페인어를 배우고 나서 유치원이나 초등학교에서 영어를 발달시키는 미국의 히스패닉 아동들에게는 상대적으로 순차적 이중언어가 더 보편적인 현상일 것이다. 발달 초기 단계에서의 스페인어-영어의 순차적인 이중언어 영어기술은 태어나면서부터 이 두 언어를 동시에 배우는 아동들의 그것과는 다를 것이다. 이 두 집단의 아동 간에는 언어의 형식, 내용, 사용 면에서 일부 차이를 보이게 될 것이다. 또한 이는 단일언어 영어 화자 아동의 그것과도 역시 다를 것이다.

비록 아동이 배워야 할 언어는 명백히 그의 언어 발달에 영향을 미치지만(예를 들어, 중국어 화자 아동이 산출한 이야기는 영어 화자 아동의 그것과 조직적 구조에서 차이가 난다; Wang & Leichtman, 2000), 모든 언어는 그 복잡성에서 대략적으로 동일하다(Bickerton, 1995). 다시 말하자면, 아동들 간에는 자신들이 배우는 언어(또는 언어들)에 따라 어느 정도 차이는 있으나, 모든 언어가 인간 뇌의 동일한 기반 구조를 이용하기에 그 복잡성은 유사하다(Bickerton, 1995).

**논의 요점**
다른 여러 나라들에 비하여 미국에서는 이중언어로 양육되는 아동의 수가 보다 적다. 왜 그럴까?

## 성

상대적으로 잘 알려진 한 가지 사실은 여아가 남아에 비해 언어 발달에 이점을 가진다는 것이다. 여아는 일반적으로 남아보다 말을 더 빨리 시작하며(Karmiloff & Karmiloff-Smith, 2001), 생후 2년에 남아보다 어휘 발달 속도도 더 빠르다(J. Huttenlocher, Haight, Bryk, Seltzer, & Lyons, 1991). 또한 남아는 언어 발달의 심각한 결함, 즉 **언어장애**(language impairment)를 보다 많이 가지는 경향이 있다. 실제로 남아 대 여아의 언어장애 출현율은 2:1 또는 3:1에 이른다(P. S. Dale, Price, Bishop, & Plomin, 2003; Spinath, Price, Dale, & Plomin, 2004). 성에 따른 이러한 명백한 차이에도 불구하고, Kovas와 동료들(2005)은 언어 발달에서의 **성차**(gender differences)는 상대적으로 사소한 것이며, 특히 아동이 영아기를 거쳐 취학 전 시기로 넘어가는 시점에서는 더더욱 그러하다고 지적한 바 있다.

언어 발달에서 성차가 발생하는 이유는 명확하지 않다. 전문가들은 생물학적 및 환경적 영향 모두의 가능성을 지적한다(Kovas et al., 2005). 예를 들어, 부모들은 남아보다는 여아들에게 말을 더욱 많이 하는데, 이것이 언어 발달의 속도를 도울 수 있을 것이다. 그 밖에 호르몬과 관련된 요인이 이러한 차이를 가져올 수 있다.

### 유전적 성향

취학 전 교사(preschool teacher)라면 누구든 대략 동일한 나이대의 어린 아동들에게조차 언어 발달에 믿을 수 없을 만큼의 개인 차이가 존재한다는 사실을 익히 알고 있을 것이다. 이러한 차이의 일부는 유전적 성향(genetic predisposition)과 관련된 것이다. 복잡한 인간 특성 중 하나인 언어 능력이 어떤 단일 유전자에 주재하는 것일 수는 없을 것이다. 그렇지만 일군의 유전자들 중에서 구문론, 어휘, 음운론을 포함한 언어 발달의 모든 측면에 영향을 미치는 다른 유전형질이 있음을 지적하는 증거들이 있다(Stromswold, 2001). 연구자들이 언어장애의 선천성뿐 아니라 언어 발달에서 유전의 영향을 추정하기 위해 사용하는 한 가지 방식이 **쌍생아 연구**(twin study)다(〈연구 패러다임: 쌍생아 연구〉 참조). 쌍생아 연구에서 연구자들은 **일란성**(monozygotic: MZ) 및 **이란성**(dizygotic: DZ) 쌍생아의 언어 능력을 비교한다. 일란성 쌍생아는 유전적으로 동일한 반면, 이란성 쌍생아는 유전 물질의 50%를 공유한다. 쌍생아 연구는 연구자들로 하여금 언어 발달에 미치는 유전적, 환경적 공헌 정도를 정확히 판별해 낼 수 있게 해 준다.

인간의 언어 능력은 얼마나 선대로부터 물려받는 것인가? 787쌍의 쌍생아를 대상으로 한 연구 결과에서 4세 아동의 언어 능력 변량의 약 16% 정도가 유전으로 설명될 수 있는 것으로 나타났다(Kovas et al., 2005). 그렇지만 전형적 인구의 아동들의 언어장애에 비하여, 쌍생아들 간의 언어장애는 유전적 요인의 영향을 보다

연구 패러다임

### 쌍생아 연구

유전적, 환경적 영향 모두 언어 발달에 중요한 역할을 담당한다. 그렇지만 환경적 영향에 대비되는 유전의 상대적인 영향에 대해 정확히 알아내기는 어렵다. 유전 대 환경의 고유한 영향을 추정할 수 있는 한 가지 방식이 쌍생아 연구 또는 쌍생아 방식이다(Kovas et al., 2005). 일란성(MZ) 쌍생아는 유전 물질을 100% 공유하는 데 비해 이란성(DZ) 쌍생아는 50%를 공유한다. 일란성이든 이란성이든 쌍생아가 한 가정에서 양육되면 출생 전이나(태내에서) 출생 후(가정 환경에서) 모두 환경적 영향을 100% 공유하게 될 것이다(Kovas et al., 2005). 언어 발달에 작용하는 유전 대 환경의 영향력 추정에 관심을 가지는 연구자들은 종종 여러 기간에 걸쳐서 쌍생아 집단으로부터 언어 검사 점수를 수집한다. 그들은 일란성과 이란성 쌍생아들을 비교함으로써 특정 언어기술의 유전성을 확정하기 위해 여러 가지 정교한 통계기법을 사용하며, 유전적 기술로 설명될 수 있는 언어기술의 변량을 통제함으로써 언어에 미치는 환경의 영향을 분리시켜 내기도 한다.

현재까지 진행된 가장 대규모의 쌍생아 연구는 영국에서 영국의학연구위원회(UK Medical Research Council)의 지원하에 수행된 「쌍생아 초기 발달 연구(*Twins Early Development Study: TEDS*)」다(Trouton, Spinath, & Plomin, 2002). 이 연구는 총 6,963쌍의 쌍생아를 대상으로 하였는데, 2,351쌍은 일란성 쌍생아이고, 2,322쌍은 동일한 성별의 이란성 쌍생아이며, 2,290쌍은 성별이 서로 다른 이란성 쌍생아였다. 모든 쌍생아들은 1994~1996년 사이에 영국에서 출생하였다. 그들이 2, 3, 4세 시점에 부모 설문 형식으로 언어 발달을 조사하였다. 중증의 의학적 및 유전적 결함 또는 산전 질환을 가지고 태어난 쌍생아는 샘플에서 제외시켰고, 일란성/이란성 여부를 확정할 수 없거나 그 부모가 가정에서 영어를 사용하지 않는 경우에도 샘플에서 제외시켰다(Spinath et al., 2004). 이들 쌍생아로부터 수집된 자료들을 이용한 여러 연구들이 수행되었는데, 언어 발달에 미치는 유전 및 환경의 영향에 관한 것뿐 아니라 남아 대 여아의 언어 발달 비교, 언어장애의 유전성 등에 관한 것들이 포함되었다. 이 연구 결과, 연구자들은 이후 10여 년 동안 거의 1만 4,000명의 아동으로부터 수집된 자료를 이용하여 많은 질문에 답할 수 있게 되었다.

강력히 받는 것으로 여겨진다. 실제로 그들의 언어 능력의 약 49% 정도는 유전에 의해 설명될 수 있었다(Spinath et al., 2004). 만일 일란성 쌍생아 중 1명이 언어장애를 가진다면 나머지 1명 역시 장애를 가질 확률이 약 85%에 이른다.

## 언어 학습 환경

아동이 양육되는 언어 학습 환경은 그들의 언어 발달에 지대한 영향을 미친다.

비록 아동이 생물학적으로 부여받은 능력과 언어 학습 과업이라는 타고난 성향을 가지고 세상에 나왔지만, 언어 학습을 지원하는 신경학적 구조물은 "개방된 유전 프로그램(open genetic program)" (Cartwright, 2000, p.195)이다. 이 용어는 언어의 형식, 내용, 사용, 아동이 노출되는 언어와 관련된 환경으로부터의 입력 또는 아동이 환경으로부터 받는 '실질적인 증거'를 토대로 신경학적 구조물이 조율된다는 것을 의미한다(Cartwright, 2000). 간단히 말하자면, 아동이 각자의 환경에서 경험하는 모든 것들이 개인의 언어 학습 기제(language-learning apparatus)를 조율하도록 돕는다는 것이다.

**논의 요점**
가정에서의 언어 입력에 관한 Hart와 Risley의 연구는 중산층 가정의 아동이 사용하는 낱말의 양과 하층 가정의 아동이 사용하는 낱말의 양 사이에 차이가 있음을 밝혔다. 왜 이러한 차이가 존재하는지 설명해 보라.

아동의 언어 발달에 가장 뚜렷한 영향을 미치는 것으로 여겨지는 환경 측면은 경험하는 언어의 양(quantity)과 질(quality)이다. 양이란 말 그대로 아동이 경험하는 언어의 양을 말한다. Hart와 Risley(1995)의 고전적 연구에서는 아동들이 가정에서 듣는 낱말의 총량이 아동의 어휘 크기에 직접적인 영향을 미치는 것으로 나타났다. 상대적으로 적은 수의 낱말을 듣는 아동은 그만큼 어휘가 빈약한 반면, 풍부한 낱말을 듣는 아동은 그만큼 어휘 크기가 큰 것이다.

경험한 양이 언어 발달에 중요한 것처럼, 아동이 겪은 언어 학습 경험의 질도 마찬가지다. 질은 아동의 양육 환경에서 나타나는 언어의 특성—낱말의 유형(예: 명사, 동사, 부사), 문장 구조(예: 단문, 복문, 중문), 문장의 의도(예: 지시, 선언, 의문), 이야기의 조직과 특정성(예: 감정 표현, 세부 상황)—을 가리키는 것이다. 아동의 언어 학습 경험이 단문 형식(예: That boy is not my friend)만이 아니라 복문(예: That boy who hit me is not my friend처럼 종속절이 내포된 문장)에 대한 노출까지도 포함하고 있는 경우, 아동은 이러한 구문에 노출되지 않은 아동에 비하여 복문 형식을 보다 많이 사용할 것이다(J. Huttenlocher, Vasilyeva, Cymerman, & Levine, 2002). 그러므로 아동들이 주된 양육 환경(가정, 유치원 등)에서 겪은 언어 경험은 그들의 언어 발달에서 나타나는 변량의 상당량을 설명해 준다(예: Rush, 1999).

북미 주류 사회에서 양육된 유아에 관한 연구는 언어 학습 환경의 특별히 중요한 한 가지 측면을 밝혀 주었다. 그것은 양육자의 **반응성**(responsiveness)이다. 이 용어는 낱말이나 그 밖의 수단을 통한 아동의 의사소통 시도에 대해 반응하는 양육자의 즉각성(promptness), 수반성(contingency), 적절성(appropriateness)을 지칭하는 것이다(Tamis-LeMonda, Bornstein, & Baumwell, 2001). 전문가들은 반응성이 아동이 현재 흥미로워하는 화제를 반영하고, 의미론적 및 구문적 학습을 촉진하는 민감한 입력을 제공해 주므로 아동의 언어 발달에 중요한 도움을 제공한다는 것에 동의하고 있다. 유아기와 아장이기 동안에 나타나는 부모의 높은 반응성은 아동의 빠른 언어 발달 속도와 연합되어 있다. 예를 들어, 매우 반응적인 어머니를 둔 아장이(toddler)는 평균 15개월경에 50낱말의 이정표에 도달하는 반면, 덜 반응적인 어머니들의 자녀들은 그보다 늦은 약 21개월에 같은 이정표에 이르는 경향을 보고한 연구가 있다(Tamis-LeMonda et al., 2001). 이처럼 양육자의 반응적이고 민감한 언어 입력이 아동의 언어 발달에 기여한다는 사실은 언어 입력의 양만큼이나 그 질도 중요하다는 점을 시사한다. 〈이론에서 실제까지: 교실에서 언어적으로 과묵한 아동〉은 기질과 언어 사이의 관련성이 과묵한 아동의 언어적 상호작용을 촉진하기 위한 임상 활동에 어떠한 방식으로 영향을 미칠 수 있는지에 대해 설명하고 있다.

## 언어장애

기타 인간의 복잡한 특성들과 마찬가지로, 적절한 시점에 그리고 별다른 수고 없이 언어를 발달시키는 능력은 특정 발달장애나 뇌손상에 의해서뿐만 아니라 언어 메커니즘에서의 선천적 취약성에 의해서도 해로운 영향을 받을 수 있다. 언어장애 아동들은 전형적으로 다른 아동들보다 언어적 이정표에 더 늦게 도달하며, 언어의 형식, 내용, 사용의 다양한 측면에서 장기적인 결함을 보이는 등 언어 발달에서의 심각한 결함을 드러낸다. 지금부터 우리는 아동기 언어장애에 대해 간략히 개괄할 것이며, 이 주제에 관해서는 제10장에서 더욱 상세히 다룰 것이다.

### 유전성 언어장애

**유전성 언어장애**(heritable language impairment) 아동은 전형적으로 다른 어떠한 지적 결함도 수반하지 않은 채 저조한 언어 능력을 보인다. 그 언어 기능에서의 특정성으로 인해 이러한 상태를 종종 **단순언어장애**(specific language impairment: SLI)라 명명하는데, 이는 전체 아동의 약 7~10%에 영향을 미친다(Beitchman et al., 1989; Tomblin et al., 1997). 단순언어장애는 아동에게 영향을

## 교실에서 언어적으로 과묵한 아동

아동들이 언어를 타인과의 의사소통 수단으로 사용하는 빈도는 아동 개개인에 따라 상당한 차이가 있다. 이 빈도는 어느 정도까지는 아동이 자신의 언어에 대해 가지는 개인적 용이성과 관련되어 있지만 기질과도 역시 관련되어 있다. **기질**(temperament)이란 개인마다 "세계에 접근하고 그것을 경험하는 타고난 방식"(Kristal, 2005, p. 5)을 말한다. 그리고 왜 어떤 아동들은 대담하고 활기차며, 어떤 아동들은 예민하고 소심하며, 또 어떤 아동들은 융통성이 없는지에 관한 이해를 돕는 인간 행동에 관한 이론적 구조다(Kristal, 2005). 언어 발달이라는 것이 아동들로 하여금 각자의 언어 학습 메커니즘을 조율하기 위해 환경으로부터의 입력을 경험할 것을 요구한다는 점을 감안하면, 아동 개인의 기질이 스스로 경험하는 언어 입력의 양에 영향을 미친다는 것은 타당한 결론이라 할 수 있다. 예를 들어, 대담한 아동들은 자기 부모나 교사들로부터 더 많은 언어를 유도해 내는 반면, 과묵하고 수줍음이 많은 아동들은 더 적은 언어를 끌어낼 것이다.

언어 발달과 기질의 함축적 상호작용이라는 이론적 조망은 그 두 구조 사이에 상호작용이 발생하거나 상호 간에 영향을 미친다는 점을 제안한다. 언어와 기질의 가능한 상호작용을 살핀 연구들은 이러한 이론을 지지한다. 예를 들어, Evans(1996)는 교사들에 의해 매우 과묵한 특징(예: 필요한 경우에 거의 도움을 청하지 않거나 좀처럼 토론에 참여하지 않는)을 가지는 것으로 보고된 18명의 유치원 아동들은 1학년 시점에서의 언어 능력 검사에서 말이 많은 또래 아동들에 비해 그 수행이 더 낮았음을 발견하였다. 일부 아동들이 언어기술이 덜 발달했기 때문에 말수가 적어진 것인지, 아니면 언어기술이 덜 발달된 아동들이 원체 말수가 적은 것인지는 불명확하다.

기질-언어 상호작용의 가능성에 대한 이론과 연구는 아동의 언어기술 함양, 아동들 사이에서의 사회화 촉진, 다양한 목적을 위해 언어를 사용하는 능력 촉진과 같은 몇 가지 중요한 목표가 제시되는 취학 전 학교나 유치원 교실교육에 중요한 시사점을 제공한다. 교사들은 과묵한 아동들이 이러한 목표를 달성하도록 돕는 것에 어려움을 느낄 것이다. 아동들의 언어 사용 및 복잡성을 증진시키는 것으로 검증된 한 가지 접근방식은 상호작용 촉진 반응을 사용하도록 교사들을 훈련시키는 것이다(Girolametto, Weitzman, & Greenberg, 2003). 상호작용 촉진 반응의 예로 (1) 다양한 질문을 활용하기, (2) 아동들이 자기 말차례를 지키도록 유도하기, (3) 교실을 탐색하여 동떨어져 있는 아동이 참여할 수 있도록 유도하기 등이 포함될 수 있다. 교사들이 취학 전 교실에서 이 방식이나 기타의 언어 촉진 기술을 활용할 때 아동들이 더 많이 말하며 보다 복잡한 어휘 및 문법을 사용한다는 증거들이 있다. 비록 과묵한 아동들에게 이러한 기술들의 효과가 구체적으로 확정된 것은 아니지만, 그것들은 기질-언어 상호작용에 대한 이론과 연구 결과를 임상에 필요한 정보로 전환시키는 유망한 방식을 제공한다.

미치는 가장 보편적인 유형의 의사소통장애다. 그리고 그것은 아장이로부터 4학년에 이르기까지의 조기 중재 및 특수교육 서비스의 시행을 요하는 가장 빈도 높은 원인이다.

쌍생아 연구나 가계 연구 모두에서 드러난 바와 같이, 단순언어장애가 유전적 조건임을 시사하는 근거들이 있다(Lai, Fisher, Hurst, Vargha-Khadem, & Monaco, 2001; Spinath et al., 2004). 쌍생아 연구 결과, 일란성 쌍생아의 경우 한 아동이 단순언어장애를 가지고 있으면 나머지 아동도 영향을 받을 가능성이 매우 높은 것으로 나타났다. 가계 연구 결과에서도 부모가 문제가 있다면 그 자녀 역시 단순언어장애를 가질 가능성이 매우 높았다.

### 발달장애

언어장애는 종종 특정 발달장애(developmental disability)와 함께 발생하기도 한다. 이러한 경우에는 언어장애가 다른 일차 원인에 기인한 것이므로 이차적 장애로 간주된다. 이차언어장애의 보편적 원인으로는 지적장애(intellectual disability)나 자폐스펙트럼장애(autism spectrum disorder: ASD)가 있다. 지적장애는 "정신의 발달이 정지되어 있거나 불완전한 상태로, 특히 발달기에 드러나는 기술의 결함으로 특징지어진다."(American Association on Mental Retardation [AAMR], 2002, p. 103) 지적장애의 진단을 위해서는 개인이 개념적 기술(의사소통, 기능적 학업, 자기지시, 건강과 안전), 사회적 기술(사회적 관계, 여가), 일상기술(자기관리, 가정생활, 지역사회에의 참여, 직업; AAMR, 2002)에서의 결함과 같은 적응 행동(adaptive behavior) 및 일상적 활동에서 제한이 나타나야 한다. 지적장애의 가장 보편적인 원인 중 하나는 다운 증후군(Down syndrome)인데, 이는 태내 발달 초기 단계에서의 염색체 이상에 기인하는 것이다. 다운 증후군이든 기타 원인에 의한 것이든 간에 지적장애는 종종 심각한 언어장애를 수반한다.

또 다른 유형의 이차언어장애는 **자폐스펙트럼장애**다. 이는 사회적 관계 및 의사소통에서의 심각한 결함, 반복적 행동, 과도하게 제한적인 관심의 집착으로 특징지어지는 다양한 발달 질환을 기술하는 포괄적인 용어다(Lord & Risi, 2000). 자폐스펙트럼은 네 가지 유형의 장애, 즉 자폐증, 소아기붕괴성장애(childhood disintegrative disorder), 아스퍼거 증후군(Asperger's syndrome), 달리 분류되지 않는 전반적 발달장애(pervasive developmental disorder-not otherwise specified: PDD-NOS)를 포함한다. 이 네 가지 질환은 총 약 500명 중 1명에 영향을 미친다(Yeargin-Allsopp et al., 2003). 이런 자폐스펙트럼장애를 앓는 아동은 일반적으로 경도에서 최중도에 이르는 이차언어장애를 보이며, 일부 자폐 아동은 언어의 표현적 사용을 결코 발달시키지 못하기도 한다.

### 뇌손상

언어장애는 언어 기능과 관련된 뇌 기제의 상해나 손상에 의해서도 나타날 수 있다. 뇌손상은 자궁(출산 전에) 및 출산 전후(분만 과정 동안에) 모두에서 그리고 출생 후에도 발생할 수 있다. 이러한 손상을 **후천성 뇌손상**(acquired brain injury)이라 한다. 후천성 뇌손상은 어린 아동의 사망 및 장애의 일차적 원인이다(U.S. Department of Health and Human Services, 1999). 신체적인 외상, 특히 머리의 외상으로 인한 뇌손상을 **외상성 뇌손상**(traumatic brain injury: TBI)이라 한다. 아동기 외상성 뇌손상의 원인에는 학대(예: 흔들린 아이 증후군[shaken baby syndrome]; 역자 주: 어린 아기의 어깨나 팔 등 신체를 심하게 흔들어 뇌출혈이나 안구출혈 등 치명적 뇌손상이 초래된 증세), 의도적 상해(예: 머리 가격이나 총상), 독성 물질 흡입에 의한 중독(예: 처방된 약물, 살충제), 교통사고, 추락 등이 포함된다. 손상은 뇌의 광범위한 영역에 영향을 미치는 **확산적**(diffuse)인 것일 수도 있고, 뇌의 오직 특정 부위에만 영향을 미치는 **초점적**(focal)인 것일 수도 있다. 뇌의 전두엽과 측두엽은 대부분의 통제적 기능(예: 추론하기, 계획하기, 가정하기) 및 언어 기능의 핵심 센터로서 머리의 상해로 인해 종종 손상되기도 한다(National Institute on Deafness and Other Communication Disorders, 2003).

뇌손상으로 야기된 언어장애는 손상 정도, 손상 부위, 손상 발생 전의 아동 특성에 따라 영향을 받는다(S. B. Chapman, 1997). 덜 심각한 손상이 일어난 아동에 비하여, 보다 중증의 손상을 가진 아동들에게는 완전한 언어 회복의 기회가 적다. 대중적인 생각과는 달리, 더 나이 든 아동에 비해 어린 아동의 뇌가 반드시 손상을 더 잘 버티고 더 잘 치유되는 것만은 아니다. 유아, 아장이, 취학 전 아동은 외상성 뇌손상 이후 장기간의 지속적인 인지 및 언어 결함을 보인다(Aram, 1988). 이러한 잘못된 상식이 존재할 수 있는 한 가지 가능한 이유는 일부 어린 아동들은 장애의 개시가 늦게 나타나기 때문일 것이다. 뇌손상 동안 지속되는 문제들은 몇 년이 지날 때까지는 명백히 드러나지 않는 경우가 있다. 문제가 발견되는 때야말로 손상된 뇌 영역이 특정 기술이나 활동에 적용되는 바로 그 시점인 것이다(Goodman & Yude, 1996).

## 요 약

언어는 자의적 상징으로 이루어지고 사회적으로 공유되며 규칙 지배적인 기호이고, 인간은 그것을 사고와 의사소통을 위한 표상 기호로 사용한다. 인간의 뇌는 정보의 저장, 추론, 가정, 계획과 같은 많은 인지적 처리의 수행을 위한 표상 수단으로 언어를 이용한다. 의사소통 도구로서의 언어는 타인과 정보를 공유하기 위한 생산적이며 효율적인 수단을 제공한다. 어떤 전문가들은 인간의 언어를 위한 능력이 뇌의 특별한 모듈에 주재하고 있다고 여긴다. 다른 연구자들은 보다 일반적인 신경망이 언어 처리를 담당한다는 주장에 동의하기도 한다.

언어, 말, 청각, 의사소통은 상호 관련된 처리 과정들이나 서로 다른 것이기도 하다. 말은 인간이 언어를 표현하도록 해 주는 자발적인 신경근육 활동으로 구어 의사소통을 위해 필수적이다. 청각은 소리를 지각하는 것으로서 일반적인 청지각과 말지각 양자를 모두 포함한다. 말지각은 특별히 인간의 말과 언어에 반응하도록 진화된 뇌의 특화된 프로세서를 포함한다. 의사소통이란 둘 혹은 그 이상의 사람들 가운데에서의 정보 공유 행위를 의미한다. 의사소통이 말, 언어, 청각을 반드시 포함하는 것은 아니나, 정보 공유를 위해 이러한 처리를 사용하는 인간의 능력이야말로 모든 종들 가운데 인간의 의사소통을 가장 정교한 것으로 만들어 주는 특징이 된다.

언어는 세 가지 주요 영역, 즉 내용, 형식, 사용으로 구성되어 있다. **내용**은 언어의 의미로서 사람들이 사용하는 특정 낱말들과 이로부터 표상되는 개념을 포함한다. **형식**은 내용을 전달하기 위해 낱말, 문장, 소리가 어떻게 조직되고 배열되는가와 관련된 영역이다. 형식은 음운론(음절 및 낱말을 구성하기 위해 사용되는 소리에 관한 방식들을 지배하는 규칙), 구문론(문장의 내적 구조를 지배하는 규칙), 형태론(낱말 및 음절의 내적 구조를 지배하는 규칙)을 포함한다. **사용**은 언어의 기능, 즉 사람들이 어떻게 개인 및 사회적 요구를 충족시키기 위해 언어를 기능적으로 도출해 내는가에 대해 기술한다.

언어의 다섯 가지 주요 특징은 연구자와 임상가 모두에게 언어가 특별히 매혹적인 것으로 여겨지게끔 만든다. 첫 번째는 언어 습득의 속도다. 어린 아동들은 언어를 빠르고 효율적으로 발달시키는 현저한 능력을 드러낸다. 두 번째는 언어의 보편성이다. 언어는 전 세계 모든 지역에 편재하며, 모든 인간 문화는 그 구성원이 공유하는 하나 혹은 그 이상의 언어를 가진다. 세 번째 특징은 종 특정성이다. 언어는 인간만의 고유한 능력이다. 다른 어떤 동물 종들도 이러한 소질을 공유하지 못한다. 네 번째 특징은 의미성이다. 인간의 언어는 탈맥락화되었거나 현재로부터 제외된 사건들을 표상할 수 있게 해 준다. 그것은 과거나 미래의 오직 실제 사건뿐만 아니라 전적으로 가상의 것이거나 추상적인 사건 및 개념까지도 포함한다. 다섯 번째 특징은 생산성(또는 조합 원칙)이다. 이는 언어의 규칙 지배적인 기호가 어떻게 그 사용자들에게 생성적인 기호를 제공하며, 사람들이 그 기호를 이용하여 소수의 별도 단위들(예: 음소, 형태소)을 일견 무한히 새로운 생성으로 조합해 낼 수 있게 되는가와 관련된 영역이다.

어떤 두 사람의 언어적 성취를 비교해 보면, 그들이 아동이건 성인이건 언어의 내용, 형식, 사용에서 상당한 개인차가 존재함을 알 수 있게 된다. **언어 차이**와 **언어장애**는 이러한 개인들 사이의 언어 성취의 다양성을 설명해 준다. 언어 차이는 서로 다른 방언, 이중언어, 성차, 유전적 성향, 다양한 언어 학습 환경으로부터 야기된 자연스러운 언어 성취의 차이 때문에 발생한다. 언어장애는 개인이 언어 성취에서의 심각한 결함을 보일 때 발생한다. 이러한 장애는 유전성 언어장애, 발달장애, 뇌손상으로부터 야기된다.

## 핵심 용어

강도(intensity) 35
결정적 시기(critical period) 52
공명(resonation) 29
구문론(syntax) 47
구어 의사소통(oral communication) 39
기호 전환(code switching) 59
내용(content) 44
내적 언어(inner language) 28

단순언어장애(specific language impairment) 63
단원성(modularity) 27
단일언어(monolingualism) 57
대화 수정(conversational repair) 42
도상적 의사소통(iconic communication) 39
동시조음(coarticulation) 37
말(speech) 29
말지각(speech perception) 36
맥락화된(contextualized) 44
모델(model) 30
문어(written language) 28
반응성(responsiveness) 62
발성(phonation) 29
방언(dialect) 57
변이음(allophones) 48
보편성(universality) 52
비언어적 피드백(nonlinguistic feedback) 41
사용(use) 45
상징적 의사소통(symbolic communication) 38
생산성(productivity) 55
성차(gender differences) 60
송신자(sender) 38
수신자(receiver) 38
습득 속도(acquisition rate) 51
실문법증(agrammaticism) 27
쌍생아 연구(twin study) 60
어휘집(lexicon) 44
언어(language) 22
언어 외적 피드백(extralinguistic feedback) 41
언어 차이(language differences) 51
언어장애(language impairment) 59
언어적 피드백(linguistic feedback) 41
영역 특정적(domain specific) 27
외상성 뇌손상(traumatic brain injury) 66
유전성 언어장애 (heritable language impairment) 63
음소(phoneme) 31
음소배열론(phonotactics) 48
음운론(phonology) 48
음향학(acoustics) 35
의도적 의사소통 (intentional communication) 38
의미론(semantics) 46
의미성(semanticity) 54
의사소통(communication) 29
의사소통 붕괴(communication breakdowns) 41
이중언어(bilingualism) 57
일반 미국 영어(General American English) 48
전의도적 의사소통 (preintentional commun ication) 38
조음(articulation) 29
종 특정성(species specificity) 53
주파수(frequency) 35
준언어적 피드백(paralinguistic feedback) 41
참조물(referent) 24
참조적 의사소통(referential communication) 38
청각(hearing) 29
청력(audition) 35
청지각(auditory perception) 36
탈맥락화된(decontextualized) 44
피드백(feedback) 32
형식(form) 45
형태론(morphology) 47
형태소(morphemes) 23
호흡(respiration) 29
화용론(pragmatics) 50
후천성 뇌손상(acquired brain injury) 66

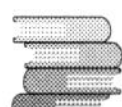
오디오 샘플, 관련 웹사이트, 추천 도서 및 혼자 풀어 보는 퀴즈를 포함하여 이 장의 내용과 관련된 온라인 자료를 구하려면 웹사이트 http://www.prenhall.com/pence를 찾아보라.

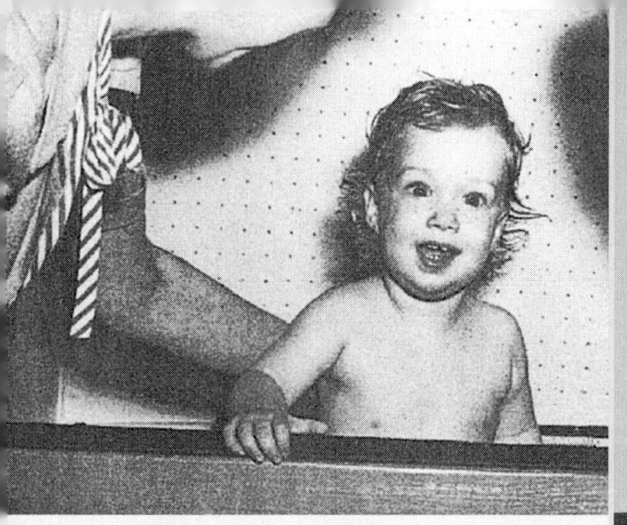

제2장

# 언어 발달 과학 및 이론

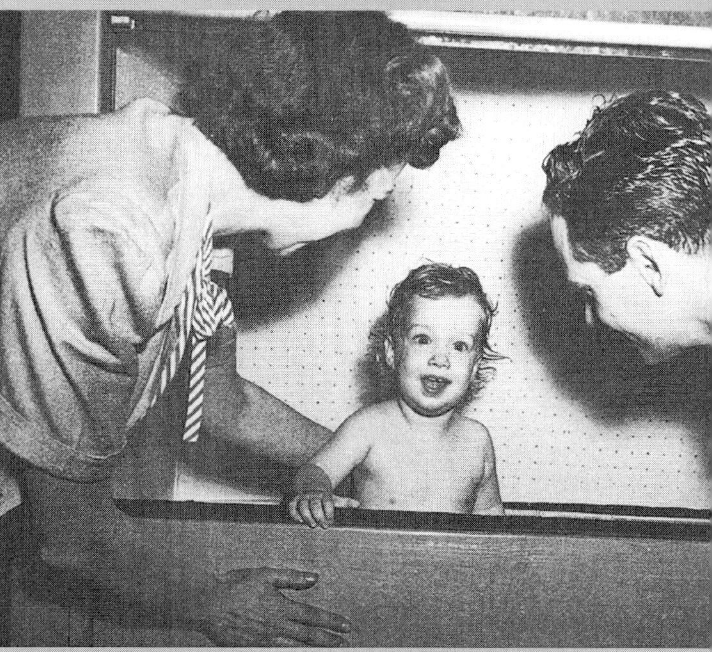

## ❐ 핵심 문제

이 장에서 우리는 다음의 네 가지 문제에 관해 살펴볼 것이다.

1. 누가, 왜 언어 발달을 연구하는가?
2. 언어 발달 연구를 위한 주요 접근법은 무엇인가?
3. 주요 언어 발달 이론은 무엇인가?
4. 언어 발달 이론은 실제에 어떻게 영향을 미치는가?

이 장에서 우리는 언어 발달 이론 및 과학에 대해 소개할 것이다. **이론**(theory)이란 특정 현상에 대한 '안정적인 해석'을 제공하는 설명적 진술을 말한다(Shavelson & Towne, 2002, p. 3). 요약하자면, 이론은 일련의 과학적 방법을 동원하여 반복적으로 검증되는 주장이나 가설이다. 시간을 거쳐 일정 이론을 일관되게 지지하는 근거가 누적되면, 비로소 그것이 특정 학문 분야의 지식 기반 일부로 형성된다. 언어 발달 분야에서 이론들은 아동이 왜 그리고 어떻게 여러 영역에 걸친 언어 능력을 발달시키는가에 관한 설명을 제공한다. 예를 들어, 이 장에서 앞으로 논의될 한 이론에서는 아동의 환경이 그들의 언어적 성취에 영향을 미친다고 기술한다.

이론과 과학은 복합적인 방식으로 서로를 보완한다. 과학은 이론을 생성하고 검증하는 과정으로서, "과학적 가설이나 추정의 생존을 심리하는 최종 법원"(Shavelson & Towne, 2002, p. 3)으로 비유되기도 한다. 언어 발달을 연구하는 이들은 과학적 방법을 동원하여 언어 발달의 '어떻게'와 '왜'와 관련된 이론들의 적합성을 검증하고 새로운 이론을 생성해 낸다. 궁극적으로 과학의 목적은 "이론적 이해를 구축하고 정제하거나 그것을 새로운 것으로 대치하는 방식을 통해 축적된 지식"(Shavelson & Towne, 2002, p. 3)을 생성해 내는 것이다. 그러므로 이론은 과학 연구의 토대를 마련해 주며, 과학 연구의 결과는 전문가들이 자신의 이론들을 정제하거나 심지어 새로운 것으로 대치하도록 돕는다. 이 책에서 제시된 모든 개념 및 지식 역시 언어 발달 학자들에 의해 누적된 이론 및 과학적 지식에 기반한 것이다.

## 누가, 왜 언어 발달을 연구하는가

언어는 지난 수천 년 동안 사람들을 매혹시켜 왔다. 고대 철학자 Plato과 Aristotle는 언어, 사고, 실존 사이의 관련성에 관해 통찰한 반면, Dionysius와 같은 초기 언어학자들은 언어의 형식과 구조를 연구하였다. 21세기에 이르러서도 전문가들은 여전히 고대 철학자들이 품었던 동일한 의문에 대해 답하려고 노력한다. 연구자들은 지속적으로 언어 발달에 관한 이론적 이해를 확장하고 정제하며, 아동의 초기 및 후기 언어 성취를 어떻게 지원할 것인가의 임상적 문제에 관한 답을 추구하고 있다.

언어 발달 연구를 수행하는 과학자들은 심리학, 언어학, 심리언어학, 인류학, 언어병리학, 교육학, 사회학을 포함한 여러 학문 분야로부터 출발한 이들이다. 각 분야는 언어 발달과 관련하여 각기 서로 다른 초점과 연구 문제를 가진다(〈표 2-1〉 참조). 그렇지만 많은 학문 분야가 언어에 특화된 것이므로, 하나의 특정 학문에 의해 지배되는 특정 연구 분야를 찾아내는 것을 어려운 일이다. 예를 들어, 앞서 언급한 여러 학문 분야의 연구자들은 각각 부모의 언어 사용과 아동의 언어 증진 사이의 관련성에 관한 연구를 수행한다. 다른 영역에서와 마찬가지로, 이 모든

**〈표 2-1〉 언어 발달과 관련된 학문 분야의 초점 및 연구 문제**

| 분야 | 주요 초점 | 연구 문제 예 |
|---|---|---|
| (발달) 심리학 | 인간의 정신과 행동, 연령에 따른 변화 | 실험적으로 조작된 언어 입력이 취학 전 아동의 구문기술에 미치는 영향은 무엇인가? (Vasilyeva, Huttenlocher, & Waterfall, 2006) |
| 언어학 | 음성학, 음운론, 형태론, 구문론, 의미론을 포함한 인간 언어의 측면 | 아동용 음성 인식 소프트웨어는 성인용에 비하여 얼마나 달라야 하는가? (Strommen & Frome, 1993) |
| 심리언어학 | 인간이 언어를 습득 · 사용 · 이해할 수 있도록 해 주는 심리학적, 신경생물학적 요인 | 신경생리학적 연구는 유아의 음성학적 표상이 성인의 그것으로 발전되는 방식을 어느 정도까지 밝혀 줄 수 있는가? (Phillips, 2001) |
| (언어) 인류학 | 언어와 문화의 관련성, 언어의 사회적 사용, 시공간에 따른 언어 변천 | 구어로 표현된 정보는 제스처 속에서 부호화되는 정보에 얼마나 영향을 미치는가? (Kita & Özyürek, 2003) |
| 언어병리학 | 말-언어장애의 예방, 진단, 치료 | 아동 언어장애 판별을 위한 상업용 아동 언어검사의 사용을 지지하는 증거는 얼마나 충분한가? (Spaulding, Plante, & Farinella, 2006) |
| 교육학 | 교수와 학습의 측면 | 언어 및 문해 능력을 위한 포괄적 중재가 취학 전 아동의 언어 및 문해 발달을 얼마나 촉진시키는가? (Wasik, Bond, & Hindman, 2006) |
| 사회학 | 문화적인 규준, 기대, 맥락과 같은 사회적 측면 | 어떠한 인구학적 요인이 20세 초 미국 이민자들의 영어에 변화를 초래하였는가? (T. G. Labov, 1998) |

분야의 과학자들이 기존 언어 발달 이론의 중요한 발전에 공헌하고 있다.

사람들은 여러 가지 이유로 언어 발달을 연구한다. 어떤 이들은 하나의 인간 현상으로서의 언어에 대한 기초적 이해를 확장시키고자 한다. 이러한 유형을 **이론적 연구**(theoretical research) 또는 **기초 연구**(basic research)라 한다. 이는 주로 기존의 지식 기반을 생성하고 정제하는 것에 치중한다. 또 다른 이들은 사회의 특정 현상을 설명하거나 언어 발달에 관련된 임상적 정보를 제공하려고 하는데, 이러한 유형을 **응용 연구**(applied research)라 한다. 사람들은 전형적으로 실제 환경에 속하는 여러 접근법이나 임상을 검증하기 위해 응용 연구를 수행한다. 기초 연구 및 응용 연구는 언어 발달 연구에 중요한 보완적 공헌을 하며 많은 과학자들이 이 두 가지 유형의 연구 모두를 수행한다.

**논의 요점**
당신은 왜 언어 발달에 대해 공부하는가? 아동기 언어 발달에 대한 지식이 당신의 경력에 어떠한 도움을 줄 것인가?

## 기초 연구

많은 언어 발달 학자들은 기초 연구를 수행하며, 그 결과는 인간의 학습 및 발달에 대한 기초적인 이해를 진보시켜 왔다. 이러한 유형의 연구에서 전문가들은 언어 발달에 관한 이론들을 개발·검증하고 정제한다. 기초 연구의 결과가 한 이론을 일관적으로 확정하면 그 이론은 용인된 설명 원칙, 즉 지식이 되는 것이다.

언어 발달에 관한 기초 연구를 수행하는 학자들은 일차적으로는 특정 현상에 대한 이해를 증진시키기 위해서 그 연구를 수행한다. 언어 발달에 관한 기초 연구의 주제에는 아동이 낱말의 의미를 학습하는 방식, 아동이 모국어의 문법 구조를 획득하는 절차, 아동이 말소리를 산출하는 전형적인 연령대 같은 것들이 포함되어 있다. 기초 연구의 한 예가 Saylor와 Sabbagh(2004)의 연구인데, 이는 아동이 어떻게 새로운 낱말을 습득하는가에 관한 일반적인 이해를 증진시키기 위해 수행된 것이다. 이들 연구자는 환경으로부터 제시된 정보의 여러 유형이 아동의 새 낱말 학습에 어떠한 영향을 미치는가에 관해 연구하였다. Saylor와 Sabbagh의 작업과 같은 언어 발달 기초 연구는 아동이 어떻게 언어 능력을 발달시키는가에 관한 지식 기반 형성을 도울 뿐 아니라 다음에서 논의하게 될 응용 연구를 위한 중요한 토대를 제공해 준다. 개인의 말을 영어 방언에 의거하여 구분하는 기초 연구의 예는 〈다문화적 초점: 방언의 구별〉에 제시되어 있다.

다문화적 초점

### 방언의 구별

자신의 언어나 방언으로 인해 차별대우를 받는 이들에 관한 사회언어학 연구는 시민권의 문제에 관한 이해에 중요한 공헌을 하였다. Purnell, Idsardi와 Baugh(1999)는 일련의 네 가지 실험을 통해 말에서 발견되는 특징만으로도 주거와 관련된 차별이 발생하는 경향이 있음을 확인하였다. 이 연구에서는 표준 미국 영어(SAE), 아프리카계 미국 흑인 영어(AAVE), 멕시코계 영어(Chicano English: ChE)의 세 가지 방언을 동시에 사용하는 실험자에게 5개 지역에서 아파트 임대 계약에 관한 상담 전화를 걸게 하였다. 그 결과, 실험자가 SAE 방언을 사용했을 때는 모든 지역에서 60~70%의 계약이 보장되었다. 그렇지만 그가 AAVE나 ChE 방언을 사용하자 계약 성공률이 현저히 감소하였다. 나아가 AAVE나 ChE 사용 시의 성공률은 지역의 인구 구성과 관련이 있었다. 예를 들어, 95%가 백인인 지역에서는 SAE로 70%의 계약이 확정된 반면, AAVE와 ChE로는 각각 29%, 22%만이 계약되었다. 이 연구의 다른 실험 결과에서는 평균적인 청자들도 단일 낱말과 같은 적은 정보만으로도 방언을 구별해 낼 수 있는 것으로 나타났다. 이런 연구 결과는 개인의 말 특성에 의거한 그리고 시각 단서가 부재된 상황에서의 차별은 주택 시장에서의 타당한 관련 변인이 되며, 이는 사회의 다른 분야에서도 유사한 차별이 발생할 수 있다는 설득력 있는 근거를 제공한다.

비록 많은 기초 연구들이 이론을 개발, 검증 및 정제하는 것에 특별히 초점을 두고 있기는 하지만, 그중 한 유형은 이론과 실제 사이의 연계를 형성하는 데 집중한다. 이러한 유형의 연구를 **사용 지향적 기초 연구**(use-inspired basic research)라 하는데, 이는 연구 결과의 유용한 적용성에 초점을 둔다(Stokes, 1997). 예를 들어, 언어 발달에서의 사용 지향적 기초 연구는 언어 발달에 지연을 보이는 아동을 돕기 위한 지식을 구축하기 위하여 어떻게 그리고 언제 아동이 특정 언어 능력을 습득하는가에 관해 탐구한다. 또 다른 예로 Charity, Scarborough와 Griffin(2004)은 아프리카계 미국 유치원 아동의 언어기술을 조사한 후, 학교에서 사용되는 영어 방언에 대한 아동들의 친숙도가 그들의 읽기 성공에 영향을 미치는 것으로 간주하였다. 이들은 또한 학교 방언에 대한 아동들의 친숙도가 시간에 따라 어떻게 변화하는지에 대해서도 조사하였다. 이론적으로 이러한 연구 결과들은 구어 방언과 읽기 발달 사이의 관련성에 대한 이해뿐 아니라 아동의 교육 환경이 그들의 방언에 미치는 영향에 대한 이해를 위한 정보를 제공해 줄 수 있을 것이다. 나아가 이러한 결과는 임상에 유용하게 적용될 수 있을 것이다. 연구자들은 학교의 영어 방언에 보다 익숙한 아동이 그렇지 못한 아동에 비하여 더욱 훌륭한 읽기 수행을 보인다는 점을 발견하였는데, 이런 결과는 읽기 성취를 증진시키기 위해 학교 방언에 대한 친숙도를 촉진시킬 수 있는 프로그램을 설계하고 연구할 필요성이 있음을 시사한다.

**논의 요점**
사회언어학적 연구를 통해 법적 권리나 시민권의 이득을 가져다줄 수 있는 관련 주제는 무엇인가? 연구자들은 당신이 제기한 문제를 어떻게 체계적으로 검증해 낼 수 있는가?

## 응용 연구

200년보다 더 이전에 철학자 Jean-Jacques Rousseau(1712~1778)는 부모들에게 자녀들과 말하는 방식에 대해 다음과 같이 충고하였다. "자녀 앞에서는 언제나 정확히 말하라. 그들은 누구와도 여러분과 함께할 때만큼 즐거워하지 않는다는 것을 알라. 그리고 그들을 결코 꾸짖지 않는 당신의 (말) 모델 위에서 그들의 언어가 미세하게 정화될 수 있도록 보장하라." (A. Bloom, 1979, p. 71)

단언컨대, Rousseau의 충고는 당대의 언어 발달 이론, 특히 언어 모델이 아동

Jean-Jacques Rousseau의 언어 발달 이론은 환경, 특히 부모가 아동에게 제공하는 언어 입력의 역할을 강조하는 것이었다.
사진 출처: Corbis/Bettmann.

의 언어 습득에 미치는 영향에 근거한 것이었다. 비록 이론들이 일상적인 임상에 정보를 제공해 주는 일 역시 중요하지만, 이론들이 지식 기반 형성을 위해 검증되어야 하는 것과 마찬가지 방식으로 특정 임상 역시 과학에 의한 직접적인 검증을 요구받는다. 응용 연구는 어떤 경험이나 접근법들의 생존력을 검증함으로써 특정한 사회적 요구에 공헌한다(Stokes, 1997). 이는 전형적으로 특정 접근법, 프로그램 또는 경험과 특정 언어 수행 사이의 인과적 관련성을 밝힐 수 있도록 설계된 실험 연구 활동과 관련이 있다.

**논의 요점**
응용 연구는 특정 사회적 요구에 답하는 일에 초점을 둔다. 언어 발달 연구와 관련된 또 다른 사회적 요구로는 무엇이 있을까?

응용 연구의 결과는 다양한 이유에서 중요성을 가진다. 제1장에서 논의된 바와 같이, 언어는 세계 모든 사회의 구성원들이 타인과의 관계 확립을 위해 그리고 요구와 욕망을 조정하기 위해 사용하는 중요한 도구다. 많은 사회에서 언어는 초기 아동기에서부터 성인기에 이르기까지의 학업 상황의 모든 수준에서 학습의 절대적인 수단이 된다. 언어기술이 부족한 이들은 스스로의 완전한 학업 잠재력 성취에 위협을 받는다. 대부분의 사회에서 언어는 많은 고용 환경에서 사용되는 수단이기도 하며, 언어기술이 부족한 이들은 소득을 위해 직업을 구하고 유지하는 일에서 어려움에 직면하게 될 것이다. 응용의 목적으로 언어 발달을 연구하는 과학자들은 어떤 개인들이 왜 상대적으로 느린 언어 발달을 보이는가에 답함으로써, 언어 발달의 장애를 보일 위험을 가진 이들을 어떻게 판별해 낼 것인가에 대해 답함으로써, 그리고 언어의 지체나 장애가 발생했을 때 그것을 치료하는 방식을 개발함으로써 그러한 사회적 요구에 응답한다. 교사, 심리학자, 소아과의사, 특수교육자, 주간 도우미(day care provider), 사회사업가, 외과의사, 말-언어치료사, 제2언어 또는 외국어로서의 영어를 가르치는 교사 등이 이러한 연구의 소비자 집단에 포함될 것이다.

언어 발달 분야의 응용 연구를 수행하는 과학자들은 기초 언어 연구를 수행하는 과학자들과 동일한 학문 분야에서 출발하는 이들이다. 응용 연구자들은 일반적으로 가정, 치료실, 학교의 세 가지 주요 맥락과 관련된 언어 발달 임상을 검증한다. 가정 환경 연구에서 그들은 부모가 아동의 언어 발달을 돕기 위해 가정 활동에서 사용 가능한 특정 임상 또는 접근법의 효율성을 검증한다. 예를 들어, 응용 연구자들은 부모와 자녀 간의 특정 독서 스타일이 그 밖의 다른 스타일보다 아동의 어휘를 더 많이 또는 더 적게 증진시키는지의 여부를 조사한다(예: Whitehurst et al., 1988). 임상적 환경에 관한 연구에서 응용 연구자들은 말-언어치료사(SLP)나 임상심리사와 같은 임상전문가들이 특정 환자 집단에 사용할 수 있는 여러 접근법들의 효율성을 조사한다. 예를 들어, Thompson, Shapiro, Kiran과 Sobecks(2003)는 뇌졸중으로 인한 언어장애 성인들의 문장 이해를 개선시키기 위해 사용되는 여러 접근법들의 효율성을 조사하였다. 학교 환경에서 응용 연구자들은 교육자들이 교실에서 아동의 언어기술을 구축하기 위해 사용할 수 있는 여러 접근법들을 조사한다. 예를 들어, Throneburg, Calvert, Sturm, Paramboukas와 Paul(2000)은 언어장애를 가진 초등학생들이 '말 치료실'에서 말-언어치료사와 단독으로 시행된 중재에서보다 교실에서 말-언어치료사와 학교 교사가 팀을 이루어 가르쳤을 때 더 많은 어휘를 습득하였음을 보여 주었다. 이 모든 예들이 시사하는 바와 같이, 응용 연구는 아동, 청소년, 성인의 언어적 성취를 보장하기 위해 노력하는 부모나 전문가들을 위해 특별히 가치 있는 정보를 제공해 준다.

## 언어 발달 연구를 위한 주요 접근법

우리는 앞에서 왜 여러 분야의 사람들이 언어를 연구하는지에 대해 논의하였다. 또한 이론과 과학 사이의 통합적 관련성에 대해, 그리고 언어 발달 이론들이 기초 및 응용 연구를 통해 어떻게 개발되고 정제되는지에 대해 강조하였다. 이 절에서는 과학자들이 언어 발달의 세 가지 측면인 말지각, 언어 산출, 언어 이해에 대해 연구하기 위해 사용하는 접근법들에 대해 논의할 것이다. 제5장에서 제8장은 유아, 아장이, 학령 전기, 학령기 동안의 언어 발달에서의 주된 성취를 다루는데, 우리는 여기서 그 접근법들에 대해 더 상세히 설명할 것이다.

### 말지각 연구방법

#### 말지각 연구의 목적

유아는 세상에 태어나는 순간부터 자기를 둘러싼 세계의 말이나 기타 다른 청각 자극에 주의를 집중하는 예리한 능력을 갖게 된다. 우리는 제5장에서 유아가 모국어의 말소리와 낱말을 배우기 시작하기 위해 어떻게 자기 주변의 말 흐름(speech stream)을 분절하기 시작하는지에 관한 일부 이론들에 대해 논의할 것이다. 말지각(speech perception) 연구들은 연구자들로 하여금 유아가 태생적으로 소유하고 있는 언어 능력 유형에 대해, 그리고 아동이 어떻게 자신의 말지각을 이용하여 언어를 습득하는지에 대해 이해할 수 있게 해 준다.

### 말지각 연구방법

말지각 연구는 일련의 기술적 진보로 인해 지난 수십 년간 극적인 발전을 이루었는데, 그 진보 중 하나가 디지털화다. 말지각을 연구하는 학자들은 전형적으로 대상들에게 청각 자극을 제시하고 그에 대한 대상들의 반응을 측정한다. 디지털 기술을 통해 연구자들은 매체를 저장하고, 고품질의 청각 자극 제시를 보장하며 자극을 정교하게 조작할 수 있도록 해 주는 중요한 수단을 확보하게 되었다. 특별히 개발된 컴퓨터 소프트웨어를 이용하여, 말지각 연구자들은 특정 말소리를 저장하고 그것을 정교한 일련의 변량들로 세밀히 조작하여 개인이 해당 소리를 재인하기 위해서 들어야 할 청각 정보의 양은 어느 정도인가를 결정한다. 유아의 말지각을 연구하는 학자들은 말의 흐름을 조작하기 위해 디지털 매체를 자주 이용한다. 예를 들어, Jusczyk, Hirsh-Pasek과 동료들(1992)은 정확한 또는 부정확한 절(clause)의 경계에서 휴지(pauses)가 삽입되도록 디지털화된 문장을 개발하여 유아들이 연속된 말소리 속에서 절 경계에 민감해지는 시점을 밝히고자 하였다.

디지털 기술로부터의 이득에 더하여, 매우 어린 아동들의 말지각을 연구하는 학자들은 또 다른 최첨단 기술로부터 도움을 받는다. 과학자들은 여러 청각 자극에 대한 반응으로서 자궁 속 태아의 심박동 및 발차기 속도를 측정하는데, 예를 들어 태아가 말소리와 비언어적 소리들을 구별할 수 있는 정도를 조사할 수 있다(Karmiloff & Karmiloff-Smith, 2001). 비록 출생 전 말지각 연구는 상대적으로 새로운 것이지만, 유아 말지각의 풍부하고 오래된 역사는 말지각 발달에 관한 일반적인 이해를 실질적으로 증진시켜 온 바 있다(Gerken & Aslin, 2005 참조). 〈연구 패러다임: 심리언어학 및 고개 돌리기 선호방식〉은 또 다른 말지각 연구방법에 대해 설명해 준다. 우리는 이와 함께 제5장에서 또 다른 말지각 연구방법인 **고진폭**

**빈 젖병 빨기**(high-amplitude nonnutritive sucking: HAS) 방법에 대해 설명할 것이다. 이런 방식을 사용하는 연구자들은 사람이 말을 어떻게 지각하는가에 관해 이해하기 위하여 인간의 자연스러운 반사(reflexes, 고개 돌리기 선호방식에서는 음원을 향해 고개를 돌리는 행위, HAS 방식에서는 젖병을 빠는 행위)를 이용한다.

말지각 연구자들은 또한 장기적으로 행동 검사에 의존해 왔는데, 이는 아동이나 성인들이 서로 다른 말 자극에 대한 반응으로 말하기, 지적하기, 버튼 누르기와 같은 방식으로 답하도록 한다. 예를 들어, 자기공명영상(magnetic resonance imaging: MRI)과 같은 보다 새로운 뇌 조영기술은 행동 검사를 적절히 보완해 준다. 이러한 기술들은 연구자들로 하여금 개인에게 특정 말소리를 제시하여 말지각이 이루어지는 뇌의 정확한 위치를 찾아줌으로써 직접적이고 실시간상으로 말지각을 탐구할 수 있게 해 준다. 그리하여 연구자들은 뇌의 특정 위치와 거기서 처리되는 청각 자극의 유형을 연계시키는 위상학적 지도를 개발해 낼 수 있다(Fitch, Miller, & Tallal, 1997).

**논의 요점**
학자들은 일반적으로 고개 돌리기 선호방식을 이용하여 기초적인 연구 문제에 답한다. 당신은 이 방식이 답해 줄 수 있는 기타의 언어 발달 기초 연구 문제들에 대해 생각해 볼 수 있는가?

## 언어 산출 연구방법

### 언어 산출 연구의 목적

**언어 산출**(language production) 연구는 임상가들에게 어린 아동의 언어를 표현적으로 사용하는 능력에 대한 정보를 제공한다. 이 연구에서 학자들은 아동 초기 언어의 형태, 내용, 사용 능력을 조사한다. 이 연구들은 **규준 연구**(normative research)를 포함하는데, 이 연구에서 전문가들은 개인들로부터 언어 발달의 일정

연구 패러다임

#### 심리언어학 및 고개 돌리기 선호방식

심리언어학은 심리학과 언어학의 교차 영역에 위치한 학문 분야다. 심리학자들이 인간이 언어를 배우고 사용하는 처리방식을 밝히기 위해 언어를 연구한다면, 언어학자들은 언어의 형식(구문론, 음운론, 형태론)과 내용(의미론)에 대한 이해를 보다 확장시키기 위해 노력한다.

**〈고개 돌리기 선호방식〉**

출처: From *Babies Can Un-Ravel Complex Music*, by B. Ilari, L. Polka, and E. Costa-Giomi, 2002, paper presented at the 143rd meeting of the Acoustical Society of America, Pittsburgh, PA. Retrieved from http://www.acoustics.org/press/143rd/Ilari.html. Copyright 2002 by Bertriz Ilari. Reprinted with permission.

심리언어학자들이 언어 이해를 탐구하기 위해 사용하는 한 가지 연구 패러다임은 고개 돌리기 선호방식(head-turn preference procedure)이다. 이것은 3면으로 이루어진 부스 안에서 이루어진다. 부스의 정면 앞쪽 벽에는 초록 등과 연구자가 안을 들여다볼 수 있는 작은 구멍이 있다. 좌 · 우측 벽에는 각각 빨간 등이 하나씩 있고, 그 뒤에는 스피커가 설치되어 있다. 유아는 부스 중앙에서 보호자의 무릎 위에 앉아 있다.

실험은 연구자가 유아의 관심을 끌기 위해 부스 안의 양쪽 빨간 등 중 하나를 켜면서 시작된다. 일단 유아가 관심을 보이면 스피커를 통해 소리 자극이 나타나는데, 이 자극은 유아가 일정 시간(예: 2초) 이상 그쪽을 응시할 때까지 지속된다. 동일한 일련의 방식으로 유아에게 좌 · 우측 간에 서로 다른 자극을 노출시킨다. 유아는 자신이 청각 자극에 주의를 기울이는 시간 길이를 스스로 통제하므로, 연구자들은 두 종류의 음성 자극에 대한 아동의 선호는 유아가 두 소리를 구별할 수 있음을 의미하는 것이라고 결론지었다. 고개 돌리기 선호방식은 영어를 학습하는 유아가 여타 언어의 강세 패턴에 비해 영어의 강세 패턴을 더 선호하고(Jusczyk, Cutler, & Redanz, 1993), 말의 단락 내에서 친숙한 낱말을 분절해 낼 수 있으며(Jusczyk & Aslin, 1995), 모국어의 음소배열법(phonotactics, 수용 가능한 소리 조합)에 민감하다(Mattys, Jusczyk, Luce, & Morgan, 1999)는 것을 밝혀 주었다.

측면에 대한 자료를 수집하고, 그 자료들로부터 아동들이 전형적으로 일정 지표에 도달하게 되는 연령(또는 학년)을 추출한다. 예를 들어, Justice와 동료들(2006)은 유치원에서 6학년에 걸친 아동들의 이야기 산출 자료를 제시했는데, 이는 각 연령 수준에 따라 아동들의 가상 이야기에서 산출된 평균 낱말 수와 평균 발화 길이를 제공해 준다. 이 같은 규준 자료는 아동들의 특정 연령이나 학년에서의 전형적인 언어 산출에 대한 지식을 필요로 하는 여러 전문가들에게 유용한 것이다.

초기 언어 산출에 대한 가장 잘 알려진 규준 연구들 중 하나는 의사소통 발달 체크리스트인 MacArthur-Bates CDI(MacArthur-Bates Communicative Development Inventories; 이전에는 MacArthur Communicative Development Inventories)를 개발하기 위해 이루어진 것이었다. P. S. Dale과 Fenson(1996)은 1,800명이 넘는 유아와 아장이들로부터 언어 산출 정보를 수집하여 CDI를 개발하였다. 부모, 교육자, 임상가들은 전형적 발달을 보이는 아동들이 다양한 연령대에서 얼마나 많은 낱말을 이해하고 산출하는지를 확인하기 위해 CDI 규준을 참조한다.

Sander 또한 1972년에 유명한 규준 연구를 수행하였는데, 이는 아동들이 전형적으로 특정 말소리, 즉 **음소**(phonemes)를 언제 산출하는지를 밝혔다. Sander의 규준([그림 2-1] 참조)은 아동들이 특정 음소를 산출하는 연령뿐 아니라 그것을 습득하는 순서에 관해서도 기술하고 있다. 다른 규준 연구들도 거의 대부분 〈표 2-2〉에 제시된 것과 유사한 결과들을 제공하였다.

### 언어 산출 연구방법

언어 산출 연구는 관찰 연구 또는 실험 연구다. **관찰 연구**(observational studies)에서 연구자들은 자연스러운 또는 반구조화된(semistructured) 맥락에서 아동들의 언어 사용을 조사하며, 이때는 일반적으로는 일정 기간 동안의 아동 언어를 포착하기 위해 테이프리코더나 그 밖의 오디오 기기를 활용한다. 자연스러운 세팅에서는 맥락을 조작하지 않는다. 예를 들어, 어떤 연구자는 일정 시기 동안 부모와 아동 사이에 발생된 언어를 관찰한다. 가장 잘 알려진 자연스러운 관찰 연구 중 하나는 Hart와 Risley(1995)의 연구인데, 그들은 2년 이상의 기간 동안 1개월 단위로 부모와 아동의 언어 오디오 샘플을 수집하였다. 이 연구의 결과는 부모의 언어 특징과 아동의 언어 성장 사이의 관련성을 조명하고 더불어 아동의 어휘기술 발달

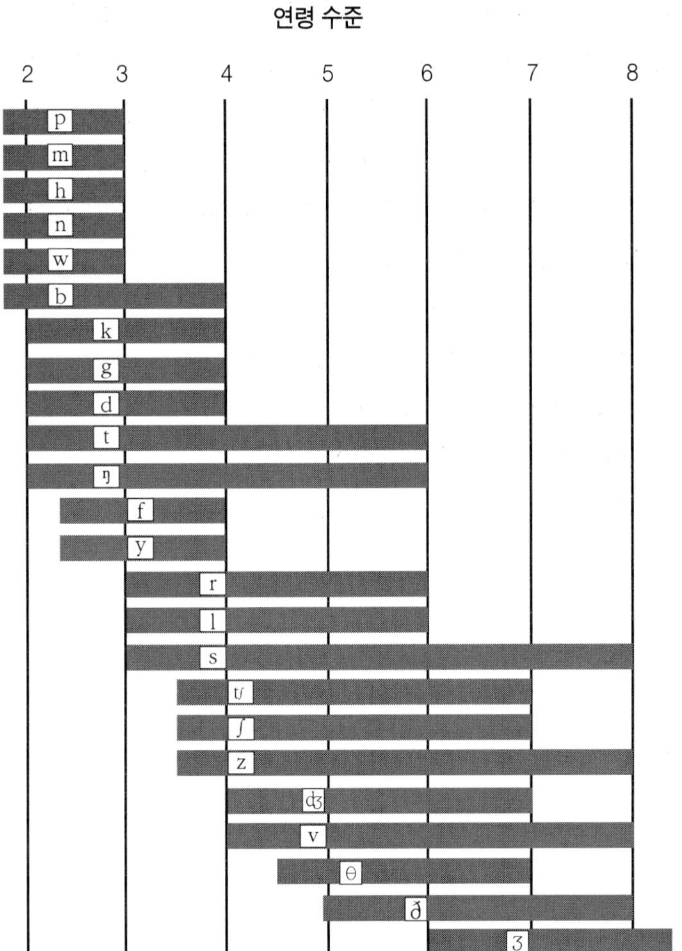


**[그림 2-1] Sander(1972)의 영어 자음에 대한 관습적 산출 연령**

출처: From "When Are Speech Sounds Learned?" by E. K. Sander, 1972, *Journal of Speech and Hearing Disorders*, *37*, p. 62. Copyright 1972 by the American Speech-Language-Hearing Association. Reprinted with permission.

에 따른 낱말의 수와 낱말 유형을 대조할 수 있는 유용한 자료를 제공하였다.

대안적으로 반구조화된 맥락에서 연구자들은 아동 언어의 형태, 내용, 사용을 관찰할 수 있도록 몇 가지 방식으로 환경을 조작하기도 한다. 전형적으로 연구자들은 특별히 관심을 가지는 언어 측면을 유도하기 위해 맥락을 조작한다. 우리는 앞에서 유치원에서 6학년까지 아동들의 가상 이야기를 조사한 Justice와 동료들

**〈표 2-2〉 영어 말소리 습득에 관한 여섯 가지 연구의 규준 참조**

| | 연령(세) | | | | | |
|---|---|---|---|---|---|---|
| 자음 | Arlt & Goodban[1] | Prather et al.[2] | Poole[3] | Sander[4] | Templin[5] | Wellman et al.[6] |
| /m/ | 3-0 | 2 | 3-6 | <2 | 3 | 3 |
| /n/ | 3-0 | 2 | 4-6 | <2 | 3 | 3 |
| /h/ | 3-0 | 2 | 3-6 | <2 | 3 | 3 |
| /p/ | 3-0 | 2 | 3-6 | <2 | 3 | 4 |
| /ŋ/ | 3-0 | 2 | 4-6 | 2 | 3 | * |
| /f/ | 3-0 | 2-4 | 5-6 | 2-6 | 3 | 3 |
| /j/ | – | 2-4 | 4-6 | 2-6 | 3-6 | 4 |
| /k/ | 3-0 | 2-4 | 4-6 | 2 | 4 | 4 |
| /d/ | 3-0 | 2-4 | 4-6 | 2 | 4 | 5 |
| /w/ | 3-0 | 2-8 | 3-6 | <2 | 3 | 3 |
| /b/ | 3-0 | 2-8 | 3-6 | <2 | 4 | 3 |
| /t/ | 3-0 | 2-8 | 4-6 | 2 | 6 | 5 |
| /g/ | 3-0 | 3 | 4-6 | 2 | 4 | 4 |
| /s/ | 4-0 | 3 | 7-6 | 3 | 4-6 | 5 |
| /r/ | 5-0 | 3-4 | 7-6 | 3 | 4 | 5 |
| /l/ | 4-0 | 3-4 | 6-6 | 3 | 6 | 4 |
| /ʃ/ | 6-0 | 3-8 | 6-6 | 3-6 | 4-6 | – |
| /tʃ/ | 4-0 | 3-8 | – | 3-6 | 4-6 | 5 |
| /ð/ | 5-0 | 4 | 6-6 | 5 | 7 | – |
| /ʒ/ | 4-0 | 4 | 6-6 | 6 | 7 | 6 |
| /ʤ/ | 4-0 | >4* | – | 4 | 7 | 6 |
| /θ/ | 5-0 | >4* | 7-6 | 4-6 | 6 | – |
| /v/ | 3-6 | >4* | 6-6 | 4 | 6 | 5 |
| /z/ | 4-0 | >4* | 7-6 | 3-6 | 7 | 5 |
| /ʍ/ | 3-0 | >4* | 7-6 | * | * | – |

* = 검사된 최고 연령대에서 대상의 75%가 정확히 산출하지 못한 소리, – = 검사되지 않았거나 보고되지 않은 소리

출처: From *Reference Manual for Communication Sciences and Disorders* (pp. 285-286), by R. D. Kent, 1994, Austin, TX: PRO-ED. Copyright 1994 by PRO-ED. Reprinted with permission.

1) Arlt, P. B., & Goodban, M. T. (1976). A comparative study of articulation acquisition as based on a study of 240 normals, aged three to six. *Language, Speech, and Hearing Services in Schools, 7,* 173-180. (준거: 낱말의 초성, 중성, 종성 위치에서 아동의 75%)

2) Prather, E. M., Hedrick, E. L., & Kerin, C. A. (1975). Articulation development in children aged two to four years. *Journal of Speech and Hearing Disorders, 40,* 179-191. (준거: 낱말의 초성, 중성, 종성 위치에서 아동의 75%)

3) Poole, I. (1934). Genetic development of consonant sounds in speech. *Elementary English Review, 11,* 159-161. (준거: 낱말의 초성, 중성, 종성 위치에서 아동의 100%)

4) Sander, E. K. (1972). When are speech sounds learned? *Journal of Speech and Hearing Disorders, 37,* 55-63. (준거: Templin[1957]과 Wellman, Case, Mengert, & Bradbury[1931]로부터의 평균에 입각하여)

5) Templin, M. C. (1957). *Certain language skills in children* (Institute of Child Welfare Monograph Series 26). Minneapolis: University of Minnesota Press. (준거: 낱말의 초성, 중성, 종성 위치에서 아동의 75%)

6) Wellman, B., Case, I., Mengert, I., & Bradbury, D. (1931). Speech sounds of young children. *State University of Iowa Studies in Child Welfare, 5,* 2. (준거: 낱말의 초성, 중성, 종성 위치에서 아동의 75%)

(2006)의 연구를 살핀 바 있다. 이 연구는 7개 연령대 각각에서 아동들의 가상 이야기 특징을 조사하는 것에 관심을 가졌다. 따라서 연구자들은 서로 다른 자극 유형(예: 그림 시퀀스)을 이용하여 이야기를 이끌어 내도록 조건을 설정하였다.

관찰 연구에서 연구자들은 전형적으로 일정 시기 동안의 아동의 언어를 기록한 후 전사하고, 그것을 다시 특정 측면이나 질에 따라 분석한다. Hart와 Risley(1995)의 연구는 수백 시간 분량의 부모-아동 대화를 전사한 후에 사용된 낱말의 양과 유형을 분석한 것이다. 비록 이 연구의 관찰적 측면은 단지 몇 분 혹은 몇 시간만을 요하는 것이겠으나, 이후의 언어 전사 및 분석에는 수백에서 수천 시간이 소요될 것이다. 분석에 사용할 수 있는 몇 가지 컴퓨터 소프트웨어가 있기는 하지만, 일반적으로 전사를 위해서는 오디오 및 비디오 테이프를 청취 · 재청취해야 하며, 때로 전사된 자료를 컴퓨터 프로그램에 손으로 타이핑하여 입력하는 일도 필요하다.

**실험 연구**(experimental studies)는 연구자들이 관심 변인을 능동적으로 조작한다는 점에서 관찰 연구와 구별된다. 언어 산출 연구에서 사용되는 한 가지 고전적인 실험 설계는 아동이 새로운 낱말을 경험하게 되는 조건이나 맥락을 조작한 후 그에 대한 아동의 산출과 그것이 맥락에 따라서 어떻게 변화하는지를 조사하는

연구자들은 자연스러운 세팅에서 아동이 타인과 상호작용하는 모습을 관찰할 수 있다. 그리고 이 상호작용을 오디오로 녹음하고 전사한다. 그다음 그것을 다시 분석하여 아동의 언어가 어떻게 발달해 가는지에 대해 알게 된다.
사진 출처: Maria B. Vonada/Merrill.

방식이다. 예를 들어, Saylor와 Sabbagh(2004)는 3~4세 아동들을 일련의 새로운 낱말들에 노출시키면서 그 노출방식을 체계적으로 변화시켰다. 아동에게 새로운 낱말을 들려준 후, 연구자들은 인형을 이용하여 아동에게 새로운 낱말에 대해 질문하고 아동의 반응을 기록하여 노출 조건이 아동의 새로운 낱말 학습에 어떠한 영향을 미치는지에 관해 조사하였다. 언어 산출에 관한 많은 실험 연구들은 실험 연구실에서 시행되며, 연구자들은 아동이 특정 언어 구조를 산출할 수 있는 정도를 정확히 결정하기 위해 엄정한 프로토콜을 따른다.

언어 산출 실험 연구는 매우 다양하며, 어휘, 형태론, 구문론, 음운론, 화용론을 포함하여 산출의 여러 측면들을 조사하기 위해 사용된다. 연구자들은 이 여러 영역들에서 아동들의 산출 능력을 평가하기 위해 창의적으로 실험을 설계한다. 어떤 연구에서는 아동의 형태론적 기술 또는 어휘기술을 평가하기 위해 **의사낱말**(pseudowords, 또는 무의미 낱말)을 사용하기도 한다. 의사낱말은 목표 낱말에 대한 아동의 사전 경험을 통제할 수 있게 해 준다. 이 낱말들은 임의로 만들어진 것이므로, 아동들은 그에 대해 경험한 바가 없을 것이다. 아동들의 형태론적 기술을 조사하기 위해 사용된 고전적인 의사낱말 과제는 Jean Berko(1958; 현재는 Jean Berko Gleason)에 의해 설계된 것인데, 그는 아동들에게 의사낱말을 제시하고 그것의 복수형을 산출해 보도록 요구하였다. 예를 들어, glorp에 대해 glorps를, 그리고 dax에 대해 daxes를 산출했다면 아동이 영어의 복수 형태소에 대해 이해하고 있음을 입증하는 것이다. 제6장에서는 이 의사낱말 과제에 대해 상세히 기술할 것이다.

언어 산출 연구는 아동들에게 문장을 따라 말하도록 요구할 수도 있다. 이를 통해 연구자들은 아동들이 특정 문법 구조를 파악하고 있는지에 관해 결정할 수 있다. 예를 들어, 검사자가 아동에게 She is going to the party라는 문장을 따라 하도록 요구한다. 만일 조동사 is를 아직 습득하지 못한 아동이라면 이를 생략하게 될 수도 있으며("She going to the party.") 문장을 정확히 반복해 내지 못할 것이다. 연구자들은 보다 복잡한 문법 구조 산출 능력을 측정하기 위한 또 다른 방식으로서 아동에게 잘못된 문장을 들려주고 올바르게 수정하도록 요구할 수 있을 것이다.

# 언어 이해 연구방법

## 언어 이해 연구의 목적

오랜 기간 동안 연구자들은 아동이 언어에 관해 무엇을 알고 있는지—비록 그들이 자신이 아는 것을 다 표현하지 못한다 해도—를 이해하고자 하였다. **언어 이해**(language comprehension) 연구는 특히 아동이 언어에 대해 이해하고 있는 부분을 추적하는 것이며, 전문가들은 몇 가지 창의적인 연구 패러다임을 이용하여 심지어 첫 낱말 산출 시점 이전부터 아동의 언어 이해를 측정할 수 있다.

## 언어 이해 연구방법

언어 이해 연구에는 언어 산출 연구에서 사용되는 것과는 다른 도구와 기법이 요구된다. 언어 이해 연구에서는 아동 또는 성인들이 무엇을 산출하는가가 아닌 무엇을 이해하고 있는가를 측정하고자 한다. 아직 언어를 습득하지 못한(prelinguistic) 유아들에 대해 연구자들은 일반적으로 자극에 대한 시선 고정(visual fixation, 쳐다봄)을 언어 이해의 측정 수단으로 사용한다. 예를 들어, 연구자는 유아의 엄마와 아빠 사진을 나란히 배치하고는 유아에게 엄마나 아빠를 보라고 요구함으로써 유아가 '엄마, 아빠'라는 낱말을 알고 있는지의 여부를 결정할 수 있다. 연구자들은 실험의 타당성을 보장하기 위해 그 밖의 다른 측면 역시 고려해야 한다. 제5장에서 우리는 언어 이해 검사로 시선 고정을 사용하는 연구 패러다임에 관한 추가적인 세부 설명을 제공할 것이다.

좀 더 큰 아동을 대상으로 할 때 연구자들은 가리키기(pointing)를 언어 이해 검사로 사용할 수 있다. 예를 들어, 연구자는 하나의 낱말이나 문장을 들려준 후에 배열된 그림들 가운데 해당 낱말이나 문장과 일치하는 것을 선택하도록 요구할 수 있다. 이러한 기법은 표준화된 언어 평가에서는 보편적인 형태다. 예를 들어, 복수형("Point to the picture of two cats.")과 같은 형태론, 수동문("Point to the picture showing the boy was kicked by the girl.")과 같은 구문론, 어휘("Point to the picture of the compass.")에 대한 아동의 이해 연구에서도 사용 가능하다.

또한 연구자들은 아동에게 장난감 소품을 가지고 일련의 문장을 시연하도록 요구할 수도 있다. 예를 들어, 행위자(agent)와 행위 수여자(recipient)의 의미적 역할에 대한 아동의 이해를 평가하기 위해 연구자들은 장난감 강아지와 고양이를 아동에게 제공하고는 "The dog is pulling the cat's tail(개가 고양이의 꼬리를 잡아당기고 있어)."이라고 말한다. 다음 아동에게 이 시나리오에 맞게 장난감 인형들의 동작을 연출하도록 요구할 수 있다. 마찬가지로 연구자는 아동의 수동문에 관한 이해를 검사하기 위해 농장 동물 세트를 아동에게 주고, "The horse is being kicked by the cow(말이 소에게 차였어)."라는 문장에 맞게 동물들을 움직여 보도록 요구할 수 있다.

## 주요 언어 발달 이론

### 언어 이론이 답해야 할 문제

이 장의 첫 부분에서 이론이란 아동의 언어 발달에 관한 검증 가능한 해석을 제공하는 것이라고 언급했음을 상기해 본다. 대부분의 언어 발달 이론들은 아동이 어떻게 모국어를 배워 나가는지를 설명하고자 하며, 이 문제는 이론적 및 임상적 이유 모두에서 높은 관심이 집중되는 영역이다. 연구자들은 다양한 이유에서 주목할 만한 인간만의 고유한 현상으로서의 언어 발달에 관한 지식을 구축하기 위한 이론에 관심을 가진다(제1장 참조). 마찬가지로 임상가들이 언어 발달에 관심을 가지는 것은 그에 어려움을 가지는 아동 및 성인들을 보다 잘 돕기 위해서다. 언어장애 아동 및 성인을 다루는 전문가들은 이론으로부터 임상이나 프로그램 사용 결정에 필요한 정보를 도출해 낸다.

언어 발달에 관한 이론들은 그 초점이 풍부하고 다양하다. 어떤 이론들은 낱말 습득이나 의문문 형성(예: Hirsh-Pasek, Golinkoff, & Hollich, 2000; Hollich, Hirsh-Pasek, & Golinkoff, 2000)과 같은 특정 언어 영역에서의 성취를 설명한다. 다른 이론들은 특정 연령대(Nippold, 1998 참조) 또는 특정 장애 맥락에서의 언어 발달에 초점을 둔다. 한 이론이 일반적으로 언어 발달에 대한 설명을 어느 정도까지 제공하는가는 중요한 고려사항이다. 어떤 이론들은 일반적으로 언어 발달의 유용한 해석을 제공함에 있어 그 범위가 지나치게 제한적인 반면, 다른 이론들은 그것이

지나치게 광범위한 나머지 서로 다른 언어 영역이나 전 생애에 걸친 발달을 고려해야 할 때는 결국 언어 발달의 변천성을 설명하는 것에 실패하게 된다. 지금부터 우리는 이 장에서 앞으로 제시될 각 이론들을 고찰하기 위해 필요한 세 가지 문제(Hirsh-Pasek & Golinkoff, 1996)를 제시할 것이다. 우리는 다음의 각 문제에 해당하는 몇 가지 유형의 설명을 제공할 것이다.

① 무엇이 유아를 언어 학습 과제로 이끄는가?
② 어떠한 메커니즘이 언어 습득을 이끄는가?
③ 어떠한 유형의 입력(input)이 언어 학습 시스템을 지원하는가?

### 무엇이 유아를 언어 학습 과제로 이끄는가

어떤 이론가들은 유아가 필연적으로 언어를 습득하기 위해 사전 프로그램된 채 세상에 태어난다고 주장한다. 다른 이론가들은 유아들이 각자의 경험을 통해서 언어를 배우는 것이지 선천적인 언어 능력을 가지고 태어나는 것은 아니라고 주장한다. 이렇게 다양한 견해는 **본성**(nature) **대 양육**(nurture)이라는 논쟁을 불러일으킨다. 대부분의 언어 발달 이론들은 연속선상의 양극단인 본성과 양육 사이의 특정 지점에 위치하며, 언어 시스템의 일정 측면은 타고난 것이고 다른 능력들은 공동체의 문화 및 구성원과의 개인적인 경험을 통해 습득되는 것이라고 주장한다.

### 어떠한 메커니즘이 언어 습득을 이끄는가

어떠한 메커니즘이 언어 습득을 이끄는지는 유아기부터 진행되는 언어 발달의 처리에 부과되는 문제다. 예를 들어, 어떤 이론가들은 사람들이 언어를 습득하기 위해 사용하는 처리는 **영역 특정적**(domain specific), 즉 오직 언어를 이해하고 산출하는 과제에만 특별히 적용되는 것이라고 주장한다. 다른 이론가들은 언어를 학습하기 위해 **영역 일반적**(domain general) 처리, 즉 문제 해결하기, 환경의 사물이나 사건을 지각하기와 같은 맥락에서 사용되는 것과 동일한 처리를 사용하는 것이라고 주장한다. 제1장에서 **단원성**(modularity)의 개념에 대한 간략한 논의가 있었음을 상기해 본다. 단원성이란 뇌가 다양한 인지적 처리를 위해 어떻게 조직되어 있는가에 관한 이론적 설명이다. 엄정한 단원성 관점은 언어 습득에 대한 영역 특정적 설명을 포함하는 반면, 비단원성 관점은 영역 일반적 설명을 제공한다.

### 어떠한 유형의 입력이 언어 학습 시스템을 지원하는가

마지막 문제는 아동이 출생 이후 성장하고 발달해 가는 동안에 이루어지는 언어 발달을 이끄는 입력 유형에 관해 탐구하는 것이다. 어떤 이론가들은 아동의 사회적 규약에 관한 지식 증가와 타인과 상호작용하려는 욕구야말로 언어 발달을 위한 가장 중요한 지원일 것이라고 제안한다. 다른 이론가들은 단순히 아동들이 언어를 점점 더 많이 듣게 되면 그것을 모국어의 구조를 추론하기 위해 타인이 제공해 주는 '긍정적 단서(positive evidence)'로 활용하게 된다고 주장한다.

**논의 요점**
당신이 언어 발달 이론들을 비교하기 위해 사용할 수 있는 또 다른 근본적 문제들은 무엇인가?

## 주요 언어 발달 이론

일반적으로 언어 발달 이론들은 상대적으로 양육의 관점을 반영하는 이론과 본성의 관점을 반영하는 이론으로 분류될 수 있다. **양육 지향적 이론**(nurture-inspired theories)은 종종 **경험주의 이론**(empiricist theories)으로 불리며, 인간은 모든 지식을 경험을 통해 획득한다는 개념에 의거한다. 극단적인 경험주의자의 견해는 유아는 어떠한 타고난 언어 능력도 가지지 않은 '빈 석판(blank slate)'인 채로 이 세상에 온다는 것이다. 반대로 **본성 지향적 이론**(nature-inspired theories)은 **생득주의 이론**(nativist theories)이라고도 불리는데, 일반적으로 많은 지식은 경험에 의해 배운다기보다는 선천적이며 유전적으로 계승된 것이라는 주장을 견지한다. 극단적 생득주의자의 입장은 개인에 기저하는 언어 시스템은 태어날 때부터 존재했던 것이며, 아동은 그 시스템을 이용하여 모국어에 관한 규칙을 다른 인지 능력과는 별도로 추출해 낸다는 것이다.

〈표 2-3〉은 우리가 앞으로 제시할 언어 발달 이론들을 개관하며, 〈표 2-4〉는 앞에서 제기된 세 가지 문제에 관해 각 이론들이 제공하는 답들을 제시하고 있다.

〈표 2-3〉 언어 발달 이론 개관

| 이론(주창자) | 본성-양육 연속선 | 주요 견해 | 핵심 개념 |
|---|---|---|---|
| 행동주의 이론<br>Behaviorist theory<br>(Skinner) | 양육 지향적 관점 | • 언어는 인간의 기타 행동과 마찬가지며, 어떠한 특별한 선천적인 부여도 반영하지 않는다.<br>• 아동들은 조작적 조건화와 형성을 통해 언어를 배운다. 일부 구어 행동은 강화되고, 일부는 억압된다.<br>• 복잡한 행동(예: 완전한 문장의 발화)은 일련의 연쇄적인 단계로 습득되며, 매 단계는 각 연속 단계를 자극한다. | • 조작적 조건화 (operant conditioning)<br>• 강화 (reinforcement) |
| 사회적 상호작용 이론<br>Social-interactionist theory<br>(Vygotsky) | 양육 지향적 관점 | • 언어는 또래 및 성인들과의 사회적 상호작용을 통해 출현한다.<br>• 언어기술은 사회적 층위에서 심리적 층위로 이동한다.<br>• 처음 언어와 인지는 혼재된 처리이지만 2세경에 별도의 능력으로 분리된다. | • 사회적 층위-심리적 층위 (social plane-psychological plane)<br>• 근접발달영역 (zone of proximal development) |
| 인지 이론<br>Cognitive theory<br>(Piaget) | 양육 지향적 관점 | • 아동의 인지 발달은 언어 발달에 선행한다.<br>• 아동들은 세상을 오직 자신들의 관점으로만 조망할 수 있으므로, 그들의 말은 자아중심적인 형태로 출발한다. | • 인지 가설 (cognition hypothesis)<br>• 자아중심적 말 (egocentric speech) |
| 의도성 모델<br>Intentionality model<br>(Bloom) | 양육 지향적 관점 | • 타인에게 의도를 의사소통하고자 하는 욕구와 그것을 의사소통하는 데 요구되는 노력 사이의 긴장이 언어 발달을 이끈다. | • 의도성(intentionality) |
| 경쟁 모델<br>Competition model<br>(MacWhinney) | 양육 지향적 관점 | • 신뢰성 있는 언어 입력에 대한 반복적인 노출은 이들 언어의 형태론, 음운론, 구문론에 대한 정확한 표상을 강화시켜 준다. | • 신뢰성 있는 입력<br>• 강화된 표상 |
| 사용 기반 이론<br>Usage-based theory<br>(Tomasello) | 양육 지향적 관점 | • 아동은 타인의 의도에 주의를 기울이고 이해하며, 이후 언어를 습득하기 위해 타인들의 의도적 의사소통 행동을 모방한다. | • 공동 주의하기 (joint attention)<br>• 의도 읽기 (intention reading) |

| | | | |
|---|---|---|---|
| 단원성 이론<br>Modularity theory<br>(Fodor) | 본성 지향적 관점 | • 언어는 뇌의 매우 특별한 모듈 안에 조직된다.<br>• 언어 모듈(단원)은 특화된 기능을 수행하되, 여타 기능들과의 상호작용을 통해 조합된 기능을 산출한다. | • 국지화(localization)<br>• 고립화(encapsulization) |
| 보편문법<br>Universal grammar<br>(Chomsky) | 본성 지향적 관점 | • 아동들은 선천적으로 모든 언어에 보편적인 일반 문법 규칙 및 문법 범주를 가지고 태어난다.<br>• 아동들은 언어 입력을 활용하여 자신들이 가지고 태어난 일반 문법 규칙 및 범주를 충족시키기 위해 모국어가 사용하는 매개변인을 발견해 낸다. | • 언어 습득 장치(language acquisition device)<br>• 매개변인(parameters) |
| 구문적 시동<br>Syntactic bootstrapping<br>(Gleitman) | 본성 지향적 관점 | • 아동들은 자신이 가진 구문 범주의 지식을 활용하여 새로운 낱말의 의미를 추론해 낸다. | • 시동(bootstrapping)<br>• 구문론(syntax) |
| 의미적 시동<br>Semantic bootstrapping<br>(Pinker) | 본성 지향적 관점 | • 아동들은 자신이 가진 낱말의 의미적 지식을 활용하여 낱말이 속한 구문 범주에 관해 추론해 낸다. | • 시동<br>• 의미론(semantics) |
| 연결주의 이론<br>Connectionist theories<br>(Rumelhart & McClelland) | 본성 또는 양육 지향적 관점 | • 언어는 마디와 연결로 구성된 망(network)으로 조직된다.<br>• 마디와 연결로 구성된 망은 언어 입력에 따른 반응으로 끊임없는 전환이 이루어진다. | • 마디(nodes)<br>• 연결(connections) |

**〈표 2-4〉 언어 발달 이론의 본질을 묻는 세 가지 문제에 관한 답변**

| 이론 | 문제 | | |
|---|---|---|---|
| | 무엇이 유아를 언어 학습 과제로 이끄는가? | 어떠한 메커니즘이 언어 습득을 이끄는가? | 어떠한 유형의 입력이 언어 학습 시스템을 지원하는가? |
| 행동주의 이론<br>(Skinner) | 언급하지 않는다. | 부모 및 성인에 의한 조작적 조건화 – 영역 일반적 처리(domain-general process) | 바람직한 구어 행동에 대한 강화, 바람직하지 않은 구어 행동에 대한 처벌(punishment) |

| | | | |
|---|---|---|---|
| 사회적 상호작용 이론 (Vygotsky) | 일반 사회 구조 (general social structure) | 타인과의 사회적 상호작용–영역 일반적 처리 | 아동의 근접발달영역 내에 존재하는 언어 입력 |
| 인지 이론 (Piaget) | 일반 인지 구조 (general cognitive structure) | 일반적인 인지 처리 능력–영역 일반적 처리 | 비언어적 측면에서의 사건, 관계 및 현상 |
| 의도성 모델 (Bloom) | 일반 사회 구조 | 타인과의 그리고 사물에 대한 활동에의 참여–영역 일반적 처리 | 타인과의 활동에 참여하고자 하는 욕구와 정교한 의도 상태를 표현하기 위해 요구되는 노력 사이의 긴장 |
| 경쟁 모델 (MacWhinney) | 언어 자료에 주의를 기울이고 조직하는 능력 | 귀납(induction) 및 가설 검증–영역 일반적 처리 | 신뢰성 있고 빈도가 높은(언어) 입력 패턴 |
| 사용 기반 이론 (Tomasello) | 유아기에 발현되는 의도 읽기 | 사회적 환경에 대한 아동의 해석–영역 일반적 처리 | 문화 또는 모방에 의한 학습을 통한 의도적 의사소통 행위의 재생 |
| 단원성 이론 (Fodor) | 뇌 내부의 특화된 모듈 | 특화된 언어 모듈에 의해 공헌된 기능–영역 특정적 처리 | 모듈의 매개변인 설정을 촉진하는 입력과 언어 모듈들 사이의 상호작용 |
| 보편문법 (Chomsky) | 외현적이며 영역 특정적인 언어 지식 | 개인의 언어에 내재된 매개변인의 발견–영역 특정적 처리 | 일반적인 언어 입력(심지어 질적으로 낮은 수준의 입력조차) |
| 구문적 시동 (Gleitman) | 구문 범주 (syntactic categories) | 언어의 작동방식을 이해하기 위한 영역 일반적 처리, 구문–의미 상관을 감지하기 위한 영역 특정적 처리 | 구문적 입력(syntactic input) |
| 의미적 시동 (Pinker) | 의미 범주(semantic categories), 문장을 통분하는 능력, 문장 내의 낱말을 의미 범주로 연계하는 능력 | 언어의 작동방식을 이해하기 위한 영역 일반적 처리, 새로운 낱말에 대해 가설을 수립하기 위한 영역 특정적 처리 | 의미적 입력(semantic input) |
| 연결주의 이론 (Rumelhart & McClelland) | 언어 자료에 주의를 기울이고 조직하는 능력 | 패턴 발견–영역 일반적 처리 | 신뢰성 있고 빈도 높은 (언어) 입력 패턴 |

### 양육 관점을 지향하는 이론

**Skinner의 행동주의 이론** 이 장의 처음에 제시된 사진에 자신의 아내와 딸 데보라와 함께 등장한 B. F. Skinner(1904~1990)는 **행동주의**(behaviorism)라는 개념을 대중화시켰다. 이 이론에 따르면, 모든 학습이란 **조작적 조건화**(operant conditioning)의 결과물로 여겨진다(Skinner, 1957). 조작적 조건화에서 행동은 행동에 대한 반응을 통해 형성되는데, 강화를 받은 행동은 증진되고 처벌을 받은 행동은 억압된다. Skinner에게 언어란 특별한 행위가 아니다. 단지 인간이 배울 수 있는 다른 어떤 행동들과도 마찬가지의 것이다. 따라서 Skinner의 언어 학습 이론은 그의 일반 학습 이론과 절대적으로 동일한 것이다. 이 일반 학습 이론에서는 아동이 환경과 상호작용하면서 산출해 내는 언어(행동)의 관찰 가능하며 측정 가능한 측면에 초점을 둔다. Skinner 이론을 임상에 적용하는 방식은 〈이론에서 실제까지: 응용행동분석〉에 제시되어 있다.

**논의 요점**
ABA 중재에서 이론, 과학, 임상 간의 연계에 대해 설명하라. 서로 다른 언어 발달 이론이 자폐 아동을 위한 언어치료 기법에 어떻게 적용될 수 있을 것인가?

이 언어 발달 이론에 따르면, 아동은 선천적 지식을 갖지 않은 채 언어 학습 과제에 직면하게 된다. 오히려 환경으로부터의 자극이 아동으로부터 구어 반응, 즉 언어를 이끌어 낸다. 이후 아동은 다음의 예에서와 같이 성인이 주는 강화를 통해 언어를 '학습하는' 것이다.

생후 8개월인 마고는 배가 고프거나 뭔가 먹고 싶을 때는 큰 소리로 비명을 지르곤 하였다. 마고의 엄마는 젖병(bottle)을 손에 쥐고 말한다. "You want your bottle? Baaaaah-ttle." 때로는 마고가 엄마의 말을 "ba"라고 모방하기도 하였다. 엄마는 마고의 시도에 매우 흥분하며 아이에게 우유를 먹이는 동안 소리 내어 웃고 미소 지으면서 마고의 '낱말' 사용을 강화하였다. 그러자 마고는 젖병을 원할 때마다 "ba"라고 말하기 시작했고, 마고의 엄마는 마고가 그저 비명을 지르기 전에 먼저 우유를 먹여 주게 되었다. "ba"라고 발화할 때마다 엄마가 젖병으로 신속하게 보상해 주었기에, 마고는 비명을 지르지 않고 배가 고플 때마다 "ba"라고 말하는 것을 지속하게 되었다. 마침내 마고의 엄마는 급히 젖병을 가지러 가야 할 때를 제외하고는 "ba-ba"나 "ba-bble"과 같이 낱말 bottle과 비슷한 말만을 허용하게 되었다.

당신은 만일 강화가 학습의 핵심이라면 어떻게 아동이 완전한 문장을 말하는 것을 배울 수 있는지에 대해 의아해할 수 있을 것이다. 그러나 Skinner의 구어 행

### 응용행동분석

응용행동분석(applied behavior analysis: ABA)은 Skinner의 행동주의 이론으로부터 기원한 몇 가지 방식들을 종합하는 포괄적 용어다. 이는 종종 자폐 아동을 위한 중재 접근법으로 사용된다. 조작적 조건화 원리—자극(stimulus), 반응(response), 강화(reinforcement)—는 자폐아를 위한 ABA 중재에 보편적인 것이다. 이 중재에서 성인 또는 치료사는 먼저 아동에게 낱말이나 구를 따라 하도록 하거나 또는 결어 보완 문장(예: "I want to eat ____.")의 빈칸을 채워 넣도록 하는 등 여러 가지를 요구한다. 이런 요구는 이어지게 될 행동에 필요한 자극으로 작용한다. 아동이 요구받은 행동을 수행함으로써 반응하면, 성인 또는 치료사는 미래의 그 같은 언어 행동을 촉진하기 위해 즉각적으로 아동을 강화한다.

ABA 중재는 집중적이고 시간을 많이 소모한다. ABA 훈련에서는 종종 주 단위로 몇 시간 또는 그 이상의 많은 시간의 일대일 치료를 요구하기도 한다. 일부 ABA 중재는 독립 시도 훈련(discrete trial training[DTT]; 역자 주: DTT는 DTI[discrete trial instruction]라고도 하는데, 특정 과제에 대해 그것을 구성하는 더 작은 세부 단위들로 나눈 후, 각 단위를 단계별로 훈련시키는 중재방식을 말한다)을 사용하는데, 이는 성인 또는 치료사가 아동이 목표기술을 습득할 때까지 일련의 독립적인 시도(trial)를 반복하는 것이다. 이렇게 습득된 기술을 바탕으로 더 복잡한 기술을 형성해 내기 위해 다음 단계의 시도가 후속된다. 언어기술을 확립시키기 위해 DTT는 직접 모방과 같은 단순한 행동으로부터 wh- 의문문('what?' 'when?' 'where?') 형성과 같은 보다 진전된 행동을 유도하는 단계로 진행해 나간다. 일부 연구 결과들은 ABA를 지향하는 치료를 받은 자폐 아동들이 장 · 단기간 학업, 지적 기능, 언어 기능에서 유의한 효과를 얻었다고 제안한다(Lovaas, 1987; McEachin, Smith, & Lovaas, 1993). 그렇지만 이러한 언어 중재 접근법에 논쟁이 전혀 없는 것은 아니다(Heflin & Simpson, 1998).

**논의 요점**
Skinner는 언어를 마치 걷기를 배우는 것과 같은 다른 인간 행동과 동일하게 보았다. 말하기를 배우는 것과 걷기를 배우는 것은 어떻게 유사한 것일까? 혹은 어떻게 다른 것일까?

동 이론은 복잡한 언어적 행동 역시 설명해 낸다. 복잡한 행동은 일련의 또는 연쇄적인 행동들인데, 그 안에서의 각 처리 단계는 이어지게 될 각각의 행위를 자극한다. 심지어 복잡한 구어 행동의 경우에서도 조작적 조건화는 언어 학습을 이끄는 메커니즘이 되는 것이다.

**Vygotsky의 사회적 상호작용 이론** 20세기 초 (구)소련의 심리학자 Lev Vygotsky(1896~1934)는 아동의 언어 발달을 위한 사회적 상호작용(social-interaction)의 중요성을 강조하였다. 그는 인간의 모든 지식은 먼저 **사회적 층위**

(social plane)에, 그다음에는 **심리적 층위**(psychological plane)에 존재하는 것이라고 주장하였다. 더 단순히 말하자면, Vygotsky는 모든 개념들은 사회적 상호작용의 맥락(사회적 층위)에서 도입되며 시간이 지남에 따라 심리적 층위 속에 내면화되는 것이라고 주장하였다. 유아와 그들보다 더 유능한 관계자들(부모, 형제, 교사 등) 사이의 사회적 상호작용은 아동의 언어 습득을 위한 결정적인 메커니즘인 것이다. Vygotsky는 언어란 인간의 고유한 능력이며, 약 2세경부터는 일반적 인지와는 독립적으로 존재하게 된다고 여겼다. 이 시점 이전에는 일반 인지와 언어가 서로 얽혀 있는(intertwined) 것이지만, 약 2세가 되면 두 처리가 별도의(비록 서로 관련되어 있기는 하지만) 능력으로 발달하기 시작한다.

Vygotsky 이론의 한 가지 결정적인 개념은 **근접발달영역**(zone of proximal development: ZPD)이다. 근접발달영역은 아동의 독립적인 문제 해결 능력에서 나타나는 실질적인 발달 수준과 보다 유능한 성인 또는 또래와의 협력을 통한 문제 해결 능력에서 나타나는 수준 사이의 간극을 말한다(Vygotsky, 1978). 근접발달영역의 개념은 이미 성숙해진 능력에만 초점을 둔다기보다는 오히려 성숙 과정에 있는 아동의 능력에 대해 기술함으로써 발달을 역동적인 것으로 특징짓는다. 다음의 예를 살펴보자.

로리와 그녀의 아들 알렉산더(4세)는 그림책 속의 운이 맞는 낱말(rhyming words)에 관해 대화하고 있었다. 로리의 도움 없이 알렉산더는 운(rhymes)을 산출할 수 없었다. 예를 들어, 그녀가 그에게 "이 페이지에서 cat과 운이 같은 것은 뭐지?"라고 물으면 알렉산더는 답하지 못했다. 그러나 알렉산더는 cat과 운이 맞는 낱말 3개(bat, fat, mat)를 예시로 말해 주면 운(rat)을 산출할 수 있었다.

여기서 당신은 알렉산더가 실질적으로 운을 인식한 것인지 의심할 수도 있다. 물론 알렉산더가 완전히 독립적으로 수행하지는 못했지만, 한편으로 엄마로부터 약간의 도움을 받아 그 과제를 완수할 수 있었다. Vygotsky의 견해에 따르면, 아동이 타인으로부터 중개된 도움으로 무엇을 할 수 있는가를 조사하는 것은 성숙 중인 능력을 판별하기 위해 필요한 것이며, 발달을 조망할 수 있는 중요한 창을 제공해 주는 것이다. Vygotsky의 견해는 사회적 상호작용을 통해 언어를 학습해 감에 따라 아동의 일반적인 인지 능력이 전진해 나아간다는 것이다.

**Piaget의 인지 이론** 스위스의 심리학자 Jean Piaget(1896~1980)는 자신의 세 자녀의 발달에 대한 관찰 연구와 그의 이론인 **발생론적 인식론**(genetic epistemology) 또는 지식 발달 이론으로 가장 잘 알려져 있다. Piaget 연구의 한 가지 주요 요소는 학습 및 발달의 단계를 강조했다는 점이다. Piaget는 아동이 경험하는 일련의 인지적 단계가 있음을 가정하고, 반드시 앞선 단계에서의 성취가 발생해야 다음 단계로 이동할 수 있음을 강조하였다.

Piaget는 언어가 영역 특정적 능력이라고 믿지 않았다. 오히려 언어는 아동의 일반적인 인지 발달의 바로 뒤를 따르는 영역 일반적 능력이라고 여겼다. 언어가 인지에 부차적인 것이라는 그의 관점은 **인지 가설**(cognition hypothesis)이라 지칭된다. 왜냐하면 언어적 성취가 발현하려면 특정한 인지적 성취가 선행해야 하기 때문이다(Sinclair-de-Zwart, 1973 참조). 요약하자면, Piaget는 언어를 특별한 재능이 아니라 지각적, 인지적, 사회적 처리 과정과 같은 다른 성장 분야에서의 발달이 반영된 능력이라고 여겼다. 그는 언어가 자신이 제안했던 일반적 인지 발달에서의 동일한 단계를 뒤따른다고 여겼다.

양육의 입장을 지지하는 학파의 한 이론가로서, Piaget는 아동을 언어에 대한 스스로의 이해를 구축하는 능동적인 주체라고 여겼다. 그에 따르면, 아동은 자아중심적(egocentric)이며, 오직 자신의 관점으로만 세계를 바라보도록 타고났다. 이러한 이유로 어린 아동들 간의 대화는 필연적으로 집단적 독백(collective monologues)의 형태를 띠는데, 이때 각 아동은 혼잣말을 하되(독백) 수반적인 반응을 하거나 서로 간에 순서적으로 말을 주고받지는 못한다는 것이다. 두 취학 전 아동들 사이의 다음 대화는 어린 아동들의 대화에서 **자아중심적 말**(egocentric speech)이 출현하는 예를 보여 준다.

케빈: Watch me score a goal! (내가 골 넣는 걸 봐!)

피트: The ground is squishy and muddy. (운동장이 질퍽질퍽하고 진흙투성이야.)

케빈: Ok, here goes. Are you watching? (좋아, 간다. 보고 있지?)

피트: My socks are getting wet! (양말이 젖어 가고 있어!)

Piaget 학파의 이론에 따르면, 아동은 스스로 타인의 관점을 조망할 수 있는 능력을 발달시키기 전까지는 자아중심적 말을 진정한 대화로 바꾸어 내지 못한다. 이러한 논점은 인지 발달이 언어적 성취를 허락한다는 사고를 지지하는 것이다.

**언어 습득의 의도성 모델** 의도성 모델(intentionality model)에 따르면, 아동의 언어 능력, 감정 표현, 인지, 사회적 상호작용, 놀이는 함께 나란히 발달한다(L. Bloom, 2000; L. Bloom & Tinker, 2001a). 아동에게는 언어 학습을 앞으로 진행시켜 나아가야 할 책무가 있다. 이 모델은 아동이 속한 환경이나 또래들이 언어 발달을 이끄는 가장 중요한 영향력을 가진다고 제안한다는 점에서 다른 양육 지향적 관점의 이론들과는 구별된다. 사실상 이 모델에서는 아동이 생각하는 바와 그들 주변의 개인들이 생각하는 바가 서로 다를 때 언어 습득이 이루어진다고 본다. 예를 들어, 어린 아동은 자신의 엄마가 언제나 자신이 언제 목이 마르고 언제 자신에게 마실 것을 주어야 할지 알고 있으리라고 예상하지 못한다. 그러므로 아동은 언어를 이용하여 그 의도(물을 달라는)를 표현하는 방법을 배워야만 한다. 다음 아동은 언어를 획득하기 위해 반드시 의도적이어야만 하고, 사회적 상호작용의 참여를 향해 걸음을 내디뎌야만 하며, 자신이 표현하고자 하는 개념에 대한 언어적 표상을 축조하기 위해 노력을 해야 한다. 그리하여 마침내 그것을 표현해 내야만 하는 것이다.

**경쟁 모델** 경쟁 모델(competition model)은 아동이 모국어를 구성하는 형태론적, 음운론적, 구문론적, 어휘적 측면에서의 수용 가능한 형태를 습득하게 해주는 특별한 메커니즘을 설명한다(MacWhinney, 1987). 경쟁 모델은 언어 발달이 들려준 입력에 크게 의존한다는 점에서 양육의 관점을 견지한다고 할 수 있다. 아동은 자신이 생애 초기에 빈번하고 신뢰할 만하게 들은 언어 형태를 습득하며, 이후에는 거의 들어 보지 않거나 비일관적으로 들은 언어 형태를 습득한다. 이 모델에서 입력이 정확한 표상을 강화시켜서 아동이 더 이상 틀린 형태를 산출하지 않게 될 때까지는 복수의 언어 형태들이 서로 간에 경쟁을 하게 된다.

경쟁 모델이 어떻게 작동하는지를 예시하는 아동의 보편적인 언어 현상이 바로

**과잉일반화**(overgeneralization)다. 당신은 아마도 아동이 'I went' 대신에 'I goed'를, 그리고 'I ran' 대신에 'I runned'를 말하는 것을 들어 본 적이 있을 것이다. 언어를 습득 중인 아동들이 불규칙 과거시제 동사에조차 /d/, /t/, /id/ 소리를 첨가하여 규칙적인 과거 형태를 만드는 경우, 그들은 영어라는 언어의 대부분 동사에 적용되는 과거시제 규칙을 과잉일반화한 것이다. 그렇다 할지라도 마침내 went와 같은 불규칙 형태에 대한 신뢰할 만한 노출이 지속됨에 따라 낱말의 올바른 과거시제 표상이 강화되고, 올바르지 못한 형태(goed)는 점차 없어지게 된다.

**사용 기반 이론** 사회적 상호작용에 참여한다는 것은 의심의 여지 없이 언어에 주의를 기울이고 그것을 학습하기 위한 강력한 원동력이다. 이러한 주장에 대한 명백한 증거는 언어 전(prelinguistic) 단계의 유아들에게서 나타난다. 당신은 아마도 다음과 유사한 상황을 경험해 본 적이 있을 것이다.

2명의 여성이 대화를 하는 장면에서 한 여성의 생후 8개월 된 딸아이가 마치 자신도 사회적 교환(social exchange)에 참여하고 싶다는 것을 나타내기라도 하듯 옹알이를 하며 대화에 끼어들기 시작한다.

Tomasello(2003)가 주창한 언어 습득에 관한 사용 기반 이론(usage-based theory)은 아동의 언어 능력을 증진시키는 원동력으로서 언어의 사회적 속성을 강조하면서 아동이 말해야 할 필요가 있기에 언어를 배우게 된다고 주장한다(예: Budwig, 1995; Halliday & Hasan, 1985).

Tomasello(2003)의 언어 발달에 관한 사용 기반 이론은 생의 첫해 동안의 의도성의 발현과 관련된 증거들로부터 기초한 것이다. 예를 들어, 유아는 첫해 동안에 타인과의 지속적인 공동 주의하기(sustained joint attention)에 참여하며, 다른 이들의 관심을 능동적으로 특정 사물이나 사건으로 이끌며, 다양한 목적을 이루기 위해 의사소통 의도를 보이기 시작한다. 사용 기반 이론은 언어 형식과 의미에 대한 아동들의 지식은 그들의 언어 사용으로부터 출현하는 것이며, 그들은 이런 언어 사용 동안에 형식과 의미의 패턴을 추출해 낸다고 제안한다. 이러한 제안의 결정적인 전제가 아동의 '**의도 읽기**(intention reading)' 기술이다. 의도 읽기란 유아기에 출현되는 것으로, 아동이 타인의 의도나 정신 상태를 인식하는 능력을 말한다. 그것은 유아가 타인과 의사소통하는 능력이 점진적으로 증가하는 것에 부합한다. 아동은 타인의 의도를 지각하게 됨에 따라 그것을 능동적으로 조작하기 시작한다(예: 엄마의 주의를 관심이 있는 사물로 향하게 한다). 아동들이 타인에게 참여하는 사회적 관례들을 반복적으로, 그리고 점점 더 많이 사용하게 됨에 따라 그들에게 보다 일반적인 언어 능력이 나타나게 된다.

### 본성 관점을 지향하는 이론

**Fodor의 단원성 이론** 유명한 인지적 접근인 Fodor(1983)의 단원성 이론(modularity theory)은 뇌의 인지적 기반 구조의 조직은 다양한 언어 처리적 측면을 위한 모듈(단원)을 포함하여 일련의 고도로 특화된 모듈로 구성되어 있음을 강조한다. 언어에 대한 단원적 관점은 언어가 기타의 프로세서와는 별개로, 각 기능에 따라 별도로 분리되어 있는 영역 특정적 프로세서에 **국지화된**(localized) 선천적 능력이라고 보았다. 언어가 국지화되어 있다는 것은 언어 시스템을 구성하는 모듈이 각각 특정 목적만을 위한 신경 시스템의 사용을 통해 작동된다는 것을 의미한다. 분리되어 있다는 개념은 프로세서들이 상호 간에 독립적으로 작동하며 정보를 공유하지 않는다는 것을 의미한다. 그리하여 언어 모듈은 독립적으로 특정 기능만의 수행을 목적으로 작동하는 것이나, 조합된 기능을 산출하기 위해서는 보다 상위 수준에서 서로 상호작용할 수 있다. 언어 모듈은 독립적으로 작동하는 것이므로, 다른 영역(예: 어휘집, 구문론, 형태론)에서의 언어 발달은 다른 유형의 입력에 의해 유도된다. 예를 들어, 어린 아동이 듣는 낱말의 수나 종류는 어휘집(lexicon) 형성을 돕는 환경적 영향인 데 반해, 선천적으로 주어진 구문 규칙은 아동의 문장 형성 능력을 돕는다.

단원성 이론은 별도의 언어 영역이 서로 간에 독립적으로 발달하는 것임을 명시한다는 점에서 언어 발달에 관한 이해를 돕기 위한 시사점을 가진다. 이러한 현상은 하나 또는 그 이상의 언어 영역(예: 수용언어, 표현언어)에서 장애를 나타내는 아동에게 가장 명백히 드러난다. 제4장에서는 이런 단원성 관점에 관한 신경학적 증거를 제시할 것이다.

**보편문법** Noam Chomsky(1965)는 **보편문법**(universal grammar: UG)이라는 용어를 대중화시켰는데, 이것은 전 세계 모든 언어에 일관적으로 적용되는 문법적 규칙 및 제약 시스템을 기술하는 용어다. Chomsky는 언어의 습득은 오직 언어를 위해서만 공헌하며 다른 형태의 학습에는 관여하지 않는 선천적이며 종 특정적인(species-specific) 모듈에 의존한다고 공언하였다. 언어가 일련의 모듈을 포함한다고 주장한 Fodor와는 달리, Chomsky는 **언어 습득 장치**(language acquisition device)라는 오직 한 가지 언어 모듈의 존재를 이론화하였다.

보편문법 이론에 따르면, 아동은 단지 경험에 기초하여 언어를 습득할 수는 없다. 왜냐하면 인간 언어의 문법이 너무나도 복잡하며 아동이 듣는 언어는 상대적으로 불완전한 것이기 때문이다(사람들은 종종 말을 왜곡시키기도 하며 잘못된 시작[false start]을 사용하기도 한다). 대신 아동은 모든 언어에 내재된 문법 규칙 및 문법 범주의 기초적 조합을 가지고 태어나며, 그들이 듣는 언어(입력)가 매개변인(parameters, 옵션)을 자기 모국어의 그것과 일치하도록 설정하는 것이다. 그리하여 아동은 자신이 들은 언어를 능동적으로 분석하지 않으며, 자기 모국어에 관해 추론하거나 귀납하지 않는다.

다른 이론들과는 달리, 보편문법 이론은 언어를 발달적 현상으로 여기지 않는다. 오히려 아동들이 언어 능력을 가지고 태어나며, 그들의 말에서 발생되는 실수나 생략은 수행(performance)상의 어려움을 나타내는 것이지 능력(competence)상의 부재를 나타내는 것은 아님을 주장한다. 아동들의 수행과 그들의 문법적 능력 사이의 단절은 그들의 처리 능력상의 제한에 기인한 것이거나 또는 그들의 능력을 차단할 수도 있는 다른 맥락적 요인에 기인한 것일 수 있다(Brooks, 2004).

**시동 이론** 당신은 누군가 특별한 목적을 향해 시동을 건다(bootstrapping)는 말을 언급하는 것을 들어 본 적이 있을 것이다. 이 용어는 개인이 자신의 노력으로 또는 최소한의 외부 도움으로 목적을 이루는 것을 의미한다. 시동(bootstrapping)이라는 은유는 장화의 뒤쪽 꼭대기에 꿰매어 놓은 작은 고리를 당기는 작은 도움만으로도 장화를 끌어올려 신을 수 있는 모습으로부터 유래되었다. **구문적 시동**(syntactic bootstrapping)이란 아동이 잘 알지 못하는 동사를 접했을 때, 그것이 포함된 주변의 구문적 틀을 이용하여 해석할 수 있도록 가능한 대

시동이라는 은유는 장화의 뒤쪽 꼭대기에 꿰매어 놓은 작은 고리를 당기는 작은 도움만으로 장화를 끌어올려 신을 수 있게 되는 모습으로부터 유래되었다.
사진 출처: Plush Studios/Getty Images Inc.—Photodisc.

안들을 좁혀 가는 과정을 말한다. 이 이론은 언어 발달, 특히 구문 발달에 대해 본성 지향적 입장을 견지한다. 양육 지향적 이론가들은 아동이 낯선 동사의 의미를 배우고자 할 때는 언어 외적 단서(extralinguistic cues)에 대해 분석을 한다고 주장한다. 즉, 고유한 움직임 또는 주변 타인들의 움직임을 관찰하여 동사의 가능한 의미를 좁혀 간다는 것이다. 그렇지만 Gleitman과 Landau가 주장했듯이 대개 언어 외적 맥락이란 것은 단일하고도 명확한 의미를 밝혀 주지는 못한다(Gleitman, 1990; Landau & Gleitman, 1985). 예를 들어, "Are you bringing me the remote control(내게 리모컨 좀 줄래)?"이라는 요구를 둘러싼 언어 외적 맥락은 문장 속의 동사(bring)를 'hold' 'carry' 'walk', 또는 'bring' 중 어느 하나의 의미로 해석하도록 이끌 것이다. 그러므로 아동은 새로운 동사의 의미를 배울 때는 아마도 추가적인 언어적 정보—특히 문장의 구문론—를 사용해야 될 것이다.

앞의 예에서 bring의 의미에 관한 정보는 bring이 출현하는 구문 속에서 구할 수 있다. 이 예에서는 간접목적어(me)와 직접목적어(remote control)가 낱말 bring 뒤에 이어진다. 이는 bring이 수여동사임을 시사하는 것이다(수여라는 말은 수여받는 대상과 수여받는 사람 모두를 포함하기 때문이다). 그러므로 hold, carry, walk의 의미는 이 후보군에서 제외되어야 한다(이러한 방식으로 가능한 해석의 대안들이 좁혀진다) 구문적 시동은 본성 지향적 언어 발달 이론이다. 왜냐하면 이 이론은 아동들이 구문 범주라는 지식을 가지고 언어 학습 과제에 도달하는 것이며, 문장의 다양한 위치를 채우는 낱말들의 의미를 이해하기 위하여 구문적 지식을 이용하기 때문이다.

**의미적 시동**(semantic bootstrapping)은 시동 이론의 또 다른 형태로, 구문적 시동과 마찬가지로 아동이 최소한의 외적 도움만으로 특정 언어적 개념을 획득하는 모습을 묘사하기 위해 시동이라는 은유를 사용한다. 다만 그 차이는 아동이 무엇을 시동 걸 것인가에 있다. 의미적 시동을 통해 아동은 자기 주변의 사건들을 관찰함으로써 획득한 낱말의 의미를 활용하여 구문 구조를 연역해 낸다(Pinker, 1984). 아동은 세계의 사물이나 사건에 대한 관찰을 통해 크고 다양한 어휘집을 획득하고 나면 각 낱말이 속한 구문 범주를 결정하기 위해 의미론과 구문론 사이의 대응(correspondences)을 활용한다. 예를 들어, 한 아동이 bird가 구체적 사물을 기술하는 것임을 배우게 되면 bird는 가산명사(count noun)임을 추론하게 될 것이다. 이후 이 아동이 한정사(determiner) a를 이해하게 되면 한정사 a에 수반되는 다른 낱말들(a watch, a clock) 역시 가산명사임을 추론할 수 있게 될 것이다.

**연결주의 이론** 여기서의 연결주의 이론(connectionist theories)도 본성 지향적 이론이지만, 마치 양육 지향적 이론인 것처럼 해석될 수도 있다. 언어 발달에 관한 연결주의 모델은 뇌의 내부 작동에 대한 시각적 접근을 시도하며, 입력과의 관련성 속에서 언어의 증가를 설명하는 메커니즘을 모형화하고 가상화한다. 연결주의 이론은 일련의 인지적 처리 과정을 모형화하는 것과 관련되는 것이지만, 언어 영역과 관련해서는 언어가 어떻게 뇌에서 조직되는가를 모형화하는 일과 어휘집, 즉 뇌의 낱말 저장소 내에서 어떻게 낱말들 사이의 연결이 이루어지는가에 초점을 둔다(심성 어휘집[mental lexicon]에 관한 논의는 제3장을 보라).

연결주의 학자들은 언어 및 기타 분야에서의 비선형적이며(nonlinear) 역동적이고 복합적인 발달을 표상하는 모델을 사용한다. 그들이 모형화한 언어 발달의 주요 측면 중 하나는 아동의 규칙(예: walk-walked, cook-cooked) 및 불규칙(예:

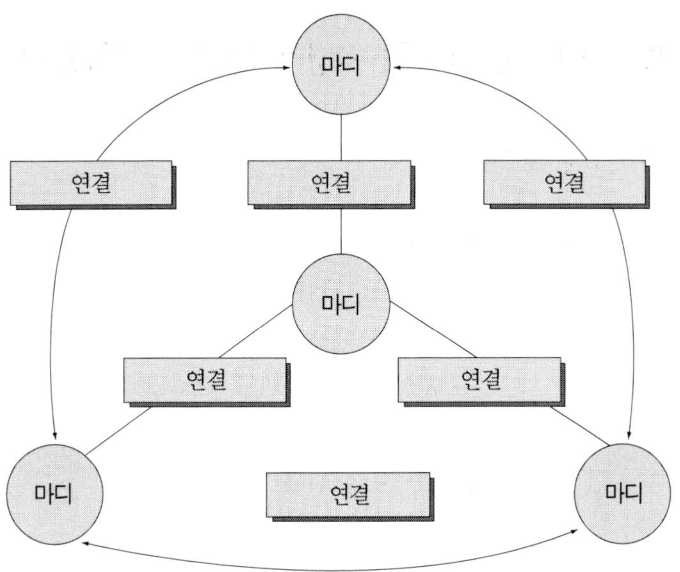


**[그림 2-2] 연결주의 망**

eat-ate, fly-flew) 과거시제 동사의 습득 처리 과정이다(Rumelhart & McClelland, 1986). 연결주의 모델은 보다 큰 망(network) 내에서 마디와 연결이 어떻게 조직되는가를 가상화한다([그림 2-2] 참조). **마디**(nodes)는 뇌의 뉴런과 연계되는 단순한 처리 단위를 말한다. 마디들은 **연결**(connections)을 통해서 외부의 원천으로부터 입력을 받아들인다. 마디들 간에 연결된 힘의 크기는 연결의 가중치(weight)에 따라 변화된다. 마디와 연결의 망은 들어오는 입력에 반응하여 그 자체로 지속적으로 적응되고 전환된다. 예를 들어, 어떤 마디들 간의 연결은 입력 감소 또는 반대 증거(counterevidence)로 인해 시간이 지남에 따라 약화되는 반면, 다른 마디들 간의 연결은 점차 강화되어 망 전체의 재조직에 기여하기도 한다. Elman, Bates, Johnson, Parisi와 Plunkett(1996)은 연결주의 모델에 대해 보다 상세히 소개한 바 있다.

# 언어 발달 이론은 실제에 어떻게 영향을 미치는가

## 이론에서 실제로의 연계

지금까지 우리는 언어 발달을 연구하는 이들에 대해, 그리고 그들이 왜 언어 발달을 연구하는지에 대해 논의했다. 먼저 언어 발달을 연구하는 몇 가지 일반적인 접근법에 대해 설명하였다. 그리고 몇 가지 언어 발달 이론들과 각 이론들이 주장하는 유아의 선천적 능력, 즉 언어 발달을 이끄는 메커니즘과 언어 발달을 지원하는 입력의 종류에 대해 살펴보았다. 이제는 언어 발달 이론, 과학, 임상 사이의 간극을 메우고자 한다. 이론과 임상 간의 연계는 새로운 개념은 아니다. 사람들은 특정 현상에 대한 개념이 임상을 이끌 수 있도록 시도해 왔다. 당신은 다이어트 열풍 속에서 복용하는 약, 아동 양육방식과 같은 예로부터 이러한 현상을 목격한 바 있을 것이다. 어떤 경우에는 이론과 실제 간의 관련성이 명확할 때도 있다. 예를 들어, 뉴턴의 제1법칙에서는 운동 중인 사물은 외부의 힘이 작용될 때까지는 운동을 멈추지 않는다고 기술된다. 이 원리는 갑작스러운 교통사고로 차에 타고 있던 사람의 몸이 앞 유리창을 뚫고 나가는 상황과 관련되는데, 따라서 많은 사람들이 운전 중에 충실히 안전벨트를 매는 것이다.

그렇지만 언어 발달의 경우에는 이론과 실제의 관계가 언제나 그렇게 투명하지만은 않다. 이러한 이유로 임상가들은 특정 임상을 이끌 수 있는 이론을 이해하기 위해 모든 노력을 기울여야 한다. 또한 중요한 것은 한 이론이 의문의 여지가 남아 있는 임상을 보완하도록 광대한 지원을 제공하는지를 결정하는 일이다. 다음에서는 제2언어 학습방법론의 맥락에서 언어 발달 이론이 임상에 어떻게 영향을 미치는가에 대한 두 가지 예를 제공할 것이다.

## 제2외국어로서의 영어 교수: 이론과 실제

앞서 언급한 바와 같이 이론과 실제 사이의 관련성이 언제나 직접적인 것은 아니지만, 언어 학습 이론은 언어교육의 실제에 여러 측면에서 영향을 미친다. 오히려 이론과 실제 사이의 연계는 인지적, 정서적, 언어적 원칙을 포함한 교수 원칙들에 의해 중개된다. **인지적 원칙**(cognitive principles)은 언어 처리와 자동성, 그리고 화자가 언어 사용을 통해 얻게 되는 가시적 및 비가시적 보상의 역할을 지배하는 개념들을 포함한다. **정서적 원칙**(affective principles)은 개인의 언어 학습에 대한 신념 및 언어와 관련하여 위험을 감수하려는 성향과 관련된 것이다. **언어적 원칙**(linguistic principles)은 제2언어 학습을 촉진시키기도 하고 동시에 방해하기도 하는 개인 모국어의 역할을 설명한다(언어 교수 원칙에 대한 완전한 논의는 H. D. Brown, 2001을 보라). 제2언어로서의 영어를 가르치는 교사가 특정 교수법을 선택할 때, 그들은 언어 학습 이론뿐 아니라 모든 선행 요인과 관련된 해당 원칙들을 고려할 것이다.

제2언어로서의 영어에 대한 두 가지 교수법은 기존 언어 이론과는 다른 것으로부터 기원한 것으로서 **청각구어법**(audiolingual method)과 **침묵법**(silent way)이 있다. 이 방법들이 더 이상 널리 사용되지 않는데도 우리가 이에 대해 기술하는 이유는 그것들이야말로 언어 발달 이론이 어떻게 실제에 적용될 수 있는가에 관한 분명한 예를 제공하기 때문이다. 청각구어법은 제2차세계대전 당시 통역자의 수요 증가에 따라 개발된 것이다. 그것은 자동적이고 습관적인 언어 반응을 창출해 내기 위해 언어 형식에 대한 모방, 반복, 암기를 강조한다. 이 방식을 사용하는 교사들은 학생들을 목표 구어 행동을 위한 정적 강화를 포함하는 언어 훈련에 참여시킨다. 예를 들어, 교사들은 일련의 대화문을 제공하고 학생들에게 반복하게 한 후, 정확하게 발음된 문장에 대해 칭찬을 한다. 교사들은 학생들이 더 작고 단순한 언어 단위를 습득하게 되는 즉시 보다 복잡한 언어 행동을 목표로 설정한다. 이런 방식은 사회적-상호작용적 요인이나 학습자의 인지 능력보다는 언어 형식에 대한 암기와 습관적 반응을 더 강조한다는 점에서 행동주의 심리학—보다 구체적으로는 Skinner의 구어 행동에 대한 양육 지향적 이론— 에 뿌리를 두고 있다고 할 수 있다.

침묵법은 1970년대 초반의 인지 혁명 동안에 인기를 누린 언어 교수 방식이다. 그것은 학생들 스스로 언어 규칙에 대해 가설을 생성하고, 그 규칙을 적용하며, 오류를 탐지해 내도록 허용하는 것의 중요성을 강조한다. 교사들은 침묵법을 이용하여 학생들이 언어 규칙을 발견하도록 촉진하며, 어휘를 표상하는 낱말, 문법

청각구어법은 제2차세계대전 중에 창안된 것으로, 행동주의 이론에서 기원한 것이며 언어기술의 훈련을 강조한다.
사진 출처: Patrick White/Merrill.

형식, 발음 규칙보다는 대개 침묵을 지킨 채 색깔별로 기호화시킨(color-coded) 막대를 이용한다. 침묵법은 가설을 생성하고 검증하기 위해, 그리고 스스로 오류를 수정하도록 하기 위해 언어 입력으로부터 패턴을 탐지하고 처리하는 학습자의 능력에 가치를 둔다. 이러한 것은 모두 언어 발달에 대한 양육 지향적 관점을 가지는 인지적 이론의 특징이다.

청각구어법과 침묵법은 모두 언어 발달 이론이 어떻게 교육적 실제로 전환될 수 있는가를 예시해 준다. 이들은 당시 어떤 이론이 성행했는가에 따라 어떻게 서로 극단적으로 다른 교육방식들이 해당 분야에 적용되는가에 대해서도 예시해 준다. 그렇지만 때로는 이론과 실제 사이의 관련성은 명확하지 못하다. 제9장에서는 제2언어 발달 이론들에 대해 논의하고, 추가적으로 제2언어 교수방식에 대해 설명할 것이다.

## 언어 이론으로부터 형성된 실제

임상심리학자, 언어치료사, 청각사, 사회사업가, 교사들을 포함한 많은 전문가들은 언어 발달 이론을 실제에 적용시키는 일에 관심을 가지고 있다. 부모들 역시 자녀의 언어 증진을 촉진할 수 있도록 이론이 실제와 어떻게 연계될 수 있는지에 높은 관심을 보인다. 여기에서는 언어 이론(그리고 연구)을 실제에 직접적으로 적용시키는 세 가지 측면인 **예방**(prevention), **중재 및 치료**(intervention and remediation), **풍부화**(enrichment)에 대해 살펴볼 것이다.

**예방**의 목적은 초기 시점부터 언어장애를 막아 이후 생애의 결함 해결에 필요한 요구를 감소시키는 것이다. 언어장애 예방이란 생물학적 성향, 가족의 사회경제적 위치, 또는 아동-성인 언어 상호작용의 질과 관련된 언어 문제의 위험을 가지는 아동들에게 특히 중요하다. 미국 전역에 걸쳐 많은 취학 전 프로그램에서 사용되는 예방의 한 형태는 어린 아동들의 **음운 인식**(phonological awareness) 촉진에 초점을 두는 것이다. 음운 인식이란 음절 및 낱말을 구성하는 소리에 집중하는 능력을 말한다. 잘 발달된 음운 인식은 이후 아동의 읽기교육에 중요한 역할을 한다. 어린 아동의 음운 인식 촉진을 위한 다양한 프로그램이 활용되고 있으며, 이는 이후에 아동의 읽기 성취의 결함을 예방하는 효과를 가져다준다.

**중재 및 치료**는 일정 측면의 언어 발달에 결함을 보이는 아동, 청소년 및 성인을 돕기 위한 프로그램 또는 전략을 말한다. 언어 중재는 첫 낱말 습득에 지체를 보이거나 또는 두 낱말 발화를 위해 낱말들을 결합시키기 시작하는 시점이 늦은 아장이들에게 적합할 수 있다. 취학 전 아동의 경우, 중재는 언어 문제를 보이는 아동이 타인과 보다 효율적으로 의사소통하도록 돕거나 형태론적, 음운론적, 구문론적, 의미론적 발달을 증진시키는 일에 초점을 둔다. 언어에 문제를 가지는 학령기 아동의 경우, 중재는 종종 학과 교과목의 어휘 이해 또는 읽은 내용을 보다 잘 이해하기 위한 이해 전략의 사용과 같이 학업과 관련된 언어기술의 증진을 돕는 것에 초점을 둔다. 질병이나 질환으로 인해 언어기술을 상실한 성인들에게도 다양한 중재가 역시 유용하다.

**풍부화**는 교사, 임상가 및 그 밖의 성인들이 아동, 청소년, 성인들에게 기존의 기술을 확립시키고 보다 새롭고 진보된 언어기술의 발달을 촉진시킬 수 있는 강화된 언어 학습 환경을 제공하는 과정을 말한다. 언어 풍부화 프로그램의 한 예가 Learning Language and Loving It(www.hanen.org)이다. 이 프로그램은 유치원 교육자들에게 초기 교육 환경에서 아동의 언어 학습을 촉진시키는 방식을 소개한다. Learning Language and Loving It 프로그램 및 Weitzman과 Greenberg(2002)의 관련 서적은 아동중심적 접근법을 표방하면서, 교육자들에게 아동들과 수용적인 방식으로 상호작용하는 특정 전략을 사용하도록 훈련시킴으로써 아동들의 언어, 사회적 발달 및 문해(literacy) 발달을 강화시키도록 한다. 다른 예에서와 마찬가지로, 청소년을 위한 풍부화 프로그램은 그들에게 또래와 상호작용하는 적절한 방식을 교육시킨다. 다른 억양의 영어를 말하는 성인(예: 사업상 목적으로 영어를 말하는 중국어가 모국어인 사업가)을 위한 풍부화 프로그램에서는 발음의 개선에 집중할 수도 있다.

## 요 약

이 장에서 우리는 이론, 과학, 실제 간을 구별하고, 이 세 가지가 언어 발달 분야에서 어떻게 상호 보완하는지에 대해 설명하였다. 언어 발달 **이론**들은 아동이 어떻게 그리고 왜 각자의 언어 능력을 발달시키는가에 대한 설명을 제공하는 주장 또는 가설을 제시한다. 언어 발달 분야의 **과학**은 언어 이론을 생성하고 검증하는 과정을 기술한다. **임상**은 제2언어 교수법과 언어장애 예방, 언어 중재 및 치료, 언어 풍부화를 포함하여 언어 발달 이론 및 과학에 의해 영향을 받는 개인의 삶의 영역과 관련된다.

여러 학문 분야(심리학, 언어학, 심리언어학, 인류학, 언어병리학, 교육학, 사회학 등)의 과학자들은 언어 발달을 연구한다. 어떤 학자들은 기존의 지식 기반을 생성하고 정교화하기 위한 목적으로 **기초 연구**를 수행한다. 다른 학자들은 실제 환경과 관련된 접근법이나 임상을 검증하기 위한 목적으로 **응용 연구**를 수행한다.

과학자들은 언어 발달을 연구하기 위해 다양한 접근방식을 사용한다. 예를 들어, 과학자들은 유아의 **말지각** 능력을 조사하기 위해 유아의 심박동, 발차기 속도, 청각 자극에 대한 시각 반응을 측정한다. 어린 아동의 **언어 산출** 능력을 측정하기 위해서는 자연스러운 맥락 또는 반구조화된 맥락에서 아동의 언어를 조사하는 관찰 연구를 수행하기도 하며, 연구자들이 관심을 가지는 변인들을 조작하는 실험 연구를 수행하기도 한다. 아동의 **언어 이해** 능력을 연구하기 위해서는 자극에 대한 아동의 응시 시간(looking time)이나 자극을 향한 가리키기(pointing)를 측정하기도 한다.

양육의 관점 및 본성의 관점을 지지하는 몇몇 언어 발달 이론들은 다음의 세 가지 문제에 따라 살펴볼 수 있었다. (1) 무엇이 유아를 언어 학습 과제로 이끄는가?

(2) 어떠한 메커니즘이 언어 습득을 이끄는가? (3) 어떠한 유형의 입력이 언어 학습 시스템을 지원하는가?

**양육 지향적** 또는 **경험주의**(empiricist) 언어 발달 이론에는 행동주의 이론, 사회적 상호작용 이론, 인지 이론, 의도성 모델, 경쟁 모델, 사용 기반 이론이 포함된다. **본성 지향적** 또는 **선천주의**(nativist) 언어 발달 이론에는 단원성 이론, 보편문법, 구문적 시동, 의미적 시동, 연결주의 이론이 포함된다.

언어 발달 이론들은 몇 가지 분야의 실제에 영향을 미쳤다. 그 분야에는 제2언어로서의 영어 교수, 언어장애의 예방, 중재 및 치료, 풍부화가 포함된다.

## 핵심 용어

과잉일반화(overgeneralization) 100
구문적 시동(syntactic bootstrapping) 102
규준 연구(normative research) 81
근접발달영역(zone of proximal development) 97
기초 연구(basic research) 75
발생론적 인식론(genetic epistemology) 98
보편문법(universal grammar) 102
사용 지향적 기초 연구 (use-inspired basic research) 76
언어 산출(language production) 81
언어 습득 장치 (language acquisition device) 102
언어 이해(language comprehension) 88
영역 일반적(domain general) 90
예방(prevention) 108
음운 인식(phonological awareness) 109
응용 연구(applied research) 75
의미적 시동(semantic bootstrapping) 104
이론(theory) 73
자아중심적 말(egocentric speech) 98
조작적 조건화(operant conditioning) 95
중재 및 치료(intervention and remediation) 108
풍부화(enrichment) 109

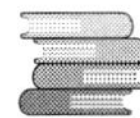

오디오 샘플, 관련 웹사이트, 추천 도서 및 혼자 풀어 보는 퀴즈를 포함하여 이 장의 내용과 관련된 온라인 자료를 구하려면 웹사이트 http://www.prenhall.com/pence를 찾아보라.

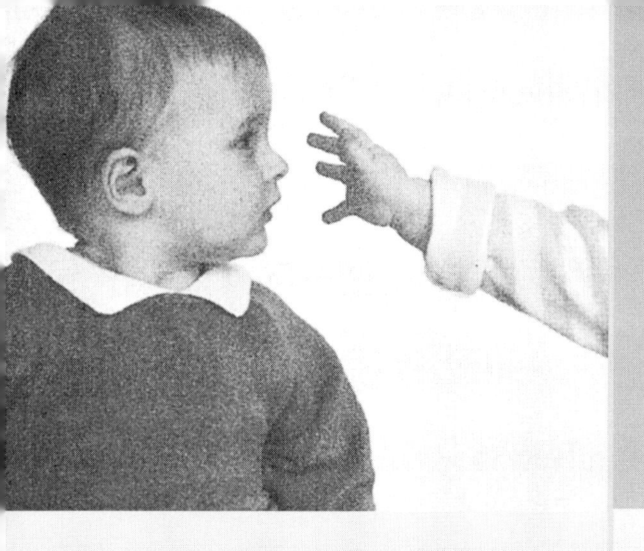

제3장

# 언어의 구성 요소

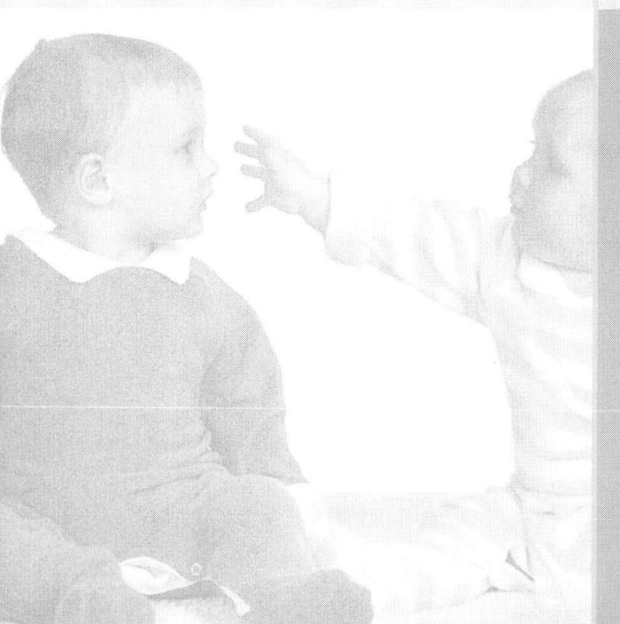

## ❒ 핵심 문제

이 장에서 우리는 다음의 다섯 가지 문제에 관해 살펴볼 것이다.

1. 의미론적 발달은 무엇인가?
2. 형태론적 발달은 무엇인가?
3. 구문론적 발달은 무엇인가?
4. 음운론적 발달은 무엇인가?
5. 화용론적 발달은 무엇인가?

제1장에서는 언어가 내용, 형식, 사용의 세 가지 상호 관련 요소들로 구성된 단일 차원의 인간 행위임을 논의하였다(Lahey, 1988). 아동의 언어 발달은 이들 영역 각각에서의 능력 성취를 포함하며, 이 책의 제5장부터 제8장까지는 유아, 아장이, 학령 전기 아동, 학령기 아동들이 각 영역에서 보이는 주된 성취에 대해 논의할 것이다. 이 장에서는 이 세 영역에 대해 보다 상세히 설명하면서 앞으로 이어질 제5장부터 제8장까지의 심화된 고찰을 준비할 것이다.

유아기 이후로부터 언어 발달이 이루어지는 과정에서, 아동의 각 언어 영역에서의 성취는 내용, 형식, 사용의 기본 구조의 습득과 확장을 통해 급속도로 증가하게 된다. 제1장에서 언급했듯이 세 영역의 다섯 가지 요소는 의미론, 구문론, 형태론, 음운론, 화용론이다. 의미론과 화용론은 각각 내용과 사용의 구성 요소이며, 구문론, 형태론, 음운론은 형식의 구성 요소다. 이 장에서는 세 영역의 각 구성 요소에 대해 설명할 것이다. 먼저 **의미론적 발달**의 구성 요소, 즉 어휘집의 발달, 새로운 낱말 학습, 효율적 인출을 위한 어휘사전의 조직에 대해 설명할 것이다. 다음으로는 **형태론적 발달**의 구성 요소를 다룰 것인데, 이는 문법(굴절)형태소와 파생형태소를 포함한다. 이어서 **구문론적 발달**(발화 길이의 증가, 여러 문장 양식의 사용, 복합 구문 발달을 포함)과 **음운론적 발달**(말 흐름 속에서의 운율 및 음소배열론적[phonotactic] 단서에 대한 민감성 증진, 모국어 음소에 대한 내적 표상 발달, 음운 인식 발달을 포함)의 구성 요소를 다룰 것이다. 마지막으로는 **화용론적 발달**의 구성 요소를 설명할 것인데, 이는 의사소통 기능 습득, 대화기술 발달, 언어 외적 단서에 대한 민감성 획득을 포함한다. 각 구성 요소들에서 성, 사회경제적 지위, 언어장애와 같이 아동의 성취에 미치는 중요한 영향들에 대해 간략히 살필 것이다.

## 의미론적 발달

의미론적 발달이란 개인의 낱말 의미에 대한 학습과 저장을 말한다. 한 어머니와 세 살배기 딸아이의 대화를 살펴보자.

〈금요일, 주방에서〉

애들레이드: Mommy, what's this? (엄마, 이게 뭐야?)
(바닥쪽 환기구[vent]를 가리키며)

로 라: That's a vent. A vent lets air come into the room.
(그건 환기구야. 환기구는 방안으로 공기가 들어오게 하는 거란다.)

애들레이드: It's a vent. (환기구구나.)

〈토요일, 아동 박물관에서〉

애들레이드: There's another went, Mommy. (went가 또 있어, 엄마.)
(벽에 내장된 스피커를 가리키며)

로 라: A went? What's a went? (went? went라니?)

애들레이드: A went puts air into the room.
(went는 방안으로 공기를 넣어 주는 거야.)

로 라: Oh! You mean vent. that's a speaker. it looks like a vent, but that makes noise. People speak through it.
(오! 환기구[vent]를 말한 거구나. 저건 스피커야. 꼭 환기구처럼 생겼구나. 하지만 저건 소리를 내는 거야. 사람들은 저걸 통해서 말을 한단다.)

이 두 장면에서의 대화는 아동이 새로운 낱말을 배우고 저장하는 과정을 이해하는 데 유용하다. 새로운 낱말에 직면했을 때, 아동은 그 음운 형태(그 안에 담긴 특정 소리와 그 소리의 순서), 문법적 역할(예: 동사, 대명사, 명사), 그리고 그 개념적 의미를 포함하여 해당 낱말에 대한 내적 표상을 발달시켜야만 한다. 이 예에서 애들레이드가 어떻게 즉석에서 새 낱말(즉, vent)을 자신의 어휘 속에 편입시키는지에 주목할 수 있다. 위의 발췌문은 또한 특정 낱말에 대한 지식이 시간이 지남에 따라 어떻게 성숙해지는지와 아동의 낱말에 대한 초기 지식 및 사용이 어떻게 불완전할 수 있는지도 보여 주고 있다. 다양한 맥락에서 해당 낱말에 대한 추가적 노출을 통해 애들레이드의 초기 표상은 상대적으로 미성숙한 상태에서 보다 유연하고 성인의 것에 가까운 표상으로 발달되어 갈 것이다.

## 의미론적 구성 요소

의미론적 발달은 언어 학습자들에게 요구되는 세 가지 주요 과제, 즉 (1) 유아기에서 성인기에 이를 때까지 약 6만 개 낱말의 **심성 어휘집**(mental lexicon, 또는 정신 어휘집) 습득, (2) **새로운 낱말**의 신속한 습득, (3) 효율적인 **의미망**(semantic network) 내의 정신 어휘사전 구축을 포함한다.

### 심성 어휘집

한 개인의 **심성 어휘집**이란 그가 이해하고(**수용어휘집**[receptive lexicon]) 사용하는(**표현어휘집**[expressive lexicon]) 낱말의 전집을 말한다. 개인들은 일반적으로 실제 자신들이 사용하는 것보다 더 많은 낱말을 이해하고 있으므로 전형적으로는 수용어휘집이 더 크다고 할 수 있다. 아동의 어휘집(어휘사전) 크기를 측정한 결과 생애 첫 몇 해 동안에는 주목할 만큼 신속하게 증가했는데, 12개월경에 오직 몇 가지 낱말에서 출발하여 24개월경에는 300개 낱말 그리고 초기 성인기에는 약 6만 개 낱말을 습득하게 된다(Aitchinson, 1994; Fenson, Dale, Reznick, Bates, & Thal, 1994). 전형적이지 못한 아동은 1~7세에 매년 860개의 낱말을 습득하며, 이 기간 동안 하루 평균 약 2개의 새로운 낱말을 습득한다(Biemiller, 2005).

아동의 언어 습득 영역에서 오랜 기간 유지되어 온 한 가지 조망은 아동들이 생애 두 번째 해의 종착점으로부터 이후 몇 년간 지속되는 **어휘 폭발**(vocabulary spurt)을 경험한다는 것이다(Choi & Gopnik, 1995). **폭발**이라는 용어는 [그림 3-1 A]에서 예시된 바와 같이, 아동들이 느린 발달 단계에서 빠른 발달 단계로의 전환 시에 각 단계를 구별시켜 주는 **변곡점**(inflection point)이 나타난다는 것을 의미한다(Ganger & Brent, 2004). 그렇지만 일부 연구자들은 상대적으로 적은 수의 아동들(아장이의 어휘 증가를 조사한 한 연구에서는 대상의 25%)만이 어휘 폭발을 경험하며(Ganger & Brent, 2004), 오히려 어휘 크기 증가에서 대개는 지속적이며 선형적인 양상([그림 3-1 B] 참조)을 보인다고 지적하였다. 그들은 어휘 폭발의 개념은 보편적인 원칙은 아니며, 오직 소수 아동들에게만 적용되는 것일 뿐이라고 주장한다. 따라서 어휘사전 크기의 주목할 만한 성장을 경험한다 해도, 어휘 성장이 폭발적인 현상으로 대표될 수 있는지 혹은 보다 지속적이고 선형적인 궤도로 대표되

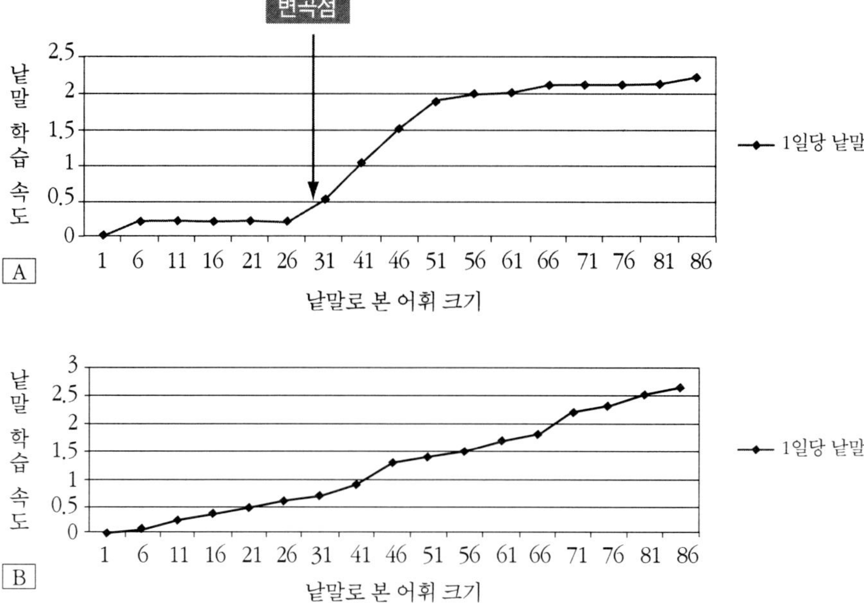


**[그림 3-1] 어휘 폭발(그래프 A)과 점진적인 선형적 증가(그래프 B)의 특징을 보이는 어휘 발달의 비교**

출처: Adapted from "Reexamining the Vocabulary Spurt," by J. Ganger and M. R. Brent, 2004, *Developmental Psychology, 40*, pp. 621-632.

는지는 불확실하다.

임상가들은 한 아동의 어휘사전 크기를 고려할 때 그 전집(volume)만이 아니라 그에 담긴 개별 어휘 항목 역시 살핀다. **의미론적 분류학**(semantic taxonomy)은 낱말을 그 의미적 역할에 기초하여 구별한다(Ingram, 1989). K. Nelson(1973)의 의미론적 분류는 아동의 어휘 항목을 다음의 다섯 가지 범주로 나누었다(Ingram, 1989).

① **특정 명사류**(specific nominals): 특정 대상을 지칭(예: Daddy, Fluffy)

② **일반 명사류**(general nominals): 한 범주의 모든 구성원을 지칭(예: those, cats)

③ **행위 낱말**(action words): 특정 행위(예: up), 사회적 행위 게임(예: peekaboo), 행위 금지어(action inhibitors; 예: no)

④ **한정사**(modifiers): 속성 및 특질에 관한 기술(예: big, mine)

⑤ 개인적-사회적 낱말(personal-social words): 감정 상태와 관계성 기술(예: yes, bye-bye)

대략 50개 정도로 구성되는 아동의 초기 어휘사전은 전형적으로 각 의미 범주당 최소 1개의 낱말을 포함하고 있다. K. Nelson(1973)는 18명 아동들의 초기 어휘 발달 종단 연구를 통해, 일반 명사류가 어휘사전 전체 낱말의 51%에 해당하는 지배적인 비중을 차지하고, 특정 명사류와 행위 낱말은 어휘사전의 각각 14%, 13%를 차지하고 있음을 밝혔다. 아울러 한정사(9%)와 개인적-사회적 낱말(8%)은 아동의 초기 어휘 항목에서 상대적으로 적은 비중을 차지하고 있었다(나머지 4%는 어떠한 범주에도 해당되지 않는 것이었다).

### 새로운 낱말

처음으로 한 낱말에 접했을 때, 아동이 가진 해당 낱말에 대한 지식은 불완전하다. 사실상 그 낱말에 대한 아동의 지식은 이제 막 시작된 것이다. 이는 성인의 경우에도 마찬가지다. 최근 수업에서 당신의 교수가 음소배열론(phonotactics)이라는 낱말을 사용했고, 당신은 이를 이전에는 한 번도 들어 본 적이 없었다고 가정해 본다(이 용어는 제1장에서 소개한 바 있다). 이 낱말에 대한 최초의 노출 이후에 다음으로 들었을 때는 친숙한 것으로 여겨질 것이지만, 당신은 스스로 그에 대한 깊이 있는 지식을 가지고 있다고 생각하지는 않을 것이다. 사실상 당신은 이 새로운 낱말의 사용을 주저할 것이고, 설령 사용한다 해도 부정확하게 사용할 가능성이 있다. 이 예는 새로운 낱말에 대한 일반적인 학습 과정의 형성을 보여 준다. 즉, 개인은 한 낱말에 대한 일반적인 친숙성을 먼저 획득하고(여기에는 낱말의 음운 형태, 개념적 의미가 포함된다) 시간이 경과함에 따라 점차 그 낱말에 대해 더욱 깊고 유연한 지식을 발달시키는 것이다.

**논의 요점**
당신이 최근에 들어 본 새로운 낱말의 예를 들어 보라.

아동들이 새로운 낱말을 학습해 가는 과정 역시 유사하다. 새로운 낱말에 최초로 노출된 이후, 아동들은 그 의미에 대한 일반적인 이해를 가지게 되고, 비록 항상 정확하게는 아니지만 그것을 표현해 보기 시작한다(Brackenbury & Fey, 2003). 낱말에 대한 최초의 노출로부터 그에 대한 깊고 유연한 지식에 도달하는 시점 사이의 중간 지점에서 낱말의 지식이란 '취약한' 상태로서, 그것을 이해하고 사용하는 데 오류가 발생하기 쉽다(McGregor, Friedman, Reilly, & Newman, 2002). 아동이 보다 성인에 가까운 낱말 이해를 발달시키는 속도는 여러 요인으로부터 영향을 받게 된다. 다음의 세 가지를 살펴보자.

**1. 낱말에 의해 표상되는 개념** 아동이 새로운 낱말의 학습에 임하게 되는 순간, 어떤 낱말은 그것이 나타내는 개념으로 인해 다른 낱말보다 명백히 배우기 더 쉬운 것이 있다. 예를 들어, 아동은 추상적인 개념을 표상하는 생각하다(think)나 알다(know)보다는 구체적인 행위를 참조하는 가다(go)나 치다(hit)를 그만큼 쉽게 배울 수 있다(Gleitman, Cassidy, Nappa, Papafragou, & Trueswell, 2005). 추상성을 표현하는 낱말은 '어려운 낱말(hard words)' (Gleitman et al., 2005)로 간주된다. 왜냐하면 그것이 다른 낱말에 비해 아동이 배우기 어렵기 때문이다. 낱말이 참조하는 개념이 아동 입장에서 쉽게 접근할 수 없을 때, 그 낱말은 '어려운(hard)' 것이 되는 것이다(Smiley & Huttenlocher, 1995). 생각하다(think)나 알다(know)와 같이 어떤 믿음이나 정신적 상태를 기술하는 낱말은 종종 3~4세까지 습득되지 않는 데 반해, 보다(see)나 걷다(walk)와 같은 낱말은 보다 쉽게 학습된다(Gopnik & Meltzoff, 1997). 그러므로 개인이 새로운 낱말을 접했을 때, 그 낱말로 표상되는 개념이나 의미는 그 낱말 학습의 용이성에 영향을 미치게 되는 것이다.

**2. 낱말의 음운적 형태** 개인이 새로운 낱말을 학습할 때는 낱말의 개념적 참조물에 대한 지식뿐 아니라 그 음운적 형태 역시 습득해야만 한다(Nash & Donaldson, 2005). 낱말의 음운론적 특징 가운데는 두 가지의 실질적 차이가 존재한다. 첫째, 대개 낱말의 음운적 형태와 그 낱말이 참조하는 개념 사이의 관련성은 자의적이지만 모든 경우가 다 그렇지는 않다. 이 예외적인 경우가 boom(펑)이나 crash(쾅)와 같은 의성어 낱말(onomatophoeic words)이다. 이 낱말들에서는 그 음운적 형태와 그것이 표상하는 개념 사이의 관련성이 보다 투명하다. 당연히 많은 아동들은 사물들을 지칭하고자 할 때 보다 관례적인 이름보다는 먼저 의성어 낱말을 사용하게 될 것이다(예: 소를 부르며 moo- 하거나 고양이를 부르며 meow 하기). 둘째, 어떤 낱말들은 모국어에서 상대적으로 더 자주 출현하는 소리나 소리 시퀀스—이를 **보편적 소리 시퀀스**(common sound sequences)라 한다—를 담고

있다(예: sit에서의 첫 2개의 소리). 그러나 어떤 낱말들은 자주 출현하지 않는 **희박한 소리 시퀀스**(rare sound sequences)를 담고 있기도 하다(예: these에서의 첫 2개의 소리; Storkel, 2001). 아동들은 보편적 소리 시퀀스가 담겨 있는 낱말을 보다 쉽게 습득하게 된다(Storkel, 2001).

**3. 최초 노출 시점에서의 맥락 조건** 새로운 낱말에 대해 아동이 접하는 최초의 그리고 이후의 노출은 그 맥락에 따라 상당한 변화를 보인다. 아동은 새로운 낱말에 대한 내적 표상 발달과 정교화를 위해 맥락 정보로부터 여러 가지 원천을 도출해 낸다(Gleitman et al., 2005). 그들은 새로운 낱말이 담긴 발화의 문법(예: "This is a vent." 대 "I dropped my ring into the vent.")이나 낱말의 의미적 속성이 기술되는 정도(예: "A vent blows air into a room." 대 "I think the vent isn't working.")와 같은 언어적 맥락으로부터 정보를 도출해 낸다. 아동은 또한 언어 외적 맥락으로부터도 정보를 끌어 낸다. 즉, 대화 상대자와의 눈 맞춤이나 제스처와 같이 환경으로부터 명백히 새로운 낱말의 참조물을 지칭하거나 정의하는 외적 단서들을 탐지해 내는 것이다(Jaswal & Markman, 2001b). **외형적 낱말 학습 맥락**(ostensive word-learning contexts)에서는 언어적으로든 언어 외적으로든 새로운 낱말에 대한 풍부한 맥락적 정보가 제공된다. 이에 반해 **비외형적 낱말 학습 맥락**(nonostensive word-learning contexts, **추론적 맥락**[inferential contexts]이라고도 한다)에서는 새로운 낱말의 의미를 도출해 내는 데 필요한 맥락 정보의 양이 많지 않다(Jaswal & Markman, 2001b).

**논의 요점**
어떠한 유형의 정보가 낱말 학습 맥락을 '매우' 외형적인 것으로 만들어 주는가?

외형적 맥락 대 비외형적 맥락에서의 아동의 낱말 학습 연구는 새로운 낱말을 학습하는 어린 아동들의 주목할 만한 능력에 관한 흥미로운 결과를 보여 주었다. 예를 들어, 3세 아동의 새로운 낱말 학습에서 상대적으로 적은 언어 외적 정보만이 사용 가능하다면, 아동은 그 낱말의 의미를 학습하기 위해 언어적 맥락(예: 낱말의 음운적 형태 또는 문법적 기능)으로부터 단서를 도출해 냈으며, 그 결과 외형적 맥락과 비외형적 맥락 양자에서의 낱말 학습 비율이 유사한 것으로 나타났다(Jaswal & Markman, 2001b). 그렇지만 이런 증거는 보다 많은 맥락적 정보의 제공이 아동들의 새로운 낱말 학습을 지원한다는 사실 역시 시사해 준다. 예를 들어, 가리키기와 같은 언어 외적 단서가 다양한 언어적 단서와 결합(예를 들어, "See the

아동들은 다양한 맥락에서 새로운 낱말에 반복적으로 노출됨으로써 그 낱말에 대한 지식을 정교화한다.
사진 출처: Royalty-Free/Corbis.

bird? Look, a beak!" 에서와 같이 새로운 낱말을 기존의 아는 낱말과 병행시켰을 경우) 되었을 때에는 오직 한 유형의 정보만이 제공되었을 때보다 아동들의 낱말 학습이 더 우월했던 것으로 나타났다(Saylor & Sabbagh, 2004). 요약하자면, 아동은 새로운 낱말의 표상을 개발해 내기 위해 낱말이 담긴 언어적 및 언어 외적 맥락으로부터 정보를 도출해 내는 다양한 수단을 활용한다.

### 의미망

개인이 이해하고 사용하는 낱말 저장소를 구성하는 정신 어휘사전(심성 어휘집)은 무작위로 아무렇게나 조직되는 것이 아니다. 인간의 뇌가 새로운 낱말을 습득하게 되면, 그것들은 낱말들 간에 연결된 매듭에 따라 표제들을 조직하는 **의미망**(semantic network) 내에 저장된다. 낱말들 간의 연결은 공유된 구문적, 음운적 또는 의미적 속성 정도에 따라 강함에서 약함까지 그 연결 강도가 달라진다. 예를 들어, 2개의 대명사 him과 her는 그 구문적 역할의 유사성으로 인해 상당히 강력한 연합을 가진다. pin과 pit 역시 마찬가지인데, 이 경우에는 공유된 음운적 특성 때문이다. 반면 whale(고래)과 dolphin(돌고래)은 의미적 유사성으로 인해 마찬가지의 강력한 연결로 조직된다. 그리하여 개인의 정신 어휘사전은 상대적 강도를 달리하는 연결로 연계된 어휘 목록으로 구성되는 광대한 망(network)을 포함한다.

중요한 한 가지 요점은 의미망 내에서 어휘 목록들 자체는 의미를 전달하지 않는다는 것이다. 목록들 사이의 연계가 그것을 처리하는 것이다(Harley, 2001). 개인이 의미망 내의 특정 목록에 접근하는 방식에 관한 이론들은 **확산 활성**(spreading activation)이라는 처리 과정을 강조한다. 여기서는 특정 목록의 활성이 목록들 간의 연결 강도에 따라 망 내에서 확산된다. 예를 들어, 만약 새(bird)라는 낱말이 활성화되면 그 의미적 유사성에 따라 망 내의 여러 가지 추가적인 목록들(예: 날개, 물새, 카나리아)이 함께 활성화된다(Harley, 2001).

아동이 배운 새로운 낱말은 개인의 의미망 내에 저장된다. 어린 아동들은 종종 많은 이름 대기(naming) 오류를 보인다(McGregor et al., 2002). 이러한 오류들은 특히 생애 두 번째 해에 두드러지게 나타난다(Dapretto & Bjork, 2000). 예를 들어, 캥거루를 쥐로, 또는 안장을 의자라고 명명하기도 한다(McGregor et al., 2002). 이러한 유형의 오류는 아동의 의미망 조직에 대한 흥미로운 관찰을 제공한다. 캥거루를 쥐라고 하는 것은 이 두 가지가 매우 가까이 저장되어 있음을, 그리고 쥐의 어휘 표상이 캥거루의 그것보다 더 강력함을 시사하는 것이다. 쥐라는 낱말의 힘은 곧 상대적으로 보다 취약한 캥거루라는 목록에 대한 아동의 어휘적 접근을 방해한 것이다(McGregor et al., 2002). 이후 캥거루에 대한 아동의 어휘 표상이 강화되면 이름 대기의 정확도가 증가하게 될 것이고, 이 목록은 '인출 실패에 덜 취약해'지는 것이다(McGregor et al., 2002, p. 343).

## 의미론적 발달에 미치는 영향

다음의 몇 가지 요인들이 아동들의 어휘사전 형성의 속도뿐 아니라 새 낱말 학습의 용이성과 어휘사전으로부터의 낱말 인출의 효율성에도 영향을 미친다.

## 성

언어 습득의 첫 몇 해 동안, 여아는 일반적으로 남아보다 더 많은 어휘를 가지며 더 쉽게 낱말을 배운다(Bornstein, Hahn, & Haynes, 2004; J. Huttenlocher, Haight, Bryk, Seltzer, & Lyons, 1991; Reznick & Goldfield, 1992). 2세 아동의 표현어휘 연구 결과, 여아 평균은 363개의 낱말이고 남아 평균은 227개의 낱말인 것으로 나타났다(Bornstein et al., 2004). 그렇지만 이러한 초기의 차이는 6～7세경이면 아주 사라지거나 대개 미세해진다(Bornstein et al., 2004). 의미 발달에서의 이러한 초기 차이는 거의 대개 생물학적, 심리학적, 사회적 변인들이 조합된 결과에 기인한 것이다(Bornstein et al., 2004). 생물학적으로 좌반구로의 언어 편측화(lateralization)를 포함하여 남아에 비해 여아의 신경학적 발달이 더 빠르다(Shaywitz et al., 1995). 심리적 및 사회적으로 성 유형에 따른 이득은 아동들이 경험하는 상호작용의 유형에 영향을 미친다. 예를 들어, 부모와 아동 간의 트럭 놀이는 여아보다는 남아에게서 더 자주 발생할 것이며, 이때 이어지는 대화는 부모와 아동 간 인형 놀이에서 출현하는 것보다 더 적을 것이다(Caldera, Huston, & O'Brien, 1989). 탁아소에서 여아들은 남아들에 비해 교사로부터 더 많은 관심을 받는다는 점을 시사하는 연구도 있다(National Institute of Child Health and Human Development [NICHD] Early Child Care Research Network, 1997). 이러한 결과는 곧 의미 발달에서 초기 성차는 생물학적 차이뿐 아니라 성인으로부터 언어를 배울 수 있는 기회의 차이에 따른 것일 가능성을 제고해 준다.

**논의 요점**
부모가 여아와 비교하여 남아와 다르게 대화하는 방식에는 어떠한 것이 있는가?

## 언어장애

신경학적 원인에 기반된 언어장애(language impairment: LI)를 가지는 아동은 언어장애가 아닌 또래들에 비하여 전형적으로 유의하게 적은 수의 어휘를 가진다(Nash & Donaldson, 2005). 새 낱말 학습의 어려움과 의미망 조직의 결함이 어휘 크기에서 이러한 차이를 초래한다(예: S. Gray, 2003; Nash & Donaldson, 2005). 4～5세 아동들의 새 낱말 학습 속도에 관한 연구에서, S. Gray(2003)는 아동들이 하나의 새로운 낱말을 학습하기 위해 요구되는 시도의 횟수를 측정하였다. 각 학습 시도에서 성인이 낱말을 모델링하고 아동으로 하여금 낱말을 산출하도록 자극하는 놀이 활동을 통해 아동들에게 새로운 낱말들을 노출시켰다. 그 결과, 전형적 발달을 보이는 아동들의 경우는 새 낱말을 산출하는 데 평균 11.6회가 소요된 반면, 언어장애 아동들의 경우는 14회가 소요되었다. 새로운 낱말 학습이 보다 느린 것에 덧붙여, 많은 언어장애 아동들은 더 많은 낱말 찾기(word finding) 오류를 보이고 의미망으로부터 항목을 인출하는 속도 역시 더 느린 모습을 보였다. 이는 아마도 그들이 어휘 목록에 대한 강력한 표상을 발달시키기 위해 더 많은 시간을 필요로 했기 때문일 것이다 (McGregor, 1997).

### 언어에의 노출

많은 연구들이 아동이 환경에서 듣는 낱말의 수와 유형 그리고 그들의 어휘 크기 사이에는 유의한 관련성이 있음을 밝힌 바 있다(Hart & Risley, 1995; Hoff, 2003; J. Huttenlocher et al., 1991). 부모 없이 자라 상대적으로 적은 언어 입력을 경험한 아동들은 보다 적은 어휘를 보인다(Glennen, 2002). 이러한 현상은 높은 사회경제적 지위(socioeconomic status: SES)를 가진 가정의 아동들에 비해 낮은 사회경제적 지위를 가진 가정의 아동들에게서도 나타나는데 (예: Hart & Risley, 1995), 이는 아마도 그러한 가정의 아동들이 더 적은 낱말에 노출되었기 때문일 것이다. Hart와 Risley(1995)의 연구에서는 유치원 아동들의 낱말에 대한 누적 경험치(accumulated experience)가 높은 사회경제적 지위를 가진 가정의 아동들과 낮은 사회경제적 지위를 가진 가정의 아동들 사이에 총 3,000만 개 이상 차이가 난다고 하였다. Neuman(2006)이 지적하였듯이, 낱말 노출에 있어 사회경제적 지위에 따른 실질적 차이에 관한 한 가지 해석은 부모의 정서적 원천의 빈곤이라는 현저한 효과 때문이라는 것인데, 이것이 부모-아동 대화 상호작용의 질과 빈도를 결정한다는 것이다. 미국에 1,300만 명의 아동들이 빈곤한 삶을 산다는 것(DeNavas-Walt, Proctor, & Lee, 2005)을 감안하면, 이러한 초기 어휘 발달의 격차는 미국의 심각한 교육 문제가 될 것이다. 〈다문화적 초점: 언어 발달과 빈곤층 아동〉은 이러한 문제를 보다 상세히 다루고 있다.

다문화적 초점

## 언어 발달과 빈곤층 아동

다문화적이라는 용어는 종종 종교, 인종, 민족, 국가적 근원, 능력이나 장애로부터 기원하는 문화적 차이를 상기시킨다. 그렇지만 많은 나라에서 경제적으로 상위에 있는 이들과 하위에 있는 이들 사이에도 실질적인 문화적 차이가 존재한다. 미국에서는 빈곤층에 속한 아동들이 단일한 대규모 문화적 집단을 구성하고 있다. 18세 이하 전체 아동의 20%(1,300만 명)는 연소득 빈곤층 기준(4인 기준 $19,157) 이하의 가정에서 살고 있으며, 40%는 저소득층(빈곤 기준의 2배; DeNavas-Walt et al., 2005) 가정에서 살고 있다. 백인 아동과 비교하여, 아프리카계 및 히스패닉 아동들은 빈곤한 삶은 사는 경우가 훨씬 많다.

당신은 가난이 언어 발달과 특히 이 장에서 논의하고 있는 요소들과 무슨 관계가 있는지 의아해할지도 모른다. 불행히도 가난과 언어 발달 사이에는 강력한 부적(negative) 관련성이 존재한다. 빈곤 또는 저소득 가정에서 양육되는 아동들은 보다 유리한 환경에서 양육되는 아동들에 비하여 아는 낱말 수가 일관적으로 적고, 짧은 발화를 산출하며, 사용하는 낱말의 다양성이 낮고, 음운기술의 발달 역시 부족하다(예: Fazio, Naremore, & Connell, 1996; Hart & Risley, 1995; Hoff-Ginsberg, 1998; Whitehurst, 1997). 언어를 떠나 빈곤은 인지 및 학습, 사회정서적 기능, 일반적 건강을 포함하여 아동 발달의 다른 많은 영역에도 영향을 미친다(Shonkoff & Phillips, 2000).

일반적으로 빈곤이 언어에 어떠한 영향을 미치는가를 고려할 때, 연구자들은 중요한 두 가지 측면을 지적한다. 그것은 부모의 사회정서적 자원과 물질적 자원에 대한 접근성이다. 전자와 관련하여, 가난은 부모의 사회정서적 자원에 거대한 비용을 부과시킨다. 재정적 압박을 느낄 때, 어머니의 우울증 발생 비율은 유의하게 높아진다(Mistry, Biesanz, Taylor, Burchinal, & Cox, 2004). 고소득층의 어머니들과 비교하여, 극빈 가정의 어머니들은 자녀들과 상호작용할 때 온정, 반응성, 민감성의 수준이 낮은 것으로 나타났다(Wallace, Roberts, & Lodder, 1998). 어머니가 보이는 높은 수준의 민감성과 반응성은 아동의 언어 발달을 직접적으로 지원한다.

빈곤은 또한 가족의 물질적 및 재정적 자원을 저하시킨다. 빈곤한 가족은 부유한 가족과 동일한 수준의 의료 서비스에 접근하지 못하며, 따라서 빈곤한 가족의 아동들은 종종 언어 발달에 영향을 미칠 수도 있는 불리한 질병이나 상해(예: 만성 중이염)를 더 많이 가지는 경우가 있다. 마찬가지로 이들 가족은 유리한 환경의 아동들에게 가용한 "레슨, 여름 캠프, 학습 자원 및 활동 촉진, 질적으로 높은 수준의 초기 아동기 관리"(Neuman, 2006, p. 30)를 이용할 수 없다. 놀랄 것도 없이, 문자 그대로 수백 명의 연구자들이 빈곤이 언어 구성 요소에 미치는 해로운 영향에 대해, 그리고 "빈곤과 아동의 인지 발달의 결과 사이의 극단적으로 선형적인 부적 관련성"(Neuman, 2006, p. 30)에 대해 언급해 왔다.

아동들이 자신의 환경에서 듣는 낱말의 수와 유형 그리고 그들의 어휘 크기 사이에는 유의한 관련성이 존재한다.
사진 출처: © Ariel Skelley/Corbis.

## 형태론적 발달

아동의 **형태론적 발달**이란 낱말 구조를 지배하는 언어 규칙의 내면화를 말한다. **형태소**(morphemes)란 언어의 최소한의 의미 단위를 말하며, 많은 낱말들이 몇 개의 형태소 조합으로 구성되어 있다. 형태소는 과거시제 동사 walked를 만들어 내기 위해 walk에 -ed를 첨가하는 것과 같이 낱말에 대한 문법적 굴절(grammatical inflection)을 허용하며, 형용사 childlike를 만들어 내기 위해 명사 child에 -like를 첨가하는 것과 같이 낱말의 구문 범주를 변화시키기 위해 사용될 수도 있다. 따라서 형태론적 발달이란 아동들에게 문법적 굴절의 도구뿐 아니라 소수의 어근 낱말(root words, 예: child) 세트로부터 기하급수적인 크기의 파생 형태(derived forms, 예: childless, childlike, childish) 세트로 자신의 어휘를 확장시키는 수단 역시 제공하는 것이다.

## 형태론적 구성 요소

형태론적 발달이란 두 가지 유형의 형태소 습득과 관련이 있다. 바로 **문법형태소**(grammatical morphemes, **굴절형태소**[inflectional morphemes]라고도 한다)와 **파생형태소**(derivational morphemes)다. 제1장에서 논의한 바와 같이, 문법형태소에는 복수 -s(cat-cats), 소유격 's(mom-mom's), 과거시제 -ed(walk-walked), 현재진행형 -ing(do-doing) 등 많은 것들이 있다. 파생형태소는 낱말의 구문 범주나 의미론적 의미를 변화시키기 위해 첨가되는 형태소를 말한다. 예를 들어, 낱말 like를 생각해 보자. 우리는 이 낱말의 의미와 문장 속의 구문 역할을 변화시키기 위해 접두사(prefixs, 예: dislike, unlike)와 접미사(suffixs, 예: liken, likeable, likeness) 모두를 첨가시킬 수 있다.

### 문법형태소

아동들의 최초 낱말이나 문장에는 문법형태소가 거의 나타나지 않지만, 이러한 현상은 생애 첫째 또는 둘째 해에 머물고 만다. 대략 2세가 되면, 아동들은 가장 먼저 출현하는 문법형태소인 현재진행형 -ing를 사용하기 시작한다. 이전에는 아동이 "Where Mommy go?"라고 물었겠으나, 이 시점이 되면 "Where Mommy going?"이라고 묻게 된다. 다음 장에서 우리는 주요 문법형태소 학습에서 습득 시점 및 그 과정에 대해 보다 상세히 논의할 것이다. 여기에는 〈표 3-1〉에 제시된 바와 같이 현재진행형 -ing뿐 아니라, 복수형 -s, 소유격 's, 과거시제 -ed가 포함되어 있다. 이 표의 문법형태소에는 접미사뿐 아니라 몇 가지 자립형태소(free morphemes) 역시 포함되어 있다. 접미사(그리고 접두사)는 다른 형태소에 부착되어야만 하므로 **의존형태소**(bound morphemes)라 한다. 반대로 **자립형태소**(free morphemes)는 홀로 설 수 있다. 즉, 그것은 뚜렷한 의미론적 참조물을 가진 낱말(예: dream, dog, walk)과 일차적으로 문법적 목적을 담당하는 낱말(예: his, the, that) 모두를 포함한다. 문법형태론에 있어 아동들의 초기 성취는 의존형태소 습득뿐 아니라 전치사 in, on 그리고 관사 the, a, an을 포함하여 순수하게 문법적 목적만을 담당하는 몇몇 자립형태소의 습득 역시 포함한다.

아동들의 주요 문법형태소 습득—그 순서나 시점 모두 상당히 일관적인 과정

〈표 3-1〉 초기 아동기에 습득되는 문법형태소

| 문법형태소 | 연령(개월) | 예 |
|---|---|---|
| 현재진행형 -ing | 19~28 | "Mommy eating." |
| 복수형 -s | 27~30 | "Baby shoes." |
| 전치사 in | 27~30 | "Hat in box." |
| 전치사 on | 31~34 | "Hat on chair." |
| 소유격 's | 31~34 | "Baby's ball." |
| 규칙 과거시제 -ed | 43~46 | "Kitty jumped." |
| 불규칙 과거시제 | 43~46 | "We ate." |
| 규칙 3인칭 단수 -s | 43~46 | "Mommy drives." |
| 관사 a, the, an | 43~46 | "The car." |
| 축약형 연결사 be | 43~46 | "She's happy." |
| 축약형 조동사 | 47~50 | "She's coming." |
| 비축약형 연결사 be | 47~50 | "We were here." |
| 비축약형 조동사 | 47~50 | "She was coming." |
| 불규칙 3인칭 | 47~50 | "She did it." |

출처: From *Communication Sciences and Disorders: An Introduction* (p. 56), by L. M. Justice, 2006, Upper Saddle River, NJ: Merrill/Prentice Hall. Copyright 2006 by Pearson Education. Reprinted with permission. (Adapted from *A First Language: The Early Stages*, by R. Brown, 1973, Cambridge, MA: Harvard University Press.)

을 거친다—은 초기 아동기의 미세하지만 중요한 성취 중 하나다. 비록 아동이 과거시제를 위해 동사를 굴절시키기 시작할 때 그 부모가 찬사를 보내지는 않으나(어쩌면 심지어 그것을 알아채지도 못하지만), 문법형태소의 습득은 아동이 '전보식 질(telegraphic quality)' (예: "Baby no eat.")로 말하는 것에서 보다 성인에 가까운 수준(예: "Baby's not eating.")으로 옮겨 갈 수 있도록 해 준다.

학자들이 아동의 문법형태소 발달을 연구할 때는 종종 **의무적 맥락**(obligatory contexts)을 관찰하여 아동이 의무적으로 써야 할 형태소를 생략하는지 혹은 포함시키는지를 확인한다. 의무적 맥락은 성숙한 문법이 문법적 표지(grammatical marker)의 사용을 규정할 때 발생된다. 예를 들어, "The dog's bone is lost."라는 문장에서 소유격 's는 의무적인 것으로 간주된다. 따라서 아동이 "The dog bone lost."라고 말한다면 의무적 맥락에서의 소유격 's 형태소를 생략한 것이 된다. 아동이 의무적 맥락에서 필요한 문법형태소를 75% 이상 포함시킨다면 해당 형태소를 습득했다고 정의할 수 있다.

### 파생형태소

파생형태소는 파생 낱말을 만들기 위해 어근 낱말에 첨가되는 형태소를 말한다. 공통의 어근 낱말로부터 파생된 낱말군(예: friend, friendless, friendliness, befriend)은 **파생관계**(derivational relations)를 공유한다. 파생어는 어근 낱말에 접두사나 접미사 형태소를 첨가시킴으로써 만들어지며, 이로 인해 **다음절 낱말**(polysyllabic words, 1개 이상의 음절을 포함하는 낱말)이 생성된다. 〈표 3-2〉는 파생의 목적을 위해 사용되는 몇 가지 공통적인 접두사와 접미사를 제시한다. 각각의 접두사 및 접미사는 많은 어근 낱말과 결합될 수 있으므로, 파생형태론의 발달은 개인의 어휘 기반에 정밀성을 추가시키는 강력한 수단이 된다.

**논의 요점**
school이라는 낱말을 굴절시키기 위해 첨가할 수 있는 모든 형태소를 찾아보라. 각 형태소들을 문법형태소 또는 파생형태소로 분류해 보라.

〈표 3-2〉 보편적으로 사용되는 파생접두사와 파생접미사

| 접두사 | 예 | 접미사 | 예 |
|---|---|---|---|
| un- | unease | -y | guilty |
| dis- | disappear | -ly | happily |
| re- | rerun | -like | adultlike |
| pre- | preview | -tion | adoption |
| uni- | unitard | -ful | bountiful |
| tri- | tricycle | -less | tactless |
| inter- | intergalactic | -er | bigger |
| fore- | forecast | -est | hardest |
| post- | postcard | -ness | gentleness |
| co- | cohabitate | -ish | selfish |
| im- | immodest | -able | amicable |
| anti- | antipathy | -ician | pediatrician |
| sub- | subarctic | -ism | organism |
| in- | ineffective | -logy | anthropology |
| un- | unplug | -phobia | arachnophobia |

출처: Adapted from *Word Study for Phonics, Vocabulary, and Spelling Instruction*, by D. R. Bear, M. Invernizzi, S. Templeton, and F. Johnston, 2004, Upper Saddle River, NJ: Merrill Prentice Hall.

## 형태론적 발달에 미치는 영향

아동 언어 연구에서의 독창적 작품 중 하나는 Roger Brown(1973)의 책 『낱말과 사물(*Words and Things*)』이다. 이 중요한 작업을 통해 Brown은 아동들의 열네 가지 문법형태소 발달에 관해 세심히 기술하였는데, 그것은 아동들 가운데 핵심적 문법형태소들이 단일한 순서로 출현하고 있음을 보여 준다. 이 형태소들의 목록은 〈표 3-1〉에 나열되어 있다. Brown의 작업은 아동 언어 연구 분야에 엄청난 영향을 미쳐, 많은 연구자들이 아동 언어 발달에 기저하는 그 밖의 다른 보편성들을 기술하는 일에 집중하도록 하는 결과를 가져왔다.

그 이후로 연구자들은 언어 습득의 개인차를 조사하는 일과 일반적인 언어 습득 과정에 영향을 미치거나 미치지 않는 특정 변인을 판별하는 일의 중요성을 인식하기 시작했다. 예를 들어, 연구자들은 아동의 모국어가 개인의 문법형태론 발달에 영향을 미치는가의 여부에 의문을 품었다. 예상할 수 있는 바와는 정반대로, 풍부하게 굴절되는 언어(예: 스페인어)를 배우는 아동들은 덜 풍부하게 굴절되는 언어(예: 영어; 〈연구 패러다임: 빠른 연결을 이용한 형태론적 발달 연구〉 참조)를 배우는 아동들에 비해 새로운 형태소를 더 빠르게 습득하지는 않는다. 그렇지만 반대로 제2언어로서의 영어는 형태론적 발달(영어에서의)에 영향을 미치는 것으로 여겨지며, 아동이 다양한 영어 방언을 배울 때 형태론적 발달의 차이 역시 뚜렷이 드러난다.

### 제2언어 습득

모국어와는 문법형태론이 크게 다른 제2언어를 습득하는 사람들은 결코 그 언어의 문법형태론 숙달에 이르지 못하게 된다(Bialystok & Miller, 1999; Jia, Aaronson, & Wu, 2002). 예를 들어, 제2언어로 영어를 배우는 토착 중국인 화자는 복수 표지를 완전 습득하기가 어려울 것이다. 중국어는 복수가 형태론적으로 굴절되지 않기 때문이다(Jia, 2003). 어린 나이일 때에 비해 더 나이가 들어 제2언어를 배우는 사람들의 경우, 더군다나 그 개인의 모국어가 특정 형태소를 굴절시키지 않을 경우, 이러한 문제는 더욱더 명확히 나타난다. 그렇지만 심지어 어린 아동들의 경우조차 제2언어의 문법형태론을 배우는 일에는 어려움이 따르게 된다. Jia(2003)는 10명의 중국어 화자 아동들을 대상으로 실시한 5년간의 종단 연구를 통해 그들의 복수형 -s 습득을 관찰하였다. 이 역시 중국어에서는 문법적으로 굴절되지 않는다. 5년간 영어에 몰입시켰음에도 10명 중 3명은 복수형태소를 결코 완전히 숙달하지 못했으며, 그들은 또한 영어에 대한 최초의 몰입 시점 역시 일반적으로 어린 시기였다. 복수형태소를 숙달하지 못한 3명의 아동들은 의무적 맥락에서 이 형태소의 사용이 80% 이상을 넘지 못했고, 전형적으로 복수 표지를 생략하는 모습을 보였다.

연구 패러다임

### 빠른 연결을 이용한 형태론적 발달 연구

언어는 낱말이 형태론적으로 표지되는 정도에 따라 그 차이가 매우 다르다(Bedore & Leonard, 2000). 예를 들어, 스페인어는 영어보다 굴절 측면에서 더 풍부하다. 놀랄 것 없이, 스페인어 화자 아동은 영어 화자 아동들에 비해 문법형태소를 더 빨리 사용하기 시작한다(Radford & Ploennig-Pacheco, 1995). 연구자들은 굴절이 풍부한 언어를 배우는 아동들이 새로운 낱말을 학습하기 위해 형태론적 단서를 보다 잘 활용하는지를 탐구해 왔다. 이러한 질문에 답하기 위한 한 가지 연구 패러다임이 **빠른 연결**(fast mapping)이다.

연구자들은 빠른 연결 과제를 활용하여 아동들의 새로운 낱말 습득 속도를 조사한다. 이 전형적인 시나리오는 새로운 낱말(novel word)이나 무의미 낱말(nonsense word)—무의미 낱말을 더 자주 이용한다—과 그 낱말의 참조물을 아동에게 노출시키는 것이다. 예를 들어, Bedore와 Leonard(2000)는 인형이 허리를 돌리는 행동을 묘사하는 neen이라는 무의미 낱말을 사용했다. 첫 노출 직후에 실험자들은 아동의 낱말 학습, 즉 아동들이 새로운 낱말과 그 참조물을 어떻게 '빠른 연결'시키는가에 대해 조사하였다.

Bedore와 Leonard(2000)는 3세의 스페인어 및 영어 화자 아동들이 새로운 낱말 학습을 위해 동사형태론을 얼마나 잘 활용하는지 알아보기 위해 빠른 연결 패러다임을 사용한 것이다. 이 연구에서 그들은 새 낱말이 문법적으로 굴절된 형태(예: neens)를 아동에게 노출시키고, 이 낱말이 굴절되지 않은 형태로 산출되었을 때 그에 대한 아동의 이해를 검사하였다. 만일 스페인어 화자 아동이 영어 화자 아동들보다 더 높은 수행을 보인다면, 이는 곧 형태론적으로 보다 풍부한 언어는 아동에게 새로운 낱말 학습에 필요한 시동(bootstrap)을 제공한다는 점을 시사하는 결과일 것이다. 그렇지만 두 집단의 아동들은 빠른 연결 과제에서 유사한 수행을 보였다. Bedore와 Leonard는 스페인어 화자 아동의 경우 영어 화자 아동보다 더 많은 문법형태소를 사용하며 3세 시점에서 문법형태론에 보다 많이 노출됨에도 불구하고 영어 화자 아동에 대해 비교우위를 보이지는 않는다고 결론지었다. 그러므로 비록 풍부한 굴절이 이루어지는 언어권의 아동이 그렇지 않은 언어권의 아동에 비해 문법형태소 산출이 보다 빠른 시기에 나타나기는 하지만, 이러한 사실이 곧 그들에게 새로운 낱말 습득에 있어 추가적인 증폭을 제공하는 것은 아니다.

## 방언

방언(dialects)이란 단일 언어 내에서의 변이를 말한다. 한 언어의 방언은 '일반 방언(general dialect)'으로부터 형태론을 포함한 여러 가지 중요한 방식 내에서 다양하게 변화된다. 단일언어(예: 영어)를 말하는 화자들 사이에서조차 화자들이 획득하는 방언의 형태론적 특성에 따라 형태론적인 특정 요소의 발달이 상당히 달라질 수 있다. 미국에서 많은 화자들이 공유하는 방언 중 하나는 아프리카계 미국 흑인 영어(AAVE)다. AAVE의 일부 형태론적 특징은 연결사, 즉 be동사 같은 조동사, 동사 시제의 굴절, 소유격 및 복수형의 굴절 등의 측면에서 일반 미국 영어(GAE)와는 다르다(Charity, Scarborough, & Griffin, 2004). 예를 들어, GAE 화자는 "Tom's aunt."라고 말하는 데 반해, AAVE 화자는 소유의 표지를 생략하고 "Tom aunt."라고 말하기도 한다(Reid, 2000). 어떤 아동들은 오직 AAVE 방언만을 배우는 반면, 다른 아동들은 GAE를 배우기 전, 배우는 동안 또는 배운 후에 AAVE를 배우기도 한다. GAE의 많은 지식을 가진 채 AAVE를 사용하는 학생들은 보다 우수한 읽기 발달을 보이는데, 이는 아마도 그들이 학교(GAE를 사용하는)에서 직면하게 되는 문어체와 그들이 말하는 방언 사이에는 불일치가 적게 발생

미국에서는 많은 영어 방언이 쓰이고 있다. 한 가지 보편적인 방언은 아프리카계 미국 흑인 영어(AAVE)인데, 이것은 의미론, 형태론, 음운론, 구문론의 몇몇 측면에 있어 여타의 방언과는 다르다.
사진 출처: © Jeff Greenberg/PhotoEdit Inc.

하기 때문일 것이다(Charity et al., 2004). 최소한 부분적으로나마 AAVE와 GAE 사이의 불일치는 형태론, 특히 문법적 굴절의 차이와 관련이 있다.

### 언어장애

언어장애는 형태론적 발달에 종종 뚜렷하게 영향을 미친다. 제10장에서 논의하게 될 발달적 언어장애인 **단순언어장애**(specific language impairment: SLI)의 전형적 특성은 사실상 문법형태론상의 결함이다. 예를 들어, 전형적인 발달을 보이는 아동들이 현재진행형 -ing의 사용 정확도가 80%인 데 비하여 단순언어장애 아동들은 단지 25%에 불과하다(Conti-Ramsden & Jones, 1997). 단순언어장애 아동들의 문법형태론 결함은 많은 부분에 있어 과거시제 굴절이나 3인칭 단수의 굴절과 같은 동사 표지의 문제와 관련되어 있다.

## 구문론적 발달

**구문론적 발달**은 낱말이 문장으로 조직되는 방식을 지배하는 언어 규칙에 대해 아동이 이루어 내는 내면화를 말한다. 이와 관련해 Pinker(1994)는 『언어 본능(*The Language Instinct*)』에서 다음과 같이 언급한 바 있다.

> 개가 사람을 문 것은 뉴스가 되지 못하지만 사람이 개를 물면 뉴스가 된다. …… '문장'이라 불리는 낱말의 흐름은 …… 실제로 누가 누구에게 무엇을 했는가를 말해 준다(p. 83).

한 낱말 사용자에서 여러 낱말의 연결로 이루어진 복합적인 사고와 개념의 전달자로 발달해 감에 따라, 아동은 낱말을 결합하여 '누가 누구에게 무엇을 했는지'뿐 아니라 무엇을 원하는지("May I please watch the Thomas video[토머스와 친구들 비디오 봐도 돼요]?"), 무엇을 기억하는지("Mommy, Daddy told me we couldn't go to the toy store[엄마, 아빠가 장난감 가게에 갈 수 없다고 말했어]."), 그리고 무엇을 상상하는지("I think if we go to the toy store I'll get to buy a new movie[난 우리가 장난감 가게에 가면 새 비디오를 한 편 사게 될 거라고 생각해].")를 상세히 명시하는 문장을 조직해 내는 정교하게 조율된 방식에 대한 이해를 발달시키게 된다. 아동들은 자기 언어의 문법 시스템을 점진적으로 내면화시킴에 따라 이같이 낱말을 보다 큰 단위의 명제로 조직해 내는 정교한 능력을 발달시킨다. 따라서 필연적으로 **문법**(grammar)이란 한 언어의 화자가 문장을 구성하기 위해 사용하는 규칙과 원칙을 지칭한다. 이러한 규칙의 한 가지 예로, 인칭 대명사가 be 동사에 이어질 때는 목적격 형태(예: me, him, her)보다는 주격 대명사(nominative pronoun) 형태(예: I, he, she)를 사용한다는 것이다. 그리하여 'It is him.' 대신에 'It is he.'라는 문장이 '문법적으로 올바른' 것으로 간주된다. 이러한 규칙과 원칙들은 모국어 화자의 '머릿속', 말하자면 '정신문법(mental grammar)'에 내재되어 있는 것으로, 사람들이 놀라운 속도와 용이성으로 문법을 산출하고 이해할 수 있도록 돕는다(Jacobs, 1995, p. 4).

## 구문론적 구성 요소

아동이 출생 후부터 지속적으로 습득하는 문법 시스템은 유한한 수의 개별 요소로 무한한 수의 문장을 산출할 수 있도록 해 주는 '이산 조합 시스템(discrete combinatorial system)'이다(Pinker, 1994). 이 조합 시스템을 내면화함에 따라, 아동들은 세 가지 구문적 성취, 즉 (1) 발화 길이 증가, (2) 다양한 문장 양식 사용, (3) 복합 구문(complex syntax) 발달 등을 이루게 된다.

### 발화 길이

생후 여섯 번째 해에 이르면 대부분의 아동들이 상대적으로 쉽게 이루어 내는 주된 성취 중 하나가 평균적으로 거의 성인과 비슷한 길이의 발화를 산출한다는 점이다. 타힘이라는 아동이 산출한 다음의 두 가지 발화를 비교해 보자.

18개월: Daddy no.

62개월: No, put that one over there, there on the blocks I set up.

타힘의 발화 길이는 18개월에 평균 1.3개의 형태소였는 데 비해 62개월에는 8개 형태소를 넘어선다. 타힘과 마찬가지로, 대부분의 아동들은 1~6세 동안에 점진적으로 발화 길이가 증가하게 된다. 이러한 증가에는 아동들이 무한한 수의 다양한 문장을 산출하기 위해 형태소들을 묶어 연결해 내는 능력이 반영되어 있다.

발화당 평균 형태소의 수를 계산하는 것은 적어도 발달의 첫 5년 동안만큼은 아동 발화의 구문적 복잡성을 추산할 수 있게 해 주는 단순명료한 지수를 제공한다. 평균 발화 길이가 2개 형태소인 아동은 타힘의 "Daddy no."에서처럼 문법 표지들(예: 관사, 접속사, 조동사)이 생략되는 전보식 형태로 말한다. 대조적으로 평균 발화 길이가 4개 형태소인 아동은 관사, 접속사, 조동사를 포함한 다양한 문법 표지를 사용하여 문장을 조직해 낸다. 즉, 아동이 보다 긴 발화를 산출할 때는 단지 낱말들을 아무렇게나 연결해 내는 것(예: "Daddy no go up.")이 아니라, 다양한 문법적 구조를 사용하여 정확하면서도 어른스러운 방식의 문장(예: "Daddy, I really don't think we should go up there.")을 조직해 내는 것이다.

### 문장 양식

일단 형태소들을 연결하여 점점 더 긴 문장을 생성하기 시작하면, 아동은 다양한 유형, 즉 여러 가지 양식(modalities)의 문장들을 산출하기 시작하게 된다. 초기 구문 발달기 동안, 아동은 화용적 의도뿐 아니라 구문 조직에서도 다양한 여러 가지 유형의 문장 산출에 점차 숙련된다. 대개 문장 유형들 사이의 차이란 낱말들이 표면적 수준(surface level)에서 문법적으로 어떻게 조직되었는가에 달려 있다.

**서술** **서술문**(declarative sentences)은 하나의 진술을 말한다. 단순 서술문은 다음의 여섯 가지 조직적 스키마를 사용한다(Eastwood & Mackin, 1982).

① 주어+동사: I am working!
② 주어+동사+목적어: She wants something.
③ 주어+동사+보어: I feel good.
④ 주어+동사+부사구: I feel good today.
⑤ 주어+동사+간접목적어+직접목적어: She gave Tommy the hammer.

⑥ 주어+동사+직접목적어+간접목적어: The teacher sent me home.

일반적으로 3세 아동들은 위의 기본적인 서술 패턴 대부분을 숙달하며, 심지어 "I am working and she is too!"에서와 같이 몇 가지를 연결하기 위해 연결접속사 및 종속접속사를 사용하기도 한다. 중요한 요점은 초기 언어 습득기 동안, 아동들은 이러한 유형 및 기타 서술 유형을 **어떻게** 산출하는지에 관해 형식적인 교육을 절대 받지 않는다는 점이다. 대신 그들은 자신들이 경험한 주변의 언어로부터 규칙들을 직관하여 점차 이 내면화된 규칙들을 토대로 무한한 수의 다양한 서술문을 산출하는 능력을 갖추게 된다.

**부정** 아동들과 많은 시간을 보내는 성인이라면 누구나 아동들이 발달의 꽤나 이른 시점부터 부정문 사용을 숙달한다는 사실을 깨닫게 될 것이다. 다음의 몇 가지 예를 보자.

"No, I not going!"
"I don't want to!"
"I'm not eating that!"
"Don't do that!"

**부정문**(negative sentences)은 거부를 표현하는데, 이를 위해 no, not, can't, don't, won't와 같은 낱말에 의존한다. 아동들의 부정이라는 기술의 발달은 이런 부정 표지(negative markers)를 문장 속의 어느 위치에 삽입시켜야 할지를 배우는 것과 관련이 있다. 3명의 아동들의 언어 발달에 관한 Bellugi(1967)의 광범위한 연구는 부정문의 구문 구조가 예상 가능한 순서로 출현한다는 사실을 보여 준다. 아동들이 부정문을 처음 사용할 때는 "No eat that."에서와 같이 전형적으로 문장 첫머리에 no를 배치하는 패턴으로 나타난다. 얼마 지나지 않아 "I not eat that."이나 "You no do that."에서처럼 부정의 낱말은 문장 속으로 들어가고 주동사가 바로 다음에 위치하게 된다. 4세경이면 많은 아동들이 "You can't do that."이나 "I don't want to go."에서와 같이 성인의 부정 형태에 근접하는 조동사 형태를 사용하게 된다. 그렇지만 이 밖의 부정문이나 시제 동사 won't를 포함하는 수동태 문형과 같은 보다 미묘한 뉘앙스의 부정문("She won't be getting a prize."), 또는 가능성의 추정까지 포함하는 부정문("I'm not sure if she'll get the prize.")은 이후 몇 년이 경과할 때까지는 출현하지 않는다.

**의문** **의문문**(interrogative sentences)은 질문 행위와 관련된다. 아동은 타인들로부터 정보를 획득하기 위해 문장을 조직하는 경이로울 정도로 정교한 능력을 가진다.

"Why is that light green?"
"What happened?"
"Who did it?"
"Where are you going?"
"Is it snowing?"
"He's sad, isn't he?"

비록 사람들이 서술문을 사용하여 문장 마지막의 억양을 올리는 식("He is going?")으로도 질문할 수 있다 하더라도, 구문론은 생애 초기 시점에서 아동이 탐사와 관련된 질문을 만들 수 있도록 하는 중요한 수단을 제공한다. 아동들의 의문문 형태 발달은 주로 두 가지 유형, 즉 **wh-(의문사) 의문문**(wh- questions)과 **예-아니요 의문문**(yes-no questions)으로 나타난다. 많은 아동들의 최초 의문문은 "What that?" "Where Daddy go?" "Why he not here?"에서처럼, what, where, why와 같은 의문사 낱말(wh- words)을 포함한다. 아동들의 의문사 목록은 취학 전 기간 동안 who, whose, when, which, how와 같은 낱말들로 점차 확장된다. 의문사 질문은 시간, 장소, 방법, 이유, 양에 관한 특정 정보를 추구하는 것이고(Jacobs, 1995), 예-아니요 질문은 "Are we going?"이나 "Can you see me?"와 같은 질문에 대해 예 또는 아니요의 반응을 끌어내는 것이다.

의문문을 산출할 때, 아동은 질문하는 의도를 위한 문장을 조직해 내기 위해 특정 구문 규칙을 도출해 낸다. "What may I take to school?"이라는 의문사 질문을 산출하기 위해서는 먼저 그에 필적하는 서술 형태("I may take the train to school.")와는 상당히 다른 고도의 특정 구문 조직을 사용해야만 한다. 의문사 문장에서는 wh- 낱말을 문장 서두의 명사구 슬롯에 위치시키고 그 실제 슬롯은 '비워 두어야' 한다. 예-아니요 의문문의 산출 역시 유사한 종류의 구문 방략을 포함한다. 이때의 서술문과 그에 대응하는 의문문 사이의 구문적 차이를 고려해 보자.

서술: He is going to go.
의문: Is he going to go?

예-아니요 의문문을 산출할 때, 아동들은 주어 he 다음에 이어지는 조동사 is의 위치를 주동사 going보다 선행하도록 이동시켜서 주어보다 앞에 나타나도록 해야만 한다(Jacobs, 1995). 예-아니요 의문문은 단순한 듯 보이지만 아동들이 상대적으로 어린 나이에 숙달해야 할 정교한 구문 방략을 요구하는 것이다.

### 복합 구문: 구와 절의 연결

아동의 구문 발달은 종종 평균 발화 길이(mean length of utterances: MLU) 산정을 통해 추적할 수 있다. 평균 발화 길이는 아동의 구문 발달을 추정할 수 있는 간편한 도구로서 구문 발달의 보다 미묘한 성취, 특히 아동의 구와 절 구조 사용과 같은 세부적 사안을 제공하지는 않는다. **구**(phrase)란 **머리**(head)를 중심으로 조직된 낱말의 묶음이다. 구의 유형에는 명사구(noun phrases, 예: the tall, angry boy), 전치사구(prepositional phrases, 예: in the bucket), 형용사구(adjectival phrases, 예: very happy), 동사구(verb phrases, 예: was saddened)가 있다(각 예에서 구의 머리에 밑줄이 그어져 있다). 구의 발달과 함께, [그림 3-2]에서 나타나듯이 문장은 갈수록 정교해진다. 아동은 더욱 정교한 구 구조(phrase structures)를 사용하기 시작함에 따라 **구의 통합**(phrasal coordination, 구 등위 접속) 기술이 발달하게 되며, 이를 통해 "I'm putting on my coat and my hat."과 같은 문장에서의 두 명사구 연결과 같이 구들을 연계시킬 수 있게 된다.

**절**(clause)이란 동사 또는 동사구를 포함하는 구문 구조를 말한다. 문장을 산출할 때, 우리는 종종 특정 규칙에 의거하여 여러 절들을 연합시킨다. 예를 들어,

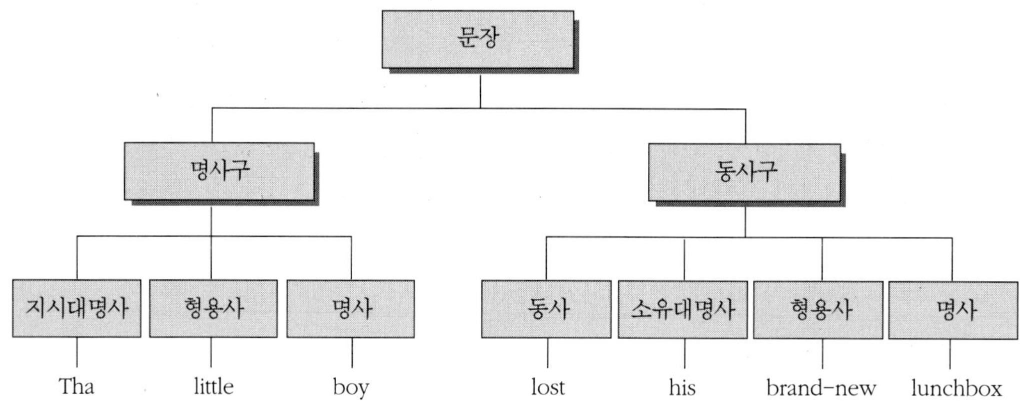


**[그림 3-2] 문장 구 구조의 예**

"I'll go and you stay."와 같은 문장은 등위접속사(coordinating conjunction) and로 연결되는 2개의 독립절(independent clauses, 예: I'll go, you stay)로 이루어져 있다. "That boy who hit me is in time-out."이라는 문장은 하나의 독립절(That boy is in time-out) 속에 내포된 하나의 종속절(who hit me)로 구성되어 있다.

아동은 3세 이래 지속적으로 접속절과 내포절 기술을 숙달하기 시작하여 그 길이에서뿐 아니라 구문적 복잡성 역시 증가된 문장을 산출하게 된다. 〈표 3-3〉은 R. Brown(1973)의 문법 발달 단계를 각색한 것이다. 이 표에서와 같이, 아동의 발화 길이가 평균 형태소 3.5개에 이르면 내포된 절이 출현하기 시작한다. 이 시기(단계 IV)에 이르면 아동들은 내포된 종속절이라는 특징을 가지는 복문(That's mine because Mommy gave it to me), 내포된 wh- 의문문(I don't know why he did it)과 관계절(That boy with the crayons did it)을 사용하기 시작한다. 이 발달 시점에서 아동들은 단순한 구문에서 **복합 구문**(complex syntax)으로 이동하는데, 이는 곧 문장의 내적 구조를 조직하기 위해 접속 장치 외에도 구와 절 구조를 사용하는 것을 말한다. 〈표 3-4〉는 복합 구문의 일부 예를 제시하고 있다. 복합 구문 분석은 관계절이나 부정절(infinitive clauses)과 같은 여러 구와 절 유형의 사용뿐 아니라 등위접속사 및 종속접속사를 사용하여 구와 절을 내포시키고 접속시키는 방식을 조사하는 것이다.

**논의 요점**
당신은 복문을 분석해야 했던 적이 있는가? 그렇다면 왜 그렇게 많은 학생들이 그것을 어려운 작업이라고 여기는 것일까? 모두가 초기 아동기 이래로 스스로 복문을 산출할 수 있는 능력을 가지고 있었음에도 말이다.

〈표 3-3〉 문법 발달 단계

| 단계 | MLU 범주(중앙점) | 내용 |
|---|---|---|
| I | 1.0~1.99(1.75) | 한 낱말 발화가 지배적이고, 문법적 굴절이 사용되지 않는다. |
| II | 2.0~2.49(2.25) | 2, 3낱말 발화가 지배적이고, 문법적 굴절이 출현(예: 현재진행 표지, 복수 표지)하며, 아동이 기본적인 어순 패턴(예: 행위자+행위: "Mommy go.", 행위자+행위+대상: "DeeDee ate bone.")을 따르게 됨에 따라 문법이 출현한다. |
| III | 2.5~2.99(2.75) | 여러 문장 형태가 출현한다(예-아니요 의문문, wh- 의문문, 명령문, 부정문). |
| IV | 3.0~3.99(3.5) | 여러 절로 구성된 문장의 특성을 가지는 복문이 출현한다(예: 대상-명사구 보어: "This is the one I made.", wh- 의문문 내포: "That's why she went outside.", 관계절 내포: "Clifford, who was so good, is still waiting."). |
| V | 4.0~ | 등위접속사와 부사적 접속(adverbial conjuncts)이 출현한다("I am tired because I didn't take a nap." "I'm helping Daddy do the dishes and make dinner."). |

MLU = 평균 발화 길이(mean length of utterance)

출처: Adapted from *A First Language: The Early Stages*, by R. Brown, 1973, Cambridge, MA: Harvard University Press.

〈표 3-4〉 복합 구문의 예

| 구문 특성 | 예 |
|---|---|
| 중복 내포(double embedding) | "I'm not going to think about what happened." |
| 주어를 달리하는 부정절(infinitive clause with differing subject) | "I am not sure what to think." |
| 목적격 관계절(object relative clause) | "That's the train I lost." |
| 주격 관계절(subject relative clause) | "The girls who signed up didn't pay." |
| wh- 부정절(wh- infinitive clause) | "Tell her what you said." |
| 종속접속사를 가지는 복문(complex sentence with subordinating conjunction) | "I can't go when she wants me to." |
| 등위접속사를 가지는 중문(compound sen-tence with coordinating conjunction) | "The kids are sleeping but the teacher's about to leave." |
| 주격 보어 절(subject complement clause) | "The kids signing up didn't know it cost money." |
| 완료된 상의 동사(perfect aspect verb) | "The dog had caught it already." |

| 수동태 문장(passive voice sentence) | "The doll was found after we looked everywhere." |
|---|---|
| 명사 후치 정교화(postnoun elaboration) | "Other colors like green and yellow might work too." |
| 다중절 문장(multiclause sentence)(+3) | "Because she didn't call first, we didn't know to wait and left without her." |

출처: Adapted from "Grammar: How Can I Say That Better" by S. Eisenberg, in *Contextualized Language Intervention* (pp. 145-194), edited by T. Ukrainetz, 2006, Eau Claire, WI: Thinking Publications.

## 구문론적 발달에 미치는 영향

어휘 발달과 같은 언어 발달의 여타 측면과 비교하여, 아동들 사이에 구문론적 발달은 상대적으로 그 차이가 적어서 그 발달의 형태나 시점 모두 대개 단일한 패턴으로 진행된다(R. Brown, 1973; Whitehurst, 1997). 이러한 현상은 특히 아장이 시기나 취학 전 시기에는 더욱 그러하다. 예를 들어, 연구 결과들은 빈곤한 가정에서 양육된 아동의 구문 발달이 보다 상위의 사회경제적 지위를 가진 가정에서 양육된 아동의 구문 발달과 상당히 유사함을 시사하였다(Whitehurst, 1997). 남아와 여아의 구문적 성취에서도 역시 그 성차에 따르는 차이가 상대적으로 적은 것으로 나타났다(Craig, Washington, & Thompson-Porter, 1998; Ely, Berko Gleason, & McCabe, 1996). 이러한 결과는 아동의 구문론적 발달에서 개인차가 존재하지 않음을 의미하는 것은 아니다. 오히려 언어 습득의 초기 시점부터 아동의 문장 길이에서조차 차이가 나타난다. 어떤 아장이들은 평균 2개 형태소 길이의 발화를 산출하는 반면, 다른 아장이들은 평균 6개 형태소 길이의 발화를 산출하기도 한다. 아동들 간의 개인차는 절 내포(clausal embedding)와 같은 보다 복잡한 구문 측면을 발달시켜 감에 따라 더욱더 현격해진다(J. Huttenlocher, Vasilyeva, Cymerman, & Levine, 2002).

오래전부터 연구자들은 아동들 사이의 구문론적 발달에서의 유사성을 강조하였다. 이러한 이유로 인해 아동들 간의 개인차와 그 차이를 유발하는 변인들에 초점을 둔 연구는 상대적으로 적었다. 현재는 구문 발달에 영향을 미치는 요인들을 판별하고 이해하는 것에 초점을 두는 연구자들이 점차 증가하고 있다. 이제 우리는 그중 두 가지에 대해 고찰할 것이다.

### 복합 구문에의 노출

아동들이 자신의 언어 학습 환경에서 경험하는 발화에는 **단순 구문**(simple syntax, 단순 명사구와 동사 구조가 담겨 있는 문법적으로 잘 형성된 발화)의 수많은 용례들이 담겨 있다(J. Huttenlocher et al., 2002). 그렇지만 내포된 관계절, 조동사로 시작되는 예-아니요 의문문 및 wh- 의문문과 같이 보다 복합적인 구문의 용례들에 노출되는 정도에서는 아동들마다 상당히 다르다(J. Huttenlocher et al., 2002; Shatz, Hoff-Ginsberg, & Maclver, 1989). Hoff(2004)가 언급한 바와 같이, 환경으로부터 복합 구문을 많이 들어 온 아동들은 덜 들어 온 아동들보다 복합 구문을 훨씬 더 많이 산출한다. Hoff는 이러한 현상을 **입력으로부터의 학습 가설**(learning-from-input hypothesis)로 설명했다. 이것은 아동이 사용하는 언어의 문법적 속성은 아동에게 노출되는 아동 지향적 말(child-directed speech)의 문법적 속성에 달려 있음을 강조한다. J. Huttenlocher 등(2002)의 두 연구는 이를 실증하였다. 두 연구는 어머니들이 가정에서 사용하는 언어와 취학 전 교사들이 교실

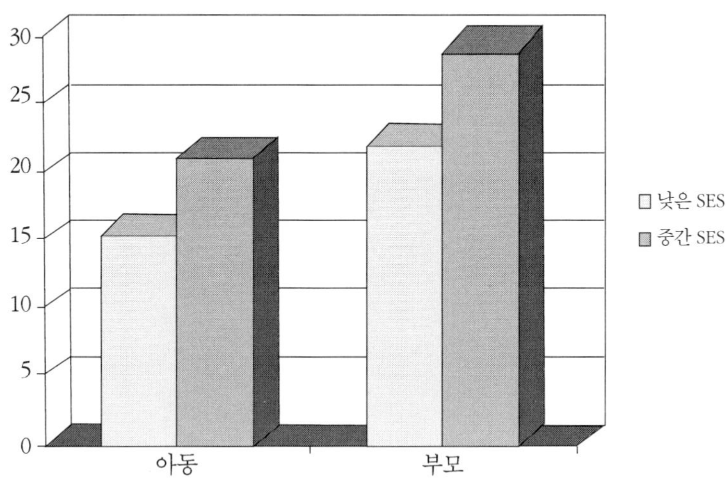


**[그림 3-3] 어머니와 아동의 복합 구문을 포함하는 문장 비율**

SES = 사회경제적 지위(socioeconomic status)
출처: Adapted from *Cognitive Psychology*, Vol. 45, J. Huttenlocher, M. Vasilyeva, E. Cymerman, and S. Levine, "Language Input and Child Syntax," p. 348. Copyright 2002, with permission from Elsevier.

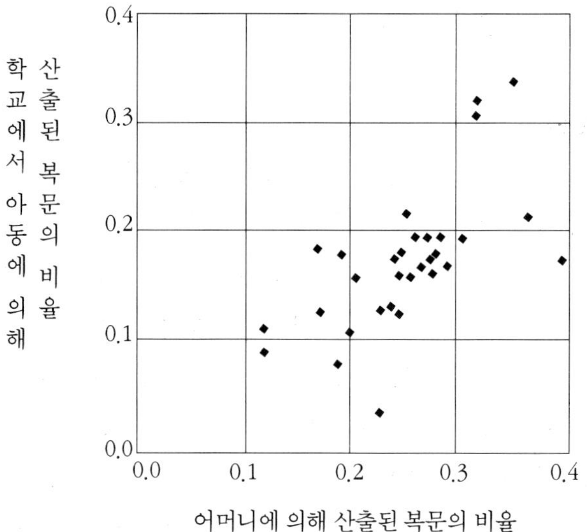


**[그림 3-4] 어머니와 아동 간 복합 구문 산출에서의 관련성**

출처: Reprinted from *Cognitive Psychology*, Vol. 45, J. Huttenlocher, M. Vasilyeva, E. Cymerman, and S. Levine, "Language Input and Child Syntax," p. 350. Copyright 2002, with permission from Elsevier.

에서 사용하는 언어의 구문적 속성을 조사하였다. 연구자들은 부모 및 교사의 언어에 내재하는 복합 구문과 아동의 구문 발달 사이의 관련성을 조사하였다. 연구 결과, 낮은 사회경제적 지위와 중간 수준의 사회경제적 지위를 가진 어머니들 사이에는 복합 구문 사용에서 차이가 있는 것으로 나타났다([그림 3-3] 참조). 아울러 [그림 3-4]에서처럼 아동들이 복합 구문에 노출되는 정도와 그들의 복합 구문 형식의 발달 사이에는 강력한 선형적 관계가 존재하는 것으로 밝혀졌다. 이러한 결과를 어떻게 임상에 적용시킬 수 있는가와 관련하여, 〈이론에서 실제까지: 조동사 명료화 가설〉에서는 예-아니요 의문문에 대한 노출이 아동의 조동사 습득을 촉진시키는가의 여부에 대해 논의하고 있다.

### 언어장애

비록 노출이 아동의 구문론적 발달을 지원하는 중요한 역할을 하는 것은 사실이나, 환경만이 그와 관련된 전부는 아니다. 발달적 및 후천적 언어장애 모두가 구문 이해 및 산출을 붕괴시킬 수 있다.

## 조동사 명료화 가설

이 장에서 우리는 아동이 경험하는 언어에 대한 노출이 언어 발달에서의 개인차를 설명하는 중요한 관련 변인임을 설명하였다. 예를 들어, 우리는 엄마의 발화에 담긴 복합 구문의 양이 아동의 복합 구문 사용과 정적 상관이 있음을 예증한 바 있다([그림 3-4] 참조). 마찬가지로 아동들이 예-아니요 의문문에 노출되는 것은 그들의 조동사 발달과 정적으로 연합되어 있음을 밝힌 연구 결과들이 있다(Yoder & Kaiser, 1989). 예-아니요 의문문은 조동사를 원래의 주동사 앞 위치(He is going.)로부터 가장 앞의 위치로 이동시켜야 하는 것이다(Is he going?). 조동사 명료화 가설(auxiliary clarification hypothesis: ACH)은 아동들의 예-아니요 의문문에 대한 노출 빈도와 그들의 조동사 발달 사이의 정적 상관을 설명하는 한 가지 이론이다(Richards, 1990). 이 이론에 따르면, 아동들은 발화의 시작 부분에 담긴 정보에 보다 주의하는 경향이 있으며, 따라서 예-아니요 의문문(이것은 조동사가 발화의 맨 앞에 위치하는 형태다)에 대한 노출의 빈도가 높으면 결국 아동들이 조동사에 대한 내면화를 촉진하게 된다는 것이다(Fey & Frome Loeb, 2002). 이 이론을 실제 임상으로 확장시킨다면 아동들에게 예-아니요 의문문에의 노출 횟수를 증가시켜 주는 일이 그들의 조동사 발달을 촉진시킬 것이라 가정할 수 있을 것이다.

Fey와 Frome Loeb(2002)는 34명의 2~3세 아동들을 대상으로 이 이론을 객관적으로 검증하고자 하였다. 이 연구에서는 조동사 is와 will에 초점을 두었다. 아동들을 심화 프로그램이나 통제 프로그램(각각 24회기, 회기당 30분)에 무선 할당하였다. 심화 프로그램 회기에서는 아동들과 연구 보조자들이 함께 놀이에 참여했는데, 연구 보조자들은 아동의 발화("Mommy flying.")를 되묻는 방식("Is Mommy flying?")으로 30개의 예-아니요 의문문을 아동에게 들려주었다. 통제 프로그램에서도 동일한 절차 및 놀이 활동을 실시하되, 연구 보조자들이 예-아니요 의문문을 사용하지 않도록 통제하였다.

조동사 명료화 가설에 의거하여 당신은 심화 프로그램의 아동들이 통제 프로그램의 아동들보다 좀 더 빠른 속도로 조동사를 습득했으리라고 예상할 수 있을 것이다. 그러나 총 8주의 프로그램이 모두 종료된 시점에서 연구자들은 두 집단의 아동들 사이에 어떠한 차이도 없음을 발견하였다. 조동사 명료화 가설은 아동들의 "언어 환경에서 이 의문문(즉, 예-아니요 의문문)이 높은 비율로 나타나면 아직 그것을 사용하지 않았던 아동들의 조동사 습득을 응당 촉진시킬 것"(Fey & Frome Loeb, 2002)이라고 제안하고 있으나, 이 실험은 가설을 입증하는 데 실패했던 것이다.

이론은 종종 임상적 중재나 교육적 실천의 토대를 제공해 준다. 그렇지만 위의 예는 실험 절차를 이용하여 이론을 객관적으로 검증하는 일이 왜 중요한 것인가를 극명하게 예시해 준다. Fey와 Frome Loeb가 지적하였듯이, "임상가들이나 양육자들에게 변환된(inverted)(역자 주: 즉, 평서문에서의 조동사의 위치를 맨 앞으로 이동시켜 의문문 형태로 바꾼) 예-아니오 의문문의 밀도를 높여 주도록 제안하는 것은 더 이상 현명한 일이 아니다……. 이러한 형태의 입력을 성인이 제공해야 한다고 강조해서는 안 되며, 아마도 중재에서는 그것을 금해야 할 것이다."(p. 172)

**발달적 언어장애**(developmental language disorders, 또는 언어발달장애)는 출생과 함께 나타난다. 어떤 언어장애는 그것이 오직 언어적 재능에만 영향을 미친다는 의미에서 특정적(specific)인데, 이러한 상태를 **단순언어장애**(specific language impairment: SLI)라 한다. 어떤 언어장애는 정신지체와 같은 기타 원인으로부터 기인하는 이차적인 것이다. 단순언어장애 및 이차적 언어장애 모두 종종 구문론적 발달에 영향을 미치며, 때로는 심각한 영향을 미치기도 한다. 예를 들어, 단순언어장애 아동들은 장애를 가지지 않은 또래들에 비해 산출하는 문장의 길이가 보다 짧고(Laws & Bishop, 2003), 특히 동사에 어려움을 보인다. 그리하여 단순언어장애 아동들은 "Colin lady ticket." "Lights on my camera." "Not that the horse, where a big horse?"에서처럼 동사의 생략으로 인해 생겨난 구멍을 다른 낱말로 '메우기도' 한다(Conti-Ramsden & Jones, 1997, p. 1307). 다운 증후군과 같은 정신지체에 기인한 언어장애 아동들 역시 구문론적 발달에 심각한 결함을 보인다. 다운 증후군 청소년들은 단지 평균 형태소 4개 길이의 문장을 산출하는데, 이는 전형적인 발달을 보이는 6세 아동이 산출하는 문장보다 더 짧은 길이다(Laws & Bishop, 2003).

**후천적 언어장애**(acquired language disorders)는 뇌의 언어중추를 손상시키는 상해나 질병의 결과로 인해 발생한다. 좌반구의 브로카 영역(Broca's area)의 손상을 초래하는 뇌졸중은 구문기술에 심각한 영향을 미치는 후천적 장애로서 **실문법적 실어증**(agrammatic aphasia)이라는 상태를 초래한다. 이러한 개인들은 구문적으로 복잡한 언어를 산출하는 능력을 상실하게 된다. 4명의 실문법적 실어증 성인 환자를 대상으로 실시한 한 연구에서 그들의 발화는 평균적으로 대략 형태소 4개 정도의 길이였고, 그들이 산출한 복문은 전체 문장 중 단지 5%에 불과하였으며, 그들이 산출한 전체 문장의 오직 1/3 이하만이 문법적으로 올바른 것이었다(Thompson, Shapiro, Kiran, & Sobecks, 2003).

## 음운론적 발달

**음운론적 발달**은 음절과 낱말의 소리 구조를 지배하는 언어 규칙에 대한 습득을 의미한다. 우리는 제1장에서 모든 언어가 상대적으로 적은 수의 의미를 가지는 소리, 즉 음소(phonemes)를 가지고 있다고 설명한 바 있다. 음소는 한 언어의 개별 말소리로서 2개의 음절이나 낱말 사이의 의미를 변별시켜 준다. 일반 미국 영어(GAE)의 /r/과 /l/은 오로지 이 두 소리로 인해 대비되는 낱말의 의미를 창출(예: low 대 row, liver 대 river)하므로 서로 다른 두 음소라 할 수 있다. 아동은 각자 음운 시스템을 발달시켜 가면서 모국어의 각 음소들에 대한 내적 표상을 발달시키게 된다. 요약하자면, 음운 표상이란 한 음소를 다른 음소와 변별시켜 주는 신경학적 각인(neurological imprint)인 것이다. 따라서 비록 그 두 말소리가 대비되지 않는 다른 언어권 화자들의 경우에는 아닐지 모르나, 최소한 GAE 화자는 /r/과 /l/ 사이의 음소 변별을 나타내는 표상을 습득하게 된다.

음운 발달에는 모국어의 **음소배열론적 규칙**(phonotactic rules)에 대한 개인의 민감성 발달 역시 포함된다. 이 규칙들은 음절이나 낱말에서의 '적법한(legal)'(즉, 수용 가능한) 소리 순서와 특정 음소들이 발생할 수 있거나 발생할 수 없는 적법한 위치를 명시한다. 발달의 초기부터 아동들은 이 두 가지 모두에 민감해진다. 예를 들어, 그들은 영어에서 /l/ + /h/는 부적합한 소리 조합이라는 것을 인지하며, /t/ + /s/는 음절 종성 위치에서는 적합하지만(예: pots) 초성 위치에서는 부적합하다는 것을 인식한다.

**논의 요점**
그 밖에 영어에서 부적합한 소리 조합으로는 어떤 것들이 있는가?

## 음운론적 구성 요소

음운론적 발달은 유아가 태내에서 자궁 밖으로부터 들려오는 소리를 경험하면서 출생 직후부터(최소한 그 이전은 아닐지라도) 시작되는 것이다. 우리는 이제 음운론적 발달의 세 가지 핵심 요소, 즉 (1) 말의 흐름을 분절하기 위한 단서 사용, (2) 음소 목록(phonemic inventory) 발달, (3) 음운적으로 인식하기에 대해 정의할 것이다. 이들 각각에 대해서는 이후의 장들에서 더 상세히 논의할 것이다.

### 말의 흐름을 분절하기 위한 단서

유아가 직면하는 가장 최초의 음운 과제 중 하나는 주변 세계로부터 발생되는 소리의 흐름을 쪼개어 내는(parsing, 통분) 일이다. 발달 초기부터 유아들은 말의 흐름을 보다 작은 단위(예: 낱말)로 통분하고, 동시에 들려오는 말 흐름을 분리시키기(예: TV에서 들리는 소리 대 엄마가 하는 말; Hollich, Newman, & Jusczyk, 2005) 위해 특정 단서를 활용하는 능력을 발달시킨다. 연속적으로 들려오는 말을 통분하기 위해 유아가 사용하는 한 가지 전략은 운율 및 음소배열적 단서를 활용하는 것이다(Gerken & Aslin, 2005; Thiessen & Saffran, 2003).

**운율 단서**(prosodic cues)를 사용할 때, 유아들은 말 흐름을 쪼개어 내기 위해 낱말이나 음절의 친숙한 강세 패턴 또는 리듬으로부터 단서를 끌어낸다. 예를 들어, 영어에 노출된 유아들은 낱말 little과 grammar에서의 강-약 강세 패턴과 같은 영어 낱말의 지배적인 강세 패턴에 대한 민감성을 빠르게 발달시킨다(Jusczyk, 1993; Thiessen & Saffran, 2003). 생의 첫해 동안, 유아들은 연속적인 말 흐름 내의 낱말 간 경계를 설정하기 위해 낱말 강세의 지배적인 패턴에 관한 지식을 활용한다. 예를 들어, 그들은 영어에서의 지배적인 낱말 강세 패턴에 입각하여 '강-약' 강세 패턴을 가지는 2음절 뒤에서 낱말 경계(word boundary)가 이루어질 것이라고 가정한다. "You little boy."라는 말을 들은 유아는 이러한 단서 전략이 little과 boy를 별개의 낱말로 분리시켜 낼 수 있도록 돕는다. 유아들은 상대적으로 초기 시점부터 절이나 구의 경계에서 종종 휴지(pausing)가 발생한다는 사실을 인식하고(Gerken & Aslin, 2005), 이 같은 휴지에 관한 지식을 이용하여 말 흐름을 통분해 낸다. 휴지가 말 흐름 속의 절 분절(clause segments)과 같은 언어적 경계를 표지하는 방식임을 인지하는 유아들의 민감성은 그들의 구문론적 발달을 지지해 줄 것이다. 왜냐하면 이러한 민감성은 유아들에게 보다 작은 구문 단위들이 조합되어 더 큰 단위의 말이 형성되는 방식을 분석할 수 있는 기회를 제공해 주기 때문이다(Gerken & Aslin, 2005).

유아들은 말 흐름을 통분하기 위해 **음소배열론적 단서**(phonotactic cues) 역시 활용한다. 발달 초기부터 유아들은 특정 소리들이 음절이나 낱말의 일반적 위치 및 특정 위치에서 발생될 가능성에 민감해진다(Jusczyk, Luce, & Charles-Luce, 1994). 그리하여 /g/ + /z/의 음소 시퀀스가 포함된 말 흐름에 접했을 때 영어를 배우는 유아들이라면 이 시퀀스로 시작되는 낱말은 발생 가능성이 없음을 인식한다. 반대로 낱말의 종성 위치에서라면 이러한 소리 시퀀스는 적합하면서도 동시에 발생 가능한 것이다(예: dogs, eggs). 그래서 유아들은 이 시퀀스 바로 다음이 낱말 사이의 가능한 경계로 분절될 가능성이 있을 것이라는 지식을 활용하게 된다. 이처럼 음소배열적 가능성 및 불가능성에 관한 지식은 유아들이 지속적인 말 흐름으로부터 새로운 낱말을 분절할 수 있도록 해 주는 중요한 수단이 된다(Thiessen & Saffran, 2003).

## 음소 목록

언어 발달의 또 다른 주요 영역은 아동들이 각자의 모국어를 구성하는 음소에 대한 내적 표상(이를 **음운 지식**[phonological knowledge]이라 한다)을 습득하고, 그 음소들을 표현하여 음절이나 낱말을 산출(이를 **음운 산출**[phonological production]이라 한다)하는 일이다. 전체 음소 목록의 발달은 아동들이 점차 음소들 간에 정교하게 조율된 변별을 만들어 냄에 따라 점진적으로 발생한다. 아동들의 목록이 상대적으로 적을 때는 단일 음소로 여러 음소들(예: /b/, /p/, /t/, /d/)을 표현하다가, 이후 점진적으로 음소들을 추가하여 마침내 그 목록이 완전해지면서 성인의 형태를 갖추게 되는 것이다(Ingram, 1997).

아동의 음소 목록은 모음과 자음 모두를 포괄한다. 모음은 자음보다 먼저 발달하며, 전형적으로 생의 첫해 동안에 그 발달이 이루어진다. 모든 자음이 동시에 습득되거나 표현되는 것은 아니다. 어떤 것들은 발달 초기에 출현하며(**초기 자음**[early consonants]), 다른 것들은 이후에 나타난다(**후기 자음**[late consonants]). 특정 음소의 발달 시기는 몇몇 요인으로부터 영향을 받는데, 그 요인에는 구어에서의 음소 출현 빈도, 아동이 사용하는 낱말 중 특정 음소를 포함하는 낱말 수, 음소 산출에 관여하는 조음(운동)의 복잡성 정도가 포함된다(Amayreh, 2003; Ingram, 1997). 이러한 요인들로 인해 자음 습득 순서는 언어마다 다르다. 예를 들어, 영어 화자 아동들은 아랍어 화자 아동들에 비해 /z/를 더 이른 시기에 숙달하는데, 이 음소가 포함된 음절이나 낱말은 아랍어에서보다는 영어에서 더 자주 출현하기 때문이다(Amayreh, 2003).

일반적으로 아동들의 음운 지식 및 음운 산출은 3~4세경이면 완전히 명료한 말을 산출할 수 있을 정도로 충분히 발달하게 된다. 비록 어떤 자음 음소는 숙달될 때까지 몇 년이 더 소요될 수도 있으나, 아동의 목록은 아직 숙달되지 않은 음소들에 대해 숙달된 음소로 적절히 대치(예: that의 초성을 /d/로 대치)하게 해 줄 정

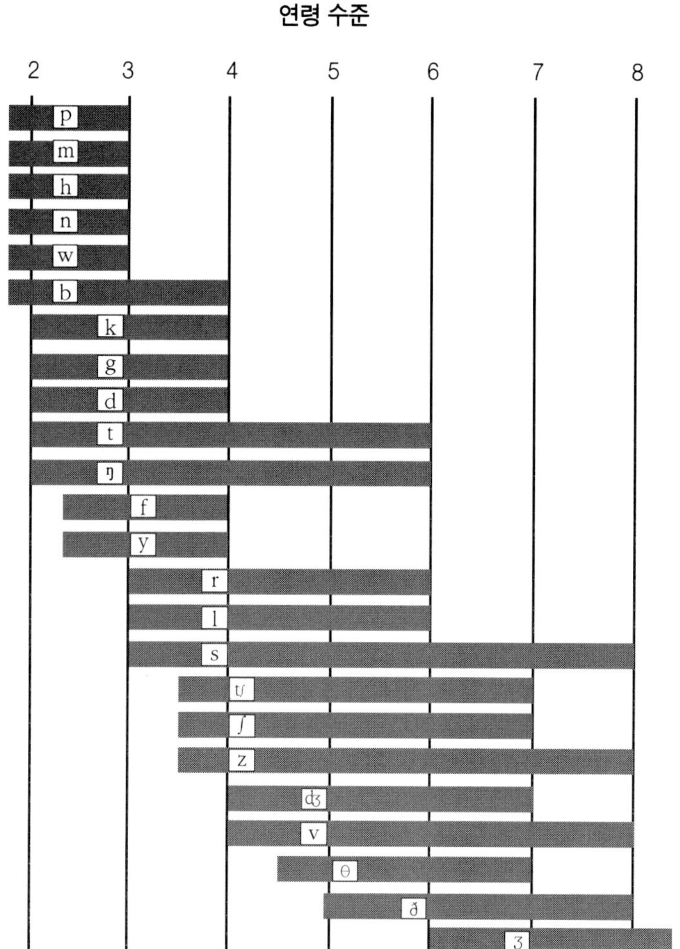


[그림 3-5] 영어 자음 음소 습득 순서

출처: From "When Are Speech Sounds Learned?" by E. K. Sander, 1972, *Journal of Speech and Hearing Disorders, 37*, p. 62. Copyright 1972 by the American Speech-Language-Hearing Association. Reprinted with permission.

도로는 충분히 확장된다. [그림 3-5]는 영어의 자음 음소들이 숙달되는 순서를 요약한 것이다.

## 음운 인식

**음운 인식**(phonological awareness)이란 내적 또는 외적 분석을 통해 말의 음운적 분절에 주의를 기울일 수 있는 개인의 능력을 말한다. 예를 들어, 각운이 같은 2개의 낱말을 산출하는 아동의 능력은 음운 인식 능력에 관련된 것인데, 구조적인 특정 측면을 공유하는 두 낱말을 찾아내기 위해서는 먼저 아동이 낱말의 음운적 구조에 주의해야 하기 때문이다(Justice & Schuele, 2004). 역시 음운 인식과 관련된 좀 더 어려운 과제는 아동에게 낱말의 첫 소리를 찾아내도록(예: bat에서의 /b/) 하거나 또는 한 낱말의 음소 수를 세도록 하는 것이다. 두 과제 모두 아동에게 언어의 음운적 구조를 숙고하도록 요구하는 것이며, 특히 후자의 경우는 낱말의 음소 단위에 초점을 두도록 요구하는 과제로 **음소 인식**(phonemic awareness)이라 한다.

음운 인식은 언어 발달의 중요 영역일 뿐 아니라 문해 발달, 특히 알파벳 언어에서의 낱말 읽기에 중요한 요인이다. 이를테면 영어와 같은 알파벳 언어에서 쓰인 글(written script)은 개별 철자(예: S=/s/)나 철자 시퀀스(SH= /ʃ/, OUGH=/o/)에서의 철자-소리 짝짓기를 이용하여 음소들을 표상하는 것이다. 발음법(phonics) 교육은 아동들에게 철자와 소리 사이의 관계를 가르치는 것으로, '음운적으로 인식하는' 아동은 아직 인식하지 못하는 아동에 비해 발음법 교육으로부터 보다 많은 이득을 얻을 수 있다(예: Badian, 2000). 미국의 많은 아동들이 기초적인 낱말 읽기기술 발달을 위해 애쓰고 있는데, 이에 대한 연구자들의 논쟁은 음운 인식 기술의 결핍으로 인한 아동들의 분투보다 더 뜨거운 실정이다(O'Connor & Jenkins, 1999). 운 맞추기(rhyming) 놀이나 기타 유사 행위들의 활용을 통해 취학 전 아동이나 유치원 아동들에게 언어의 음운적 구조에 주의를 기울이도록 하는 체계적인 교육은 읽기 교수 시점에서 아동들의 성공 가능성을 증진시킬 수 있다(Byrne & Fielding-Barnsley, 1995).

## 음운론적 발달에 미치는 영향

어떤 아동들은 다른 아동들에 비해 음운기술의 발달이 매우 느린데, 그 지체 정도가 심각하다면 곧 음운장애를 의미한다. 제10장에 부연한 것처럼, 음운장애는 앞에서 논의한 음운 발달 요인들의 성취에 제약을 가한다. 여기에서는 음운 발달에 관해 이미 충분히 확립된 두 가지 추가 요인들에 대해 논의할 것이다.

### 모국어

유아의 음운 발달은 그 유아에게 노출된 언어(또는 언어들)가 가지는 음소의 조합에 의해 큰 영향을 받는다. 한 언어에서는 음소인 말소리가 다른 언어에서는 음소가 아닐 수도 있다. 그리하여 아랍어를 배우는 아동은 영어(또는 다른 언어)의 목록이 아닌 아랍어 음소 목록의 표상을 습득하게 된다. 이러한 이유로 아랍어 화자 아동들은 /p/의 음소 표상을 발달시키지 않는데, 그것이 아랍어에서는 음소가 아니기 때문이다.

어떤 말소리가 두 언어에서 모두 음소로 인정되는 경우라 할지라도, 두 언어권의 아동들은 동일한 음소를 서로 다른 시점에 습득하기도 한다. 이는 각 언어마다 그것이 낱말에서 사용되는 빈도에 따라, 그리고 해당 언어 목록 내에서의 다른 음소들과의 유사성에 따라 달라지는 것이다. 달리 말하자면, 한 음소의 **기능적 부하**(functional load)는 언어 간에 서로 다를 수 있는 것이다. 기능적 부하란 한 음소가 해당 언어의 음소 목록 내에서 차지하는 상대적 중요성을 지칭하는 것이다(Ingram, 1989). 다시금 영어와 아랍어의 차이를 고려해 본다면, 영어 화자 아동들은 4세경에 /z/를 숙달(Grunwell, 1997)하는 반면, 아랍어 화자 아동들은 6세 이후까지도 이 음소를 숙련시키지 못한다(Amayreh, 2003). 영어에서의 음소 /z/는 높은 기능적 부하를 가지는데, 부분적으로는 그것이 복수 형태에 쓰이기 때문이다(예: vans, dogs). 반면 아랍어에서는 낮은 기능적 부하를 가진다(Amayreh, 2003).

### 언어 경험

심지어 같은 언어를 배우는 아동들조차 음운 표상이 확립되는 시기와 그들이 여러 음소들을 산출하는 시기에서 차이가 나타날 수도 있다(McCune & Vihman, 2001). 아동들은 각자 언어에서의 음소적 대조(phonemic contrasts)에 노출되는 과정을 통해 음운적 표상을 발달시킨다. 그리하여 최소한 부분적으로나마, 음운 발달 시점상의 차이는 아동들이 경험하는 음운적 노출 상의 차이로 인한 것일 수 있다(Nittrouer, 1996). 저소득층 가정에서 양육된 아동들의 내적 음운 표상은 고소득층 가정에서 양육된 같은 연령의 아동들에 비해 덜 성숙하고 덜 변별적인데, 아마도 언어에 대한 아동들의 노출 차이 때문일 수 있다(Nittrouer, 1996). 이는 만성 중이염(chronic ear infections) 병력을 가진 아동들의 경우에도 마찬가지다. 그들의 음운 표상은 그 병력을 가지지 않은 아동들에 비해 덜 성숙하다(Nittrouer, 1996). 만성중이염 아동들은 언어적 노출에 제약이 가해지는 시기를 겪었을 것이며, 이것이 결국에는 그들의 음운 발달에 부정적인 영향을 미쳤을 것으로 여겨진다.

## 화용론적 발달

**화용론적 발달**은 언어가 어떻게 사회적 수단으로 사용되는가 하는 방식을 지배하는 언어 규칙의 습득과 관련된 것이다. 이러한 발달에는 대화에 참여하거나 유지하는 능력 갖추기, 상황에 대해 고려하기, 대화 참여자의 목적과 같은 여러 의도를 위해 언어를 사용하기와 같은 것들이 포함된다.

### 화용론적 구성 요소

화용 발달에 중요한 세 가지 측면은 (1) 서로 다른 의사소통 기능을 위한 언어 사용, (2) 대화기술의 발달, (3) 언어 외적 단서에의 민감성 획득이다. 화용론적 발달의 이 세 영역은 초기 아동기에 출현하는 핵심적 요소로서 후기 아동기, 청소년기, 성인기에까지 점차 정교해진다.

#### 의사소통 기능

사람들이 사회적 맥락에서 언어를 사용할 때 모든 발화의 이면에는 의도, 즉 **의사소통 기능**(communication function)이 존재한다. 예를 들어, 2세아 에바가 산출한 다음의 세 가지 발화는 그 기능이 서로 다르다.

"Give me that." ("그거 줘.")
"Mommy going outside?" ("엄마 밖에 나가?")
"I love my doggie." ("나는 내 강아지를 사랑해.")

마찬가지로 4세아 재커리가 산출한 다음의 세 가지 발화를 보라.

"No, put that one up on top of the digger."
("아냐, 그것은 준설기[장난감] 지붕 위에 올려놔.")
"Addie, did you bring Thomas the train to school today?"
("애디, 오늘 토머스 기차를 학교에 가져갔니?")
"I actually think my mom is coming after nap."
("나는 낮잠 자고 나면 엄마가 올 거라고 정말 생각해.")

에바와 재커리의 발화를 잠시 살펴보고, 그 이면에 담긴 의도를 고찰해 보자. 각 발화에서 당신이 찾아낸 의도들은 아동의 정신 상태, 믿음, 욕망이나 감정을 반영하고 있다(L. Bloom & Tinker, 2001b; Goldin-Meadow, 2000). 이 예들은 또한

〈표 3-5〉 기초 의사소통 기능

| 기능 | 정의 | 예 |
|---|---|---|
| 도구적<br>(instrumental) | 행위 또는 사물을 획득하기 위해 사용 | "Give me that crayon over there."<br>("거기 있는 크레용 좀 줘.") |
| 조정적<br>(regulatory) | 타인의 행동을 통제하기 위해 사용 | "Don't beat me. I want to win!"<br>("때리지마. 내가 이기고 싶어.") |
| 상호작용적<br>(interactional) | 타인과 상호작용하기 위해 사용 | "Here, I'll make room for you next to me."<br>("여기, 내 방 바로 옆에 당신 방을 준비할게요.") |
| 개인적<br>(personal) | 개인적 상태를 표현하기 위해 사용 | "My tummy hurts."<br>("나의 터미가 아파.") |
| 발견적<br>(heuristic) | 정보를 수집하고 환경을 탐색하기 위해 사용 | "What's that sign say?"<br>("저 표식은 뭘 의미하지?") |
| 가상적<br>(imaginative) | 무엇인가를 창조하거나 짐짓 무엇인 척하기 위해 사용 | "You be the mommy and I'll be the baby."<br>("네가 엄마 해. 내가 아기 할게.") |

출처: Adapted from *First Language Acquisition: Method, Description, and Explanation*, by D. Ingram, 1989, Cambridge, MA: Cambridge University Press.

아동들이 "상황이나 참여자의 의사소통 목적에 따라 달라지는 여러 환경에 맞도록 언어를 달리 사용" (L. Bloom & Tinker, 2001b, p. 14)하는 방식을 어떻게 배워야 하는가를 밝혀 주기도 한다.

생애 초기부터 아동들은 기초적 범주의 기능을 습득하고, 각자의 전 생애에 걸쳐 그 기능을 표현하는 방식을 점차 정교화시킨다. 예를 들어, 개인이 타인의 행동을 통제하기 위해 사용하는 의사소통 방식인 조정(regulation) 기능을 생각해 보고, 이 기능이 1, 5, 13, 21세에 각각 어떻게 표현될 수 있는지 그 차이를 숙고해 볼 수 있다. 〈표 3-5〉는 다양한 의사소통 기능을 정의하고 있다.

비록 많은 기초적 의사소통 기능들이 생의 처음 몇 해 동안에 출현하기는 하지만, 그 다양한 기능들을 성공적으로 사용하는 능력은 이후 점진적으로 증가한다. 한 사람이 언어를 타인에게 행동을 지시하거나 그를 통제하기 위해 사용하는 조정 기능의 예를 다시 한 번 생각해 보자. 비록 아장이들은 전형적으로 타인으로부터 원하는 사물을 얻기 위해 직접적인 요구(direct requests, 예: "Give me that.")를 사용하지만, 취학 전 아동들은 또래에게는 직접적인 요구를 사용하되 성인이나 보다 지배적인 또래들에게는 간접적 요구(indirect requests, 예: "May I have that, please?")을 사용한다(Becker Bryant, 2005).

의사소통 기능 범주의 발달은 유아기에 출현하고 이후 청소년기와 성인기를 거치며 계속 이어지는 언어 발달의 중요한 측면이다. 의사소통의 기능은 아동의 자기 표현을 위한 언어 사용에 중요한 역할을 할 뿐 아니라 어휘나 문법과 같은 언어 발달의 기타 측면에서의 발전을 촉진할 수도 있다. **의도성 가설**(intentionality hypothesis)에서는 형식과 내용의 발달은 부분적으로는 아동이 타인과의 활동에 참여하기 위해 언어를 사용하게 되면서 경험하는 바에 의해 촉진될 수 있음을 제안한다. 이러한 경험은 아동으로 하여금 "점차 정교한…… 표상을 표현하고 조음해 내게끔" (L. Bloom & Tinker, 2001b, p. 79) 동기를 부여한다.

그러므로 의사소통 기능 범주의 숙달은 개인으로 하여금 언어를 타인에게 자신의 정신 상태를 적절히 전달시키는 수단으로 그리고 사회적 의사소통 수단으로 사용하도록 해 주는 영역인 것이다. 아동들은 타인에게 의사소통 기능을 정확히 표출하기 위해 어휘, 형태론, 구문론, 음운론을 포함한 여러 언어 영역으로부터의 능력을 활용한다(L. Bloom & Tinker, 2001b). 이런 기술들이 영역별로 고르지 못할 경우에는 의사소통 붕괴가 발생하게 될 것이다. 예를 들어, 엄마가 이야기책을 읽어 줬으면 하고 바라는 3세의 하쿠타의 경우 그의 음운기술이 미발달 상태라면 그의 요청은 전혀 알아들을 수 없게 될 것이다. 따라서 의사소통 기능을 표현해 내기 위해서는 언어의 다른 영역의 성취에 의존해야 하는 것이다.

### 대화기술

아동이 의사소통 기능을 표현하는 것은 타인과의 의사소통 교환, 즉 **대화**(conversations)를 위한 것이다. 핵심적인 화용 발달 영역 중의 하나는 **대화 스키마**(conversational schema, **대화의 틀**[conversational framework]이라고도 한다)에 대한 이해를 발달시키는 것이다(Naremore, Densmore, & Harman, 1995). 스키마(도식)는 인지의 기본적 요소로서, 한마디로 다양한 사건들을 구성하는 조직 구조에 대해 내면화된 표상을 말한다(Rumelhart, 1980). 아동이 특정 스키마에 대해 강력한 표상을 가지고 있다면 그들의 인지 자원은 특정 사건의 조직 구조를 탐사해야 하는 것으로부터 자유로워질 것이며, 따라서 그들은 그 사건에 존재하는 신규 정보에 자원을 집중하여 습득하는 것이 그만큼 용이해질 것이다. 예를 들어, 당신이 대학 도서관에 처음 방문했다고 가정해 보자. 도서관에 대한 조직적 스키마가 처음에는 친숙한 것이 아니다. 따라서 처음 방문했을 때는 정보가 어떻게 목록화되어 있는지, 자료가 어디에 위치하는지 등을 포함하여 도서관에 대한 스키마 표상을 발달시키기 위해 상당한 인지적 노력을 기울여야 할 것이다. 이런 스키마가 내면화되고 나면, 이후 도서관에 방문하게 될 때는 인지적 에너지의 보다 많은 부분을 당신이 원하는 정보를 탐색하고 흡수하는 일에 사용할 수 있게 될 것이다(Neuman, 2006 참조).

대화 역시 스키마를 가진다. 주제의 개시와 확립, 주제를 유지하거나 전환할 수 있도록 일련의 수반적 차례를 주고받는 일, 해결 및 종료([그림 3-6] 참조) 등이다. 이러한 거시 구조적 스키마(macrostructural schema)는 그 안에 추가적인 미시 구조적 스키마(microstructural schema)를 삽입시킬 수 있는 광범위한 조직적 틀을 제공해 준다. 아동이 습득해야 하는 미시 구조적 스키마는 주제 전환의 운용, 대화 붕괴 조정, 배경 정보가 청자들 간에 공유되거나 공유되지 않았을 경우에 따라 제공해야 할 정보의 양은 어느 정도인지를 인식하는 지식 같은 것들을 포함한다.

**논의 요점**
당신이 최근에 겪었던 원활하지 못했던 대화에 관해 생각해 보라. 어떤 특정 측면에서 대화가 적합하지 못했는가?

| | |
|---|---|
| 주제 개시 및 확립 | A: 그러니까, 너는 그 시험에 대해 어떻게 생각해?<br>B: 좀 어려웠지, 그렇지 않니? |
| 주제 유지 및 전환을 위한 일련의 수반적 말 차례 주고받기의 운용 | A: 맞아, 난 분명히 공부를 충분히 하지 않았어. 에세이 때문에 정말 당황했어.<br>B: 알아. 그건 화용론에 관한 거라고 생각되는데, 나는 의미론 내용조차 공부를 안 했거든.<br>A: 음, 난 공부를 하긴 했는데 충분하지가 못했어.<br>B: 난 그 시험에 A를 받아야 했는데, 이젠 물 건너 갔어.<br>A: 그래, 내 생각도 마찬가지야. |
| 해결 및 종료 | A: 음, 우리 다시 들어가야겠다.<br>B: 응, 난 분명히 뭔가 아쉬워하고 있을 여유가 없어.<br>A: 또 보자. |

**[그림 3-6] 대화의 거시 구조적 스키마**

아동이 습득해야 할 또 다른 스키마는 자신들이 아직 참여하지 않고 있던 대화에 어떻게 끼어들어야 하는가다. 이 경우 아동들은 대화에 필요한 참조 틀(frame of reference)을 먼저 간파해야 하며, 그다음에는 그 틀을 상대방과 공유해야 한다(Liiva & Cleave, 2005).

대화 스키마의 발달은 유아들이 출생 직후부터 그 지속 시간이 점진적으로 증가되는 양육자와의 **공동 주의하기**(joint attention)에 참여하게 됨에 따라 시작된다. **공동 주의하기**는 유아와 양육자가 공통 대상에 주목하는 상황을 말한다. 이러한 주고받음 속에서 유아는 사회적 파트너와 관심 대상 사이의 주의를 조정해야만 한다(Bakeman & Adamson, 1984). 공동 주의하기를 지속할 수 있는 시간은 그 길이나 빈도 면에서 생후 18개월 동안에 체계적으로 증가하게 되는데, 이것이 아동에게 대화 구조에 대한 초기 스키마를 제공해 준다. 대화와 마찬가지로, 공동 주의하기 상황은 의사소통의 연쇄, 즉 대화의 개시, 단일 주제에 대한 말 주고받기(turn taking) 유지, 해결(resolution)이라는 요소로 구성된다. 양육자들은 종종 아동의 발성이나 몸짓의 의미를 해석하여 '공백을 메우거나' 또는 대화에 대한 아동의 주의를 재조정하기 위한 다양한 기술을 사용함으로써 자연스럽게 이러한 초기 **원형적 대화**(protoconversations)의 대부분을 통제하는 역할을 담당한다(Tomasello, 1988).

유아기 및 아장이 시기에 원형적 대화에 참여한 경험은 아동이 참여자들 사이에서 주고받는 말 차례 속에 유지되는 주제에 관한 대화의 성숙한 스키마 표상을 발달시킬 수 있도록 돕는다. 이러한 사실은 어린 아동들이 특히 친숙한 장난감 놀이와 같이 구체적인 대상에 몰입하는 고도의 스크립트화된 일상 활동(scripted routines) 중에 나타나는 원형적 대화에 참여하는 상황에서는 더욱 그러하다(Tomasello, 1988). 일반적으로 아동은 보다 덜 구조적이며 낯선 활동일 때에 비해 스크립트화되고 친숙한 일상 활동에서 보다 능동적인 대화자 역할을 수행하며 더 긴 발화를 산출하게 된다.

아동들은 눈앞의 양육자를 넘어 대화 상대자의 범주를 더욱 확장시키게 됨에 따라 스스로 대화를 개시하고 유지하는 능력이 점진적으로 개선된다. 1학년경에 아동들은 또래 간 대화에 성공적으로 개입할 수 있으며, 대화에 참여한 지 1분 이내에 대화에서 진행되는 말 주고받기에 공헌할 수 있게 된다. 일단 하나의 대화에 참여하게 되면, 1학년의 구어적 공헌은 상당한 수준이어서 10분 동안에 평균 61개의 발화를 산출한다(Liiva & Cleave, 2005). 그리하여 아동들은 비교적 짧은 기간 동안에 양육자가 주관하는 원형적 대화에서의 상당히 수동적인 참여자에서 또래들과의 확장된 대화에의 능동적인 참여자로 변모하게 된다.

### 언어 외적 단서에 대한 민감성

개인이 사회적 상호작용의 목적으로 언어를 사용할 때는 의사소통을 보조하기 위해 자세, 몸짓, 표정, 눈 맞춤, 근접성(proximity), 음도, 강도, 휴지와 같은 다양한 언어 외적 장치들을 활용한다. 결과적으로 화용론적 발달이란 가령 대화 시에 어떤 개인의 표정이 어떻게 그가 사용한 낱말 이상의 부가적인 내용을 전달하는가를 아는 것과 같은 언어 외적 단서들에 대한 민감성 발달 역시 포함하는 것이다.

이 장의 앞부분에서 우리는 아동들이 주변에서 발생되는 연속적인 말을 '쪼개어 내기' 위하여 다양한 전략들을 어떻게 구사해야 하는가에 관해 논의하였다. 연속적인 말 주변의 언어 외적 단서에 주목하는 일은 아동들이 생의 초기에 자신들을 향한 언어의 의미를 이해하기 위한 주요 수단이라 할 수 있다. 예를 들어, 생후 6개월 된 유아는 성인의 낱말을 환경 속의 사물과 연계해 내기 위하여 성인 대화 상대자의 시선을 추적한다(Morales, Mundy, & Rojas, 1998). 유아들은 또한 연속된 말의 흐름 속에서 낱말의 경계가 발생되는 위치에 대한 가능성을 추정하기 위하여 양육자가 하는 말의 운율적(prosodic) 요소에 주의를 기울이기도 한다(Jusczyk et al., 1994).

유아기를 넘어서면 아동들은 점진적으로 사회적 상호작용 맥락에서 언어를 이해하고 산출할 수 있도록 언어 외적 정보를 추출해 낼 수 있게 된다. 그들은 표정, 몸짓, 강세 및 크기를 이용하여 자신의 의도를 보다 정확히 전달하는 방법을 배우게 되며, 타인과의 대화 속에서 이러한 요소에 주의를 기울여 낱말 자체가 가지는 의미 이상의 것을 간파해 내게 된다. 아동들의 사용역(register, 등록기)의 변화를 조사한 연구 보고는 아동들의 화용론적 발달 영역에서의 기술의 증진에 관한 흥미로운 자료를 제공해 준다. **사용역**이라는 용어는 서로 다른 맥락에서 나타나는 형식의 변화를 의미한다. 예를 들어, 당신이 자신의 가장 친한 친구와 대학 교수에게 무언가를 요청(requesting)할 때, 당신의 언어 형식, 내용, 사용은 어떻게 달라질 것인지 생각해 볼 수 있다.

취학 전 기간 동안, 아동들은 연극 활동 시 가령 가정 장면에서의 연기와 학교 장면에서의 연기를 구분하여 서로 다른 말 스타일을 취함으로써 다양한 사용역을 선보인다(E. Anderson, 1992). 4~8세 아동의 연구에서 연구자들은 아동들이 가정 상황, 교실 상황, 병원 상황을 연기하는 모습을 관찰하였다. 그 결과, 모든 연령대에서 남아와 여아들은 각각 다른 역할을 수행함에 따라 음도와 강도, 말 속도를 변화시켰다. 예를 들어, 엄마 역할에서는 보다 높은 음도로, 아빠 역할에서는 보다 큰 음성으로, 그리고 아동 역할에서는 가장 높은 음도를 사용하였다(E.

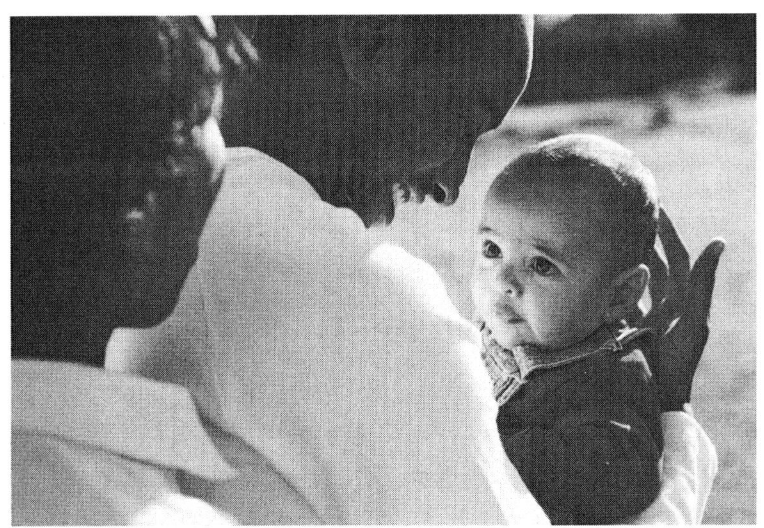

유아는 주변에서 들은 말의 흐름을 분절해 내기 위해 다양한 전략을 구사한다. 예를 들어, 유아는 생의 초기부터 말 흐름 속에서의 낱말 경계를 찾아내기 위해 모국어의 소리 패턴에 대한 내현적 지식을 활용한다.
사진 출처: © A. Inden/zefa/Corbis.

Anderson, 2000). 심지어 이 연구의 가장 어린 아동들조차 서로 다른 화자 역할을 맡게 됨에 따라 명백한 형식적 변화를 선보였다. 가장 어린 아동들은 대개 운율적 변화에 의존하여 사용역의 변화를 시도한 반면, 좀 더 큰 아동들은 발화의 낱말이나 구문을 변화시켰으며 더 긴 시간의 연기에서 '역할을 유지' 해 낼 수 있었다. 취학 전 아동들이 각각 또래와 성인에게 하는 요청방식을 조사했을 때에도 사용역의 변화가 명백하게 나타난다. 심지어 2세 아동들도 성인에게 요청을 할 때는 또래에게보다 더 부드러운 톤을 사용한다(Owens, 1996). 표정, 자세, 눈 맞춤, 기타 언어 외적 단서들이 타인과의 의사소통에서 아동들의 성공(또는 실패)에 미치는 중요성을 감안한다면, 아동들이 발달의 초기 시점부터 이러한 언어 영역에 대한 민감성을 습득한다는 사실은 그리 놀라운 일이 아닐 것이다.

## 화용론적 발달에 미치는 영향

아동들은 유능한 언어 사용자로 성장해 가면서 점차 언어의 화용 영역 범주에서 차이를 보이게 된다. 이러한 차이는 부분적으로 개인적 성향, 특히 기질

(temperament)로부터 기원하는 반면, 부분적으로는 발달의 사회적 및 문화적 맥락과 관련된다. 이제 화용론적 발달과 관련된 이 두 가지 요인에 대해 논의해 본다.

### 기질

**기질**이란 개인이 어떤 상황, 특히 친숙하지 않은 상황에 접근하는 방식을 말한다. 간단히 말해, 기질이란 개인의 행동 스타일 또는 성격 유형을 말한다(Kagan & Snidman, 2004; Keogh, 2003). 어떤 이들은 외향적이고 대담한 반면, 어떤 이들은 내성적이고 소심하다. 낯선 상황에 처해 내성적인 아동은 신중함과 두려움 그리고 주의 지속(sustaining attention)의 문제를 보이며 말수도 적어진다. 반대로 외향적인 아동은 상황을 정열적으로 탐색하며, 타인에게 상호적이고 반응적인 모습을 보이면서 빠르게 적응해 나간다(Keogh, 2003). 이러한 행동 양식에서의 개인차는 신경화학(neurochemistry)에서의 생물학적인 선천적 차이를 반영하는 것이다(Kagan & Snidman, 2004).

아동의 기질은 그들의 화용 양식에서 명백히 드러난다. 예를 들어, 소심하고 내성적인 아동은 대담하고 외향적인 아동에 비해 타인과의 의사소통에서 말수가 적거나 미소 짓는 일도 보다 적다(Kagan & Snidman, 2004). 초등학교 교실에서 대담한 아동은 교사 및 또래들과 상호작용을 더욱 많이 한다. 이러한 기질상의 차이는 언어 발달의 개인차를 초래할 수 있다. 왜냐하면 대담한 아동들은 타인과의 대화 개시 및 참여 빈도가 더욱 높으며, 이로 인해 자신의 대화 능력을 훈련시키고 정교화할 수 있는 기회를 더 많이 제공받을 것이기 때문이다(Evans, 1996).

### 발달의 사회적 및 문화적 맥락

사회 및 문화 공동체는 사회적 상호작용에서 언어가 어떻게 사용되어야 하는가에 대한 명백한 저마다의 규칙을 가지고 있다. 이러한 규칙은 대화가 조직되는 방식, 화자가 상대에게 말을 건네는 방식 등을 지배한다. 우리(이 책의 저자들)가 아이였을 때는 친구의 부모님에게 "Mr. ____"나 "Mrs. ____"라고 불렀다. 그런데 오늘날의 아이들은 친구의 부모님을 이름(first name)으로 부르곤 한다. 이는 한 세대 만에 화용적 규칙이 어떻게 변화했는가를 보여 준다.

아동들은 특정 사회 및 문화 공동체의 구성원으로서 대단위 공동체의 화용 규칙을 반영하는 화용론적 발달을 보인다. 어떤 문화 공동체의 성인들은 아동들로 하여금 성인에게 결코 먼저 대화를 시작하지 않게끔 사회화시킨다. 그들은 "누군가 네게 말했을 때만 말을 해라."라고 한다. 반대로 다른 공동체에서는 아동으로 하여금 성인에게 먼저 대화를 시작하도록 사회화시키기도 하며, 아동이 그에 성공하면 언어적 조숙함을 드러내는 증거로 무척 환영받기도 한다. 마찬가지로 어떤 공동체의 아동들은 타인과의 대화 중에 눈 맞춤을 피하도록 사회화되는 반면, 어떤 공동체의 아동들은 눈 맞춤을 유지하는 일이 상대에 대한 존중을 표현하는 것으로 여겨지도록 사회화되기도 한다. 임상가들이 특정 화용 요소(의사소통 기능, 대화기술, 언어 외적 단서에 대한 민감성을 포함하여)에서의 아동 성취를 고려하고자 할 경우에는 이러한 기술들이 진공 상태에서 발달되는 것이 아님을 깨달아야 한다. 각 영역에서의 성취에는 아동들이 가정, 학교, 지역사회 내에서 경험한 사회화 훈련이 반영되어 있는 것이다.

## 요 약

아동의 언어 발달은 내용(의미론), 형식(형태론, 구문론, 음운론), 사용(화용론) 영역의 능력 성취를 포함한다. 이 장에서는 이러한 영역의 능력을 성취하는 데 있어 핵심 과제들에 부합되는 기초 구성 요소들에 대해 논의하였다.

**의미론적 발달**은 세 가지 주요 과제들을 포함한다. 첫 번째 과제는 유아기와 성인기 사이에 약 6만 개의 심성 어휘집을 습득하는 일이다. 심성 어휘집은 개인이 이해하고 사용하는 낱말 전집을 말한다. **심성 어휘집**은 특정 명사류, 일반 명사류, 행위 낱말, 한정사, 개인적-사회적 낱말과 관련된 다양한 낱말 유형을 포함한다. 두 번째 과제는 낱말 학습의 기회에 직면하여 그것을 신속하게 습득하는 일이다. 새로운 낱말에 노출된 후 그 낱말에 대해 가지는 아동들의 표상은 미성숙한 상태에서 성인의 형태로 점진적인 발전을 이루게 된다. 낱말이 가지는 일부 속성은 아동이 그것을 습득하는 용이성에 영향을 미치는데, 이에는 그 낱말에 의해 표상되는 개념, 그 낱말의 음운 형태, 그 낱말에 대한 최초 노출이 이루어졌을 때의 맥락과 같은 조건이 포함된다. 세 번째 과제는 심성 어휘집을 효율적인 의미망 속에 구축함으로써 그 구성 목록이 쉽게 인출될 수 있도록 하는 것이다. 아동은 의미망 내의 목록들 간의 연계를 발달시키는데, 이런 연계는 낱말의 구문적, 개념적, 음운적 속성 사이의 연합 강도를 반영한다.

**형태론적 발달**은 낱말의 구조를 지배하는 언어 규칙의 내면화를 말한다. 핵심 요소는 문법형태론과 파생형태론의 습득을 포함한다. 문법형태소는 문법적 용도에 맞도록 낱말을 굴절시키기 위해 사용된다. 여기에는 동사의 과거, 미래, 현재 시제 표지와 명사의 복수 및 소유격 표지가 포함된다. 파생형태소는 어근 낱말로부터 그 의미나 계열을 변경시키기 위해 사용된다. 아동들은 초기 및 후기 아동기 동안에 문법형태소와 파생형태소를 습득한다. 이러한 습득은 비교적 적은 수의 어근 낱말군으로부터 훨씬 더 많은 수의 파생적으로 관련된 낱말 및 문법적으로 굴절된 낱말들을 연결시켜 줌으로써 아동들의 어휘 크기를 실질적으로 증가시킨다.

**구문론적 발달**은 어떻게 낱말이 문장으로 조직되는가를 지배하는 언어 규칙의 내면화를 말한다. 우리는 구문론적 발달의 세 가지 핵심 요소에 대해 설명하였다. 첫 번째 요소는 발화 길이의 증가다. 이는 전형적으로 형태소로 본 평균 발화 길이(MLU)로 측정된다. 아동들의 평균 발화 길이가 증가함에 따라 관사, 접속사, 조동사의 사용을 포함하여 문장의 내적인 구문적 정교화 역시 증진된다. 두 번째 요소는 다양한 문장 형식의 사용이다. 초기 및 후기 아동기 동안 아동들은 서술문, 부정문, 의문문과 같은 일련의 문장 유형을 사용하게 된다. 세 번째 요소는 복합 구문의 발달이다. 아동들은 다양한 구 유형을 사용하고, 절 구조를 통합하여 중문 및 복문을 산출해 낸다.

**음운론적 발달**은 음절 또는 낱말의 소리 구조를 지배하는 언어 규칙에 대한 습득을 포함한다. 유아들은 운율 단서나 음소배열론적 단서에 주의하는 등의 다양한 전략을 활용하여 모국어의 음운을 '분절'해 낸다. 모국어에 대한 지속적인 노출을 통하여, 아동들은 언어의 음소 조합에 대응되는 음소 목록을 획득한다. 그들은 모음 및 자음 모두의 음소 목록을 발달시킨다. 자음 발달 순서는 음소의 출현 빈도, 아동이 사용하는 해당 음소 포함 낱말의 수, 그리고 해당 음소 산출과 관련된 조음 복잡성에 의해 영향을 받는다. **음운 인식**이란 구어의 음운적 분절에 대한 아동의 외현적 민감성 또는 그에 대한 인식을 말한다.

**화용론적 발달**은 언어가 사회적 목적을 위해 사용되는 방식을 지배하는 규칙에 대한 습득을 포함한다. 화용론적 발달의 주요 요소에는 일련의 의사소통 기능 발달, 대화기술 습득, 의사소통적 상호작용 속에 나타나는 언어 외적 단서들에 대한 민감성 발달이 포함된다. 의사소통 기능의 발달에는 "서로 다른 상황에서 참여자의 의사소통 목적이나 상황에 따라 각각 다른 방식으로"(L. Bloom & Tinker, 2001b, p. 14) 의사소통하는 것을 배우는 일이 포함된다. 아동들은 아동기 전역에 걸쳐 일련의 기능들을 발달시키며, 언어를 사회적 수단으로 사용하는 데 있어 점진적으로 정교해진다. 아동들의 대화기술은 주 양육자와의 초기 원형적 대화로부터 발현된다. 아동들은 이러한 상호작용을 거쳐 대화의 조직적 구조를 명시하는 대화 스키마를 발달시킨다. 아동기 후반에는 능동적인 대화 전문가가 되고, 기술적으로 대화에 진입하며, 여러 차례에 걸쳐 주제를 자유롭게 넘나든다. 표정, 자세, 억양, 강도와 같은 언어 외적 단서에 대한 민감성 역시 초기 아동기에 출현한다. 그리고 취학 전 시기가 끝날 무렵에는 각자의 언어 외적 단서들을 다양한 의사소통 상황에 맞도록 충분히 변화시킬 수 있다.

## 핵심 용어

음운 지식(phonological knowledge) 149
의도성 가설(intentionality hypothesis) 155
의무적 맥락(obligatory contexts) 129
의문문(interrogative sentences) 138
의미망(semantic network) 122
의사소통 기능(communication function) 153
의존형태소(bound morphemes) 128
자립형태소(free morphemes) 128
초기 자음(early consonants) 149
파생관계(derivational relations) 130
파생형태소(derivational morphemes) 128
표현어휘집(expressive lexicon) 117
확산 활성(spreading activation) 123
후기 자음(late consonants) 149
wh- 의문문(wh- questions) 138

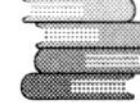

오디오 샘플, 관련 웹사이트, 추천 도서 및 혼자 풀어 보는 퀴즈를 포함하여 이 장의 내용과 관련된 온라인 자료를 구하려면 웹사이트 http://www.prenhall.com/pence를 찾아보라.

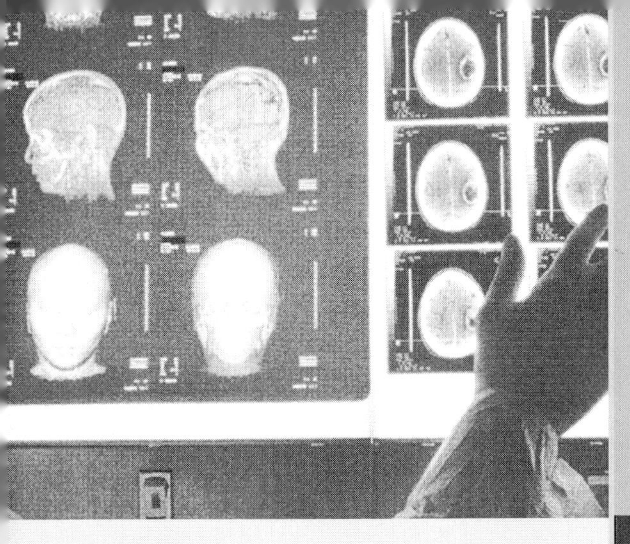

제4장

# 언어 신경해부학 및 신경생리학

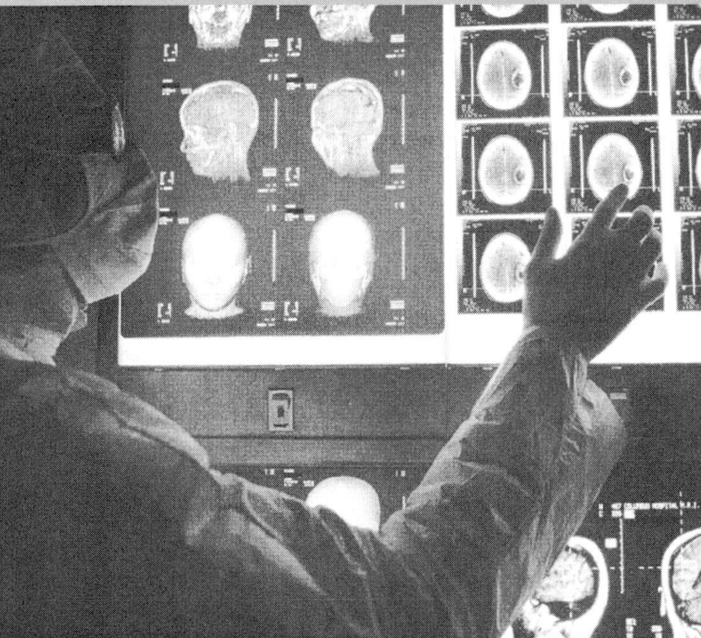

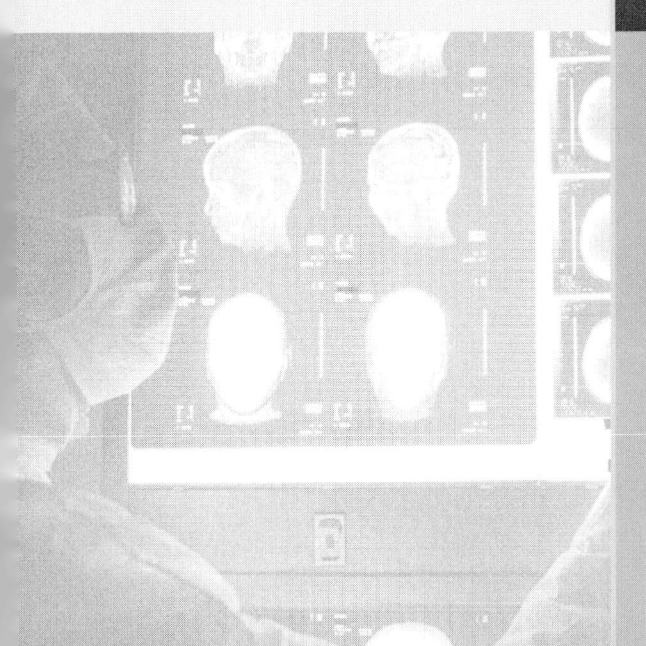

## ❐ 핵심 문제

이 장에서 우리는 다음의 네 가지 문제에 관해 살펴볼 것이다.

1. 신경해부학과 신경생리학이란 무엇인가?
2. 인간 뇌의 주요 구조와 기능은 무엇인가?
3. 인간의 뇌는 어떻게 언어를 처리하고 산출하는가?
4. 신경생리학적 및 신경해부학적 민감기란 무엇인가?

언어는 복합적인 것이며, 인간 뇌의 신경해부학적 및 신경생리학적 구조물에서 주재하는 독립적인 인간 행위다. 지난 수십 년간의 놀라운 기술적 진보는 연구자들로 하여금 뇌가 복합적인 언어 활동에 관여하는 측면에 대해 연구할 수 있도록 해 주었다. 이러한 연구들은 인간의 언어 능력에 대한 이해와 통찰을 증진시켜 왔다.

뇌의 신경학적 구조에 대한 깊은 지식—언어 능력과 관련된 신경해부학 및 신경생리학을 포함하는—은 1990년대에 실시된 집중적인 뇌 연구로부터 비롯된 것이다. 1990년에 George H. Bush 대통령은 다가올 미래의 10년을 "뇌의 10년(Decade of the Brain)"(Office of the Federal Register, 1990)이라고 선포하였다. Bush 대통령은 새로운 과학과 기술을 통해 이루어 낼 수 있는 강력한 가능성에 주목하면서 다음과 같이 공표하였다.

> 뇌 연구로부터 얻어 낼 수 있는 이익에 대한 대중적 인식을 강화시키기 위해, 의회는 House Joint Resolution 제174조에 의거하여 1990년 1월 1일자로부터 시작되는 향후 10년을 '뇌의 10년'으로 명시하고, 대통령에게 이 조항의 준수를 선언하도록 위임 및 요청하였다.

이 선포를 통해 Bush 대통령은 뇌의 작동방식에 대한 지식의 증가를 기반으로 과학자들이 다양한 조건들을 다루는 개선된 중재 방안을 개발해 내도록 도울 수 있는 유망한 미래가 보장될 것임을 강조하였다. 뇌의 10년과 그 이후의 시기 동안에 이루어진 뇌 관련 지식의 진보는 언어 발달 연구자 및 학생들에게 뇌가 언어를 어떻게 처리하고 산출하는가에 관하여, 그리고 어떤 경우에는 왜 기대한 바대로 언어가 발달되지 못하는지에 관하여 전례 없는 지식을 제공해 주었다.

언어 발달을 공부하는 일부 학생들에게는 언어의 신경해부학적 및 신경생리학적 측면은 난해한 것으로 여겨질 수도 있다. 그렇지만 인간 종의 생물학적으로 고유한 언어 능력을 충분히 통찰하고 이해하고자 한다면 이러한 지식은 필수적이다. 이 장에서는 이 주제에 관한 기초 입문을 제공할 것이다. 언어의 신경해부학 및 신경생리학에 관해 보다 깊이 알고자 한다면 이 책의 관련 웹사이트에 기재된 추가 문헌들이 유용할 것이다.

## 신경해부학과 신경생리학이란 무엇인가

**신경과학**(neuroscience)은 각각 **신경해부학**(neuroanatomy) 및 **신경생리학**(neurophysiology)으로 기술되는 신경계(nervous system)의 해부 및 생리를 다루는 학문이다. 인간의 신경계는 **중추신경계**(central nervous system, 뇌와 척수로 구성)와 **말초신경계**(peripheral nervous system, 대뇌신경 및 말초신경으로 구성되어 뇌와 척수로 드나드는 정보를 전달)로 이루어져 있다. 신경과학자들은 신경계의 해부학적 구조(신경해부학)를 연구하며, 복합 단위 그리고 독립된 별도의 생물학적 단위로서의 이 구조들이 함께 연동하는 방식(신경생리학)을 연구한다.

신경과학은 보다 일반적인 해부학 및 생리학 분야로부터 특화된 분야다. 해부학자와 생리학자들은 인체의 구조와 그 기능을 연구한다(Zemlin, 1988). 특히 해부학자들은 인체 구조의 물리적 특성을 연구하며, 그것의 다른 구조들과의 연관을 통해 해부학적 시스템을 형성해 내는 방식을 조사한다. 생리학자들은 인체 구조의 기능이 개개 구조별로, 그리고 다른 구조들과 조화되어 생리학적 시스템을 형성해 내는 방식을 조사한다. 해부학 및 생리학의 역사는 수백 년 전으로 거슬러 올라간다. 현재도 사용되고 있는 많은 용어들은 '의학의 아버지'라 불리는 Hippocrates(B. C. 460~380)에 의해 도입된 것들이다. 그러나 신경과학은 빠르고 주목할 만한 영상기술의 진보를 바탕으로 이루어진 비교적 새로운 학문으로서, 그 기술의 진보는 신경계의 기능과 구조를 보다 잘 연구할 수 있게 해 주었다. **자기공명영상**(magnetic resonance imaging: MRT), 양전자방출 단층촬영(positron emission tomography: PET), 컴퓨터 단층촬영(computed tomography: CT)과 같은 기술은 신경계의 해부 및 생리 영역 모두에서 상세한 이미지를 제공해 준다. 이러한 기술적 도구들은 신경계가 시간이 지남에 따라 어떻게 발달하는지, 그리고 뇌가 어떻게 인간 언어를 습득하고 처리하는지에 대한 과학자들의 이해를 빠르게 증대시키고 있다. 특정 처리 과제에 참여할 때 나타나는 개인의 뇌 활동을 조사할 수 있도록 돕는 뇌영상기술에 관한 정보는 〈연구 패러다임: 기능적 자기공명영상(fMRI) 연구〉에 제시되어 있다.

**논의 요점**
언어와 관련된 뇌의 능력에 대한 이해를 증진시켜 줄 수 있는 또 다른 기술적 진보에는 어떤 것들이 있을까?

신경과학은 발달신경과학(developmental neuroscience), 인지신경과학

(cognitive neuroscience), 신경학(neurology), 신경외과학(neurosurgery), 신경해부학, 신경생리학, 신경병리학(neuropathology), 신경언어학(neurolinguistics) 등의 하위 학문 영역들로 분류된다. 이들 하위 영역 각각의 학문적 초점은 〈표 4-1〉에 제시되어 있다. 특히 **신경언어학자**(neurolinguists)는 언어 습득 연구에 관심을 가지는데, 그들은 언어와 관련된 신경계의 기능 및 구조를 연구한다. 어떤 신경언어학자들은 언어 처리와 관련된 신경계 구조를 밝히기 위해 언어 신경해부학을 연구한다. 다른 신경언어학자들은 언어가 인간 뇌에서 어떻게 처리되는가와 같이 신경계가 작동하는 특정 방식을 밝히기 위해 언어 신경생리학을 연구한다. 이 밖의 신경언어학자들은 질병이나 손상이 신경계의 기능에 영향을 미치는 양상을 밝히기 위해 언어 신경병리학을 연구하기도 한다. 예를 들어, 어떤 연구들은 뇌손상 이후에 여러 가지 뇌 구조가 어떻게 재조직되며, 그리하여 어떻게 언어 기능을 새로이 담당하게 되는가에 관해 조사한다.

언어에 대한 이해의 주목할 만한 진보를 가져온 또 다른 학문 영역은 언어학과 심리언어학이다. **언어학**(linguistics)은 발달적 및 생태학적 현상으로서의 언어에 주목하는 광범위한 분야이며, **심리언어학**(psycholinguistics)은 인간 언어의 발달,

연구 패러다임

### 기능적 자기공명영상(fMRI) 연구

**기능적 자기공명영상**(functional magnetic resonance imaging: fMRI)은 연구자나 의사들이 특정 정신 기능과 관련된 뇌 구조를 찾아낼 수 있도록 해 주는 뇌 조영기술 중 하나다. fMRI는 신경 활동의 변화에 따라 달라지는 혈액 내 산소 수치의 변화에 입각하여 특정 신경 활동(즉, 기능)이 이루어지는 특정 신경학적 위치(즉, 구조)의 지도를 그려 낼 수 있게 해 주는 비침습적(noninvasive) 방식이다(Weismer, Plante, Jones, & Tomblin, 2005). fMRI는 자기공명영상(MRI)을 사용하는데, 이것은 뇌에 대한 구조적 스캔(예: 뇌의 해부학적 위치 측정)을 돕는다. 그렇지만 fMRI는 개인이 특정 처리 과제 활동(예: 예-아니요 의문문 청취하기)에 참여하는 순간의 뇌 활동을 조사함으로써 뇌의 기능을 영역별로 맵핑한다는 점에서 MRI와 구별된다. fMRI는 어떠한 방사능 물질도 주입되지 않기 때문에 영상이 상대적으로 빠른 시간에 수집될 수 있으며(종종 단 한 번의 통과만으로도) 최종적인 이미지의 해상도가 매우 높다는 점에서 PET(positron emission tomography) 스캔과 같은 다른 유형의 뇌 조영기술들에 비해 상당한 이점을 가진다(Functional MRI Research Center, Columbia

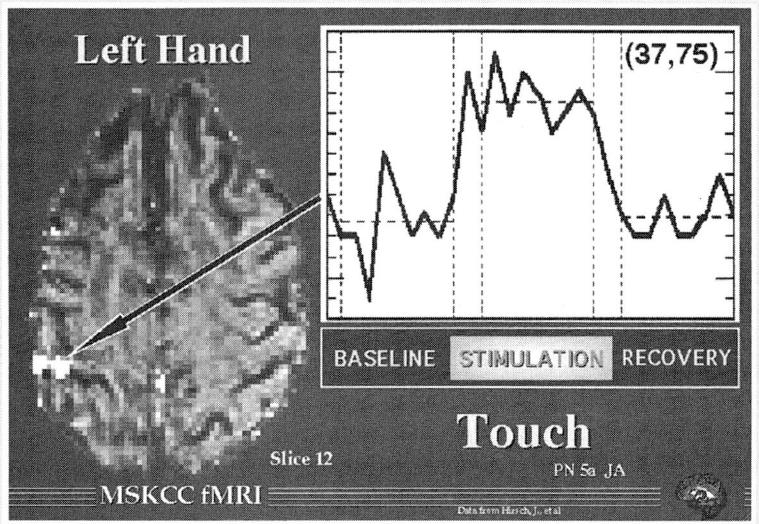


**〈왼손의 촉각 자극에 대한 fMRI 스캔〉**

기초선(base line) = 왼손 자극 없음, 자극(stimulation) = 왼손 자극 과제, 복귀(recovery) = 기초선 조건으로 복귀

출처: From *The Future Role of functional MRI in Medical Applications*, by Functional MRI Research Center, n. d., New York: Columbia University. Copyright by Columbia University functional MRI. Reprinted with permission. http://www.fmri.org/fmri.htm.

University, 2005). 위에 fMRI를 이용하여 확보한 영상의 예가 제시되어 있다. 이 그림은 왼손에 의한 촉각 자극으로 활성화된 뇌 영역의 위치를 찾아준다.

Weismer와 동료들에 의해 수행된 연구(2005)에서는 뇌의 언어 기능에 대한 이해도를 높이는 데 쓰이는 fMRI의 유용성에 대한 예가 기술되어 있다. 이 연구 팀은 fMRI를 이용하여 언어장애(LI)를 가진 8명의 청소년과 전형적인 언어 능력(typical language ability: TL)을 가진 8명의 청소년들을 대상으로 구어 작업기억(verbal working memory)을 측정하였다. 연구자들은 대상들이 구어 기억 과제를 수행하는 동안 그들의 기능적 뇌 영상을 수집하였다. 이 과제는 작업기억을 이용해야 하는 일련의 구어 질문들에 대해 예 또는 아니요로 답하는 것이었다(예: "Do cats that furry live in the ocean[털로 덮인 고양이가 바다에 사는가]?"). 두 집단 청소년들의 fMRI 데이터를 비교한 결과, 동일한 좌반구 영역에서 뇌 활성화가 발생되는 모습이 나타났다. 그렇지만 LI 청소년들은 주의 통제 및 기억 처리와 연합된 뇌 위치에서의 활성화 수준이 TL 집단보다 더 저활성화(hypoactivation)되어 있는 것으로 나타났다. 이에 연구자들은 LI 청소년들이 기능적인 작업기억의 망이 더 작으며, 결국 이것이 그들의 언어 처리 과제 결함의 기저 원인이 된다고 결론지었다.

처리 및 산출에 관련된 인지적 과정을 다루는 보다 특화된 영역이다. 심리언어학은 언어의 심리 현상을 다루는 학문으로서 심리학과 언어학 분야가 통합된 학문이다. 이 학문은 또한 비인간 영장류와 같은 다른 종(species)의 언어 및 의사소통 능력 연구를 포함하기도 한다.

## 용어

언어 발달을 공부하는 학생들에게는 언어의 신경해부학 및 신경생리학뿐 아니라 해부학 및 생리학을 기술하는 특정 용어 또는 전문 학술용어에 대한 지식이 요구된다. 앞서 언급한 바와 같이, 상당한 용어들이 고대 라틴어나 그리스어로부터 기원된 것이다.

〈표 4-1〉 **신경과학 학문 영역**

| 하위 영역 | 학문 영역 |
|---|---|
| 발달신경과학 (developmental neuroscience) | 신경계의 구조와 기능이 시간적 경과에 따라 노화와 성숙에 의해 어떻게 발달하며 변화하는가를 밝히는 데 초점을 두는 신경과학의 한 갈래 |
| 인지신경과학 (cognitive neuroscience) | 뇌의 구조 및 기능이 기억, 추론, 문제 해결, 언어 처리와 같은 상위 수준의 인지 기능을 어떻게 지원하는가를 밝히는 데 초점을 두는 신경과학의 한 갈래 |
| 신경학 (neurology) | 신경계에 초점을 두는 의학의 한 갈래. 신경학자들은 신경계의 정상 기능을 붕괴시키는 질환을 진단하고 치료한다. |
| 신경외과학 (neurosurgery) | 신경계에 초점을 두는 외과수술학의 한 갈래. 신경외과의는 뇌와 척수를 포함한 신경계의 질환을 예방 및 교정하기 위한 수술을 시술한다. |
| 신경해부학 (neuroanatomy) | 신경계 구조에 초점을 두는 신경과학의 한 갈래. 신경해부학자는 뇌의 개별 요소들이 단일 단위로 그리고 개개 단위들이 복합 시스템을 구성하는 요소들로 조합되어 작동하는 방식을 결정하는 일을 포함하여 중추 및 말초 신경계의 구조를 연구한다. |
| 신경생리학 (neurophysiology) | 신경계 구조의 기능에 초점을 두는 신경과학의 한 갈래. 신경생리학자는 신경계의 다양한 요소들에 대해 각각이 단일 단위로 그리고 보다 상위 시스템의 한 부분으로 조합되어 작동하는 방식을 연구한다. |

| | |
|---|---|
| 신경병리학 (neuropathology) | 병인론을 포함하여 중추신경계의 질환에 초점을 두는 신경과학 및 의학의 한 갈래. 임상 신경병리학자는 의학교육을 받고 특정 질환의 발병 여부를 밝히기 위해 신경계 조직(tissues)을 조사한다. |
| 신경언어학 (neurolinguistics) | 특히 인간 언어에 초점을 두는 신경과학의 한 갈래. 뇌가 구어, 문어, 수화를 어떻게 발달시키고 처리해 내는가에 특별한 관심을 가진다. |

## 신경계의 축

인간의 신경계는 2개의 축, 즉 **수평축**(horizontal axis)과 **수직축**(vertical axis)을 따라 구성된다. 이 축들은 알파벳 T자 형태의(T-shaped) **신경축**(neuraxis)을 구성한다. 수평축은 뇌의 앞쪽 뿔(전각, anterior or frontal pole)에서 뒤쪽 뿔(후각, posterior or occipital pole)을 가로지른다. 수직축은 뇌의 위쪽 부분에서 척수(spinal cord) 전체를 따라 아래쪽으로 뻗어 나간다. [그림 4-1]은 신경축의 수평축 및 수직축을 보여 준다.

전문가들은 신경계의 특정 구조를 기술할 때 그 기준점으로 종종 수평축과 수직축을 이용한다. 그들은 특정 축상의 지점을 명시하기 위해 **머리쪽**(rostral), **꼬리쪽**(caudal), **등쪽**(dorsal), **배쪽**(ventral)의 네 가지 용어를 사용한다. 수평축상에서 **머리쪽**이란 뇌의 앞쪽을 말하고, **꼬리쪽**이란 뇌의 뒤쪽을 말한다. **등쪽**은 뇌의

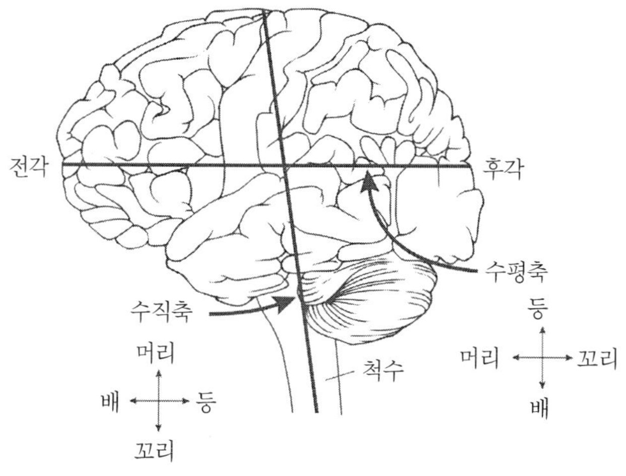


[그림 4-1] 신경축상의 수직축과 수평축

상부를 말하고, **배쪽**은 뇌의 기저부를 말한다. 한편 수직축상에서 보면, **머리쪽**은 척수의 상부(뇌 근처)를 말하고, **꼬리쪽**은 척수의 바닥(미추[coccyx] 또는 꼬리뼈)을 말한다. 그리고 **등쪽**은 척수의 뒤쪽(가능한 한 등쪽에 가까운 면)을 말하고, **배쪽**은 척수의 앞쪽(가능한 한 배쪽에 가까운 면)을 말한다(Bhatnagar & Andy, 1995).

## 방향 및 위치와 관련된 용어

신경과학자들은 이 밖에도 다양한 해부 및 생리학적 구조의 방향 및 위치 관계를 기술하기 위해 추가적으로 몇 가지 용어를 더 사용한다. **근위**(porximal)는 참조 지점에서 상대적으로 가까이 위치하는 구조를 말하며, **원위**(distal)는 참조 지점에서 상대적으로 멀리 위치하는 구조를 말한다. 보편적으로 쓰이는 또 다른 용어로는 **전**(anterior, 앞쪽 방향)과 **후**(posterior, 뒤쪽 방향), **상**(superior, 꼭대기 방향)과 **하**(inferior, 바닥 방향), **외**(external, 바깥 방향)와 **내**(internal, 안쪽 방향), **원심성**(efferent, 뇌로부터 출발하는)과 **구심성**(afferent, 뇌를 향해 들어오는)이 있다(Zemlin, 1988). 이 중 원심성과 구심성은 종종 뇌를 중심으로 정보의 입출력 경로를 기술하는 용어로 사용된다. 원심성 전도로(**하행 전도로**[descending pathways]라고도 한

원심성 전도로는 뇌로부터 기원하는 운동 임펄스를 전달하며, 구심성 전도로는 뇌를 향해 감각 정보들을 전달한다.
사진 출처: Valerie Schultz/Merrill.

다)는 중추신경계에서 발원하는 운동 임펄스(motor impulse)를 뇌에서 원위의 신체 구조까지 전달하는 통로를 말한다. 구심성 전도로(**상행 전도로**[ascending pathways]라고도 한다)는 감각 정보를 원위 신체 구조로부터 뇌를 향해 보내는 통로를 말한다.

## 신경과학의 기초

다른 많은 종들과 마찬가지로, 인간의 신경계는 뇌, 척수, 그리고 뇌나 척수로부터 또는 이들을 향해 들어오거나 나가는 일련의 신경들(nerves)을 포함하는 복합적인 해부학적 및 생리학적 구조다. 인간 신경계는 극소수의 예외들을 제외하고는 인간 행위의 거의 모든 측면을 중개한다. 여기에서는 인간 신경계의 주요 구조에 대한 기초적 입문을 제공할 것이며, 특히 신경계에서 언어 발달을 이해하고 통찰하는 것과 관련이 깊은 측면들을 강조할 것이다.

### 뉴런

신경계를 구성하는 수십억 개의 매우 특화된 세포들을 **뉴런**(neuron)이라 한다. 뉴런은 기능적으로는 네 가지 요소, 즉 세포체(cell body), 축삭(axon), 시냅스전 종단(presynaptic terminal), 수상돌기(dendrite)로 분할된다(Noback, Strominger, Demarest, & Ruggiero, 2005). **세포체**는 뉴런의 중심으로서 핵(nucleus)이 담겨져 있다. 핵은 DNA 물질(유전자, 염색체)과 단백질로 구성되어 있다. 인간의 뇌는 약 3만~4만 개의 유전자를 사용하는데, 이는 신체의 다른 어떤 기관보다 더 많은 수치다(Noback et al., 2005). **축삭**과 **수상돌기**는 세포체로부터 뻗어나온 것으로, [그림 4-2]에서와 같이 세포체가 정보를 내보내거나 다른 뉴런으로부터 정보를 받아들이는 운송 수단의 기능을 담당한다. 뉴런에 의해 운반되는 정보는 전기화학적(electrochemical) 신경 임펄스 형태를 갖는다. 이 임펄스는 세포체를 향해 또는 세포체로부터 정보를 전달한다. 각각의 뉴런들은 하나의 원심성 신경 가지인 축삭을 가지는데, 이것은 세포체로부터 출발하는 신경 임펄스를 전달한다. 세포체로부터 출발하는 축삭은 1mm에서 1m까지의 길이며, 그 끝 지점에서 수많은 종말 가지들(terminal branches)로 분지된다(Noback et al., 2005). 각 종말 가지들

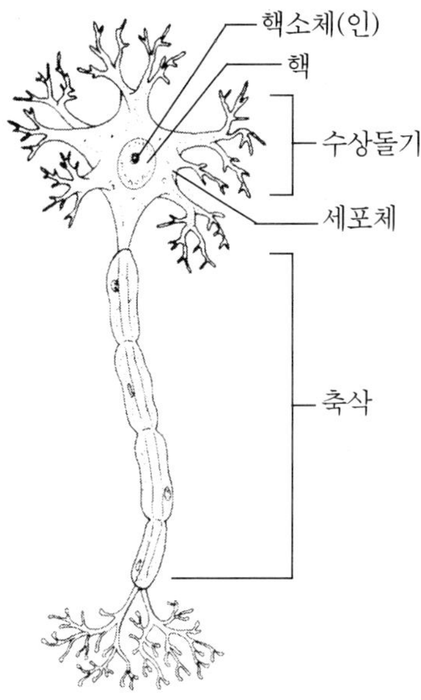


**[그림 4-2] 뉴런**

의 종착점을 **시냅스전 종단**이라 한다. 이 종단에서 한 뉴런의 축삭 가지가 다른 뉴런의 수상돌기와 연결된다. 수상돌기는 뉴런의 구심성 가지다. 이는 곧 수상돌기가 한 뉴런의 축삭돌기로부터 입력된 신경 임펄스를 세포체로 전달하는 기능을 수행한다는 의미다. 하나의 세포체는 많은 수의 수상돌기 가지들을 가진다. 수상돌기에는 작은 돌기들(가시 모양의 돌기[spines])이 돋아 있는데, 이것이 뉴런의 구심성 연결의 표면적을 증가시키는 역할을 한다(Noback et al., 2005).

뉴런은 전기화학적 신경 임펄스를 통해 신호를 주고받는다. 신경 임펄스는 한 뉴런의 수상돌기를 따라 세포체 내로 유입되고, 이후 해당 뉴런의 축삭을 거쳐 다른 뉴런의 수상돌기로 전달된다. **시냅스**(synapse)는 2개의 뉴런이 접합되는 지점을 말한다. 2개의 뉴런이 소통하려면 신경 임펄스가 반드시 이 시냅스 지점에서 교차되어야 한다. **신경전달물질**(neurotransmitters)은 **시냅스 간극**(synaptic cleft)으로 정보를 전달하는 화학적 중개 물질을 말한다. 여기서 시냅스 간극이란 신호를 보내는 뉴런의 축삭과 신호를 받는 뉴런의 수상돌기 사이의 공간을 말한다.

수천 개의 뉴런들 간의 연계에 의해 형성된 조직을 **신경조직**(nervous tissue)이라 한다. 신경조직의 두 가지 주된 유형은 회질(gray matter)과 백질(white matter)이다. **회질**은 뉴런의 세포체와 수상돌기로 이루어져 있다. **백질**은 회질들 사이에서 정보를 전달하는 조직으로서 주로 회질의 조직들 간에 정보를 전달하는 축삭섬유(axonal fibers)로 이루어져 있다. 따라서 회질은 정보가 생성되고 처리되는 영역이며, 백질은 정보를 전달하는 배관 기능을 하는 영역이다.

뉴런은 **미엘린**(myelin)이라는 물질로 이루어진 피막으로 둘러싸여 수초화되어 있다. 이 수초(myelin sheath)는 특히 백질 내에서 신경 임펄스의 빠른 전달을 돕는다. 이 피막은 또한 뉴런을 보호하는 기능을 돕기도 한다. **수초화**(myelinization)는 수초막의 증가를 말하는데, 이 과정은 느리게 진행되며 아동기 후기에 이르기 전까지는 완성되지 않는다.

### 신경계 분류

**논의 요점**
중추신경계의 원심성 및 구심성 전도로의 개념에 대해 좀 더 이해하고 싶다면, 오른팔을 머리 위로 들어 올리고 이렇게 움직이는 동안에 뇌에서 그리고 뇌를 향해 나가고 들어오는 정보 유형을 정의해 보라.

이미 언급한 대로, 인간의 신체는 중추신경계와 말초신경계라는 두 가지 주요 신경계를 지니고 있다. 중추신경계는 뇌와 척수로 이루어져 있고 말초신경계는 뇌와 척수로부터 발현하여 몸의 나머지 기관을 **활성화시키는** 신경들로 구성되어 있다. 신경을 **활성화시킨다**(innervate)라는 말은 신체의 특정 영역이나 부위들에 '신경을 공급한다.' 라는 의미로 쓰이는 신경과학 용어다. 뇌에서 발원하는 12쌍의 신경은 **대뇌신경**(cranial nerves)이다. 척수로부터 발원하는 31쌍의 신경은 **척수신경**(spinal nerves)이다. 대뇌신경과 척수신경은 뇌, 척수 및 나머지 기관들 사이에서 정보의 입출력을 전달한다. 그 정보에는 구심성 전도로를 경유하여 뇌로 전달되는 감각 정보와 원심성 전도로를 경유하여 뇌로부터 출발하는 운동 정보가 있다. [그림 4-3]은 중추신경계와 말초신경계의 주요 구조를 보여 준다.

**중추신경계** 중추신경계(central nervous system: CNS)는 뇌와 척수로 구성된다. 뇌는 전체 중추신경계의 최고사령관이다. 뇌는 실질적으로 거의 모든 운동, 감각 및 인지적 처리를 개시하고 조정한다(Bhatnagar & Andy, 1995). 척수는 일차적으로는 신체로부터 구심성 전도로를 거쳐 뇌를 향하는 감각 정보뿐 아니라, 뇌로부터 원심성 전도로를 거쳐 신체의 다른 기관으로 나가는 운동 명령을 전달하는 정보의 수송 선로의 역할을 한다.

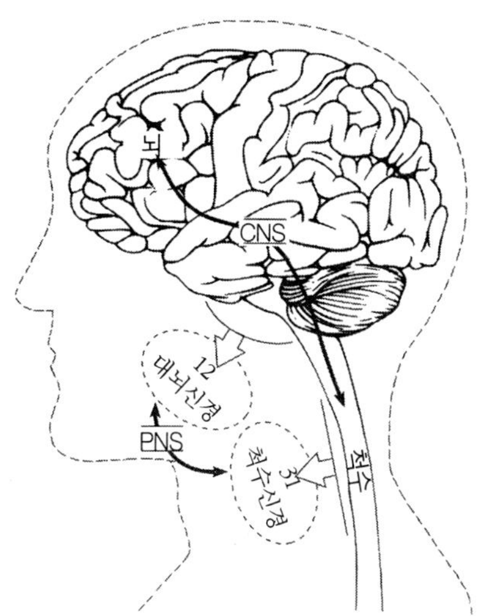


**[그림 4-3] 중추신경계와 말초신경계의 주요 구조**

출처: From Justice, Laura M., *Communication Sciences and Disorders: An Introduction,* 1st Edition, © 2006. Reprinted by permission of Pearson Education, Inc., Upper Saddle River, NJ.

중추신경계는 인간의 여러 기능에 미치는 중요성에 입각하여 일련의 보호 장치로 설계되어 있다. 첫 번째 방어막은 뼈다. 뇌와 척수는 모두 뼈에 의해 보호된다. 두개골(skull)은 뇌를, 척추(vertebral column)는 척수를 각각 둘러싸고 있다.

두 번째 보호 장치는 일련의 층으로 구성된 막(membranes)이다. 이를 **뇌막**(meninges)이라 하는데 중추신경계를 완벽하게 뒤덮고 있는 세 가지 층으로 이루어져 있다. 가장 아래쪽의 막은 **연(질)막**(pia mater)으로, 뇌와 척수를 따라 완전히 밀착되어 있으며 여기서부터 뇌에 공급되는 정맥이 흘러간다. 연막은 얇고 투명한 막으로 되어 있어서 뇌가 외견상 밝은 핑크색으로 보이게 한다. 두 번째 층은 **지주막**(arachnoid mater, 거미막)인데, 이는 지주막하 공간(subarachnoid space)에 의해 연막과 분리되는 섬세한 막이다. 세 번째의 가장 바깥쪽을 둘러싸는 층은 **경(질)막**(dura mater, 문자 그대로 '단단한 어머니[hard mother]')이다. 경막은 뇌와 척수를 완전히 둘러싸는 두꺼운 섬유질 조직이다.

세 번째 보호 장치는 **뇌척수액**(cerebrospinal fluid: CSF)이라는 유액으로 이루어진 층이다. 뇌척수액은 가장 아래쪽의 두 가지 뇌막, 즉 연막과 지주막 사이의 공간을 순환한다. 뇌척수액은 신진대사에 중요한 역할을 하는 화학 물질을 수송

**논의 요점**
중추신경계는 상해로부터 완전히 보호되지는 못한다. 중추신경계에 가장 큰 위험을 초래하는 사건이나 질병에는 어떠한 유형이 있을까?

할 뿐 아니라 외부에서 가해지는 충격으로부터 중추신경계를 보호하는 중요한 완충 기능 역시 담당한다.

**말초신경계** 말초신경계(peripheral nervous system: PNS)는 뇌간 및 척수와 연결된 신경 시스템을 말한다. 이 신경들은 중추신경계로 들어오는 감각 정보 및 중추신경계로부터 나가는 운동 명령을 전달하며, 따라서 인체의 거의 모든 수의적 및 불수의적 활동(voluntary and involuntary activity)을 통제한다.

말초신경계는 대뇌신경 및 척수신경이라는 두 가지 조합의 신경으로 구성되어 있다. 12쌍의 대뇌신경은 뇌간과 안면, 목 부위 사이를 연결하며, 특히 말, 언어, 청각에 중요한 역할을 한다. 대뇌신경은 오감 중 네 가지 감각(시각, 청각, 후각, 미각)과 관련된 정보를 뇌로 전달한다. 또한 혀와 턱—이 두 가지 모두 말과 관련된 것이다—을 활성화시키는 운동 정보를 포함하여, 안면 및 목 근육에까지 뇌에서 개시된 운동 임펄스를 내려 보내기도 한다. 다음의 일곱 가지 대뇌신경은 말과 언어 산출에 가장 밀접하게 관련된 것들이다.

- 삼차신경(trigeminal, V): 안면 감각, 저작(씹기)을 포함한 턱 운동
- 안면신경(facial, VII): 미각, 미소 짓기를 포함한 안면 운동
- 청신경(acoustic, VIII): 청각 및 평형 감각
- 설인(또는 혀인두)신경(glossopharyngeal, IX): 혀의 감각, 구토를 포함한 구개 및 인두 운동
- 미주신경(vagus, X): 미각, 구개, 음성 산출을 포함한 인두 및 후두 운동
- 보조신경(또는 부신경, accessory, XI): 구개, 인두, 후두, 머리 및 어깨 운동
- 설하(혀밑)신경(hypoglossal, XII): 혀 운동

31쌍의 척수신경은 척수와 팔, 다리를 포함하여 인체의 모든 말초적 영역 사이를 연결한다. 이 신경은 반사 활동, 수의적 감각 및 운동 활동을 중개한다.

# 인간 뇌의 주요 구조와 기능

뇌는 인체 전역에 대한 최고사령관이자 중재자로서 "인체에서 가장 복잡한 기관"(Deacon, 1997, p. 147)이다. 뇌는 상대적으로 작은 부피와 암회색 외관 뒤에 인간 종족의 사고와 언어 능력에 미치는 중요한 의미를 감추고 있다. 단지 2파운드(1,100~1,400g)의 무게로 전체 체중의 약 2%에 불과한 뇌(Bhatnagar & Andy, 1995)는 인간의 육체와 정신이 가지는 모든 기능에 절대적으로 중요한 역할을 한다. 사실상 인간의 뇌—그리고 추상적 사고와 언어 능력—는 인간을 다른 종들과 가장 뚜렷하게 구별시켜 주는 요인이다. 인간 뇌의 크기 및 무게의 증가는 인간 종 해부학에 있어서 가장 뚜렷한 진화론적 변화 중의 하나다. 비율적으로 인간 뇌의 상대적 크기와 그것이 가지는 에너지에 대한 높은 수요(뇌는 인체의 전체 신진대사 자원의 1/5을 소비한다)는 어떤 다른 포유류보다도 훨씬 높다(Lieberman, 1991).

인간 뇌에서 그 무게와 부피의 증가를 설명하는 가장 중요한 진화론적 변화는

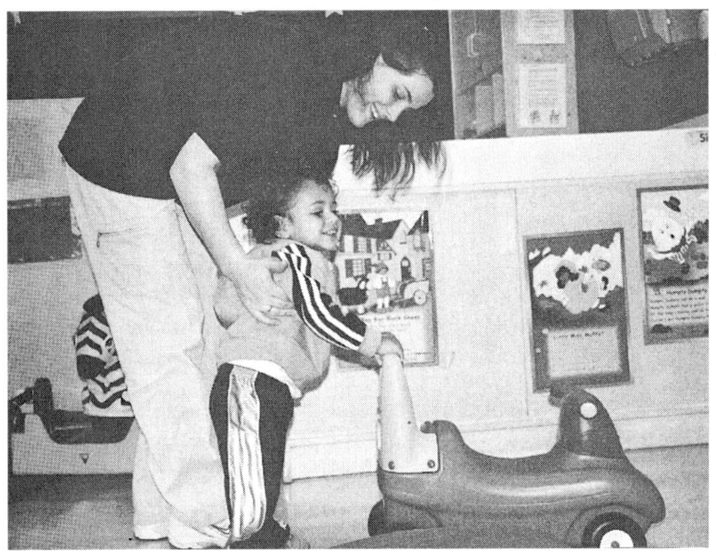

인간 뇌의 상대적 크기와 그것이 가지는 에너지에 대한 높은 수요(뇌는 인체의 전체 신진대사 자원의 1/5을 소비한다)는 어떤 다른 포유류보다도 훨씬 높다.
사진 출처: Lori Whitley/Merrill.

**논의 요점**
당신은 아마도 뇌의 주요 세 영역인 대뇌, 뇌간, 소뇌에 대해 들어 본 바 있을 것이다. 본문을 더 읽기 전에, 각각이 어디에 위치하고 담당하는 기능이 무엇인지에 관해 이미 알고 있는 바를 정의해 보라.

뇌의 외층(outer layer)의 확장이다. 이렇게 확장된 영역을 **신피질**(neocortex)이라 한다. 신피질은 '새로운 피질'(또는 문자 그대로는 '새로운 껍질[new rind]')이라는 의미이며, 원시 인간 뇌로부터 성장한 것이다. 신피질은 말, 언어, 추론, 계획, 문제 해결을 포함하여 인간 사고와 언어를 드러내는 대부분의 기능을 통제한다(Lieberman, 1991).

뇌는 일반적으로 대뇌(cerebrum), 뇌간(brainstem), 소뇌(cerebellum)의 세 가지 주요 영역으로 분할된다([그림 4-4] 참조). 이제 이러한 뇌 영역에 대해 간단히 살펴보고 각각의 주요 구조와 기능을 설명하겠다.

## 대뇌

**대뇌** 또는 대뇌피질(cerebral cortex)은 인간의 가장 고유한 특질을 나타내는 부분이다. 이 복잡한 회로는 "언어, 개념적 사고, 창의성, 계획하기, 그리고 우리가 자신의 사고에 형태와 내용을 부여하는 방식"(Noback et al., 2005, p. 439)에 결정적 역할을 수행한다. 뇌의 주요 세 영역 중 가장 큰 대뇌는 뇌 무게의 40%를 차지하며, 1,000억 개 이상의 뉴런을 함유하고 있다(Noback et al., 2005). 대뇌는 **이형피질**(allocortex)과 **신피질**(neocortex) 모두를 포함한다. 전자는 원형적이며 원시적인 인간 뇌를 구성하며(뇌 물질의 약 10%를 차지), 후자는 보다 새로이 진화된 외피

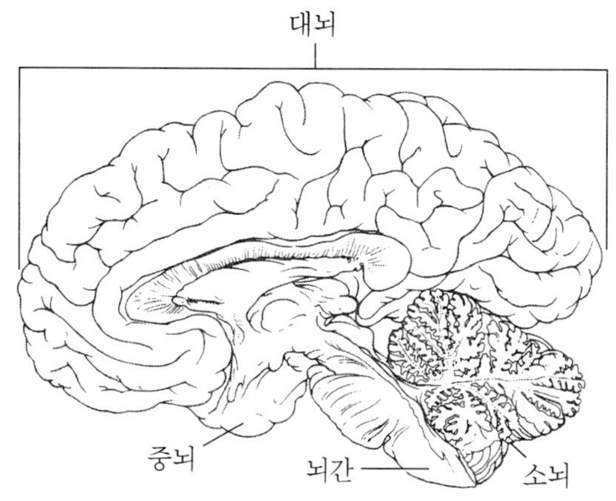


[그림 4-4] 대뇌, 뇌간, 소뇌

구조로서 뇌 물질의 약 90%에 상응한다.

### 대뇌 반구

대뇌는 **우반구**(right hemisphere), **좌반구**(left hemisphere)의 좌우대칭적인 2개의 반구로 이루어져 있다. 두 반구는 **세로종렬**(longitudinal fissure)이라 불리는 긴 형태의 대뇌 열(crevice, 또는 fissure)에 의해 분리된다. **뇌량**(corpus callosum)은 양 반구를 연결하는 섬유 밴드로서 각 반구 사이를 소통하는 통로 역할을 한다.

### 대뇌 엽

대뇌는 네 가지 형태의 6개 엽(lobes)—1개의 **전두엽**(frontal lobe), 1개의 **후두엽**(occipital lobe), 2개의 **측두엽**(temporal lobes), 2개의 **두정엽**(parietal lobes)—으로 구성되어 있다. 뇌의 신경회로는 각 엽들 사이의 다양하며 복잡한 연합이라는 특징을 가진다. 결국 이로 인해 조직적이고 복합적인 행위들이 초래되기는 하지만, 각각의 엽은 다음에서 설명되는 바와 같이 기능적으로 특수화되어 있다. [그림 4-5]는 각 엽의 위치를 나타낸다.

**전두엽** 전두엽은 인간 뇌에서 가장 큰 엽이다. 그것은 뇌의 가장 앞쪽, 이마 뒷부분에 위치한다. 전두엽의 두 가지 핵심 기능은 (1) 말 산출을 포함하여 소근육 및 복합적인 근육 운동 양자를 활성화하고 통제하며, (2) 인간의 '집행적 기능

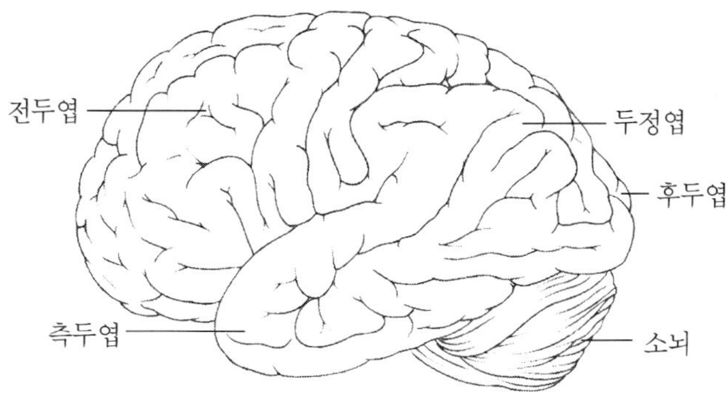


[그림 4-5] 인간의 대뇌 엽

**논의 요점**
집행적 기능 실행을 필요로 하는 특정 과제에 대해 구체적인 예를 제시해 보라.

(executive functions)'을 통제한다. **집행적 기능**은 문제 해결, 계획하기, 창조, 추론, 의사결정, 사회적 인지 및 합리화를 포함한다. 집행적 기능은 중요한 인간 행위의 조직적이며 목표 지향적이고 통제된 수행을 지배하는 것으로서 인간의 독특하면서도 주요한 특징이다. 집행 기능은 인간에게 각자의 의도적 행위를 감시하고 조절하는 능력, 충동을 억제하는 능력, 정보 처리를 조절하는 능력을 부여해 준다(Fernandez-Duque, Baird, & Posner, 2000). 비유하자면, 집행 기능은 당신이 두 번째 초콜릿 케이크 조각을 향해 한 번 더 손을 뻗는 것을 멈출 수 있도록(당신이 정말 원한다면) 해 주는 주체다.

전두엽의 몇몇 영역은 인간의 언어를 이해하는 데 중요한 의미를 갖는다. **전전두피질**(prefrontal cortex)은 전두엽의 최전방 부분이다. 이것은 인간 종에서 가장 최근에 진화된 뇌 영역으로서 다른 종과 비교하여 상대적으로 가장 많이 발달된 부분이다(E. K. Miller, 1999). 전전두피질은 뇌의 다른 모든 감각 및 운동 시스템과 연계되는데, 이것은 뇌가 복합적이며 목적 지향적인 인간 행위에 요구되는 정보의 방대한 저장을 합성해 낼 수 있도록 해 준다(E. K. Miller, 1999). 이 영역은 우울함, 기쁨, 평화, 우호감 등 감각의 정서적 측면과 관련이 있다. 따라서 "감정 수위의 조정자" (Noback et al., 2005, p. 452) 역할을 한다.

전전두피질 기능에 대해 알려진 많은 부분들은 이 영역의 손상을 입은 환자들에 관한 연구로부터 얻어진 것이다. 이러한 환자들은 표면적으로는 정상처럼 보이나(예를 들어, 그들은 대화를 할 수 있으며 지각 및 기억 과제를 잘 수행할 수 있다), 조직화, 자기통제, 목적 지향적 과제에서는 매우 심각한 결함을 보일 수 있다. 또한 그들은 창의성, 예측, 기질, 충동 같은 영역에서 어려움을 보인다(Noback et al., 2005).

역시 전두엽에 위치하여 말과 기타 운동 기능 모두에 중요한 역할을 하는 것이 **일차운동피질**(primary motor cortex)과 **전운동피질**(premotor cortex)이다. 일차운동피질은 말단(예: 손가락, 손, 발가락)의 운동뿐 아니라, 말에 필요한 운동을 포함하여 숙련되고 섬세한 수의적 운동의 개시를 조절한다. 전운동피질 역시 근조직을 통제하고, 운동 패턴 및 운동 시퀀스의 프로그래밍을 포함하여 숙련된 운동 기능을 조절한다(Noback et al., 2005). 이 운동 영역들은 특정 운동 기능이 피질의 특정 위치에 대응된다는 점에서 국지화되어 있다고 할 수 있다. 호문쿨루스

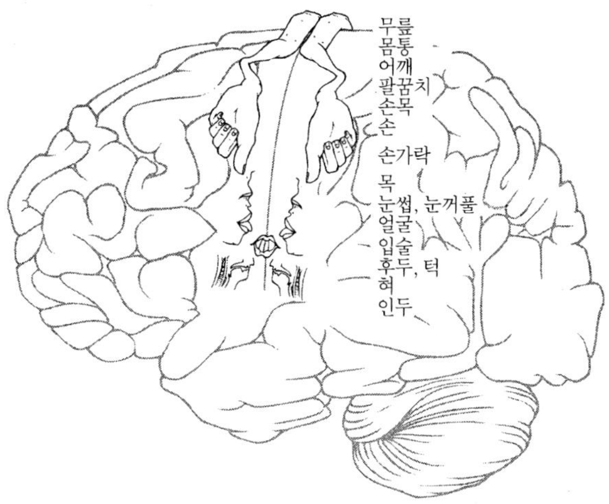


**[그림 4-6] 좌반구 운동피질에서 여러 운동 기능의 위치**

(homunculus; 역자 주: 그리스어로 난쟁이, 작은 인간이라는 어원을 갖는다)는 인간의 특정 기능에 대응되는 뇌에서의 위치를 나타내는 일종의 지도다. [그림 4-6]에 제시된 호문쿨루스는 운동피질 내의 다양한 운동 기능의 위치를 보여 준다. 운동 기능은 좁은 길을 따라 조직되므로, 운동피질은 종종 **운동 활주로**(motor strip)라 불리기도 한다. 전두엽의 좌우 가장자리에 위치하여 운동 활주로로부터 운동 기능으로 이어지는 연결은 인체 전역에 걸쳐 대측성(contralateral)을 보인다. 즉, 우측 전운동피질은 몸의 좌측을 통제하고, 좌측 피질은 몸의 우측을 통제한다.

좌측 전두엽의 운동피질에는 **브로카 영역**(Broca's area)이 존재하는데, 이것은 구어 의사소통에 특히 중요한 뇌 영역이다. 프랑스의 외과의사인 Paul Broca의 이름을 딴 브로카 영역은 말 산출의 정교한 협응을 담당한다. 1800년대 중반, Paul Broca는 뇌의 기능적 특화(functional specializations)를 인식한 최초의 연구자들 중 한 사람이었다. 그는 뇌손상 이후 말하는 능력을 상실한 환자를 부검하여 말 운동의 통제 영역을 찾아내었다.

**후두엽** 후두엽은 뇌의 뒷부분에 위치한다. 이 엽은 기능적으로 시각 수용 및 처리에 전문화되어 있다. 후두엽의 후각(posterior pole)에 위치한 것이 **일차시각피질**(primary visual cortex)이다. 이 피질은 눈이 받아들인 정보를 수용 및 처리하며,

심도, 공간, 모양, 움직임, 색에 관한 정보를 하나의 단일한 시각 이미지로 융합해 낸다. 시각피질 및 연합 영역(associated area)으로부터 뻗어 나온 신경섬유는 측두엽과 두정엽으로 방사되어 그에 대한 추가적인 분석 및 해석이 이루어진다.

**두정엽** 2개의 두정엽은 좌우 측면(귀 위쪽)의 후반부에서 전두엽 사이에 위치한다. 두정엽의 핵심 기능은 감각, 지각 정보의 인지 및 통합, 구어 및 문어 이해, 수학적 연산의 수행을 포함한다.

두정엽에는 인체 전역으로부터 수용된 감각 정보가 처리되는 영역이 포함되어 있다. 이러한 처리는 주로 **일차체성감각피질**(primary somatosensory cortex, 또는 보다 단순하게는 **일차감각피질**[primary sensory cortex])과 **감각연합피질**(sensory association cortex)에서 이루어지는데, 둘 다 전두엽의 일차운동피질 바로 뒷부분에 위치한다. 일차체성감각피질은 때로 **감각 활주로**(sensory strip)라고도 불린다. 그것은 인체 전역의 수용기(receptor)로부터 유입된 통증, 온도, 촉감, 압력 및 운동에 대한 감각을 수용하고 처리한다(Bhatnagar & Andy, 1995). 이들 수용기는 감각

두정엽은 인간이 과제 수행과 동시에 '기억'할 수 있도록 해 주는 복합 시스템인 작업기억에 중요한 영역이다.
사진 출처: David Young-Wolff/PhotoEdit Inc.

자극(예: 열)을 신경 신호로 전환하고 그 정보를 두정엽의 감각피질로 전달한다.

좌측 두정엽 감각 시스템의 아래쪽 부분은 언어 능력, 특히 읽기 및 이름 대기 능력과 연합되어 있다(Bhatnagar & Andy, 1995). 이 기능이 거기서 발생하는 이유는 유입된 감각 정보를 전두엽의 집행 기능과 통합하는 두정엽의 중요한 역할 때문이다. 게다가 두정엽은 특히 작업기억과 관련하여 중요한데, 작업기억은 개인이 주어진 과제를 수행하면서 동시에 특정 정보를 '기억하도록' 해 주는 복합적인 시스템을 말한다(Aboitiz & Ricardo, 1997). 작업기억은 매우 상위 수준의 집행 기능에, 그리고 어휘집(또는 알고 있는 낱말 모음)을 습득하고 그에 접근하는 데 필수적인 요인으로 간주된다. 〈이론에서 실제까지: 언어 처리의 신경생리학적 모델을 이용한 언어장애의 변별적 진단〉에서는 언어장애와 작업기억의 관련성에 관해 논의한다.

### 언어 처리의 신경생리학적 모델을 이용한 언어장애의 변별적 진단

언어장애를 다루는 몇 가지 이론적 모델에 따르면, 많은 아동들이 구어 작업기억, 특히 그 처리 용량(processing capacity)에서의 특별한 취약성으로 인해 언어 습득의 결함을 보인다. 이러한 이론들은 언어(특히 보다 복잡한 언어의 경우)의 이해 및 산출 능력은 작업기억의 능동적인 개입을 요구한다고 주장한다. 작업기억은 언어 자극이 처리되는 동안 그것을 유지해 내는 일종의 기억장치와 유사한 것이다(Weismer et al., 2005). 앞서 〈연구 패러다임: 기능적 자기공명영상(fMRI) 연구〉에서 논의한 바와 같이, fMRI 연구로부터 확보된 데이터는 비효율적인 구어 작업기억을 언어장애의 기저 원인으로 연계시키는 이론들을 지지해 준다.

변별적 진단(differential diagnosis)은 심리학자나 언어병리학자들이 언어장애를 판별하는 시점에서의 임상적 의사결정에 중요한 요인이다. **변별적 진단**은 그 이름이 함축하듯이, 다른 모든 가능한 장애들 가운데 의심이 가는 장애를 변별해 내는 행위를 말한다. 변별적 진단은 언어의 차이를 보이는 아동(예: 비표준적인 방언을 사용하는 아동)을 언어장애로 간주하는 오류를 예방하기 위해서도 중요하다. 마찬가지로 변별적 진단은 장애를 효과적으로 치료하는 접근방식이나 치료 목표를 설정하는 데에도 중요한 의미를 갖는다. 그렇지만 그것은 모호하고 까다로운 것일 수 있다. 예를 들어, 초기에 시설에 수용된 탓으로 언어에 대한 노출이 제한된 아동은 신경학적 결함에 의한 언어장애 아동이 보이는 것과 유사한 문법 발달의 문제를 가지는 것처럼 여겨질 수도 있다.

언어장애와 관련된 신경생리학적 상관(correlates)에 대한 과학적 지식은 신경학 기반 언어장애를 판별하고, 이를 언어 발달에 영향을 미칠 가능성이 있는 기타의 조건이나 환경과 차별화시켜 주는 과제를 설계하는 데도 유용한 정보를 제공할 수 있다. 예를 들어, 구어 작업기억의 결함이 신경학적 기반에 의거한 언어장애의 표지가 될 수 있다는 연구 결과를 고려해 볼 수 있다. fMRI 데이터(Weismer et al., 2005)에 더하여, 언어장애 아동 연구들은 구어 작업기억의 용량이 표준화된 언어 검사에서의 수행을 예언할 수 있음을 입증한 바 있다. 따라서 작업기억 검사(예: 개인이 작업기억 내에 유지할 수 있는 철자 또는 숫자의 개수)는 언어장애를 판별하기 위한 진단 절차의 일상적인 부분이 되었다(예: Weismer & Thordardottir, 2002). 임상가들은 아동의 구어 작업기억을 측정하는 검사를 언어 평가 절차에 통합시킴으로써 신경학 기반 언어장애를 보다 변별적으로 진단할 수 있게 되었으며, 언어 이해 및 표현의 결함에 덧붙여 작업기억 결함에 유용한 치료 프로토콜을 개발할 수 있게 되었다.

**측두엽** 2개의 측두엽 역시 뇌의 후반부에서 전두엽에 걸쳐 있으나 두정엽의 아래쪽(귀 아래쪽)에 위치한다. 측두엽은 인간 언어에 매우 중요한 영역으로, 청각적 정보와 언어 이해의 처리를 위한 기능을 한다. 청각적 처리란 청각적 입력의 분석 및 말소리 재인과 관련된 것으로서 양 측두엽 상부에 위치하는 **일차청각피질**(primary auditory cortex)에서 발생한다. **헤슬회**(Heschl's gyrus)는 Richard L. Heschl(측두엽 청각 영역의 주요 기능을 발견한 오스트리아의 해부학자)의 이름을 딴 것이며, 말의 처리, 특히 그 일시적 측면(temporal aspects)에 전문화된 것으로 여겨지는 좌측 측두엽의 작은 영역이다. 그렇지만 뇌 연구에 따른 증거들은 말 처리의 최소한 몇몇 측면만큼은 측두엽의 좌우 측면 모두에서 이루어진다는 점을 보여 주고 있다(Frackowiak et al., 2004). 좌우 청각피질의 양측성 손상은 **낱말맹**(word deafness)을 초래한다. 이는 개인이 비낱말(nonword) 청각 자극의 처리는 완전한데도 구어 낱말의 이해는 불가능한 모습을 보이는 증상을 말한다. 그렇지만 낱말맹은 반드시 편측성 손상만으로(심지어 좌측 측두엽의 손상에서조차) 발생되는 것은 아니다. 따라서 말 처리는 좌우 측두엽 양쪽에서 이루어지는 것으로 여겨진다(Frackowiak et al., 2004).

좌측 측두엽에는 **수용적 말 영역**(receptive speech area)이라고 불리는 **베르니케 영역**(Wernicke's area, 독일의 신경학자이자 소아정신과 의사인 Karl Wernicke의 이름을 땄다)이 있는데, 이것은 좌측 측두엽 상부 그리고 두정엽, 후두엽, 측두엽 세 영역 간 교차 지점에 위치한다. 이러한 위치로 인해 베르니케 영역은 종종 두정-

후측두 연접(parieto-occipitotemporal junction)이라고 불리기도 한다.

언어회로 모델에서는 베르니케 영역이 전전두피질, 두정엽의 감각 영역, 측두엽의 청각 처리 영역, 후두엽의 시각 처리 시스템을 포함하여 뇌 전역으로부터의 연합을 수용하고 통합하는 중요한 수렴 지점이라고 정의된다. 이러한 수렴은 언어의 이해 및 산출에도 중요하다. 예를 들어, 개인이 어떤 사물을 보고 그 이름을 말하는 장면을 상술하는 언어회로 모델에서는 시각 이미지가 베르니케 영역으로 전달되고, 이곳에서 그 이미지의 이름이 생성되면 이어서 그것이 전두엽의 브로카 영역으로 전달된다고 주장한다. 그리고 이 영역에서 말 산출이 조직되고 나면 조음기관(예: 입술, 혀)에 대한 운동 명령이 통합된다(Noback et al., 2005). 뇌졸중이나 기타 뇌손상에 의해 베르니케 영역이 손상되면 전형적으로 구어 및 문어 형식 모두에서 일관적인 언어 처리 및 산출에 심각한 결함을 보이게 된다. 이러한 증상을 **베르니케 실어증**(Wernicke's aphasia)이라 한다. 비록 베르니케 실어증 환자가 상대적으로 유창하고 명료한 말을 산출할 수 있을지는 모르지만, 그들의 말은 "의미 있는 명사나 동사의 결핍, 구나 숙어 더미의 과다한 중복, 수많은 동사 오류의 출현으로 인해 모호한" (Bhatnagar & Andy, 1995, p. 304) 것이 된다.

## 뇌간

**뇌간**은 척수 최상부 바로 위에 위치하며, 뇌의 나머지 부분과 척수 사이를 연결하는 통로 역할을 한다. 그것은 **중뇌**(midbrain), **뇌교**(pons), **연수**(medulla oblongata)로 구성되며, 이들이 조합되어 다음과 같은 세 가지의 핵심 기능을 담당한다(Noback et al., 2005). 첫째, 뇌간은 감각 정보를 뇌로 보내고 뇌에서 운동 정보를 내려 보내는 핵심적 전달자다. 둘째, 뇌간은 머리 및 얼굴에 공급되는 대뇌신경 그리고 시각 및 청각 감각을 통제하는 주된 연결 경유지(relay station)다. 셋째, 뇌간의 구조와 기능은 신진대사(metabolism) 및 각성(arousal)과 연합되어 있다. 아울러 심장을 관장하는 심장 센터(cardiac center), 혈관을 관장하는 혈관운동 센터(vasomotor center), 숨쉬기를 관장하는 호흡 센터(respiratory center)의 세 가지 주요 반사를 통제하는 센터 역시 뇌간에 위치한다.

## 소뇌

**소뇌**는 타원 형태의 '작은 뇌(little brain)'로서 뇌간 뒤쪽에 위치한다. 소뇌는 일차적으로는 운동 및 근육 활동의 조정을 담당하며, 뇌에서의 의식적인 계획 및 반응과 관련된 '이성적인' 부분과는 거의 무관하다. 소뇌의 운동 모니터링 기능에는 운동 협응, 근긴장도(muscle tone) 유지, 운동 범위 및 강도 조절, 자세 및 평형 유지 기능이 포함된다(Bhatnager & Andy, 1995).

# 인간의 뇌는 어떻게 언어를 처리하고 산출하는가

현재까지 뇌의 해부학 및 생리학적 조직에 관한 조망은 **연결주의 모델**(connectionist models)로부터 기반한 것이다. 연결주의 모델은 뇌를 다양한 유형의 정보, 특히 상위 수준의 인간 인지(예: 추론, 문제 해결)와 관련된 정보들을 처리하는 연산 조직(computational architecture)으로 표상하고자 한다. 비록 뇌 신경해부학 및 신경생리학에 관한 역사적 조망은 특정 구조(예: 브로카 영역)가 단일하게 특정 기능(예: 말을 위한 운동 계획 수립)에만 국지화되어 있다고 여겨 왔으나, 뇌의 작동방식에 관한 현재 과학 지식은 단원성을 엄격히 고수하는 관점에 반대한다. 매우 특화된 뇌 기능을 특정 뇌 구조에 따라 분리시키고자 노력했던 보다 최근의 뇌 연구 결과들은 특정 뇌 구조(또는 피질 영역)가 그것과 상호작용하는 기타의 피질 영역에 따라 그 기능이 오히려 다양하게 변화될 수 있음을 보여 주고 있다(Frackowiak et al., 2004). 마찬가지로 보다 최근까지의 연구들은 언어를 포함하는 최상위 수준의 인지 기능들은 그 집행 과정에서 여러 뇌 영역과 연루된다는 것을 제안하고 있다. [그림 4-7]에는 그중 몇 가지가 제시되어 있다.

연결주의 모델에서는 뇌 안에서의 정보 처리(언어 처리를 포함하여)란 분포된 연산망 내에서 서로 간에 흥분 및 억제 연결을 거쳐 이루어지는 상호작용과 관련된 것이라고 기술한다(McClelland, Rumelhart, & Hinton, 1986). 연결주의 모델은 단위들 간의 연결이야말로 정보 처리 방식을 이해하는 결정적 요인임을 강조한다. Lieberman(1991)은 이런 연결을 전력망(electrical power network)의 비유로 설명

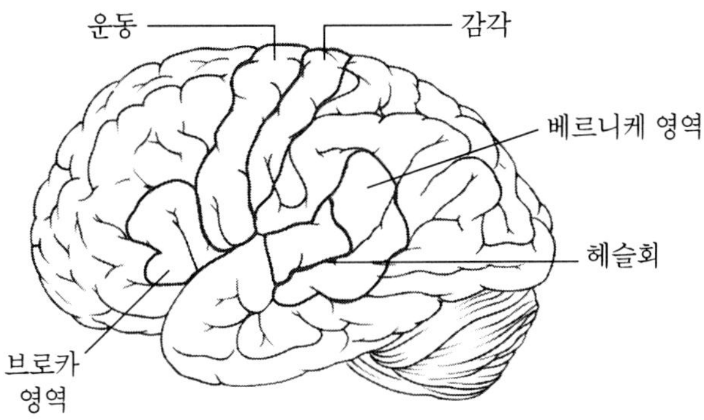


**[그림 4-7] 언어 및 기타 기능과 관련된 뇌 영역**

하였다. "발전기와 변압 센터의 복잡한 상호 연결망을 통해 해당 시스템은 다른 발전기로부터의 전력을 조정하고 방향을 전환하며 여러 단위들로 그 출력을 분배한다." (p. 33) Lieberman이 기술한 것처럼, 전력망(그리고 연결주의 원리에 의거한 다른 모델들) 내에서 전력은 단일하고 고립된 별도의 지점에 위치하는 것이 아니라 망 전역에 걸쳐 분포되어 있는 것이다.

**논의 요점**
Lieberman(1991)은 연결주의 모델을 설명하기 위해 전력망의 예를 들었다. 연결주의 원리를 설명해 줄 수 있는 또 다른 시스템의 예는 무엇일까?

뇌에서의 언어 처리에 대한 이해 수단으로서의 연결주의에 대한 현재까지의 강조와는 대조적으로, 언어의 신경해부학 및 신경생리학 분야에 대한 역사적 문헌 중 많은 부분은 특정 언어 기능과 특정 뇌 구조 사이의 상응을 강조하고 있다. 이러한 강조는 부분적으로나마 다양한 언어 과제를 수행하는 동안의 뇌 활동을 면밀히 조사하는 것에서의 한계로부터 기인한 것이다. 뇌 구조 및 기능에 관한 과거의 지식은 주로 개인의 뇌가 손상되었을 때 무엇이 잘못되었는가를 조사한 연구 결과들에 의존한 것들이다. 현재의 연구자들은 기술적 진보로 인해 구체적 또는 추상적 분류에 대응하는 낱말 인출과 같은 상위 수준의 특정 과제를 수행하는 동안 개인의 뇌에서 일어나는 현상을 정확히 조사할 수 있는 도구를 가지게 되었다. 비록 연구 결과들이 뇌의 특정 영역이 언어 처리 또는 말 산출의 특정 측면들에 대응되고 있음을 일부 시사하는 것도 사실이지만, 많은 기초적인 언어 처리(예: 낱말 인출)들은 뇌의 감각 및 운동 피질 전역에 분포되어 있는 것이지 단일 구조에 한정되어 있는 것은 아니다(Frackowiak et al., 2004). 다음에서는 의미론, 구문론과 형태론, 음운론, 화용론 영역에서의 언어 처리에 대한 신경해부학 및 신경생리학적 상관에 대해 요약할 것이다. 언어의 이들 각 영역이 인간 뇌에서 어떻게 발생되는가에 관한 현재까지의 단상과 연결주의 모델 간의 관련성이 명백히 드러날 것이다.

## 의미론

의미론은 개인의 낱말에 대한 지식 또는 내적 어휘집(internal lexicon)을 포함한다. 개인의 내적 어휘집은 의미론적 특질 및 그 범주에 따라 변화하는 수천 개의 낱말들로 이루어져 있다. 예를 들어, 어떤 낱말들은 생명성이 있는 대상을 참조하는 반면, 또 어떤 것들은 무생물성 사물을 참조하기도 한다. 마찬가지로 어떤 낱말들은 추상적 개념을 참조하는 반면, 다른 것들은 크기, 색, 모양과 같은 구체적 개념을 지칭한다. 개인의 낱말에 대한 어휘 저장고 내에 표상되는 개념적 범주의 풍부성을 감안한다면, 어휘적 지식이 뇌 전역에 분포되어 있음에 그리 놀라워할 필요는 없을 것이다. 이러한 사실은 뇌 맵핑 연구(brain-mapping studies)를 통해 구체화되어 왔는데, 이는 개인이 새로이 습득한 낱말을 인출하거나 또는 의사결정 과제를 수행하면서 낱말에 접근하는 것과 같은 과제들(예: 명사 자극에 대한 반응으로 동사를 산출하기)을 수행할 때 활성화되는 뇌 영역을 탐지해 내는 연구다. 많은 연구로부터 얻어진 종합적 결과는 다음과 같은 세 가지 결론을 밝혀 주었다.

**1. 의미론적 지식은 분포된 단원성(distributed modality)을 보인다.** 낱말의 저장은 두정엽의 부분적인 활성화와 더불어 전두엽에서 측두엽을 관통하는 분포적인 신경망에서 이루어진다. 여러 엽들에 존재하는 신경망은 의미 처리에 있어서 각기 다른 기능을 담당한다. 전두엽은 낱말 지식의 집행적 요인(예: 의미론적 정보에 대한 평가)과 관련이 있으며, 측두엽은 의미적 기억 및 범주들에 대한 저장 및 조직화와 관련이 있다(Bookheimer, 2002; Frackowiak et al., 2004).

**2. 의미론적 지식은 좌편측화(left lateralized)되어 있다.** 의미적 처리는 일관적으로 좌반구 영역, 특히 전두엽 좌하부와 좌측 측두엽 전역을 활성화시킨다.

최소한 의미적 정보의 저장 위치로 지도화되는 좌측 측두엽의 어느 한 지점은 우반구의 반대편 대응 지점에 비해 더 크다(Frackowiak et al., 2004).

**3. 의미론적 지식의 어떤 측면은 우반구에서의 처리와 연관된다.** 비록 의미론적 지식의 많은 측면이 좌편측화되어 있지만, 우반구 역시 의미론적 처리에 기여한다. 우반구는 특히 상징적이며 추상적인 언어의 처리를 담당한다. 예를 들어, 관용어구(예: "He'll bend over backwards to help you[그는 널 돕기 위해서라면 뭐든지 할 걸].")를 처리하려면 문자 그대로의 엄격한 의미보다는 그 구에 감추어진 함축적 의미를 고려해야 한다(Bookheimer, 2002). 관용어구나 기타 상징적 언어(예: 은유, 격언)의 처리는 해부학적으로 좌반구의 브로카 영역과 베르니케 영역에 상응하는 우반구 영역을 활성화시킨다(Bookheimer, 2002). 따라서 의미론적 지식은 대개 좌반구의 기능이지만 보다 전체적인 의미의 해석(낱말 하나하나에 대한 의미를 해석하는 것이 아니라)을 다루어야 할 처리에는 우반구가 관여하게 된다.

뇌 조영 연구들이 어휘의 조직 및 인출에 관한 이해의 정확도를 높인 것은 사실이나, 의미적 처리에 관한 현 모델들은 19세기 신경학적 모델과 일치하는 것이다(Frackowiak et al., 2004). 19세기의 모델들은 좌측 측두엽의 베르니케 영역이 낱말 재인(recognition)과 어휘 인출에 결정적인 영역임을 밝혔다. 나아가 이 모델들은 좌반구가 언어 처리를 위해 특화된 곳임을 주장하였다. 비록 기술적 진보가 의미론적 지식은 과거에 이해되어 왔던 것보다는 좌반구 전역에 보다 광범위하게 분포되어 있음을 밝혔지만, 여전히 좌반구 그리고 보다 특별하게는 베르니케 영역이 낱말 저장을 위한 중요한 위치로 여겨진다.

## 구문론과 형태론

개인이 구문 및 형태론(형태 구문론) 규칙을 신속하면서도 자동적으로 처리하는 능력은 전문가들이 **언어 본능**(language instinct; Pinker, 1994) 또는 **언어 습득 장치**(language acquisition device; Chomsky, 1978)라 칭한 것에 상응한다. 많은 주장들에 따르면, 이 고유한 인간의 재능은 언어의 보편문법을 처리하기 위한 인간 뇌의 유전학적으로 기반한 적응(adaptation)에 의거한 것이다(이에 대한 대안적 관점은 Tomasello, 2003을 보라). 일부 전문가들이 주장하는 바와 같이, 진화의 역사 속에서 인간은 보편문법에 대한 별도의 규칙 지배적인 구문 규칙들을 표상해 낼 수 있는 선천적이며 종 특정적인(species-specific) 능력을 갖게 되었다. 이 놀라운 신경생리학적 능력은 어린 아동들에게서 발현되는 초인적인 능력, 즉 신속하면서도 특별한 노력 없이도 미세하고 유한한 조합의 형태 구문적 규칙들을 습득하여, 이를 통해 궁극적으로는 자신의 특정 모국어에 상관없이 무수한 다양한 문장들을 이해하고 산출할 수 있게 되는 현상을 설명해 준다(Glezerman & Balkoski, 1999).

최소한 다음 세 가지 선상의 연구들은 뇌의 독립적인 형태 구문적 모듈(단원)의 존재 가능성을 지지하고 있다. 첫째, 원시적 비영장류의 언어 습득에 관한 연구들은 다른 종들도 적당한 크기의 어휘집을 발달시킬 수 있지만 문법 습득만큼은 이를 비켜 간다는 사실을 밝혔다. 이러한 결과는 인간의 뇌에 형태 구문적 습득을 위해 특화된 신경생리학적 모듈이 존재할 가능성을 지지해 주는 것이다(Aboitiz & Ricardo, 1997). 둘째, 특화된 형태 구문적 프로세서의 가능성은 국소적 뇌손상(focal brain damage), 특히 브로카 영역 손상에 따른 형태 구문에서의 특정 결함을 밝힌 연구들에 의해 지지된다(Bookheimer, 2002 참조). 브로카 영역에 손상을 입은 환자들은 구문적으로 정확한 '자동어구(automatisms)'(또는 상투어[clichés], 예: "Oh, my goodness!" "Good morning.")를 산출할 수 있는데, 이는 곧 충분히 연습된 문장이나 구들은 우반구에서 하나의 전체적 단위로 표상되는 반면 별도의 형태 구문적 언어 요소들은 브로카 영역에서 특화된 뇌 기능에 관련된 것임을 시사하는 것이다(Glezerman & Balkoski, 1999).

**논의 요점**
구문 구조는 적법하나 의미는 결여되어 있는 문장의 예를 몇 가지 더 들어 보라.

셋째, 형태 구문적 처리를 다룬 많은 연구 결과들은 좌반구의 언어 영역, 특히 베르니케 영역(문법적 처리를 위해)과 브로카 영역(문법적으로 순서화된 말 산출을 형성하기 위해)에서, 이뿐 아니라 두정엽에서 활성화가 증가되는 현상을 밝힌 바 있다. 마찬가지로 구문적 처리와 의미적 처리의 분리를 시도했던 연구들은 복합 구문 처리에는 별도의 신경해부학적 상호 관련성이 존재한다는 사실을 밝혀 주었다. 이러한 상호 관련성은 좌측 전두엽 하부의 브로카 영역과 부합되는 것이었다(Bookheimer, 2002). 이 영역은 형태 구문적인 언어 요소들의 처리뿐 아니라 구문에 대한 선택적 주의, 이를테면 심지어 어떤 문장에 의미가 결여되어 있을 경우에

조차(예: "Twas brillig, and the slithy toves……."; Friederici, Opitz, & von Cramon, 2000) 그에 '적법한' 구문 구조가 쓰이고 있는 것인지를 조사하는 것과 같은 일을 처리하기 위해 역시 특화된 것으로 여겨진다.

그렇지만 연구자들은 형태 구문적 처리가 단일하면서도 영역 특정적인 모듈로 설명되어야 할지, 아니면 뇌의 다양한 영역 간 상호작용을 강조하는 연결주의 모델로 보다 잘 설명되는지에 관해 절대적으로 어느 한쪽에만 동의하는 것은 결코 아니다. 문법적 산출 및 이해를 위해서는 고정된 의미 표상들을 새롭고 복합적인 문장 표상으로 결합시켜야 한다. 여기에는 비언어적인 상징적 사고와 개념적 사고뿐 아니라 계획 및 추론 역시 포함되어 있다(Glezerman & Balkoski, 1999). Aboitiz와 Ricardo(1997)가 지적하였듯이, "구문 역(syntactic roles)의 기본 요인들은 언어 영역과 직접적으로 연결된 것이나…… 아마도 기타의 인지 과제에 포함되는 뇌 영역 및 뇌 요소들 간의 상호작용은 보다 상위 수준의 문법 발달의 근간이 되는 것 같다." (p. 392) 개인이 복잡한 언어 과제를 수행할 때는 좌반구의 전두엽, 측두엽, 두정엽 영역들이 활성화되는데, 이는 집행적, 의미론적, 형태 구문적 처리들 간의 상호작용이 존재함을 보여 주는 것이다(Bookheimer 2002). 이러한 근거들에 비추어 보면, 형태 구문적 처리란 우반구에서 좌반구를 아우르는, 독립적이면서도 전문화된 피질 영역들이 담당하는 복합적인 능력으로 가장 잘 설명될 수 있을 것이다. 진화론적 관점에서는 원시 인간의 문법이 한때는 독립적인 별도의 언어 영역(예: 브로카 영역)에 주재하고 있었던 것일지도 모른다. 그렇지만 현대 언어에 나타나는 상위 수준의 복합적인 문법은 뇌의 전통적인 언어 영역과 두정엽, 측두엽, 전두엽의 복합적인 상호 연계(interconnections)를 경유하는 이 외의 기타 인지 시스템과의 통합을 요구하는 것이다(Aboitiz & Ricardo, 1997).

## 음운론

말소리의 처리란 말이 아닌 소리(nonspeech sounds)의 처리와는 질적 및 양적으로 판이한 것이다. 왜냐하면 말(speech)이란 중복적이며 빠르게 변화하고 빠르게 산출되는 일련의 음성적 분절이기 때문이다(Fitch, Miller, & Tallal, 1997). 말 이외의 소리를 처리하는 인간 뇌의 용량은 상당히 제한적인(초당 약 7~9단위) 데 반해 말의 처리는 훨씬 빠른 속도로 이루어진다(초당 50~60단위; Lieberman, 1991; Werker & Tees, 1992). 일부 전문가들은 인간의 뇌는 말의 음성적 분절을 처리하기 위해 특별히 고안된 특화된 프로세서를 진화시켜 왔다고 주장하는데, 이를 종종 **음성 모듈**(phonetic module)이라고 한다(Mattingly & Liberman, 1988). 전문가들은 이 특화된 프로세서에 대해 말의 음성적 분절을 처리하기 위해 "하향식(from top to bottom)으로 특화된, 생물학적으로 일관된 시스템"(Lieberman, 1999, p. 115)이라는 견해를 보인다.

구어의 음성적 분절은 인간의 귀를 거쳐 청각 전도로(auditory pathway)를 통해 측두엽의 일차 및 이차 청각피질에 다다른다. 말소리의 일시적 특질(temporal characteristics)에 대한 신속한 분석은 좌측 측두엽의 청각 센터에서 이루어지는데 반해 말소리가 가지는 스펙트럼상의 특징들은 우측 측두엽에서 처리된다. 따라서 청각 영역에서 말소리의 음성적 분석을 위한 결정적 위치는 좌측 측두엽인 것으로 여겨지지만, 말소리의 전반적인 처리는 좌우반구 모두에서 이루어지는 듯하다(Frackowiak et al., 2004).

일단 말소리들이 음성학적으로 분석되고 나면, 그것들은 다시 언어학적 단위인 음소로 처리되어야 한다. 이러한 수준의 처리—브로카 영역에서 이루어진다—를 **음운 처리**(phonological processing)라 한다. 이에는 음운적 분절의 분석 및 작업기억이 관여한다. 신경조영(neuroimaging) 데이터들을 통해 음운적 처리 및 말 산출이 좌반구 운동피질 내의 브로카 영역 부위에 위치한다는 신경해부학적 모델이 확정되었다([그림 4-8] 참조). 그렇지만 브로카 영역만이 단독으로 말을 처리하고 산출하는 것은 아니다. 비록 [그림 4-9]에서 보이는 바와 같이, 좌반구 헤슬회, 베르니케 영역과 브로카 영역은 해부학적으로는 각각 독립되어 있으나, 일련의 해부학적 경로를 따라 상호 연계되어 있다(Frackowiak et al., 2004). 이러한 내적 연계가 청각적 처리(헤슬회), 언어 이해(베르니케 영역), 음운 처리(브로카 영역)로 조합된 처리 메커니즘 내에서의 상호작용을 지원하는 것이다. 앞서 브로카 영역은 원심성 전도로를 거쳐서 통제되고 자발적인 말소리 산출을 조직하기 위한 감각 운동적 음운(말) 산출 부호화(encoding)도 담당한다고 설명했다. 신경생리학적 측면이 음운 처리와 음운 산출 모두에서 공유된다는 사실은 말 운동 산출이 음운 발달에 중요한 역할을 한다는 사실을 시사하는 것이다(Bookheimer, 2002).

운동피질 / 궁상섬유속

19세기 신경학

브로카: 말 산출

베르니케: 말지각

브로카 영역

일차청각피질

베르니케 영역

기능적 영상 자료

붉은색: 말 산출

노란색: 말지각

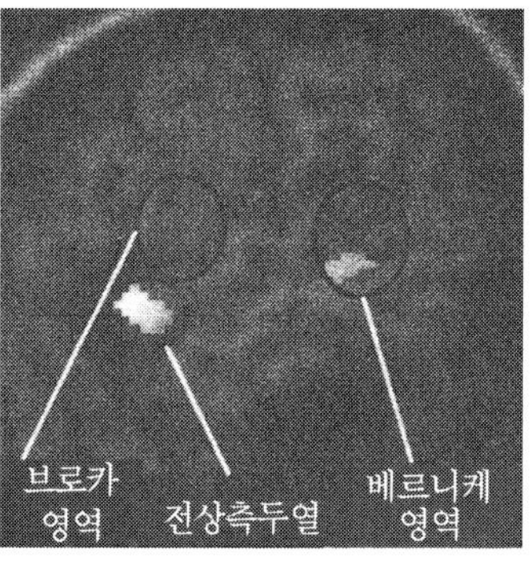


**[그림 4-8] 현재의 신경영상 자료와 비교한 과거 브로카 영역의 위치**

출처: Reprinted from *Human Brain Function* (2nd ed.), edited by R. S. J. Frackowiak, K. J. Friston, C. D. Frith, R. J. Dolan, C. J. Price, S. Zeki, J. Ashburner, and W. Penny, p. 529. Copyright 2004, with permission from Elsevier.

비록 말지각에 관한 이론적 모델은 특화된 음성 모듈(단원)의 가능성(아마도 브로카 영역에 상응하는)을 지속적으로 강조하고 있지만, 연구자들은 오직 말 처리만을 위해 특화된 뇌의 단일 구조나 특정 위치를 찾아내는 일에는 실패해 왔다. 예를 들어, 브로카 영역은 일부 비언어적 과제를 위해 활성화되는데, 이는 곧 그 기능이 오직 음운 처리 또는 말 산출에만 공헌하는 것이 아님을 시사하는 것이다 (Bookheimer, 2002). 따라서 인간의 뇌가 특별히 설계된 음운 처리자라 할지라도 그것이 이 과제에만 국한되는 것은 아니며, 따라서 "언어 특정적인[음성적] 처리 모듈이라는 개념에 대한 의문" (Bookheimer, 2002, p. 167)을 제기하게 만드는 것이다.

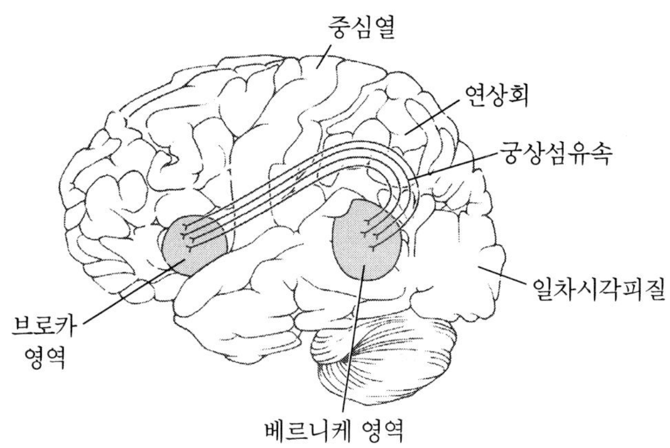


**[그림 4-9] 뇌의 언어 영역들 간의 해부학적 연결**

출처: From *The Human Nervous System: Structure and Frunction* (6th ed., p. 450), by C. R. Noback, N. L. Strominger, R. J. Demarest, and D. A. Ruggiero, 2005, Totowa, NJ: Humana Press. Copyright 2005 by Humana Press, Inc. Reprinted with permission.

## 화용론

언어의 화용론은 언어를 사회적 도구로 사용하는 것과 관련된다. 그것은 의사소통 규칙에 대한 이해를 포함하는데, 이에는 의사소통 시 언어의 양, 질, 방법, 관련성에 대한 규약을 따르는 것 역시 포함된다. 지금까지 논의된 언어 측면들은 뇌의 전통적인 언어 영역(예: 헤슬회, 베르니케 영역, 브로카 영역)에 입각한 것이지만, 화용적 능력은 일차적으로는 전두엽의 기능으로부터 나오는 것이다. 즉, 뇌의 언어 영역에 손상을 입어 의미, 음운 및 형태 구문적 능력에 심각한 결함을 보이는 개인조차도 화용에서는 손상되지 않은 충분한 기술을 가지고 있을 수 있다. 반면 전두엽이 손상된 개인은 의미, 음운 및 형태 구문적으로는 완전한 능력을 보이면서도 괴상하고 이질적인 방식으로 언어를 사용하는 모습을 드러낼 수도 있다.

앞서 논의한 바와 같이, 전두엽의 한 가지 주요 기능은 문제 해결, 계획, 창조, 추론, 의사결정, 사회적 인식, 합리화를 포함하는 인간의 집행적 기능을 통제하는 것이다. 이러한 기능들은 인간의 중요한 행동에 대한 조직적이고 목표 지향적이

뇌의 전두엽에 손상을 가진 사람은 언어를 괴상하고 이질적인 방식으로 사용한다.
사진 출처: Prentice Hall School Division.

며 통제된 집행을 포괄한다. 화용적 능력은 타인과의 의사소통 수단으로서의 언어를 조직적이고 목표 지향적이며 통제된 방식으로 사용하는 것을 포함한다. 따라서 이런 보다 일반적인 집행 기능들이 손상된 개인들에게서는 언어의 사회적 사용이 훼손당하는 것이다.

뇌 영상 조영 연구의 결과들은 인간의 많은 집행 기능들이 전두엽뿐 아니라 뇌의 기타 신경생리학적 기능들과 연관된다는 사실을 보여 준다. 예를 들어, 계획적인 주의의 경우를 생각해 보자. **계획적 주의**(willful attention)란 사람들이 심지어 자극이 경쟁적으로 제시되는 순간에서도 특정 과제에 대한 주의를 계속 유지할 때 사용하는 것이다(Frackowiak et al., 2004). 당신이 경쟁적인 생각(예: 다가올 시험에 대한 생각)이나 환경 내의 사건들(예: 친구가 말을 겲, 음악이 연주됨)이 존재하는 가운데서도 이 장을 읽어 나가기 위해 주의를 기울이고 있다면 일정 수준의 계획적 주의와 관계된 것일 수 있다. 두정엽과 전두엽 영역은 모두 계획적 주의와 관련되어 있다. 이 둘이 협응하여 주의를 위해 경쟁적 힘을 통제해 내는 위계를 형성해 내는데, 이때 두정엽은 유입되는 자극의 처리를 다루고, 전두엽은 주의를 특정 자극(예: 당신이 읽고 있는 낱말들; Frackowiak et al., 2004)에 대한 선택적 주의로 향하게끔 한다. 전두엽 손상의 결과로 인해 전두엽 기능이 제한된 것으로 보이는 어떤 사람에 대해 생각해 보자. 타인과의 의사소통(주의를 위한 경쟁적인 힘)에서 그 사람은 주의를 방해하는 또 다른 경쟁적인 힘(예: 환경 내의 소음)으로 인해 산만해질 수 있는데, 이것이 의사소통의 주제를 유지하는 개인의 능력을 저하시키게 된다. 그러므로 언어의 화용적 측면이 손상되기에 이르는 것이다.

## 신경생리학적 및 신경해부학적 민감기란 무엇인가

지금까지 우리는 이 장에서 뇌가 마치 정적인 신경해부학적 구조인 것처럼 묘사해 왔다. 이러한 표상은 진실과는 거리가 멀다. 뇌는 출생 전후(prenatal and postnatal)의 인간 발달에서 중대한 변화를 경험한다. 여기에서는 뇌가 성장 시기 동안 변화하는 역동적 유기체라는 관점에서, 특히 신경생리학적 및 신경해부학적 민감기라는 개념에 초점을 두면서 이 민감한 시기가 언어 능력 발달에 어떠한 영향을 미치는가를 중심으로 살펴볼 것이다.

### 민감기에 대한 정의

인간의 뇌 발달과 관련하여 **민감기**(sensitive period)란 특정 감각 또는 운동 능력에 기저하는 특정의 신경해부학적 또는 신경생리학적 측면들이 겪게 되는 성장 또는 변화가 이루어지는 발달의 시간적 구간(time frame)을 말한다. 예를 들어, 고양이에 대한 고전적인 연구 결과에 따르면 생애 첫 6주 동안 시각적 입력을 제한당한 고양이는 이후 영구적인 맹(blindness)이 되는데, 이는 그 발달 구간이 고양이의 시각 발달을 위한 결정적인 기회의 창(window)이 된다는 사실을 밝혀 주는 결과다(Hubel & Wiesel, 1970). 이와 유사한 예를 인간의 경우에서 찾자면, 제2차 세계대전에 나가사키와 히로시마의 방사능에 노출된 산모들의 기형아 출산을 조사한 연구에서는 산모가 배란 후 56~105일 사이의 기간 내에 방사능에 노출된 경우에 가장 심각한 뇌손상(예: 정신지체, 소두증[microcephaly])이 발생되는 것으로 나타났다(P. R. Huttenlocher, 2002). 이 구간은 전뇌의 뉴런 수에서 중요한 산전 증가(prenatal growth)가 발생되는 시기와 일치한다(Schull, 1998). 따라서 최소한 태아의 경우에 배란 후 56～105일의 시기는 아동의 출산 전 신경 발달을 지원하는 기회의 창에 상응하는 것이라 할 수 있다. 따라서 이때는 그만큼 심각한 위험이 도사리는 시기이기도 한 것이다.

앞선 예들이 보여 주는 바와 같이, 민감기는 다음의 세 가지 특징을 가진다.

**1. 민감기는 능동적인 신경해부학적 및 신경생리학적 변화 시점에 상응한다.** 이러한 시점을 설명하는 다른 용어들로는 **결정적 시기**(critical period), **기회의 창**(window of opportunity), **결정적 순간**(critical moment), **민감 단계**(sensitive phase)가 있다(Bruer, 2001). 비록 결정적 시기라는 용어가 문헌에는 보다 지배적으로 나타나지만, 그것은 결정적 시기에 발생되는 변화들이 되돌릴 수 없는 영구적인 것이라는 의미를 함축해도 사실이 아닌 경우가 있다. 예를 들어, 시각과 관련된 결정적 시기에 시각적 박탈을 경험한 원숭이도 집중적인 치료(예: 감겨 있는 눈을 수술함; Bruer, 2001)를 통해 거의 정상에 가까운 시각 기능을 되찾을 수 있다. 그러므로 많은 연구자들은 민감기라는 용어를 보다 선호하는데, 이 용어는 '기회의 창'이라는 의미를 전달하면서도 민감성의 시기를 넘어서는 시점에도 그 변화가 가능할 수 있다는 의미 또한 함축한다(Bruer, 2001).

**2. 민감기는 기회의 단계이자 동시에 위기의 단계다.** 일부 전문가들은 결정적 시기를 "비정상적인 환경 조건에 대해 정상적 발달이 가장 민감하게 영향을 받는" (Bruer, 2001, p. 9) 시기라고 정의한다. 민감기에 대한 연구들은 단지 인간의 뇌 발달에 대한 연구자들의 기초적인 이해 증진뿐 아니라 뇌가 위험 요인에 가장 취약해지는 시기를 판별하는 일에도 역시 중요하다. 이러한 지식은 예방—예를 들자면, 임신 전후 몇 달간의 여성들에게 배아(embryo)의 신경관(neural tube) 발달을 돕기 위해 적당량의 엽산(folic acid) 섭취를 권장한다—에 유용한 것이다. 그러므로 민감기는 개인의 발달 궤도가 더 개선되거나 더 악화되는 방향으로 변화될 수도 있는 시기라는 것이다.

**3. 민감기는 시작점과 종착점이 있으며, 이 구간의 길이는 여러 신경해부학**

**논의 요점**
산모의 음주나 흡연과 같이 산전 발달에 위험을 초래하는 요인들을 추가적으로 생각해 보라. 당신이 찾아낸 위험들 각각이 산전 발달에 상응하는 민감기에 대해 의미하는 바가 무엇인지 생각해 보라.

**적 및 신경생리학적 특성에 따라 달라진다.** 앞의 예에서 태내 인간 배아의 신경관 발달의 민감기는 약 32일 동안이다. 따라서 산모의 부적절한 엽산 섭취 등 어떤 식으로든 신경관 발달이 훼손되는 경우에는 이 기간이야말로 배아 발달을 위협하는 심각한 위험들 중 하나인 것이다(P. R. Huttenlocher, 2002). 대조적으로 언어 습득에 필요한 민감기는 상당히 장기적이며, 아마도 문법 발달에서는 12년의 기간이 해당된다(Bortfeld & Whitehurst, 2001).

## 민감기와 관련된 신경해부학적 및 신경생리학적 개념

시냅스(연접)는 중추신경계 내의 뉴런들이 소통할 수 있는 수단을 제공한다. 그 결과, 발달기 동안 뉴런들 사이에 이루어진 시냅스 연결(synaptic connections)은 인간의 뇌에 정보 처리를 가능케 하는 복합적인 신경회로를 형성해 낸다(P. R. Huttenlocher, 2002). 대부분의 시냅스 연결은 무작위로 발생되는 것이 아니며, 인간은 그것이 이미 뇌 속에 존재하는 채로 태어나는 것도 아니다. 오히려 **시냅스 생성**(synaptogenesis, 시냅스 연결의 형성)은 출생 후의 감각 및 운동 경험을 통해 유도되는 것으로서 생애 첫해 동안 가장 빠르게 일어난다(P. R. Huttenlocher, 2002). 대략 생후 첫해가 종료되는 시점이 되면, 유아의 뇌에는 성인의 2배에 해당하는 시냅스 연결이 조직된다. 이 시점으로부터 사춘기에 이르는 동안 과다한 시냅스에 대한 일종의 가지치기(전지)가 이루어지는데, 이 과정을 **시냅스 전지**(synaptic pruning)라 한다.

**신경 가소성**(neural plasticity)이란 중추신경계의 가변성을 설명하기 위한 용어다. 그것은 주로 새로운 시냅스 연결을 생성하거나 또는 기존의 시냅스를 대안적인 용도로 전환하는 방식을 통해 스스로를 조직 · 재조직하는 감각/운동 시스템 기능과 관련이 있다. 언어 영역을 파괴하는 심각한 좌반구 뇌손상을 입은 유아들은 다른 신경 기능들을 조합하여 언어적 목적을 수행하도록 함으로써 정상적이거나 정상에 가까운 언어 능력을 성취할 수 있는데, 이를 가능하게 하는 것이 바로 신경 가소성이다(P. R. Huttenlocher, 2002). 유사한 형태의 뇌손상을 가진 성인은 종종 이후의 전 생애 동안 정상적 언어를 성취해 내지 못하기도 하는데, 이는 곧 뇌의 가소성이 개별 시점에 따라 다를 수 있음을 시사하는 것이다. 그리하여 가소성은 민감기와 관련된다. 신경생리학적 및 신경해부학적 측면에서 스스로를 재조직하거나 상해 또는 손상을 스스로 해결하는 뇌의 가소성이란 발달 과정에 따라 달라지는 것이기 때문이다.

가소성이란 종종 경험 기대적 가소성(experience-expectant plasticity) 대 경험 의존적 가소성(experience-dependent plasticity)의 두 유형으로 범주화된다. 이 두 가소성은 뇌의 변화에 미치는 환경의 효과로 구분된다(Bruer & Greenough, 2001). **경험 기대적 가소성**은 정상적인 경험의 결과에 따라 발생되는 뇌 구조상의 변화를 말한다. 유아가 발달해 가는 동안, 뇌 안에 존재하는 다수의 시냅스들은 스스로를 기능적인 회로 속으로 조직해 내기 위해 일종의 일반적인 경험이 발생될 것을 기대하며 기다린다(P. R. Huttenlocher, 2002). 이러한 유형의 가소성은 시각, 청각, 언어와 같은 기초적인 감각운동 신경 시스템을 조직하는 일종의 "당위적인 피질 기능(obligatory cortical functions)" (P. R. Huttenlocher, 2002, p. 176)을 발달시킨다(Bruer & Greenough, 2001). 대부분의 유아들은 이러한 경험 기대적 기능을 발달시키는데, 정상적인 환경 속에는 발달의 촉진을 위해 요구되는 기초 자극들이 존재하기 때문이다. 그렇지만 일단 특정의 경험 기대적인 뇌 기능을 위한 민감기를 지나고 나면 환경이 주는 경험조차 더 이상 피질회로를 충분히 변경시켜 주지 못하는데, 이는 아마도 이 시점에 즈음해서는 이미 달리 특화되지 않은 시냅스란 거의 남아 있지 않게 될 것이기 때문이다.

경험 기대적 가소성과는 반대로, **경험 의존적 가소성**은 개개인에게 고유한 것이다. 뇌에서의 이러한 유형의 기능적 변형(modification)은 변화를 위한 매우 특화된 유형의 경험을 필요로 한다. 이러한 유형의 가소성은 인간으로 하여금 "개인적 경험으로부터 학습하고, 이후의 문제 해결에 활용하기 위하여 그 경험으로부터 추출한 정보를 저장" (Bruer & Greenough, 2001, p. 212)할 수 있도록 허용해 준다. 새로운 정보를 학습하는 일(그것이 새로운 정보이건 혹은 뇌손상 이후 재학습해야 할 정보이건)은 뉴런들 사이의 새로운 시냅스 연결 형성(**수상돌기의 발아**[dendritic sprouting]), 새로운 뉴런의 생성, 시냅스 강도의 증가의 세 가지 메커니즘을 필요로 한다(P. R. Huttenlocher, 2002). 경험 기대적 가소성과는 달리, 경험 의존적 가소성은 연령과 무관하게 작용할 수 있는 뇌 용량을 의미한다. 왜냐하면 인간의 뇌는 시간을 거치면서 경험을 통해 학습하고, 변화를 위해 그것을 각색시킬 수 있는 용량의 대부분을 유지해 내기 때문이다.

언어 습득의 몇 가지 측면, 특히 어휘 증가는 경험 의존적 가소성의 도움을 받게 된다. 예를 들어, Hart와 Risley(1995)의 고전적 연구는 아동의 어휘집 크기는 아동이 가정 환경에서 듣는 낱말의 양과 질에 따라 달라질 수 있음을 보여 주었다. 비록 새로운 낱말을 학습하기 위한 기초적인 신경회로가 발달 초기에 획득되는 것이라 할지라도, 환경이 주는 낱말에 대한 노출은 시냅스 연결의 수를 풍부하게 하며 이것이 결국 뇌 내부에서의 낱말의 의미적 저장의 조직을 돕는 것이다.

## 민감기와 언어 습득

아마도 당신은 민감기와 언어 습득이 어떤 관련성이 있는가에 대해 일부 지식을 가지고 있을 것이다. 예를 들어, 고등학교에서 새로운 언어의 학습을 시도하고 그것이 매우 어렵다고 느낀다면, 당신은 이러한 어려움은 자신들이 '기회의 창'을 이미 지나친 탓이기 때문이라고 생각할 것이다. 또한 당신은 언어 습득에서의 민감기를 활용하고자 하는 시도로서 아동들에게 두 가지 혹은 그 이상의 언어를 동시에 노출(예: 영어와 스페인어)시키는 것과 같은 몰입식 유아 프로그램에 대해서도 아마 알고 있을 것이다.

여기에서는 인간이 언어 습득에 있어서 상대적으로 짧은 시간의 창을 가지며 이런 특정 시기를 지나치면 언어를 배울 수 없다는 점에 입각하여 언어 습득 민감기가 과학적 실재인가에 관한 증거들을 고찰하고자 한다. 어떤 면에서 언어 습득의 민감기를 정의한다는 일은 과학적으로 어려운 것일 수 있다. 왜냐하면 특정 시기를 판별해 내고자 몇몇 시점에서 언어를 박탈한 효과를 연구하려는 시도로 아동의 언어 학습 환경을 능동적으로 조작해 내는 일은 윤리적으로 불가능한 일이기 때문이다. 그렇지만 몇몇 '자연적인(natural)' 실험이 이루어진 바 있는데, 이것이 과학자들로 하여금 언어 습득과 관련한 뇌의 민감기를 찾아낼 수 있도록 해 주었다.

**논의 요점**
자연적 실험이란 무엇인가? 자연적 실험은 '진짜(true)' 실험과 어떻게 다른가?

### 언어적 고립

언어적 고립(linguistic isolation)은 구어 또는 수화에 전혀 노출되지 않았거나 매우 적은 노출 속에서 발달되었을 때 발생된다. 몇몇 '야생 아동(feral children)'(학대나 유기로 인해 언어에의 노출이 박탈된 아동)의 예들이 언어 습득의 민감기에 대한 근거를 제공해 준 바 있다. 그중 가장 유명한 것이 지니의 예다. 캘리포니아에서 사춘기의 나이에 사회복지사에 의해 발견된 그녀는 그간의 전 생애를 침실에 갇혀 있었으며, 아마도 소리를 내거나 의사소통을 하고자 할 때마다 폭행을 당했던 것으로 추정되었다. 이후 몇 년간의 상당한 언어치료에도 불구하고 지니는 결코 제 연령에 적합한 문법기술을 발달시키지 못하였다. 그렇지만 학대받은 기간에 따라 수반된 인지적 결함이 지니의 언어 능력에 얼마나 영향을 미친 것인지에 관해서는 확실하게 밝혀내지 못하였고, 따라서 그녀의 예는 언어에서의 민감기에 대한 결정적인 근거를 제공해 준 것은 아니었다.

영아기 및 아장이기 이후까지 구어와 수화(예: American Sign Language[ASL]) 어떠한 언어에도 노출되지 못한 청각장애 아동(deaf children)의 연구에서 언어 습득의 민감기에 관한 보다 결정적인 근거가 나타났다. Newport(1990)는 청각장애 아동들을 출생 직후부터 수화를 배운 아동, 4～6세 사이에 수화를 배운 아동, 12세 이후에 수화를 배운 아동의 세 집단으로 분류하여 그들의 집단별 ASL 유창성을 조사하였다. Newport는 ASL 학습 연령이 ASL 유창성과 연합되어 있음을 발견하였다. 즉, 출생 직후부터 ASL을 습득한 아동들은 모국어 수준의 유창성을 보인 반면 그보다 늦은 시기에 ASL을 습득한 아동들은 언어 능력, 특히 문법 영역에서 유의한 결함을 보였다. 이러한 근거는 출생 시점부터 초기 사춘기까지의 기간이 언어 습득을 위한 민감기임을 보여 주는 것이다. 비록 언어기술이 이 시기 이후에도 습득될 수는 있으나, 그 이후 많은 개인들은 모국어 수준의 유창성을 습득하지는 못하는 경향이 있다.

### 제2언어 학습자

언어 습득의 민감기를 추정하기 위한 한 가지 흥미로운 방법은 삶의 각각 다른 시점에서 제2언어를 습득한 개인들의 언어 능력을 비교해 보는 일이다. J. S. Johnson과 Newport(1989)는 그들의 연구에서 미국의 아시아 이민자들의 언어 능력을 비교하였다. 이민자들이 영어에 노출된 연령은 3～39세 사이였다. 연구자들은 이민자들의 영어 능력은 영어를 배우기 시작한 연령과 부적 상관관계가 있음을 보고하였다. 그렇지만 Hakuta(2001)가 지적하였듯이, 제2언어 학습자 연구는 언어 습득의 민감기가 종료되는 특정 시점을 밝혀내지는 못하였다. Bialystok과 Hakuta(1994)는 Johnson과 Newport의 자료를 재분석하여 개인이 미국에 도착한 시점의 연령에 따라 언어 수행이 점진적으로 감소하고 있음을 밝혔다. 그러나 언어 습득 민감기의 잠정적인 종료 시점은 찾아내지 못하였다. 해외 입양으로 인해 다른 새로운 언어를 습득해야만(그리고 최초 언어는 잃어버리는) 했던 아동들의 언어 발달에 관한 연구들을 포함한 그 밖의 연구들 역시 언어 습득의 민감기와 관련된 잠정적인 종료 시점을 찾아내는 일에 실패하였다. 사실상 이 연구들은 "심지어 7, 8세 연령에도 언어 영역의 가소성은 여전히 충분히 높기 때문에 정상적 언어의 완전한 회복을 촉진시킬 수 있음" (Pallier et al., 2003, p. 159)을 밝힌 바 있다. 따라서 어린 아동들은 언어 학습의 독특한 성향을 분명히 드러내며, 빠른 언어 습득에 요구되는 뇌 용량은 시간이 지남에 따라 점차 느려지는 것이 사실이나, 점차 많은 과학자들은 "청소년기에 종료되는, 생물학적으로 제한되어 있으며 특화되어 있는 언어 습득 장치라는 견해는 옳지 못한 것"(Hakuta, 2001, p. 204)이라고 주장하고 있다. 해외아 입양과 민감기에 관한 논의는 다음의 〈다문화적 초점: 국제 입양과 신경생리학적 민감기〉에 제시되어 있다.

### 가소성과 언어

언어 습득의 민감기에 관한 증거는 전 생애 동안의 언어 습득을 위한 뇌의 능력을 이해하기 위해서는 반드시 경험 기대적 가소성과 경험 의존적 가소성 양자를 함께 고려해야만 한다는 점을 시사한다. 개인이 나이를 먹어 감에 따라 드러내는 능력 이상의 것을 미성숙한 뇌에 제공해 주는 것이 경험 기대적 가소성이라면, 경험 의존적 가소성은 인간의 뇌에 새로운 경험을 제공할 뿐 아니라(심지어 연령이 높은 경우에도), 뇌질환이나 뇌손상의 경우에도 그것을 발달시키고 그에 적응할 수 있는 능력을 제공한다고 할 수 있다. 비록 몇몇 발달 기간이란 시간적 구간에 부합하는 것이어서 언어의 경우 그 학습이 가장 쉬운 시기(특히 유아기를 거쳐 초기 사춘기까지)가 있기는 하지만, 연구자들이 언어 습득 민감기의 잠정적인 종료 시점을 찾아내지 못한 것은 아마도 환경에 따라 스스로 적응하고 변화하는 인간 뇌의 경험 의존적 가소성을 반영하는 것일 수 있다.

다문화적 초점

## 국제 입양과 신경생리학적 민감기

이 장에 부연된 한 가지 주제는 특히 언어 습득에 관한 이해를 돕기 위해 거론되는 뇌 발달에서의 민감기다. 우리는 '야생 아동' (예: 지니) 연구, 언어(구어 또는 수화)에의 노출이 지연된 청각장애 아동 연구, 제2언어 학습자 연구와 같이 언어 습득의 민감기를 밝히기 위해 연구자들이 시도한 몇몇 방식들을 기술하였다. 미국으로의 해외 입양 아동 수의 증가—2005년에만 2만 2,000건이 발생했다(U. S. Department of State, 2005)—는 과학자들이 언어 습득의 민감기 발견의 가능성을 밝히기 위한 또 다른 길을 제공해 준다.

국제 입양은 아동들이 종종 몇몇 기관을 통해 해외로부터 입양되어 오는 것이다. 미국에서의 대부분의 국제 입양은 중국이나 동유럽 국가를 통해 이루어진다(U. S. Department of State, 2005). 기관에서의 양육으로 인해 그들은 성인들과의 접촉이 상대적으로 적었고, 따라서 건강한 애착이나 언어 및 인지적 자극을 받은 경험이 적을 수밖에 없었을 것이다. 아동이 겪게 되는 이러한 발달적 어려움과 더불어, 그들은 종종 산전 관리를 잘 받지 못하거나 전염병에 대한 산모의 감염 등으로 인해 세균이 창궐하는 국가로부터 입양되어 오는 경우도 있다(Glennen, 2002). 비록 이런 아동들이 생애 초기부터 직면하는 위험들이 상당 수준의 것이라 할지라도, 해외 입양아 연구의 결과들은 많은 아동들이 인지적 및 신체적 성취에서 건강한 발달을 이루게 될 것임을 시사해 준다(Glennen, 2002).

이 장에서 우리는 경험 기대적 뇌 가소성을 논의한 바 있다. 경험 의존적 가소성과는 대조적으로, 경험 기대적 가소성은 언어를 포함하여 상대적으로 단기간 동안에 기초적 과정을 이루어 내기 위한 뇌의 발달적 메커니즘으로 설명된다. 전문가들은 언어 습득의 민감기에서 특정 종료 시점을 찾아내는 것에 실패하였는데, 이는 아마도 경험 기대적 가소성의 손실과 부합되는 것일 수 있다. 그럼에도 불구하고 이 민감기는 출생 시점부터 최소한 5세까지는 이어지며, 이 기간 동안에 뇌는 국제 입양아 연구에서 나타난 바와 같이 초기의 언어 지체를 바로잡아 낼 수 있는 경이로운 능력을 보여 준다.

동유럽의 고아원에서 입양된 아동 연구에서 나타난 것처럼, 그들 대부분은 초기에 심각한 언어 발달지체를 보인다. 이는 기관에서 양육된 기간 동안의 명백히 제한적인 언어 자극이라는 특징과 부합되는 것이었다(Glennen & Masters, 2002). 예를 들어, Gindis(1999)가 논의하였던 두브로비나라는 아동은 자기 삶의 거의 절반 이상을 동유럽의 한 고아원에서 보냈는데, 당시 이 아동은 2세까지 거의 말을 하지 않았던 것으로 보고되었다. 그렇지만 입양 후에는 문법과 어휘를 포함하여 언어의 모든 영역에서 빠르고 실질적인 증가를 보였다. 생의 초기에 입양된 아동들(예: 생후 19~24개월에 입양된 아동들에 비하여 12개월 이전에 입양된 아동들)의 경우 3세 시점에서 그 최고의 증가를 보이는 것으로 나타났다(Glennen & Masters, 2002). 다음의 그림은 동유럽에서 입양된 아동들의 입양 시점으로부터 36~40개월 연령까지의 표현어휘의 증가 양상을 보여 준다. 이 그림에는 생후 12개월, 13~18개월, 19~24개월, 25~30개월에 입양된 아동들 사이의 성장이 제시되어 있으며, 그 수치들은 비입양 아동들의 것과 비교되어 있다. 자료가 보여 주는 바와 같이, 아동들은 입양 후 빠른 어휘 성장을 보였다. 비록 더 나이 든 시점에서 입양된 아동들의 경우 더 이르게 입양된 아동들이 보인 표현어휘 수준까지 도달하지는 못하였으나, 성장 속도는 모든 집단에 걸쳐 유사하였다. 더 나이가 들어 해외로부터 입양된 아동들의 경우 5세까지는 정상 또는 그에 근접한 언어적 성취를 보인다는 연구 결과(예: Roberts et al., 2005)에 더하여, 이 같은 자료는 민감기 동안(그 출발이 느렸을 경우에조차)의 언어 습득에 있어 뇌 가소성이 존재한다는 점을 입증해 주는 것이다.

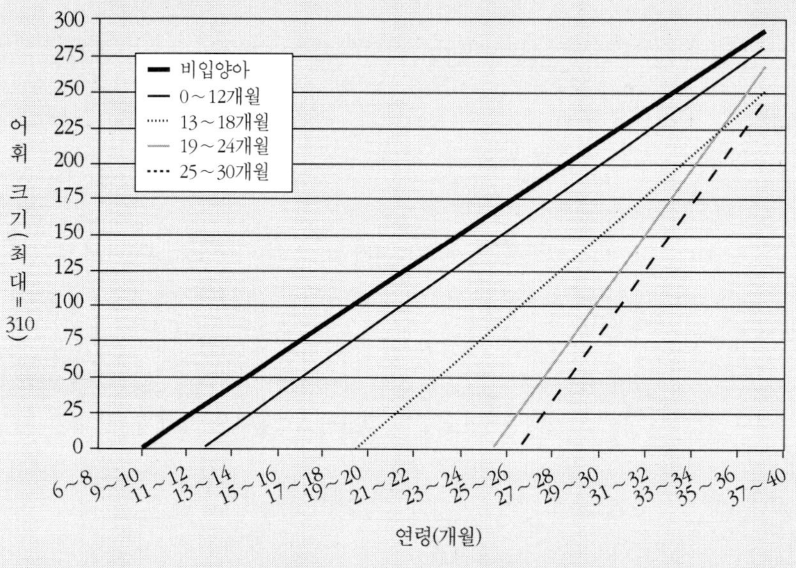


〈동유럽에서 입양된 유아 및 아장이들에게서 나타나는 입양 시점으로부터 36~40개월 연령까지의 표현어휘 발달〉

출처: From "Typical and Atypical Language Development in Infants and Toddlers Adopted from Eastern Europe," by S. Glennen and M. G. Masters, 2002, *American Journal of Speech-Language Pathology, 11*, p. 420. Copyright 2002 by the American Speech-Language-Hearing Association. Reprinted with permission.

## 요 약

복합적이면서도 고유한 인간만의 행위인 언어는 인간 뇌의 신경해부학적 및 신경생리학적 구조물 내에 주재한다. 신경과학이란 신경계의 해부 및 생리에 초점을 두는 과학의 한 지류로서 각각 **신경해부학**과 **신경생리학**으로 나누어진다. 인간의 신경계는 **중추신경계**(뇌와 척수로 구성)와 **말초신경계**(대뇌신경과 척수신경으로 구성되며, 뇌와 척수로부터 시작되는 그리고 뇌와 척수를 향한 정보를 전달한다)로 구성되어 있다. 신경계를 구성하는 고도로 특화된 수십억 개의 세포를 **뉴런**이라 한다. 하나의 뉴런은 기능적으로 **세포체**, **축삭**, **시냅스전 종단**, **수상돌기**의 네 가지 요소로 분할된다. 세포체는 뉴런의 중심으로 핵을 포함하고 있다. 축삭과 수상돌기는 세포체로부터 뻗어나가는 돌기다. 축삭은 세포체로부터 정보를 내보낸다. 축삭의 시냅스전 종단은 한 뉴런이 다른 뉴런과 대응하는 축삭의 연결 지점을 말한다. 수상돌기는 뉴런의 구심성 돌기로서 다른 뉴런에서 뻗어 나온 축삭으로부터 세포체로 들어오는 신경 임펄스를 전달한다. **시냅스**는 2개의 뉴런이 만나는 지점이다. 2개의 뉴런이 상호 소통하기 위해서는 신경 임펄스가 시냅스상에서 교차되어야만 한다.

인체의 다른 어떤 조직보다도 더 많은 뉴런을 함유하고 있는 뇌는 좌우대칭적인 두 반구로 이루어져 있다. 이를 **우반구**와 **좌반구**라고 명명하는데, 이 두 반구는 **세로종렬**이라 부르는 긴 대뇌의 틈(또는 열)에 의해 분리된다. **뇌량**은 두 반구를 연결하는 섬유 밴드로서 반구 간의 소통을 위한 전도로 역할을 한다. 뇌는 다시 6개의 엽으로 구성되어 있다. 1개의 전두엽, 1개의 후두엽, 2개의 측두엽, 2개의 두정엽이 그것이다. 각 엽들은 기능적으로 국지화되어 있다. 전두엽은 복합적인 집행 기능(예: 추론, 계획, 문제 해결)을 담당하는 영역이다. 특히 좌반구의 전두엽에 말 산출 및 음운 처리에 중요한 영역이 존재하는데, 곧 브로카 영역이다. 후두엽은 시지각 및 시각 처리를 담당하는 영역이다. 2개의 두정엽은 감각 및 지각 정보를 인지하고 통합하는 일뿐 아니라 구어 및 문어를 이해하고 수학적 계산을 담당하는 영역이기도 하다. 2개의 측두엽에는 언어 이해를 포함하여 청각 처리에 결정적인 역할을 담당하는 영역이 포함되어 있다. 언어는 좌반구의 베르니케 영역에 편측화되어 있다.

많은 이론가들은 상대적으로 짧은 기간 동안에 가용한 경험 기대적 뇌 가소성이 언어 발달에 이용된다는 점을 들어 뇌는 언어 습득과 관련된 민감기를 드러낸다고 주장해 왔다. 대조적으로 경험 의존적 가소성은 뇌가 시간의 경과에 따라 새로운 정보에 맞도록 스스로를 적응시키는 능력을 말한다. 야생 아동, 청각장애 아동, 제2언어 학습자에 대한 연구들로부터의 자료들을 포함하여, 몇 가지 근거들은 출생 시점부터 초기 사춘기까지 언어 습득 민감기가 존재한다는 점을 시사하고 있다. 그렇지만 연구자들은 이 민감기의 잠정적인 종료 시점에 대해서는 아직까지 찾아내지 못하였는데, 이는 아마도 뇌의 경험 기대적 가소성이 (다소간) 전 생애에 걸쳐 지속되기 때문일 것이다. 따라서 비록 유아, 아장이 및 어린 아동들이 매우 쉽게 언어를 습득한다 할지라도, 언어를 학습(또는 뇌손상 이후 언어를 재학습)하는 능력은 인간 삶의 전역에 걸쳐 존재하는 것이라 할 수 있다.

## 핵심 용어

감각연합피질(sensory association cortex) 186
경(질)막(dura mater) 179
경험 기대적 가소성(experience-expectant plasticity) 203
경험 의존적 가소성(experience-dependent plasticity) 203
구심성(afferent) 175
기능적 자기공명영상(functional magnetic resonance imaging) 171
꼬리쪽(caudal) 174
뇌간(brainstem) 189
뇌량(corpus callosum) 183
뇌막(meninges) 179
뇌척수액(cerebrospinal fluid) 179
뉴런(neuron) 176
대뇌(cerebrum) 182
대뇌신경(cranial nerves) 178
두정엽(parietal lobe) 183
등쪽(dorsal) 174
말초신경계(peripheral nervous system) 170
머리쪽(rostral) 174
미엘린(myelin) 178
민감기(sensitive period) 200
배쪽(ventral) 174
백질(white matter) 178
베르니케 영역(Wernicke's area) 188
브로카 영역(Broca's area) 185
세로종렬(longitudinal fissure) 183
세포체(cell body) 176
소뇌(cerebellum) 190
수상돌기(dendrite) 176
수상돌기의 발아(dendritic sprouting) 203
수용적 말 영역(receptive speech area) 188
수직축(vertical axis) 174
수초화(myelinization) 178
수평축(horizontal axis) 174
시냅스(synapse) 177
시냅스 간극(synaptic cleft) 177
시냅스 생성(synaptogenesis) 202
시냅스 전지(가지치기)(synaptic pruning) 202
시냅스전 종단(presynaptic terminal) 177
신경 가소성(neural plasticity) 202

신경과학(neuroscience) 170
신경생리학(neurophysiology) 170
신경언어학자(neurolinguists) 171
신경전달물질(neurotransmitters) 177
신경축(neuraxis) 174
신경해부학(neuroanatomy) 170
신피질(neocortex) 182
연(질)막(pia mater) 179
연결주의 모델(connectionist model) 190
우반구(right hemisphere) 183
원심성(efferent) 175
음성 모듈(phonetic module) 196
이형피질(allocortex) 182
일차운동피질(primary motor cortex) 184
일차체성감각피질(primary somatosensory cortex) 186
자기공명영상(magnetic resonance imaging) 170
전두엽(frontal lobe) 183
전운동피질(premotor cortex) 184
전전두피질(prefrontal cortex) 184
좌반구(left hemisphere) 183
중추신경계(central nervous system) 170
지주막(arachnoid mater, 거미막) 179
집행(적) 기능(executive functions) 184
척수신경(spinal nerves) 178
축삭(axon) 176
측두엽(temporal lobes) 183
헤슬회(Heschl's gyrus) 188
활성화시키다(innervate) 178
회질(gray matter) 178
후두엽(occipital lobe) 183

오디오 샘플, 관련 웹사이트, 추천 도서 및 혼자 풀어 보는 퀴즈를 포함하여 이 장의 내용과 관련된 온라인 자료를 구하려면 웹사이트 http://www.prenhall.com/pence를 찾아보라.

**제5장**

# 영아기
## 언어 획득의 시작

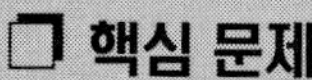

### ❐ 핵심 문제

이 장에서 우리는 다음의 다섯 가지 문제에 관해 살펴볼 것이다.

1. 영아기에 나타나는 주요한 언어 발달 이정표는 무엇인가?
2. 언어 발달을 위한 초기 기초들은 무엇인가?
3. 영아기를 특징짓는 언어의 내용, 형식, 사용에서의 주요 성취는 무엇인가?
4. 영아의 개인적인 언어 성취에 영향을 미치는 요소는 무엇인가?
5. 연구자와 임상가는 영아기의 언어 발달을 어떻게 측정하는가?

생의 첫해에는 언어 전(prelinguistic) 및 언어적(linguistic)으로 눈부신 발달이 함께 이루어진다. 영아가 아직 자신의 언어체계를 생산적으로 사용하지 못한다 하더라도, 그들의 수용언어 능력은 태어나는 순간부터 비약적으로 성장하기 시작한다. 영아들은 부모가 하는 것처럼 잔디를 자르거나, 강아지와 함께 산책을 하거나, 요금을 지불하거나, 저녁식사를 준비하거나, 교통 체증에서 벗어나려고 시간을 허비할 필요가 없다. 그리하여 영아들은 자신의 환경을 탐험하고, 다른 사람들과 사회적 상호작용을 하며 주변의 모든 보이는 것들과 들리는 것들을 받아들이는 데 대부분의 시간을 보낸다. 이 장에서는 우선 아기가 태어나서 첫해 동안 성취하는 주요 언어 발달 이정표에 대한 개요를 제공할 것이다. 이러한 이정표는 연속적인 말에서 의미 있는 단위들을 분리시키기 위하여 말의 운율적이고 음성적인 규칙을 사용하는 것뿐만 아니라 의미 있는 범주의 견지에서 말소리를 지각하는 능력을 획득하는 것을 포함한다. 또한 행동에 대한 영아들의 인식과 이러한 행동 속에 포함된 의도, 지각적이고 개념적인 특징에 따라 사물과 사건을 범주화하는 능력, 그리고 초기에 나타나는 발성에 대하여 검토할 것이다. 두 번째로는 영아 지향적 말(infant-directed speech)을 포함하여 언어 발달에 대한 초기 기초, 공동 언급하기와 주의하기, 영아의 일상, 양육자 반응성에 대하여 토의할 것이다. 세 번째로는 언어의 내용, 형식, 사용 측면에서 영아의 주요 성취에 대하여 설명할 것이다. 네 번째로는 언어가 발달하고 있는 아동들 사이의 개인 내(intraindividual) 차이와 개인 간(interindividual) 차이에 대한 몇 가지 원인들을 밝힐 것이다. 마지막으로는 연구자들과 임상가들이 영아기의 언어 발달을 측정하기 위하여 사용하는 일부 방법들에 대하여 간략하게 살펴볼 것이다.

## 영아기에 나타나는 주요한 언어 발달 이정표

### 영아 말지각

영아들은 첫 단어를 말할 준비를 하기 전에 주변의 소리들을 주의 깊게 듣는다. 당신이 아마 외국어를 들어서 알겠지만, 말 흐름(speech stream)은 문자 언어처럼 단어들이 간격을 두고 깔끔하게 나누어지지 않는다. 이러한 이유로 영아들의 언어 학습은 그들이 들은 말을 의미 있는 구와 단어들로 분절할 수 있어야 한다. 영아들은 말 패턴을 기가 막힐 정도로 잘 감지하며 연속된 말을 더 작은 단위들로 나누는 것을 학습하기 위하여 이러한 패턴들을 사용한다. 생해 첫해 동안 영아들의 **말지각 능력**(speech perception ability)—말의 **운율 규칙** 및 **음성 규칙**(prosodic and phonetic regularities of speech)에 주의를 기울이는 능력—은 그들이 리듬과 같은 더 큰 패턴들을 감지하는 것부터 특정한 음들의 조합과 같은 더 작은 패턴들을 감지하는 데까지 이동하는 것으로 급격히 발달한다.

## 운율 규칙에 대한 주의

말의 운율 특징에는 음의 **주파수**(frequency) 혹은 음도(예: 낮은 음도의 콧노래 대 높은 음도의 비명), 음의 **지속시간**(duration) 혹은 길이, 음의 **강도**(intensity) 혹은 크기(loudness)가 포함된다. 이러한 운율 특징들의 연합은 영아가 감지할 수 있는 구별할 만한 강세와 억양 패턴을 산출한다. **강세**(stress)는 다음절 단어에서 어떤 음절을 두드러지게 하는 것이다(어떤 음절 위에 놓이는 두드러짐[prominence]이다). 예를 들면, over라는 단어에서는 첫 음절에 강세가 있지만, above라는 단어에서는 두 번째 음절에 강세가 있다. **억양**(intonation) 또한 강세처럼 특정 음절 위에 놓이는 두드러짐이지만 그것은 전체 구와 문장에도 가해진다. 예를 들어, 다음의 두 문장을 비교해 볼 수 있다.

"You like sardines." ("너는 정어리를 좋아하는 구나.")
"Do you like sardines?" ("너는 정어리를 좋아하니?")

평서문인 첫 번째 문장은 하향하는 억양으로 끝나는 반면, 의문문인 두 번째 문장은 상향하는 억양으로 끝나는 것에 주목해야 한다.

영아들은 말 흐름을 분절하기 위해 어떻게 운율 규칙을 사용하는가? 한 가지 방법은 자신의 모국어의 두드러진 강세 패턴에 익숙해지기 때문이다. 영어를 배우고 있는 영아들은 2음절 단어에서 약-강(above) 강세 패턴을 듣기보다는 강-약(over) 강세 패턴을 훨씬 더 많이 듣는다. 9개월경에 영어를 학습하는 영아들은 강-약 강세 패턴이 포함된 단어 듣기를 더 좋아한다(Jusczyk, Cutler, & Redanz, 1993). 자신의 모국어에서 두드러지는 강세 패턴에 대한 선호는 영아로 하여금 연속적인 말에서 단어 분리를 시작하도록 도울 수 있다.

### 음성 규칙에 대한 주의

말의 음성적 세부 항목들은 **음소**(phonemes) 혹은 구어음(또는 말소리[speech sounds]) 그리고 음소들의 결합(combinations)을 포함한다. Stager와 Werker(1997)에 따르면, 아직 단어를 학습하지 않은 영아들은 말의 음성적 세부 항목에 매우 주의를 집중한다. 반면에 보다 큰 아동들은 미세한 음성적 세부 항목을 자신들이 단어를 학습하는 데 집중적으로 써 버린다. Stager와 Werker는 일련의 창조적인 연구들을 수행한 결과, 다음과 같은 결론을 내렸다. 한 연구에서 이 연구자들은 8개월 된 영아와 14개월 된 영아에게 "bih"라는 소리와 함께 TV 화면에 하나의 사물을 반복적으로 제시하였다. 이 영아들이 사물과 음을 연결하는 습관이 들었을 때, 연구자들은 영아들이 원래의 사물을 볼 때 "dih"라는 소리를 연결시킴으로써 그 소리를 변경하였다. 14개월 된 영아들은 음에서의 변경을 알아차리는 것 같지 않았으나, 8개월 된 영아들은 알아차렸다. 그들은 원래의 연결된 것을 쳐다보는 것보다 유의하게 더 오랜 시간 동안 새롭게 연결된 것을 쳐다보았

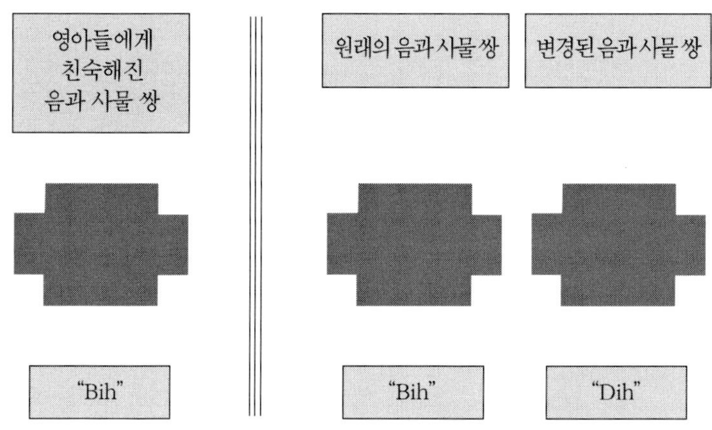


[그림 5-1] Stager와 Werker(1997)의 말지각 과제

다. 왜 어린 영아들은 보다 큰 영아들이 놓쳤던 변화를 감지할 수 있을까? Stager와 Werker는 14개월 된 영아들은 사물의 이름을 학습하는 데 그들의 주의를 집중하였고 미세한 음 차이(fine sound difference)를 알아차리지 못하는 반면, 8개월 된 영아들은 단순한 음 식별 과제에 몰두하므로 음성적 차이를 알아차릴 수 있다는 가설을 세웠다([그림 5-1] 참조).

**모국어가 아닌(nonnative) 음성적 차이의 탐지** 미세한 음성적 세부 항목을 알아차리는 영아의 능력은 자신의 모국어에만 제한되지 않는다. 생의 첫해에 그들은 전 세계의 언어 음들을 구별할 수 있는데, 이것은 성인에게는 부족한 능력이다. 영아들이 발달하여 그들이 정규적으로 들은 음을 조음하게 됨에 따라, 모국어가 아닌 음소 대조(phonemic contrasts)를 구별하는 능력은 감소한다. 모국어가 아닌 대조를 구별하는 능력은 시각적 범주화(visual categorization)와 같은 기타 인지적이고 지각적인 능력에서의 변화와 동시에 일어난다. 모국어가 아닌 대조를 식별하는 것은 언어 학습 기능에 단독으로 몰두하는 능력이라기보다는 오히려 영역 일반적인 능력(domain-general ability)일 수 있다고 연구자들은 여긴다. 그것은 다른 비언어 능력(nonlanguage abilities)과 동시에 일어나기 때문이다(Lalonde & Werker, 1995; Werker, 1995).

**음소배열 규칙의 탐지** 영아들이 자신의 모국어를 더 많이 듣게 됨에 따라, 그들은 또한 자신의 언어에서 허용할 수 있는 음소 결합을 인식하는 능력 혹은 **음소배열 규칙**(phonotactic regularities)을 발달시킨다. 예를 들어, 영어를 학습하고 있는 영아들은 /ps/ 음의 결합(ma<u>ps</u>에서처럼)은 음절 마지막 위치에서 발생하지 음절 처음 위치에서는 절대 발생하지 않는다는 것을 학습한다. 또한 /h/ 음(<u>h</u>appy에서처럼)은 음절 시작 위치에서 나타나지 음절 마지막 위치에서 절대 나타나지 않는다는 것을 학습한다. 영아들이 자신의 모국어에서 음소배열 규칙을 탐지하는 능력은 그들로 하여금 연속적인 말에서 단어들을 분절하도록 돕는다(Mattys & Jusczyk, 2001). 예를 들면, 위의 예에서 영아들이 /ps/ 연속이 음절과 단어의 끝에서 발생한다는 것을 결정할 때, 그들은 /ps/ 앞에 오는 음들은 동일한 단어의 일부분이며 /ps/ 다음에 오는 음들에서는 새로운 음절이나 단어가 시작된다는 것을 추측할 수 있다. 영아들이 자신의 모국어에서 허용할 수 있거나 허용할 수 없는 음 연속들을 구별하는 능력은 약 9개월경에 나타난다(Jusczyk, Friederici, Wessels, Svenkerud, & Jusczyk, 1993; Jusczy & Luce, 1994).

### 말에 대한 범주적 지각

말에 대한 아동들의 지각은 **범주적인데**(categorical), 이는 아동들이 입력을 범주화한다는 것을 의미한다. 더 일반적인 수준에서 아동들은 입력되고 있는 음들을 구어음(speech sounds)과 비구어음(nonspeech sounds)으로 범주화한다. 그러고 나서는 그 음의 특정한 특질에 따라 구어음들을 범주화하는 것을 학습한다. 구어음에 대한 범주적인 지각은 사람들로 하여금 다른 범주(/p/ 대 /b/)에서 음을 구별하도록 한다. 그러나 사람들은 특별한 훈련 없이는 동일한 범주(pup에서 초성과 종성의 /p/) 내의 음 변화를 구별할 수 없다. 앞서 예에서처럼 동일한 범주에서 음들의 변화는 동일한 음소에 대한 변이음(allophones)이라고 불린다. 한 음소의 변이음들은 서로 적당하게 다르다(그것들이 포함하고 있는 기식성[aspiration]의 정도에서처럼). 그러나 변이음은 음소처럼 두 단어 사이의 의미 차이를 나타내지는 않는다.

다른 범주에 있는 음들을 구별하기 위해 인간이 사용하는 메커니즘 중 하나는 음성개시시간이다. **음성개시시간**(voice onset time)은 폐쇄자음(예: p, b, t, d)의 해방과 성대 진동의 개시 사이의 간격이다. /b/ 음의 음성개시시간은 /p/ 음의 것보다 훨씬 더 짧다. 이러한 시간적인 차이는 겉보기에는 유사한 이 두 음을 구별하도록 돕는다. [그림 5-2]는 /p/와 /b/ 음소의 음성개시시간을 나타낸다. 그림 위의 왼쪽 화살표는 자음이 해방되는 지점을 보여 주고, 오른쪽 화살표는 성대가 진동하기 시작하는 지점을 보여 준다. 자음 /p/에서 화살표 사이의 공간이 더 넓은 것을 알 수 있는데, 이것은 더 긴 음성개시시간을 반영하는 것이다.

앞서 언급한 것처럼, 영아들은 자신들의 모국어 범주에 속하는 구어음과 그렇지 않은 구어음을 범주화하는 능력을 갖추고 있다. 이러한 능력은 또한 미국 수화(American Sign Language; S. A. Baker, Golinkoff, & Petitto, 2006; S. A. Baker, Idsardi, Golinkoff, & Petitto, 2005)에서의 손 형태에서도 유지된다. 이 장에서는 계속해서 언어 발달에 대한 범주 정보 능력의 영향을 더 자세하게 논의할 것이다.

**논의 요점**
(성인으로서) 당신은 외국어를 학습할 때 연속적인 말에서 의미 있는 단위들을 분리시키기 위하여 언어의 어떤 규칙성에 의존하는가?

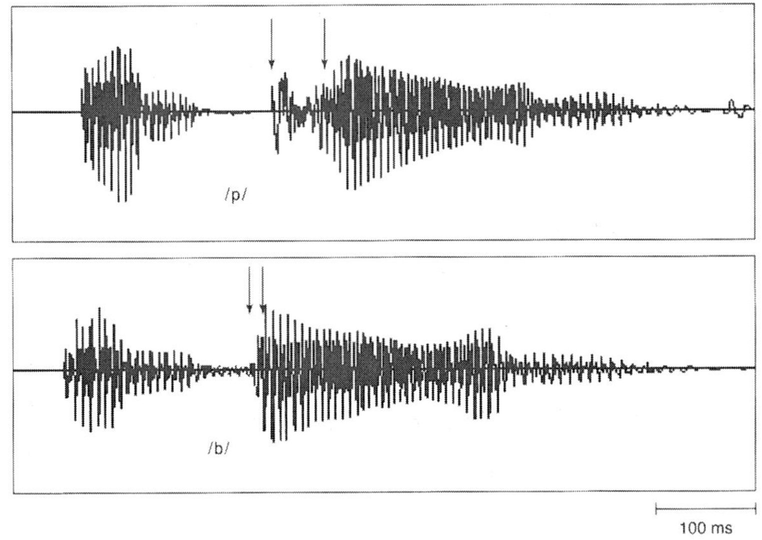


[그림 5-2] /p/와 /b/ 자음에 대한 음성개시시간

영아기부터 인간은 의미 있는 범주들로 구어음을 범주화할 수 있다. 청각장애인들도 마찬가지로 손 모양을 의미 있게 범주화한다.
사진 출처: Barbara Schwartz/Merrill.

## 행위와 의도에 대한 자각

영아들은 아장이들보다 이동성이 훨씬 떨어지나 그들 주변의 행위와 운동에 민감하다. 4개월경에 영아들은 의도적인 행위와 우연적인 행위를 구별할 수 있고 그 행동의 신체적인 세부 사항보다는 행위 저변의 의도에 초점을 맞추는 것으로 보인다(Woodward & Hoyne, 1999).

12개월경에는 심지어 자신이 어떤 행위가 발생하는 전체 상황을 볼 수 없을 때조차 목적에 대한 수단으로 합리적인 행위를 이해한다(Csibra, Bíró, Koós, & Gergely, 2003). 예를 들어, Csibra 등(2003)은 그들의 연구에서 합리적이고 비합리적인 행위를 [그림 5-3]과 같이 나타냈다. 이 연구에서 연구자들은 먼저 장애물 위로 공이 '튀고 있는(jumping)' 상황에 대하여 영아들이 친숙하게 느끼도록 하였다. 이 장면에서 장애물을 제거하였을 때, 영아들은 공이 튀는 것을 보고 놀랐다(그것이 비합리적이었기 때문이다). 그러나 그들은 이전의 장애물이 제거되고 다른

**논의 요점**
chase(추격하다)와 flee(달아나다)라는 동사를 고려해 보라. 영아가 이 두 동사를 구별하도록 돕는 기초가 되는 행위 목표를 어떻게 이해할 수 있는가?

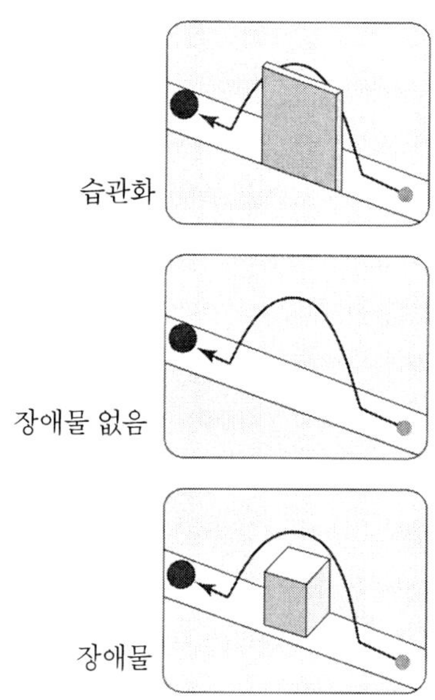


**[그림 5-3] 합리적인 행위와 비합리적인 행위**

출처: From "One-Year-Old Infants Use Teleological Representations of Actions Productively," by G. Csibra, S. Bíró, O. Koós, and G. Gergely, 2003, *Cognitive Science, 27*, p. 125. Copyright 2003 by Lawrence Erlbaum Associates, Inc. Reprinted with permission.

장애물이 제시되었을 때는 공이 '튀는' 것을 보고도 놀라지 않았다(이제는 합리적이기 때문이다). 행위 저변에 깔려 있는 목적에 대한 이해와 운동에 대한 영아의 자각은 언어 발달의 중요한 예언자가 될 수 있는데, 일단 그들이 행위 뒤의 의도를 이해하면 지적하거나 제스처하거나 실제 언어를 사용하여 의도적인 의사소통을 할 수 있기 때문이다.

## 범주 형성

항목과 사건을 그것들이 공유하고 있는 지각적이고 개념적인 자질에 따라 집단화하거나 범주를 형성하는 능력은 언어 발달에 결정적이다. 사실상 이러한 언어 전 능력(prelinguistic ability)은 가장 먼저 발달하는 것 중의 하나이며 아마도 이후의 인지와 언어적인 결과들을 가장 확실하게 예견하는 것 중의 하나일 것이다. 예를 들어, 3~9개월 된 영아들의 범주 형성 능력은 그들이 2세가 되었을 때의 일반적인 인지 능력과 언어 능력 둘 다를 예견해 주며(Colombo, Shaddy, Richman, Maikranz, & Blaga, 2004), 2.5세가 되었을 때의 인지적인 결과 또한 예견해 줄 것이다(Laucht, Esser, & Schmidt, 1995).

### 범주의 위계 구조

연구 결과들은 범주 형성이 위계적(hierarchical)이며 상위(superordinate), 하위(subordinate), 기초(basic)의 세 가지 수준을 포함한다는 의견을 지지한다([그림 5-4] 참조). **상위 수준**은 범주 위계에서 최고 수준으로, 특정한 범주에서 가장 일반적인 개념을 설명하며 음식, 가구, 의복과 같은 단어를 포함한다. 상위의 용어들은 아동이 더 나중에 습득하는 단어들 중에 있다. 아동들은 적절한 상위 범주에 대해 그들의 판단에 기초한 다수의 예들을 가지지 않는다면 학령 전까지는 상위 수준에서 단어들을 성공적으로 범주화할 수 없다(Liu, Golinkoff, & Sak, 2001). 예를 들어, 포도가 '과일'이라는 범주의 일부분이라는 것을 이해하기 위해서 다른 과일들(예: 오렌지, 바나나)이 동일한 범주의 일부라는 것을 알 필요가 있을 것이다.

**하위 수준**은 범주 위계에서 가장 낮은 수준이다. 하위 용어들은 한 범주에서 특

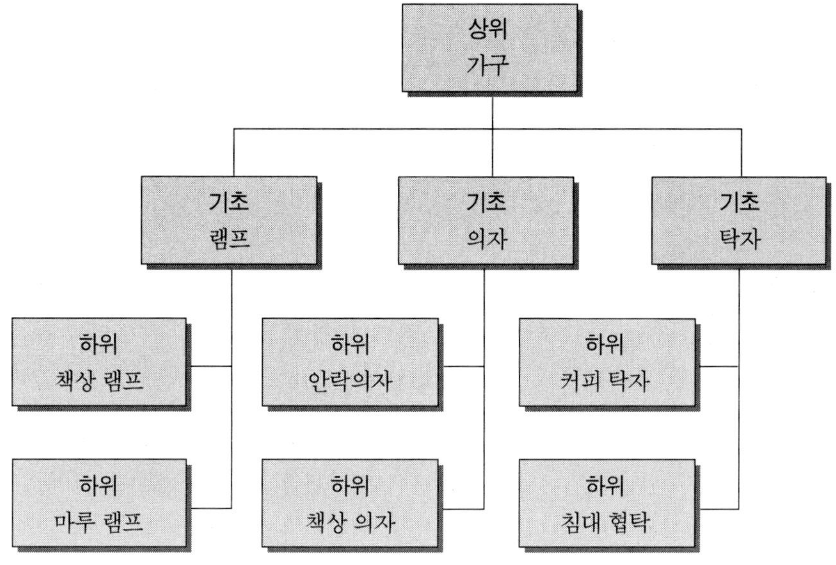


[그림 5-4] 범주들의 위계 구조

정한 개념을 설명한다. 예를 들어, garbanzo, pinto, kidney는 콩을 나타내는 하위 용어다.

**기초 수준**은 범주 위계의 중간으로 사과, 의자, 셔츠와 같은 단어를 포함하고 한 범주에서 일반적인 개념을 설명한다. 영아들의 첫 번째 범주는 기초 수준 범주이며, 그들의 첫 낱말은 기초 수준 낱말이다(Golinkoff, Shuff-Bailey, Olguin, & Ruan, 1995; Mervis, 1987; Mervis & Crisafi, 1982).

### 각 위계 수준에서의 기초 범주

새로운 개념과 단어를 학습하기 위하여 범주들의 위계 구조를 사용하는 것에 부가적으로, 영아들은 이런 위계의 각 수준에서 두 가지 기초적인 범주들, 즉 지각적 범주(perceptual categories)와 개념적 범주(conceptual categories)를 사용한다(Mandler, 2000).

**지각적 범주** 영아들은 색, 모양, 촉감, 크기 등을 비롯해 유사하게 보이는 특징에 기초하여 지각적 범주를 형성한다. 그들은 그들 주변의 사물들을 확인하고 인지하기 위하여 지각적인 범주들을 사용한다. 영아들은 매우 어린 시기인 약 3개월경에 지각적 범주들을 형성하기 시작하고, 예컨대 고양이와 강아지를 구별할 수 있다(Quinn, Eimas, & Rosenkrantz, 1993). 그리고 4개월경에는 동물과 가구를 구별할 수 있다(Behl-Chadha, 1996).

**개념적 범주** 지각적 범주가 어떤 것이 무엇처럼 보이는지를 아는 것과 관련 있다면, 개념적 범주는 영아로 하여금 어떤 것이 무엇인지를 알 것을 요구한다(Mandler, 2000). 영아들은 사물이 무엇처럼 보이는가보다는 사물이 무엇을 하느냐에 기초를 두고 개념적 범주를 형성한다. 즉, 영아들은 공은 구르고, 개는 짖고, 비행기는 난다는 것을 학습한다. 영아들은 개념적 범주를 가질 때 새로운 사물에 대하여 지각적인 유사성에 의존하지 않고 일반화하는 데 그 범주를 사용할 수 있다. 예를 들면, 실제 펭귄이나 장난감 펭귄을 단 한 번도 본 적이 없는 영아가 있다고 가정해 본다. 장난감 펭귄이 실제 펭귄과 아주 많이 흡사하게 보인다 하더라도, 개념적 범주 형성 능력이 있는 영아는 다른 살아 있는 동물들에 대한 자신의 지식에 기초하여 실제 펭귄에 대하여 추측할 것이다. 마찬가지로 그들은 이미 자신들이 알고 있는 다른 장난감의 견지에서 장난감 펭귄을 이해할 것이다. 그들은 실제 펭귄이 주변에서 움직이고 먹고 다른 펭귄들과 상호작용하는 것을 보고 놀라지 않을 것이며, 장난감 펭귄이 그러한 것을 하리라고는 기대하지 않을 것이다. 단지 그것은 실제 펭귄처럼 보이는 것이기 때문이다.

앞서 언급한 것처럼, 아동들은 매우 어릴 때 언어의 측면들을 범주화하기 시작한다. 그런데 언어 개념들이 지구상의 다양한 언어들에서 다르게 범주화되기 때문에 다른 언어를 학습하고 있는 아동들은 다른 방법으로 세계를 지각한다(〈다문화적 초점: 언어들 사이의 개념 범주화〉 참조).

다문화적 초점

## 언어들 사이의 개념 범주화

모든 문화에서 개념을 동일한 방법으로 제시하지는 않는다. 그리하여 각각의 언어는 개념을 단어로 명명하는 방법에서 서로 상이하다. 영아들은 매우 어린 시기부터 그들의 모국어가 개념을 어떻게 나타내는지를 인식하기 시작한다. 다른 언어에서 어떻게 개념이 다르게 이름 붙여지는지 다음의 예를 살펴보자.

영어에서는 containment 혹은 'put in' 관계를 특징짓는 행위와 support 혹은 'put on' 관계를 특징짓는 행위를 구별한다. 반대로 한국어는 tight-fit(끼다) 관계와 loose-fit 혹은 contact 관계를 구별한다. 이러한 구분은 영어에서는 나타나지 않는다(Choi, McDonough, Bowerman, & Mandler, 1999). 아동들은 18~23개월경에 이러한 언어의 특징적인 공간적 범주들에 민감해진다. 예를 들어, 책 한 권이 꼭 맞는 상자 안에 있을 때와 고리가 기둥에 꽉 끼인 상태로 있을 때, 한국어를 학습하고 있는 영아들은 이러한 현상을 유사하게 분류한다. 그러나 영어를 학습하고 있는 영아들은 두 현상을 다르게 취급하는데, 그들은 한 사건은 'put in' 관계를 나타내고 다른 하나는 'put on' 관계를 나타낸다고 지각하기 때문이다.

따라서 이러한 예는 아동들이 그들 주변의 공간적인 관계를 지각하는 데 있어 어릴 때부터 언어가 그들을 안내하고 있음을 제안한다. Bowerman과 Choi(2003)는 이를 **범주 생성 가설로서의 언어**(language as category maker hypothesis)라고 부른다.

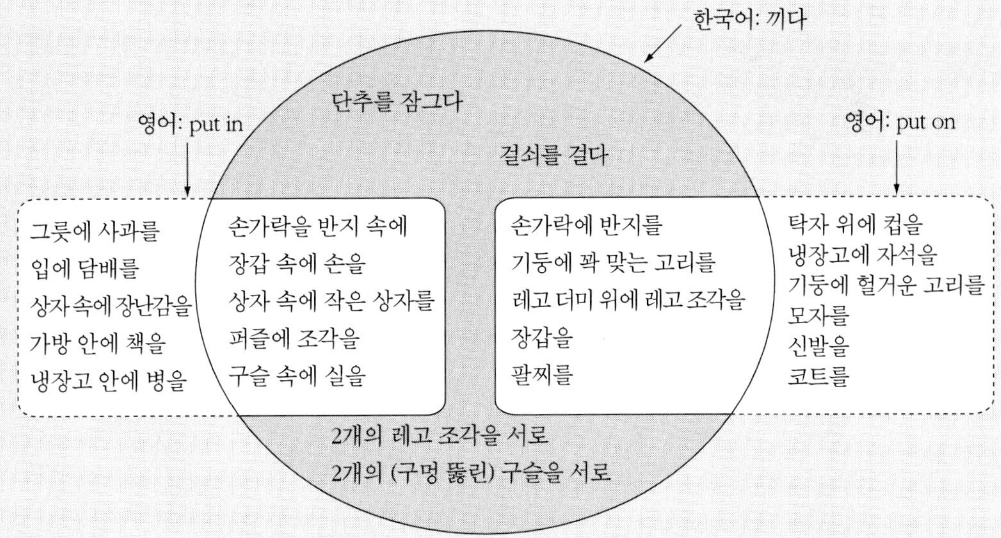


**〈영어와 한국어의 공간적 범주〉**

출처: Reprinted from *Cognitive Development*, Vol. 14, S. Choi, L. McDonough, M. Bowerman, and J. M. Mandler, "Early Sensitivity to Language-Specific Spatial Categories in English and Korean," p. 248, Copyright 1999, with permission from Elsevier.

## 초기 발성

**논의 요점**
서로 다른 언어(예: 영어 대 아라비아어)를 학습하고 있는 영아들이 공간적 범주들을 어떻게 지각하는지 결정하기 위하여 사용될 수 있는 과제의 또 다른 예는 무엇인가?

지금까지 우리는 영아기의 여러 이정표들에 대해 논의하였는데, 이를 세심하게 조사하지 못하면 인지하지 못한 채 지나쳐 버릴 수도 있다. 영아들이 구어음을 처리하는 것을 보거나 그들의 범주 형성 능력을 직접 목격한 사람은 아무도 없다. 그러나 다음에서 우리는 영아들이 생의 첫해 동안 성취하는 더 분명한 언어 전 이정표들의 일부를 논의하고자 한다. 그것은 바로 그들의 초기 발성이다.

영아들은 초기 **발성**(vocalizations)의 사용에서 매우 예견할 수 있는 양상을 따른다. 초기 발성을 연구하는 연구자들은 이러한 음들을 **단계 모델**(stage model)에 따라 종종 분류하는데, 이 모델은 영아들의 발성이 관찰할 수 있는 연속적인 양상을 따른다는 것을 의미한다. 이러한 단계 모델 중 하나는 SAEVD(Stark Assessment of Early Vocal Development; Nathani, Ertmer, & Stark, 2000)다. 이것은 부모, 연구자, 임상가들이 발성을 분류하기 위하여 사용할 수 있으며 영아의 구두 의사소통 능력 평가가 가능하다. SAEVD에 따르면, 발성 발달은 6개의 구별되는 단계들로 구성되어 있다.

**1. 반사적인 음(0~8주)** 영아들이 산출하는 첫 번째 종류의 소리는 **반사적인 음**(reflexive sounds)으로 불리는데, 이는 불편하고 괴로운 소리(울기, 안달하기)와 섭식하는 동안 산출되는 불수의적인 소리(트림하기, 기침하기)들을 포함한다. 영아들이 자신이 산출하는 반사적인 소리를 통제하지 못한다 하더라도, 성인들은 종종 이러한 반사가 마치 진정한 의사소통 의도를 가진 것처럼 반응한다. 부모들은 영아들의 가장 초기 발성에서조차 의사소통적인 기능에 대해 말한다(C. L. Miller, 1988). 부모들은 영아들을 대화에 참여시키기 위하여 영아들에게 "왜 그렇게 안달하니?"와 같은 질문을 한다. 심지어 부모들은 영아들의 반사적인 음을 그들을 위해서 더 확대 해석할 수도 있다. "오, 엄마한테 안아 달라고 말하고 있구나, 그렇지?" 부모가 아닌 사람들과 비교했을 때, 부모들은 대개 영아들의 반사적인 음에 더 많이 민감하며 고통스러워하고 울고 있는 영아들의 얼굴과 목소리를 통하여 자신들이 획득한 정보로 영아의 고통 수준을 판단한다고 한다(Irwin, 2003).

**2. 발성의 조절(6~16주)** 발성 조절 단계에서 영아들은 **쿠잉**(cooing)과 **구잉**(gooing) 소리를 산출하기 시작한다. 이러한 소리는 주로 모음으로 구성되고 일부 비음화된 자음들(즉, 기류가 코를 통해 감지된다)이 포함된다. 영아들이 자음을 산출할 때는 전형적으로 구강의 너무 뒤쪽에서 발성한다(예: "goooo"). 이러한 초기 자음들은 영아들이 혀나 입술, 치아의 더욱 정확한 조작이 요구되는 음들(예: /t/와 /f/)보다는 산출하기가 더 쉬운 음들이다.

**3. 확장(4~6개월)** 확장 단계에서 영아들은 조음자들을 더 많이 통제할 수 있고 일련의 모음뿐만 아니라 모음 활음(glides, 예: "eeeey")을 산출하기 시작한다. 또한 영아들은 이 시기에 자신들의 목소리에서 강도와 음도를 실험한다. 이 시기에 있는 영아들은 고함을 지르고, 으르렁거리며, 끽끽 비명을 지르고, '혀를 떠는 소리(물푸레질, raspberries)'와 떨리는 소리(trills)를 내기 시작한다. 또한 연구 결과들은 영아의 초기 발성이 역동적인 어머니-영아 의사소통 체계의 한 구성 요소로서, 어머니-영아 의사소통 패턴은 영아의 발성과 관련되어 있음을 제안한다. 영아의 음절적(말 같은) 발성과 음성적(말 같지 않은) 발성의 비율은 엄마와 영아 양측의 상호적 참여를 포함하는 **균형적 의사소통 양상**(symmetrical communication patterns)과는 정적 연합을 보이는 반면, 엄마만 홀로 참여하는 **일방향적 의사소통 양상**(unilateral communication patterns)과는 부적 연합을 보인다(Hsu, 2001).

**4. 조음의 통제(5~8개월)** 조음 통제 단계 동안, 영아들은 끽끽 비명을 지르면서 자신들의 목소리 강도와 음을 계속하여 탐색한다. 영아가 자신의 조음을 통제할 수 있게 됨에 따라 **주변적 옹알이**(marginal babbling)가 나타나기 시작한다. 주변적 옹알이는 일련의 짧은 자음과 모음 같은 소리를 포함하고 있는 초기 옹알이의 유형이다.

**5. 표준적 음절(canonical syllables, 6~10개월)** 6~10개월 사이에 시작하는 진정한 **옹알이**(babbling)는 자음과 모음의 짝을 포함하는 음절(자음이 모음에 선행할 때 C-V 연쇄라고 불린다)에 대한 아동의 산출에 의해서 더 초기의 발성과는 구별된다. 옹알이는 반복적이거나 비반복적일 수 있다. **반복적 옹알이**(reduplicated babbling)는 "ma ma ma" 처럼 자음-모음 짝의 반복으로 구성되는 데 반하여, **비반복적 옹알이**(nonreduplicated babbling 혹은 **음절성 옹알이**[variegated babbling])는 "da ma goo ga" 와 같이 자음-모음 연합이 반복적이지 않게 구성된다. 여러 문화에서 영아들은 자신의 음절성 옹알이에서 비음(/m/, /n/, 그리고 sing의 /ŋ/)과 폐쇄음(/p/, /b/, /t/, /d/)을 더 선호하며(Locke, 1983), 긴 발성을 산출하기 위하여 그러한 소리를 모음과 다양하게 결합시킨다. 표준적 음절 단계에 있는 영아들은 또한 **속삭이는 발성**(whispered vocalizations), **원순모음**(rounded vowels; pool의 /u/), **전설 고모음**(high front vowels; beet의 /i/)을 산출한다. 종종 부모들은 그러한 음절 결합이 성인의 말과 유사하기 때문에 아동들이 옹알이를 시작할 때 말을 시작한 것으로 본다.

건청인 영아들만이 옹알이를 하는 것은 아니다. 청각장애 영아들뿐만 아니라 자신은 들을 수 있지만 부모가 청각장애를 지니고 있는 영아들도 자신들의 손을 사용하여 옹알이를 한다. 말을 들은 영아들의 발성이 음절을 연결하는 특정한 리듬 패턴을 모방하는 것과 같이, 청각장애인 부모에게서 태어난 아기들의 손 움직임도 그러하다. 이러한 영아들은 보통의 제스처보다는 더 느린 속도로, 자신의 신체 앞쪽의 매우 제한된 공간 내에서 손 움직임을 보인다(Petitto, Holowka, Sergio, & Ostry, 2001).

**6. 진전된 형태(10~18개월)** 초기 발성의 더 진전된 단계에서 영아들은 **이중모음**(diphthongs)을 산출하기 시작하는데, 이것은 boy에서의 /ɔɪ/ 음과 fine에서의 /aɪ/ 음과 같이 2개의 모음이 같은 음절 안에 연합된 것이다. 또한 영아들은 C-V-C("gom"), C-C-V("stee"), V-C-V("abu")를 포함하여 자음과 모음의 더 복잡한 연합을 산출한다. 아마도 이 진전된 형태 단계에서 가장 눈에 띌 만한 성취는 자곤(jargon)일 것이다. **자곤**은 영아의 모국어에서 진정한 멜로디 패턴을 가지고 있는 옹알이의 특수한 형태다. 영아가 자곤을 산출하는 것을 들을 때 심지어 인지할 수 있을 정도의 단어가 없을 때라도 질문, 감탄, 명령을 듣고 있다고 생각할 수 있다. 영아들이 옹알이를 하고 있거나 자곤을 사용하고 있는 동안에 산출하는 발성이 짧은 단어나 음절처럼 들릴지라도 그러한 발성은 진정한 단어로 간주되지 않는데, 그것은 참조적(referential)이지 않으며 의미를 전달하지도 않기 때문이다. 오히려 이 단계에서 영아들은 자신의 모국어의 음들을 여전히 탐색하고 있다.

## 부가적인 이정표

영아들은 언어 발달을 통한 여행에서 첫해 동안 많은 중요한 이정표들에 도달한다. 우리가 구어 지각, 행동과 의도에 대한 자각, 범주 형성, 초기 발성 부분에서 논의했던 것처럼, 이러한 이정표들은 절대적인 능력이라기보다는 오히려 첫해 동안 점층적 발달을 포함한다. 〈발달표: 영아기〉는 영아들이 음운론, 의미론, 화용론에서 도달하는 많은 이정표들을 나타낸다.

**〈발달표: 영아기〉**

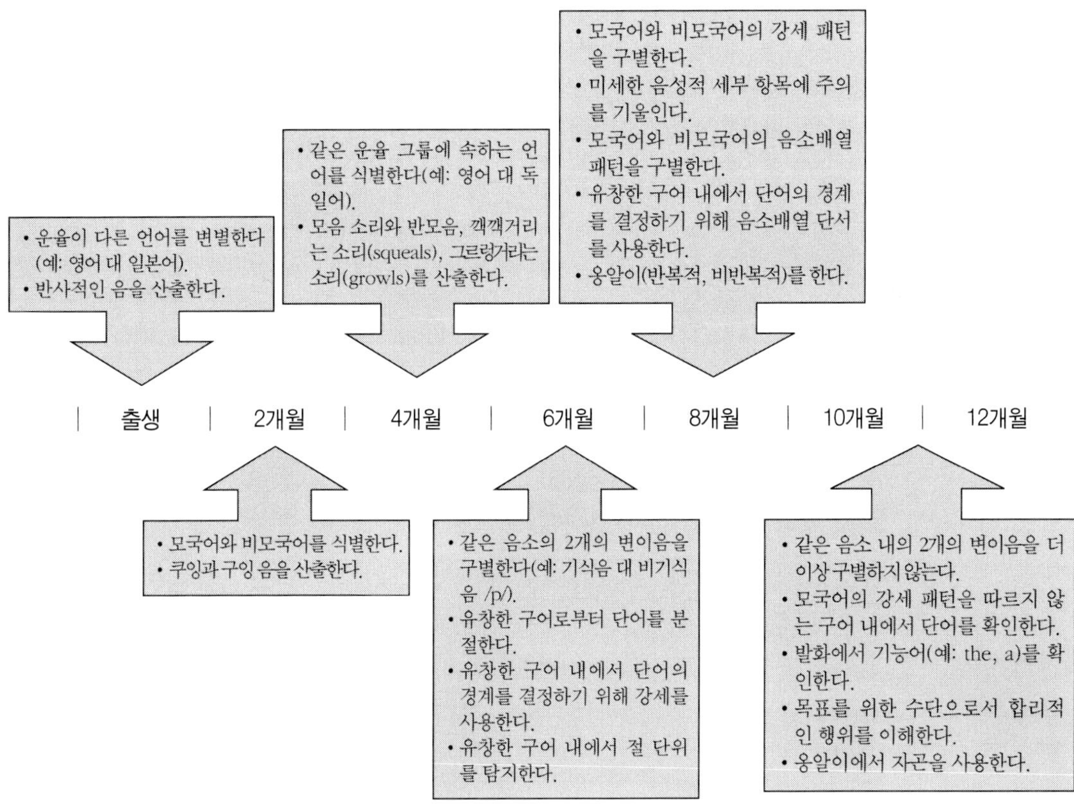

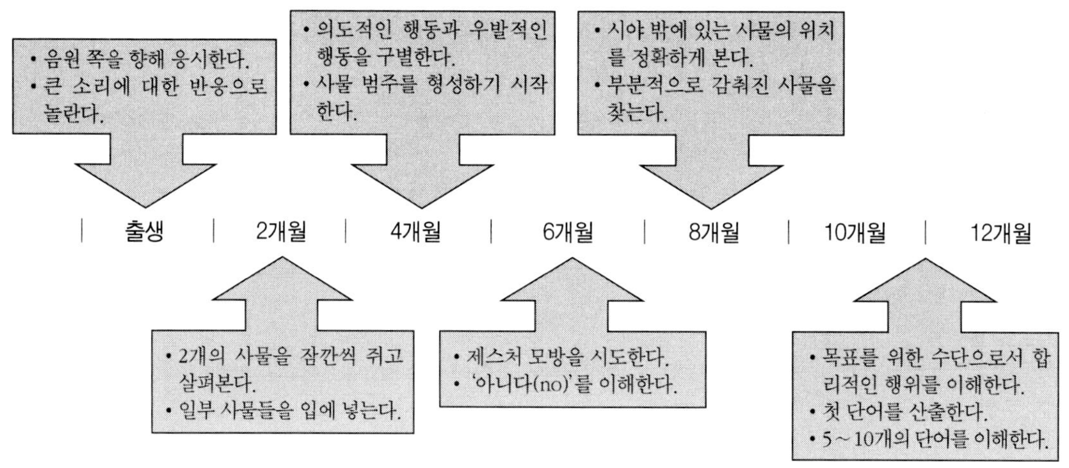


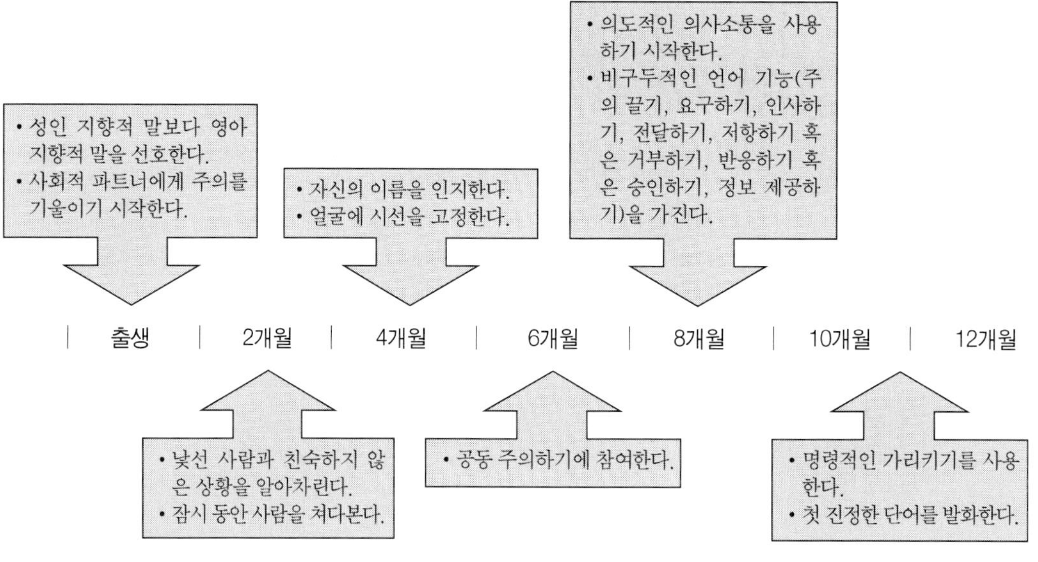


출처: (1991); Colombo, Shaddy, Richman, Maikranz, and Blaga (2004); Cooper and Aslin (1990); Csibra, Bíró, Koós, and Gergely (2003); Gard, Gilman, and Gorman (1993); Jusczyk (2003); Nathani, Ertmer, and Stark (2000); Woodward and Hoyne (1999).

## 언어 발달을 위한 초기 기초

영아기 동안 영아가 받은 입력의 양과 질뿐만 아니라 그들이 참여한 사회적 상호작용의 유형은 언어 발달을 위한 중요한 초기 기초를 형성한다. 후기 언어 발달을 가능하게 하는 일부 기초들은 영아 지향적 말(infant-directed speech), 공동 언급하기(joint reference)와 공동 주의하기(joint attention), 영아의 일상, 양육자 반응성이다. 이 절을 읽어 나갈 때 제2장에서 학습한 언어 발달 이론을 되짚어 생각해 보라. 언어 발달에 대한 이러한 초기 기초들은 언어 발달에서 환경의 중요성을 전제로 하고, 성인들이 제공하는 언어적 입력과 영아들이 다른 사람들과 함께 참여하는 사회적 상호작용을 조건으로 한다. 이 모든 요소들은 양육 환경에서 영향을 받는다는 언어 발달 이론의 핵심이다.

### 영아 지향적 말

**영아 지향적**(infant-directed: ID) 말은 **엄마 말**(motherese), **아기 말**(baby talk), **아동 지향적 말**(child-directed speech)이라고도 하는데, 이는 어린 언어 학습자의 의사소통 상황에서 성인이 사용하는 말이다. ID 말은 여러 가지 구별되는 준언어학적(paralinguistic), 구문적(syntactic), 담화(discourse) 특징을 가지고 있다. ID 말의 **준언어학적** 특징, 혹은 언어학적 정보 이외의 구어방법을 묘사하는 것들은 전반적으로 높은 음도, 과장된 음도 곡선, 성인 지향적(adult-directed: AD) 말보다 더 느린 속도를 포함한다(Snow, 1972; Snow & Ferguson, 1977). ID 말의 **구문적** 특징은 더 짧은 평균 발화 길이(MLU)나 하나의 발화에서 형태소의 수가 더 적은 것, 더 적은 종속절, 더 많은 내용어와 더 적은 기능어를 포함한다. ID 말의 **담화** 특징은 AD 말에서 사용되는 것보다 더 많은 반복과 질문들을 포함한다. 〈표 5-1〉은 ID 말과 AD 말의 준언어학적, 구문적, 담화 특징들을 비교한 것이다.

차별화된 특징들을 가지고 있는 것 외에도, ID 말은 많은 특수한 목적을 제공하는 것으로 보인다. ID 말은 영아의 주의를 끌며 영아들, 심지어 신생아들도 AD 말보다 ID 말을 더 좋아한다(Cooper & Aslin, 1990; Fernald & Kuhl, 1987). 또한 ID

〈표 5-1〉 영아 지향적(ID) 말과 성인 지향적(AD) 말의 비교

| | ID 말 | AD 말 |
|---|---|---|
| 특징 | 예 | 예 |
| 준언어학적 특징 | | |
| • 전반적으로 높은 음도<br>• 과장된 음도 곡선<br>• 더 느린 속도 | 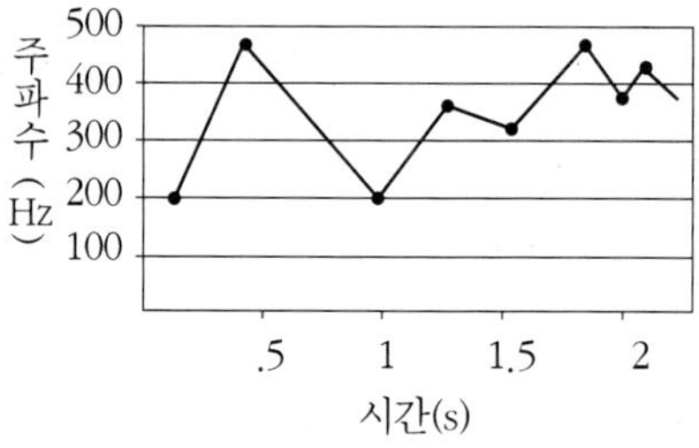 주파수(Hz) 500 400 300 200 100<br>.5 1 1.5 2<br>시간(s) | 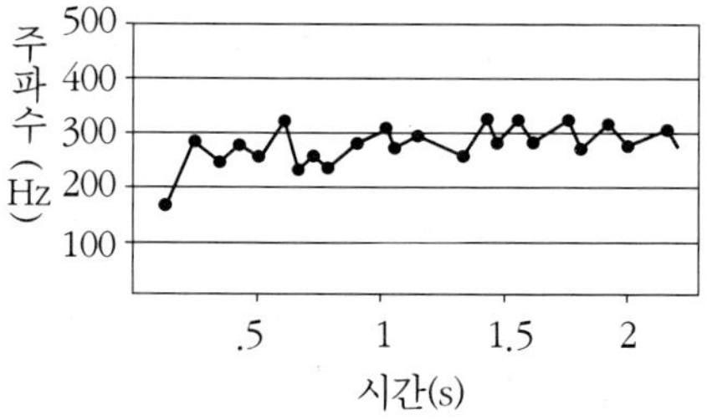 주파수(Hz) 500 400 300 200 100<br>.5 1 1.5 2<br>시간(s) |
| 구문론적 특징 | | |
| • 평균 발화 길이가 더 짧음 | "You want potatoes?" | "Would you like mashed potatoes with your meal?" |
| • 종속절이 더 적음 | "I brought you a gift. Grandmom brought you a gift. Grandpop brought you a gift." | "I brought you a gift and Grandmom and Grandpop did, too." |
| • 내용어는 더 많고 기능어는 더 적음 | "See bike?" | "Do you see that bike on the sidewalk?" |
| 담화 특징 | | |
| • 반복이 많음 | "Let's look at the book. Should we open the book? You like books?" | "I'd like to read that book." |
| • 질문이 많음 | "Is that Daddy? Is that Daddy over there?" | "Hey, there's your friend from work." |

말은 의사소통하고 있는 감정과 화자의 의사소통적인 의도를 보조한다(Fernald, 1989; Trainor & Desjardins, 2002). 연구자들은 영아들의 주의를 끌고 유지하는 것으로 생각되는 준언어학적인 변화들을 미국 영어에서보다는 다른 여러 언어들, 즉 독일어(Fernald & Simon, 1984), 불어, 이탈리아어, 일본어, 영국 영어(Fernald et al., 1989), 만다린 중국어(Papousek, Papousek, & Symmes, 1991)에서 입증하였다. 이러한 언어들을 조사한 결과, 전 세계적으로 성인들은 자신의 구어에서 운율(즉, 강세와 리듬)을 수정하여 영아들에게 말하는 것으로 나타났다(그러나 Bernstein Ratner & Pye, 1984; Pye, 1992; Smith-Hefner, 1988을 보라).

언어 발달 측면에서 ID 말은 과장된 모음을 포함하는데, 이것은 영아들로 하여금 유창한 구어에서 그 모음들을 포함하고 있는 단어들을 처리하는 것을 촉진시킬 수도 있다(Burnham, Kitamura, & Vollmer-Conna, 2002). 또한 ID 말은 전치사와 관사 같은 기능어와 비교하여 명사와 동사 같은 내용어를 더 강조하고(van de Weijer, 2001), 이러한 단어들에는 발화의 끝에서 과장된 음도 상승이 있으며, 이것이 영아들로 하여금 그 단어들을 기억하게 하는 것 같다(Fernald & Mazzie, 1991). 더욱이 ID 말은 휴지(pause)를 과장하는데, 이는 구어에서 영아들이 주요한 구문적 단위들을 감지하는 것을 돕는 단서가 된다(Bernstein Ratner, 1986). ID 말의 리듬은 다른 언어(예: 일본어; Fisher & Tokura, 1996)에서도 발화와 구 경계 모두에서 신뢰할 만한 음향학적 상관이 있는 것으로 구별된다. 적어도 새로운 단어와 구를 소개하기 위하여 사용하는 ID 말은 영아들의 주의를 끌어야만 하고 그들이 들은 구어에 초점을 맞출 기회를 증가시켜야만 한다.

## 공동 참조하기와 공동 주의하기

제2장에서 언어 발달에 대한 Vigotsky의 관점을 상기해 본다. Vigotsky에 따르면, 언어 발달은 아동이 자신보다는 더 발달된 또래나 성인들과 함께 사회적으로 상호작용함에 따라 자신의 근접발달영역(ZPD) 내에서 발생하는 역동적인 과정이다. Adamson과 Chance(1998)는 Vigotsky 접근법을 따라 사회적 상호작용을 통한 영아의 언어 발달에 대하여 설명하였다. 이들 연구자는 공동 참조하기와 공동 주의하기와 관련하여 영아기에는 세 가지 주요한 발달 단계가 포함된다고 가정하였다([그림 5-5] 참조).

- 단계 1: 사회적 파트너에 주의
- 단계 2: 공동 주의하기의 출현과 협응
- 단계 3: 언어로의 전이

각 단계에서 성인들은 자신의 문화 렌즈를 통하여 영아들의 상호작용을 의미 있는 것으로 본다. 더욱이 성인들은 영아들이 사회적인 변화의 구성 요소들에 대

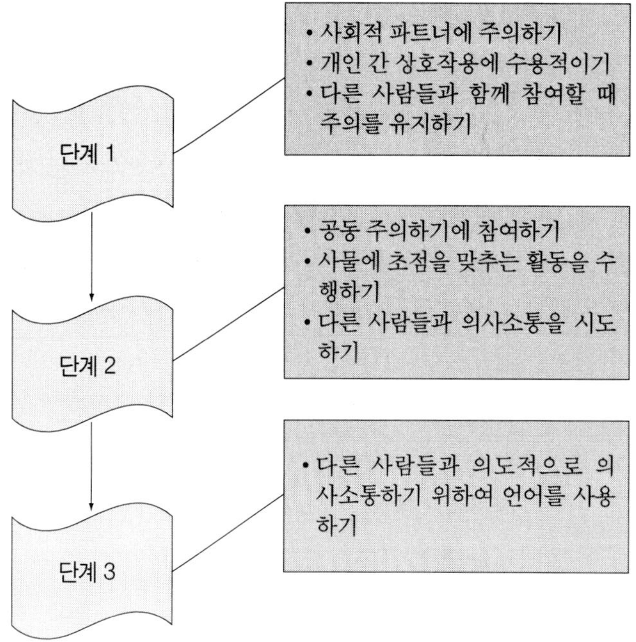


**[그림 5-5] Adamson과 Chance(1998)의 사회적 상호작용을 통한 언어 발달의 세 단계**

하여 독립적으로 숙달할 수 있을 때까지 각 단계에서 영아들의 표현을 지지한다.

### 단계 1: 사회적 파트너에 주의(출생~6개월)

출생부터 약 6개월까지의 첫 번째 단계에서 영아들은 사회적 파트너에게 주의하는 패턴들을 발달시킨다. 생후 초기 몇 달 동안 그들은 주의를 유지하고 지속적으로 주의를 기울임으로써 '조직화'되는 방법을 학습하고, 개인 간의 상호작용을 평가하고 상호작용에 참여한다. 영아들은 특히 이 단계 동안 사람의 얼굴, 특히 부모의 얼굴을 쳐다보는 데 흥미를 가진다.

### 단계 2: 공동 주의하기의 출현과 협응(6개월~1세)

두 번째 단계인 대략 6개월부터 1세까지 영아들은 주변의 사물을 쳐다보고 조작하는 데 더 많은 흥미를 가지기 시작한다. 이 단계 동안, 영아들은 관심 있는 사물과 다른 사람 사이에 자신들의 주의를 이동하기 시작한다(Adamson & Chance,

1998). 이 활동은 공동 주의하기의 출현 신호다. **공동 주의하기**(joint attention)는 둘 혹은 그 이상의 개인이 초점이 되는 하나의 외부 사물에 동시에 정신적 초점을 맞추는 데 참여하는 것이다. 예를 들면, 어머니가 자신의 아이 앞에서 장난감을 흔들어서 아이가 그것을 볼 때, 어머니와 아이는 장난감에 관해 공동 주의하기에 참여하고 있는 것이다. 부모가 동화책을 아이들에게 읽어 주고 그들이 함께 그림을 볼 때도 공동 주의하기에 참여하고 있는 것이다. 이처럼 겉보기에는 단순한 활동이 초기 의사소통 발달을 위한 결정적인 통로를 제공하는데, 이는 공동 주의하기의 기간이 명명하기(labeling)와 같은 중요한 의사소통적인 교환을 촉진하기 때문이다(Ninio & Bruner, 1978). 사실상 보호자와 함께 더 긴 시간 동안 공동 주의하기에 참여하는 아동들은 그런 경험이 더 적은 아동들보다 18개월에 비교적 더 많은 어휘를 가진다(Tomasello & Todd, 1983).

종종 부모들은 공동 주의하기 기간 내내 영아의 참여를 지속시키는 데 많은 책임이 있다. 성인들은 활기찬 목소리로 말하거나 **지지된 공동 참여하기**(supported joint engagement)로 그들이 참여하는 동안 영아에게 새로운 사물들을 보여 주는 것과 같은 기법들을 사용할 수도 있다. 어머니들이 영아의 주의를 **유지하기** 위하여 전략을 사용하는 정도는 18개월에 지속적으로 주의집중을 유지하는 영아의 능력과 정적인 상관이 있다(Bono & Stifter, 2003). 반대로 어머니들이 영아의 주의집중 방향을 고치기 위하여 전략들을 지속적으로 사용하는 정도는 영아가 유지된 주의집중에 참여하는 능력과 부적인 상관이 있다(Bono & Stifter, 2003).

공동 주의하기는 왜 그렇게 중요한가? 공동 주의하기가 안 된다면 영아들은 그들의 파트너와 보호자들이 자신들을 위하여 사물과 사건들에 이름을 붙여 주는 단어 학습 기회를 놓치게 될 수도 있다. 한 어머니가 자신의 아들을 혼란스럽게 만들고 있는 장면을 상상해 보자. 어머니는 위쪽을 가리키면서 "아기 새(birdie)를 봐."라고 발화하고, 영아는 어머니의 제스처를 놓치고 자신의 새 신발을 주의 깊게 탐구하고 있는 동안에 '아기 새(birdie)'라는 단어를 들었다. 이 상황에서 어머니와 아들은 이 세상 속의 동일한 실체에 함께 주의 집중하지 못하였다. 따라서 이 영아는 아마도 아기 새라는 단어가 참조하는 것을 학습하지 못할 것이다. 최악의 경우 영아는 아기 새라는 단어를 자신의 새 신발과 관련지을 수도 있다. 그러나 영아들은 화자의 참조적인 의도에 대한 추론을 지지하기 위하여, 그리고 사물과 사건에 초점이 맞춰질 때 그 사물과 사건에 대하여 자신이 들은 단어를 관련짓는 것을 학습하기 위하여 단서들—주목(사람이 쳐다보고 있는 것을 가리키는 사람의 시선 방향), 제스처(예: 가리키기), 목소리의 방향, 자세를 포함하는—을 사용하여 곧 적응하게 된다(Baldwin, 1991).

영아들이 다른 사람의 의도를 추론하기 위하여 단서들을 사용할 수 있기 전, 그들은 **상호 주관적인 인식**(intersubjective awareness) 혹은 한 사람이 다른 사람과 어떤 외부 사물이나 행동에 대하여 정신적인 초점을 공유한다는 인식을 가져야만 한다. 영아들은 자신들이 다른 사람들과 함께 정신적인 초점을 공유할 수 있다고 깨닫고 난 이후에만 다른 사람들의 참조적인 행위를 의도적인 것으로 해석하기 시작하며, 자신의 행위를 참조적으로 사용하기 시작한다. 이러한 기술은 **의도적 의사소통**(intentional communication) 혹은 다른 사람들과 계획적으로 의사소통하기 위한 영아들의 시도라고 불린다. 의도적 의사소통을 연구하는 연구자들은 영아들의 의사소통적인 행위들이 전의도적(preintentional)인지 의도적(intentional)인지를 결정하기 위하여 일부 지침들을 고안하였다. 의도성(intentionality)에 대한 지표들은 다음을 포함한다. 영아는 사물과 의사소통 파트너 사이를 번갈아 쳐다본다. 영아는 가리키기와 같은 의식적인 제스처를 사용한다. 영아는 의사소통 시도가 실패할 때 자신의 제스처를 반복하거나 수정함으로써 목표를 지속한다(Bates, Camaioni, & Volterra, 1975). 의도적인 의사소통은 8~10개월 정도에 출현하기 시작한다.

흥미로운 사실은 영아들이 가리키기의 다양한 형태를 사용하는 데 숙련된다는 것이다. 그들은 자신들에게 사물을 찾아서 가지고 오도록 성인들에게 요구하는 것과 같은 **명령적 가리키기**(imperative pointing)를 사용한다. 영아들은 약 10개월경에 이러한 유형의 가리키기를 사용하기 시작하는데, 예를 들어 자신은 닿을 수 없는 장난감을 누군가 자신에게 가져다주기를 원한다. **서술적 가리키기**(declarative pointing)는 영아와 성인 사이의 사회적 과정과 관련이 있다. 영아들은 사물에 성인의 주의를 끌기 위하여 그리고 사물을 설명하기 위하여 서술적인 가리키기를 사용한다. 연구 결과들에서 아동들은 자신이 명령적인 가리키기를 이해하고 산출할 때보다 더 나중에 서술적인 가리키기를 산출하고 이해하는 것으로 나타났다. 아울러 영아들의 서술적인 가리키기의 산출은 다른 사람들의 의도에 대한 자신의 이해와

**논의 요점**
영아들에게 왜 서술적인 가리키기가 명령적인 가리키기를 하는 것보다 더 도전적이라고 생각하는가? 서술적인 가리키기는 다른 사람들의 의도를 이해하는 것과 어떻게 관련될 수 있는가?

영아들이 사물에 주의를 끌고 설명하기 위하여 서술적인 가리키기를 산출하는 것은 다른 사람들의 의도에 대한 그들의 이해와 관련된다.
사진 출처: © Michael Newman/Photo Edit Inc.

관련되지만 명령적인 가리키기의 경우는 그렇지 않다(Camaioni, Perucchini, Bellagamba, & Colonnesi, 2004).

### 단계 3: 언어로의 전이(1세 이상)

사회적 상호작용을 통한 언어 발달의 세 번째 단계에서 아동들은 자신의 의사소통적인 의도를 언어를 사용하여 다른 사람들에게 나타내기 시작한다. 이 단계에 있는 영아는 공동 주의하기와 잘 수립된 의도성을 이해할 수 있게 됨으로써 다른 개인들과 함께 사회적으로 참여할 수 있게 되고, 이러한 상호작용 내에서 사건과 사물을 나타내기 위하여 언어를 사용할 수 있게 된다. 이 단계 동안에도 부모와 다른 성인들이 활동적으로 참여하는 것이 여전히 중요하다. 1세경에 영아들의 주의집중에 어머니들이 말로 격려하는 것은 이 나이 영아들의 언어 발달과 긍정적인 관련이 있다(Karrass, Braungart-Rieker, Mullins, & Lefever, 2002).

주목할 만한 것은 언어 발달 단계에 대한 연구를 통하여 사람들은 의도적인 의사소통자가 되고 있는 영아들의 욕구를 최대한 충족시켜 주기 위하여 상품 제작 방법을 고려한다는 것이다. 이에 따라 마케팅을 포함한 여러 영역들에 실제적으로 영향을 미치고 있다. 〈이론에서 실제까지: 언어 발달과 마케팅〉은 장난감 산업이 영아들의 발달하고 있는 능력에 얼마나 주목하고 있는지를 보여 주는 예다.

### 언어 발달과 마케팅

언어 발달 이론들과 그 이론들을 전파하는 연구들은 육아 실제에 영향을 미치며, 심지어 부모들이 자녀들을 위하여 구입하는 물품들에도 영향을 미친다. 예를 들면, Hirsh-Pasek와 Golinkoff(2003)는 왜 "아동들은 더 많이 놀고 덜 기억할 필요가 있는가"에 대하여 강력한 이론적 근거를 제시하였다. 그 예로 Albert Einstein의 아동기를 인용하면서, Hirsh-Pasek와 Golinkoff는 "아동으로서 그의 학습의 대부분은 놀이를 통하여 생겨났다. 그의 부모와 가족들은 그의 관심사에 주의를 기울였고 수업, 장난감, 책 등으로 그 관심사를 충족시켜 주었다." (p. 245)라고 강조하였다.

영아들에게서 언어가 어떻게 발달되는가에 대한 이해는 지속적으로 증가하고 있는데, 장난감 산업은 이러한 이해를 바탕으로 변화하고 있다. 예를 들면, Fisher-Price는 언어 발달을 장려하는 Laugh & Learn 상품 시리즈를 가지고 있다(www.fisher-price.com/us/learning/). 예를 들어, Laugh & Learn 학습 전화기는 영아들로 하여금 원인과 결과 행위를 이해하고, 단어와 이미지 사이의 관계를 형성하며, 대화에서 주고받기를 경험하는 것을 돕도록 고안되었다.

## 영아기의 일상

영아들의 일상은 편안하며 예견할 수 있는 여러 일과로 구성된다. 음식을 먹고, 목욕하고, 옷을 입고, 기저귀를 가는 것과 같은 표면적으로는 따분해 보이는 일과들에서 언어를 학습할 여러 기회가 덤으로 제공된다. 아버지가 자신의 영아에게 음식을 먹이고 있는 장면을 생각해 보자. 이러한 일과 동안에 보호자들은 종종 야구나 축구 경기 해설자가 하는 것과 유사하게 자신의 영아들에게 해설을 한다. 아기들은 종종 "좋아, 크게 벌려 봐. 여기 사과 소스가 간다." "아이쿠, 거기에 조금 떨어뜨렸구나." "와우, 네가 한 병을 다 먹었구나!"와 같은 말들을 듣게 된다. 또한 스스로 음식을 먹기에는 너무 어리나, 부모들이 그들에게 음식을 먹이는 동안 매일 반복된 구와 같은 단어들을 들음으로써 혜택을 보게 된다. 영아들은 이야기에서 듣게 되는 패턴을 인식하고 확인하는 데 적응하게 된다. 또한 단어와 구를 반복적으로 들음으로써 어디서 쉬어야 하는지 조절할 수 있게 되고 구어 흐름에서 구나 절, 실제적으로 단어들을 분절하는 것에 도움을 받게 된다. 그들은 또한 음소배열론(phonotactics), 혹은 자신의 모국어에서 받아들여지는 음의 연합에 대하여 학습한다. 일과는 영아들로 하여금 수많은 언어학적 패턴들을 만나게 할 뿐만 아니라 보호자들과 함께 주의하게 하는 사건에 참여할 기회들을 많이 제공한다.

## 양육자 반응성

**양육자 반응성**(caregiver responsiveness)은 영아들의 발성과 의사소통적인 시도에 대한 양육자들의 주의와 민감성을 말한다. 양육자 반응성은 다른 사람들이 그들의 행동과 의사소통적인 시도를 가치 있게 여기는 것을 영아들에게 가르치는 데 도움이 된다. 양육자들이 영아들의 의사소통적인 시도에 지속적이며 연속적이고 적절하게 반응하는 것은 영아들이 함께 주의하는 기간을 길게 유지하려고 하는 욕구와 능력을 촉진하며 의사소통하고자 하는 동기를 증가시킨다. 연구 결과들은 영아들이 6~12개월일 때 보이는 의사소통적인 행동에 대하여 어머니들이 매우 지속적으로 확인하였을 때(Meadows, Elias, & Bain, 2000) 결국 훨씬 더 높은 수준의 반응성을 촉진할 수 있다고 하였다.

양육자가 제공하는 반응성의 양과 질 모두 초기 언어 발달에 큰 역할을 한다. 반응적인 어머니의 언어 입력은 발성과 같은 영아들의 초기 의사소통적인 행동보다 첫 낱말을 말하는 것과 두 낱말 발화를 산출하는 것을 포함하여 영아들이 중요한 언어 이정표에 도달하는 시기와 더 많은 관련이 있다(Nicely, Tamis-LeMonda, & Bornstein, 1999; Tamis-LeMonda, Bornstein, & Baumwell, 2001).

Weitzman과 Greenberg(2002)는 양육자 반응성을 핵심적으로 나타내는 것으로 다음의 일곱 가지 특징을 설명하였다. 이들은 어린 아동들의 언어 발달을 향상시키는 것과 관련이 있다(예: Girolametto & Weitzman, 2002):

① 기다리기와 들어주기: 부모들은 개시를 기대하며 기다리고, 개시를 인정하기 위하여 느린 속도를 사용하고, 아동이 메시지를 완성하도록 하기 위하여 아동의 말을 들어준다.

② **아동의 주도를 따르기**: 부모들은 아동이 구어이든 비구어이든 개시를 할 때, 모방을 사용하고 모호한 승인을 피하며 의도적인 구어로 반응함으로써 아동의 주도를 따른다.

③ **함께하기와 놀아 주기**: 부모들은 아동의 흥미에 초점을 맞추고 지배적이지 않게 놀아 준다.

④ **마주 보기**: 부모들은 자신들이 아동의 수준보다 위에 있을 때 마주 보는 상호작용을 촉진하기 위하여 아동 쪽으로 몸을 구부리거나 바닥에 앉음으로써 신체적 수준을 조정한다.

⑤ **질문하기와 이름대기를 많이 하기**: 부모들은 다양한 wh- 의문문(예: "Who?" "Where?" "Why?")을 사용함으로써, 메시지를 분명하게 하고 정보를 얻기 위해서만 예-아니요 의문문을 사용함으로써, 검사와 수사어구가 많은 질문을 피함으로써, 그리고 반응을 기대하며 기다려 줌으로써 대화를 격려한다.

⑥ **주고받기를 격려하기**: 부모들은 반응을 기대하며 기다리고, 성인-아동 차례의 횟수와 길이의 균형을 맞추며, 아직 단어를 연결하지 못하는 아동들의 문장을 완성시켜 준다.

⑦ **확장하기와 확대하기**: 부모들은 아동들의 단어를 반복해 주고 문법적으로 고쳐 주거나 다른 생각을 덧붙여 줌으로써 확장하고 확대하며, 정보를 제공하고, 예견하며, 가정하고, 느낌을 이야기하기 위하여 설명하기와 질문하기를 사용한다.

## 영아기를 특징짓는 언어의 내용, 형식, 사용에서의 주요 성취

언어는 세 가지의 규칙 지배적인 영역인 내용, 형식, 사용으로 구성되며 그것들이 함께 통합되어 전체인 언어가 된다. 언어 **내용**은 사람들이 사용하는 단어와 그 단어 뒤의 의미다. 사람들은 다른 사람들이 말하고 있는 것을 이해하기 위하여 혹은 자신의 생각을 표현하기 위하여 단어를 상기하고 조직화할 때 자신의 어휘체계, 혹은 **어휘집**(lexicon)을 통하여 내용을 표현한다. **형식**은 사람들이 내용을 전달하기 위하여 음, 단어, 문장을 배열하는 방법이다. **사용**은 언어 화용론, 혹은 사람들이 개인적이고 사회적인 욕구들을 표현하기 위하여 다른 개인들과 상호작용할 때 언어를 사용하는 방법이다.

## 언어 내용

영아들이 생의 첫해 동안 여러 흥분될 만한 이정표에 도달하지만, 첫 낱말보다 더 축하할 만한 것은 없다. 평균적으로 영아들은 12개월경에 진정한 첫 낱말을 산출한다. 대개 첫 낱말들은 엄마, 아빠, 멍멍이 등과 같이 영아들의 일상생활 속에서 중심적인 사람과 사물들에 해당된다. 연구자들은 영아들의 발성이 세 가지 중요한 기준을 충족했을 때 **진정한 단어**(true word)로 간주한다.

첫째, 영아들은 분명한 의도를 가지고 진정한 단어를 말해야만 한다. 한 여아가 자신의 주스 컵에 손을 뻗으면서 '주스'라는 단어를 말할 때, 그 아기는 자신의 음료를 언급하려는 분명한 의도를 확실히 가지고 있는 것이다. 만약 아기의 어머니가 "주스라고 말해 봐. 엄마한테 주스 해 봐."라고 말하고 나서 아기가 주스라는 단어를 말한다면, 연구자들은 그 영아의 발화가 진정한 단어라기보다는 오히려 모방이나 반복이라고 간주할 것이다.

첫 낱말은 대개 어머니, 아버지, 애완동물 등과 같이 영아들의 일상에서 중심적인 사람과 사물들에 해당된다.
사진 출처: © Michael Keller/Corbis.

둘째, 영아들은 진정한 단어를 성인의 형태와 근접하게 인식할 수 있을 만큼의 발음으로 산출해야만 한다. 12개월 아기들은 모든 음들을 정확하게 산출할 수 없지만, 그들의 첫 낱말은 성인의 형태와 매우 비슷한 소리여야 하며 다른 사람들도 그것을 인지할 수 있어야 한다. 따라서 한 아동이 mommy를 "mama"라고 한다면 진정한 단어에 아주 충분히 근접했다고 할 수 있다. 그러나 한 아동이 mommy를 "goo"로 발음한다면(심지어 지속적으로, 자신의 어머니가 분명하게 언급하고 있는 동안에도 그렇게 발음한다면) 성인의 형태에 전혀 근접하지 않으므로 진정한 단어의 기준을 충족하지 않는다.

셋째, 진정한 단어는 아동이 지속적으로 사용하며 본래의 맥락에서 벗어나 모든 적절한 사례로 일반화하는 단어다. 앞서 "주스"라고 말한 여아의 경우는 자신의 사과 주스뿐만 아니라 오렌지 주스, 포도 주스, 그리고 동화책에 있는 주스 그림을 보고도 주스라는 단어를 사용할 것이라고 기대할 수 있다. 단어들은 사물, 사건, 활동들의, 그리고 하나의 사례에서만이 아니라 범주들을 명명하기 때문에 영아들은 자신의 단어가 진정한 단어의 기준을 충족하도록 하기 위하여 여러 적절한 경우들에 그 단어들을 일반화할 수 있어야만 한다.

## 언어 형식

영아들의 언어 형식은 세 가지 영역 중에서 가장 단순하다. 영아들은 약 1세까지는 첫 낱말을 산출하지 못하기에 그 시기까지는 실체들을 말하는 진정한 언어 형식이 아직 없다. 영아들이 첫 낱말을 사용하기 시작할 때는 대개 그 단어들(예: "Daddy.")을 수개월 동안 분리하여 발화하는데, 이는 그들이 단어들을 연결하여 짧은 구(예: "Daddy up.")를 만들기 전까지 그러하다. 그러나 영아들은 다단어 발화를 **산출**하고 있지 않다 하더라도 전형적으로 1세경에는 일부 다단어 발화들, 특히 그들이 여러 번 들어왔던 것들(예: "Bye-bye, Mommy." "Baby want milk?")을 **이해**한다.

## 언어 사용

아장이들은 자신이 새롭게 획득한 언어기술 모두를 (표면적으로는 연속적으로) 탐색하게 되므로, 영아기에는 아장이기의 언어 폭풍 이전의 고요함이 있다. 영아들은 수다쟁이는 아닐지라도 주변 사람들이 의사소통하기 위하여 언어를 어떻게 사용하는지 듣고 관찰하고 학습하는 데 대부분의 시간을 보낸다. 심지어 영아들은 첫 낱말을 발화하기 전에 의사소통하기를 열망한다. 의도적으로 의사소통하고 있는 영아들은 다양한 구어 전의(preverbal) 언어 기능들을 사용하는데(대개 8개월 경에), 다음과 같다(Kent, 1994).

- 자신에게 주의집중을 시도하기: 영아들은 자신에게 주의를 끌기 위하여 성인의 옷을 잡아당길 수도 있다.
- 사건, 사물, 혹은 다른 사람들에게 주의집중을 시도하기: 영아들은 자신의 환경 속에 있는 것들에 주의를 끌기 위하여 그것들을 지적한다.
- 사물 요구하기: 영아들은 자신이 가지고 싶은 사물을 지적하기 위하여 명령적 가리키기를 사용한다.
- 행위 요구하기: 영아들은 성인이 사물을 가지고 어떤 것을 하기를 원할 때 성인에게 사물을 건네준다.
- 정보 요구하기: 영아들은 성인이 어떤 사물의 이름을 붙이거나 그 사물에 대하여 다른 정보를 제공해 주기를 원하여 그것을 가리킬 수도 있다.
- 인사하기: 영아들은 "안녕"과 "바바이"라며 다른 사람들에게 손을 흔든다.
- 전이하기: 영아들은 장난감을 주고 다른 사람들과 함께 놀 수도 있다.
- 저항하기 혹은 거절하기: 영아들은 자신이 가지고 놀고 있는 장난감을 다른 사람이 가지고 가려 할 때 저항하기 위하여 울 수도 있으며, 어떤 사물을 거절하기 위하여 밀 수도 있다.
- 반응하기 혹은 승인하기: 영아들은 다른 사람들에게 반응하며 웃거나 혹은 웃음으로써 그들의 의사소통 시도를 승인할 수 있다.
- 정보 제공하기: 영아들은 어떤 것이 잘못되었을 때, 예를 들어 장난감 트럭 바퀴가 깨어진 것을 지적함으로써 다른 사람들에게 정보를 제공할 수 있다.

## 영아의 개인적인 언어 성취에 영향을 미치는 요소

영아들은 동일한 순서와 거의 동일한 연령에 특정 이정표들에 직면하기 때문에 매우 예견할 수 있는 패턴으로 언어를 발달시킨다. 그렇지만 그들의 언어 발달에서 일부 측면들은 각양각색이다. 언어 발달에서 주요한 **개인 내**(intraindividual) 차이 한 가지와 주요한 **개인 간**(interindividual) 차이 세 가지를 다음에서 논의하고 그 차이를 설명할 수 있는 요소들도 살펴보고자 한다(Bates, Dale, & Thal, 1995).

### 개인 내 차이

영아들은 언어의 모든 측면들을 동일한 비율로 발달시키지는 않는다. 여기에서는 영아들이 수용 및 표현 언어 발달에서 얼마나 차이가 있는지와 그 차이를 설명할 수 있는 세 가지 요소들에 대하여 논의한다.

앞서 언급한 바 있듯이, 생의 모든 단계에서 개인이 다른 사람의 발성(**표현언어**[expressive language])을 모방하는 것 없이 자발적으로 산출할 수 있는 언어의 양은 그가 이해할 수 있는 언어(**수용언어**[receptive language])의 양과 다르다. 영아기도 예외는 아니다.

예를 들면, 1세 아기들은 평균 80개의 단어를 이해하지만 전형적으로 약 10개의 단어만을 산출한다. 언어 이해가 대부분 언어 표현보다 더 선행하는 이유는 세 가지 요소로 설명할 수 있다(Golinkoff & Hirsh-Pasek, 1999). 첫째, 언어 이해는 사람들이 자신의 어휘집 혹은 정신 어휘사전(mental dictionary)에서 단어들을 상기하는 것만을 요구하는 반면, 언어 산출은 사람들로 하여금 단어를 상기하여 그 단어를 적절한 발음으로 발화하는 것을 요구한다. 둘째, 언어 이해에서는 사람들이 문장을 들을 때 그 문장들이 어휘 항목들, 구문 구조, 억양으로 사전 조직화된다. 그러나 언어 표현은 화자로 하여금 단어를 찾고, 그것들을 조직화하고, 필요할 때는 강세를 두는 것을 요구한다. 셋째 그리고 특히 영아들과 관련되는 것으로, 성인들이 영아들과 의사소통적인 상호작용을 할 때 사용하는 언어는 이해를 돕기 위하여 많은 단서들을 포함하며 대개 매우 맥락적이다. 아동들은 대개 이해에서 이점이 있는데, 여러 경우들에서 성인들이 자신들과 의사소통하고 있을 때 사용하는 단어들은 환경 속에서 즉각적으로 이용할 수 있는 지시 대상을 가지기 때문이다("네 우유병을 줄까?" "턱받이 하자."). 하지만 산출의 견지에서 아동들은 의미를 표현하기 위하여 의도된 지시 대상과 언어 사이의 연결을 구성해야만 한다.

언어 이해가 언어 산출에 선행한다는 주제는 제6장~제8장에서 다시 언급한다. 이 장들에서 우리는 아장이기, 학령 전기, 학령기와 학령기 이후의 시기에서 발생하는 다양한 언어 발달에 대하여 논의할 것이다.

## 개인 간 차이

만약 한 집단의 영아들을 관찰한다면 그들 사이의 언어 발달 차이를 잘 알아차릴 수 있을 것이다. 첫째, 어떤 아동들은 다른 아동들보다 더 빠르게 언어를 발달시킬 것이다. 둘째, 아동들은 상이한 의사소통적인 목적에 대하여 각자 스스로 표현할 것이다. 셋째, 어떤 아동들은 언어 발달의 연속선에서 극단에 해당되어 말이 늦은 아동 혹은 말이 빠른 아동으로 분류될 것이다. 다음에서는 이러한 차이점들과 이를 설명하는 일부 요소들에 대하여 살펴본다.

### 언어 발달 비율에서의 변이

한 집단의 아동들이 수용 및 표현 언어 능력을 발달시키는 비율은 매우 다를 수 있다. 영아들의 수용 및 표현 어휘에서 다양성을 평가하는 한 방법은 MacArthur-Bates CDI(MacArthur-Bates Communicative Development Inventories; Fenson et al., 1993; Fenson, Pethick et al., 2000)와 같은 규준 참조 언어 검사들을 실시하는 것이다. 제2장에서 CDI의 표준화 과정을 설명하였는데, 이 논의에서 알아야 할 중요한 것은 1,800명 영아들의 표현 및 수용 어휘들보다 더 많은 다양성이 있다는 것이다(Bates et al., 1995). [그림 5-6]에서는 8~16개월 사이 영아들의 수용 및 표현 어휘에 대한 평균 발달 기능을 검은 네모와 실선으로 제시해 놓았다. 또한 그림에서 평균보다 표준편차가 1.28 이상과 이하에 속하는 아동들의 언어 발달에 대한 평균 발달 기능은 각각 삼각형 및 원형과 점선으로 제시하였다. 12개월 영아

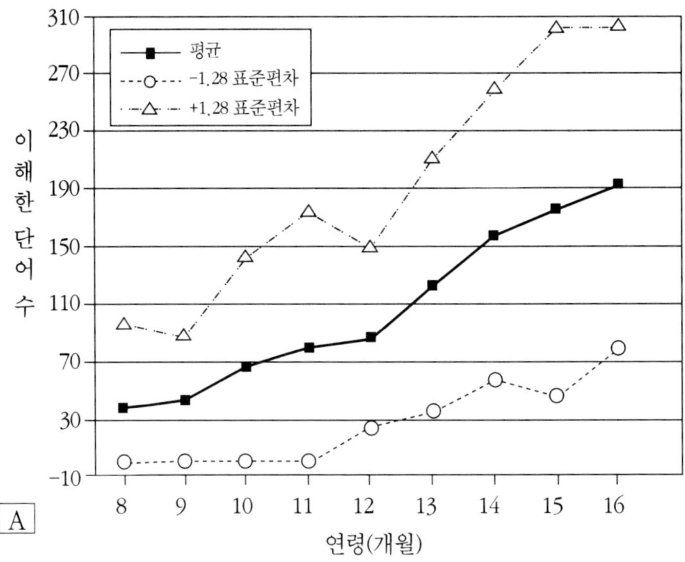


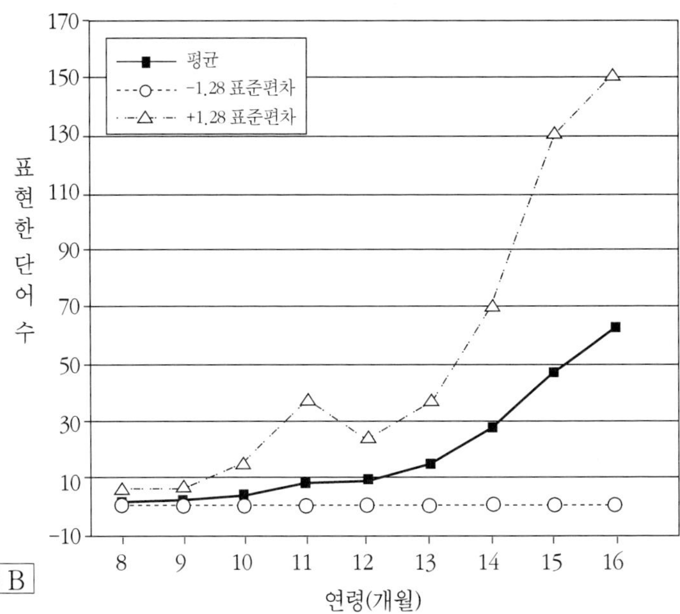


**[그림 5-6] MacArthur-Bates CDI에서 단어 이해(A)와 단어 표현(B)**

출처: From "Individual Differences and Their Implications for Theories of Language Development," by E. Bates, P. S. Dale, and D. Thal, in *Handbook of Child Language* (pp. 102-103), edited by P. Fletcher and B. MacWhinney, 1995, Oxford, England: Basil Blackwell. Copyright 1995 by Blackwell Publishing. Reprinted with permission.

들이 이해하는 단어의 수는 15~150개 사이에 있다([그림 5-6 A] 참조). 반면 동일한 연령의 영아들이 산출하는 단어의 수는 0~30개 사이에 있다([그림 5-6 B] 참조).

영아들의 수용 및 표현 어휘에서의 변이는 연령에 따라 단지 부분적으로만 설명할 수 있다. Bates와 동료들(1995)은 연령 변이가 영아들이 산출하는 단어 수의 차이 중 단 22%만을 설명한다고 보고하였다. 따라서 다른 요소들이 이 변이의 남아 있는 78%를 설명한다. 영아들의 어휘 변이를 해석하는 데 있어서 흥미로운 두 변수는 사회경제적 지위(SES)와 부모가 자신의 아이들과 함께 참여할 때 하는 말의 양이다. 연구자들은 영아와 어린아이들에게 얼마나 많이 말하는가가 부모들의 사회경제적 지위와 관련이 있다고 하였지만, 그에 관계없이 아이들에게 더 많이 말하는 부모들이 아이의 어휘를 더 빨리 성장시켰으며 그러한 아이들이 3세가 되었을 때 언어적인 수행과 인지적인 수행을 측정한 결과 더 잘 수행한다고 하였다 (Hart & Risley, 1995, 1999).

**논의 요점**
연령, 사회경제적 지위, 성인이 말하는 양을 제외하고, 당신은 영아들이 산출하는 단어의 수 혹은 그들이 이해하는 단어의 수에서의 차이를 예견할 수 있는 다른 요소들은 무엇이라고 생각하는가?

### 언어 학습 양식에서의 변이

의사소통적인 목적을 위하여 영아들이 언어를 사용하는 방법은 너무나 상이하다. 이러한 변이에 영향을 미치는 주요 변수는 언어 사용에 대한 영아들의 우세 양식으로, 연구자들은 그것을 표현적 혹은 참조적이라고 설명한다(K. Nelson, 1973). **표현적**(expressive) 언어 학습자들은 사회적인 교환을 위하여 주로 언어를 사용한다. 그들의 초기 어휘에는 여러 단어와 구가 포함되는데, 그들은 이러한 단어와 구를 이용하여 자신들의 요구를 표현하고 다른 사람들과 상호작용할 때 자신들의 감정을 설명한다. 표현적 언어 학습자들에게서 흔히 나타나는 첫 낱말에는 hi와 bye-bye가 포함된다.

반대로 **참조적**(referential) 언어 학습자들은 주로 사람이나 사물을 언급하기 위하여 언어를 사용한다. 그들은 자신들이 본 것들의 이름을 붙이는 것을 즐기며 성인들이 그것들에 이름을 붙일 때 좋아한다. 그들의 초기 어휘에는 '공, 강아지, 주스'와 같은 단어들이 포함되며 사물 이름이 대부분을 차지한다(K. Nelson, 1973).

표현적 언어 학습자들은 주로 사회적인 교환을 위하여 언어를 사용한다.
사진 출처: © John Henley/Corbis.

## 전형적인 언어 발달 범위의 극단에서의 변이

영아들 사이의 최종적인 언어 발달 차이는 아동들이 언어 발달 연속선의 양극단 사이에서 어디에 속하느냐와 관련이 있다. 즉, 그들은 말이 늦은 아이와 말이 빠른 아이 사이에 속한다. 언어 발달에서 더 심한 변이는 제10장에서 살펴보겠다.

**말이 늦은 아이** **말이 늦은 아이**(late talkers) 혹은 (수용언어보다) 표현언어 발달에서 초기에 지체를 보이는 아동들은 부모와 임상가들의 관심을 받는다. 말이 늦은 아이들의 상당수는 3세나 4세경에 정상적인 언어 수준을 성취할 수 있다. 그러나 그들은 여전히 언어 발달의 미묘한 측면에서 지체를 보이며 동일한 연령, 즉 전형적으로 발달하고 있는 6, 7, 8세 또래들보다 구두 단기기억, 문장 형식, 단어 상기, 복잡한 정보의 청각 처리, 그리고 더 정교화된 구두 표현의 측정에서 유의하게 더 낮은 수행 수준을 보일 것이다(Rescorla, 1993b).

**말이 빠른 아이** **말이 빠른 아이**(early talkers)는 표현언어 사용에서 또래들을 앞서는 아동이다. Bates와 동료들(1995)은 말이 빠른 아이를 MacArthur-Bates CDI에서 자기 연령에 해당하는 어휘 산출에서 상위 10%의 점수를 얻은 11~21개월 사이의 아동으로 정의하였다. 비록 말이 빠른 아이들을 대상으로 실시된 연구가 거의 없지만, 연구 결과들은 이러한 아동들이 동일 연령의 전형적으로 발달하고 있는 또래들보다 초기 아동기 전반에 걸쳐 어휘, 문법, 그리고 구두적 추론을 측정하였을 때 더 우월하다고 제안한다(Robinson, Dale, & Landesman, 1990).

## 연구자와 임상가는 영아기의 언어 발달을 어떻게 측정하는가

언어 발달을 측정하는 데는 많은 방법들이 사용될 수 있다. 이 절에서는 연구자들이 언어 발달 과정을 이해하기 위하여 언어 성취 측정 시 사용하는 방법들에 대하여 논의하고자 한다. 또한 우리는 임상가들이 아동들의 수용 및 표현 언어가 전형적으로 발달하고 있는지를 확인하려고 할 때 언어 발달을 측정하면서 사용하는 방법들도 설명하고자 한다.

### 연구자

영아들이 자신이 아는 것을 성인들에게 언어로 대부분 말할 수 없다는 사실은 그들의 언어 성취를 측정하는 것과 관련하여 일부 흥미로운 도전을 제기한다. 결과적으로 영아기의 언어 성취를 측정하는 연구자들은 습관화-탈습관화 과제(habituation-dishabituation tasks), 감각 간 선호적 보기 패러다임(intermodal preferential looking paradigm), 그리고 자연스러운 관찰(naturalistic observation)을 포함하여 영아들의 발달체계에 빛을 발하는 일련의 창조적인 방법들을 고안하였다.

### 습관화-탈습관화 과제

한 영아의 **습관화**(habituation)는 자극에 대한 영아의 주의집중이 정해진 양까지 감소될 때까지 동일한 자극을 반복적으로 제시하는 것으로 구성된다. **탈습관화**(dishabituation)는 어떤 정해진 역치에 따라 한 자극에서 영아가 다시 새롭게 흥미를 느끼는 것을 말한다. 연구자들은 영아들이 언어 전 자극과 언어적 자극에서의 차이를 감지하는지의 여부를 결정하기 위하여, 그리고 그런 자극을 어떻게 범주적으로 조직화하는지를 결정하기 위하여 습관화-탈습관화 과제를 사용한다.

**논의 요점**
스페인어는 방법 동사(slither, stagger)보다 방향 동사(exit, descend)를 더 많이 포함하고 있는 반면, 영어는 그 반대다. 스페인어를 학습하는 영아들은 Pulverman과 Golinkoff(2004)가 제시한 것과 같은 과제에서 습관화-탈습관화 패턴을 어떻게 다르게 보일 것인가?

Pulverman과 Golinkoff(2004)의 연구에서는 영아들이 동작 사건들을 지켜볼 때 잠재적인 동사 참조물(예: bending[구부리기], spinning[회전시키기])에 주의를 기울이는 정도를 살펴보는 데 관심이 있었다. 연구자들은 불가사리 주인공과 초록색 공이 나오는 9개의 만화 자극 사건들 중 하나를 습관화하였다(예: 불가사리는 공 위쪽으로 점핑잭[팔 벌려 뛰기]을 하고 있다). 영아들은 세 번의 시도(시도 4~6, 시도 7~9 등) 동안 이 자극에 시각적으로 고정되는 시간이 처음 세 번의 시도에서 시각적으로 고정된 시간의 65%보다 덜 감소되었을 때 **습관화**된 것으로 간주되었다. 일단 영아들이 습관화되면, 연구자들은 무작위순으로 다음과 같은 네 번의 검사 시도를 제시하였다.

연구자들은 영아들의 탈습관화를 측정하면서 어린 영아들이 자신들의 모국어에서 동사 이름대기에 잠재적으로 도움이 되는 방법과 방향의 비언어학적인 측면에 민감하다고 주장하였다. Pulverman과 Golinkoff(2004)가 그들의 연구에서 사용한 습관화-탈습관화 자극의 삽화가 [그림 5-7]에 제시되어 있다. 이 연구에서 불가사리는 삽화 아래쪽에 그린 방향을 따라 지속적인 방법으로 운동을 실행하였다.

습관화-탈습관화 패러다임과 유사한 것이 **고진폭 빈 젖병 빨기 절차**(high-amplitude nonnutritive sucking procedure)다. 이것은 쳐다보는 시간 대신에 신생아의 빨기 비율을 독립적인 측정으로 사용한 것이다. 〈연구 패러다임: 고진폭 빈 젖병 빨기 절차〉는 이에 대해 자세히 설명하고 있다.

| 검사 시도 | 설명 | 예 |
|---|---|---|
| 1. 통제 | 습관화 시도에서처럼 동일한 사건 | 불가사리가 공 위쪽으로 점핑잭을 하고 있다. |
| 2. 방향 변화 | 습관화 시도에서처럼 동일한 방법이지만 다른 방향 | 불가사리가 공 아래쪽으로 점핑잭을 하고 있다. |
| 3. 방법 변화 | 습관화 시도에서처럼 동일한 방향이지만 다른 방법 | 불가사리가 공 위쪽으로 돈다. |
| 4. 방향과 방법 변화 | 습관화 시도와는 다른 방향과 방법 | 불가사리가 공 옆쪽을 따라 구부린다. |

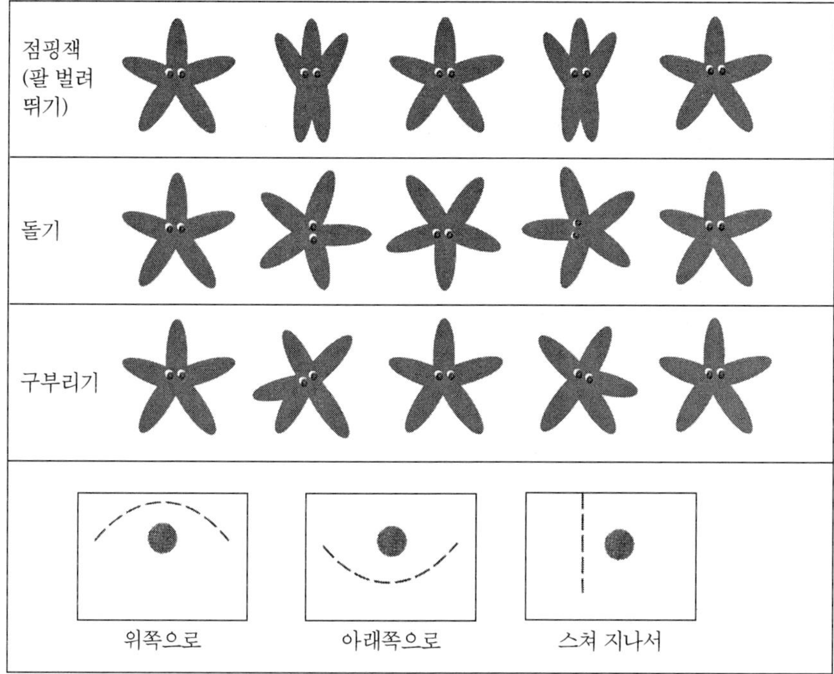


**[그림 5-7] 습관화-탈습관화 과제의 표본 자극**

출처: From *Seven-Month-Olds' Attention to Potential Verb Referents in Nonlinguistic Events*, by R. Pulverman and R. M. Golinkoff, 2004, in a paper presented at the proceedings of the 28th annual Boston University Conference on Language Development, Boston, MA. Copyright 2004 by Cascadilla Press. Reprinted with permission.

연구 패러다임

## 고진폭 빈 젖병 빨기 절차

고진폭 빈 젖병 빨기 절차에 대하여 읽으면서 행동주의에 대하여 제2장에서 논의하였던 것을 명심하라.

연구자들은 영아들이 다른 소리들보다 특정 소리 자극에 대하여 우선적인 선호를 가지는지를 알아보기 위하여 고진폭 빈 젖병 빨기 절차를 사용한다. 영아들이 구어음에 대하여 생각하는 것을 직접적으로 지적하거나 말할 수 없기 때문에, 연구자들은 영아들의 자연스러운 빨기반사를 아동의 구어 처리 능력을 이해하는 간접적인 방법으로 사용한 것이다.

이 절차에서 빈 젖병의 고무젖꼭지는 컴퓨터와 연결되어 있다. 영아는 큰 스피커에서 나오는 청각 자극을 듣고 고무젖꼭지를 빤다. 이 자극은 연구의 첫 2~3분 내에 영아의 빨기 행동을 강화한다. 영아는 청각 자극이 행동을 강화함에 따라 조건화되고, 자신이 그 소리를 좋아할 때 더 자주 빨게 되며 그 소리를 좋아하지 않거나 싫증날 때는 덜 빨게 된다.

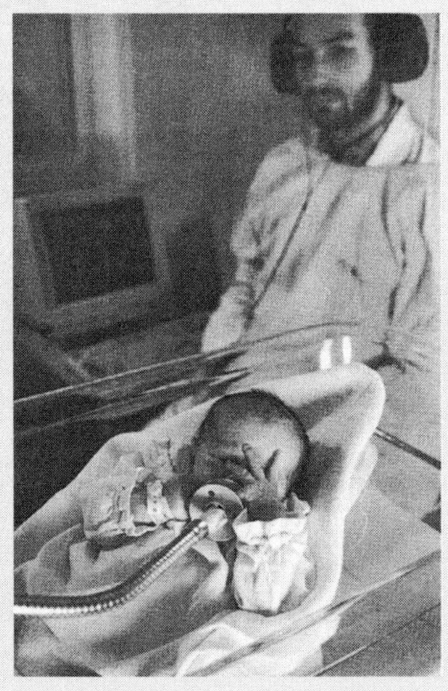

〈고진폭 빈 젖병 빨기 절차〉

사진 출처: From *Non-nutritive Sucking at Birth*, by Frank Ramus, N.D., Paris: Laboratoire de Sciences Cognitives et Psycholinguistique Ecole Normale Supérieure. Copyright F. Ramus. Reprinted with permission. http://www.lscp.net/babylab/newborns.html.

일부 연구자들은 가령 2개월 된 영아들이 자신의 모국어와 외국어를 구별할 수 있는지를 알아보기 위하여 이러한 절차를 사용하였다(Mehler et al., 1988). 다른 연구자들은 동일한 연령의 영아들은 짧은 간격 동안 들은 구어음에 대한 정보를 잊지 않는다고 하였다(Jusczyk, Jusczyk, Kennedy, Schomberg, & Koenig, 1995; Jusczyk, Kennedy, & Jusczyk, 1995; Jusczyk, Pisoni, & Mullenix, 1992).

## 감각 간 선호적 보기 패러다임

**감각 간 선호적 보기 패러다임**(intermodal preferential looking paradigm: IPLP)에서 영아는 비디오 화면에서 대략 1m 떨어져 눈가리개를 한 부모의 무릎 위에 앉는다(부모의 눈을 가려서 이 과제에 대한 영아의 수행에 영향을 미칠 수 없도록 한다; Hirsh-Pasek & Golinkoff, 1996; Spelke, 1979). 영아에게 화면을 분할하여 왼쪽과 오른쪽에 다른 자극이 제시되는 화면을 쳐다보게 한다. 예를 들면, 영아는 화면의 왼쪽에서는 춤을 추고 있는 사람을 볼 수 있고 오른쪽에서는 뛰고 있는 사람을 볼 수 있다. 이러한 화면 제시와 함께 소리를 들려주는데, 이것은 한쪽 화면에만 있는 시각적 정보와 연결이 된다(예: "춤추고 있는 것을 찾아봐!" "춤추고 있는 것은 어디 있니?"). 자극이 제시되는 전 과정 동안 영아들의 시각적 고정을 감추어 놓은 비디오카메라로 녹화한다(IPLP를 위한 장치는 [그림 5-8]에 제시되어 있다). 이 연구에서 전제하고 있는 것은 영아들은 자신이 들은 언어를 이해할 때 화면에 해당되는 것에 더 많이 시각적인 주의를 기울일 것이라는 것이다. 즉, 그들은 청각적인 감각 양식에서 제시된 정보와 시각적인 감각 양식에서 제시된 정보를 연결할 것이다.

**논의 요점**
고진폭 빈 젖병 빨기 절차는 행동주의적인 원리(경험주의적 혹은 양육 지향적인)를 따르지만 연구자들은 이러한 실험 동안 아동들이 타고난(혹은 본성 지향적) 언어 능력을 보인다고 주장한다. 당신은 이러한 관계 혹은 모순을 어떻게 설명할 수 있는가?

연구자들은 다양한 언어적 가설 및 언어 전 가설들을 탐색하기 위하여 IPLP를 사용해 왔다. 예를 들어, Kuhl과 Meltzoff(1982)는 IPLP를 사용하여 4개월 영아들이 특정 말소리 산출과 그 입의 움직임이 서로 다른 얼굴보다는 말소리 산출과 입의 움직임이 일치하는 얼굴을 쳐다보는 것을 더욱 선호한다는 사실을 발견하였다. 더 최근에는 영아들의 행위 개념과 행위 동사의 이해를 측정하기 위한 연구에서 IPLP를 사용한 바 있다(예: Maguire, 2004; Naigles & Kako, 1993).

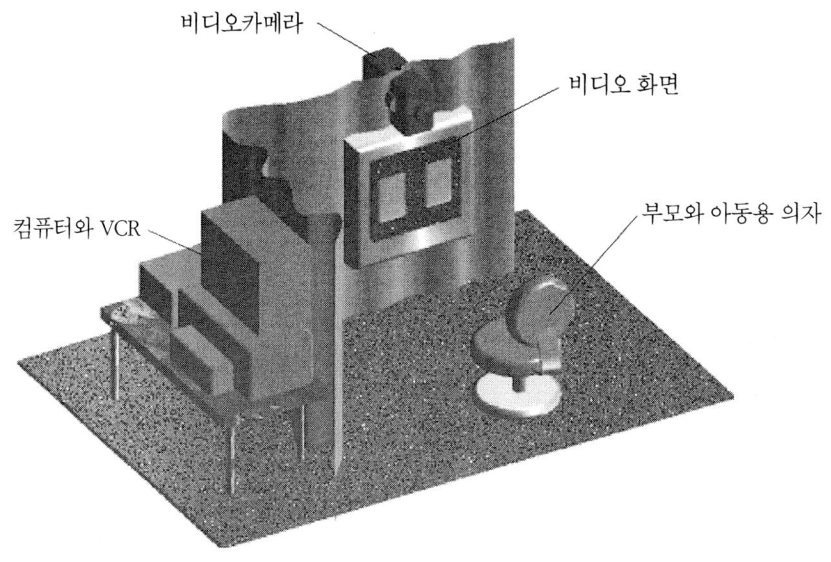


**[그림 5-8] 감각 간 선호적 보기 패러다임**

출처: From *Testing Language Comprehension in infants: Introducing the Split-Screen Preferential Looking Paradigm*, by G. Hollich, c. Rocroi, K. Hirsh-Pasek, and R. Golinkoff, April 1999, in a poster session presented at the Society for Research in Child Development, Albuquerque, NM. Copyright 1999 by George Hollich. Reprinted with permission.

## 상호작용적인 감각 간 선호적 보기 패러다임

IPLP의 상호작용적인 버전은 **상호작용적 감각 간 선호적 보기 패러다임**(interactive intermodal preferential looking paradigm: IIPLP)이라고 적절하게 명명되어 사용된다(Golinkoff, Hirsh-Pasek, Cauley, & Gordon, 1987; Hirsh-Pasek & Golinkoff, 1996). IIPLP에서 영아는 눈가리개를 한 부모의 무릎 위에 앉아서 실험자와 실험 장치를 쳐다본다(다시 말하지만, 눈가리개는 부모가 아동이 쳐다보는 데 영향을 미칠 수 없도록 하기 위한 것이다). 실험 장치는 페이건(Fagan) 판으로서 실험자가 벨크로로 2개의 사물들을 붙인 것이다. 실험자는 영아가 판 위에 있는 사물들을 언제 얼마나 오랫동안 보는지를 조절하기 위하여 그 판을 뒤집을 수 있다(IIPLP 장치는 [그림 5-9]에 제시되어 있다). 각 실험은 영아가 일정 기간 동안 사물을 조절할 수 있는 사물 탐구 기간으로 구성된다. 사물 탐구 기간 이후에는 **중요한 시도**(salience trial)가 있는데, 이는 영아가 다른 사물들에 우선하여 어떤 하나에 대하여 사전 선

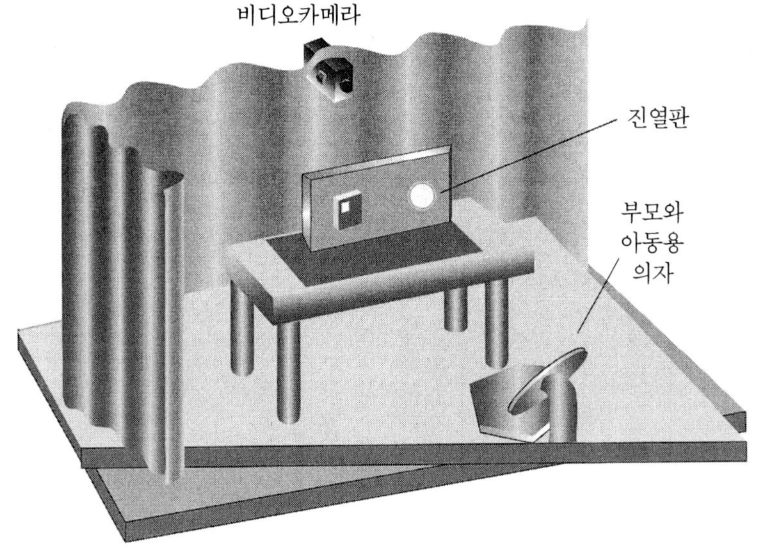


**[그림 5-9] 상호작용적인 감각 간 선호적 보기 패러다임**

출처: From *Testing Language Comprehension in infants: Introducing the Split-Screen Preferential Looking Paradigm*, by G. Hollich, C. Rocroi, K. Hirsh-Pasek, and R. Golinkoff, April 1999, in a poster session presented at the Society for Research in Child Development, Albuquerque, NM. Copyright 1999 by George Hollich. Reprinted with permission.

호를 가지는지의 여부를 측정하는 것이다. 예를 들어, 번쩍이는 금속성의 새로운 사물이 판 한쪽에 놓여 있고 비교적 지루하고 따분한 새로운 사물이 다른 한쪽에 놓여 있다면, 영아들의 흥미로운 사물들에 대한 사전 선호는 그들이 지루한 사물의 이름을 학습하는 것을 방해할 수 있다(Hirsh-Pasek & Golinkoff, & Hollich, 2000 참조). 다음으로 훈련 단계에서 실험자는 새로운 사물의 이름을 영아에게 가르치려고 시도한다. 마지막으로는 영아가 사물의 이름과 정확한 사물을 배치하는지의 여부를 확인하기 위하여 검사를 시도한다. IPLP에서처럼, 비디오카메라를 감춰 두고 실험 전 과정에서 영아들의 쳐다보는 시간을 녹화한다. 이 패러다임의 기초가 되는 전제는 영아들이 자신이 들은 언어(예: "glorp 찾아봐!" "glorp 어디 있니?")를 이해한다면 목표 사물을 포함하고 있는 장치 쪽을 더 오랫동안 볼 것이라는 것이다.

**논의 요점**
연구자들이 IPLP에서는 조작할 수 없었지만 IIPLP에서 조작할 수 있는 흥미로운 부가적인 변수들은 무엇인가?

### 자연스러운 관찰

**자연스러운 관찰**(natualistic observation)은 매일의 상황에서 영아의 의사소통적인 행동을 체계적으로 관찰하고 분석하는 것과 관련이 있다. 이러한 관찰은 대개 영아의 가정에서 이루어진다. 연구자들은 영아들이 주변 사람들과 자연스럽게 상호작용하는 것에 주목하고 비디오테이프에 녹화하거나 오디오테이프에 녹음할 수 있다. 연구자들은 정보를 수집하기 위하여 저녁 식사 시간이나 파트너와 함께 자유 놀이를 하는 것과 같은 특정한 활동을 선택하기도 한다.

특정한 언어 형식 혹은 언어 전 행동을 목표로 하는 연구자들은 실험실에서 반구조화된 혹은 구조화된 관찰을 선택적으로 고안할 수 있다. 구조화된 관찰 동안, 연구자들은 영아들에게 특정 소품을 제공하거나 비교의 목적으로 모든 연구 대상 영아들에게 동일한 질문을 할 수도 있다.

아동 언어자료 교환체계(Child Language Data Exchange System: CHILDES) 데이터베이스(http://childes.psy.cmu.edu)는 언어 발달 관련 질문에 대답하기 위한 자연스럽고 구조화된 언어 표본을 수집하는 데 흥미 있는 연구자들에게는 매우 귀중한 자료원이다. CHILDES는 여러 언어들에서 자연스럽고 구조화된 관찰의 전사뿐만 아니라 그것을 코딩하고 분석하는 소프트웨어를 포함한다.

## 임상가

우리가 논의했던 것처럼, 영아들은 생의 첫해에 주변의 언어를 마치 스펀지처럼 흡수하고 이후의 언어 성취를 위한 기초를 수립하기 시작한다. 그러나 그들은 이 연령에서 진정한 대화자라고 할 수는 없다. 일반적으로 아동들이 아장이기에 도달하기 전, 즉 표현언어가 출현하기 전에 그들의 언어기술 수준을 명확히 측정하는 것은 어렵다. 하지만 일부의 경우에서 임상가들(소아과의사, 말-언어치료사, 임상심리학자를 포함하는)은 영아들의 언어기술을 검사한다. 그러한 검사는 발달장애(예: 구개열)를 가진 영아들, 혹은 알 수 없는 이유로 핵심 이정표들을 충족하는 데 뒤떨어지는 것 같은 영아들에게는 필수적일 것이다. 다음에서는 임상가들이 영아들에게 사용하는 두 가지 비공식적인 언어 발달 평가인 비공식적인 언어 선별 검사와 부모 보고 검사에 대하여 논의할 것이다.

### 비공식적인 언어 선별 검사

영아를 위한 비공식적인 언어 선별 검사는 질문하는 각 행동을 영아가 나타내는지의 여부를 점검하기 위하여 임상가들과 부모들이 흔히 사용하는 초기 언어 이정표 체크리스트와 관련이 있다. 국립 청각장애 및 기타 의사소통장애 협회(National Institute on Deafness and Other Communication Disorders; www.nidcd.nih.gov)에서는 부모와 임상가가 비공식적으로 사용할 수 있는 일련의 언어 발달 선별 검사들을 제공한다. 출생~5개월 영아들과 6~11개월 영아들을 위한 선별 검사의 한 예가 [그림 5-10]에 제시되어 있다.

당신의 아이가 발달 단계에 따라 말과 언어기술 발달이 이루어지고 있는지 알아보기 위하여 다음의 체크리스트를 작성하시오. '아니요'에 표시한 것에 대해서는 아이의 담당의사에게 전달하시오.

| 〈출생 ~ 5개월〉 | 예 | 아니요 |
|---|---|---|
| 큰 소리에 반응한다. | ○ | ○ |
| 소리 나는 쪽으로 머리를 돌린다. | ○ | ○ |
| 당신이 말할 때 당신의 얼굴을 쳐다본다. | ○ | ○ |
| 쾌감과 불쾌감을 나타내는 소리를 낸다(웃는다, 킥킥거린다, 운다, 떠들어 댄다). | ○ | ○ |
| 말을 걸면 (어떤 형태로든) 소음을 만들어 낸다. | ○ | ○ |

| 〈6 ~ 11개월〉 | 예 | 아니요 |
|---|---|---|
| '아니다(no-no)'를 이해한다. | ○ | ○ |
| 옹알이를 한다('바-바-바' 혹은 '마-마-마'를 말한다). | ○ | ○ |
| 행동이나 제스처로 의사소통하려고 시도한다. | ○ | ○ |
| 당신의 소리를 반복하려고 시도한다. | ○ | ○ |

**[그림 5-10] 출생~5개월 및 6~11개월 영아들을 위한 언어 선별 검사**

출처: From *Milestones in Your Chidld's Speech and Language Development*, by National Institute on Deafness and Other Communication Disorders, n.d., Bethesda, MD: Author. Copyright 2006 by National Institute on Deafness and Other Communication Disorders. http://www.nidcd.nih.gov/health/voice/speechandlanguage.asp.

### 부모 보고 검사

부모들로 하여금 자신의 아이의 발달을 직접적으로 보고하도록 하는 것은 영아의 진전을 알아보는 빠른 방법이며, 연구자들은 그러한 보고를 다른 직접적인 평가들과 비교하였을 때 언어 능력에 대한 신뢰할 만하고 타당한 측정이 된다고 하였다(P. Dale, 1991, 1996). 영아들에 대한 흔한 자기 보고 평가로는 LDS(Language Development Survey; Rescorla, 1993a)와 MacArthur-Bates CDI(Fenson et al., 1993; Fenson, Pethick, et al., 2000)가 있다.

## 요 약

이 장은 영아들이 구어음(말소리)을 지각하고 자신이 들은 연속적인 흐름을 '깨뜨리는' 방법으로서 그 음들을 사용하는 능력을 포함하여 주요 언어 발달 이정표를 논의하는 것으로 시작하였다. 다른 이정표들로는 영아들이 쳐다보는 행위와 그에 기초가 되는 의도에 대한 주의와 자각, 지각적이고 개념적인 특징들에 따라 사물 · 행위 · 사건들을 범주화하는 능력, 그리고 언어의 예언자인 초기 발성의 산출을 포함하였다.

영아들의 다른 사람과의 사회적 상호작용에 뒤따르는 언어 발달의 일부 초기 기초들은 영아 지향적 말, 공동 주의하기와 공동 참조하기, 영아기의 일상, 양육자 반응성을 포함한다. 생애 첫해 동안 언어의 내용, 형식, 사용에서 영아들의 주요한 성취는 첫 낱말 산출과 그들이 의도적으로 의사소통하고 있는 약 8개월경 이후의 여러 새로운 화용론적 기능들의 사용을 포함한다.

비록 영아들이 첫해 동안 언어 발달의 예견할 수 있는 패턴을 상당히 따른다 할지라도, 이러한 발달의 여러 측면들은 변화하게 된다. 영아 개개인의 수용어휘와 표현어휘는 크기 면에서 차이가 있고, 영아들의 한 집단 사이에서도 언어 발달 비율, 언어 학습 스타일, 의사소통적인 목적, 표현을 시작하는 시기 면에서 차이가 있다. 다양한 요인들이 이러한 차이를 설명한다.

연구자와 임상가들은 다양한 방법으로 영아기의 언어 발달을 평가한다. 네 가지 주요한 연구 패러다임은 습관화-탈습관화 과제, IPLP, IIPLP, 자연스러운 관찰이다. 영아들의 언어 발달에 관한 정보를 수집하기 위한 두 가지 임상적인 방법은 비공식적인 언어 선별 검사와 부모 보고 검사를 사용하는 것이다.

## 핵심 용어

강세(stress) 216
명령적 가리키기(imperative pointing) 236
반복적 옹알이(reduplicated babbling) 227
비반복적 옹알이(nonreduplicated babbling) 228
상호 주관적인 인식(intersubjective awareness) 236
서술적 가리키기(declarative pointing) 236
수용언어(receptive language) 244
습관화(habituation) 250
억양(intonation) 216
옹알이(babbling) 227
운율 규칙(prosodic regularities) 216
음성 규칙(phonetic regularities) 216
음성개시시간(voice onset time) 219
음절성 옹알이(variegated babbling) 228
자곤(jargon) 228
주변적 옹알이(marginal babbling) 227
준언어학적인(paralinguistic) 231
지속시간(duration) 216
지지된 공동 참여하기 (supported joint engagement) 235
탈습관화(dishabituation) 250
표현언어(expressive language) 244

오디오 샘플, 관련 웹사이트, 추천 도서 및 혼자 풀어 보는 퀴즈를 포함하여 이 장의 내용과 관련된 온라인 자료를 구하려면 웹사이트 http://www.prenhall.com/pence를 찾아보라.

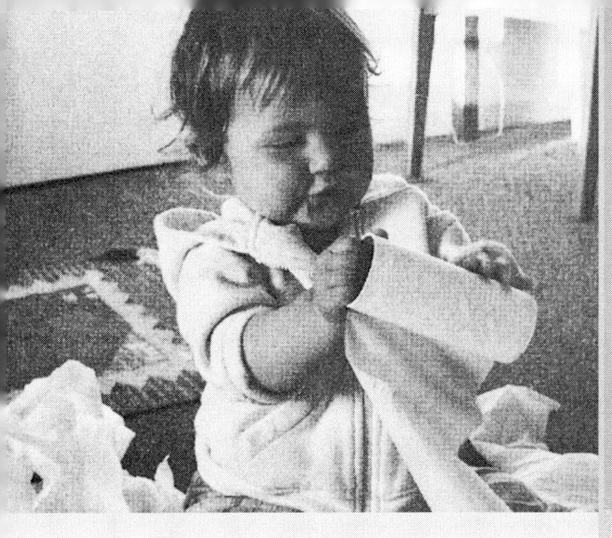

제6장

# 아장이기

## 언어로 세계를 탐험하고 실험하기

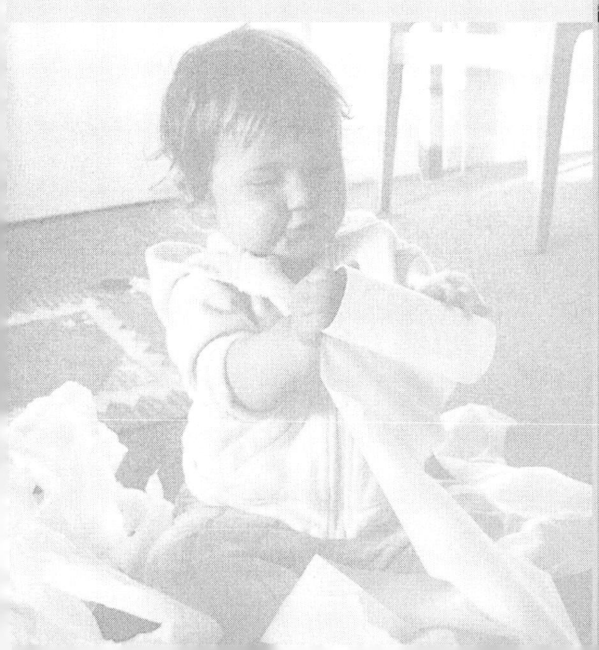

### 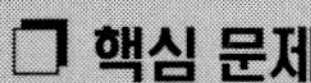 핵심 문제

이 장에서 우리는 다음의 네 가지 문제에 관해 살펴볼 것이다.

1. 아장이기에 나타나는 주요한 언어 발달 이정표는 무엇인가?
2. 아장이기를 특징짓는 언어의 내용, 형식, 사용에서의 주요 성취는 무엇인가?
3. 아장이의 개인적인 언어 성취에 영향을 미치는 요소는 무엇인가?
4. 연구자와 임상가는 아장이기의 언어 발달을 어떻게 측정하는가?

아장이기, 약 1～3세 사이의 시기는 아동들에게 탐험의 시기다. 아장이기에는 기거나 걸어서 주위를 돌아다닐 수 있는데, 이러한 이동성이 다른 사람의 조력 없이는 불가능하였던 이전과는 달리 새로운 세계를 탐험할 기회를 예고한다. 아장이들은 본질적으로 그들의 주위에 있는 사물과 행동들에 대해서 호기심을 가지고 있고, 다른 사람들이 말함으로써 자신이 듣게 되는 언어에 대해서 알고 싶어 한다. 아장이기 동안, 아동들은 세계 속의 사물과 행위를 연결하기 위해 노력하고, 또 그것들을 묘사하는 언어를 창조하려고 의식적인 시도를 하기 시작한다. 예를 들어, 당신은 아장이들이 자신에게 흥미 있는 개념과 언어를 연결하려는 노력의 일환으로 "저거 뭐야?"라고 질문하는 것을 들어 본 적이 있을 것이다. 이 장에서는 우선 첫 낱말과 제스처의 사용을 포함하는 아장이기의 주요한 언어 발달 이정표의 개요를 제공할 것이다. 둘째, 언어의 내용, 형식, 사용에서 아장이들의 주요 성취에 대해서 알아볼 것이다. 이러한 성취는 음운론적, 구문론적, 형태론적, 의미론적, 화용론적 발달을 포함한다. 또한 아장이들의 전형적인 낱말 사용 오류에 대해 논의할 것이다. 셋째, 아장이들의 개인 내 차이와 개인 간 차이에 기여하는 요소들을 살펴볼 것이다. 이러한 요소들은 언어 발달 비율의 다양성과 언어 발달에서의 성, 출생 순서, 가족의 사회경제적 지위가 미치는 효과를 포함한다. 마지막으로 연구자와 임상가들이 아장이기의 언어 발달을 측정하는 방법에 대해 살펴볼 것이다. 이러한 측정들 간에는 평가와 사정 도구뿐만 아니라 다양한 표현, 이해, 판단 과제들이 있다.

## 아장이기에 나타나는 주요한 언어 발달 이정표

### 첫 낱말

아기의 첫 낱말은 언어 전 의사소통에서 언어적 의사소통으로의 전이가 시작됨을 나타내며, 새롭고 흥미로운 언어 발달 시기로 안내한다. 부모들은 자신의 아이가 첫 낱말을 말했던 시기와 그것을 둘러싼 맥락을 함께 기록해 놓을지도 모른다. 부분적으로 이러한 성취에 관한 흥분 때문에, 연구자들은 평균적으로 아기들이 약 12개월경에 자신들의 첫 낱말을 산출한다고 알고 있다.

영아들이 옹알이를 할 때 만들었던 언어 전 발성과 단어는 다르다. 단어는 의미 있는 음으로 구성되어 있기는 하지만 상징적이며 임의적이기도 하다. 그것은 세상에 있는 어떤 것을 나타내기 때문에 상징적이고, 단어 내에서 음의 연속이 그 단어가 나타내는 개념을 직접적으로 뜻하지 않기 때문에 임의적이다(단 whoosh[휙 하고 움직이는 소리]나 gurgle[콸콸 흘러나오는 소리] 같은 의성어는 예외다. 그러한 단어들은 그것들이 나타내는 개념과 비슷한 소리를 낸다). 아기들은 그들이 배우는 각 단어에 대해 그들의 **어휘집**(lexicon) 혹은 정신 사전 안에 목록을 창출한다. 어휘 목록은 단어, 그 음과 의미, 그리고 구어의 일부를 구성하는 일련의 상징들을 포함한다(Pinker, 1999). [그림 6-1]은 sun이라는 단어가 어휘집에서 어떻게 나타나는지를 설명하고 있다.

첫 낱말은 대개 엄마, 아빠, 강아지, 키티 등과 같은 아기의 일상생활에서 중심적인 사람이나 사물들을 언급하게 된다. 하나의 발성이 **진정한 단어**(true word)가 되기 위해서는 세 가지의 중요한 기준을 충족해야만 한다. 첫째, 아기는 분명한 목적을 가지고 단어를 산출해야만 한다. 예를 들어, 아기 잰더가 책을 들고 있으면서 '책'이라는 단어를 말한다면 책을 언급하려는 분명한 목적을 가지고 있는 것이다. 그러나 그의 어머니인 로리가 자신의 친구들에게 아들의 재능을 보여 주고 싶어서 잰더에게 "책이라고 말해 봐."라고 촉구한다면, 결과적으로 잰더가 말한 '책'이라는 발화는 진정한 단어라기보다는 오히려 직접적인 모방이나 반복으로 간주될 것이다.

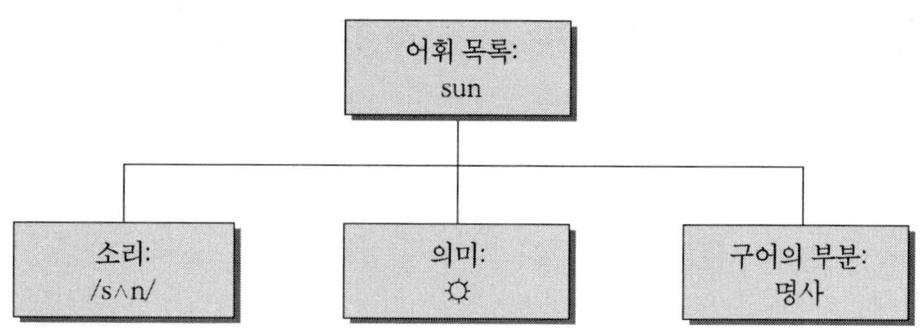


**[그림 6-1] 단어 sun에 대한 어휘 목록**

둘째, 진정한 단어는 성인의 단어 형태와 같이 인식할 수 있는 발음이어야 한다. 몇몇 자료에서는 생후 18개월 된 아이들의 발음도 오직 25%만이 명료하다고 추정하였다(예: Weiss, Gordon, & Lillywhite, 1987). 그러나 진정한 단어는 성인의 형태와 매우 근접해야 하며, 다른 사람들이 그렇게 인식할 수 있어야만 한다. 따라서 여자 아기가 water를 "wawa"라고 한 것은 성인의 형태와 충분히 근접해 있으며 진정한 단어가 되기 위한 한 가지 기준을 충족한 것이다. 대조적으로 한 아이가 water를 "aaaah"라고 표현한다면(심지어 마실 것을 요구하기 위하여 이 음을 분명하고 지속적으로 사용한다면) 그것이 성인의 형태에 근접하지 않으므로 진정한 단어가 될 수 없다.

**음소 일관 형식**(phonetically consistent forms: PCF)이라는 용어는 아동들이 지속적이고 의미 있게 사용하지만 성인의 형태에는 근접하지 않는 특이한 단어 같은(wordlike) 산출을 말한다. 이 용어가 제시하는 바와 같이, PCF는 지속적인 음 구조를 가지고 있으나 아동들이 개별 참조물보다 더 많은 것을 나타내기 위해 다양한 상황에서 그것들을 사용할 수도 있다. 예를 들어, water를 나타내기 위하여 'aaaah'와 같은 PCF를 사용하는 여자 아기는 엄마에게 자기를 들어 올려 달라고 요구하거나 또는 누군가를 보고 자신에게 장난감을 달라고 요구할 때와 같이 다른 사물이나 행동을 요구할 때에도, 이러한 음을 사용하게 될 것이다. PCF는 진정한 단어가 아니지만 아동들의 언어 발달의 견지에서 중요한데, 이것을 사용함으로써 아동은 특정한 상황에서 의사소통을 위한 안정된 발음을 채택하는 것의 가치를 배우기 때문이다(McEachern & Haynes, 2004).

셋째, 진정한 단어는 아동들이 지속적으로 사용하며 본래의 맥락을 넘어서 확장하는 단어다. "wawa"라고 말했던 여자 아기의 예를 보면, 이 아기는 마실 물을 요청할 때뿐만 아니라 자신의 개가 물그릇에서 물을 마시고 있는 것을 보았을 때나 혹은 욕조 주변에서 물을 튀기고 있을 때에도 그것을 사용할 것으로 기대된다.

계속해서 이 장에서는 아동들이 어떻게 본래의 맥락을 넘어서서 단어들을 확장하는지에 대해 논의하고자 한다. 그리고 언어 발달에서 제스처 사용의 역할에 대해 살펴보겠다. 더 많은 이정표는 〈발달표: 아장이기〉에 제시되어 있다.

## 〈발달표: 아장이기〉

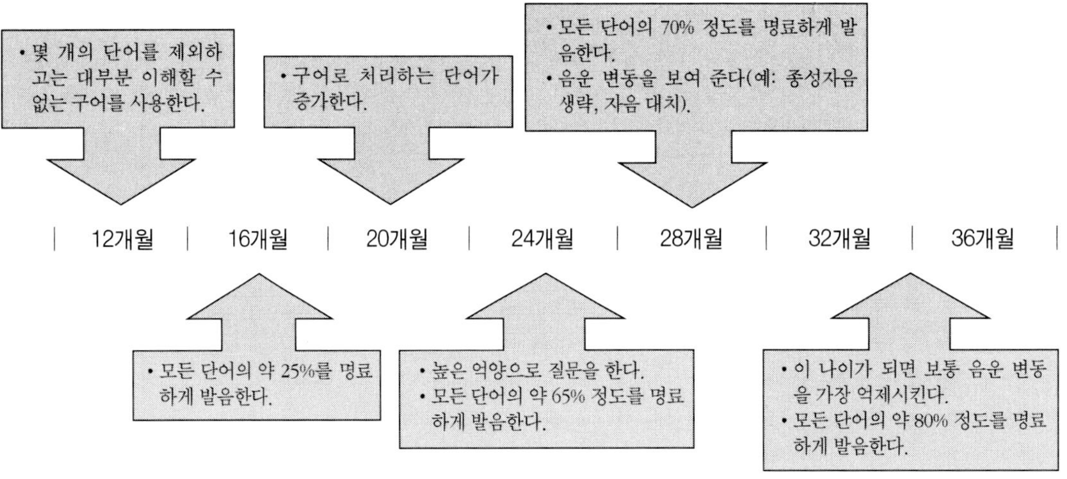
• 음운론 •
• 몇 개의 단어를 제외하고는 대부분 이해할 수 없는 구어를 사용한다.
• 구어로 처리하는 단어가 증가한다.
• 모든 단어의 70% 정도를 명료하게 발음한다.
• 음운 변동을 보여 준다(예: 종성자음 생략, 자음 대치).
12개월
16개월
20개월
24개월
28개월
32개월
36개월
• 모든 단어의 약 25%를 명료하게 발음한다.
• 높은 억양으로 질문을 한다.
• 모든 단어의 약 65% 정도를 명료하게 발음한다.
• 이 나이가 되면 보통 음운 변동을 가장 억제시킨다.
• 모든 단어의 약 80% 정도를 명료하게 발음한다.

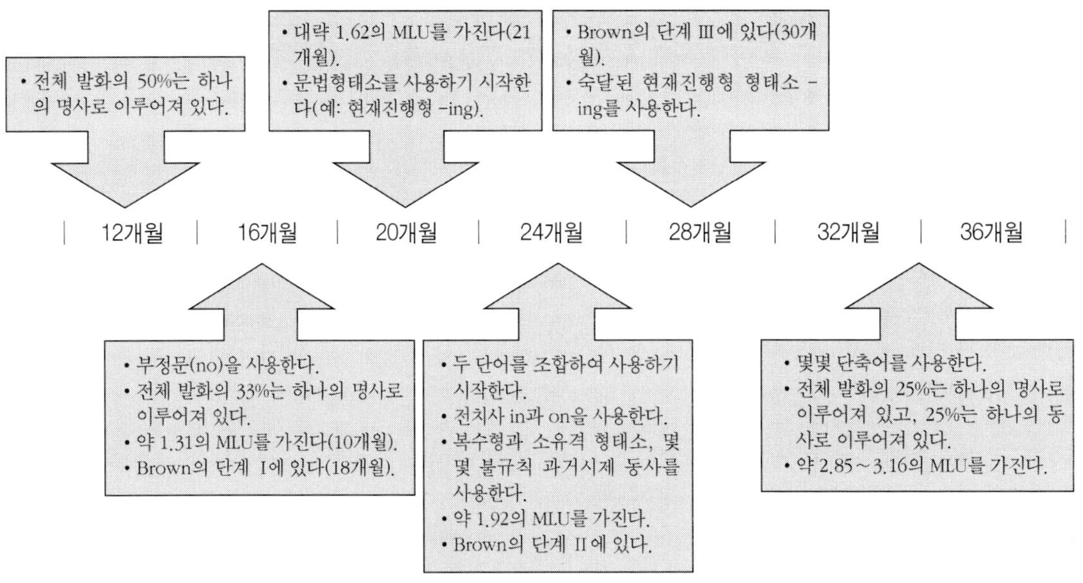
• 구문론 및 형태론 •
• 전체 발화의 50%는 하나의 명사로 이루어져 있다.
• 대략 1.62의 MLU를 가진다(21개월).
• 문법형태소를 사용하기 시작한다(예: 현재진행형 -ing).
• Brown의 단계 III에 있다(30개월).
• 숙달된 현재진행형 형태소 -ing를 사용한다.
12개월
16개월
20개월
24개월
28개월
32개월
36개월
• 부정문(no)을 사용한다.
• 전체 발화의 33%는 하나의 명사로 이루어져 있다.
• 약 1.31의 MLU를 가진다(10개월).
• Brown의 단계 I에 있다(18개월).
• 두 단어를 조합하여 사용하기 시작한다.
• 전치사 in과 on을 사용한다.
• 복수형과 소유격 형태소, 몇몇 불규칙 과거시제 동사를 사용한다.
• 약 1.92의 MLU를 가진다.
• Brown의 단계 II에 있다.
• 몇몇 단축어를 사용한다.
• 전체 발화의 25%는 하나의 명사로 이루어져 있고, 25%는 하나의 동사로 이루어져 있다.
• 약 2.85~3.16의 MLU를 가진다.

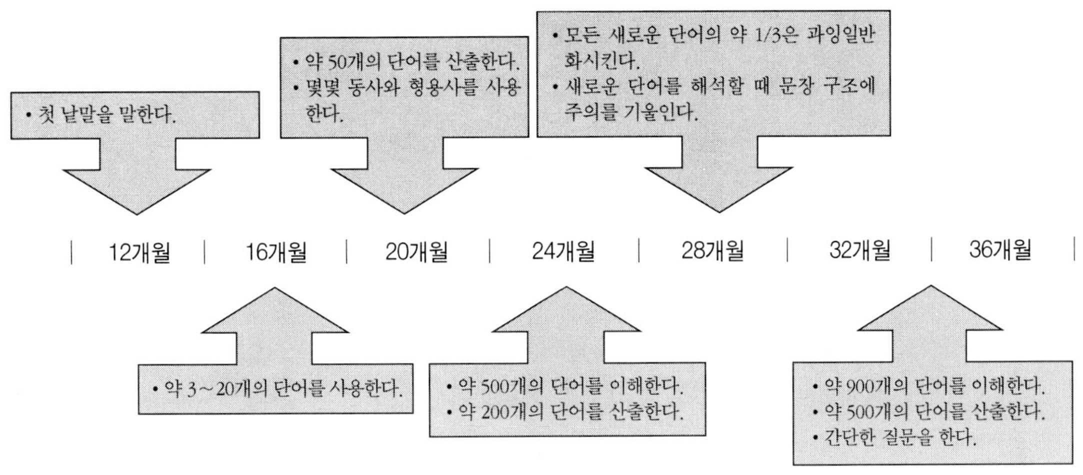
• 의미론 •
• 첫 낱말을 말한다.
• 약 50개의 단어를 산출한다.
• 몇몇 동사와 형용사를 사용한다.
• 모든 새로운 단어의 약 1/3은 과잉일반화시킨다.
• 새로운 단어를 해석할 때 문장 구조에 주의를 기울인다.
12개월
16개월
20개월
24개월
28개월
32개월
36개월
• 약 3~20개의 단어를 사용한다.
• 약 500개의 단어를 이해한다.
• 약 200개의 단어를 산출한다.
• 약 900개의 단어를 이해한다.
• 약 500개의 단어를 산출한다.
• 간단한 질문을 한다.

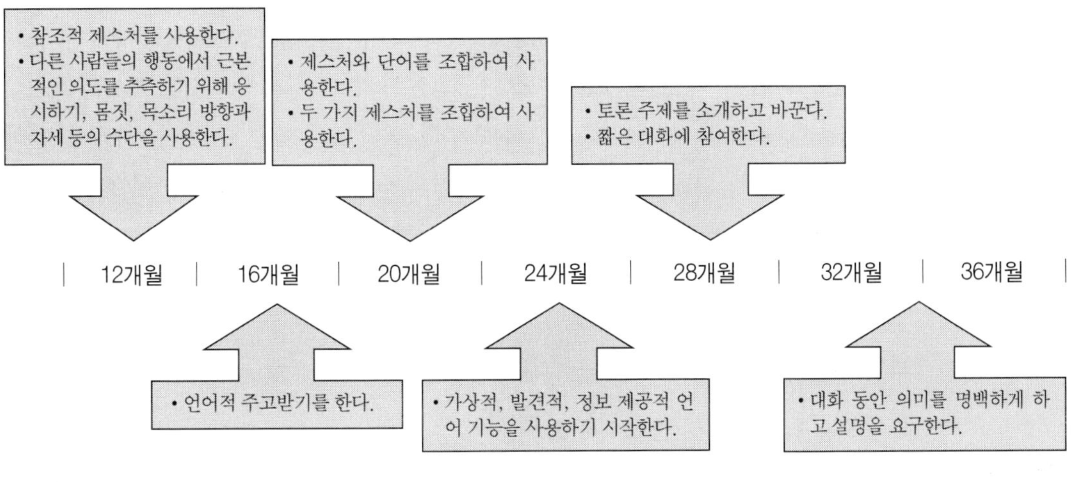
• 화용론 •
• 참조적 제스처를 사용한다.
• 다른 사람들의 행동에서 근본적인 의도를 추측하기 위해 응시하기, 몸짓, 목소리 방향과 자세 등의 수단을 사용한다.
• 제스처와 단어를 조합하여 사용한다.
• 두 가지 제스처를 조합하여 사용한다.
• 토론 주제를 소개하고 바꾼다.
• 짧은 대화에 참여한다.
12개월
16개월
20개월
24개월
28개월
32개월
36개월
• 언어적 주고받기를 한다.
• 가상적, 발견적, 정보 제공적 언어 기능을 사용하기 시작한다.
• 대화 동안 의미를 명백하게 하고 설명을 요구한다.

## 제스처

제5장에서는 언어 전 시기의 영아들과 다른 사람들 간의 공동 주의하기 사건에서 명령적 가리키기, 서술적 가리키기와 같은 제스처의 출현을 논의하였다. 여기에서는 생후 2, 3년의 언어 발달에 지속적으로 영향을 미치는 중요한 제스처의 역할에 대해 살펴보고자 한다.

### 참조적 제스처

여러 연구 결과들은 언어를 사용하기 전 단계에서 한 낱말 단계로, 한 낱말 단계에서 두 낱말 단계로 아이들의 변화가 진행되면서 구어보다 제스처의 사용이 먼저 일어난다는 것을 보여 주고 있다. 실례로 언어 전 단계에서 한 낱말 단계로의 변화를 시작하는 아동들은 '전화기'를 표현하기 위해서 주먹을 귀에 가져다 대는 행위나 '안녕'을 나타내기 위해서 손을 흔드는 행위와 같은 **참조적 제스처**(referential gestures)를 사용한다(Caselli, 1983, Volterra, Caselli, Capirci, & Pizzuto, 2005에서 재인용). 이러한 제스처들은 정확한 지시 대상을 나타내고 상이한 맥락들에 걸쳐 지속적인 의미를 가진다는 점에서 영아기를 특징짓는 **지시적 제스처**(deictic gestures, 예: 가리키기, 보여 주기)와는 다르다고 할 수 있다. 바꾸어 말하면, 참조적 제스처는 첫 번째 진정한 단어의 특성을 공유하며, 그 사용은 언어 전 단계에서 언어적 단계로의 변화가 임박했음을 나타낸다.

게다가 아동들이 한 낱말 단계에서 두 낱말 단계로의 변화를 준비하는 것처럼, 그들은 제스처와 낱말의 결합(의자를 가리키며 "엄마"라고 말함으로써 엄마에게 의자에 앉기를 요구하는 것과 같은), 2개의 제스처 결합('음식을 가리키며 먹는 척을 하여' 음식을 먹여 주기를 요청하는 것과 같은) 등을 나타내기 시작한다(Capirci, Iverson, Pizzuto, & Volterra, 1996; Caselli, Volterra, & Pizzuto, 1984, Volterra et al., 2005에서 재인용).

**논의 요점**
언어 발달이 보다 진보된 아장이들이 사용할 것으로 기대되는 제스처에는 어떤 유형이 있는가? 또 언어 발달이 덜 진보된 아장이들에 대해서는 어떠한가?

흥미롭게도 아동들은 두 낱말 발화를 시작할 때 2개의 참조적 제스처를 연결하는 것을 멈춘다. 그 이유는 아마도 아장이들이 낱말을 결합할 능력을 발달시키기 전에는 그 '틈'을 제스처로 채워 넣었지만 낱말을 성공적으로 결합하게 되었을 때는 자신들의 낱말을 스스로 조절할 수 있게 되기 때문일 것이다. 아동들의 구어 발달에서 제스처의 사용은 중요한데, 이는 전형적으로 발달하고 있는 아동들뿐만 아니라 다운 증후군(Iverson, Longobardi, & Caselli, 2003)과 같은 발달장애 아동들에게도 그러하다(Brady, Marquis, Fleming, & McLean, 2004).

## 거울 뉴런과 제스처

**시각운동 뉴런**(visuomotor neurons, 시각 및 근육 운동과 관련이 있는)의 유형 중 하나인 **거울 뉴런**(mirror neurons)은 사람들이 **행동**(의사소통 행동을 포함하여)**을 할 때**, 그리고 그들이 다른 사람들이 하는 행동을 **관찰할 때**에 활성화된다. 인간의 거울 뉴런 체계에 관한 증거는 제4장에서 논의한 것과 같이 신경생리학과 뇌 영상 연구를 통하여 알 수 있다. 몇몇 연구자들은 거울 뉴런이 인간의 제스처와 언어 발달에 크게 기여했다고 제안해 왔다. 예를 들어, Rizzolatti와 Craighero(2004)는 손-팔 제스처와 언어가 공통된 신경적 기질을 가지고 있다고 제안하였다. 그들은 성인들이 책을 읽거나 자발적인 구어를 산출할 때 손 운동피질의 흥분성이 좌뇌에서 증가하는 것을 보여 주는 경두개 자기 자극(transcranial magnetic stimulation: TMS)—신경체계의 비침입성 전기 자극을 포함하는—의 연구들을 그 증거로 인용하였다. 게다가 이러한 활성화는 다리 운동 영역과 우반구에서는 나타나지 않

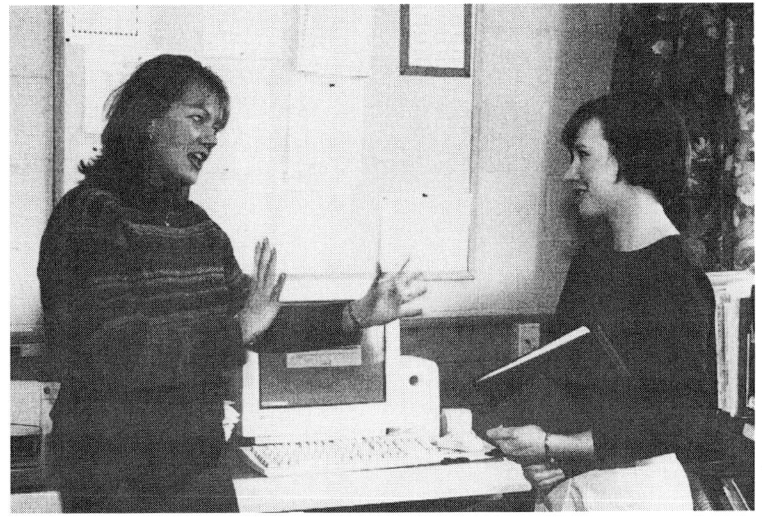

최초의 인류는 주로 손 제스처를 사용하여 서로 의사소통해 왔을 것이다.
사진 출처: Anthony Magnacca/Merrill.

는다. 그래서 최초 인류의 조상들은 주로 손 제스처를 이용하여 의사소통할 수 있었고, 이런 체계에 대한 증거가 오늘날 사람들에게도 남아 있는 것인가? 만약 그렇다면 제스처의 사용(제스처만 사용하건 구어와 함께 사용하건)이 의사소통의 수단으로 그리고 의사소통을 향상시키는 방법으로 학령 전기, 학령기, 성인기에 이르기까지 왜 계속되는지에 대한 합당한 이유가 존재할 것이다. 향후 신경과학 분야의 진보를 통하여 이러한 이론은 의심할 여지없이 지속적으로 빛을 발하게 될 것이다.

## 아장이기를 특징짓는 언어의 내용, 형식, 사용에서의 주요 성취

언어를 구성하는 세 가지 규칙—지배적인 영역은 **내용**(낱말과 그 의미), **형식**(음, 낱말, 문장들이 내용을 전달하기 위해 체계화되는 방식), **사용**(개인적, 사회적 요구를 표현하기 위하여 다른 사람들과 상호작용을 하는 데에 언어가 사용되는 방법)이다. 아장이기는 이 세 영역 각각에 있어 중요한 성취를 예고한다. 단지 1, 2년의 기간 동안 아장이들은 첫 낱말, 50개의 낱말, 심지어 100개의 낱말까지 획득해 낸다. 또한 아장이들은 새로운 구어음(말소리)을 사용하기 시작하고, 유창한 구어에서 이러한 음들을 연합함에 따라 새로운 음운 변동(phonological processes)을 나타내기 시작한다. 그들은 한 낱말 발화를 사용하는 것에서 낱말을 연결하는 것으로 이동하게 되는데, 이것은 그들로 하여금 영아기에서는 할 수 없었던 훨씬 더 많은 의사소통적인 기능들을 말할 수 있도록 해 준다.

### 언어 내용

아장이기는 언어의 내용에서 엄청난 성장을 보인다. 이 시기 동안, 아장이들은 초보 단어 학습자에서 전문 단어 학습자로 진보해 나가며 수용어휘와 표현어휘 모두에서 큰 성과를 거두게 된다. 다음에서는 아장이들이 낱말을 신속하게 획득하기 위해서 사용하는 전략들을 포함한 단어 학습 과정에 대하여 논의할 것이다.

또한 아장이들이 그들이 본 특정 상황에서의 의미와 문장 내 구문론적 관련을 연결 짓는 것을 어떻게 학습하는지에 대하여 논의하고자 한다.

### 수용 및 표현 어휘

**수용어휘**(receptive lexicon)는 아동이 이해하는 단어이며, **표현어휘**(expressive lexicon)는 아동이 산출하는 단어다. 비록 어린 아동들은 비교적 천천히 새로운 단어들을 습득하기 시작하지만, 몇몇 연구자들은 아장이들, 대략 생후 18~24개월에 또는 그들이 50개의 낱말을 산출해 낼 수 있을 때 즈음에 그들의 단어 학습이 폭발적인 시기로 진입한다고 주장한다. 이 시기는 **어휘 폭발**(vocabulary spurt), **단어 급증**(word spurt), 또는 **명명 폭발**(naming explosion)로 불린다. 이 시기 동안, 아동들은 날마다 7~9개 정도의 새로운 단어를 배운다. 일기에 아장이들의 단어를 기록하기 시작했던 부모들은 이 가속화된 성장의 시기 동안 아동이 산출하는 새로운 단어에 대한 기록을 게을리하게 되는 것을 알아차리게 된다. 그러나 아동들은 생후 18~24개월에 하루 7~9개의 새로운 단어를 배울지라도 성인들이 사용하는 방식으로 항상 그 단어를 사용하지는 않는다. 그들은 종종 단어들을 과대확장하고 과소확장하며 중복해서 사용한다.

**과대확장** 과대확장(overextension) 또는 **과잉일반화**(overgeneralization)는 아동들이 지나치게 일반적인 방식으로 단어를 사용하는 과정이다. 아장이들은 **과대확장**의 세 가지 종류를 사용한다. 즉, 범주적인(categorical), 유추적인(analogical), 관계적인(relational) 과대확장이다. 아장이들은 그들이 알고 있는 단어를 같은 범주의 다른 단어로 확장할 때에 **범주적인 과대확장**을 한다. 예를 들어, 한 아동이 '개'라는 단어를 배웠고 모든 네 발 달린 동물들을 '개'라고 부른다면, 이 아동은 범주적인 과대확장을 하고 있는 것이다. 또 다른 예로 '우유'라는 단어를 배운 아이가 모든 액체를 '우유'라고 말하는 것을 들 수 있다.

아장이들은 하나의 단어를 그들이 알고 있는 지각적으로 유사한 다른 단어로 확장할 때에 **유추적인 과대확장**을 한다. 예를 들어, 한 아동이 '공'이라는 단어를 배웠는데 다른 원형의 사물들(예: 달, 오렌지)을 보고도 '공'이라고 부르게 되는 것이다.

예를 들어, 과소확장을 하고 있는 아장이들은 다양한 컵의 전형들을 '컵'으로 명명하는 데 실패한다.
사진 출처: © Don Mason/Corbis.

아장이들은 그들이 알고 있는 단어를 의미론적으로나 주제론적으로 관련되어 있는 다른 단어로 확장할 때에 **관계적인 과대확장**을 한다. 예를 들어, 잰더는 '꽃'이라는 단어를 자신의 어머니가 꽃에 물을 줄 때 사용하는 것을 보았던 물뿌리개를 나타내는 말로 사용할 수 있다. 그는 아마도 자신의 어머니가 꽃을 보관하기 위하여 사용하는 화분을 언급하는 데 동일한 단어를 사용할 수도 있을 것이다.

아장이들은 범주적, 유추적, 관계적 유사성을 기초로 하여 전체 새로운 단어의 1/3을 과잉일반화한다(Rescorla, 1980). 그러나 과대확장보다 더 흔한 것이 과소확장이다.

**과소확장** 아장이들은 새로운 단어를 배울 때, 처음에는 이러한 단어들을 조심스럽고 신중하게 사용한다. 아장이들이 오직 적합한 지시 대상의 집합에만 단어들을 사용하는 과정을 **과소확장**(underextension)이라고 부른다. 한 여자 아이가 '책'이라는 단어를 오직 자신이 소유하고 있는 책들에만 사용하거나 '병'이라는 단어를 자신의 우유병에만 사용하고 있다면 과소확장을 하고 있는 것이다.

**중복** 아장이들이 한 단어를 어떤 상황에서는 과대확장하고 다른 상황에서는 과소확장할 때, 이 과정을 **중복**(overlap)이라고 부른다. 예를 들어, 남자 아이가 '사탕'이라는 단어를 콩 모양의 젤리과자나 자신의 할머니가 먹는 알약을 언급하기 위해서는 사용하지만(과대확장) 초코바를 언급하기 위해서는 사용하지 않는다면(과소확장) 중복을 하고 있는 것이다.

**단어-사용 오류의 원인** 아장이들의 과대확장, 과소확장, 중복은 그들의 초기 단어 사용의 오류 중 하나로 볼 수 있다. 왜 아동들은 이러한 오류를 범하게 되는 것일까? 아동들이 성인과 다른 방식으로 단어를 사용하는 이유로는 세 가지가 제안되어 왔다. 첫째, 아동들은 **범주 구성원 오류**(category membership error)를 범한다. 예를 들어, 아동들은 말과 소가 정말로 같은 종류의 동물이라고 생각할 수 있고, 그들이 '말'이라는 단어를 알기 때문에 소를 명명하기 위하여 '말'이라는 단어를 사용한다.

둘째, 아동들은 **화용론적 오류**(pragmatic error)를 범한다. 아동들은 2개의 사물이 개념적으로 다르지만 아직 그 사물들 중 한 사물의 이름을 몰라서 의도적으로 의미론적으로 관련되어 있는 단어를 대신해서 사용할 때 이러한 오류를 범하게 된다. 예를 들어, 한 어린 남자 아이가 말과 개가 다른 동물이라는 것을 알고 있다고 해도 '말'이라는 단어를 알지 못하기 때문에 대신에 '개'라는 단어를 사용하게 된다.

셋째, 아동들은 특정한 단어를 분명히 알고 있으나, 어떤 이유로 그 단어를 생각해 내지 못하거나 부지불식간에 다른 단어를 선택하게 될 때 **복구 오류**(retrieval error)를 범하게 된다. 예를 들어, 한 아동은 '말'이라는 단어를 알고 있어도 말을 묘사할 때 우발적으로 '개'라는 단어를 발화할 수도 있다. 아동들이 범하는 이러한 세 가지 명명하기 오류의 예는 [그림 6-2]에 제시되어 있다. 화살표는 단어를 산출하는 동안 정보가 흘러가는 방향을 가리킨다.

**논의 요점**
부모가 자신의 아이가 새로운 단어를 과잉일반화하는지 과소일반화하는지 결정할 수 있는 방법들은 무엇인가?

### 새로운 단어의 습득: 콰인 수수께끼

새로운 단어를 배우는(혹은 새로운 어휘 목록을 창출하는) 아장이들은 최소한 연속적인 구어에서 단어 분절하기, 세계 속의 사물, 사건, 행위, 혹은 개념을 찾기,

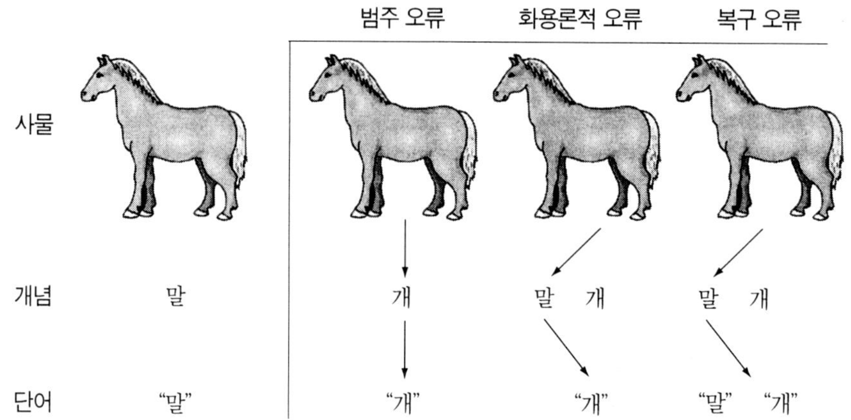


**[그림 6-2] 아동이 나타내는 명명하기 오류의 유형**

출처: From "The Course of Children's Naming Errors in Early Word Learning," by L. Gershkoff-Stowe, 2001, *Journal of Cognition and Development, 2*, p. 134. Copyright 2001 by Lawrence Erlbaum Associates, Inc. Reprinted with permission.

상응하는 사물, 사건, 행위, 혹은 개념과 단어 연결하기를 해야 한다. 마지막 과제인 **연결**(mapping)은 새로운 단어를 성공적으로 배우게 하는 열쇠이며 보이는 것보다 더 많은 것을 요구할지도 모른다. 철학자인 W. V. O. Quine이 제시했듯이, 당신이 토끼가 있는 상황에서 'gavagai'라는 단어를 말하는 외국인(자신의 모국어를 말하고 있는 외국인)을 갑작스럽게 만났다고 생각해 보자. 당신은 'gavagai'라는 단어를 '토끼' '먹이' '뗄 수 없는 토끼의 일부', 또는 다른 의견으로 추정해야 하는가? 이 딜레마—외견상 끝이 없는 해석에도 불구하고 하나의 단어를 그 지시대상으로 연결하는 것에 대한 불확실성—는 **연결 문제**(mapping problem), **귀납 문제**(induction problem), 또는 **콰인 수수께끼**(Quinean conundrum)로 불린다. 연결 문제는 새로운 언어를 배우려고 도전하는 모든 사람들을 괴롭히며, 특히 자신들의 첫 번째 언어를 배우고 있는 영아들이나 아장이들에게 그러하다. 언어 학습 이론이 서로 의견을 달리하는 것처럼, 아동들이 새로운 단어를 학습할 때 그들이 콰인 수수께끼를 어떻게 극복해야 하는지에 대해서 상세히 알아보도록 한다.

## 새로운 낱말 습득을 위한 어휘 원리체제

제2장의 언어 발달 이론들에서 사람들이 다양한 언어 성취를 어떻게 바라보고 있는지에 대해 언급하였다. 단어 학습도 예외가 아니다. 일부 언어 학습 이론들은 아동들이 새로운 단어가 묘사할 수 있는 거의 무한한 수의 참조물 중 일부를 제거하도록 도와주는 경향이나 선입견을 가지고 단어 학습 과제에 아동들이 도달한다는 것을 가정한다(콰인 수수께끼). 다른 연구자들이 제시하였던 일련의 단어 학습 선입견을 Golinkoff, Mervis와 Hirsh-Pasek(1994)은 초기 사물 명명을 위한 **어휘 원리체제**(lexical principle framework)라는 용어로 체계화하였다. 이 체제는 2개의 계층으로 이루어져 있다. 첫 번째 계층은 참조 원리, 확장성 원리, 대상 영역 원리를 포함하는 반면, 두 번째 계층은 관습성 원리, 범주적 영역 원리, 새 이름-이름 없는 범주 원리(N3C) 등으로 이루어져 있다.

**첫 번째 계층 원리** 어휘 원리체제의 첫 번째 계층을 구성하는 3개의 원리들

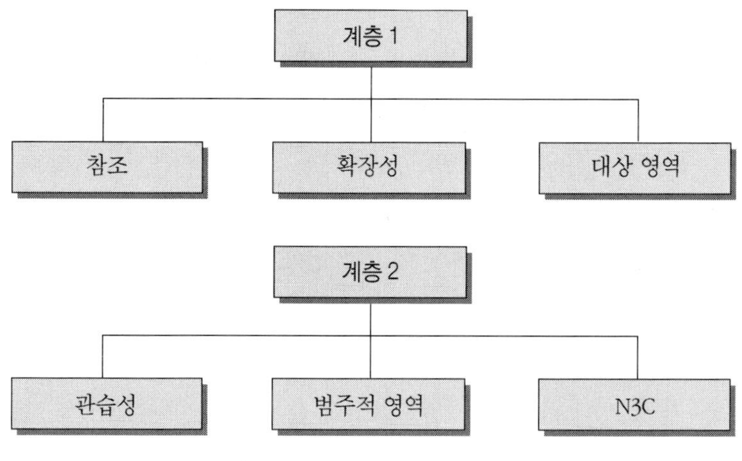


**[그림 6-3] 어휘 원리체제**

N3C = 새 이름-이름 없는 범주(novel name-nameless category)

출처: From "An Emergentist Coalition Model for Word Learning: Mapping Words to Objects Is a Product of the Interaction of Multiple Cues," by K. Hirsh-Pasek, R. M. Golinkoff, and G. Hollich, in *Becoming a Word Learner: A Debate on Lexical Acquisition* (p. 136), edited by R. M. Golinkoff, K. Hirsh-Pasek, L. Bloom, L. B. Smith, A. L. Woodward, N. Akhtar, et al., 2000, New York: Oxford University Press. Copyright 2000 by Oxford University Press. Adapted with permission.

은 언어적 정교화를 많이 요구하지는 않는다. 이러한 원리들은 인지-지각 능력(cognitive-perceptual abilities)에 의존하기 때문에 아동들은 계층 1원리를 자신들이 단어를 획득하기 시작할 때부터 일찍 사용할 수 있다(Hollich, Hirsh-Pasek, & Golinkoff, 2000). **참조**(reference) 원리는 단어가 대상, 행동, 사건, 개념들을 상징한다고 진술한다. 예를 들어, '아빠'라는 단어는 누군가의 아버지를 상징하거나 의미한다. 아동은 이 단어를 자신의 아버지가 있을 때 사용할 수도 있으며, 자신의 아버지가 다른 장소나 시간 속에 있을 때에도 이 단어로 언급할 수 있다.

**확장성**(extendibility) 원리는 단어들이 사물의 범주들을 명명하며 그 본래의 표본만은 아니라는 개념을 가리킨다. 그러므로 '공'이라는 단어는 기초 수준 범주의 공의 범위에 해당되는 다양한 사물들을 설명하는 데 사용될 수 있다. 아동들은 일반적으로 사물의 비슷한 형태, 크기, 색, 냄새, 그리고 물질적인 구성을 포함하기 위하여 단어들을 확장한다. 형태는 아동들이 언어 발달 초기에 확장시키는 가장 보편적인 특징이다(Laudau, Smith, & Jones, 1988; Smith, Jones, & Landau, 1992).

**대상 영역**(object scope) 원리에서는 단어들이 전체 대상들에 연결된다고 언급한다. 첫째, 대상 영역 원리를 사용하고 있는 아동들은 새로운 단어들이 행위보다는 대상을 명명한다고 생각한다. 아동들은 새로운 이름을 들을 때 행위 대신 대상에 그 이름을 붙이는 것을 더 선호한다(예: Imai, Haryu, & Okada, 2002; M. Meyer et al., 2003). 둘째, 대상 영역은 **전체 대상 가정**(whole object assumption), 또는 단어들이 전체 대상에는 이름을 붙이고 대상의 부분에는 이름을 붙이지 않는다는 가정을 전제로 한다(Markman, 1990, 1991). 그러므로 자신의 어머니가 "새다!"라고 외쳤을 때, 하늘에서 날고 있는 새를 목격한 한 아장이는 '새'라는 단어를 새의 나는 행위보다는 새를, 보다 자세하게는 새의 날개, 부리 혹은 다리보다는 새 전체로 새를 언급한다고 추측하는 것 같다.

**두 번째 계층 원리** 어휘 원리체제의 두 번째 계층을 구성하는 세 가지 원리는 아동들이 단어의 특성에 대한 자신들의 가정을 세련되게 함에 따라 더 유용하고 정교하게 된다는 것이다. **관습성**(conventionality) 원리는 아동들이 성공적으로 의사소통을 하기 위해서는 자신들의 언어 공동체 내 사람들이 이해하는 용어를 채택해야 한다는 것을 말한다(Clark, 1993 참조). 아동들은 'blanket'을 'blankie'로 말하는 것과 같은 그들의 몇몇 '아기' 말들이 자신들의 문화 내 다른 화자들 사이에서는 관습적이지 않다는 것을 인식하게 될 때 관습 원리를 사용함으로써 자신들의 어휘와 첫 번째 계층 원리의 참조 원리를 세련되게 하기 시작한다.

**범주적 영역**(categorical scope) 원리는 분류학상으로 비슷한 단어들로의 확장에 대한 근거를 제한함으로써 첫 번째 계층의 확장성 원리를 토대로 하고 있다. 예를 들어, 분류학적 제약을 존중하는 아동들은 주제론적으로 유사한 특성을 사용하여 개와 개의 먹이를 범주화시키는 대신 개와 고양이를 유사하게 범주화시킬 것이다(Markman & Hutchinson, 1984).

**새 이름-이름 없는 범주**(novel name-nameless category: N3C) 원리는 새로운 이름의 수령인으로 아동이 이름 없는 대상을 선택하도록 도와줌으로써 첫 번째 계층 원리의 대상 영역 원리를 지지한다. N3C 원리는 **상호 배타성**(mutual exclusivity) 원리에 기초를 두고 있는데, 이 원리는 대상들이 오직 하나의 이름만을 가지고 있다고 말한다(Markman, 1989; Merriman & Bowman, 19889). 상호 배타성 원리는 아동들이 이미 이름을 소유하고 있는 상황에서 새로운 단어를 듣고 일련의 대상들을 바라보는 상황에서 드러난다. 예를 들어, 당신이 '온도계'라는 단어를 모르는 아장이에게 공이 담긴 상자와 책 한 권 그리고 온도계를 주었다고 가정해 보라. 그러고 나서 만약 당신이 온도계를 요청한다면 아마도 그 아장이는 온도계를 집을 것이다. 왜냐하면 책과 공이 '온도계'로 불리지 않는다는 것을 알기 때문이다. N3C 원리는 단 하나의 예외를 제외하고는 상호 배타성 원리와 유사하게 작용한다. N3C는 아동들이 하나의 대상에 하나 이상의 이름을 붙이는 것을 회피한다는 사항을 전제하지는 않는다. 〈연구 패러다임: 신경영상과 아장이 언어발달〉에서는 신경 이미지 연구가 어떻게 연구자들로 하여금 알고 있거나 모르는 단어들에 대한 아장이들의 두뇌 반응을 평가하는 데 도움을 줄 수 있는지에 대해 논의한다.

**논의 요점**
아장이들, 학령 전기 아동, 학령기 아동, 성인들은 친숙하지 않은 단어의 의미를 유추하는 방법에서 어떠한 차이를 보이는가?

연구 패러다임

## 신경영상과 아장이 언어 발달

신경영상기술은 보다 깊이 있게 언어 발달을 이해하기 위한 중요한 방법으로 매우 빠르게 인식되고 있다. 심지어 몇몇 신경영상기술은 영아와 아장이들의 언어 발달 연구에 매우 적합하다. 이러한 기술 중에 **사건유발전위**(event-related potentials: ERP)가 있다. ERP 연구에서 참가자들은 특정한 언어 자극에 대한 뇌의 전기적 반응을 측정할 수 있는 여러 개의 전극이 부착된 모자를 착용한다. 이러한 연구 중 한 연구에서는 생후 16개월 된 아장이들이 (부모 보고에서 평가되었던 바와 같이) 친숙한 단어들과 비친숙한 단어들을 들었을 때 전기생리학적 과정이 다르다는 것을 증명하였다.

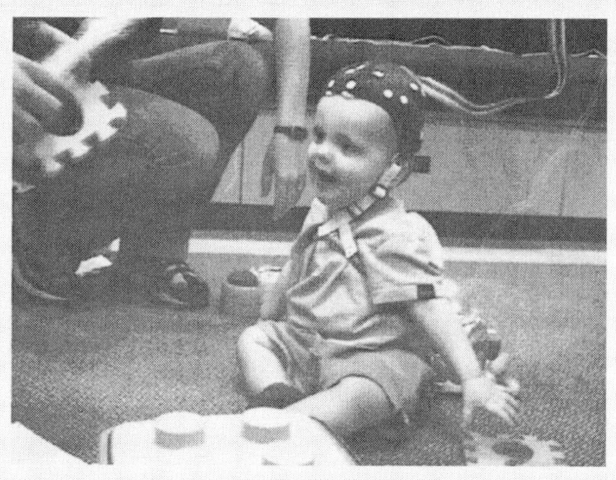

**〈사건유발전위(ERP) 연구〉**

사진 출처: Dr. Janet F. Werker's Infant Studies Centre, Department of Psychology, University of British Columbia.

### 새로운 단어를 획득하기 위한 사회-화용론적 체제

단어 학습에서 사회-화용론적 관점을 지지하는 사람들은 아동들이 새로운 단어를 획득하기 위해서 이전에 언급하였던 어휘 원리를 포함하여 영역 특정 메커니즘(domain-specific mechanisms)을 필요로 하지 않는다고 주장한다. 오히려 이들 이론가는 아동들이 숙련된 언어 사용자들과 상호작용함으로써 콰인 수수께끼를 극복할 수 있다고 제안한다. 사회-화용론적 이론가들에 따르면, 성인들은 아동들과 상호작용할 때 단어의 의미에 대한 여러 사회적 단서를 제공하게 되는데, 이것이 어휘 원리를 불필요하게 만든다고 한다. 영아들과 아장이들은 초기부터 일련의 세련된 사회적 단서들을 이해할 수 있다. 그들은 다른 사람의 시선과 가리키기 제스처를 따르며, 공동 주의하기에 참여하고, 9～12개월경에는 행동을 모방할 수 있다(Balwin, 1995). 영아들은 이미 12개월에 다른 사람들의 행위 저변에 있는 의도를 추론하기 위하여 사회적 단서들—관심선(한 사람이 쳐다보고 있는 것을 가리키는 그 사람의 시선 방향), 제스처, 음성 방향, 신체 자세를 포함하는—을 사용한다(Baldwin & Baird, 1999). 연구 결과들은 아장이들이 심지어는 외적으로 다른 상황에서도 단어 의미에 대한 사회-화용론적 단서들을 사용하는 데 숙달되어 있다는 것을 보여 준다. 그러한 상황은 단어의 지시 대상이 물리적으로 존재하지 않을 때(Akhtar & Tomasello, 1996), 성인이 분명한 명명하기 표현법("That is a toma."; Callanan, Akhtar, Sussman, & Sabbagh, 2003)보다 명령적인 표현법을 사용할 때("Put the toma down."), 그리고 아동이 다른 사람들의 대화를 점검함에 따

### 아동 양육 선택과 아장이 언어 발달

제2장에서 기술한 바와 같이, 언어 발달에 관한 이론적 관점은 부모와 양육자들의 선택을 포함하여 사람들의 삶의 여러 영역에 영향을 미친다. 특히 중요한 한 가지 결정은 아장이들의 발달을 위하여 양육자들을 선발하는 것이다. 1991년에 국립 아동건강 및 인간발달협회(National Institute of Child Health and Human Development: NICHD)는 종단 연구인 '초기 아동양육 연구(Study of Early Child Care: SECC)'를 시작하였다. 1단계에서 연구자들은 미국 10개 지역에서 신생아부터 3세까지의 1,364명의 아동들을 대상으로 인지, 사회, 감정, 언어 발달에 대한 자료를 수집하기 위하여 이 아동들을 주시하였다. 이 집중적인 연구의 결과로서 연구자들은 어머니가 아닌 다른 사람이 아동을 양육하는 다섯 가지 유형을 검사한 결과, 각 유형 내에서 여러 중요한 지표들이 긍정적인 육아 행동과 지속적으로 관련이 있다고 결론 내렸다. 이 지표들은 크기 면에서는 소집단, 아동-성인 비율이 낮음, 비독재적인 아동-육아 신념, 안전하고 깨끗하며 자극을 주는 물리적 환경을 포함한다(National Institute of Child Health and Human Development Early Child Care Research Network, 1996). 아울러 연구자들은 육아의 전반적인 질—특히 **언어 자극**—은 15, 24, 36개월 된 아장이들의 인지와 언어적 성과와 지속적으로 그리고 적당하게 관련되어 있다고 결론 내렸다(National Institute of Child Health and Human Development Early Child Care Research Network, 2000). 아장이기 동안 발전하는 언어적 능력에 양육 경험이 미칠 수 있는 영향을 고려하면, 이러한 연구 결과들은 양육의 질을 선택함에 있어 중요한 암시를 하고 있다.

라 어떤 단어를 엿듣게 되었을 때(Akhtar, 2005; Akhtar, Jipson, & Callanan, 2001)를 포함한다(〈이론에서 실제까지: 아동 양육 선택과 아장이 언어 발달〉에서는 아장이 언어 발달에서의 양육 경험의 중요성에 관한 논의한다).

### 빠른 연결

아장이 앞에서 상당히 복잡한 단어를 사용한 적이 있거나 또는 그 이후에 놀랍게도 아장이가 그 단어를 사용하는 것을 들은 적이 있는가? 몇 번의 우연적인 노출 혹은 단 한 번의 노출 이후에도 단어들을 끄집어내는 아장이들의 능력은 주목할 만하다. 이런 능력은 새로운 단어와 그것의 참조물에 대한 짧은 노출에도 아동들이 어휘적 표현을 형성하기 때문에 **빠른 연결**(fast mapping)이라고 명명된다(Carey & Bartlett, 1978).

Markson과 Bloom(1997)은 어린 아동들이 새로운 단어를 빠르게 연결할 수 있기는 하지만 빠른 연결이 단어 학습 특유의 능력은 아니라는 증거를 제시하였다. 이 연구자들은 3세, 4세 그리고 성인들이 새로운 대상의 이름을 배우고 계속 유지시키는 것처럼 한 대상에 관한 사실을 배우고 유지시킬 수 있다는 사실을 발견하였다. 게다가 Markson과 Bloom은 빠른 연결이 단어 학습에 국한되지 않는다는 사실의 발견이 **영역 일반적**(domain-general) 언어 학습 메커니즘에 대한 다른 증거로서 모순이 없다고 설명하였다. 이 주장은 어떠한 단어 학습이 영역 특정적(domain-specific) 또는 영역 일반적 메커니즘의 성과인지에 대해서 Waxman과 Booth(2000, 2001), P. Bloom과 Markson(2001) 등의 연구자들 사이에 흥미로운 상호작용에 박차를 가했다. Waxman과 Booth는 P. Bloom과 Markson의 발견과 의견이 달랐는데, 비록 빠른 연결이 단어 학습에 특정적일 필요는 없으나 단어 학습과 사실 학습이 동일한 근원적 원리에 기초를 두고 있다는 어떠한 증거도 존재하지 않는다고 반대하였다. 이러한 언쟁은 언어 발달을 가져오는 메커니즘과 그것이 영역 일반적인지 또는 영역 특정적인지에 대해 여전히 연구자들 사이에서 논쟁이 있음을 증명한다.

### 아장이들이 획득하는 의미역

**의미역**(thematic role)은 하나의 사건에 출연하는 단어의 요소다. 그 역할은 행위자, 주제, 근원, 목표, 위치를 포함한다(O'Grady, 1997). **행위자**(agent)는 행동을 실행하는 존재다(Nicole ate pasta). **주제**(theme)는 행동이나 움직임을 당하게 되는 존재다(Tamika flew a kite). **근원**(source)은 움직임에서 시작 지점이며, **목표**(goal)는 움직임에서 종료 지점이다(Maurie drove from Richmond to Charlottesville). **위치**(location)는 행동이 일어나는 장소다(Ryan hiked through the park).

아장이들은 어렸을 때부터 의미역을 이해하기 시작하고, 더 중요하게는 그들이 어떻게 의미역을 그에 상응하는 구문론적 요소와 연결시킬 수 있는지에 대해서 배운다는 것이다. 예를 들어, 생후 2세 6개월인 아장이들은 새로운 단어를 해석할 때 문장의 전체 구조에 귀를 기울인다. 더욱이 그들은 새로운 동사를 그들이 듣는 주제의 수에 따라서 해석한다(Fisher, 2002). **타동사** 문장(Dad caught the fish)에서 새로운 동사를 듣는 아동들은 **자동사** 문장(Dad swam)에서 새로운 동사를 듣는 아동들보다 동사를 원인을 나타내는 행위자의 행동으로 보는 경향이 있다. 의미역과 그것이 어떻게 구문론적 요소와 상응할 수 있는지에 대한 함축적인 이해는 의심할 여지없이 아장이들이 그들이 듣는 새로운 단어에 대해서 가능한 해석의 수를 줄일 수 있게 도와준다.

## 언어 형식

### 음운론에서의 성취

아기들은 자신이 듣는 구어음을 받아들이고, 그 음을 의미 있는 방법으로 범주화하는 것을 학습하며, 유창한 구어를 점점 더 작은 의미 단위들(절, 단어, 형태소)로 분절하기 위하여 구어에 대한 자신들의 함축적인 지식을 사용함에 따라 영아기 초기부터 인간의 음운론적 체계가 굳어지기 시작한다(제5장 참조). 아장기의 음운론적 성취는 영아기에서의 성취보다 더 알아차릴 수 있는데, 왜냐하면 그러한 성취가 얻어질 때 사람들이 들을 수 있기 때문이다. 아장이들은 구어음 혹은 음소 범주를 획득하고 세련되게 하기 시작하며, 그들이 그러한 행동을 할 때 성인들은 그들의 **음운 변동**(phonological processes), 혹은 아동들이 어떤 단어를 발음할 때 나타나는 규칙 지배적 오류를 거의 틀림없이 관찰하게 된다.

**음소 달성에 대한 규준** 아동들이 영어에서 자음을 산출할 수 있는 연령이 연구 보고들에 따라 매우 다양하다고 한 제2장의 규준에 관한 논의를 상기해 보라. 아마도 음소 달성에 있어서 가장 대중적인 규준 집단은 Sander의 관습적 산출 연령([그림 2-1] 참조)과 구어음의 숙달 연령(〈표 2-2〉의 다섯 번째 열 참조)일 것이다. **관습적 산출 연령**(customary age of production)이라는 말은 아동들의 50%가 성인과 같은 방식으로 단어들의 다양한 위치에서 주어진 음을 표현해 낼 수 있는 나이를 말한다. **숙달 연령**(age of mastery)은 대부분의 아동들이 성인과 같은 방식으로 음을 표현해 낼 수 있는 나이를 말한다.

아장이들의 음 산출 능력을 측정하고자 하는 사람은 음소가 전형적으로 분리되어서 산출되지 않는다는 것을 고려해야만 한다. 인접해 있는 음들 간 결합은 특정한 음에 대한 아동들의 산출에 영향을 미칠 수 있다. 이와 같이 아동들의 능력에 관한 정확한 조사를 하기 위하여 아동들에게 일반적으로 다양한 위치(예: 음절 어두, 음절 어말)와 여러 종류의 인접한 음에서 구어음을 표현하도록 요구한다(예: 특정한 자음 뒤에 모음을 오게 하여).

**음운 변동** 아장이들이 자신의 조음기관에 대해 더 많은 조절을 하기 시작할 때, 성인들은 아장이들의 음운론에서의 발달을 주시한다. 어떤 이들은 아장이기를 어린 아동들이 귀엽거나 재미있는 방식으로 말하는 시기로 보기도 한다. 트위티 새(Tweety Bird)와 같은 캐릭터가 등장하는 만화에서는 초기 아동기의 음운 패턴을 흉내 내기도 한다. 그러나 아마도 성인들이 깨닫지 못하고 있는 것은 실수하고 있는 것처럼 보이는 아동들이 사실은 그들이 말할 때 체계적이고 규칙 지배적인 과정을 사용하고 있으며 단순하게 아무렇게나 음 대치를 하고 있지는 않다는 것이다. 아장이들의 말을 특징짓는 체계적이고 규칙 지배적인 구어 패턴을 음운 변동이라고 부른다. 음운 변동의 범주에는 음절 구조 변화, 동화, 조음 위치 변화, 조음방법 변화가 포함된다. 각 범주는 더 구체적인 음운 변동 양식들로 구성된다.

**음절 구조 변화**(syllable structure changes)는 단어 중 음절에서의 단순한 변화다. 아동 음운론에서의 일반적인 음절 구조 변화의 유형으로는 한 단어 내에서 강조된 음절을 반복 혹은 **중복**(reduplicate)하는 것이다(water가 'wa-wa'가 되고 daddy가 'da-da'가 된다).

전방화는 아장이들이 구강의 더 뒤쪽에서 산출되는 음(/k/)을 구강의 더 앞쪽에서 산출되는 음(/t/)으로 대치하는 것이다. 따라서 cake가 'take'가 된다.
사진 출처: © Mika/zefa/Corbis.

**동화**(assimilation)는 아동들이 특정 음절 내의 한 음을 동일한 음절 내의 다른 음의 특질을 취하여 변화시키는 과정이다. 예를 들어, **연구개음 동화**(velar assimilation)는 dog의 /d/ 음이 그 뒤에 나오는 /g/라는 연구개음(구강의 뒷부분에 있는 연구개에서 생성되는)의 영향을 받아 dog가 'gog'로 되는 것이다. 동화는 문맥 의존적 변화(context-dependent change)로 아동들이 영향력 있는 인접한 음을 기초로 하여 특정한 음을 만들어 내는 것을 의미한다. dog가 'gog'로 되는 예에서 음절 어말음인 /g/가 음절 어두음인 /d/에 영향을 미치게 되고, 그래서 /d/는 /g/로 바뀌게 된다.

아동들은 또한 조음 위치 변화, 조음방법 변화를 포함하여 문맥 의존적이지 않은 음들을 변화시킨다. **조음 위치 변화**(place-of-articulation changes)는 아동들이 구강 내의 한 장소에서 만들어지는 음을 다른 장소에서 만들어지는 음으로 대치할 때 일어난다. 예를 들어, 아동들은 종종 구강의 더 뒤에서 만들어지는 음(예: /k/)을 구강의 더 앞에서 만들어지는 음(예: /t/)으로 대치하곤 한다. 그래서 아동의 cake 발음은 이러한 과정에서 'take'가 되는데 이를 **전방화**(fronting, 또는 전설음화)라 일컫는다. 조음 위치 변화는 문맥 의존적이지 않다. 그 이유는 아동들이 영향력 있는 인접한 음이 없을 때 이러한 변화를 만들기 때문이다. cake가 'take'가 되는 예에서 구강의 더 앞쪽에서 산출되는 어떠한 인접 음의 영향 때문에 /k/

가 /t/로 변하는 것은 아니므로 이 변화는 문맥 의존적이지 않다.

**조음방법 변화**(manner-of-articulation changes)는 아동들이 특정한 방법으로 만들어지는 음을 다른 방법으로 만들어지는 음으로 대치할 때 발생한다. 흔한 대치—**폐쇄음화**(stopping)라고 불리는—는 폐찰음을 폐쇄음으로 대치하는 것이다. **폐쇄음**(stop sound)에서는 공기의 흐름이 일시적으로 멈춘다(예: dot라는 단어에서 처음과 마지막 음). **폐찰음**(affricate sound)은 폐쇄음에 뒤따르는 **마찰음**(fricative, 수축된 공간을 통해 공기 압력이 증가되어 산출되는 소리, 예: 자음 s)으로 구성되어 있다. 그러므로 **폐찰음**은 공기의 흐름이 일시적으로 멈추고 구강의 수축된 공간을 통해서 압력을 받아 산출되는 음이다. 예를 들어, 단어 jeep의 첫 번째 음과 단어 church의 첫 번째 음과 마지막 음이 그렇다. 결과적으로 아동들이 jeep의 j를 폐쇄음으로 대치할 때는 'jeep' 대신 'deep'이라고 말하여 조음방법상 변화가 생기는 것이다.

**논의 요점**
만약 성인이 아동과 같은 음운론을 사용했다면 당신은 아장이들이 뭔가 이상한 점을 알아차릴 수 있다고 생각하는가? 왜 그들은 그것을 알아차리거나 알아차리지 못하는가?

일반적인 음운 변동의 예는 〈표 6-1〉에 제시되어 있다. 아동들은 일반적으로 3세경에는 종성자음 생략, 반복, 자음 일치, 약한 음절 탈락 등을 포함하여 이러한 변동의 일부를 나타내지 않는다(즉, 제거한다; Stoel-Gammon & Dunn, 1985). 자음군 축약과 활음화를 포함하여 기타 음운 변동들은 몇몇 변동이 과거 5년 동안 지속되었음에도 불구하고 더 나중까지 종종 나타난다.

**음운론적 지각** 아장이들은 단어나 구를 산출하기 위해서 음을 결합하는 능력과 같은 산출적인 음운론적 성취로 성인들에게 깊은 인상을 줌에도 남몰래 계속해서 진보한다. 자신들의 어휘를 확장하고 있는 아장이들이 새로운 단어를 계속해서 빠르게 획득하려면 유입되는 구어음과 그들이 현재 가지고 있는 언어학적인 지식과 개념적인 지식을 통합해야 한다. 아장이들은 계속해서 유입되는 단어들의 음을 어떻게 처리하는가? 전문가들은 아장이들이 구어를 처리하는 관점에 관하여 적어도 두 가지 주요한 입장 중 하나를 취하고 있다.

첫 번째 입장에 따르면, 아장이들은 광범위하며 전체적인 단어 인지 전략을 사용한다(Charles-Luce & Luce, 1990, 1996; Walley, 1993). 게다가 아장이들이 어휘 폭발 단계에 진입한 후에 어휘 표현의 재구성이 시작된다. 어휘 재구성은 전체적인 수준보다는 부분적인 수준에서 어휘 항목의 저장과 인지를 더욱 효과적이게

〈표 6-1〉 일반적인 음운 변동

| 범주 | 유형 | 설명 | 예 |
|---|---|---|---|
| 음절 구조 변화 | 약한 음절 탈락 | 아동은 강세가 없는 음절을 생략한다. | banana = 'nana' |
| | 종성자음 탈락 | 아동은 음절의 마지막 자음을 생략한다. | cat = 'ca' |
| | 반복 | 아동은 음절 전체나 음절의 부분을 반복한다. | water = 'wa-wa' |
| | 자음군 축약 | 아동은 자음군 산출 시 더 적은 자음들로 산출한다. | splash = 'spash' |
| 동화 | 자음 일치 | 아동은 단어에서 자질이 같은 자음을 사용한다. | doggie = 'doddie' |
| | 연구개음 동화 | 아동은 연구개음 가까이에 있는 연구개음이 아닌 자음을 연구개음으로 산출한다. | dog = 'gog' |
| | 비음 동화 | 아동은 비음 가까이에 있는 비음이 아닌 자음을 비음으로 산출한다. | candy = 'nanny' |
| 조음 위치 변화 | 전방화 | 아동은 입속 더 뒤쪽에서 산출되는 음을 더 앞쪽에서 산출되는 음으로 대치한다. | corn = 'dorn' |
| | 후방화 | 아동은 입속 더 앞쪽에서 산출되는 음을 더 뒤쪽에서 산출되는 음으로 대치한다. | daddy = 'gaggy' |
| 조음 방법 변화 | 파열음화 | 아동은 마찰음이나 파찰음을 파열음으로 대치한다. | jeep = 'deep' |
| | 활음화 | 아동은 유음을 활음으로 대치한다. | love = 'wove' |

한다. 어휘 재구성 후에는 전체의 단위보다 더 여러 개로 이루어진 분절(예: 특정 음소의 연합)에 기초를 둔 자신들의 어휘집에 단어들을 저장할 수 있다.

아장이들이 어떻게 들은 단어들을 인지하고 처리하는지를 기술한 두 번째 입장에서는 아장이들이 부분적인 음성 정보를 단어를 인지하는 데에 사용하고 있다고 말한다. 예를 들어, 한 연구에서 생후 18~21개월의 아동들은 대략적으로 어떤 단어의 첫 번째 두 음소를 그에 상응하는 그림들과 거의 연관 지을 수 있었는데, 이는 화자가 그 단어의 발화를 마치기도 전에 아장이들이 들은 단어를 점차적으로 처리한다는 것을 나타낸다(Fernald, Swingley, & Pinto, 2001).

이 언어 발달 단계에서 가끔 발생하는 한 가지 의문은 다양한 언어의 노출이 단어 인지 기술을 습득하고 있는 아동에게 혼란을 주는지에 관한 것이다. 〈다문화 초점: 다양한 언어 노출과 아장이 언어 발달〉에서는 이 주제에 대해 논의한다.

다문화적 초점

### 다양한 언어 노출과 아장이 언어 발달

부모들은 다양한 언어에 자신의 아이들을 노출시키는 것이 언어 발달 속도에 부정적인 영향을 미치거나, 아이가 달성할 수 있을 언어 능력의 단계 수준을 낮추거나, 잠재적으로 아동들을 혼란시킬지도 모를 것이라는 걱정을 표현하곤 한다. 언어 연구자 Laura Ann Pettito와 M. Katerelos 등(2001)은 "태어날 때부터 두 가지 언어에 노출되는 것은 그 자체로는 인간의 언어 획득의 일반적인 과정에서 어떠한 지연이나 혼란도 야기하지 않는다."(p. 494)라고 확신을 가지고 말하였다. 이 연구자들은 태어날 때부터 하나 이상의 언어를 배운 아이들(하나의 수화[sign langauge]와 하나의 구두언어를 배운 아동들과 2개의 구두언어를 배운 아동들)의 두 집단을 연구하였다. 조사 결과는 어느 집단도 초기 언어 이정표 달성에서 지연되지 않았고, 두 집단 모두 두 언어에서 정상적인 어휘 성장을 나타내었다. 또한 두 집단 모두 대화 파트너가 사용하고 있는 언어에 대하여 민감하게 반응하여 자신들의 두 언어를 구별하고 있다는 증거를 나타내었다. 연구자들은 영아기의 시제 양상과 분류 규칙성을 탐지하는 능력이 다양한 언어를 동시에 획득하는 아동들의 재능에 기여한다고 제안하였다.

### 형태론에서의 성취

아장이들이 생후 18개월에서 2년 사이에 도달하는 50개 낱말의 산출은 어휘 재구성과 어휘 폭발을 포함하여 중요한 변화의 조짐이 된다. 또한 50개 낱말 표현은 대개 아동들의 최초의 문법형태소의 출현과 함께 발생한다. 두 가지 다른 형태론적인 성취가 전형적으로 아장이기에 발생한다. 즉, 아장이들은 더 긴 발화를 하기 위해서 단어들을 연결하기 시작하며, 다른 유형의 문장 형식을 사용하기 시작한다.

**문법형태소** **형태소**는 더 작은 의미 단위로 나눌 수 없는 뜻을 가진 언어학적 단위다. **문법형태소**는 복수형 -s(two dogs), 소유격 's(the dog's bone), 과거형 -ed(the dog barked), 현재진행형 -ing(The dog is still barking)와 같은 문법 양상을 나타내기 위해 단어에 덧붙여진 굴절형이다. 형태소는 단어의 형태를 변화시키기 위하여 단어에 덧붙여지는데, 이는 문법 발달의 중요한 측면이 된다.

문법형태소는 18~24개월 아동들의 구어에서 나타나기 시작한다. 이 시기는 아동들이 첫 50개 낱말을 획득하는 시기다.

초기 형태론 발달 연구의 선구자인 Roger Brown(1973)은 아동들이 14개의 문법형태소를 숙달하게 되는 순서와 연령에 대하여 상세하게 기록하였다(〈표 6-2〉 참조). 이러한 문법형태소들은 영어를 말하는 아동들에게서 동일한 순서로 발달하며 대략 동일한 시기에 출현한다. 아동들은 일반적으로 학령 전 시기까지 이러한 형태소들을 숙달한다.

아동들이 산출하는 첫 번째 문법형태소는 Baby sleeping에서와 같은 현재진행형 '-ing' 다. 아동들은 이러한 형태소를 생후 18개월쯤에 사용하기 시작하고 생후 28개월쯤에는 숙달하게 된다. 아장이기에 출현하는 부가적인 형태소들은 아동들이 2세경에 사용하기 시작하는 전치사 in과 on이 있다(in cup, on table). 이 시기에 아장이들은 또한 two dogs와 같은 규칙 복수형 -s, kitty's bowl에서와 같은 소유격 's, eat-ate 또는 break-broke와 같은 불규칙 과거시제 동사를 사용하기 시작한다.

불규칙 과거시제 동사는 -ed를 붙이는 식의 규칙동사의 양식을 따르지 않는다.

〈표 6-2〉 Roger Brown(1973)의 문법형태소

| 문법형태소 | 출현 시기(개월) | 예 |
|---|---|---|
| 현재진행형 -ing | 19~28 | "Baby eating." |
| 복수형 -s | 27~30 | "Doggies." |
| 전치사 in | 27~30 | "Toy in there." |
| 전치사 on | 31~34 | "Food on table." |
| 소유격 's | 31~34 | "Mommy's book." |
| 규칙 과거시제 -ed | 43~46 | "We painted." |
| 불규칙 과거시제 | 43~46 | "I ate lunch." |
| 규칙 3인칭 단수형 -s | 43~46 | "He runs fast." |
| 관사 a, the, an | 43~46 | "I want the blocks." |
| 축약형 연결사 be | 43~46 | "She's my friend." |
| 축약형 조동사 | 47~50 | "He's playing." |
| 비축약형 연결사 be | 47~50 | "He was sick." |
| 비축약형 조동사 | 47~50 | "He was playing." |
| 불규칙 3인칭 동사 | 47~50 | "She has one." |

출처: Adapted from *A First Language: The Early Stages*, by R. Brown, 1973, Cambridge, MA: Harvard University Press.

그러므로 아장이들은 그것들을 기억해야만 한다. 영어는 150~180개 정도의 불규칙동사를 가지고 있다. 아동들이 새롭게 획득한 단어를 범주적이고 유추적이며 관계적인 방식으로 과대확장하는 것처럼, 그들은 과거시제 동사에 대한 법칙('-ed를 붙여라.')을 불규칙동사에까지 과잉일반화한다. 그 결과, 아장이들은 종종 "I maked it." "Mommy goed to the store."와 같이 말한다. Pinker(1999)는 규칙 과거시제 동사의 법칙을 획득한 아동들이 '단어'(예: 불규칙 형태의 동사)와 '법칙'(예: 규칙동사에 과거시제를 나타내는 -ed 붙이기)에 충분히 노출되고 연습할 때까지는 규칙동사의 사용을 종종 불규칙동사에 과잉일반화한다고 설명하였다.

아동들은 또한 다른 형태론적인 예에서 '단어'와 '법칙'을 학습한다. 예를 들어, 아동들은 축약을 배울 때 때때로 하나의 규칙(예: have not을 haven't로 바꾸기 위해서, has not을 hasn't로 바꾸기 위해서 n't를 붙여라.)을 적용한다. 다른 경우에 아동들은 축약을 하나의 단위 혹은 '단어'(예: won't)로 학습한다. 이것은 아마도 원형 음(will)이 축약된 형태(won't)와 같지 않기 때문일 것이다. 그래서 아동들은 불규칙 과거시제 동사를 암기하는 것처럼 전형적인 양상과는 다른 축약들을 기억해야만 한다.

**더 긴 발화를 만들기 위한 단어 조합** 문법형태소와 같은 단어 굴절과 함께, 아장이들은 다단어 발화를 창출하기 위하여 단어들을 결합시키기 시작한다. 영아들이 한 낱말 단계에서 그랬던 것과 달리, 아장이들은 좋아하는 공을 요청할 때 "공!"이라고 말하는 대신 "엄마, 공!"이라고 말할 것이다. 아장이들이 발화를 하기 위해서 단어들을 결합하기 시작하는 이 단계(때때로 두 낱말 단계로 불린다)는 구문론, 또는 아동의 언어에서 단어 순서를 지배하는 규칙의 진정한 시작을 나타낸다. 아장이들은 단단어로 사용한 단어들을 결합하는 것의 가치를 깨닫게 되고, 그들이 한 낱말 단계에서 사용했던 것보다 더 많은 의사소통 기능을 위해서 언어를 사용할 수 있게 된다. 아장이들이 두 낱말 단계에서 표현할 수 있는 몇몇 간단한 기능은 진술하기("Baby cry."), 부정하기("No juice."), 요구하기("More juice."), 질문하기("What that?") 등이 있다.

아동 언어 연구자들은 Roger Brown이 문법형태소 획득 순서와 연령에 대해서 상세히 기록했다는 것뿐 아니라 **Brown의 언어 발달 단계**를 창안하였다는 것으로도 그를 신뢰한다. Brown의 단계는 구문론적으로 복잡하게 변화하고 있는 발화를 산출하는 능력에 따라 아동들의 언어적 성취 특성을 기술하였다(〈표 6-3〉 참조). 아동들의 언어에 대한 복잡성의 한 측정방법은 평균 발화 길이(MLU)를 사용하는 것이다. MLU는 아동들의 발화에서 형태소의 평균 길이를 말한다. MLU는 아동이 자발적으로 산출한 50~100개 발화로 된 표본에서 전체 형태소 수를 세어 전체 발화 수로 나누어 계산할 수 있다.

$$\text{평균 발화 길이(MLU)} = \frac{\text{총 형태소 수}}{\text{총 발화 수}}$$

Brown의 형태소 계산 규칙은 [그림 6-4]에 제시되어 있다.

아동들의 언어가 발달함에 따라 이들의 MLU는 〈표 6-4〉에서 보는 것과 같이

〈표 6-3〉 Roger Brown(1973)의 언어 발달 단계

| Brown의 단계 | 연령 (상한 개월 수) | MLU | MLU 범위 | 주요 성취 수준 |
|---|---|---|---|---|
| I | 18 | 1.31 | 0.99~1.64 | • 한 낱말 문장이 사용된다.<br>• 명사와 비굴절 동사가 사용된다("Mommy." "eat."). |
| II | 24 | 1.92 | 1.47~2.37 | • 두 가지 요소로 된 문장이 사용된다.<br>• 분명하지는 않지만 진짜 절이 사용된다("Mommy up." "Eat cookie."). |
| III | 30 | 2.54 | 1.97~3.11 | • 세 가지 요소로 된 문장이 사용된다.<br>• 독립절이 나타난다("Baby want cookie."). |
| IV | 36 | 3.16 | 2.47~3.85 | • 네 가지 요소로 된 문장이 사용된다.<br>• 독립절이 계속해서 나타난다("The teacher gave it to me."). |
| V | 42 | 3.78 | 2.96~4.60 | • 반복적인 요소들이 두드러진다.<br>• 연결 장치들이 나타난다('and' 'because'). |
| Post-V | 54 | 5.02 | 3.96~6.08 | • 복합 구문 형태들이 나타난다.<br>• 종속관계와 대등관계가 계속해서 나타난다.<br>• 보충절이 사용된다("She's not feeling well."). |

MLU=평균 발화 길이(mean length of utterance).

출처: Adapted from *Reference Manual for Communicative Sciences and Disorders: Speech and Language*, by R. D. Kent, 1994, Austin, TX: PRO-ED; and *The Syntax Handbook*, by L. M. Justice and H. K. Ezell, 2002, Eau Claire, WI: Thinking.

1. 관련 이야기를 한 페이지에 기록한다. 만약 어떤 종류의 이야기와 관련이 없는 내용이라면 두 번째 페이지에 전사를 시작한다. 자유롭게 이야기를 하게 하고 다음 규칙을 만족하는 첫 100발화를 계산한다.
2. 완전하게 전사된 발화만을 사용한다. 미심쩍은 발화를 나타내기 위하여 발화 부분에 괄호를 사용한다.
3. 반복한 발화도 모두 정확히 기록한다(기록 시 +표시를 한다). 하나의 단어를 반복한 경우 말더듬으로 표시한다. 그 단어를 가장 완전한 형태로 산출했을 때 한 번으로 계산한다. 강조하기 위하여 혹은 'no, no, no' 처럼 표현되는 경우에는 각 출현을 계산한다.
4. 'mm' 혹은 'oh'와 같은 소리는 계산하지 않지만 'no, yeah, hi'와 같은 소리는 계산한다.
5. 모든 합성어(둘 이상의 자립형태소), 고유의 이름, 의식화된 반복은 한 단어로 계산한다(예: birthday, rackety-boom, choo-choo, quack-quack, right-right, pocketbook, see saw).
6. 모든 불규칙 과거동사는 하나의 형태소로 계산한다(got, did, went, saw).
7. 모든 접미사(doggie, mommie)는 하나의 형태소로 계산한다. 이 아동들이 적어도 접미사를 산출적으로 사용하는 것 같지 않기 때문이다.
8. 모든 보조사(is, have, will, can, must, would)는 형태소로 분리하여 계산한다. 또한 모든 연결된 말(gonna wanna, hafta)도 분리하여 계산한다. 이러한 것들은 'going to' 혹은 'want to'보다 단일형태소들로 계산되는데, 아동들에게는 단일형태소로 기능하기 때문이다. 모든 굴절들, 예를 들면 소유격(s), 복수(s), 3인칭 단수(s), 규칙 과거(d), 진행형(-ing)은 각각의 형태소로 계산한다.
9. 범위 계산은 위의 규칙에 따르지만 항상 100발화에 대한 것보다는 전사한 전체 발화에 대하여 계산한다.

**[그림 6-4] Roger Brown(1973)의 형태소 계산 규칙**

출처: From *A First Language: The Early Stages*, by R. Brown, 1973, Cambridge, MA: Harvard University Press. 

체계적으로 증가한다. 연구자들과 임상가들은 동일 연령의 아동들에 대한 기대 혹은 규준에 반하여 아동들의 언어기술들을 평가하기 위하여 지속적으로 MLU를 사용한다. 우리는 일반적인 기준으로 아동이 산출하는 대표적인 표본을 얻기 위하여 50개 발화나 그 이상의 언어 표본을 사용하여 MLU를 계산한다. 그러나 설명을 돕기 위하여, 여러분이 3세 아동의 MLU를 어떻게 계산할 수 있는지 간단한 예시를 제시한다.

이 간단한 예시에서 아동은 8개 발화와 24개 형태소를 산출하여 MLU가 3.0인 것으로 나타났다. 〈표 6-4〉는 3세 아동의 이미 예견되는 MLU가 3.16이라는 것을 보여 준다. 아동들의 68%가 3.16의 1표준편차 또는 2.47과 3.85 사이의 점수에 속한다. 만약 우리의 표본이 정확하다면 이 아동의 MLU는 정상 범위 내에 있는 것이다.

| 발화 번호 | 발 화 | 형태소 |
|---|---|---|
| 1 | "I want the ball." | 4 |
| 2 | "Make it go." | 3 |
| 3 | "No!" | 1 |
| 4 | "Up there." | 2 |
| 5 | "I want turn." | 3 |
| 6 | "Going over there." | 4 |
| 7 | "Look at that one." | 4 |
| 8 | "Mommy's turn." | 3 |

〈표 6-4〉 평균 발화 길이(MLU)를 해석하기 위한 규준 참조

| 연령(개월) | 예상되는 MLU | 예상되는 MLU±1SD (인구의 68%) |
|---|---|---|
| 18 | 1.31 | 0.99~1.64 |
| 21 | 1.62 | 1.23~2.01 |
| 24 | 1.92 | 1.47~2.37 |
| 27 | 2.23 | 1.72~2.74 |
| 30 | 2.54 | 1.97~3.11 |
| 33 | 2.85 | 2.22~3.48 |
| 36 | 3.16 | 2.47~3.85 |
| 39 | 3.47 | 2.71~4.23 |
| 42 | 3.78 | 2.96~4.60 |
| 45 | 4.09 | 3.21~4.97 |
| 48 | 4.40 | 3.46~5.34 |
| 51 | 4.71 | 3.71~5.71 |
| 54 | 5.02 | 3.96~6.08 |
| 57 | 5.32 | 4.20~6.45 |
| 60 | 5.63 | 4.44~6.82 |

출처: From "*The Relation Between Age and Mean Length of Utterance in Morphemes*," by J. F. Miller and R. Chapman, 1981, *Journal of Speech and Hearing Research*, 24, p. 157. Copyright 1981 by American Speech-Language-Hearing Association. Adapted with permission.

**논의 요점**
당신은 아장이들의 수준으로(예를 들면, 전보식 구어를 사용하여) 아장이들에게 말하는 것이 이득이 된다고 생각하는가? 왜 그런가 혹은 왜 그렇지 않은가?

**문장 형식** 문법형태소가 처음으로 출현하고 아동들이 단어들을 결합시키기 시작할 때, 아동들은 핵심이 되는 문법 표지를 생략하는 전보에서 쓰이는 언어를 나타낸다. 우리는 이러한 아장이들의 말을 전보식(telegraphic)이라고 하는데, 전보를 보내는 사람은 돈을 절약하기 위하여 기능어들(예: a, the)을 생략하기 때문이다. 아장이들의 "Mommy not go."와 "Fishy swimming."과 같은 발화는 "Mommy, don't go."와 "The fish is swimming."의 전보식 축소라고 볼 수 있다. 아장이들은 또한 그들의 문장에서 대명사를 생략하거나 오용하는 경향이 있다("Me do it." "Her going."). 이러한 서투른 구조에도 불구하고, 아장이들은 예-아니요 의문문("Are we going, Mommy?), wh- 의문문("What's that?"), 명령문("You do it."), 부정문("Me no want that.") 등을 포함하는 다양한 문장 형식에서 보다 성인과 비슷한 형태를 사용하기 시작한다.

## 언어 사용

한 낱말 단계에서 두 낱말 혹은 그 이상의 단어들을 결합하게 됨에 따라 새로운 문법 구조와 단어들을 습득하게 되는 것에 더하여, 아장이들은 중요하고 새로운 언어 또는 담화 기능과 대화기술을 획득한다.

### 담화 기능

아동들이 낱말들을 결합하기 시작할 즈음, 그들은 다양한 언어 기능들을 사용할 수 있다. 이러한 기능들에는 도구적, 조정적, 개인-상호작용적, 발견적, 가상적, 정보적 기능이 포함된다(Halliday, 1978). 아동들은 자신의 필요를 충족시키기 위하여 요구를 포함하는 **도구적**(instrumental) 기능을 사용한다. 그들은 또한 다른 사람들의 행동을 통제하기 위하여 명령문(명령)과 같은 **조정적**(regulatory) 기능을 사용하며, 다른 사람들과 함께 자신의 느낌이나 자신들에 대한 정보를 공유하기 위하여 **개인-상호작용적**(personal-interactional) 기능을 사용한다. 아울러 아동들은 세계에 대하여 배우기 위해 다른 사람들에게 정보를 요구함으로써 **발견적**(heuristic) 기능을 사용할 수 있으며, 가장하기 위한 이야기를 함으로써 **가상적**(imaginative) 기능을 사용할 수 있고, 다른 이들에게 정보를 줌으로써 **정보적**

(informative) 기능을 사용할 수 있다. 다양한 목적을 위하여 의사소통을 하는 것은 아장이기의 의사소통 발달에 가장 중요한 측면 중 하나다.

### 대화기술

아장이들이 많은 기술을 드러내지 못하는 영역은 대화다. 대화기술은 대화의 주제를 개시할 수 있는 능력을 필요로 하고, 여러 차례 동안 주제를 유지할 수 있어야 하며, 적절하게 대화를 끝맺을 것을 요구한다. 제3장에서 **대화 스키마**(conversational schema)의 개념에 대하여 논의하였는데, 이것은 대화 조직을 상술하는 모델이다. 아장이들은 이러한 스키마를 발달시키기 시작하고 있지만 상대적으로 서투른 대화자들이다. 어린 아동들과 대화하려고 시도해 본 사람은 누구나 그것이 다음의 예에서처럼 대개 정교하지 못하다는 것을 안다.

부 모: 너 할머니 집에서 뭐하고 놀았니?
아장이: 할머니, 토니 삼촌, 뺑뺑.

아장이들은 대화를 시작할 때 몇 가지 기술을 나타낼 수도 있으나, 대개 그것을 한두 번의 차례보다 더 많이 유지시킬 수 없다. 전형적으로 성인들은 특정 화제를 유지시키는 부담을 견뎌 낸다. 아장이들은 또한 자신의 청중들의 요구를 기억하는 것을 어려워한다. 그들은 자신이 가리키는 누군가를 적절하게 정의 내리지 않고도 대명사를 사용하며, 청자가 문맥을 이해할 만한 충분한 참조 형식을 가지고 있다는 확신도 없이 주제를 토의하기도 한다. 당신은 당신이 아장이에게 명확한 질문을 던지거나 화제를 바꿀 명백한 기회를 주었을 때 아마도 대화에서 항상 그런 기회를 포착하지는 못할 것이란 것을 알아차릴 수 있을 것이다. 아장이들은 아마도 단순히 반응하지 못할 수도 있고, **비우발적으로**(noncontingently, 주제에서 벗어나) 반응할 수도 있다. 아장이들은 자신들이 대화를 따라가지 못하고 있을 때를 아직 충분히 깨닫지 못하며, 따라서 명료화(clarification)를 추구하는 것 같지 않다.

**논의 요점**
아장이들에게 흥미를 주는 행동이나 대상에 대해서 이야기하는 것은 성인들이 대화를 촉진시키는 하나의 방법이다. 당신은 아장이들과의 대화를 유지시키기 위해서 성인들이 사용할 만한 다른 전략을 생각해 볼 수 있겠는가?

## 아장이의 개인적인 언어 성취에 영향을 미치는 요소

영아의 예에서 보았듯이, 아장이들은 꽤 예측할 수 있는 양식으로 언어를 발달시킨다. 왜냐하면 그들은 동일한 순서와 대략 동일한 연령에 특정 이정표들을 충족시키기 때문이다. 그러나 그들의 언어 발달에서 어떤 측면들은 변화하기도 한다. 아장이들의 **개인 내** 언어 차이와 **개인 간** 언어 차이와 더불어 그러한 차이를 설명할 수 있는 요소들에 대해 다음에서 논의하고자 한다.

### 개인 내 차이

만약 일정한 시간 동안 1명의 아장이 **개인**을 관찰한다면, 당신은 아마도 아장이의 언어적 발달이 일직선상으로 이루어지는 것이 아니라는 것을 잘 알 수 있을 것이다. 예를 들어, 아장이들은 일주일 내에 몇 개의 새로운 단어들을 배우고, 다음 몇 주 동안은 새로운 단어를 전혀 배우지 않을 수도 있다. 사실 아동들은 자신들이 발달시키는 언어 능력에 있어서 일련의 급증과 정체를 개인적으로 경험하게 된다(Fenson, Bates et al., 2000; Scarborough, 2002).

마찬가지로 언어 이해는 제5장에서 언급했듯이 일반적으로 표현보다 앞서게 된다. 이러한 사실은 여러 수준에서 이해가 된다. 예를 들어, 외국어를 이해하고 표현하는 당신의 능력을 고려해 보라. 필시 당신은 자신이 말하는 것보다 더 많은 것을 이해할 수 있을 것이다. 이해가 표현을 앞선다는 이러한 생각은 아장이들의 수용 및 표현 어휘집의 크기에 딱 들어맞는다. 사실상 이해와 표현의 이러한 불일치는 학령 전기와 학령기, 심지어 성인기까지 지속된다.

### 개인 간 차이

만약 한 **집단**의 아장이들을 관찰한다면, 당신은 아마 그들 간의 언어 발달의 차이에 주목하게 될 것이다. 첫째, 남자 아이와 여자 아이는 전형적으로 언어 습득과 사용에서 차이를 보인다. 둘째, 아동들의 출생 순위는 그들의 언어 획득에 영향을 미친다. 셋째, 가족들의 사회경제적 지위는 아동의 언어 학습에 영향을 준다. 다음에서 우리는 이러한 차이들과 그것을 설명할 몇 가지 요인들에 대해서 논의하고자 한다.

### 성의 영향

몇몇 연구들은 언어 발달에 있어 성(gender)의 영향을 밝혀냈는데, 이는 아동들이 언어를 습득하는 속도와 그들이 사용하는 의사소통 양식 모두의 견지에서 나타났다. 예를 들어, Fenson, Bates 등(2000)은 남자 아이들이 여자 아이들에 비하여 단어를 더 적게 이해하고 표현한다고 하였다. 그들은 생후 18개월 된 여자 아이들이 평균적으로 65개의 단어를 이해하고 27개의 단어를 표현할 수 있다는 것을 알아내었다. 그러나 같은 연령의 남자 아이들은 평균적으로 56개의 단어만을 이해하고 18개의 단어를 표현해 낼 수 있었다. Bauer, Goldfield와 Reznick(2002) 또한 남자 아이들이 어휘 발달에서 여자 아이들보다 뒤처져 있다는 것을 발견하였다. 마찬가지로 386쌍의 쌍둥이 아장이들에 대한 연구를 수행한 다른 연구자들은 여자 아이들이 남자 아이들에 비하여 더 많은 단어들을 표현하며 더 많은 두 단어 조합을 나타낸다고 하였다(Van Hulle, Goldsmith, & Lemery, 2004).

어떠한 요인이 이러한 성 차이의 근간이 되는가? Bauer와 동료들(2002)은 남자 아이와 여자 아이 간의 성숙도, 특히 신경학적인 발달에 관한 차이가 언어 습득에서의 성 차이에 기여할지도 모른다고 하였다. 마찬가지로 부모들은 남자 아이와 여자 아이에게 다르게 상호작용할지도 모른다. 이러한 상이한 상호작용 방법이 언어 발달 양식에 영향을 끼칠 수 있다. 예를 들어, 3세 남자 아이의 부모들은 오락적인 환경에서 대화를 더 많이 개시하는 데 반하여, 3세 여자 아이의 부모들은 대개 비오락적인 환경에서 대화를 더 많이 개시한다. 여자 아이들은 아마도 현 시점에서 외부의 대상과 사건들에 대해서 부모가 말해 주는 것을 들으면서 더욱 복잡화된 언어 구조를 익히게 되고, 남자 아이들은 장난감을 가지고 노는 활동 상황에서 지각적으로 쓸모 있는 대상과 행동을 그들의 부모가 설명해 줌에 따라서 다소 덜 복잡한 언어를 획득하게 된다(Apel & Masterson, 2001).

### 출생 순위의 영향

성에 더하여 출생 순위도 아동들의 언어 발달에 영향을 미칠 수 있다. 첫째로 태어난 아동들은 자신의 두 번째 해에 더욱 많은 어휘들을 가지게 되며, 자신보다 나중에 태어난 아동들보다 더 빨리 50개 낱말 표지에 도달할 수 있다. 50개 낱말 표지의 중요성을 떠올려 보라. 이것은 대개 어휘 폭발과 두 낱말 조합 또는 구문론적인 발달의 시작을 의미한다.

왜 아동들이 태어나는 순서가 언어 발달과 연관이 있는 것일까? 하나의 제안은 첫째로 태어난 아동들이(아이가 없다가 처음으로 태어난 아동만이) 그렇지 않은 아동들보다 훨씬 더 많은 일대일 관심을 받는다는 것이다.

### 사회경제적 지위의 영향

대개 가족의 수입, 부모의 교육 수준, 직업적 지위 등을 포함하는 사회경제적 지위(SES)는 아동들의 다양한 건강상, 인지적, 사회 동기적 결과들과 관련이 있다. 이러한 효과들은 태어나기 전부터 시작되어 성인기에 이르기까지 계속된다(Bradley & Corwyn, 2002). 영아들에게도 그러하듯이, 아장이들의 수용 및 표현 언어 발달과 사회경제적 지위는 관련이 있다. 예를 들어, Horton-Ikard와 Ellis Weismer(2005)에 따르면 전형적으로 발달하고 있는 낮은 사회경제적 지위 배경을 가진 미국 흑인 아장이들은 평균적인 사회경제적 지위 배경을 가진 아장이들보다 수용 및 표현 언어 발달을 측정하는 표준화 검사에서 더 낮은 수행을 보였다. 자발적인 언어 표본 분석에서도 사회경제적 지위의 영향이 유사하게 나타났다. Dollaghan 등(1999)은 심지어 민족에 상관없이 (어머니의 교육 수준을 측정하여) 낮은 사회경제적 지위 배경을 가진 아장이들은 더 높은 사회경제적 지위 배경을 가진 아장이들보다 더 짧은 평균 발화 길이를 나타내었으며 단어들을 더 적게 사용한다는 것을 밝혀내었다.

**논의 요점**
낮은 사회경제적 지위 배경을 가진 아장이들은 평균적이거나 높은 사회경제적 지위 배경을 가진 아장이들에 비하여 표준화 언어 검사와 자연스러운 언어 측정 모두에서 더 열악하게 수행하는 것으로 나타났다. 이러한 사실을 아는 것은 왜 중요한가?

왜 사회경제적 지위가 이러한 차이를 만들어 내는가? 연구자들은 부모들이 자신의 어린 아동들에게 얼마나 말을 많이 거는지가 부모들의 사회경제적 지위와 관련이 있고, 부모가 아동들에게 더 많이 말을 걸수록 아동들의 어휘가 더 빨리 성장하며 3세에 구두 능력과 인지 능력을 측정하였을 때 더 잘 수행할 수 있다고 결론 내렸다(Hart & Risley, 1995, 1999).

# 연구자와 임상가는 아장이기의 언어 발달을 어떻게 측정하는가

## 연구자

아장이기의 언어 발달을 연구할 때, 연구자들은 영아기의 언어 발달을 연구하고 있는 연구자들이 하는 것보다 더 광범위한 언어 자료를 고려해야 한다. 그 이유는 아장이들은 언어를 이해할 뿐만 아니라 산출할 수 있기 때문이다. McDaniel, McKee와 Smith(1996)는 (비록 그들이 구문론에 특별히 초점을 두고 있기는 하지만) 세 가지 범주, 즉 산출 과제, 이해 과제, 판단 과제로 아동들의 언어 발달을 측정하는 방법을 분류하였다.

### 산출 과제

산출 과제는 아장이들로 하여금 언어 발달의 다양한 영역에서 자신들의 능력을 증명하는 것을 가능하게 한다. 이러한 과제들에서 아동들은 조사 중인 언어 목표를 산출하거나 말하도록 요구받는다. 일부 산출 과제는 자연스러운 관찰과 같이 비구조화되거나 반구조화되며, 나머지 산출 과제들은 유도된 모방과 유도된 산출 과제처럼 구조적이며 체계적이다.

**자연스러운 관찰** 우리는 제5장에서 연구자들이 영아기에서의 언어 발달을 연구하기 위하여 사용하는 방법들을 설명하면서 자연스러운 관찰을 소개하였다. 아동들의 자발적인 산출에 대한 자연스러운 관찰은 아동들의 구문론이 처음으로 분석될 수 있는 아장이기에 대단한 가치를 가진다고 할 수 있다. 아마도 가장 유명한 자연스러운 관찰은 Roger Brown(1973)이 아담, 이브, 사라라는 아동들을 종단적으로 관찰한 연구일 것이다. Brown의 분석 결과로, 예를 들면 연구자들은 아동들의 가장 초기의 발화가 축약을 포함하는(예: it's) 동사 'to be'(am, is, are, was, were)의 형식을 갖고 있다는 것을 알 수 있었다. 우리가 앞서 언급하였듯이, 아장이들은 그들이 축약 '법칙'을 적용하는 단어들을 두 단어로 분리하기보다는 하나의 '단어' 혹은 전체 단위로서 일부 축약들을 학습할 수 있다.

연구자들은 자연스러운 언어 표본을 수집하여 전사하고 분석할 때 여러 가지 요소들을 고려해야만 한다. 그 요소들에는 분석할 아동들의 수, 각 아동으로부터 수집한 기록의 수, 표본을 수집하기 위한 다양한 맥락이 포함된다. Demuth(1996)의 자발적인 산출 자료의 수집방법에 관한 일부 실제적인 제안을 참조하라.

**유도된 모방 과제** 연구자들은 아동들의 기초적인 언어학적 능력을 측정하기 위하여 다른 사람들의 움직임과 구어음을 모방하는 아동들의 자연스러운 능력을 이용하는 유도된 모방 과제(elicited imitation tasks)를 사용할 수 있다. 유도된 모방 과제에서 실험자는 목표 구를 산출하고 나서 아동에게 들은 대로 그것을 정확하게 따라 하도록 요구한다. 실험자는 조사 시에 문법적인 구조에 의해서만 변화하는 문장들을 주의 깊게 선택한다. 연구자들은 어순과 **대용어**(anaphora), 혹은 이전의 언어학적 단위를 언급하는 대명사와 같은 언어학적 단위들로 아동들의 능력을 살펴보기 위하여 유도된 모방 과제들을 사용해 왔다(예를 들어, "Doug said that he was happy." 라는 문장에서 'he'라는 단어는 'Doug'를 나타낸다).

유도된 모방 과제에서 연구자들은 아동이 성공적으로 목표를 모방하기 위해서 목표가 아동의 문법적 레퍼토리의 일부여야 한다고 가정한다(Lust, Flynn, & Foley, 1996). 다음의 두 가지 예는 유도된 모방 과제를 어떻게 실시하는지를 보여주는데, 아동 1은 영어의 wh- 의문문 형성 규칙을 습득하였고 아동 2는 아직 그 규칙을 습득하지 못하였다.

성인 1: What is your favorite color?
아동 1: What is your favorite color?

성인 2: What is your favorite color?
아동 2: What your favorite color is?

진정한 유도된 모방 과제에서는 실험자들이 조사 시에 목표하고 있는 언어학적 기술을 포함한 여러 구들을 아동들에게 반복하도록 요구하고 아동의 발화가 성인과 같은 형태인지를 비교한다.

**유도된 산출 과제** 유도된 산출 과제(elicited production tasks)는 아동들에게 특정한 문장 구조를 산출하게 하여 그들의 언어 능력의 측면들(예: 구문론, 형태론, 화용론)을 나타내도록 고안된 것이다. 연구자들은 게임 상황에서 검사자가 촉구를 한 후에 아동이 질문을 하거나 진술을 하여 이러한 문장 구조들을 유도하도록 한다. 아마도 가장 잘 알려진 유도된 산출 과제는 Jean Berko(1985)의 **워그 검사**(Wug Test; [그림 6-5] 참조)일 것이다. Berko(현재는 Berko Gleason)는 복수형을 나타내는 형태소를 포함한 아동들의 영어 형태소 습득을 조사하기 위하여 이 검사를 고안하였다. 영어의 복수명사들은 형태소 -s의 세 가지 **이형태**(allomorphs) 중 하나를 덧붙임으로써 만들어진다. 이러한 이형태들은 다음과 같다.

| -s의 이형태 | 사 용 | 예 |
|---|---|---|
| /z/ | 유성음화된 자음으로 끝나는 명사에 붙는다. | pig-pigs |
| /s/ | 무성음화된 자음으로 끝나는 명사에 붙는다. | pit-pits |
| /ɪz/ | /s/나 /ʃ/로 끝나는 명사에 붙는다. | kiss-kisses<br>wish-wishes |

Berko는 아동들에게 의사낱말(pseudoword)를 제시하여 이 세 가지의 이형태를 유도하고 그들에게 동일한 단어로 불릴 수 있는 2개의 단어를 말하도록 요구하였다. 이미 복수형태소를 산출하고 있는 아동들에게 워그 검사가 어떻게 실시될 수 있는지 다음의 예를 보라.

성인: This is a wug. (하나의 대상이 있는 그림을 가리킨다.)
Now there are two of them. (2개의 대상이 있는 그림을 가리킨다.)
There are two ___________.
아동: Wugs! [/wʌgz/]

**[그림 6-5] 워그 검사**

출처: From "The Child's Learning of English Morphology," by J. Berko, 1958, *Word, 14*, p. 154. Copyright 1958 by Jean Berko. Reprinted with permission.

이와 같이 성인은 촉구를 통해서 목표 단어를 유도해 내지만, 유도된 모방 과제에서 하는 것처럼 아동이 반복하도록 하기 위하여 목표를 제공하지는 않는다.

### 이해 과제

이해 과제(comprehension tasks)는 아장이들에게 언어 목표를 산출하라고 요구하는 것이 아니라 목표 단어와 구에 해당하는 그림을 지적하거나 찾게 함으로써 혹은 실험자가 말하는 구를 듣고 그것을 시연하게 함으로써 아장이들의 언어 능력을 확인한다.

**그림 선택 과제** 그림 선택 과제(picture selection task)에서 실험자들은 아동에게 언어 목표를 제시하고 그에 상응하는 그림을 선택하도록 요구한다. 예를 들어, 실험자가 아동이 /l/과 /r/ 음 간 차이를 이해하고 있는지의 여부를 알고 싶다면, 아동에게 'glass' 그림과 'grass' 그림을 제시하고 'glass' 그림을 선택하도록 요구할 수 있다. 연구자들은 능동태와 수동태 구별을 포함하여 어휘 항목과 구문 구조에 대한 아동들의 이해력을 조사하기 위해서 종종 그림 선택 과제를 사용한다. Gerken과 Shady(1996)는 Fraser, Bellugi와 Brown(1963)의 연구 결과를 보고하였는데, 이 연구는 37~43개월 아동들의 여러 형태 구문론적 대조에 대한 이해력과 그들이 이러한 대조를 가장 성공적으로 이해하는 순서에 대하여 조사하였다 (〈표 6-5〉 참조).

**시연 과제** 다양한 언어적 구조를 통해서 아동들의 능력을 조사하기 위하여 사용되는 시연 과제(act-out task)에서, 실험자들은 아동에게 일련의 명제를 주고 아동들로 하여금 자신들이 들은 문장을 '시연하도록' 지시한다. 예를 들어, 3세 아동의 행위자와 수여자 관계에 대한 이해 능력을 평가하고자 한다면 "The dog

**〈표 6-5〉 그림 선택 과제를 사용한 형태 구문론적 대조 검사**

| 대조 검사 | 샘플 문장 짝 |
|---|---|
| 긍정문 대 부정문 | The girl is cooking.<br>The girl is not cooking. |
| 주어 대 목적어(능동태) | The train bumps the car.<br>The car bumps the train. |
| 현재진행형 시제 대 미래시제 | The girl is drinking.<br>The girl will drink. |
| 단수 대 복수형 소유격 | That's his wagon.<br>That's their wagon. |
| 현재 진행형 시제 대 과거시제 | The paint is spilling.<br>The paint spilled. |
| 물질명사 대 가산명사 | There's some mog.<br>There's a dap. |
| 단수 대 복수형 조동사 be | The deer is running.<br>The deer are running. |
| 단수 대 복수형 굴절 | The boy draws.<br>The boys draw. |
| 주어 대 목적어(수동태) | The car is bumped by the train.<br>The train is bumped by the car. |
| 간접 대 직접 목적어 | The girl shows the cat the dog.<br>The girl shows the dog the cat. |

형태 구문적 대조는 이해 난이도에 따라 제시되었다.
출처: From "The Picture Selection Task," by L. Gerken and M. E. Shady, in *Methods for Assessing Children's Syntax* (p. 128), edited by D. McDaniel, C. McKee, and H. Smith Cairns, 1996, Cambridge: MIT Press. 

tickled the cat(개가 고양이를 간지럽게 했어)."라고 말한 다음, 아동에게 장난감 개와 고양이를 가지고 그것을 시연하도록 요구할 수 있다.

### 판단 과제

판단 과제(judgment task)에서 아동들은 어떠한 언어 구조가 적절한지 아닌지를 결정하도록 요구받는다. 이를 통하여 그들의 문법 능력 수준이 측정될 수 있다. 연구자들은 아동들이 성인과 같은 구조를 '바르다'고 판단하고 성인과 같지 않은 문장을 '틀리다'고 판단할 때 아동들이 성인과 같은 문법 능력 수준을 가지고 있다고 추론할 수 있다. 연구자들이 일상적으로 사용하는 판단 과제의 두 가지 유형은 의미 판단 과제와 문법성 판단 과제다.

**논의 요점**
아장이들에게 의미 판단 과제를 사용하는 것과 관련해 어떠한 찬반양론이 있는가?

**의미 판단 과제** 의미 판단 과제(truth value judgment tasks)에서 아동들은 어떤 언어 구조가 바른지 혹은 그른지를 판단하도록 요구받는다. 이러한 과제는 두 가지 형식, 즉 예-아니요 과제와 보상-벌 과제를 취한다. 예-아니요 과제에서는 시나리오를 제시하고 아동에게 질문을 한다. 예를 들어, 아동의 수량 형용사 이해 능력을 측정하고자 하는 실험자는 아동에게 그림을 제시하고 "Is every mother holding a baby(모든 엄마들이 1명의 아기를 데리고 있니)?" 혹은 "Is a mother holding every baby(1명의 엄마가 모든 아기들을 데리고 있니)?"라고 질문하여 아동의 반응을 살핀다. 보상-벌 과제에서는 인형을 소개하고는 그것이 '바르게' 말할 때에는 아동이 인형에게 과자(혹은 기타 다른 보상)를 보상으로 주고 '틀리게' 말할 때는 보상을 보류함으로써 인형에게 벌을 줄 수 있다고 설명해 준다. 실험자는 목표 언어 구조를 포함한 문장을 사용하지만, 그러한 문장들은 예-아니요 질문보다는 서술문이어야 한다. 예를 들면, 인형이 "Every mother is holding a baby(모든 엄마들이 1명의 아기를 데리고 있어)."라고 말할 수 있고, 아동은 인형이 말한 것이 바르다면 인형에게 과자를 보상으로 줄 수 있을 것이다.

**문법성 판단 과제** 문법성 판단 과제(grammaticality judgment tasks)는 일반적으로 학령 전기 아동들, 더 나이 든 아동들과 성인에게 적합한데, 이에 대해서는 제7장에서 논의할 것이다.

## 임상가

임상가들이 아장이들을 연구 대상으로 할 때 유용한 도구들이 몇 가지 있다. 아장이들은 자신들의 의도에 따라서 행동하는 경향이 있지만 그들의 언어 발달 측정은 거의 틀림없이 영아들의 언어 발달 측정보다 더 쉬울 것이다. 그 이유는 아장이들이 사정 기간 동안 간단한 지시를 따를 수 있으며, 임상가들이 검사보다는 놀이와 유사하게 사정을 구성한다면 일반적으로 잘 협조할 것이기 때문이다.

### 평가 및 사정 도구

2004 장애인교육법(Individuals with Disabilities Education Act of 2004[IDEA], 2004)에서는 언어 발달을 측정하는 두 가지 방법인 평가와 사정을 구별한다. **평가**(evaluation)는 IDEA에서 서비스에 대한 아동의 초기 및 지속적인 적격성을 결정하기 위하여 사용되는 방법을 말하며 발달 영역들에 대한 아동의 상태를 결정하는 것을 포함한다. 평가는 일반적으로 구조화되고 표준화된 것이며 지속적이기보다 기간이 제한되어 있다. **사정**(assessment)은 아동의 요구, 가족의 관심, 수단을 확인하기 위하여 사용되는 지속적인 절차를 말한다. 사정은 일반적으로 평가보다는 덜 공식적이며 표준화 검사와 관찰을 포함한 다양한 방법들과 관련이 있다. 또한 사정은 일반적으로 평가보다 부모와 보호자의 참여를 일반적으로 더 많이 장려한다.

아동들의 언어기술을 평가하기 위하여 언어치료사들이 가장 흔히 사용하는 **평가** 도구 10개가 〈표 6-6〉에 제시되어 있으며, 상위 10개의 **사정** 도구들은 〈표 6-7〉에 제시되어 있다(Crais, 1996). 〈표 6-6〉에 제시한 평가 도구들과 〈표 6-7〉에 제시한 사정 도구들은 1995년 이후로 개정되어 왔다. 이러한 도구들은 평판이 좋으나, 사정 과정에서 가족 구성원들의 역할 제한, 표준화의 결과로 아동들 간의 개인 변이에 대한 참작, 후기 언어 및 의사소통 능력에 대한 예견성 등에서 많은 제한점을 가지고 있다. 아마도 평가와 사정 도구들에 대한 가장 중요한 고려 사항은 **생태학적 타당성**(ecological validity), 또는 이러한 도구들에서 얻은 결과가 아동의 가정이나 주간 보호 환경을 포함한 다양한 상황으로 확장될 수 있는 정도일 것이다. Crais는 검사자들에게 그들이 사용하는 평가 및 사정 도구들을 점검하고 아동들을 대상으로 검사할 때는 생태학적으로 더 타당한 도구와 기법

〈표 6-6〉 언어치료사들이 가장 흔히 사용하는 열 가지 평가 도구

| 도구명 | 도구 약어 | 저 자 |
|---|---|---|
| Preschool Language Scale－3 | PLS-3 | Zimmerman, Steiner, and Pond (1992) |
| Revised edition: Preschool Language Scale－4 | PLS-4 | Zimmerman, Steiner, and Pond (2002) |
| Sequenced Inventory of Communicative Development－Revised | SICD-R | Hedrick, Prather, and Tobin (1984) |
| Expressive One-Word Picture Vocabulary Test | EOWPVT | Gardner (1979) |
| Revised edition: Expressive One-Word Picture Vocabulary Test－2000 edition | EOWPVT-2000 | Brownell (2000a) |
| Peabody Picture Vocabulary Test－Revised | PPVT-R | Dunn and Dunn (1981) |
| Revised edition: Peabody Picture Vocabulary Test－Third edition | PPVT-4 | Dunn and Dunn (1997) |
| Revised edition: Peabody Picture Vocabulary Test－Fourth edition | PPVT-4 | Dunn and Dunn (2006) |
| Receptive One-Word Picture Vocabulary Test | ROWPVT | Gardner (1990) |
| Revised edition: Receptive One-Word Picture Vocabulary Test－2000 edition | ROWPVT-2000 | Brownell (2000b) |
| Birth to Three Developmental Scales | | Bangs and Dodson (1986) |
| Revised edition: Birth to Three Assessment and Intervention System－Second edition | BTAIS-2 | Ammer and Bangs (2000) |
| Clinical Evaluation of Language Fundamentals－Preschool | CELF-P | Wiig, Semel, and Secord (1992) |
| Revised edition: Clinical Evaluation of Language Fundamentals－Preschool, second edition | CELF-Preschool-2 | Wiig, Secord, and Semel (2004) |
| Receptive-Expressive Emergent Language Scale－Second edition | REEL-2 | Bzoch and League (1991) |
| Revised edition: Receptive-Expressive Emergent Language Test－Third edition | REEL-3 | Bzoch, League, and Brown (2003) |
| Rossetti Infant-Toddler Language Scale | | Rossetti (1990) |
| Early Language Milestone Scale－Second edition | ELM Scale-2 | Coplan (1993) |

출처: Adapted from "Expanding the Repertoire of Tools and Techniques for Assessing the communication Skills of Infants and Toddlers," by E. R. Crais, 1995, *American Journal of Speech-Language Pathology, 4*, pp. 47-59.

〈표 6-7〉 언어치료사들이 가장 흔히 사용하는 열 가지 사정 도구

| 도구명 | 도구 약어 | 저 자 |
|---|---|---|
| Preschool Language Scale — 3 | PLS-3 | Zimmerman, Steiner, and Pond (1992) |
| Revised edition: Preschool Language Scale — 4 | PLS-4 | Zimmerman, Steiner, and Pond (2002) |
| Expressive One-Word Picture Vocabulary Test | EOWPVT | Gardner (1979) |
| Revised edition: Expressive One-Word Picture Vocabulary Test — 2000 edition | EOWPVT-2000 | Brownell (2000a) |
| Rossetti Infant-Toddler Language Scale | | Rossetti (1990) |
| Receptive One-Word Picture Vocabulary Test | ROWPVT | Gardner (1990) |
| Revised edition: Receptive One-Word Picture Vocabulary Test — 2000 edition | ROWPVT-2000 | Brownell (2000b) |
| Sequenced Inventory of Communicative Development — Revised | SICD-R | Hedrick, Prather, and Tobin (1984) |
| Peabody Picture Vocabulary Test — Revised | PPVT-R | Dunn and Dunn (1981) |
| Revised edition: Peabody Picture Vocabulary Test — Third edition | PPVT-III | Dunn and Dunn (1997) |
| Revised edition: Peabody Picture Vocabulary Test — Fourth edition | PPVT-4 | Dunn and Dunn (2006) |
| Clinical Evaluation of Language Fundamentals — Preschool | CELF-P | Wiig, Semel, and Secord (1992) |
| Revised edition: Clinical Evaluation of Language Fundamentals — Preschool, second edition | CELF-Preschool-2 | Wiig, Secord, and Semel (2004) |
| Birth to Three Developmental Scales | | Bangs and Dodson (1986) |
| Revised edition: Birth to Three Assessment and Intervention System — Second edition | BTAIS-2 | Ammer and Bangs (2000) |
| MacArthur Communicative Development Inventories | CDI | Fenson et al. (1991) |
| Revised edition: MacArthur-Bates Communicative Development Inventories | CDI | Fenson et al. (2003) |
| Receptive-Expressive Emergent Language Scale — Second edition | REEL-2 | Bzoch and League (1991) |

| | | |
|---|---|---|
| Revised edition: Receptive-Expressive Emergent Language Test—Third edition | REEL-3 | Bzoch, League, and Brown (2003) |

출처: Adapted from "Expanding the Repertoire of Tools and Techniques for Assessing the Communication Skills of Infants and Toddlers," by E. R. Crais, 1995, *American Journal of Speech-Language Pathology, 4*, pp. 47-59.

들을 포함할 수 있는 방법을 확인해야 한다고 충고하였다.

### 비공식적 언어 선별 검사

아장이기에 실시할 수 있는 비공식적 언어 선별 검사는 영아기와 마찬가지로 초기 언어 이정표들을 흔히 사용한다. 또한 질문하고 있는 각 행동을 아동들이 나타내고 있는지의 여부를 임상가와 부모들에게 결정하도록 하는 체크리스트도 비공식적 언어 선별 검사의 흔한 유형이다. 국립 청각장애 및 기타 의사소통장애 협회(www.nidcd.nih.gov)는 부모와 임상가들이 비공식적으로 사용할 수 있는 일련의 언어 발달 선별 검사를 배포하였다. [그림 6-6]은 12~17개월 아장이들을 위한 선별 검사의 예를 나타낸다.

당신 아이의 말과 언어 기술이 예정대로 발달하고 있는지 그렇지 않은지를 결정하기 위하여 다음 체크리스트를 실시할 수 있습니다. '아니요'에 표시한 것에 대해서는 아이의 담당의사에게 말하십시오.

| 12~17개월 | **예** | **아니요** |
|---|---|---|
| 약 2분 정도 책이나 장난감에 주의를 집중한다. | ○ | ○ |
| 제스처가 수반된 간단한 지시들을 따른다. | ○ | ○ |
| 간단한 질문들에 비구두적으로 대답한다. | ○ | ○ |
| 사물, 그림, 가족 구성원들을 가리킨다. | ○ | ○ |
| 사람이나 사물의 이름을 말하기 위하여 두세 단어들을 말한다(발음은 분명하지 않을 수도 있다). | ○ | ○ |
| 간단한 단어들을 모방하려고 시도한다. | ○ | ○ |

**[그림 6-6] 12~17개월 아장이들을 위한 언어 선별 검사**

출처: From *Milestones in Your Child's Speech and Language Development*, by National Institute on Deafness and Other Communication Disorders, N.D., Bethesda, MD: Author. Copyright 2006 by National Institute on Deafness and Other communication Disorders. http://www.nidcd.nih.gov/health/voice/thebasics_speechandlanguage.asp.

부모들은 비공식적 언어 선별 검사를 사용하여 아이의 언어 능력을 측정하는 체크리스트를 완성할 수 있다.
사진 출처: Anne Vega/Merrill.

## 요 약

우리는 아장이들이 성취하는 주요 언어 발달 이정표에 대한 논의로 이 장을 시작하였다. 이러한 이정표들은 아장이들이 자신의 첫 낱말을 발화한 것처럼 언어 전 의사소통에서 언어적 의사소통으로의 전이뿐만 아니라 지속적으로 정교화되는 아장이들의 제스처 사용도 포함한다.

두 번째 절에서는 생의 두 번째 해와 세 번째 해 동안 아장이들이 언어의 내용, 형식, 사용에서 성취하는 것들에 대하여 설명하였다(이것은 셀 수 없을 정도로 많다). 언어의 내용 측면에서 아장이들의 수용 및 표현 어휘는 지속적으로 성장하며, 그들은 새로운 단어를 학습할 때 과대확장, 과소확장, 중복을 사용한다. 이러한 성취들에 관하여 논의하면서 콰인 수수께끼를 설명하였으며 아장이들이 새로운 단어들에 대한 거의 무한한 참조물의 수를 좁히려고 시도할 때 그들이 이 수수께끼를 극복할 수 있는 두 가지 가능한 방법들을 탐색하였다. 또한 새로운 단어에 대한 빠른 연결을 하는 아장이들의 능력을 살펴보았다.

언어의 형식 측면에서는 새로운 음소, 음운 변동, 음운론적 지각을 포함하여 음운론에서의 주된 성취에 대하여 알아보았다. 더불어 문법형태소의 정의를 내리고 아장이들이 한 낱말 발화 사용에서 두 낱말 발화 사용으로 어떻게 전이하는지를 설명하였다. 언어의 사용 측면에서는 아장이들에게 유용할 수 있는 대화기술들과 새로운 담화 기능들의 일부에 대하여 탐구하였다.

세 번째 절에서는 아장이기 동안 계속되는 언어적 성취에서의 개인 내 차이와 개인 간 차이를 설명하였다. 아장이 **개인**은 언어 습득 비율과 표현 및 수용 어휘 발달을 다양하게 나타낸다. 아장이 **집단 간** 언어 발달의 차이에 영향을 미치는 세 가지 주요 요인은 성, 출생 순위, 가족의 사회경제적 지위다.

마지막 절에서는 연구자들과 임상가들이 아장이기의 언어 발달을 어떻게 측정하는지에 대해 기술하였다. 연구자들이 언어 발달을 측정하기 위하여 사용하는 여섯 가지의 특정한 패러다임—자연스러운 관찰, 유도된 모방 과제, 유도된 산출 과제, 그림 선택 과제, 시연 과제, 의미 판단 과제—과 임상가들이 그것을 측정하는 세 가지 방법들—사정, 평가, 비공식적인 언어 선별 검사—을 세부적으로 설명하였다.

## 핵심 용어

과대확장(overextension) 271
과소확장(underextension) 272
관습성(conventionality) 277
관습적 산출 연령(customary age of production) 282
근원(source) 281
대상 영역(object scope) 276
동화(assimilation) 283
목표(goal) 281
범주적 영역(categorical scope) 277
사건유발전위(event-related potentials) 278
사정(assessment) 303
새 이름-이름 없는 범주 (novel name-nameless category: N3C) 277
생태학적 타당성(ecological validity) 303
숙달 연령(age of mastery) 282
워그 검사(Wug Test) 299
위치(location) 281
음소 일관 형식 (phonetically consistent forms) 265
음운 변동(phonological processes) 281
전방화(fronting) 283
전체 대상 가정(whole object assumption) 276
주제(theme) 281
중복(overlap) 273
참조(reference) 276
참조적 제스처(referential gestures) 268
평가(evaluation) 303
행위자(agent) 281
확장성(extendibility) 276

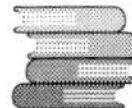

오디오 샘플, 관련 웹사이트, 추천 도서 및 혼자 풀어 보는 퀴즈를 포함하여 이 장의 내용과 관련된 온라인 자료를 구하려면 웹사이트 http://www.prenhall.com/pence를 찾아보라.

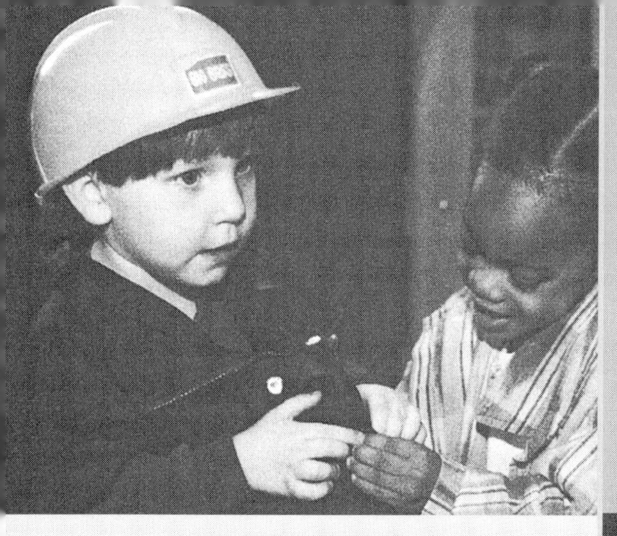

제7장

# 학령 전기

## 언어에서 문식성 세우기

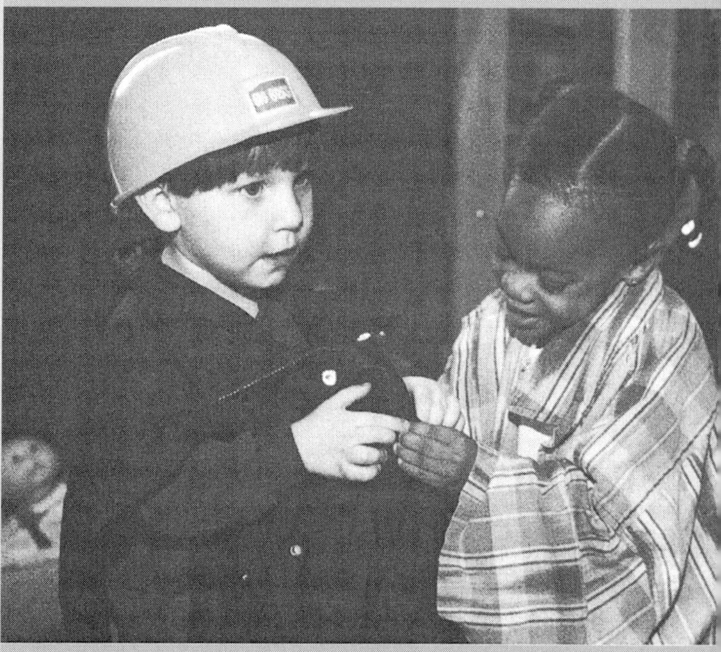

### ❒ 핵심 문제

이 장에서 우리는 다음의 네 가지 문제에 관해 살펴볼 것이다.

1. 학령 전기에 나타나는 주요한 언어 발달 이정표는 무엇인가?
2. 학령 전기를 특징짓는 언어의 내용, 형식, 사용에서의 주요 성취는 무엇인가?
3. 학령 전 아동의 개인적인 언어 성취에 영향을 미치는 요소는 무엇인가?
4. 연구자와 임상가는 학령 전기의 언어 발달을 어떻게 측정하는가?

미국에서 학령 전기란 아동이 초등학교에 입학하기 전 2년 혹은 약 3~5세 사이를 말한다. 아동들은 학령 전기 동안 많은 주목할 만한 '시작'을 경험한다. 예를 들면, 아동들은 사물, 사건, 그리고 즉각적인 맥락이 아닌 생각을 말하기 위하여 언어를 사용하기 시작한다. 학령 전기 아동들은 또한 문식성 출현에서 중요한 능력들을 가지기 시작하는데, 이것은 다양한 감각 양식들, 즉 구어와 문자 언어로 언어를 이해하고 표현하는 것의 전이를 나타낸다. 학령 전기에 아동들의 언어는 새로운 방법으로 형식, 내용, 사용을 숙달하기 시작함에 따라 아장이기에서보다 더 정교하게 된다. 이 장에서는 탈맥락화된 언어와 문식성 출현을 포함하여 학령 전 아동들이 성취하는 주요한 언어 발달 이정표들을 개괄적으로 살펴보고, 언어 내용, 형식, 사용에서의 주요 성취에 대해서 조사할 것이다. 또한 학령 전 아동들 개개인이 언어 발달에서 서로 차이가 있으며, 그들의 언어 내에서도 서로 차이가 있다는 것에 대하여 논의하려고 한다. 마지막으로 연구자와 임상가들이 학령 전기 아동들의 언어 발달을 측정하는 방법들을 살펴볼 것이다.

## 학령 전기에 나타나는 주요한 언어 발달 이정표

학령 전기 아동들은 그들보다 더 어린 아장이들과 비교하여 하루에 더 많은 것들을 수행한다. 학령 전 아동들은 똑바로 서서 걷기 위하여 집중하는 데 오랜 시간을 보내지 않으며, 블록으로 탑을 쌓는 것에도(그리고 그것을 쳐서 무너뜨리는 것에도), 자전거를 타는 데도, 진흙을 파는 것에도 많은 시간을 할애하지 않는다. 훨씬 더 다양한 사물과 많은 활동에 노출됨에 따라 학령 전 아동들은(학령 전 프로그램에 참여하지 않는 아동이라 하더라도) 새로운 단어와 문법적인 구문, 언어 기능을 청취할 기회가 훨씬 더 많아진다. 학령 전기의 의미 있는 이정표 중 하나는 해석을 위하여 즉각적인 맥락에 의존하지 않는 언어의 특정한 유형, 즉 탈맥락화된 언어를 습득하는 것이다. 읽고 쓸 수 있는 가족 속에서 양육되거나 유치원에 다니는 학령 전기 아동들은 또한 문자언어에 노출되며 중요한 문식성(또는 문해) 기술들을 습득하기 시작하는데, 이것은 아마도 학령 전기에서 최고의 성취가 될 것이다.

## 탈맥락화된 언어

학령 전 아동들은 이해하고 표현하는 단어들의 **양**이 지속적으로 늘어남에 따라 자신들이 이해하고 사용하는 단어들의 **질**적인 면에서 눈에 띌 만한 이동이 나타날 수 있다. 학령 전기 동안, 아동들은 자신들이 영아기와 아장이기에 사용하기 시작하였던 **맥락화된 언어**에 부가적으로 자신들의 대화에서 탈맥락화된 언어를 통합하기 시작한다. **맥락화된 언어**(contextualized language)는 즉각적인 맥락 혹은 지금 여기에 기반을 둔다. 그러한 언어는 화자와 청자가 공유하는 배경 지식과 제스처, 억양, 즉각적으로 제시되는 상황적 단서에 의존한다. 맥락화된 언어를 사용하고 있는 아동은 청자의 손에 있는 무엇인가를 가리키면서 "그거 줘."라고 말하거나 동물원의 사자 우리 앞에 서서 '크고 털이 있는' 것으로 사자를 묘사할 수도 있다.

대조적으로 한 아동이 즉각적으로 제시되지 않는 사건이나 사람, 장소, 사물들에 대하여 논의하기를 원할 때는 탈맥락화된 언어가 적절하며 필수적이게 된다. **탈맥락화된 언어**(decontextualized language)는 의미를 구성함에 있어서 언어 자체에 매우 의존한다. 그러한 언어는 화자와 청자가 배경 지식이나 맥락을 공유한다고 가정하지 않으며, 맥락 단서를 포함하지 않을 수도 있다. 탈맥락화된 언어를 사용하는 한 소년은 자신과 어머니가 동일한 물리적 맥락을 공유하지 않는다는 것을 알면서 어떤 사건에 대해서 타인에게 설명할 수 있다. 예를 들면, 자신은 거실에 있으면서 주방에 있는 어머니를 부를 수도 있고("엄마, 소파에 우유 쏟았어요!"), 사건이 발생한 이후에 누군가에게 그 사건에 대해서 설명할 수도 있다("우리는 7월 4일에 불꽃놀이를 봤어."). 두 상황 모두에서 아동은 자신이 청자와 의사소통하는 것을 돕기 위하여 즉각적인 물리적 맥락에 의존할 수 없다는 것을 깨닫는다. 모든 유형의 탈맥락화된 담화에서처럼, 아동은 지금 여기를 넘어선 사건들을 나타내기 위하여 매우 정확한 구문과 어휘를 사용해야만 한다.

**논의 요점**
학령 전 아동들이 탈맥락화된 언어를 사용하는지의 여부를 확인하기 위하여 연구자들은 어떤 종류의 과제를 고안할 수 있는가?

탈맥락화된 언어를 사용하는 능력은 학업적 성공에 기초가 된다. 왜냐하면 학교에서 이루어지는 거의 모든 학습은 교실 벽 너머의 사건과 개념들에 초점을 두기 때문이다. 예를 들어, 식물의 일생에 대하여 지도하고 있을 때, 교사는 '씨' '진흙' '물' '햇빛' '싹' '자라나다'와 같은 단어들을 사용한다. 심지어 자신과 학생들이 이러한 모든 구성 요소와 그들의 대화 맥락에서 동시에 그 주기의 진행을 목격할 수 없을 때조차 그러하다.

## 문식성 출현

학령 전기 동안, 아동들은 자신들이 문자언어를 이해하고 사용하기 시작하도록 도와줄 몇몇 중요한 문해(문식성) 기술들을 발달시킨다. 그들은 활자를 다루는 방법을 배우고, 음절 및 단어들을 구성하는 음 단위들을 가지고 놀기 시작하며, 읽기와 쓰기에 대한 관심을 발달시킨다. 연구자들은 읽기와 쓰기에 대한 가장 초기의 학습 기간을 **문식성 출현**(emergent literacy)이라고 하였다. 이 시기의 아동들은 아직 읽기와 쓰기를 관습적으로 하지는 못하지만 활자와 음에 대한 지식이 나타나고 있으며, 이러한 지식은 그들이 공식적인 학교교육에 들어갈 때 시작하는 읽기 교수에 관한 중요한 기초를 형성한다(Justice & Pullen, 2003). 아동들의 문식성 기술은 그들이 영아기와 아장이기에 얻기 시작하였던 **구어**(oral language)기술에 크게 의존한다. 예를 들어, 아동들은 자신들이 자소-음소(철자-음소) 대응을 이해하기 이전에 잘 발달된 음운론적 체계뿐만 아니라 텍스트에서 의미를 끌어낼 수 있는 잘 발달된 어휘들을 필요로 한다. 이러한 이유로 학령 전기 아동들에게 "언어 위에 문식성을 세운다."라고 말할 수 있다.

문식성 출현의 획득은 아동들의 **상위언어학적 능력**(metalinguistic ability) 또는 주의의 대상으로 언어를 보는 능력에 매우 의존한다. 학령 전 아동들은 그들이 글을 쓰거나, 동화책에서 단어들을 보거나, 운율 패턴을 형성하는 경우 언어를 정밀히 살펴보는 대상으로 간주한다(Chaney, 1998). 상위언어학적 수준에 해당하는 이러한 능력은 아동들의 읽기와 쓰기 교수에서의 성공과 관련이 있으며 학령 전기에 이루어지는 중요한 성취다. 이 두 가지 모두는 주의집중의 대상으로 언어에 초점을 맞추는 능력에 의존한다(Justice & Ezell, 2004).

학령 전 아동의 문식성(또는 문해) 출현에 있어서 세 가지의 중요한 성취는 알파벳 지식, 활자 인식, 음운 인식이다. **알파벳 지식**(alphabet knowledge)은 알파벳 문자에 관한 아동들의 지식이고, **활자 인식**(print awareness)은 문자언어의 형태와 기능에 대하여 아동들이 이해하는 것이며, **음운 인식**(phonological awareness)은

**논의 요점**
성인들은 특정한 상황에서 상위언어학적 능력에 의존한다. 당신은 당신이 주의집중의 대상으로 언어에 초점을 맞춰야만 했던 상황을 생각해 낼 수 있는가?

말(음소, 음절, 단어)을 구성하는 음 단위들에 대한 아동들의 민감성을 말한다.

### 알파벳 지식

책 읽기가 습관화된 가정에서 성장하는 아동들은 생후 3년 동안 알파벳 지식에 대한 출현을 보이기 시작한다. 심지어 몇몇 아동들은 자신의 두 번째 생일을 맞이하기 전에 한두 가지의 문자를 알기도 한다. 학령 전기 아동들은 대개 자신들의 이름에 있는 일부 철자들을 인식하며, 환경 속의 간판이나 상표에 있는 특정 철자에 대하여 관심을 나타내고, 특히 자신들에게 친숙한 일부 철자들을 쓰기 시작한다(Chaney, 1994). 5세가 되면 종종 자신의 이름을 구성하는 철자들에 대해서 잘 알게 되는 **자기 이름 강점**(own-name advantage)이라고 일컬어지는 현상을 겪게 된다(Treiman & Broderick, 1998). 한 연구에서 Treiman과 Broderick은 중산층 가정의 학령 전 아동들 중 79%가 자신의 이름에 있는 첫 문자를 식별할 수 있다는 사실을 보여 주었다. 또한 흥미로운 것은 아동들이 문자 명칭을 습득하는 것이 알파벳 순서와 관련이 있는 것으로 나타났다는 점이다(McBride-Chang, 1999). 이러한 현상은 아동들이 알파벳을 시작하는 문자들에 많이 노출되었기 때문인 듯하다. 개별적인 연구 결과에서는 아동들이 알파벳 철자를 학습하는 순서가 무작위

학령 전 아동들은 환경 속에서 나타나는 특정한 문자들에 관심을 보인다.
사진 출처: Laura Dwight/PhotoEdit Inc.

적인 것이 아니며, 이러한 순서에 영향을 미치게끔 복합적인 영향력들이 상호작용한다고 하였다. 보다 명확히 말하면, 연구자들은 네 가지 상호 보완적인 가설이 학령 전 아동들이 개별 알파벳 철자의 명칭을 학습하는 순서를 적절하게 특징짓는다는 것을 발견하였다. 이러한 가설들은 다음과 같다(Justice, Pence, Bowles, & Wiggins, 2006).

① 자기 이름 강점: 아동들은 다른 철자들보다 자신의 이름 안에 있는 철자를 더 빨리 배운다.
② 철자명 발음 효과: 철자의 명칭 그대로 발음되는 알파벳 철자들을 그렇지 않은 철자들보다 더 빨리 학습할 수 있다(예: 철자 B는 /bi/로 발음되지만 철자 X는 /ɛks/로 발음된다).
③ 철자순서 가설: 알파벳 열에서 더 조기에 나타나는 철자(예: A, B, C)를 더 나중에 나타나는 철자(예: X, Y, Z)보다 빨리 학습한다.
④ 자음순서 가설: 발달 과정에서 조기에 학습되는 자음(예: B, M)에 해당되는 철자들을 더 나중에 학습되는 자음(예: J, V)에 해당되는 문자들보다 더 빨리 학습한다.

### 활자 인식

**활자 인식**은 아동들의 발달적인 연속성에 따라 일반적으로 습득하는 많은 특정한 성취들—**활자 관심**의 발달, **활자 기능**에 대한 인식, **활자 규칙**에 대한 이해, **활자 형식**에 대한 이해, **활자 부분-전체 관계**에 대한 인식—을 설명한다(Justice & Ezell, 2004; [그림 7-1] 참조). 첫째, 어린 아동들은 활자에 대한 관심과 이해를 발달시킨다. 그들은 환경 속에 그리고 책 속에 활자가 존재한다는 것을 인지한다. 둘째, 아동들은 활자가 의미를 전달하며 명확한 기능을 가지고 있다는 것을 이해하기 시작한다. 셋째, 아동들은 왼쪽에서 오른쪽으로 그리고 위에서 밑으로 활자를 읽는 법을 포함하여 명확한 활자 규칙에 대한 이해를 발달시키기 시작한다. 넷째, 아동들은 단어와 철자를 포함하여 특정한 활자 단위를 나타내는 언어를 학습한다. 다섯째, 아동들은 단어를 형성하기 위하여 철자들을 어떻게 결합하는지를 포함하여 상이한 활자 단위들 사이의 관계를 학습한다.

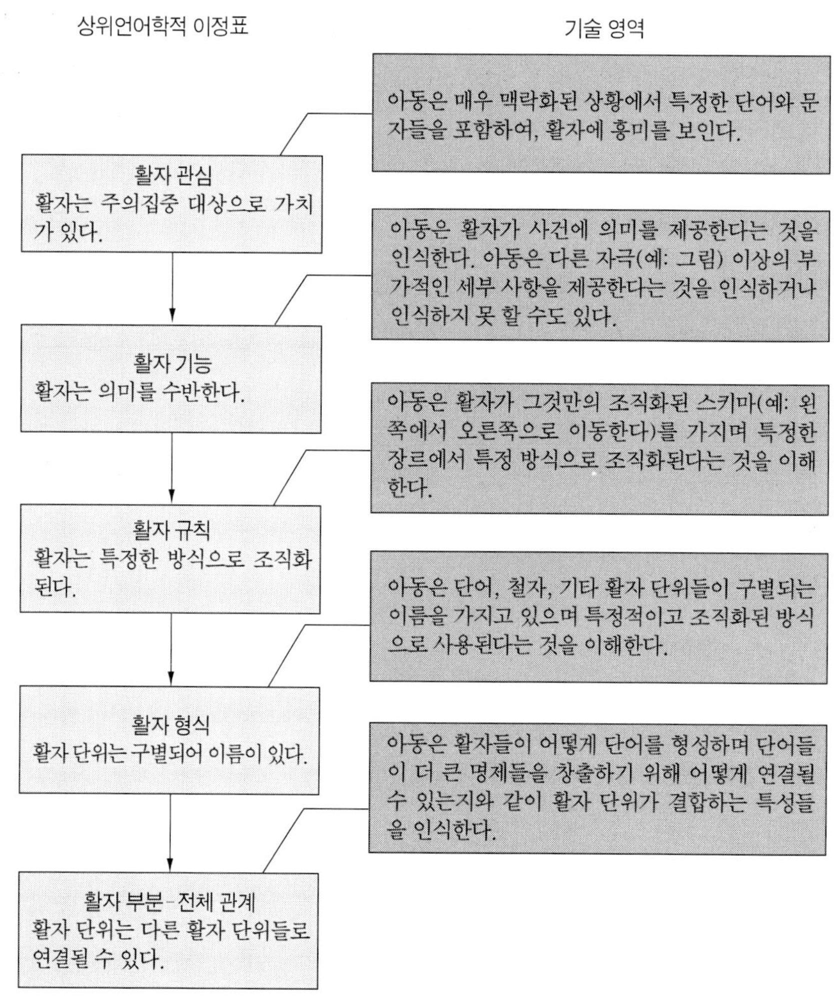


**[그림 7-1] 활자 인식 성취**

출처: From "Print Referencing: An Emergent Literacy Enhancement Technique and Its Clinical Applications," by L. M. Justice and H. K. Ezell, 2004, *Language, Speech, and Hearing Services in Schools, 35*, p. 188. Copyright 2004 by American Speech-Language-Hearing Association. Reprinted with permission.

아동들의 구어 능력과 활자 간 상호작용은 그들의 활자 인식 발달방법에 영향을 끼친다. 예를 들어, 성인들이 동화책을 읽어 주면서 활자를 가리킬 때, 아동들은 활자에 관하여 더 많이 질문하고 더 많이 의견을 말한다(Ezell & Justice, 2000). 더욱이 성인들이 책을 읽어 주는 시간 동안 질문을 하고 활자를 가리킬 때, 아동들은 중요한 초기 문식성 기술에 있어서 두드러진 향상을 보여 준다(Justice & Ezell, 2002b).

## 음운 인식

또 다른 중요한 상위언어학적 기술인 음운 인식은 단어의 음 구조에 대한 아동들의 민감성이다. 음운 인식은 점진적으로 출현하는데, 2세경에 시작하여 인식의 '얕은' 수준에서부터 '깊은' 수준으로까지 이동하게 된다(〈표 7-1〉 참조; Stanovich, 2000). 음운 인식의 얕은 단계에 있는 아동들은 음 구조의 광범위한 단위들에 대하여 무조건적이며 기본적인 민감성을 보여 준다. 그들은 문장을 단어로, 다음절 단어를 음절로 분절할 수 있다. 또한 그들은 각운(rhymes)을 감지하고 산출할 수 있으며, 단어를 만들기 위하여 음절 두운(onsets)을 음절의 나머지 부분과 결합시킬 수 있고(예: /b/+ /ɪt/ = bit), 단어들 중에서 시작하는 음의 유사성을

〈표 7-1〉 음운 인식 발달

| 음운 인식 기술 | 설 명 | 수 준 | 발달 예상 시기 |
|---|---|---|---|
| 단어 인식 | 문장을 단어로 분절한다. | 얕음 | 학령 전기의 초기에서 중기 |
| 음절 인식 | 다음절 단어를 음절로 분절한다. | 얕음 | 학령 전기의 초기에서 중기 |
| 각운 인식 | 두 단어의 각운을 인식한다. 각운이 같은 단어 쌍을 산출한다. | 얕음 | 학령 전기의 초기에서 중기 |
| 두운 인식 | 음절의 나머지로부터 개시음(두운)을 분절한다. 개시음(두운)과 음절의 나머지 부분을 합성한다. | 얕음 | 학령 전기의 후기 |
| 음소 확인 | 단어의 시작하는 음과 끝나는 음을 확인한다. 동일한 음으로 시작하는 단어를 확인한다. | 얕음 | 학령 전기의 후기, 유치원 초기 |
| 음소 합성 | 단어를 만들기 위하여 음소들을 합성한다. | 깊음 | 유치원 초기 |
| 음소 분절 | 단어를 음소들로 분절한다. | 깊음 | 유치원 중기에서 후기 |
| 음소 수 세기 | 한 단어 속에 있는 음소들의 수를 확인한다. | 깊음 | 유치원 후기에서 1학년 말 |
| 음소 조작 | 한 단어 속에 있는 음소들을 생략하고 첨가하며 재배열한다. | 깊음 | 초등학교 시기 |

출처: From "Embedded-Explicit Emergent Literacy, II: Goal Selection and Implementation in the Early Childhood Classroom," by J. N. Kaderavek and L. M. Justice, 2004, *Language, Speech, and Hearing Services in Schools, 35*, p. 218. Copyright 2004 by American Speech-Language-Hearing Association. Reprinted with permission.

감지할 수 있다(예: sing, sack, sun). 아동들은 학령 전기, 생후 3~5년 시기에 이러한 얕은 민감성을 발달시킨다. 반대로 음운 인식의 깊은 단계에 있는 아동들은 음의 가장 작은 음운론적 분절(음소)에 대한 분명하고 분석적인 지식을 보인다. 그들은 단어 내에 있는 음소의 개수를 셀 수 있고(예: bit는 3개의 음으로 되어 있고, spit는 4개의 음으로 되어 있다), 단어를 음소들로 분절할 수 있으며(예: bit는 /b/ + /ɪ/ + /t/로 나눌 수 있다), 단어 내에서의 음운론적 분절을 조작할 수 있다(예: spit의 첫 음을 삭제하고 단어의 끝으로 옮겨 pits를 만든다; Justice & Schuele, 2004). 〈발달표: 학령 전기〉에는 학령 전기 동안 아동들이 성취하는 더 많은 이정표들이 나타나 있다.

## 〈발달표: 학령 전기〉

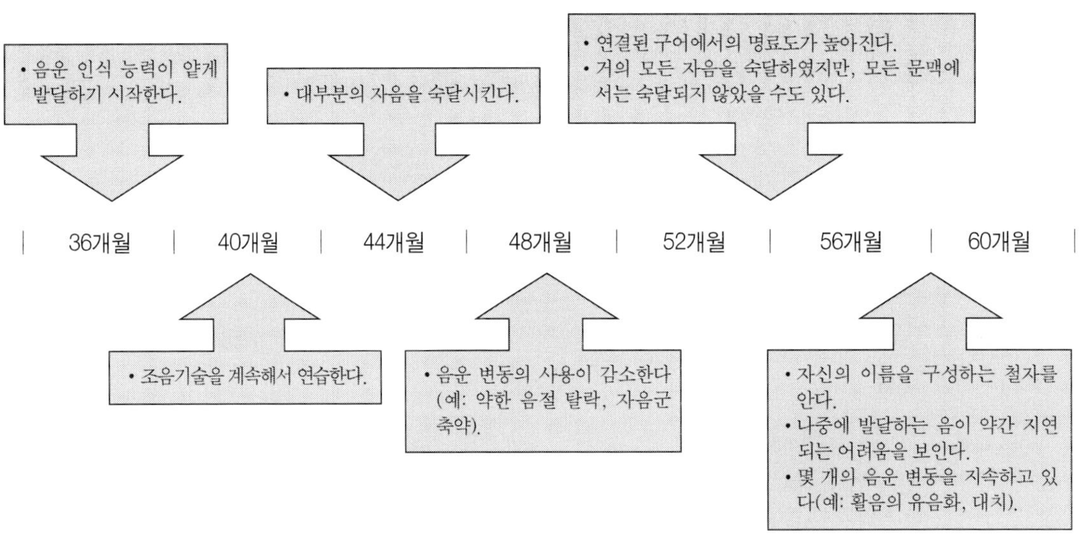

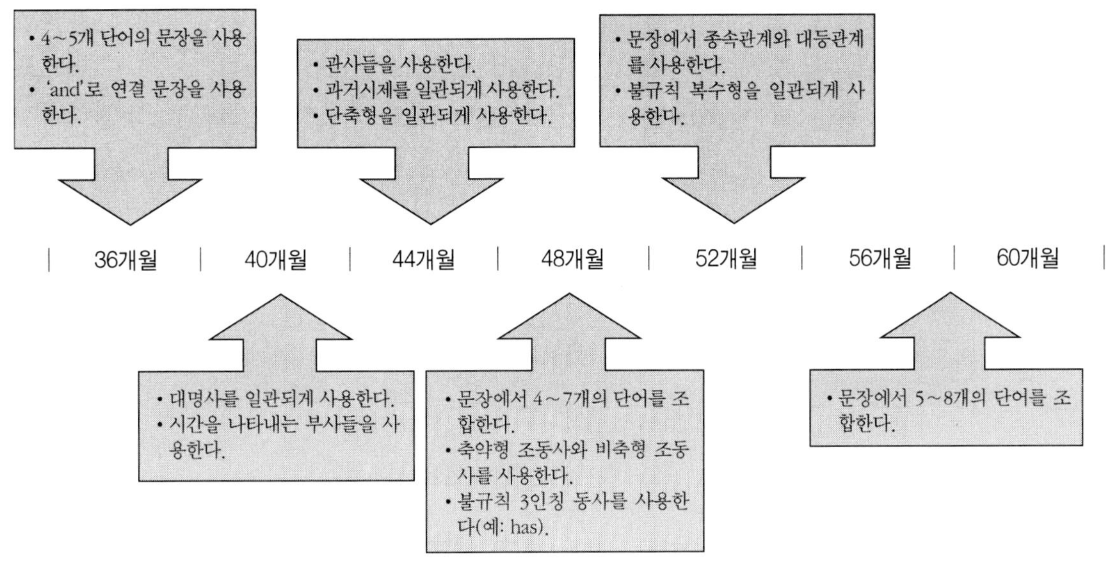
• 구문론 및 형태론 •
• 4~5개 단어의 문장을 사용한다.
• 'and'로 연결 문장을 사용한다.
• 관사들을 사용한다.
• 과거시제를 일관되게 사용한다.
• 단축형을 일관되게 사용한다.
• 문장에서 종속관계와 대등관계를 사용한다.
• 불규칙 복수형을 일관되게 사용한다.
36개월
40개월
44개월
48개월
52개월
56개월
60개월
• 대명사를 일관되게 사용한다.
• 시간을 나타내는 부사들을 사용한다.
• 문장에서 4~7개의 단어를 조합한다.
• 축약형 조동사와 비축형 조동사를 사용한다.
• 불규칙 3인칭 동사를 사용한다(예: has).
• 문장에서 5~8개의 단어를 조합한다.

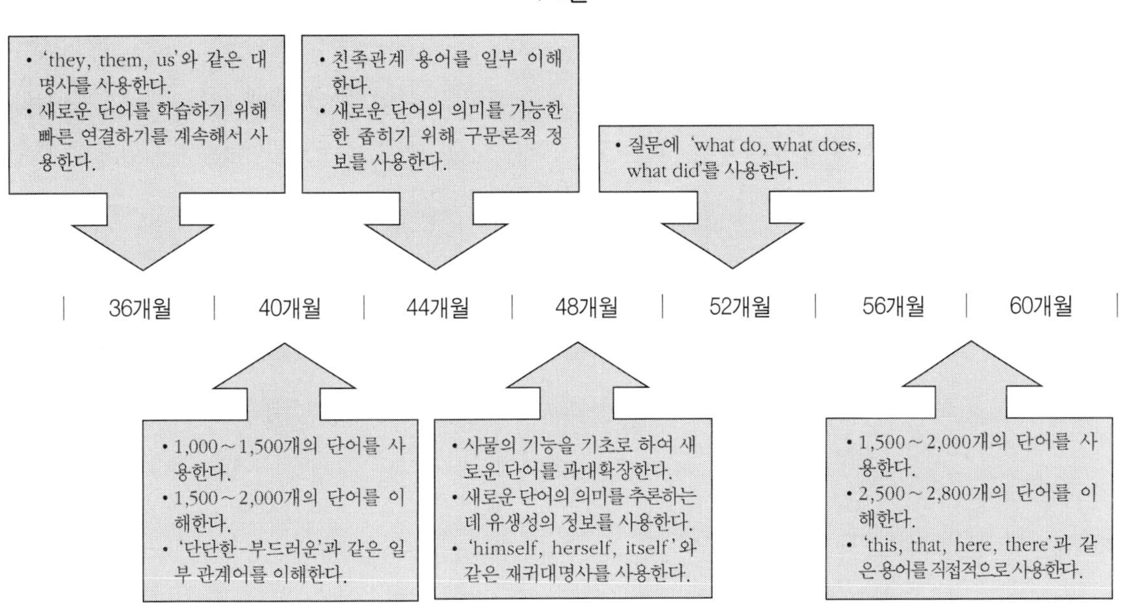
• 의미론 •
• 'they, them, us'와 같은 대명사를 사용한다.
• 새로운 단어를 학습하기 위해 빠른 연결하기를 계속해서 사용한다.
• 친족관계 용어를 일부 이해한다.
• 새로운 단어의 의미를 가능한 한 좁히기 위해 구문론적 정보를 사용한다.
• 질문에 'what do, what does, what did'를 사용한다.
36개월
40개월
44개월
48개월
52개월
56개월
60개월
• 1,000~1,500개의 단어를 사용한다.
• 1,500~2,000개의 단어를 이해한다.
• '단단한-부드러운'과 같은 일부 관계어를 이해한다.
• 사물의 기능을 기초로 하여 새로운 단어를 과대확장한다.
• 새로운 단어의 의미를 추론하는 데 유생성의 정보를 사용한다.
• 'himself, herself, itself'와 같은 재귀대명사를 사용한다.
• 1,500~2,000개의 단어를 사용한다.
• 2,500~2,800개의 단어를 이해한다.
• 'this, that, here, there'과 같은 용어를 직접적으로 사용한다.

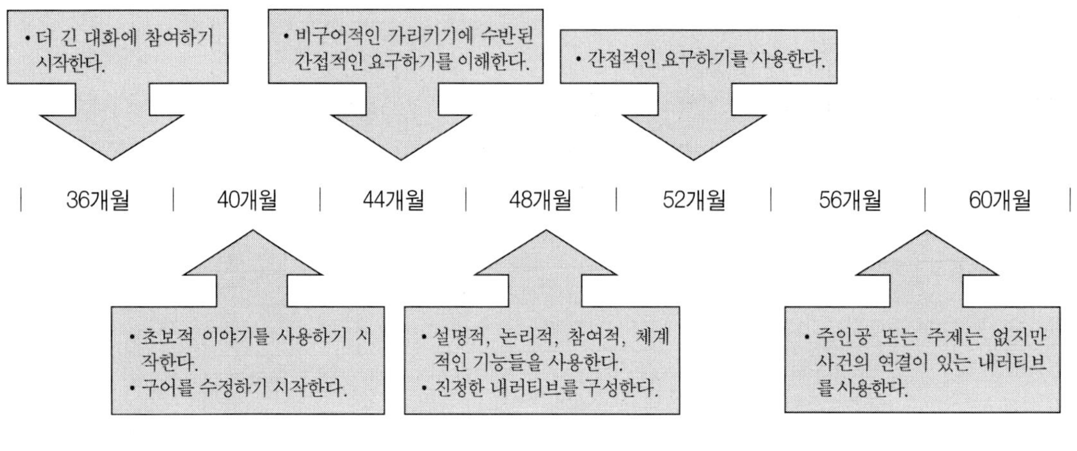


## 학령 전기를 특징짓는 언어의 내용, 형식, 사용에서의 주요 성취

제1장에서 언급하고 제5장, 제6장에서 재검토했던 바와 같이, 언어를 구성하는 세 가지의 규칙 지배적인 영역은 내용, 형식, 사용이다. **내용**은 사람들이 사용하는 단어들과 그 의미와 관련되고, **형식**은 사람들이 내용을 전달하기 위하여 음, 단어, 문장들을 조직화하는 방법을 말하며, **사용**은 사람들이 개인적이고 사회적인 요구를 표현하기 위하여 다른 개인들과 상호작용할 때 언어를 사용하는 방법이다. 짐작할 수 있듯이, 학령 전기는 이러한 세 영역 각각에 있어서 더욱더 많은 성취를 달성한다.

### 언어 내용

아동들은 정규 학교교육을 받기도 전에 학업적인 영역으로의 전이를 쉽게 하는 기술들과 그것을 수행하는 언어를 습득한다. 예를 들어, 학령 전 아동들은 이 시기 동안 번개와 같은 속도—1년에 약 860단어—로 매일 평균적으로 약 2개의 새로운 단어들을 지속적으로 습득한다(Biemiller, 2005). 그러나 새로운 단어들을 습득하기 위해서 학령 전 아동들이 사용하는 전략과 그들이 학습하는 단어들의 종류는 영아기와 아장이기의 것들과는 다르다. 우리는 학령 전 아동들이 자신의 어휘집에 단어를 추가하기 위하여 빠른 연결을 하는 방법, 그들의 의미론적이며 구문론적인 지식으로 새로운 단어의 의미를 추론하는 방법, 그리고 동화책 읽기를 공유함으로써 새로운 단어들을 학습하는 방법들에 대하여 논의한다. 또한 지시어와 관계어를 포함하여 학령 전 아동들이 획득하는 새로운 언어 내용의 일부 특정한 유형들에 대하여 설명한다.

### 빠른 연결

많은 연구자들은 단어 학습을 미성숙하고 불완전한 단어 표현에서 성숙하고 정확하며 정밀한 단어 표현으로 점진적으로 발달해 가는 단계적인 과정으로 보고 있다. 아동들은 **빠른 연결**(fast mapping; Carey, 1978)을 통하여 한 번의 노출에도 새로운 단어의 일반적인 표현을 획득할 수 있다. 빠른 연결이 발생한 이후 다양한 맥락에서 그 단어에 여러 번 노출되고 시간이 지남에 따라 표현을 점진적으로 세련되게 하는 동안, 아동들은 **느린 연결**(slow mapping)을 사용한다. 사실상 아동들은 주어진 시간 동안 1,600여 개 단어들의 의미를 다듬고 있을지도 모른다(Carey & Bartlett, 1978).

E. Dale(1965)은 어휘 지식 발달 과정을 다음 네 단계로 설명하였다.

| | | |
|---|---|---|
| 단계 1 | 단어에 대한 지식이 전혀 없는 상태 | "나는 이전에 그것을 본 적이 없다." |
| 단계 2 | 지식의 출현 | "나는 그것에 대해 들어 본 적이 있지만 어떤 의미인지는 모른다." |
| 단계 3 | 맥락적 지식 | "나는 맥락에서 그것을 인지한다. 그것은 ~를 하기 위한 어떤 것이다." |
| 단계 4 | 완전한 지식 | "나는 그것을 안다." |

학령 전기 동안, 아동들의 어휘는 이러한 단계 각각에 해당하는 단어들을 포함한다. 아동들은 Carey(1978)가 지칭한 **확장된 연결**(extended mapping), 또는 단어의 의미에 대한 충만하고 완전한 이해에 도달하기 위하여 다양한 맥락에서 여러 차례 단어들에 노출되기를 요구할 수도 있다.

아장이들처럼, 학령 전 아동들은 새로운 명칭의 수여자로서 이름 없는 대상을 선택하는 **새 이름-이름 없는 범주**(novel name-nameless category: N3C) **원리**를 사용한다. 그러고 나서 이러한 과정을 통하여 새로운 단어들을 빠르게 연결할 수 있다. 예를 들어, 당신이 학령 전 아동에게 3개의 새로운 사물(사과, 의자, 공)과 하나의 새로운 사물(코르크스크루)을 보여 주고는 "Find the dax(dax를 찾아보렴)." 라고 요구하였다면, 아동은 논쟁을 통하여 친숙한 대상을 제거하고 새로운 사물을 'dax'로 선택할 수 있을 것이다. 더욱이 빠른 연결을 사용하여 그 아동은 dax가 무엇인지에 대한 전반적인 이해를 가져야만 하고, 그 단어와 사물에 여러 번 노출되고 시간이 지남에 따라 daxes에 대한 자신의 이해를 세련되게 할 것이다. 한 학령 전 아동이 새로운 명칭에 대한 참조물로 친숙하지 않은 사물을 선택하는 빠른 연결 과제의 예가 [그림 7-2]에 제시되어 있다.

학령 전 아동들은 새로운 명칭이 새로운 사물을 언급한다는 것을 추론하기 위하여 새 이름-이름 없는 범주(N3C) 원리를 사용할 수도 있다.
사진 출처: © Ariel Skelley/Corbis.

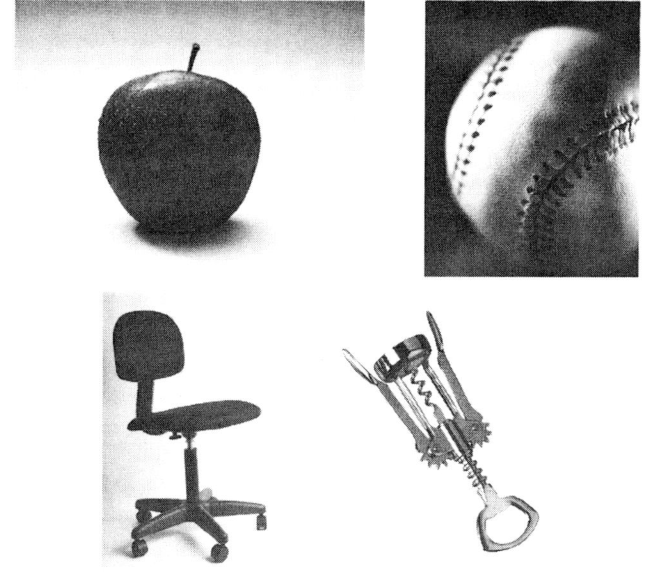

**[그림 7-2] 빠른 연결하기 과제**

성인: dax를 찾아보렴.
학령 전 아동: 여기 있어요. (새로운 항목인 코르크스크루를 가리킨다.)

## 의미론과 구문론 지식

학령 전기에 아동들은 많은 어휘 단어들을 알며 잘 발달된 구문론 지식을 가지고 있다. 그래서 그들은 새로운 단어를 학습할 때 그것을 자신의 어휘로 통합하기(또는 동화하기) 위하여 자신의 의미론과 구문론 지식에 의존한다. 제6장에서 논의하였듯이, 새로운 단어를 배우고 있는 아장이들은 범주적, 유추적, 관계적 유사성을 근거로 하여 단어 의미의 1/3 정도를 과잉일반화할 수 있다. 대상의 지각적 특성은 아장이들의 과잉일반화에 있어서 중요시된다(예: 모든 원형의 사물을 '공'이라고 부르는 것). 학령 전기 아동들은 그들이 다른 대상에 대해 가지고 있는 정보를 바탕으로 사물의 이름을 계속해서 과대확장한다. 그러나 그들은 대상의 지각적인 외관보다 그 대상의 **기능**을 더욱 중요시한다. 예를 들어, 아동들은 특정한 도구의 이름을 알고 있다면 아마 유사한 기능을 수행하는 다른 도구를 그와 같은 이름으로 부를 것이다. 한 연구에서 4세 아동은 새로운 인공물을 그것의 지각적 특성보다는 그 사물들의 기능에 근거하여 이름을 만들어 내었다. 아동들은 자신들이 사

**논의 요점**
제2장에서 살펴본 언어 발달 이론 중 어떤 이론이 새로운 단어의 의미를 추론하기 위하여 사물의 유생성에 관한 지식을 사용하는 아동들의 능력을 가장 잘 설명하는가?

물의 기능을 모를 때에만 지각적 특성을 사용하여 이름을 만들어 내었다(Kemler Nelson, Herron, & Holt, 2003).

학령 전기 아동들은 또한 새로운 단어의 의미를 추론할 때 대상의 **유생성**(animacy)에 관한 지식을 사용한다. 그들은 새로운 적절한 이름에 대한 참조물로 생물을 선택하며 일반명사에 대한 참조물로는 무생물을 선택한다(Jaswal & Markman, 2001a). 예를 들어, 학령 전 아동들은 새로운 무생물과 새로운 생물을 선택할 기회를 준다면 당신이 그들에게 "Find the dax."라고 말했을 때에는 무생물을 선택할 것이며 "Find Dax."라고 말했을 때에는 생물을 선택할 것이다.

학령 전 아동들이 새로운 단어의 의미를 추론하는 또 다른 방법은 단어의 참조물에 대한 가능성을 좁히기 위하여 새로운 단어의 형태 분류(예: 명사, 동사, 형용사)를 나타내는 구문론적 단서들을 보충하는 것이다. 예를 들어, "This is a dax." 라고 들은 아동들은 dax를 **가산명사**로 해석하는 데 반해, "This is Dax."라고 들은 아동은 Dax를 **고유명사**로 해석한다. 마찬가지로 "This is a dax one."이라고 들은 아동은 dax를 **형용사**로 해석한다(Hall, Burns, & Pawluski, 2003). 또한 아동들은 새로운 단어가 하나 이상의 대상에 적용될 때(예: "This is round, and that is round, too.") 그것을 형용사로 보는 경향이 있는데, 가산명사와 고유명사는 하나 이상의 이름으로 불리는 경우가 거의 없기 때문이다(Hall, 1996).

### 동화책 읽기 공유하기

한 번 및 여러 번의 우발적인 노출을 통하여 단어를 학습하는 것과 함께, 학령 전 아동들은 다른 사람들과 동화책 상호작용을 공유함에 따라 새로운 단어를 습득한다. 동화책 읽기에 포함된 언어는 매우 풍부하다. 사실상 동화책 읽기 활동에 내재된 모국어는 구문론과 어휘 면에서 매우 다양하고, 놀이를 포함한 다른 언어 맥락이 가지고 있는 것보다 더 높은 수준의 추상 개념을 가지고 있다(Sorsby & Martlew, 1991). DeLoache(1984)는 부모가 동화책 읽기 상황에서 아동들의 주의를 끌고 유지시키기 위해서 사용하는 기법들—친숙한 것들에 관하여 이야기하기, 제한된 수의 새로운 정보를 제시하기, 아동들의 경험과 정보를 관련시키기, 아동들이 바르게 반응할 수 있도록 도와주기 등—이 "또한 특별히 효과적인 교수 도구들이 될 수 있다."(p. 94)라고 고려하였다.

동화책 읽기 상호작용이 단어 학습의 기회를 제공하기는 하지만, 이러한 상호작용 빈도에서의 개인차 그리고 그에 참여하면서 아동들이 청취한 언어의 질은 그들의 언어 발달에 영향을 미친다. 예를 들어, 어린 아동들과의 읽기 상호작용에서의 변이는 아동들의 수용 및 표현 어휘 능력과 관련이 있다(Whitehurst et al., 1988). 연구 결과는 아동들이 목표 단어의 의미를 토론하지 않은 동화책 읽기 시간 동안에 단어들에의 우발적인 노출을 통하여 새로운 단어를 학습할 수 있다는 것을 보여 주었다(Robbins & Ehri, 1994). 그러나 새로운 단어들을 반복적이고 정교하게 노출하고 성인의 부분에서 활동적(혹은 대화체) 읽기 양식을 포함하는 동화책 읽기는 이러한 구성 요소들을 포함하지 않는 공유된 동화책 읽기보다 동화책을 통한 아동들의 새로운 단어 학습을 훨씬 더 향상시킨다(Arnold, Lonigan, Whitehurst, & Epstein, 1994; Lonigan & Whitehurst, 1998; Sénéchal, 1997; Sénéchal, Thomas, & Monker, 1995; Valdez-Menchaca, Marta, & Whitehurst, 1992; Whitehurst et al., 1988, 1994).

### 지시어

학령 전 아동들이 새로운 단어를 획득하기 위해서 사용하는 몇 가지 전략들에 대해 논의하였으므로, 이제는 그들이 획득하는 몇몇 특정한 종류의 언어 내용을 소개하고자 한다.

**지시어**(deictic terms)는 특정한 상황 내에서 화자와 청자의 위치에 의존하여 사용되고 해석되는 단어들을 뜻한다. 영어 지시어의 예로 here과 this라는 단어를 들 수 있는데, 이는 화자에의 접근을 나타낸다. 그리고 there과 that이라는 단어는 청자에의 접근을 나타낸다. 지시어를 올바르게 사용하기 위해서 아동들은 대화 상대방의 관점을 채택할 수 있어야 한다. 그러므로 지시어의 사용은 더 초기 발달 단계의 것보다 더 진보된 인지 과정과 화용론적 과정을 나타낸다. 아동들은 this와 here과 같은 인접한 지시어를 that이나 there과 같은 비인접 지시어보다 더 쉽게 숙달한다. 일반적으로 아동들은 그들이 학교에 입학할 때까지 지시어들 간의 차이를 숙달할 수 있다(Clark & Sengul, 1978).

## 관계어

**관계어**(relational terms)—의문사(질문), 시제어, 반대어, 위치 전치사, 친족 용어 등—는 학령 전 아동들에게는 내용적인 측면에서의 부가적인 성취다. 이 연령의 아동들은 관계어의 기초를 이루는 개념을 알게 됨과 동시에 관계어를 이해하고 사용할 수 있게 된다. 예를 들어, 아동들은 시제어를 이해하고 사용하기 위해서 먼저 시간 개념을 가져야만 한다.

**의문사** 학령 전 아동들은 질문에 대답하고 질문을 하는 것에 점점 더 숙련된다. 이러한 아동들은 when, how, why와 같은 의문사(interrogatives)들을 이해하고 사용하기 전에 what, where, who, whose, which와 같은 의문사를 이해하고 사용한다. 다음의 교사와 학령 전기 아동의 대화에서처럼, 학령 전 아동들은 자신이 이해하지 못하는 질문에 부적절하게 반응할 수 있다.

교사: 왜 그 소녀는 그렇게 많은 선물을 받았니?
아동: 그녀는 자전거, 인형, 색칠하기 책을 받았어요.

**시제어** 시제어(temporal terms)는 사건의 순서(before, after), 사건의 기간(since, until), 사건의 동시 발생(while, during)을 나타낸다. 학령 전 아동들은 시제어가 동시 발생하는 사건을 나타낸다는 것을 이해하기 전에 사건의 순서를 나타낸다는 것을 먼저 이해한다. 그들이 시제어의 의미를 이해하지 못한다면 종종 단어의 순서에 따라 문장을 해석하기도 한다(예: Weist, 2002). 예를 들어, 학령 전 아동들은 "Before you eat breakfast, take your vitamin pill(아침을 먹기 전에 비타민 알약을 드세요)." 이 "Eat breakfast, then take your vitamin pill(아침을 먹고 난 다음 비타민 알약을 드세요)." 을 의미한다고 해석할 수도 있다. 또한 학령 전기의 아동들은 시제어를 그들의 경험에 따라 해석할 수 있으므로 매일 아침 식사 '전에' 비타민을 먹는 아동은 위의 예를 바르게 해석할 수도 있다.

**반대어** 반대어(opposites)는 학령 전 아동들이 배우고 이해하며 사용하는 언어 내용의 또 다른 양상이다. 학령 전 아동들이 학습하는 반대어 쌍에는 hardsoft, big-little, heavy-light, tall-short, long-short, large-small이 포함된다. 학령 전 아동들은 그들이 물리적으로 지각할 수 있는 반대어(big-small과 같은)를 더 추상적인 반대어(same-different와 같은)보다 더 빨리 학습한다.

**위치 전치사** 아장이들처럼 몇몇의 위치 전치사를 사용할 수 있음에도 불구하고(예: in, on), 아동들은 학령 전기까지 많은 다른 전치사들을 사용하려고 하지 않는다. 공간적인 관계를 나타내는 위치 전치사(locational prepositions)에는 under, next to, behind, in back of, in front of 등이 포함된다(Grela, Rashiti, & Soares, 2004; Tomasello, 1987). 학령 전기가 끝나갈 때쯤, 대부분의 아동들은 이러한 용어에 대하여 확실히 이해하게 된다.

**친족 용어** 아동들은 엄마, 아빠, 언니, 형과 같은 특정 개인을 가리키는 지시어를 먼저 해석하게 된다. 학령 전 아동들은 결국 이러한 친족 용어(kinship terms)와 또 다른 친족 용어들의 일반적인 의미를 이해하게 되는데, 이에는 아들, 딸, 할아버지, 할머니, 부모님 등이 포함된다. 각 친족 용어의 상대적인 복잡성은 아동들이 그것들을 배우는 순서에 가장 큰 영향을 미친다. 이는 아동들의 친족 용어가 가리키는 각 가족 구성원과의 친밀감에 따라 좌우된다(Haviland & Clark, 1974). 그러므로 아동들은 이모와 삼촌 같은 단어보다 어머니와 아버지 같은 단어를 더 빨리 습득하게 되는데, 어머니와 아버지의 개념이 더 단순하기 때문이다. 또한 자신들의 이모와 삼촌을 정기적으로 만나는 아동들은 이 친족 용어를 이모와 삼촌과 친밀하지 않은 아동들보다 더 빨리 습득한다. 흥미롭게도 학령 전 아동들은 몇몇 친족 용어들의 상호관계에서 어려움을 가지고 있다(Deák & Maratsos, 1998; Edwards, 1984). 예를 들어, 아동들은 자신에게 형이나 언니가 있다는 것을 이해하지만, 그들이 다른 누군가에게 형이나 언니가 될 수 있다는 것을 이해하는 것에는 더 많은 어려움을 겪는다.

## 언어 형식

학령 전기 동안, 아동들은 그들의 형태론, 구문론, 음운론을 유의미한 방법으로 세련되게 한다. 학령 전 아동들은 문법형태론과 파생형태론, 문장 형태, 구어 산출 능력에서 주목할 만한 진보를 보인다.

### 문법형태론과 파생형태론

우리는 제1장에서 문법형태소를 소개하였다. 그것은 복수형태소(bird-birds)와 현재진행형(fly-is flying)을 나타내기 위한 동사의 어형 변화와 같이 문법적 정밀함을 부가적으로 제공하기 위하여 단어에 덧붙여지는 의미 단위다. **파생형태론**(derivational morphology)은 단어의 구조를 변화시킨다는 점에서 문법형태론(grammatical morphology)과 비슷하다. 그러나 파생형태소는 단어의 의미와 구어에서 단어의 성분을 변화시키기 위하여 단어에 덧붙이는 접두사와 접미사들이다. 예를 들어, 접미사 -er은 의미를 변화시키기 위하여 그리고 동사에서 명사(write-writer)로 그 성분을 변화시키기 위하여 write에 덧붙일 수 있다. 접두사 re-는 그 의미를 변화시키기 위하여 write에 덧붙일 수 있다(rewrite). 추가적으로 흔한 파생형태소들로는 -pre(preschool), -est(smallest), -ness(sweetness), -ly(slowly)가 있다. 아동들은 새로운 형태소를 학습함에 따라 자신들의 의사소통이 더욱 정확하고 분명하게 되도록 단어의 구조를 조작할 수 있다. 아동들은 몇몇 중요한 형태소를 숙달하자마자 그들의 의사소통 가능성을 기하급수적으로 향상시킬 수 있다. 예를 들어, 아동은 read라는 단어를 알고 있는 한 그 변화형인 reading, reread, reader 등을 사용할 수 있다.

제6장에서 논의하였듯이, 아동들은 심지어 다른 언어들에서도 문법형태소와 파생형태소를 거의 동일한 순서로 습득한다. 아동들이 이러한 유형의 형태소들을 습득하는 순서에 영향을 미치는 여섯 가지 요소들은 다음과 같다(O'Grady, Dobrovolsky, & Arnoff, 1997).

① 발화의 마지막 위치에서 자주 발생함: 영아와 아동들은 발화 끝부분의 음과 단어들에 가장 민감하다. 아동들은 끝쪽에 오는 형태소들을 먼저 학습한다.

② 음절성(syllabicity): 아동들은 음절(예: 현재진행형 -ing)을 구성하는 형태소를 먼저 학습하고, 하나의 음으로만 된 형태소(예: 3인칭 단수형 -s)는 나중에 학습한다.

③ **형태소와 의미 사이의 하나의 관계:** 아동들은 복합적인 의미를 표현하는 형태소들(예: -s는 현재시제, 3인칭, 단수를 나타낸다)보다 오직 하나의 의미를 가진 형태소(예: 형태소 the는 정관사의 기능만을 가지고 있다)를 먼저 학습한다.

④ **사용상 일관성:** 아동들은 사용 시 변화하는 형태소(예: 과거시제 동사는 때때로 -ed로 끝나지만 어떤 경우에는 불규칙적인 형태를 취한다)보다 일관적으로 사용되는 형태소(예: 소유격 명사는 항상 's로 끝난다)를 더 쉽게 학습한다.

⑤ **이형태적 변화:** 아동들은 이형태적인 변화(allomorphic variation)를 가지고 있는 형태소(예: 복수형 형태소는 세 가지 변이[/s/, /z/, /ɪz/]를 가지고 있다)보다 일관된 발음을 가지고 있는 형태소(예: -ing)를 더 먼저 학습한다.

⑥ **명확한 의미 기능:** 아동들은 명확한 의미를 가지고 있는 형태소(예: 복수형태소)를 덜 명확한 의미를 가지고 있는 형태소(예: 3인칭 단수형태소)보다 빨리 습득한다.

학령 전기의 형태소 발달에서 가장 중요한 영역은 **동사형태론**(verb morphology)이다. 영어 화자가 시간에 대한 정보를 제공하기 위하여 동사를 변형시키는 한 가지 방법은 시제(예: 과거, 현재, 미래)를 이용하는 것이다. 종종 to be 동사는 중요한 시간의 이정표다. to be 동사나 그로부터 파생된 것들(am, is, are, was, were)이 문장의 주된 동사일 때(I <u>am</u> Doug에서와 같이) 그것을 **연계사**(copula)라고 한다. to be 동사나 그로부터 파생된 것들이 문장 내에서 동사를 돕고 있을 때(I <u>am</u> hugging Doug와 같이) 그것을 **조동사**(auxiliary)라고 한다. to be 연계사와 조동사의 형태는 단축형으로 되거나(Doug'<u>s</u> funny; I'<u>m</u> bouncing the ball) 또는 단축되지 않은 형태(Doug <u>is</u> funny; I <u>am</u> bouncing the ball)로 남아 있기도 한다. 학령 전 아동들은 이 시기의 주요한 구문론적 성취를 나타내는 연계사와 조동사 형태로서의 to be 동사를 숙달한다.

## 문장 형태

이러한 주요 형태론적인 성취에 더하여, 학령 전 아동들은 복잡한 문장을 사용하는 데 있어서 유의한 진전을 보인다. 학령 전 아동들은 단순한 주어-동사-목적어의 평서문 구조("Daddy drives a truck.")와 주어-동사-보어 구조("Truck is big.")에서부터 다음의 세 가지와 같은 더 정교한 문장 형태로 나아가게 된다(Justice & Ezell, 2002a).

① 주어-동사-목적어-부사: "Daddy's hitting the hammer outside."
② 주어-동사-보어-부사: "Daddy is hungry now."
③ 주어-조동사-동사-부사: "Daddy is eating now."

아동들은 또한 복잡하고 복합적인 문장을 생성하며, 절을 연결하기 위한 등위접속사(예: and, or, but)와 종속접속사(예: then, when, because)를 사용하고, 다양한 구와 절들을 자신들의 발화 속에 끼워 넣기 시작한다. 학령 전기가 끝나갈 무렵, 아동들은 I told Daddy and Daddy told Mommy와 같은 복문뿐만 아니라 I told Daddy who told Mommy와 같은 복합 문장도 산출해 낸다.

### 구어 산출에서의 성취

학령 전기 동안, 아동들은 계속해서 자신들의 구어음 레퍼토리를 정교하게 해나간다. 학령 전기가 끝나갈 때쯤에는 대부분의 아동들이 그들의 모국어에서 거의 모든 음소를 숙달한다. 4~5세 아동들은 일반적으로 /r/(row), /l/(low), /s/(sew), /tʃ/(cheese), /ʃ/(show), /z/(zoo), /θ/(think), /ð/(though)를 포함하는 몇몇의 더 나중에 발달하는 음소들에서 고질적인 어려움을 보인다. 아동들은 또한 몇몇의 초기에 습득되는 음소들이 복잡한 다음절 단어(예: spaghetti에서 /s/)나 자음군을 가진 단어들(split의 처음 세 음절과 같은)에 나타날 때 지속적으로 어려움을 보인다. 일부 계속되는 어려움에도 학령 전 아동들은 매우 명료하며 성인과 같은 표현 음소 레퍼토리를 가지게 된다.

**음운 변동**(아동들이 자신의 구어에서 만들어 내는 체계적인 오류)은 아동들이 학령 전기에 자신들의 음운체계를 안정화함에 따라 지속적으로 감소한다. 3~4세에 아동들은 가장 빨리 그들의 음운론적 체계가 안정되고, 이 시기의 아동들이 음운 변동 출현을 억제하는 비율이 가장 빠르다(Haelsig & Madison, 1986). 4세 아동들은 아마도 여전히 약한 음절 탈락과 자음군 축약을 보이지만, 이러한 변동들도 대개 5세경에 사라진다. 5세 이후에도 지속될 수 있는 두 가지의 패턴은 다음과 같다.

| 패턴 | 해설 | 예 |
|---|---|---|
| 1. **유음의 활음화** (liquid gliding) | 유음(/r/이나 /l/)이 활음(/w/ 혹은 /j/: yellow의 첫 번째 음)으로 대치될 때 | rabbit = 'wabbit'<br>land = 'yand' |
| 2. **폐쇄음화** (stopping) | 마찰음(/θ/: think의 'th' 음; 또는 /ð/: though의 'th' 음과 같은)이나 폐찰음(jeep의 첫 번째 음과 같은)이 폐쇄음(/t/나 /d/와 같은)으로 대치될 때 | think = 'tink' 또는 'dink'<br>though = 'dough' 또는 'tow'<br>jeep = 'deep' |

[그림 7-3]은 학령 전기에 계속되는 음운 변동의 목록을 나타낸다.

수용적 음운론(receptive phonology) 또한 학령 전기 동안 계속해서 발달하는데, 이는 아동들의 초기 읽기 발달에서 중요하다. 이전에 언급한 바와 같이, 읽기는 아동들로 하여금 **알파벳 원리**(alphabetic principle)를 이해하기 위하여 또는 문

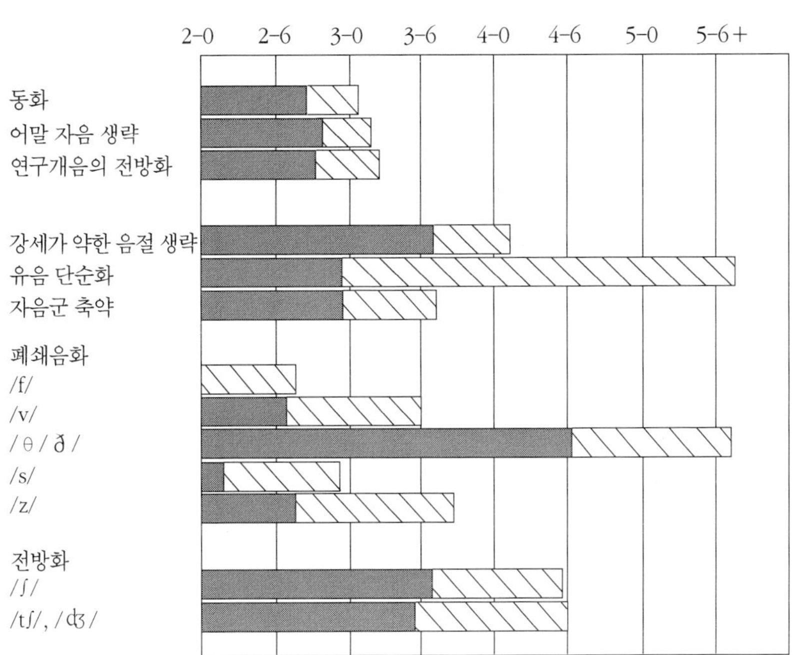


**[그림 7-3] 학령 전 시기 동안 지속되는 음운 변동**

* 짙은 막대는 평균 아동들의 사용을 나타내고 빗금 친 막대는 일부 정상 아동들의 사용을 나타낸다.

출처: Reprinted from *Language Disorders from Infancy Through Adolescence* (2nd ed.), R. Raul, p. 310. Copyright 2001, with permission from Elsevier.

자들 사이나 문자들(서기소)과 음(음소)의 결합관계를 이해하기 위하여 확고한 음운론적 표현을 가지도록 요구한다. 아동들의 적절한 음운론적 표현 발달에는 환경적이며 생리학적인 요소들이 영향을 미친다. 예를 들어, 언어 자극을 거의 받지 않은 아동들과 계속해서 중이염을 앓고 있는 아동들은 음운론적 표현 발달이 지연될 위험이 있다(Nittrouer, 1996)

## 언어 사용

**사용**은 개인적이며 사회적인 요구를 충족시키기 위해서 언어를 이용하는 방식을 말한다. 학령 전기의 아동들은 많은 새로운 담화 기능을 충족시키고, 그들의 대화기술을 향상시키며, 내러티브를 사용하기 시작한다.

### 담화 기능

단어를 결합할 수 있는 아장이들은 여섯 가지의 의사소통 기능—도구적, 조정적, 개인-상호작용적, 발견적, 가상적, 정보적 기능—을 충족시키기 위하여 언어를 사용할 수 있다(제6장 참조). 학령 전 아동들은 해석적, 논리적, 참여적, 조직적 기능을 포함하여 더욱 복잡한 담화 기능을 위하여 언어를 사용하기 시작한다(Halliday, 1975, 1977, 1978). **해석적 기능**(interpretive functions)은 개인의 경험 전체를 명확하게 만들어 주고, **논리적 기능**(logical functions)은 개념들 간의 논리적 관계를 표현한다. **참여적 기능**(participatory functions)은 소망, 느낌, 태도, 판단을 표현하며, **조직적 기능**(organizing functions)은 담화를 관리한다.

부가적인 화용론적 기능의 표현 이외에도, 학령 전 아동들은 다른 사람들이 전달하는 화용론적 정보를 지속적으로 탐지하고 사용한다. 그러한 정보는 학령 전 아동들이 메시지를 더욱 잘 이해할 수 있게 도와준다. 예를 들어, 연구 결과들은 화자가 요구 시에 비구두적인 가리키기를 함께 사용할 때 아동들이 간접적인 요구를 더 잘 이해한다는 것을 보여 주었다. 연구자들이 문을 가리키며(비구두적인 단서) "여기가 너무 시끄러워지겠어."(간접 요구)라고 말하는 것을 지켜본 학령 전 아동들은 문을 닫아 달라는 간접 요구만을 들은 학령 전 아동들에 비하여 문을 더 잘 닫는 경향을 보였다(Kelly, 2001). 이러한 예는 심지어 다른 이들과 의사소통할 때 이미 화용론적 기능을 열거할 수 있는 학령 전 아동들에게도 언어 이해에 관한 화용론적 정보의 중요성을 증명한다.

### 대화기술

학령 전 아동들은 대화에서 차례를 주고받는 기술을 학습함에 따라 자신들의 대화기술을 향상시키기 시작한다. 대부분의 학령 전 아동들은 특히 그들이 토의의 주제를 선택할 때 두 번 혹은 그 이상의 차례 동안 대화를 유지할 수 있다. 학령 전 아동들은 의사소통이 깨어질 때를 깨닫는 데, 그리고 청자들에게 이해를 촉진하기 위하여 적절한 양의 피드백을 제공하는 데 여전히 다소 어려움을 가지고 있지만 점점 더 세련된 대화자들이 되어 가고 있다. 그들은 자신들이 질문에 대답해야 한다는 것을 이해하며 다른 사람과 동시에 말하는 것이 효과적이지 못한 의사소통을 초래한다는 것을 깨닫는다.

### 내러티브 기술

**내러티브**(narrative)는 과거, 현재, 미래의 실제 혹은 가상의 사건에 대한 아동들의 구어적 또는 문어적 묘사다. W. Labov(1972)는 내러티브를 동일한 과거 사건에 대하여 적어도 2개의 연속적인 독립절을 가지는 것으로 정의하였다. "저기, 엄마, 오늘 우리가 체육관에서 뭘 했는지 알아맞혀 보세요."라는 말은 학령 전 아동들이 나중에 "우리는 큰 낙하산을 가지고 놀았어요."로 이어질 수 있는 내러티브를 시작할 수 있는 한 방법이다.

학령 전 아동들의 내러티브는 구문론, 형태론, 의미론, 음운론, 화용론의 측면을 포함하여 다수의 언어 성취를 가장 잘 나타낸다. 아동들은 단어와 생각들을 배열하기 위해서는 구문론을, 사건의 시간을 나타내기 위해서는 동사형태론을, 사건과 개인을 분명하게 나타내기 위해서는 어휘를, 단어의 명확한 발음과 적절한 억양을 위해서 음운론을, 그리고 적절한 양의 정보를 청자와 공유하기 위해서는 화용론을 사용해야 한다. 내러티브는 바로 지금 존재하지 않는 사람들이나 특성 그리고 현재의 맥락에서 제거된 사건들을 기술하기 위해서 탈맥락화된 언어를 사용한다. 대화가 2명 또는 그 이상의 사람들에 의해서 수행되는 반면 내러티브는 대개 언어의 흐름이 방해받지 않기 때문에 대화와는 다르다. 내러티브를 표현하는 아동들은 의사소통의 유효성에 대한 책임을 져야 한다.

내러티브를 표현하기 위해서, 아동은 주제를 소개하고 청자가 화자에게 최소한의 지지만을 제공하면서 비교적 수동적인 역할을 취할 수 있다는 방식으로 주제를 유지하며 정보를 조직화한다. 내러티브의 두 가지 중요한 유형은 개인이 실제 사건을 공유하는 **개인적 내러티브**(personal narrative)와 개인이 가상의 사건을 공유하는 **허구적 내러티브**(fictional narrative)다. 이 두 유형의 내러티브 모두 일반적으로 인과적인 혹은 시간적인 방법으로 사건을 연속시킨다. **인과적인** 연속은 사건에 대한 인과관계의 사슬을 나타내거나 몇몇 일련의 사건들에 대한 이유나 근본적 원리를 제공한다(예: "캐시는 열쇠를 집 안에 두고 문을 잠갔어. 그래서 이웃에게 도움을 청해야만 했어."). **시간적인** 연속은 시간에 따라 전개된다(예: "우리는 먼저 호수 주위에서 자전거를 탔어. 그다음에는 오리에게 먹이를 줬어.").

내러티브 기술은 2세 때부터 발달하기 시작하지만 대부분의 아동들은 4세 때까지 문제와 해결(또는 중대한 시점)이 있는 진정한 내러티브를 구성할 수 없다(Kaderavek & Sulzby, 2000; Peterson, 1990). 아직 내러티브 담화를 숙달하지 못한 아동들은 청자에게 자신들의 이야기에 명확한 서론, 본론, 결론을 제공하지 않은 채 사건에 대해서 묘사하려 할 것이다. 아동들의 초기 내러티브는 참여자, 시간, 사건과 관련된 장소에 대한 최소한의 묘사만을 포함할 수 있으며, 다음 예와 같이 일련의 사건들만을 포함시킬 수도 있다.

아동: 코디가 토끼 한 마리를 가지고 와서 현관에 놓아두었어요. 그러고 나서 엄마는 코디가 아빠와 함께 사냥을 가야 한다고 말했어요.

성인: 잠깐만. 코디가 누구지?

아동: 내 개요.

성인: 어디서 그 일이 일어났니?

아동: 집에서요.

성인: 그러니까 네 아빠는 사냥하는 것을 좋아하는데, 코디가 토끼를 집에 가져왔기 때문에 아빠가 토끼 잡는 것을 코디가 도와줄 수 있다고 생각했단 말이지?

아동: 네.

학령 전 아동의 내러티브는 청자의 관점을 고려하는 능력이 출현함에 따라 더 분명해진다. 학령 전 시기 동안 시간 부사구(예: 어제, 오늘 아침)와 동사형태론(행위가 일어난 시간을 나타내 주는)을 포함하여 아동의 언어학적 장치에 대한 레퍼토리가 증가하며, 이는 아동의 내러티브에 대한 이해도를 증진시킨다. 학령 전 아동이 일상의 활동에서 스스로의 내러티브 기술을 연마시킬 수 있는 또 다른 방식에 대해 살펴보려면 〈이론에서 실제까지: 학령 전 아동의 내러티브 기술에 대한 전화 통화의 효과〉를 참조하라.

내러티브는 복합적이며 다차원적인 언어 행위이므로, 이는 언어기술 발달에 어려움을 보이는 학령 전 아동의 이후 학교에서의 성과를 예언할 수 있는 중요한 변인이다(Paul & Smith, 1993). 내러티브 고유의 탈맥락화된 언어는 초기 문해(또는 문식성) 기술 습득에, 그리고 후속되는 학교에서의 성취에 결정적인 역할을 할 수 있다(Peterson, Jesso, & McCabe, 1999).

**논의 요점**
왜 당신은 다음에 기술된 전화 중재가 아동의 내러티브 기술의 발달을 도왔다고 생각하는가?

이론에서 실제까지

**학령 전 아동의 내러티브 기술에 대한 전화 통화의 효과**

전화 통화를 하는 동안에는 대면 대화를 유지시키는 많은 단서들(예: 얼굴 표정, 제스처)이 결여되어 있으며, 의미를 전달하기 위해서 대화는 더 정확해져야 한다. 한 연구에서는 전화상으로 대화하는 것이 아동들의 내러티브 기술을 증진시킬 수 있다고 제시하였다(Hutchison, 2001). 전화 대화를 포함한 6주간의 언어 중재에 참여한 초등학생들은 전화 중재에 참여하지 않았던 아동들보다 내러티브에서 발화 수, 단어 수, 다른 단어 수가 더 많은 것으로 나타났다. 게다가 전화 중재에 참여한 아동들은 더 분명한 묘사, 대상과 장소를 확인하기 위한 더 많은 구와 절, 등장인물들의 감정 상태에 대한 더 광범위한 세부 묘사와 같은 더 진전된 내러티브 특성들을 자신의 이야기에 포함시켰다.

# 학령 전 아동의 개인적인 언어 성취에 영향을 미치는 요소

영아기, 아장이기와 마찬가지로, 학령 전기의 언어 발달은 개인적으로나 집단적으로나 모두 다양하다. 언어가 아동들이 이해하고 산출하기 위하여 학습하는 다양한 영역들(구문론, 의미론, 형태론, 음운론, 화용론)을 포함하고 있기에, 언어 발달은 전부 아니면 전무의 현상은 아니다. 대신 아동은 각 영역들에서의 능력을 다소 상이한 시기에 획득할 수 있으며 일부 영역들에서는 강세를 보이지만 다른 영역들에서는 약세를 보일 수 있다. 덧붙여 학령 전 아동 집단에서 언어와 문식성의 패턴은 변화하며, 가족의 사회경제적 지위와 성과 같은 요소들이 언어 발달에 지속적인 영향을 미칠 것이다.

## 개인 내 차이

### 수용 및 표현 언어에서의 변이

영아와 아장이 **개인**이 자신이 표현하는 것보다 더 많은 언어를 이해하는 것처럼, 학령 전 아동들도 그러하다. 수용 및 표현 언어에서의 이러한 불일치는 학령 전기와 그 이후까지 계속된다.

### 언어 프로파일의 변이

학령 전 아동 개개인은 대개 몇몇 영역에서 더욱 급속한 발전을 보이고, 몇몇 영역에서는 더욱 느리게 발전한다. 이와 같이 학령 전 아동은 많은 **언어 프로파일**(language profiles)—다양한 영역에서 언어의 동시적인 패턴—중 하나를 나타낸다(Fey, 1986; J. Miller, 1981). 언어 프로파일은 언어 영역(음운론, 구문론, 의미론, 화용론)만을 포함하며 개인의 능력(내러티브 담화와 같은)은 포함하지 않는다. 학령 전 아동들의 언어 프로파일 범위 내에서 개별 아동은 상이한 영역에서 강점과 약점을 가지게 된다. 예를 들어, [그림 7-4]에서 아동 B는 훌륭한 언어 이해 기술을 보이지만 비교적 열악한 언어 산출 기술을 보인다.

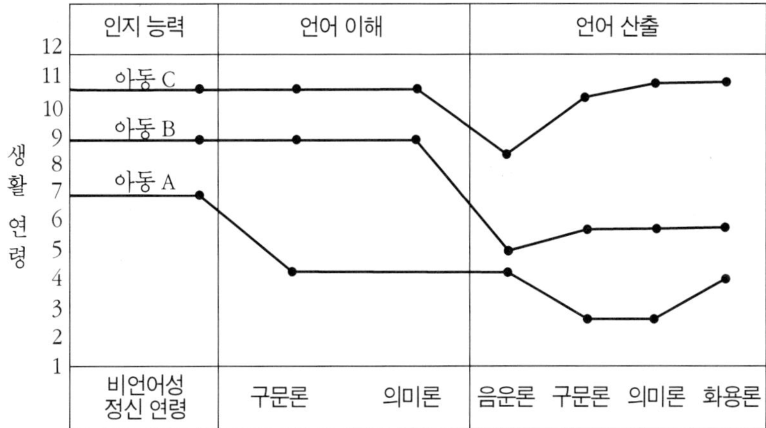


**[그림 7-4] 세 가지 언어 프로파일**

출처: From *Assessing Language Production in Children: Experimental Procedures* (p. 169), by J. Miller, 1981, Baltimore: University Park Press. Copyright 1981 by University Park Press. Adapted with permission.

### 초기 문식성 프로파일의 변이

학령 전 아동 개개인은 초기 문식성 능력 면에서 차이를 보인다. **문식성 프로파일**(literacy profiles)은 문식성의 동시 발생적인 패턴들로서 내러티브 담화(narrative discourse)와 상위의미론(metasemantics)과 같은 능력을 포함한다. 학령 전 아동들의 강점과 약점이 무엇인지 아는 것은 교육자들에게 아동의 개별적인 요구에 대한 초기 문식성 지도를 하는 데 도움을 준다.

## 개인 간 차이

만약 당신이 학령 전 아동 **집단**을 관찰한다면, 그들은 다양한 언어와 초기 문식성 프로파일을 나타내 보일 것이다. 마찬가지로 그들은 자신의 가족의 사회경제적 지위와 성에 따라 언어 성취에서 차이를 보일 것이다.

### 언어 프로파일의 변이

학령 전 아동 집단을 비교해 보면 다양한 언어 프로파일이 나타날 것이다. 예를 들어, [그림 7-4]에서 아동 A는 같은 생활 연령의 또래들과 비교하여 열등한 언어 이해와 언어 산출 능력을 보이는 반면, 아동 C의 수행은 음운론을 제외한 모든 영역에서 또래와 동등하다.

### 초기 문식성 프로파일의 변이

학령 전 아동 집단은 또한 그들의 초기 문식성(또는 문해) 능력의 견지에서 차이를 보인다. 그러한 차이는 프로파일에 의해서 설명될 수 있다. 한 연구에서는 아동들이 다섯 가지 영역(의미론, 구문론, 음운 인식, 상위의미론, 내러티브 담화)에서 그들의 능력에 따라 4개의 문해(또는 문식성) 능력 단계(평균 이하-LA, 평균 이상-HA, 높은 내러티브-HN, 전반적으로 낮음-LO) 중 하나로 분류되었다([그림 7-5] 참

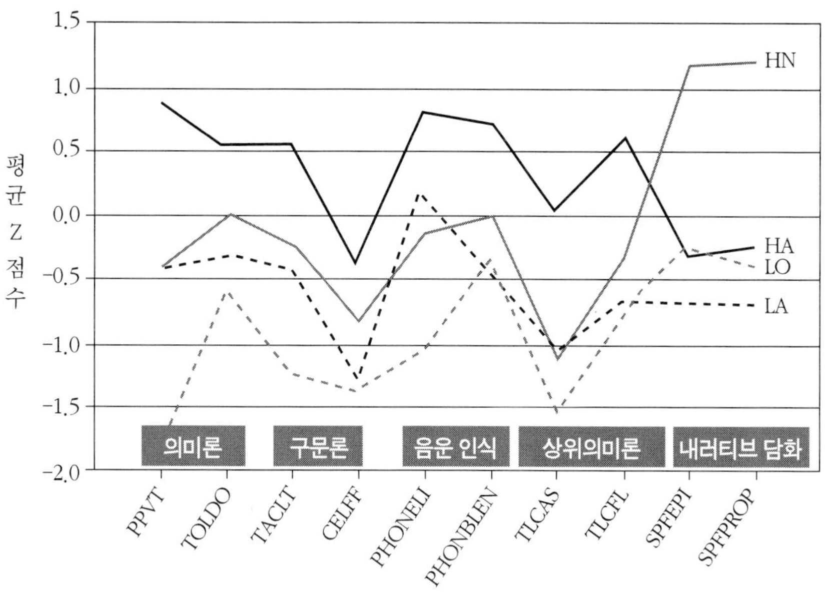


**[그림 7-5] 네 가지 문식성 프로파일**

CELFF=Clinical Evaluation of Language Fundamentals: Formulated Sentences; HA=high average; HN=high narrative; LA=low average; LO=low overall; PHONBLEN=음운 인식: 합성(Phonemic Awareness: Blending); PHONELI=음운 인식: 탈락(Phonemic Awareness: Elision); PPVT=Peabody Picture Vocabulary Test-Revised; SPFEPI=이야기 산출: 일화(Story Production: Episodes); SPFPROP=이야기 산출: 전제(Story Production: Propositions); TACLT=Test of Auditory Comprehension of Language-Revised; TLCAS=Test of Language Competence-Expanded: 모호한 문장(Ambiguous Sentences); TLCFL=Test of Language Competence-Expanded: 상징언어(Figurative Language); TOLDO=Test of Language Development-Primary: 2: 구어어휘(Oral Vocabulary).

출처: From "The Relevance of Oral Language Skills to Early Literacy: A Multivariate Analysis," by D. L. Speece, F. P. Roth, D. H. Cooper, and S. De La Paz, 1999, *Applied Psycholinguistics, 20*, p. 181. © 1999 Cambridge University Press. Reprinted with the permission of Cambridge University Press.

조; Speece, Roth, Cooper, & De La Paz, 1999). 이러한 단계들은 동일한 연령의 아동 집단이 초기 문해 영역에서 어떻게 다양한 수행 수준을 나타낼 수 있는지를 설명한다는 점에서 언어 프로파일과 유사하다.

### 사회경제적 지위의 영향

아장이기와 같이, 가족의 사회경제적 지위(SES)는 학령 전기 아동들의 언어 발달에서도 지속적으로 영향력을 행사한다. 이러한 차이는 학령 전기에 더 두드러질 수 있는데, 모든 아동들이 학령 전 프로그램에 참여하는 것은 아니며 그 프로그램을 수행하는 아동들도 질적인 측면에서 다양한 수준의 프로그램을 받기 때문이다. 미국에는 공립 유아학교(universal prekindergarten)가 없기 때문에, 여유가 있는 부모들은 아이들을 훌륭한 학령 전 프로그램에 보내고, 학령 전 프로그램에 보낼 여유가 없는 부모들은 헤드스타트(Head Start)와 같은 국가적으로 기금을 지원받는 프로그램을 이용할 수 있다. 다행히 여러 연구 결과는 교실 내 교사-아동 상호작용의 질과 교사 언어의 질은 학령 전기 아동들의 언어 성장에 긍정적인 영향을 미치며, 양질의 언어 상호작용을 통합하도록 교사들을 훈련할 수 있다고 제안한다(예: Girolametto & Weitzman, 2002; J. Huttenlocher, Vasilyeva, Cymerman, & Levine, 2002).

낮은 사회경제적 지위 배경을 가진 아동들은 사회경제적 지위 배경이 다양한 아동들이 있는 수업에 참가함으로써 이익을 얻을 수 있다. 예를 들어, Bagby, Rudd와 Woods(2005)는 이질적인 수업에 참가하는 아동들(낮은 SES와 높은 SES)이 동질적인 수업에 참가하는 아동들(낮은 SES만)보다 더 많은 언어 상호작용, 더 적은 부정적인 상호작용, 더 적은 물리적 상호작용을 경험한다고 제안하였다. 이러한 연구는 사회경제적 지위를 혼합하여 집단화하는 것이 아동들의 언어, 인지, 사회정서적 발달에서 긍정적인 효과를 보인다는 일부 예비적인 증거를 제공한다.

**논의 요점**
연구자들은 학령 전 교실 내에서 교사들의 언어 사용의 질을 어떻게 조사할 수 있는가?

### 성의 영향

제6장에서는 아장이기의 언어 발달에서 남자 아이와 여자 아이들이 차이가 있다고 논의하였다. 종단 연구들의 결과는 남자 아이와 여자 아이의 차이가 학령 전기 동안 지속적으로 남아 있다고 확증한다. Bornstein, Hahn과 Haynes(2004)는

학령 전기 동안 남자 아이와 여자 아이는 언어 발달에서 서로 다른 경향을 보인다.
사진 출처: Pearson Learning Photo Studio.

**논의 요점**
언어 발달에 대한 성의 영향력은 어떻게 본성-양육 논쟁의 두 가지 입장 모두를 지지할 수 있는가?

성숙도, 신경학적인 발달, 관심, 성역할 고정관념으로 인한 학습의 기회, 자신들의 언어에 대한 남자 아이와 여자 아이의 성 모델(예: 여자 아이들은 대개 아버지보다 전형적으로 더 많은 말을 하는 어머니를 모델로 삼는다)을 포함하여 몇 가지 이슈들이 언어 발달에서 성의 차이를 설명한다고 가설을 세웠다.

# 연구자와 임상가는 학령 전기의 언어 발달을 어떻게 측정하는가

## 연구자

### 언어 표본 분석

연구자들이 아동들의 언어 성취를 연구하기 위하여 학령 전기 동안 계속해서 사용하는 하나의 방법은 언어 표본 분석이다. 일반적인 전제가 아장이기와 동일하지만 학령 전 아동들의 언어 발달을 조사하는 연구자들은 처리해야 할 더 광범위한 분석 도구와 더 중요하고 더 많은 양의 분석할 언어를 다룬다. 학령 전 아동들의 언어 발달을 측정하는 연구자들은 아동들의 언어 형식, 내용, 사용을 여러 측면에서 분석할 수 있다. 의미론에서의 일부 일반적인 측정은 총 단어 수(total number of words: TNW), 다른 단어 수(number of different words: NDW), 어휘 다양도(type-token ratio: TTR 또는 NDW/TNW)를 포함한다. 잘 알려진 구문론 측정은 평균 발화 길이(MLU)와 문장 발달 평가(developmental sentence scoring)를 포함한다(〈연구 패러다임: 문장 발달 평가〉 참조). 연구자들은 또한 아동들이 사용하는 의사소통 기능—요구하기, 논평하기, 질문에 반응하기와 같은—에 대하여 언어 표본을 코딩함에 따라, 그리고 의사소통 행위—복구 전략, 중단, 거짓 시작 등—에 대하여 코딩함에 따라 학령 전 아동들의 화용론적 능력을 사정할 수 있다. 자발적인 언어 표본에 적용된 측정 예는 〈표 7-2〉에 제시되어 있다.

아동의 언어 표본을 수집할 때는 가능한 한 가장 대표적인 표본을 얻기 위하여 몇 가지 일반적인 경험 법칙을 따라야만 한다. 언어 표본은 타당도와 신뢰도 모두에서 대표적이어야 한다. **신뢰성 있는**(reliable) 언어 표본은 동일 아동에 대하여 다양한 맥락에서 녹음했을 때 유사한 표본을 나타낸다. **타당한**(valid) 언어 표본은 아동이 산출할 수 있는 언어의 양과 질을 정확하게 대표한다.

연구 패러다임

### 문장 발달 평가

문장 발달 평가(developmental sentence scoring: DSS)는 연구자들이 아동들의 표현구문론 발달의 양을 측정하기 위해서 언어 표본에 적용하는 도구다(Lee, 1974). DSS는 여덟 가지의 문법 범주로부터 구조를 검사하는데, 범주별로 1점부터 8점까지의 점수를 줄 수 있다. 즉, 가장 단순한 발달 형태에는 1점을, 가장 복잡한 발달 형태에는 8점을 준다. DSS는 부정대명사, 인칭대명사, 동사, 제2동사, 부정어, 접속사, 의문사 역전(interrogative reversals), wh- 의문문의 범주를 평가할 때 사용된다. 또한 문장이 구문론적으로나 의미론적으로 성인의 것과 유사하다면 가산점을 받을 수 있다. 예를 들어, 한 아동이 "He ate the cookie."라고 말했다면 인칭대명사의 사용(he)으로 1점, 본동사 사용(ate)으로 1점, 구문론적으로나 의미론적으로 성인의 문장과 유사해서 1점을 받을 수 있을 것이다. 그 후 연구자들은 문장 발달 점수를 산출하기 위하여 각 발화에 대한 점수의 평균을 계산한다. 규준 참조가 DSS에 이용 가능하므로, 몇몇 연구자들은 특정한 언어 중재 전후에 아동들의 점수를 비교하고 싶어 할지도 모른다.

〈표 7-2〉 자발적 언어 표본에 적용된 측정

| 평 가 | 일반 목표 | 특수 목표 | 산출방법 |
|---|---|---|---|
| 평균 형태소 길이 (MLU-m) | 구문의 복잡성 측정 | 발화 내에서 평균 형태소 길이 확인 | 총 형태소 수/총 발화 수 |
| 복문의 백분율 | 후기 구문 발달 단계에서 구문의 복잡성 측정 | 자발적 언어 표본에서 하나의 절 이상을 포함하고 있는 문장 비율 확인 | 복문 수/총 문장 수 |
| 총 단어 수 (TNW) | 어휘 산출성 측정 | 자발적 언어 표본에서 사용된 총 단어 수 확인 | 주 몸체 단어(main-body words)의 빈도 수 |
| 다른 단어 수 (NDW) | 어휘 다양성 측정 | 자발적 언어 표본에서 사용된 다른 단어 수 확인 | 다른 주 몸체 단어 어근(roots)의 빈도 수 |
| 어휘 다양도 (TTR) | 어휘 다양성 측정 | 자발적 언어 표본에서 사용된 전체 단어 수에 대한 다른 단어 수의 비율 확인 | NDW/TNW |
| 접속사 사용 | 구문의 복잡성과 담화 조직화 능력 측정 | 자발적 언어 표본에서 등위접속사(예: and, or, but, so)와 종속접속사(예: because, still, although)의 수 확인 | 자발적 언어 표본에서 사용된 접속사의 빈도, 또는 접속사를 포함한 발화의 비율 |
| 질문에 대한 반응률 | 담화 능력 측정 | 자발적 언어 표본에서 질문에 반응한 비율 확인 | 질문에 즉시적으로 반응한 질문의 수/또 다른 화자가 질문한 수 |
| 명료한 발화의 비율 | 명료도 측정 (음운론적 능력) | 명료한 발화의 총 비율 확인 | 명료한 발화 수/총 발화 수 |
| 막힘 수 (의사소통 단절) | 유창성 측정 | 화자가 거짓 시작, 채워진 쉼(예: 음, 어), 반복, 재구성을 사용하는 정도 확인 | 자발적 언어 표본에서 막힘의 빈도 혹은 막힘을 포함하고 있는 발화의 비율 |

J. Miller와 Chapman(2000)은 언어 표본을 수집하는 연구자나 검사자들이 그들 자신을 소개하고 자신의 직업을 설명해 줌으로써 회기가 시작될 때 아동과 친밀감(rapport)을 형성하도록 노력해야 한다고 충고한다. 또한 그들은 아동들에게 녹음 장치를 소개하고 회기를 녹음하는 동안 토의될 것에 대하여 설명해 줄 것을 권고한다(예: "우리는 너의 가족과 네가 하고 싶어 하는 것들에 대해서 얘기할 거야."). 아동과 친밀감을 형성하고 아동에게 녹음 장치를 소개하고 회기의 목적을 설명해 주었다면, 연구자들은 아동과 관심을 공유하기 위하여 다음의 세 가지 전략을 사용하여 언어 표본을 수집하기 시작해야 한다(J. Miller & Chapman, 2000).

① 자신의 말에 대하여 스스로 인식하는 것으로 보이거나 특히 과묵한 아동들에게는 처음의 5분 동안 첫인사를 하는 것 이외에는 아무 말도 하지 않으려 노력하라.
② 아동 쪽보다는 장난감 쪽을 보며 말함으로써 평행 놀이에 참여하라(예: "이 플레이도[Play-Doh] 쿠키는 참 맛있어 보여!").
③ 상호작용적인 놀이에 참여하라. 그러나 이러한 활동이 대화를 막지 않도록 하라. 활동이 시작되면 바로 토의를 촉진시켜라.

상호작용이 시작되면, 다음의 여섯 가지 전략이 산출적인 상호작용을 유지하는 데 도움이 될 수 있다(J. Miller & Chapman, 2000).

① 시선을 마주하고, 음성을 변화시키며, 미소를 지음으로써 열광적이 되어라.
② 아동이 대화를 시작하고 당신의 질문과 지시에 반응할 시간을 충분히 줌으로써 참을성을 길러라.
③ 아동이 자신의 생각을 정교화하도록 격려하고, 적절한 때에 새로운 정보를 덧붙여 주며, 아동이 주도하도록 유지시켜 줌으로써 아동의 주도를 따르고 귀 기울여 주어라.
④ 아동에게 지속적인 관심을 표현하고, 시선 맞추기를 유지하며, 동의와 관심을 나타내기 위해 고개를 끄덕여 줌으로써 당신이 아동의 의사소통 노력에 가치를 부여하고 있다는 것을 증명해 주어라.

연구자와 임상가들은 학령 전 아동들에게서 언어 표본을 유도하기 위하여 사진첩과 같은 소품들을 사용할 수 있다.
사진 출처: © Laura Dwight/PhotoEdit Inc.

⑤ 명백한 답이 나오도록 하는 질문을 자제하면서 마치 진짜 성인들 간의 대화인 것처럼 이야기를 나누어라.

⑥ 아동의 관점을 기억하고 당신의 언어를 아동의 요구에 적용시켜라(예를 들어, 발화 길이를 짧게 하거나, 어휘를 단순화하거나, 문장의 복잡성을 줄임으로써).

### 문법성 판단 과제

연구자들은 학령 전기 아동의 다양한 구문 발달을 조사하기 위하여 문법성 판단 과제를 사용할 수 있다. 문법성 판단 과제는 아동들에게 언어에 대하여 생각하도록 하며 특정 형식의 적절성에 대하여 판단하게 하거나 문장을 해석하도록 요구한다는 점에서 상위언어학적이다. 두 가지 유형의 문법성 판단 과제가 사용되는데, 그것은 규칙에 대한 판단과 해석에 대한 판단이다(McDaniel & Smith Cairns, 1998). **규칙에 대한 판단**(well-formedness judgment)을 하기 위하여 아동은 어떠한 문장이 구문론적으로 받아들여질 수 있는지를 결정해야 한다. 예를 들어, 다음에 나오는 문장 A는 구문론적으로 용인될 수 있으나 문장 B는 그렇지 않다.

A. "What is your favorite movie?"
B. "What your favorite movie is?"

문장 A와 B의 경우, 연구자들은 아동에게 "이 문장이 바른 것 같으니, 틀린 것 같으니?"라고 질문함으로써 각 문장이 적합한지 아닌지를 아동에게 물어볼 수 있다.

**해석에 대한 판단**(judgments about interpretation)은 규칙에 대한 판단과는 다르다. 해석에 대한 판단을 하기 위하여 아동은 문장의 한 부분 또는 그 이상의 부분을 해석해야 한다. 예를 들어, 한 아동은 지시 대상을 결정해야 한다. 다음에 나오는 문장 A에서 아동은 herself가 the baby를 언급하고 있으며, 문장 B에서는 her가 어머니가 아닌 다른 누군가를 언급하고 있다는 것(이 경우에는 the baby다)을 가리킬 필요가 있다.

A. "The baby is feeding herself."
B. "The mother is feeding her."

연구자는 이러한 해석 과제를 촉진하기 위하여 소품이나 그림을 소개할 수 있다. 문장 A의 경우 연구자는 "여기 아기 1명과 어머니 1명이 있는데, 아기는 무엇인가를 먹고 있어요. 이 상황에서 The baby is feeding herself라고 말하는 것이 옳은 걸까요?"라고 말할 수 있다. 이때 그 지시 대상이 아기임을 이해하는 아동은 "예."라고 대답할 것이다. 문장 B의 경우 연구자는 "좋아요, 지금 어머니가 무엇인가를 먹고 있어요. The mother is feeding her라고 말하는 것은 옳은 것일까요?"라고 말할 수 있다. 이때 어머니가 그 지시 대상임을 이해하는 아동은 "아니요."라고 대답할 것이다.

학령 전 아동들이 문법성 판단 과제와 같은 상위언어학적인 과제에 익숙하지 않을 수도 있기 때문에, 연구자들은 그 과제를 소개하고 아동이 그것을 이해하는지 확인해야 한다. 아울러 연구자는 그 과제를 시작하기 전에 충분한 연습을 거쳐야만 한다(McDaniel & Smith Cairns, 1998). 예를 들어, 연구자들은 아동에게 그들이 함께 언어에 대해서 생각해 볼 것이라고 말하고 아동의 할 일은 '재미있게 들리는' 것들을 듣는 것이라고 설명해 주어야 한다. 보기를 제공한 후, 연구자는 학령 전 아동이 문법성 판단을 할 수 있을 것으로 기대되는 몇몇 연습 항목을 소개한다(예: 수-"That boy are running."). 연구자는 아동이 그 과제를 이해하였다는 것을 입증한 후에 언어 내용보다는 언어 형식에 주의를 기울임으로써 목표 항목으로 진행해야 한다.

## 임상가

아장이와 영아들보다 언어를 더 잘 이해하고 표현하는 학령 전 아동들은 많은 구어 요소들을 측정하기 위하여 상당히 많은 사정에 참여할 수 있다. 표준화되고 규범화된 사정뿐만 아니라 교사가 교육에 적합하게 사용할 수 있는 선별 검사들은 많은 영역에서 아동의 능력과 진전을 측정하는 데 인기 있는 방법들이다. 예를 들어, 임상가는 아동이 학령 전기에 들어설 때 잠재적인 언어 지체가 있는지 선별하기 위하여 교육 환경 내에서 표준화된 사정 도구를 사용할 수 있다. 또한 임상가는 아동이 특정 영역에서 또래보다 뒤처질 수도 있다고 의심된다면 아동의 능력을 더 깊이 있게 이해하기 위하여, 그리고 말이나 언어 문제에 대한 가능한 공식적인 진단을 내리기 위하여 표준화된 사정 도구를 사용할 수 있다.

표준화된 사정과 선별 검사들은 학령 전 교실에서 중요한 도구가 되고 있다. 교사와 초기 아동기의 교육자들은 학생의 학령 전 기술을 평가하기 위하여, 그들의 진전을 점검하기 위하여, 그리고 그들의 언어와 초기 문식성 요구를 충족시키는 교육으로 조정하기 위하여 이러한 도구들을 사용할 수 있다. 다음으로는 임상가들(때때로 초기 아동기 교육자들)이 영어를 말하는 학령 전 아동들의 언어와 초기 문식성 성취를 측정하기 위하여 사용할 수 있는 여러 언어 및 문식성 평가들에 대하여 설명하고자 한다. 우리는 이중언어 아동들의 사정에 대하여 간단히 논의하면서 이 장을 마치고자 한다.

**논의 요점**
앞서 대표적인 언어 표본을 획득하기 위한 일부 전략들이 제시되었다. 이러한 전략들을 사용하지 않는 몇몇 반향(repercussions)은 무엇인가? 어떻게 언어 표본이 영향을 받을 수 있는가?

### 영어를 말하는 아동을 위한 공식적인 사정

**Preschool Language Scale-Fourth Edition** PLS-4(Zimmerman, Steiner, & Pond, 2002)는 2개의 검사를 포함하며 어휘, 문법, 형태론, 언어 추론

에 대하여 평가하는 규준 참조 검사다. 청각적 이해 검사는 수용어휘, 개념과 문법적인 표지에 대한 이해, 비교와 추론을 하는 능력을 포함하여 아동들의 언어 이해 능력을 측정한다. 표현적 의사소통 검사는 표현어휘 사용, 문법적인 표지 사용, 단어 분절, 유추 완성, 차례대로 이야기하기를 포함하여 아동의 언어 산출 능력을 측정한다.

**Test of Language Development-Primary, Third Edition** TOLD-P:3(Hammill & Newcomer, 1997)는 상이한 구어 요소들을 측정하는 9개의 하위 검사로 구성되어 있다. 그림어휘, 관계적인 어휘, 구두어휘는 말한 단어에 대한 아동의 이해와 의미 있는 사용을 평가한다. 문법 이해, 문장 모방, 문법 완성은 아동의 문법에서 상이한 측면들을 평가한다. 단어 조음, 음소 분석, 단어 식별은 보충적인 하위 검사들로, 아동이 단어를 정확하게 발음하는 능력과 소리가 비슷한 단어들을 구별하는 능력을 측정한다.

**Peabody Picture Vocabulary Test-Third Edition** PPVT-III(Dunn & Dunn, 1997)는 수용어휘를 측정하는 규준 참조 검사다. 검사자는 한 페이지에 4개의 그림이 있는 세트를 제시하고 아동에게 그 그림들 중 하나를 지적하도록 요구한다. PPVT-3는 인기 있는 도구인데 그것이 모든 연령의 아동과 성인을 위한 수용어휘의 규준 참조를 제공하기 때문이다. 수용어휘의 지체가 언어의 어려움이나 장애를 나타낼 수 있더라도, 수용어휘는 단지 언어의 한 구성 요소이기에 일반적으로 임상가들은 아동의 언어 능력을 사정할 수 있는 다른 언어 능력 평가들과 함께 PPVT-3를 사용한다.

가장 최근에 개정된 PPVT는 PPVT-4다. 이 네 번째 판에 추가된 것은 컬러 그림, 업데이트된 삽화, 더 커진 받침틀, 더 많은 어휘 항목들(228개 항목), 무선기술(wireless technology)이다.

**Clinical Evaluation of Language Fundamentals-Preschool, Second Edition** CELF-Preschool-2(Semel, Wiig, & Secord, 2004)는 3~6세 아동들의 언어 능력을 평가하는 규준 참조 검사다. CELF-Preschool-2는 여덟 가지의 하위

검사—문장 구조, 단어 구조, 표현어휘, 개념 지시 따르기, 문장 기억하기, 기본 개념, 단어 분류-수용, 단어 분류-전체—를 포함한다. 세 가지의 하위 검사(문장 구조, 단어 구조, 표현어휘)는 임상가들이 아동의 핵심 언어 능력에 대한 단편을 얻기 위하여 사용할 수 있는 **핵심 언어 점수**(core language score)를 구성한다.

**Phonological Awareness Literacy Screening-PreK** PALS-PreK(Invernizzi, Sullivan, Meier, & Swank, 2004)는 초기 아동기 교육자들이 학령기 동안의 교육을 계획하기 위하여 초기 문식성에 있어서 아동의 강점과 약점을 확인하기 위하여 사용하는 선별 도구다. PALS-PreK는 여섯 가지의 하위 검사—이름 쓰기, 알파벳 재인과 문자음, 음 인식 시작하기, 활자와 단어 인식, 각운 인식, 동요의 각운에 대한 지식—로 음운 인식과 활자 지식에 대한 아동의 지식을 측정한다.

**Test of Early Reading Ability-Third Edition** TERA-3(Reid, Hresko, & Hammill, 2002)는 초기에 발달하는 읽기기술에 대한 아동의 숙달을 측정하는 규준 참조 검사다. 알파벳 지식(알파벳과 그 사용에 대한 아동의 지식을 측정한다), 관습(활자 관습에 대한 지식을 측정한다), 의미(활자로부터 의미를 구성하는 아동의 능력을 측정한다)로 구성된 이 세 가지 하위 검사를 결합하여 전반적인 읽기 지수를 알 수 있다.

### 이중언어 아동을 위한 공식적인 사정

**논의 요점**
표준화된 사정이나 언어 표본에서는 얻을 수 없지만 인터뷰에서 얻을 수 있는 정보로는 어떤 유형의 정보가 있는가?

이중언어 아동들의 언어와 초기 문식성 기술의 사정은 독특한 도전을 제공하며, 대부분의 경우 영어를 말하는 아동들을 위하여 개발된 규준 참조 검사들은 이러한 아동들의 능력에 대하여 정확한 그림을 그리는 데 실패할 수도 있다. 〈다문화적 초점: 보호자와 교사의 비공식적 인터뷰〉는 이러한 아동들을 위한 공식적인 사정에 대한 대안을 제시한다.

다문화적 초점

**보호자와 교사의 비공식적 인터뷰**

아동의 언어 능력을 사정하기 위한 대안적인 방법은 보호자 또는 교사에게 구조화된 인터뷰를 사용하는 것이다(Gutiérrez-Clellen, Restrepo, Bedore, Peña, & Anderson, 2000). 아동들을 잘 알고 있는 이러한 사람들은 아동의 영어 유능성(proficiency)에 대한 가치 있는 정보를 제공할 수 있다. 인터뷰를 하는 면담자는 아동이 모국어를 말해 온 시간의 양, 아동이 영어를 말해 온 시간의 양, 아동이 영어를 획득하는 맥락, 그리고 상황에 따른 두 가지 언어 모두의 상대적인 유능성에 대하여 질문해야 한다. 또한 부모 인터뷰는 아동의 언어 발달을 형제들 또는 다른 가족 구성원들의 손실과 비교함으로써 언어 수행이 언어 손실의 패턴과 관련이 있는지를 결정하는 데 유용하다. 면담자는 이러한 과정을 통해 아동의 선행 학습 경험과 언어 발달력의 견지에서 각 언어에서의 아동 수행을 설명할 수 있다.

# 요 약

이 장은 학령 전 아동이 성취하는 주요 언어 발달 이정표에 대하여 논의하는 것으로 시작하였다. 다음으로는 탈맥락적 언어의 사용과 알파벳 지식, 활자 지식, 음운 인식과 같은 중요한 초기 문식성 기술을 포함하여 내용, 형식, 사용에서 학령 전 아동들의 언어 성취에 대해서 살펴보았다. 언어의 내용 측면에서 학령 전 아동들의 성취에는 새로운 단어를 획득하기 위한 수단으로서의 빠른 연결과 느린 연결, 새로운 단어를 획득하기, 의미론과 구문론적 지식을 사용하기, 동화책 읽기 공유를 통하여 새로운 단어들을 학습하기, 지시어와 관계어를 포함하여 새롭고 더 복잡한 언어 내용을 획득하기 등이 포함된다.

언어 형식에서의 성취는 문법형태론과 파생형태론, 새로운 문장 형태들을 포함한다. 학령 전 아동들은 또한 자신의 구어음 레퍼토리를 증가시키며 아장이기에 시작된 몇몇 음운 변동들을 억제한다. 언어의 사용에서의 성취는 새로운 담화 기능, 향상된 대화기술, 내러티브 기술 등을 포함한다.

그다음에는 학령 전기 아동들의 언어 발달에 있어서 몇몇의 개인 내 및 개인 간 차이를 기술하였는데, 여기에서는 언어와 초기 문식성 프로파일의 다른 유형들과 언어 발달에서의 사회경제적 지위와 성의 영향을 다루었다. 마지막으로는 연구자와 임상가들이 학령 전 아동들의 언어 발달을 측정하는 몇 가지 방법을 제시하였다. 연구자들은 언어 표본 분석과 문법성 판단 과제 등을 사용하고, 임상가들은 표준화된 언어 사정과 선별 검사들을 사용한다.

## 핵심 용어

개인적 내러티브(personal narrative) 334
구어(oral language) 313
내러티브(narrative) 333
느린 연결(slow mapping) 321
맥락화된 언어(contextualized language) 312
문식성 출현(emergent literacy) 313
상위언어학적 능력(metalinguistic ability) 313
알파벳 원리(alphabetic principle) 331
알파벳 지식(alphabet knowledge) 313
유음의 활음화(liquid gliding) 331
지시어(deictic terms) 325
탈맥락화된 언어(decontextualized language) 312
폐쇄음화(stopping) 331
허구적 내러티브(fictional narrative) 334
확장된 연결(extended mapping) 322
활자 인식(print awareness) 313

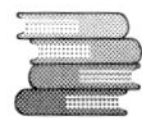

오디오 샘플, 관련 웹사이트, 추천 도서 및 혼자 풀어 보는 퀴즈를 포함하여 이 장의 내용과 관련된 온라인 자료를 구하려면 웹사이트 http://www.prenhall.com/pence를 찾아보라.

제8장

# 학령기 및 학령기 이후 후기 언어의 발달

## ❐ 핵심 문제

이 장에서 우리는 다음의 네 가지 문제에 관해 살펴볼 것이다.

1. 학령기 및 학령기 이후에 나타나는 주요한 언어 발달 이정표는 무엇인가?
2. 학령기 및 학령기 이후를 특징짓는 언어의 내용, 형식, 사용에서의 주요 성취는 무엇인가?
3. 학령기 아동, 청소년 및 성인의 개인적인 언어 성취에 영향을 미치는 요소는 무엇인가?
4. 연구자와 임상가는 학령기 및 학령기 이후의 언어 발달을 어떻게 측정하는가?

지금까지 우리는 유아, 아장이, 취학 전 기간의 언어 발달에 관해 논의하였다. 당신은 아마도 학령기나 청소년기에 숙달해야 할 언어 및 의사소통의 성장 영역에 과연 무엇이 남아 있는지 의아해할지도 모른다. 사실상 아동들은 취학 전 교육기관을 떠나는 시점에 이르면 모국어의 거의 모든 소리를 발음할 수 있고, 복합구문 절이나 구 구조를 포함하는 문장을 산출할 수 있으며, 여러 가지 다양한 의사소통 기능을 언어로 구사할 수 있게 된다. 그렇지만 사실상 구문론, 화용론, 의미론 영역에서의 실질적인 발달 및 정교화는 학령기와 청소년기를 거치며 이루어지는 것이다. 이 장에서는 학령기와 청소년기에 성취되는 언어 발달의 몇 가지 주요한 이정표들을 개괄할 것이다. 다음으로 학령기 및 학령기 이후에 발달되는 언어의 형식, 내용, 사용에서의 성취를 논의할 것이다. 또한 학령기 아동, 청소년 및 성인의 개인적인 언어 성취에 영향을 미치는 요소들을 살펴볼 것이다. 마지막으로는 이러한 개인의 언어 발달을 측정하는 방법에 대해 기술할 것이다.

## 학령기 및 학령기 이후에 나타나는 주요한 언어 발달 이정표

유아기와 아장이기의 언어 이정표를 정의하는 일은 매우 명료한 것이다. 연구자들은 아동들이 전형적으로 첫 낱말을 말하거나 낱말들을 짧은 문장으로 조합하기 시작하는 시점에 주목할 수 있다. 그렇지만 학령기와 청소년기의 언어적 이정표를 간명히 정의하는 일은 그리 단순하지가 않다. 이 기간 동안의 언어 발달은 초기 아동기에 비해 더 미묘하다. 사람들은 자신들이 무엇을 살펴야 할지 알지 못하면 일반적으로 언어 발달의 **산물**(products)에 주목할 수 없다. 그러므로 주요 언어 발달 이정표에 관한 이 절은 학령기 및 그 이후 시점의 언어 발달 **과정**(process)에 먼저 초점을 둘 것이다. 학령기 아동을 더 어린 아동들과 차별화할 수 있는 두 가지 과정은 언어 입력 원천의 전환(shifting)과 상위언어 능력(metalinguistic competence)의 습득이다.

## 언어 입력 원천의 전환

**논의 요점**
아동들의 개인적인 흥미가 남녀 간 언어 발달상의 차이에 어느 정도까지 영향을 미칠 수 있는가?

학령기 이전에 아동들을 향한 언어 입력의 유일한 원천은 구어다. 그렇지만 아동들은 읽기를 배우고 나면 문어 텍스트로부터 역시 언어 입력을 얻을 수 있게 된다. 대략 8~10세경이 되면 텍스트를 통해 더욱 많은 언어 입력을 얻는 쪽으로 전환된다. 읽기를 통한 언어에의 노출이 증가된 결과, 아동들은 점차 개인적 차원의 방식으로 언어를 발달시키게 된다(Nippold, 1998). 예를 들어, 자동차에 관심을 가지고 그에 대한 책을 읽는 아동이라면 기화기(carburetor), 트랜스미션, 점화 플러그와 같이 자동차와 관련된 어휘 낱말 세트를 습득할 수 있을 것이다.

읽기는 아동들의 어휘 지식 구축을 도울 뿐 아니라 구어의 음운적, 의미적, 화용적 측면들을 발달시키는 역할도 담당한다. Menyuk(1999)는 읽기가 아동들에게 언어를 반추할 수 있는 기회를 제공하는데, 그 이유는 읽기가 구어와는 달리 아동들에게 눈앞의 문어 낱말들에 대해 검토하고 생각할 수 있도록 해 주기 때문이라고 제안하였다. 한편 구어는 읽기나 쓰기 활동과는 무관하게 발달되어야 하기도 하지만, 읽기 및 쓰기와 공생적인 관계를 이루며 읽고 쓰는 능력에 결정적인 역할을 하므로 역시 매우 중요하다(Menyuk, 1999). 예를 들어, 교실에서 교사와 학생 간에 또는 또래들 간에 구어를 통해 교환되는 읽기와 쓰기 활동을 고려해 보면 이러한 공생적 관계가 매우 뚜렷하게 나타난다([그림 8-1] 참조).

읽을 수 있기 위해서는 문자소-음소(grapheme-to-phoneme, 또는 철자-소리)

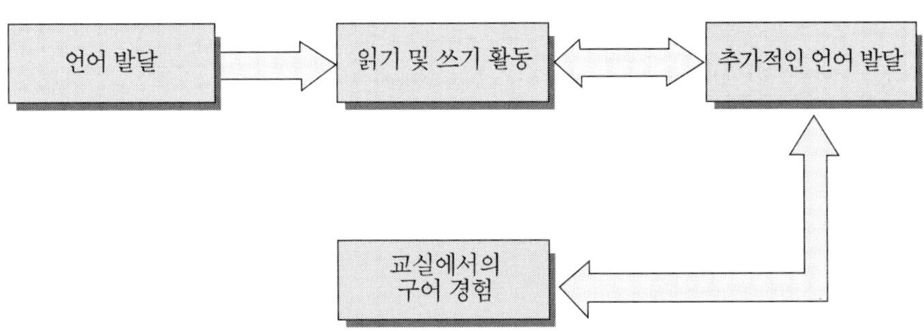


**[그림 8-1] 언어 발달, 읽기 및 쓰기 발달, 교실에서의 구어 경험 사이의 관련성**

출처: From *Reading and Linguistic Development* (p. 26), by P. Menyuk, 1999, Cambridge, MA: Brookline Books. Copyright 1999 by Brookline Books. Adapted with permission.

대응에 대한 성공적인 이해가 요구된다. 아동이 이러한 대응을 이해하는가의 성공 여부는 그들이 취학 전 기간 동안 활자와 음운 인식을 얼마나 잘 확립시켰는가에 달려 있다(앞의 장에서 활자 인식은 활자 형태와 기능에 대한 아동의 지식이며, 음운 인식은 언어의 소리 구조에 대한 아동의 민감성을 지칭하는 것이라고 언급하였다). 이들 영역에서의 기술을 습득한 후 학교에 입학하는 아동들은 초기 읽기를 보다 잘 성공해 낼 것이다(Chaney, 1998).

취학 전과 성인기 사이에 읽기를 학습하는 아동들은 일반적으로 질적으로 뚜렷하고 일련의 예견 가능한 발달 단계를 거치게 된다(Chall, 1996). Chall은 이러한 단계를 읽기 발달 모델 대신에 자신이 정의한 '모델' 또는 '스키마(도식)'를 통해 설명하였다. 그녀는 읽기 발달에 관한 이해를 높이기 위해 Piaget가 조직한 단계 이론 및 인지 발달 단계(Inhelder & Piaget, 1958; Piaget, 1970)와 매우 동일한 방식으로 스키마들을 조직하였다. **읽기 전 단계**(prereading stage)는 출생 시점부터 공식교육의 출발 시점까지의 범위로서, 구어, 활자 인식, 음운 인식을 포함하여 아동의 가장 결정적인 발달이 이루어지는 시기다. 읽기 전 단계가 이후의 읽기 성공에 중요한 요인임을 입증해 주는 풍부한 문헌들이 있다(예: Burgess, Hecht, & Lonigan, 2002; Bus, van IJzendoorn, & Pellegrini, 1995; Oliver, Dale, & Plomin, 2005; Whitehurst & Lonigan, 1998). 읽기 전 단계가 지나면, 이러한 초기 기초를 바탕으로 아동은 다음의 다섯 단계(Chall, 1996)를 따라 점차 진보하게 된다.

**1. 초기 읽기 또는 해부호화 단계** 단계 1은 아동이 5~7세가 되는 유치원에서 1학년까지의 기간에 걸쳐 있다. 이 단계에서 아동은 철자와 그에 상응하는 말소리를 연합시킴으로써 낱말을 해부호화(decoding)하기 시작한다. 이 단계에서 아동은 일반적으로 다음의 세 가지 국면을 따라 순차적으로 이동한다(Biemiller, 1970, Chall, 1996에서 재인용). 첫 번째 국면은 읽기에서 특정 낱말을 의미론적 또는 구문론적으로 대치 가능한 다른 낱말로 바꾸어 읽는 오류가 출현하는 단계다. 예를 들어, 아동은 The dog is growling이라는 문장을 The dog is barking이라고 읽을 수도 있는데, 이 경우 아동은 알지 못하는 낱말(growling)을 의미론적 및 구문론적으로 대치가 가능할 법한 낱말인 barking으로 바꾸는 것이다. 두 번째 국면은 읽기에서 낱말을 그 원래의 활자 낱말과 시각적으로 유사한 다른 낱말로

대치하는 오류가 나타나는 단계다. 예를 들면, 아동이 The dog is growling이라는 문장을 The dog is green으로 읽는 것과 같은 것인데, 여기서 아동은 growling이라는 낱말을 형태는 비슷하지만 의미론적으로는 통하지 않는 낱말로 대치해 버린 것이다. 세 번째 국면은 읽을 때 낱말을 원래의 활자 낱말과 시각적으로 유사함과 동시에 의미론적으로도 가능한 다른 낱말로 대치하는 오류가 나타나는 단계다. 예를 들어, The dog is growling을 The dog is growing이나 The dog is going으로 바꾸어 읽는 것인데, 이 두 경우 모두 의미론적으로도 가능한 동시에 지각적으로도 유사한 다른 낱말로 대치된 것이다. 읽기가 보다 능숙한 아동일수록 그렇지 못한 아동보다 이 국면들로부터 더 빨리 빠져나오게 된다.

**2. 확신, 유창성 및 활자로부터 자유** 단계 2는 7~8세, 즉 2학년 시기에 걸쳐 있다. 이 단계에서 아동은 단계 1에서 습득한 해부호화 기술을 더욱 연마한다. 아동은 친숙한 텍스트를 읽게 될 때 고빈도 낱말에 특히 능숙해지게 되며, 이러한 중복성을 이용하여 읽기에서의 유창성과 속도를 증진시킬 수 있다. **유창성**(fluency)이란 효율적이고 잘 진행되며 오류가 없는 읽기를 말한다. 유창성은 아동이 자신에게 친숙하고 각자의 읽기 능력에 매우 적합한 텍스트를 읽는 연습을 통해 개선된다. 단계 2에서 아동은 점차적으로 **읽기 위한 학습**(learning to read) 단계에서 **학습을 위한 읽기**(reading to learn) 단계로 옮겨 가기 시작한다.

**3. 새로운 것을 학습하기 위한 읽기: 첫 단계** 단계 3은 4학년에서 8, 9학년까지, 즉 9~14세 연령까지 지속된다. 단계 3에서 아동은 새로운 정보를 습득하기 위해 읽기를 하며, 이 시기 후반부에 이르면 학습을 위한 읽기가 공고해진다. Chall은 단계 3을 다음의 두 가지 독립적 국면에 입각하여 논의하였다. 첫 번째 국면인 3A(4~6학년 또는 9~11세)는 아동이 탈자아중심적인 읽기 능력을 발달시키고 이를 통해 관례적인 세계 지식에 대해 읽고 습득할 수 있게 되는 시기다. 국면 3A가 끝날 무렵이면 일반적인 성인 수준 분량의 글을 읽을 수 있게 되지만 성인의 읽기 난이도에 도달하지는 못한다. 국면 3B(7~8 또는 9학년이나 12~14세)는 아동이 일반적인 성인 수준으로 읽을 수 있게 되는 시기다. 단계 3 동안의 읽기는 아동의 어휘 확장, 배경 지식이나 세계 지식 구축을 도우며, 전략적인 읽기

다문화적 초점

### 학습을 위한 읽기

제2언어로서의 영어를 배우는 학생들은 구어뿐 아니라 읽기 이해 측면에서도 역시 어려움을 겪는다. V. Anderson과 Roit(1996)는 영어로 읽기를 학습하도록 돕기 위해 학생들의 모국어, 사회적 기술, 인지 능력을 활용하여 손쉽게 실천할 수 있는 열 가지 전략을 제시하였다. 그 한 가지 전략은 교실에서 학생들에게 문화적으로 친숙한 텍스트를 읽도록 함으로써 친숙한 정보와 새로운 정보 간의 균형을 제공하는 것이다. **문화적으로 친숙한 텍스트**(culturally familiar text)에는 문화적으로 친숙한 동물, 음식, 사건, 활동 및 경험과 관련된 내용이 담겨 있다. 문화적으로 친숙한 정보 텍스트는 다음의 세 가지 이점을 가진다. 첫째, 아동은 자신의 흥미를 돋울 수 있는 무엇인가에 관해 읽을 수 있다. 둘째, 학생은 동료들에게 새로운 지식을 제공함으로써 그리고 급우들과 자신의 개인적인 경험을 나눔으로써 자신의 지적 역량을 과시할 수 있다. 셋째 그리고 가장 중요한 이점으로, 학생은 텍스트를 정의하고 텍스트에 반응하며 텍스트를 자신의 선행 지식과 연계시킬 수 있다.

습관을 발달시키도록 돕는다. 〈다문화적 초점: 학습을 위한 읽기〉에는 학습을 위한 읽기를 이용하여 아동에게 제2언어로서의 영어 학습을 촉진시키는 방식의 예가 제시되어 있다.

**논의 요점**
영어를 제2언어로 학습하는 아동의 읽기 이해를 촉진하기 위해 교육자들이 사용할 수 있는 이 밖의 문화적으로 민감한(sensitive) 전략에는 어떤 것이 있는가?

**4. 다양한 관점: 고등학교** 단계 4는 14~18세의 고교 기간에 해당된다. 단계 4 동안에 학생은 점차 어려워지는 개념과 이에 대해 기술하는 텍스트를 다루도록 학습한다. 단계 3에서의 읽기와 단계 4에서의 읽기 사이의 가장 중요한 차이점은 단계 4에서는 아동이 다양한 관점(multiple viewpoints)에 대해 고찰할 수 있다는 것이다. 단계 4는 필연적으로 단계 3에서의 지식 위에 구축되는데, 아동이 학습을 위해 읽을 때 단계 3으로부터의 배경 지식이 없다면 다양한 사실과 이론들 그리고 다양한 관점으로 조합된 보다 어려워진 텍스트를 읽을 수 없게 되기 때문이다.

**논의 요점**
당신은 Chall의 단계 4와 Piaget의 인지 발달 단계 중 어느 것 사이에 유사점이 있다고 보는가? 그렇다면 서로 어떤 점에서 유사하다고 할 수 있는가?

**5. 구성 및 재구성**(construction and reconstruction) **– 세계에 관한 견해:**

9~14세에 아동들은 읽기 능력을 정교화하고, 이를 통해 새로운 정보를 학습하기 위해 텍스트를 읽는 것이 가능해진다. 이제 대부분의 아동들은 더 이상 '읽기 위한 학습'이 아닌 '학습을 위한 읽기'를 수행하게 되는 것이다.
사진 출처: Michael Newman/PhotoEdit Inc.

**대학** 단계 5는 18세 이후부터 지속적으로 진행된다. 단계 5 동안, 독자는 자신의 목적에 맞도록 선택적으로 읽기를 한다. 선택적으로 읽는다는 것은 그것이 도입부건 중간 부분이건 끝부분이건 또는 이들의 조합이건 간에, 텍스트의 어떤 부분을 읽어야 할지 잘 안다는 것을 의미한다. 독자는 이해를 위해 무엇을 읽어야 할지, 얼마나 많이 읽어야 할지, 어느 정도까지 세부적으로 읽어야 할지에 관해 스스로 판단할 수 있게 된다. 단계 5에서의 독자는 텍스트로부터 의미를 구성해 내기 위해 분석, 합성, 예측과 같은 더 진보된 인지 과정을 활용하게 된다. 단계 5에서의 읽기와 단계 3과 4에서의 읽기 사이의 차이점은 "네가 방금 읽은 것이 맞는 말이니?"라는 질문에 대한 다음 대답들에서 잘 묘사된다.

단계 3: 응. 책에서 읽었어. 작가가 그게 사실이라고 했어.

단계 4: 모르겠어. 어떤 작가는 사실이라고 하고, 다른 작가는 아니라고 하네. 이 주제와 관련해선 정답이 없는 거 같아.

단계 5: 이 주제에 대해선 여러 가지 견해들이 있어. 하지만 그중 하나는 사실을 입증하는 최상의 근거를 제시하거든. 난 이 견해를 따를까 해(Chall, 1996, p. 58).

## 상위언어 능력 습득

아동들이 학령 전 기간 동안에도 **상위언어 능력**(metalinguistic competence)—즉, 언어를 하나의 관심 대상으로서 생각하고 분석하는 능력—을 일부 습득하기 시작하기는 하지만, 그들의 능력은 학령기 및 그 이후 동안 더욱 눈에 띄게 증가한다. 아동의 상위언어 능력이 학령기에 이르러 극적인 증가를 겪게 되는 한 가지 중요한 이유는 아동이 이 시기 동안 참여하는 많은 활동이 언어에 대한 분석을 행하도록 요구하기 때문이다. 예를 들어, 아동들은 1학년 수업에서 주어진 낱말에 포함된 음소의 수를 찾아내야 할 때가 있다. 또한 7학년 수업에서는 낱말의 어근에 대한 지식을 바탕으로 새로운 낱말의 의미를 결정해야 하는 경우도 있다. 학령기 아동이 성취하게 되는 특정 유형의 상위언어 능력 중 일부가 바로 음운 인식과 상징언어(figurative language)다.

### 음운 인식

제7장에서는 **음운 인식**(phonological awareness)을 낱말의 소리 구조에 대한 아동의 민감성이라고 정의하였다. 비록 아동이 일반적으로 취학 전에 몇 가지 초기 음운 인식 능력(문장을 낱말로 분절하기, 다음절 낱말을 분절하기, 운을 찾아내거나 산출하기)을 숙달하기는 하지만, 일반적으로 후기에 발달되는 능력은 유치원이나 1학년이 될 때까지는 숙달되지 못한다. 음운 인식에서의 후기 발달 능력들은 소리의 최소 단위(음소)에 대한 인식과 관련된 것이거나 소리의 합성, 낱말로부터의 소리 분절, 소리의 조작과 같은 것들을 포함한다. 이러한 수준의 음운 인식을 **음소 인식**이라 하는데, 이는 아동이 음절이나 낱말 내에서의 개별 말소리에 주의해야 하는 영역을 의미한다.

음절 또는 낱말 내에 포함된 개별 말소리를 인식하는 능력은 일반적으로 유치원이나 1학년(대략 5~6세)에 이르러서야 발달된다. 합성(blending) 과제는 다음과 같은 형식을 취한다. "/b/ /æ/ /t/를 합치면 어떤 낱말이 될까?" "/p/ /I/ /n/을 합치면?" 소리들을 합성하여 낱말을 만들어 내는 능력은 아동의 읽기 발달, 특히 개인의 해부호화 기술을 지원한다. 그렇지만 읽기 위한 학습 역시 아동의 음소 인식을 증진시킨다는 점에서 합성하기와 같은 음소 인식 기술들과 읽기 발달 사이에는 쌍방향적 관련성이 존재한다고 할 수 있다.

낱말로부터 개별 소리들을 분절시키는 능력 역시 유치원이나 1학년경에 발달하게 된다. 분절(segmentation) 과제는 다음과 같은 질문으로 이루어질 수 있다. "car의 첫 번째 소리는 무엇이지?" "마지막 소리는?" "cat에 들어 있는 3개의 소리는 무엇이지?" 낱말을 그 어두자음(onset)과 각운(rime)으로(boat에서 /b/와 /ot/, coat에서 /c/와 /ot/), 그리고 그 각각의 개별 음소로(/b/ /o/ /t/, /k/ /o/ /t/) 분절하는 능력은 낱말의 철자 시퀀스(spelling sequences)에 관한 아동의 인식 및 그들의 읽기 발달과 관련된다(Goswami, 1990, 1991; Goswami & Mead, 1992). 아동은 낱말에 존재하는 철자 패턴에 관한 지식을 이용하여 텍스트에서 직면하는 새로운 낱말을 읽어낼 수 있게 된다. 예를 들어, 한 아동이 boat와 coat와 같은 낱말의 철자 패턴을 알고 있다면 그 아동은 이 지식을 이용하여 moat라는 낱말을 어떻게 발음해야 할지를 유추해 내는 것이다.

소리 조작(sound manipulation)은 가장 복잡한 음운 인식 능력이며 일반적으로 2학년경(대략 7세)에 발달하게 된다. 소리 조작 과제는 "rate에서 /r/을 빼고 말해 보렴." "pat에서 /p/와 /t/를 맞바꾸면 어떤 낱말이 될까?"와 같은 것이다. 이러한 과제들은 아동으로 하여금 개별 낱말들의 소리 구조를 깊게 분석하고 조작해 낼 것을 요구한다.

### 상징언어

사람들이 문자 그대로의 의미 외에 종종 추상적인 방식으로 사용하는 언어를 **상징언어**(figurative language)라고 한다. 상징언어를 사용한다는 것은 상위언어적 능력인데, 이는 아동이 먼저 언어가 자의적인 기호(arbitrary code; Westby, 1998)라는 사실을 깨달아야만 하기 때문이다. 사람들은 타인에게 정신적 이미지나 감각적 인상을 유발하기 위해 상징언어를 사용한다. 여기에는 은유, 직유, 과장, 관용어, 역설, 격언과 같은 것들이 포함된다.

**은유** **은유**(metaphor)는 문자 그대로의 의미가 아닌 다른 어떤 것을 지칭하기 위한 표현을 통해 유사성을 전달하는 상징언어의 한 형태다(그 예로 [그림 8-2]를 보라). 은유는 **주제**(topic)의 용어와 그것이 비교되는 **수단**(vehicle)의 용어로 구성된

**[그림 8-2] She's the apple of my eye(그녀는 내겐 정말 소중한 사람이야) 라는 은유의 문자 그대로의 해석**

다. 주제와 수단은 공통적 속성을 공유하며, **기반**(ground)이라고 불리는 비교의 토대를 형성한다. 은유에는 두 가지 유형, 즉 예언적(predictive) 은유와 비례적(proportional) 은유가 있다(〈표 8-1〉 참조). 아동은 학령 전기부터 은유를 이해하기 시작하며, 학령기를 거쳐 성인기에 접어들면서 상징언어 능력이 증가함에 따라 그 이해가 더욱 높아지게 된다.

**직유** **직유**(similes)는 주제, 수단, 기반이 담겨 있다는 점에서 예언적 은유와 유사하다. 그러나 이것은 like나 as와 같은 표현을 사용하여 주제와 수단 사이를

**〈표 8-1〉 은유의 유형**

| 유형 | 정의 | 예 | 설명 |
|---|---|---|---|
| 예언적 은유 | 하나의 주제와 하나의 수단을 포함한다. | All the world's a stage. | world는 주제, stage는 수단이다. |
| 비례적 은유 | 2개의 주제와 2개의 수단, 유추적 관계(analogical relationship)를 포함한다. | The artist was an apple tree with no fruit. (Nippold, 1998, p. 89) | apple tree와 fruit의 관계는 artist와 art work의 관계로 유추된다. |

출처: Adapted from *Later Language Development: The School-Age and Adolescent Years* (2nd ed.), by M. A. Nippold, 1998, Austin, TX: PRO-ED.

명확히 비교한다는 점에서 은유와 구별된다. like를 사용하는 일반적인 직유는 like water off a duck's back이나 sitting like a bump on a log와 같은 것들을 말한다. as를 사용하는 직유는 quiet as a mouse나 flat as a pancake와 같은 것들을 말한다. Nippold(1998)는 아동이 직유(그리고 은유)를 사용하는 정도는 공식적인 쓰기 과제에 참여하는가 혹은 서로 다른 대상을 비교하는 과제에 참여하는가와 같은 상황적 변수와 관련되어 있음을 보여 주는 연구 결과들을 요약하였다. 직유와 은유를 이해하고 산출하는 아동의 능력은 일반적인 인지, 언어 및 학업 성취 검사에서의 수행 수준과 관련이 있다. 그렇지만 이러한 능력들이 은유나 직유의 이해 및 산출을 위한 선행 요건인지에 관해서는 명확히 밝혀져 있지 않다.

**논의 요점**
당신은 학령기 아동들이 기타의 다른 상징언어에 비해 과장법을 더 많이 혹은 더 적게 사용한다고 생각하는가? 그렇다면 그 이유는 무엇인가?

**과장** **과장**(hyperbole)은 강조 또는 효과를 얻기 위해 확대를 사용하는 상징언어의 특별한 한 가지 유형이다. 과장의 예에는 I'm so hungry, I could eat a horse(너무 배고파서 말이라도 먹을 수 있겠다), I nearly died laughing(웃다가 거의 죽을 뻔했다)과 같은 것들이 포함된다. 과장(그리고 이 외의 다른 상징언어 형태)에 대한 아동의 이해 능력을 조사한 연구 결과는 다소 명확하지 못하다. 예를 들어, Creusere(1999)는 현저한 억양 패턴이 8~10세 아동의 과장법 이해를 돕는다거나, 아동이 화자의 의도를 파악하기 위하여 발화에 담긴 문자 그대로의 의미와 숨겨진 의미 간의 차이를 구별할 수 있음을 보여 주는 결과를 요약하였다. 아동은 전자의 경우에서 과장을 이해하기 위하여 준언어적 단서(paralinguistic cues, 예: 억양 패턴)를 활용하며, 후자의 경우에서는 화용적 단서(pragmatic cues)를 활용하는 것으로 나타났다.

**논의 요점**
당신은 학령기 아동들의 관용어에 대한 이해를 어떻게 평가할 수 있는가?

**관용어** **관용어**(idioms)는 문자 그대로의 의미와 상징적 의미 모두를 담고 있는 표현이다. I've put that on the back burner(나는 그것을 잠시 보류했다)나 We're in the same boat(우리는 한 배를 탔다)와 같은 표현이 그 예다. 두 가지의 보편적인 관용어가 [그림 8-3]에 예시되어 있다. 사람들은 주로 두 가지 유형의 관용어를 사용한다. 하나는 그 의미가 모호한 것이고 다른 하나는 투명한 것이다. **모호한 관용어**(opaque idioms)는 문자 그대로의 해석과 상징적 의미 사이의 관련성이 적은 것이고(예: drive someone up the wall[누군가를 짜증나게 만들다]), **투명한 관**

**[그림 8-3] 관용어 (A) shoot the breeze(잡담하다)와 (B) pull someone's leg(누군가를 조롱하다)에 대한 문자 그대로의 해석**

**용어**(transparent idioms)는 문자 그대로의 의미가 연장된 것이다(예: hold one's tongue[말을 삼가다]). Gibbs의 연구는 5세, 6세, 8세, 9세의 아동들이 모호한 관용어보다 투명한 관용어의 의미를 더 쉽게 설명해 낼 수 있음을 밝혔다. 더욱이 아동들은 관용어의 의미를 해석할 때 설명하기 과제에서보다는 여러 보기 가운데 선택하는 과제에서 보다 쉽게 수행하였고, 또 맥락 정보를 제공받았을 때가 그렇지 않았을 때에 비해 관용어 해석에 보다 성공적이었다. 아동들이 자신이 읽은 텍스트를 이해하는 능력은 그들이 맥락에서 제시된 관용어를 이해하는 능력을 예언한다(Levorato, Nesi, & Cacciari, 2004). 일반적으로 관용어의 이해는 학령기와 청소년기를 거쳐 성인기에 접어들 때까지 지속적으로 증가한다. 모호한 관용어 및 자주 사용되지 않는 관용어들이 가장 이해하기 어렵다. Nippold(1998)의 연구에서는 청소년과 성인들에게 자신들이 특정 관용어에 얼마나 친숙한지, 그리고 그 관용어들이 얼마나 투명한 것인지를 평가하도록 하였다. 〈표 8-2〉에 그들의 평균 평정치의 일부 샘플이 제시되어 있다.

**역설** **역설**(irony)은 화자(또는 필자)가 말한 바와 실제로 일어난 일 사이에 불일치가 존재하는 상징언어의 한 유형이다. 많은 말재주꾼들이 역설을 사용하고 있고 풍자 역시 마찬가지다. Shakespeare는 자신의 희곡에서 주로 두 가지 형태의 역설을 사용하곤 했다. 하나는 구어적인 것이고 다른 하나는 연극적인 것이다.

〈표 8-2〉 청소년과 성인의 관용어에 대한 평균 친숙도 및 투명도 평정

| 관용어 | 친숙도 | | 투명도 | |
|---|---|---|---|---|
| | 청소년 | 성인 | 청소년 | 성인 |
| Go through the motions | 2.35 | 1.70 | 1.90 | 1.65 |
| Skating on thin ice | 1.30 | 1.30 | 1.35 | 1.55 |
| Take down a peg | 4.30 | 3.30 | 2.60 | 2.70 |
| Vote with one's feet | 4.55 | 4.35 | 2.65 | 2.80 |

친숙도는 개인이 과거에 해당 관용어를 얼마나 자주 들어 보거나 읽어 보았는가를 측정한다(1 = 여러 차례, 2 = 몇 차례, 3 = 단 몇 차례, 4 = 단 한 차례, 5 = 한 번도 없음). 투명도는 해당 관용어의 문자 그대로의 의미 대 내포된 의미가 얼마나 밀접하게 관련되어 있는가를 측정한다(1 = 밀접한 관련, 2 = 다소 관련되어 있음, 3 = 관련 없음).

출처: From *Later Language Development: The school-Age and Adolescent Years* (2nd ed., pp. 118-120), by M. A. Nippold, 1998, Austin, TX: PRO-ED. Copyright 1998 by PRO-ED. Adapted with permission.

**구어적 역설**(verbal irony)에서 화자는 어떤 한 가지를 말하나 그 의미는 또 다른 것이다. 날씨가 춥고 비가 올 때 "What a beautiful day(날씨 한번 좋다)!"라고 말하는 것이 구어적 역설의 한 예가 될 것이다. **연극적 역설**(dramatic irony)이란 청중이 극 중 인물은 알지 못하는 어떤 사실을 알고 있음을 의미하는 것이다. 일부 연구결과들은 사람들이 타인의 자발적 발화에 담긴 역설적 의도를 추론해 내기 위해 음향 단서(acoustic cues)나 맥락 정보(contextual information) 모두를 활용한다는 것을 시사하고 있다(Bryant & Tree, 2002).

**격언** **격언**(proverbs)이란 한 사회의 전통적인 가치나 믿음, 지혜를 표현하는 진술을 말한다(Nippold, 1998). Nippold는 상징언어의 유형 가운데 격언이야말로 가장 숙달하기 어려운 것임을 보고하였다. 격언은 다음과 같은 다양한 의사소통 기능을 담당한다.

- 논평(commenting): Blood is thicker than water(피는 물보다 진하다).
- 해석(interpreting): His bark is worse than his bite(그의 본성이 그의 입만큼 심한 것은 아니다).
- 충고(advising): Don't count your chickens before they hatch(김칫국부터 마시지 마라).

- 경고(warning): It's better to be safe than sorry(후회하느니 안전한 게 낫다).
- 격려(encouraging): Every cloud has a silver lining(하늘이 무너져도 솟아날 구멍은 있다).

Nippold는 격언 이해가 청소년기 동안 점진적으로 발달하며, 지지적인 언어적 환경이 청소년들이 격언을 이해하는 능력을 촉진시켜 줄 수 있다고 보고하였다. 청소년들이 격언을 이해하는 정도는 문학이나 수학에서의 학업 성취 수준과 상관이 있는데(Nippold, 2000), 이는 아마도 격언의 이해를 위해서는 학생들이 언어의 추상적이며 상위언어적인 측면들을 다루어 낼 수 있어야만 하기 때문일 것이다.

## 학령기 및 학령기 이후를 특징짓는 언어의 내용, 형식, 사용에서의 주요 성취

아동은 학령기와 청소년기를 향해 성숙해 감에 따라 언어의 내용, 형식, 사용에서 지속적으로 두드러진 발달을 보이게 된다. 그들은 특히 다른 것들 가운데서 수용 및 표현 어휘, 언어적 모호성을 명료화하는 능력, 탈맥락화된 언어 사용, 사용하는 의사소통 기능의 가지 수, 대화기술, 내러티브(narrative) 능력이 증가하게 된다. 우리는 지금부터 이러한 증가에 대해 논의할 것이다(구체적인 성취에 대한 요약은 〈발달표: 학령기〉를 살펴보라).

### 언어 내용

학령기에 속한 전형적인 아동은 언어 내용의 몇 가지 영역에서 주목할 만한 성취를 보인다. 그 대부분은 텍스트 읽기의 결과로 발생된 것인데, 이 읽기는 학생에게 일상의 대화와는 전형적으로 거리가 먼 낱말이나 개념들에 대한 접근을 가능하게 해 준다. 학령기 동안 이루어지는 언어 내용적인 측면에서의 발전은 교실 환경에 영향을 받는데, 그곳에서는 대화의 주제가 일반적으로 탈맥락화되는 경향이 있다. 학령기 학생의 언어 내용 측면에서의 뚜렷한 발달은 다음의 네 가지 영역으로 요약된다.

### 어휘 발달

학령기 학생들의 수용 및 표현 어휘는 크게 확장되어 고교 졸업 시점이 되면 약 6만여 개의 낱말에 이르게 된다(Pinker, 1994). Nippold(1998)에 따르면 학령기 아동들은 최소한 직접 교수, 맥락으로부터의 추출, 형태론적 분석의 세 가지 방식으로 새로운 낱말을 익힌다.

**직접 교수** **직접 교수**(direct instruction)는 좀 더 박식한 원천으로부터 낱말의 의미를 직접 배우는 것을 말한다. 그 원천은 다른 사람일 수도 있고 사전일 수도 있다. 개인은 전 생애를 걸쳐 타인들로부터 낱말을 배우는데, 이는 개인이 그 타인에게 뜻을 물었기 때문일 수도 있고, 타인이 그 개인이 해당 낱말의 정의를 배워야 한다고 생각했기 때문에 가르친 것일 수도 있다. 아동은 2학년(7~8세)이 될 때까지는 사전을 통한 낱말 의미 학습을 시작하지 않는다. 그러나 중학교 및 고등학교 때에는 사전을 통한 학습방식을 지속적으로 사용한다.

**맥락으로부터의 추출** **맥락으로부터의 추출**(contextual abstraction)은 낯선 낱말의 의미를 파악하기 위해 구어 또는 문어 내에 담긴 맥락 단서들을 활용하는 방식을 말한다. 제7장에서는 아동이 맥락으로부터 새로운 낱말을 배우는 과정에 대해 논의한 바 있다. 즉, 아동은 **빠른 연결**(fast mapping)을 통해 낱말에 대한 초기 표상을 형성해 내고, 이후의 반복적인 노출이 이루어지면 **느린 연결**(slow mapping) 과정을 통해 그 낱말의 표상을 정교하게 다듬는다. 학령기 아동, 청소년, 성인들은 어떤 맥락 내에서 낯선 낱말에 직면했을 때 모두 이와 동일한 방식을 이용하여 낱말의 의미를 학습한다. 그들은 낱말의 의미에 관하여 화용적 추론이나 논리적 추론을 수행한다(Westby, 1998). 낱말 의미에 대한 **화용적 추론**(pragmatic inference)은 개인의 세계 지식이나 배경 지식을 텍스트로 끌어오는 것이다. **논리적 추론**(logical inference)은 오직 텍스트 내에서 제공된 정보만을 이용하는 것이며, 이 추론은 보다 어려운 작업이다. Westby는 사람들이 이야기 텍스트를 읽을 때는 화용적 추론을, 그리고 설명적 텍스트를 읽을 때는 논리적 추론을 보

## 〈발달표: 학령기〉

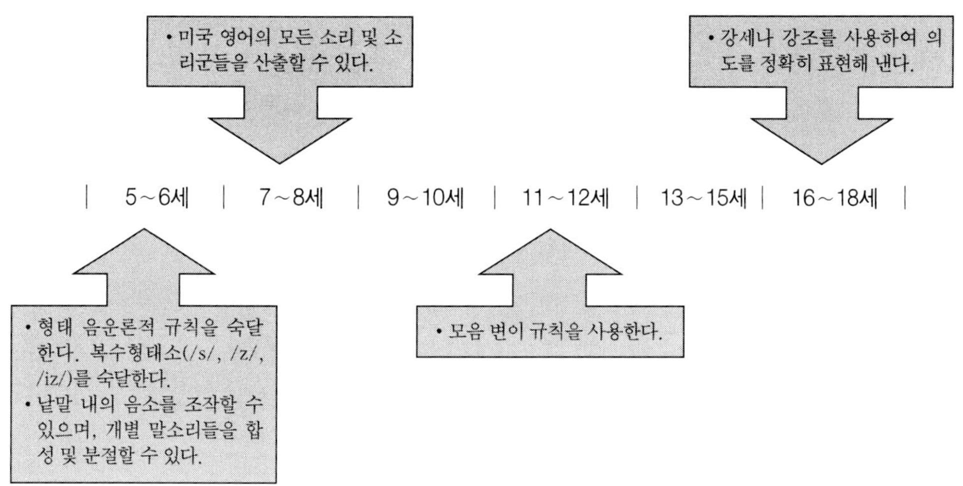
• 음운론 •
• 미국 영어의 모든 소리 및 소리군들을 산출할 수 있다.
• 강세나 강조를 사용하여 의도를 정확히 표현해 낸다.
5~6세 | 7~8세 | 9~10세 | 11~12세 | 13~15세 | 16~18세
• 형태 음운론적 규칙을 숙달한다. 복수형태소(/s/, /z/, /iz/)를 숙달한다.
• 낱말 내의 음소를 조작할 수 있으며, 개별 말소리들을 합성 및 분절할 수 있다.
• 모음 변이 규칙을 사용한다.

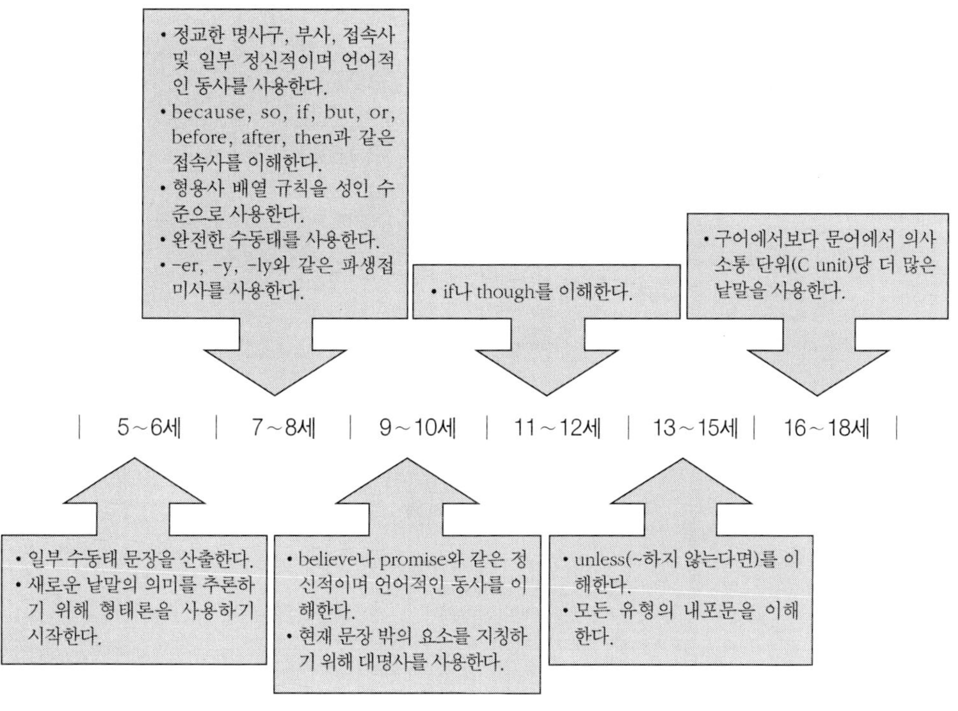
• 구문론 및 형태론 •
• 정교한 명사구, 부사, 접속사 및 일부 정신적이며 언어적인 동사를 사용한다.
• because, so, if, but, or, before, after, then과 같은 접속사를 이해한다.
• 형용사 배열 규칙을 성인 수준으로 사용한다.
• 완전한 수동태를 사용한다.
• -er, -y, -ly와 같은 파생접미사를 사용한다.
• if나 though를 이해한다.
• 구어에서보다 문어에서 의사소통 단위(C unit)당 더 많은 낱말을 사용한다.
5~6세 | 7~8세 | 9~10세 | 11~12세 | 13~15세 | 16~18세
• 일부 수동태 문장을 산출한다.
• 새로운 낱말의 의미를 추론하기 위해 형태론을 사용하기 시작한다.
• believe나 promise와 같은 정신적이며 언어적인 동사를 이해한다.
• 현재 문장 밖의 요소를 지칭하기 위해 대명사를 사용한다.
• unless(~하지 않는다면)를 이해한다.
• 모든 유형의 내포문을 이해한다.

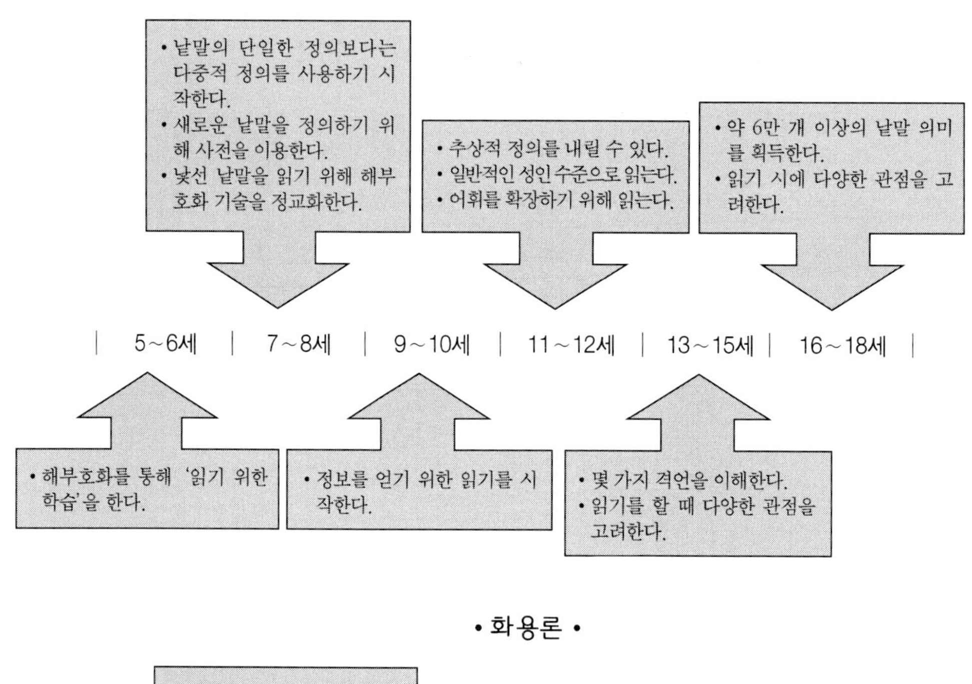


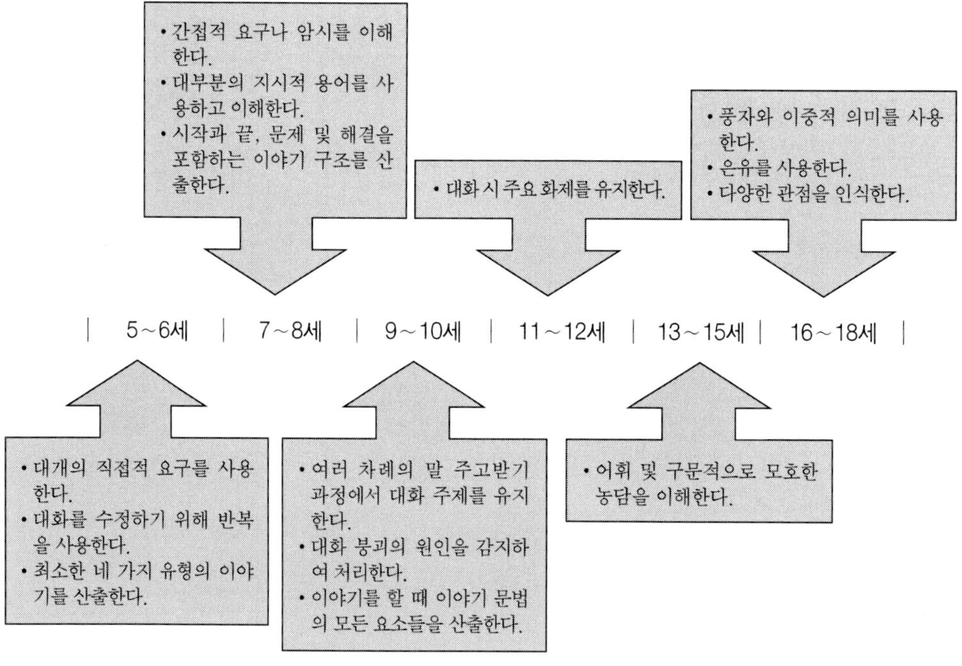


출처: Chall(1996); Curenton and Justice(2004); Gard, Gilman, and Gorman(1993); Nippold(1998); Owens(2001, 2005); Paul(1995); Pinker(1994); Westby(1998).

초등 학령기 동안, 아동은 새로운 낱말의 의미를 직접 학습하기 위해 사전을 활용하기 시작한다.
사진 출처: © Gabe Palmer/Corbis.

다 많이 사용한다고 설명하였다. 〈표 8-3〉에는 독자들이 텍스트로부터 새로운 낱말의 의미를 추출해 내기 위해 사용할 수 있는 맥락 단서의 예가 제시되어 있다.

**형태론적 분석** **형태론적 분석**(morphological analysis)은 낱말의 의미를 추론해 내기 위해 어휘형태소, 굴절형태소, 파생형태소를 분석하는 것이다. 예를 들어, 한 아동이 언어를 학습하기 위한 텍스트에서 homophone(동음이형어)이라는 낱말을 접했을 경우, 그 의미를 추측하기 위해 형태소 homo-('동일하다'는 의미)와 -phone('소리'라는 의미)에 관한 지식을 사용할 수 있다. 어린 아동들(6~10세)도 새로운 낱말의 의미 추론을 위한 형태소 사용에 능숙할 수 있지만 9~13세에 이르면 낯선 낱말의 의미에 다다르기 위해 형태론적 정보뿐 아니라 맥락 단서 모두를 활용하는 것이 더 능숙해진다. 9세 이후 낯선 낱말의 의미를 판독하기 위해 아동이 사용할 수 있는, 뚜렷한 어휘적 의미가 담긴 형태소에는 un-, re-, dis-, en-, em-, non-, over, mis-, sub-, fore-, de-, trans-, super-, semi-, anti-, mid-, under-과 같은 접두사와 '부정(not)'의 의미를 가지는 in-, im-, ir-, il-과 같은 접두사들이 포함된다(White, Sowell, & Yanagihara, 1989).

〈표 8-3〉 **텍스트로부터 낱말의 의미를 추출하기 위해 사용되는 맥락 단서들의 예**

| 구문적 단서 | 예 문 |
|---|---|
| 동격(appositives) | *Quinoa,* the seed of a leafy plant native to the Andes, is often mistaken for a grain because of its taste and appearance.<br>(퀴노아, 안데스가 원산지인 이 다엽성 식물의 종자는 그 맛과 모양 때문에 종종 곡식으로 오인되기도 한다.) |
| 관계절(relative clauses) | The *Incas,* who were people indigenous to the Andean region, fed quinoa to their armies.<br>(안데스 지역의 토착민인 잉카인들은 군사들에게 퀴노아를 먹인다.) |
| 접속사(conjunction) 또는 직접 설명 (direct explanation) | The Incas were *indigenous,* or native, to the country of Ecuador. If you visit Ecuador, you can visit Incan ruins known as Ingapirca.<br>(잉카인들은 에콰도르 지방의 토착민 또는 원주민이다. 만일 여러분이 에콰도르를 방문한다면, 잉카피르카라 불리는 잉카의 유적을 찾아가 볼 수 있을 것이다.) |
| 관련 동의어 (linked synonyms) | While driving through Ecuador, you will experience scenic views of the rolling, meandering, *undulating* countryside.<br>(에콰도르의 여기저기를 운전하며 다니는 동안, 여러분은 완만한 구릉의, 구불지고, 파도치는 듯한 전원의 아름다운 경관을 만끽할 수 있을 것이다.) |
| 분사 구문 (participial phrases) | The travelers, exhausted from a long day at the Otavalo market, vowed to practice their *bargaining* strategies.<br>(여행자들은 오타발로 시장에서의 긴 하루에 지쳐서, 이들의 상술을 익히겠노라고 다짐할 것이다.) |
| 범주적 나열 (categorical sequence) | Some of Ecuador' s popular produce items include mangoes, pineapples, papayas and *plantains.*<br>(에콰도르의 인기 있는 생산 품목에는 망고, 파인애플, 파파야, 플랜테인이 있다.) |
| **의미적 단서** | **예 문** |
| 재진술(restatement) | Persons in some regions of Ecuador must be careful of *landslides.* They must guard themselves against the downward sliding of earth and rock.<br>(에콰도르 일부 지역에서는 산사태를 주의해야 한다. 이곳의 거주민들은 흙과 바위가 아래로 흘러내려 오는 것에 대비하여 스스로를 지켜야만 한다.) |

| | |
|---|---|
| 예시(illustrations) 또는 예 (examples) | The flag of Ecuador is *multicolored*. For example, it contains the colors yellow, blue, and red.<br>(에콰도르의 국기는 다채색이다. 예를 들어, 노란색, 파란색, 빨간색을 담고 있다.) |
| 직유(similes) | The *thermal baths* in Ecuador are like outdoor hot tubs.<br>(에콰도르의 온천탕은 마치 집 밖의 뜨거운 욕조와 같다.) |
| 은유(metaphors) | The Andes mountains are a colorful *tapestry*.<br>(안데스 산은 화려한 색의 직물(태피스트리)이다.) |
| 의인화(personification) | Clouds *scatter* rain over the region on some afternoons.<br>(어떤 오후에는 구름이 그 지역 위로 비를 흩뿌린다.) |
| 요약(summary) | When traveling, be especially cautious in or avoid areas where you are likely to be *victimized*. These areas include crowded subways, train stations, elevators, tourist sites, marketplaces, festivals, and marginal areas of cities.<br>(여행 중에는 해를 당할 수도 있는 지역을 특히 조심하거나 피해야 한다. 이러한 지역에는 붐비는 지하철, 기차역, 엘리베이터, 명승지, 시장, 축제, 도시 외곽 지역이 포함된다.) |
| 인과성(cause and effect) | Because the Galapagos Islands are so *isolated*, they are home to species of animals and plants that are not found anywhere else in the world.<br>(갈라파고스의 섬들은 매우 고립되어 있기 때문에 세상 어디에서도 발견되지 않는 동식물 종의 고향이다.) |

출처: From *Later Language Development: The school-Age and Adolescent Years* (2nd ed., p. 18), by M. A. Nippold, 1998, Austin, TX: PRO-ED. Copyright 1998 by PRO-ED. Adapted with permission.

### 다중적 의미 이해

학령기 아동은 그들의 어휘집이 확장되고 점차 더 많은 낱말들에 직면하게 됨에 따라 많은 낱말들이 **다의적**(polysemous, 하나 이상의 의미를 가짐)임을 깨닫게 된다. 발달 과정 동안 학생들은 몇 가지 유사한 의미로 낱말의 다중적 정의를 제시할 수는 있으나, 일차적인 주된 의미가 아니거나 혹은 그와 전혀 관련 없는 이차적 의미를 이해하는 것에는 특히 어려움을 보인다. 낱말의 다중적 의미를 제시할 수 있기 위해서는 어휘 지식뿐 아니라 상위언어적 지식 역시 요구되는데, 구어언어에서 문해언어에 이르는 연속선상의 종착점(문해언어)에 도달하기 위해서는 반드시 그 두 가지 모두가 필수적이다. 우리는 다음에서 '문해언어(literate language)'에 관해 논의할 것이다.

### 어휘적 모호성과 문장의 모호성에 대한 이해

학령기에 이루어지는 주목할 만한 언어 내용적 성취의 또 다른 영역은 바로 모호한 어휘나 문장에 대한 이해 능력이다. **어휘적 모호성**(lexical ambiguity)은 다중적 의미를 가지는 낱말이나 구에서 발생된다. 예를 들면, That was a real bear와 같은 문장에서 bear는 몇 가지 의미를 가질 수 있다. 낱말 수준에서의 어휘적 모호성은 다음의 세 가지 중 하나의 형태로 나타난다.

① 동음이형어: **동음이형어**(homophones)는 소리가 서로 같으면서 철자도 비슷하거나(brown bear 대 bear weight) 또는 철자는 서로 다른(brown bear 대 bare hands) 낱말들을 말한다.

② 동형이의어: **동형이의어**(homographs)는 철자가 동일하면서 소리가 유사하거나(row a boat 대 row of homes) 또는 소리는 서로 다른(record player 대 record a movie) 낱말들을 말한다.

③ 동음이의어: **동음이의어**(homonyms)는 철자와 발음이 동일하나 그 의미는 서로 다른 낱말들(brown bear 대 bear weight)을 말한다. 이는 동음이형어의 한 유형이기도 하다.

어휘적 모호성은 Is your refrigerator running? …… You'd better go catch it(냉장고가 달리고[가동된다는 의미] 있나요? …… 가서 붙잡으세요)!과 같은 농담에서처럼 늘 농담 또는 유머, 수수께끼, 연재 만화, 신문 헤드라인, 자동차 범퍼에 붙이는 스티커, 광고의 단골 재료가 된다(Nippold, 1998). 학생들은 모호한 낱말을 접하게 되면 먼저 그 모호성에 주목해야만 하며, 다음 그 적절한 의미에 도달하기 위해 낱말을 정밀하게 검토해야만 한다. 구어기술이 취약한 학생들은 어휘적 모호성의 존재를 노련하게 알아차리지 못하며, 또 그만큼 모호성을 명료화시키는 일이 쉽지 않을 수 있다. 결국 이 모두가 의사소통의 붕괴를 초래할 수 있다(Paul, 1995).

**문장의 모호성**(sentential ambiguity)은 문장의 여러 요소들 내에 존재하는 모호성과 관련이 있다. 이에는 어휘적 모호성뿐 아니라 음운적 모호성, 표면 구조의 모호성, 심층 구조의 모호성 역시 포함된다. **음운적 모호성**(phonological ambiguity)은 낱말 발음의 변화에 따라 발생된다(She needs to visit her psychotherapist 대 She needs to visit her psycho therapist). **표면 구조의 모호성**(surface-structure ambiguity)은 강세나 억양의 변화로 인해 나타난다(I fed her bird seed 대 I fed her bird seed). **심층 구조의 모호성**(deep-structure ambiguity)으로 인해 하나의 낱말이 행위자로 해석될 수도 있고, 대상으로 해석되기도 한다(예: The duck is ready to eat은 "The duck is hungry."나 "The duck is ready to be eaten."의 두 가지 의미로 해석될 수 있다; Nippold, 1998, p. 140).

## 문해언어의 발달

맥락화된 언어와 탈맥락화된 언어에 관한 제7장에서의 논의를 상기해 보라. 아동들이 학교에 입학하면 그들이 듣고 사용하는 언어는 점차 탈맥락화, 다시 말해 지금 여기로부터 벗어나게 된다. **문해언어**(literate language)란 고도로 탈맥락화된 언어를 기술하기 위한 용어다. 문해언어의 특징은 그것이 "경험을 모니터링하고 반추하며, 무엇인가에 대해 추론하거나 계획을 세우고, 경험을 예측하기"(Westby, 1985, p. 181) 위해 사용되는 언어라는 것이다. **문해언어**는 맥락 단서의 도움 없이도 의미를 지지해 내기 위한 아동의 언어 사용 능력을 지칭한다. 아동은 때로는 의미를 깨닫기 위해서 언어 자체에 의존해야만 한다. 문해언어 양식의 발달, 즉 맥락화된 언어로부터 탈맥락화된 언어로 진보해 나간다는 것은 아동이 학교 장면에서 사용되는 담화 유형에 참여하기 위한 결정적인 요인으로 작용한다. 해티(4세)와 해티의 언니 엘리자베스(8세) 사이에서 일어난 다음의 대화를 살펴보자.

해티: 그건 내 장난감이야!
엘리자베스: 아냐, 이 장난감은 같이 가지고 놀아야 한다는 걸 모르니? 엄마와 아빠는 우리 둘 다 가지고 놀라고 이걸 사준 거라고.

아동의 담화(discourse) 발달은 연속선을 따라 이동한다. 이 연속선의 한 극단은 구어를, 그리고 다른 한 극단은 문해언어를 반영한다(Westby, 1991). 앞서 예에서, 해티와 엘리자베스의 발화는 이 연속선의 양극단을 표상하고 있다. 담화 연속선의 저점은 **구어**(oral language), 즉 기본적인 욕구나 필요를 소통하기 위해 요구되는 의사소통 능력을 지칭하는 언어적 측면(음운론, 구문론, 형태론, 의미론)이다. Westby는 연속선상의 이 저점에 위치하는 아동을 '말하기 위해 배우는(learning to talk)' 아동이라고 기술하였다. 말하기 위해 배우는 아동은 요구하기(requesting)나 인사하기(greeting)와 같은 몇 가지 기초적 언어 기능으로 만족할 수 있다. 그들은 또한 단순 구문 구조를 산출할 수도 있다. 예를 들어, 영어 화자들은 문장의 주어 앞에 do를 삽입함으로써 예-아니요 의문문을 만들어 내고(You like ice cream을 Do you like ice cream?으로 전환), 규칙과거 형태에 대해 -ed를 첨가하거나 적절한 불규칙과거 동사를 인출함으로써 과거시제 동사를 표지해 낼 수 있다. 구어의 가장 뚜렷한 특징은 고도로 맥락화된 형태를 가진다는 것이다. 고도로 맥락화된 언어는 현 시점의 맥락과 환경에 크게 의존한다. 고도로 맥락화된 언어의 표지(marker)에는 **참조적 대명사**(referential pronouns), 즉 화자에게 물리적으로 접근 가능한 어떤 것을 지칭하기 위한 대명사("I want *that*.")뿐 아니라 표정이나 몸짓을 통한 표현이 포함된다. 오직 구어를 완전히 숙달했을 때에야 비로소 아동은 '배우기 위해 말하기(talk to learn)', 즉 탈맥락화된 언어를 이용하여 과거의 경험을 반추하고 무엇인가에 대해 추론하고 예상하며 미래의 경험을 계획하기 위해 언어를 사용하기 시작한다(Westby, 1991).

'배우기 위해 말하는' 아동은 담화 연속선의 한 극단인 문해언어의 위치에 서 있는 것이다. 이 종착점에서 아동은 의사소통을 위해 언어를 사용하는 것뿐 아니라 반추, 추론, 계획, 가설화와 같은 상위 수준의 인지 기능에 참여한다. 현재 이루어지는 것을 넘어선 개념이나 사건, 사물들을 표출하기 위한 매우 특화된 어휘나 복합 구문이야말로 문해언어의 전형적 특징이다. 다음은 아동이 배워야 할 문해언어의 네 가지 특징적인 속성(Curenton & Justice, 2004)을 요약한 것이다.

① 정교한 명사구: 정교한 명사구(elaborated noun phrases)는 하나의 명사, 그리고 관사(a, an, the), 소유격(my, his, their), 지시형용사(this, that, those), 수량형용사(every, each, some), wh- 낱말(what, which, whichever), 형용사(tall, long, ugly)와 같이 명사에 관해 추가적인 정보를 제공해 주는 하나 이

상의 수식어로 이루어진 낱말군이다.

② 부사어: 부사어(adverbs)는 행위나 사건 진술의 명료성을 높이기 위해 동사를 수식하는 구문 형태를 말한다. 부사어는 시간(suddenly, again, now), 방법(somehow, well, slowly), 정도(almost, barely, much), 장소(here, outside, above), 이유(therefore, since, so), 긍정 및 부정(definitely, really, nerver)과 관련된 추가 정보를 제공한다.

③ 접속어: 접속어(conjunctions)는 정보를 조직하고 요소들 간의 관련성을 명료화해 주는 낱말들을 말한다. **등위접속사**(coordinating conjunctions)는 and, for, or, yet, but, nor, so와 같은 것들이다. **종속접속사**(subordinating conjunctions)는 그 수가 보다 많으며 after, although, as, because, therefore 등이 있다.

④ 정신적 및 언어적 동사: 정신적 및 언어적 동사(mental and linguistic verbs)는 각각 생각하기 및 말하기와 관련된 다양한 행위를 지칭하는 동사를 말한다. 정신적 동사에는 think, know, believe, imagine, feel, consider, suppose, decide, forget, remember 등이 포함된다. 언어적 동사에는 say, tell, speak, shout, answer, call, reply, yell 등이 포함된다.

다음과 같은 탈맥락화된 언어의 예로부터 이러한 네 가지 문해언어의 속성이 출현하는 정도를 가늠해 보라.

Yesterday, after I arrived at work, I was about to sit down at my desk, when I decided that I would make a cup of coffee first. You see, I was desperate for some caffeine, given that I had not had a cup of coffee at home. I started to grab some coffee from the machine, at which point I heard a familiar voice in the hallway. Now, before I tell you who it was…….

(어제 나는 회사에 도착해서 막 의자에 앉으려다가 먼저 커피를 한 잔 뽑아 와야겠다고 생각했지. 내가 집에서 커피를 한 잔도 안 마신 걸 생각해 보면 카페인이 얼마나 절실했는지 당신도 알 거야. 기계에서 막 커피를 뽑아내기 시작하는데, 그때 복도에서 낯익은 소리가 들리더군. 자, 이제 그가 누구였는지 말하기 전에…….)

**논의 요점**
당신이 어제 한 일들을 써서 묘사해 보라. 이 문어 샘플 내에서 사용된 문해언어 속성들을 기록해 보라. 어떠한 속성이 가장 자주 나타났는가? 또 가장 적게 나타난 것은 무엇인가?

이 화자가 청자에게 이야기를 하는 방식에는 단지 정확한 어휘와 구문 사용 이상을 훨씬 넘어서는 다양한 기술이 사용되고 있다. 화자는 정교한 명사구(my desk, a cup of coffee), 부사어(yesterday, now), 정신적 및 언어적 동사(decided, tell)를 활용함으로써 어휘적 특정성(lexical specificity)을 제공한다. 화자는 또한 사건을 엮어 가기 위해 이야기 내내 인과적(given) 및 시간적(at which point) 방법으로 접속사들을 자유롭게 펼쳐 나간다. 이러한 장치들은 청자에게 맥락을 제공하는데, 이것은 그 장치 말고는 달리 가능하지가 못할 것이다. 아동은 초등 학령기를 거쳐 청소년기와 고교 시기로 진입하면서 타인에게 맥락을 조성해 주기 위해 (말할 때 및 쓸 때 모두에서) 문해언어 구조를 사용할 수 있는 능력을 갖추어야만 한다.

## 언어 형식

초등 학령기를 거쳐 고교에 들어가면서 아동이 보이는 언어 형식(form)에서의 성취는 느리고 미묘한 방식으로 진행된다. 학령기 발달에서 언어 형식에서의 주목할 만한 영역은 (1) 복합 구문 발달, (2) 형태론적 발달, (3) 음운론적 발달이다.

### 복합 구문 발달

학령기 아동에게 가장 중요한 언어 형식 영역에서의 성취는 복합 구문(complex syntax)이다. **복합 구문**이란 문해언어 양식을 표지하는 발달적으로 진보된 문법 구조를 말한다(Paul, 1995). 이 구조는 구어에서는 상대적으로 적게 출현하고 문어에서 보다 자주 사용되는데, 이러한 사용은 학생이 보다 높은 수준의 문법에 도달했음을 알려 준다. 복합 구문의 예에는 과거분사를 통한 명사구 후치수식(a dance called the waltz), 완료를 사용하는 복합동사 구(Stephanie has arrived from Vancouver), 부사적 접속사(only, consequently), 수동태 구조(The fish were caught by an experienced fisherman) 등이 있다.

수동태와 같이 아동이 드러내는 복합 구문 기술 중 많은 것들이 대화에서는 거의 나타나지 않는다. 따라서 이러한 형식의 수행은 거의 관찰하기가 어렵다. 오히려 학령기 동안의 구문 발달은 학생들의 쓰기에서 보다 쉽게 관찰된다. 특히 설득을 위한 글쓰기(persuasive writing)는 보다 복합적인 구문을 표현하는 수단이 된다. Nippold(2000)에 따르면, 설득적인 글쓰기는 학생들이 학령기 동안 발달시켜야 하는 어려운 의사소통 과제 중 하나다. 여기에는 타인들의 믿음이나 가치에 대한 인식, 그리고 논리적인 전개를 통해 개인의 사유를 제시해 내는 능력이 요구된다. 설득적인 글에서 구문적 복합성이 발생되는 이유는 학생들이 "많은 양의 종속적 관계, 문장들 간의 강력한 연계, 부분적으로는 적절한 부사적 연결사의 사용을 통해서만 비로소 성취될 수 있는 긴 문장들" (p. 20)을 산출해야만 하기 때문이다.

### 형태론적 발달

아동들의 형태론적 발달(morphological development)은 그들의 구문 발달과 밀접하게 관련되어 있다. 학령기의 주된 형태론적 발달에는 파생접두사 및 파생접미사의 사용이 포함된다. 어떤 낱말 앞에 **파생접두사**(derivational prefixes)가 첨가되면 그 의미가 변경된다. 예를 들어, 낱말 healthy에 파생접두사 un-이 첨가되어 unhealthy가 되면 반대 의미로 뒤바뀐다. 이 밖에도 dis-, non-, ir-과 같은 파생접두사들이 있다.

**파생접미사**(derivational suffixes)에는 -hood, -ment, -er, -y, -ly 등이 포함된다. 파생접미사는 낱말 뒤에 첨가되어 그 형식 범주(form class)나 의미 또는 이 두 가지 모두를 변경시킨다. 예를 들어, 동사 encroach는 파생접미사 -ment를 첨가함으로써 명사 encroachment로 바꿀 수 있다. 이보다 어려운 파생접미사들 중 하나는 -y(squishy나 tasty처럼 형용사를 만들기 위한 것)인데, 아동은 이를 대략 11세경에 습득한다. -ly(correctly나 aptly처럼 부사를 만들기 위한 것)도 마찬가지로 청소년기에나 습득하게 된다.

### 음운론적 발달

음운론적 측면에서의 몇 가지 발달 역시 학령기 동안 성취해야 할 영역으로 남는다. 이 장의 앞부분에서 우리는 다음절 낱말에서 음절들을 분절하거나 혹은 낱말 내의 소리들을 합성하거나 조작해 내는 능력과 같은 음운 인식에 있어 학령기 아동의 발달에 대해 설명한 바 있다. 이와 더불어 아동은 **형태 음소론적 발달**(morphophonemic development)에서의 진보도 보이게 된다.

형태 음소론적 발달의 한 유형은 특정 형태소가 연결되었을 경우에 소리를 변경시키는 것과 관련된다. 예를 들어, 아동은 5, 6세경이면 matches나 watches에서와 같이 복수의 종성 /ɪz/를 정확히 사용하는데, 이는 기타의 복수 형태(예: hats, dogs)에서 이루어지는 소리의 변화와는 음운론적으로 다르게 실현된다.

두 번째 유형의 형태 음소론적 발달에는 모음 변이(vowel shifting)가 있는데, 이는 파생접미사가 첨가됨으로써 그 형식 범주가 변화되었을 때 발생된다. 모음 변이의 예에는 /aɪ/에서 /ɪ/로(decide-decision), /eɪ/에서 /æ/로(sane-sanity), /i/에서 /ɛ/로의 변화(serene-serenity)가 있다. 대부분의 아동은 17세가 될 때까지는 모음 변이를 숙달하지 못한다(Owens, 2005). 마지막으로 학령기 아동이 습득하는 세 번째 유형의 형태 음소론적 발달 규칙은 구와 합성어(compound words)를 구별하기 위해(hot dog 대 hotdog, green house 대 greenhouse), 그리고 명사와 동사를 구별하기 위해(record 대 record, present 대 present) 강세나 강조를 사용하는 방식과 관련된 것이다. 아동은 일반적으로 12세경이 되어야 강세 및 강조를 숙달하게 된다(Ingram, 1986, Owens, 2005에서 재인용).

## 언어 사용

학령기 및 학령기 이후 아동 및 청소년은 언어를 다양한 목적을 위해 사용하는 능력을 발달시켜 나간다. 사람들은 또한 이 기간 동안 대화 및 이야기 능력을 보다 정교화시킨다. 이 시기에 도달하게 되는 언어 사용에서의 중요한 세 가지 성취는 (1) 기능적 유연성, (2) 대화 능력, (3) 내러티브 발달이다.

### 기능적 유연성

**기능적 유연성**(functional flexibility)은 다양한 의사소통 의도 또는 기능을 위해 언어를 사용하는 능력을 말한다. 이 유연성은 교실 활동이라는 맥락 내에서 비교 및 대조, 설득, 가설 세우기, 설명, 분류, 예언 등을 수행해야 하는 학령기 아동에게 점점 더 중요해지는 것이다. [그림 8-4]는 학령기 아동이 교실에서 사용해야 하는 언어 기능의 보다 완전한 목록을 제시하는데, 이런 것들이야말로 학령기 아동에게 요구되는 언어 유연성의 중요성을 입증해 준다. 각 기능들은 별도의 언어적,

1. 알려 주기(to instruct): 특정의 절차적 지침을 제공하기
2. 문의하기(to inquire): 질문을 함으로써 이해를 추구하기
3. 검증하기(to test): 한 진술에 대한 논리성을 조사하기
4. 기술하기(to describe): 무엇인가에 관해 말하기, 판단에 필요한 정보를 제공하기
5. 비교 및 대조하기(to compare and contrast): 사물들이 어떻게 유사한지 혹은 다른지를 보여 주기
6. 설명하기(to explain): 특정 예를 제공함으로써 용어를 정의하기
7. 분석하기(to analyze): 한 진술을 개별 요소로 쪼개고, 각각이 무엇을 의미하며 서로 어떻게 관련되어 있는지에 관해 말하기
8. 가설 세우기(to hypothesize): 한 진술의 논리적 또는 경험적 결과를 검증하기 위해 가정하기
9. 연역하기(to deduce): 추론을 통해 하나의 결론에 도달하기, 추론하기
10. 평가하기(to evaluate): 한 가지 개념에 대한 상대적 중요성을 측정하고 판단하기

**[그림 8-4] 학령기 아동에게 요구되는 열 가지의 상위 수준 언어 기능**

출처: From *Teaching Disadvantaged Children in the Preschool,* by C. Bereiter and S. Engelmann, 1966, Upper Saddle River, NJ: Prentice Hall. Copyright 1966 by Prentice Hall. Adapted with permission.

사회적 및 인지적 능력 세트를 필요로 하는데, 이 모두가 학령기 동안 발달한다.

이러한 개별적 기능들의 사용에 덧붙여, 아동은 특정 목적을 이루기 위해 그 기능들을 통합해 낼 수 있어야 한다. 예를 들어, Nippold(1998)에 따르면 학생들은 설득을 위한 언어를 사용하기 위해 최소한 다음의 일곱 가지 기술들을 통합해 낼 수 있어야 한다.

① 청자의 특성(예: 연령, 권위, 친숙성)에 부합하라.
② 찬성을 통해 얻을 수 있는 이점에 대해 진술하라.
③ 반론을 예상하고 이를 반박하라.
④ 동의를 증가시키기 위한 전략으로서 정중함, 협상하기와 같은 긍정적인 기술들을 사용하라.
⑤ 푸념하거나 애걸하는 등의 부정적인 전략을 피하라.
⑥ 다양하고 많은 논거를 생성하라.
⑦ 담화를 자신 있게 하도록 조절하라.

언어를 유연하게 사용하지 못하는 학생은 그렇지 않은 학생에 비하여 초등학교, 중학교 및 고등학교에서의 학업 및 사회적 요구에 더 어려움을 보이는 경향이 있다.

### 대화 능력

학령기 및 청소년기 동안 아동은 다음과 같은 것들을 통해 점진적으로 대화기술을 증가시켜 나간다.

① 화제를 보다 길게 유지한다.
② 타인들과의 몇 차례의 말 주고받기가 계속되는 확장된 대화를 나눈다.
③ 많은 수의 관련 진술이나 사실적 진술을 한다.
④ 한 화제에서 다음 화제로 매끄럽게 전환한다.
⑤ 청자의 생각이나 느낌에 맞도록 말의 내용이나 스타일을 조정한다.

또한 아동은 발달이 이루어짐에 따라 간접적인 요구를 이해하거나 사용하는 것이 보다 능숙해진다. 7세경에 이르면 암시를 포함하는 간접적인 언어를 사용하기 시작하며, 어떤 행위를 요구하는 타인의 간접적 요구(예: "Do you know what time it is?)를 인식할 수 있게 된다. 마찬가지로 아동은 의사소통의 붕괴를 능숙하게 알아채고 이를 수정해 낸다. 붕괴가 일어났을 때, 어린 아동은 추가 정보를 제공하기 위해 반복하기를 보다 많이 사용하는 데 비해, 약 9세경의 학령기 아동은 붕괴를 수정해 내기 위해 부가적인 배경 정보를 제공하거나 용어를 정의하는 등의 보다 정교한 전략을 사용하기 시작한다. 〈이론에서 실제까지: 구조화된 또래관계〉에는 또래들과 동일한 양상의 화용 능력을 발달시키지 못한 아동을 위한 중재의 예가 제시되어 있다.

### 구조화된 또래관계

아스퍼거 장애(Asperger's syndrome)는 자폐스펙트럼상에 위치하는 전반적 발달장애(pervasive developmental disorder)다. 아스퍼거 장애를 가진 개인들은 사회적 상호작용이나 의사소통에 어려움을 나타낸다. 연구자들은 최근의 새로운 연구에서 말-언어치료사(speech-language pathologist)나 교육자들이 학령기 아스퍼거 장애 아동들의 사회적 상호작용 및 의사소통을 도울 수 있는지를 조사하고 있다. 예를 들어, Safran, Safran과 Ellis(2003)는 아스퍼거 장애 아동의 학업, 행동, 의사소통 영역을 지원하기 위한 임상적 시사점들을 제공하였다. 아스퍼거 장애 아동의 의사소통 능력을 증진시키기 위한 한 가지 전략은 구조화된 또래관계를 창출해 내는 것이다. 이러한 관계 속에서 여러 또래들은 아스퍼거 장애 학생들과 상호작용하고 그들에게 사회적 지원을 제공한다. 아스퍼거 장애 학생들을 위한 특별한 목표는 타인과 즐겁게 지내는 방법, 동참이라는 감정을 경험하는 방법, 개인 간의 문제를 해결하는 방법, 다른 개인들의 조언을 즐기는 방법을 배우도록 하는 것이다. 교육자나 말-언어치료사의 역할은 '또래 집단'이 아스퍼거 장애 학생에게 전략을 이행하는 동안 그들을 격려하고 지지하는 것인데, 이는 이 전략의 성공 여부에 매우 중요한 것이다.

## 내러티브 발달

학령기 아동과 청소년들은 교실이나 사회적 상황 모두에서 내러티브를 사용한다. 내러티브는 대화보다 더욱 복합적인 것인데, 화자가 언어학적 부하(linguistic load)를 전달하고 청자나 청중은 상대적으로 수동적인 역할을 담당하기 때문이다. 대조적으로 대화에서는 다수의 참여자가 정보를 주고받는 책무를 공유한다.

**내러티브의 유형** 어린 아동들(약 5~6세)은 최소한 다음의 네 가지 유형의 내러티브를 산출한다(Stein, 1982, Owens 2001에서 재인용).

**논의 요점**
교육자나 말-언어치료사가 아스퍼거 장애 학생들의 화용 능력을 증진시키기 위해 구사할 수 있는 또 다른 유형의 전략은 무엇인가?

① 열거(recounts): 개인적 경험에 관한 이야기(story)를 말하거나 또는 읽어 본 이야기를 다시 말하는 것이다. 일반적으로 아동과 경험을 공유한 적이 있는 성인이 이러한 열거를 자극한다. 경험은 공유된 것이므로, 성인은 아동이 충분한 정보를 산출하지 못할 때 추가적인 세부 정보를 제공해 줄 수 있다.

② **설명**(accounts): 열거와 마찬가지로 일종의 개인적인 내러티브(narrative)의 한 유형이다. 그렇지만 설명은 자발적인 것이다. 열거와는 달리, 설명에서는 성인에게 이야기 내용과 관련하여 함께 공유한 경험이 없다. 따라서 성인이 아동에게 자극을 주거나 또는 빠진 정보를 채워 줄 수 없으므로 설명은 고도로 개인화된 것이라 할 수 있다.

③ **중계방송**(event casts): 스포츠 경기가 벌어지는 동안 해설자가 행하는 중계방송과 유사한 것이다. 이는 현재의 상황이나 사건에 대해 일어난 그대로를 기술하는 것이다. 아동은 종종 놀이 중에 타인의 행위를 가리키기 위해 이러한 형식을 사용하기도 한다.

④ **가상 이야기**(fictionalized stories): 지어낸 것으로서 일반적으로 어떤 시련이나 문제를 극복해야 하는 주인공이 등장하는 이야기다. 이 용어는 달리 가상적 내러티브(fictional narratives)라고도 한다.

**성숙한 내러티브의 요인(elements of mature narratives)** 학령기 초기에 아동은 자신이 말하는 이야기의 내용과 전개, 인과적 구조를 조작하기 시작한다. 인과성과 관련하여 학령기 아동은 이야기를 말하면서 시간 측면에서 전후 방향 모두로 전개하는 방식을 배우지만, 어린 아동은 시점을 오직 앞으로만 진행해 나갈 수 있다. 학령기 아동의 이야기에는 또한 타인의 신체적 및 정신적 상태와 특정 행위의 동기에 대한 진술이 출현하기 시작한다. 아동이 성숙함에 따라 그들의 이야기에는 점차 여러 개의 일화들이 담기기 시작한다. 일화(episode)란 하나의 문제나 위기 그리고 그 해결과 관련된 모든 요소들에 관한 진술을 말한다. 5~6세의 아동이 이야기 내에 오직 하나의 일화만을 포함시킨다면, 좀 더 큰 아동은 2개 혹은 그 이상의 일화를 포함시킨다.

**이야기 문법**(story grammar)이란 이야기의 구성 요소(예: 주인공, 배경, 일화)뿐 아니라 그 요소들을 어떻게 조직할 것인가를 지배하는 규칙들을 말한다. 일반적으로 영어에서의 이야기 문법은 배경(setting)과 일화 구조(episode structure)로 구성된다. 〈표 8-4〉에는 이야기 문법의 구성 요소가 요약되어 있다. 초등 학령기가 끝날 무렵이면 아동은 종종 이 중 많은 것 또는 전부를 이야기 속에 포함시키게 된다.

〈표 8-4〉 이야기 문법의 구성 요소

| 요소 | 설명 | 예 |
|---|---|---|
| 배경 진술 (setting statement) | 등장인물 소개, 그들의 습관적 행동과 사회적 · 신체적 · 시간적 맥락 기술, 주인공 소개 | 한 소년이 있었지. 그리고 |
| 계기 사건 (initiating event) | 이를테면 지진과 같이 특정 자연 현상 속에서 등장인물(들)의 행동을 유발하는 사건, 보물과 같이 무엇인가를 추구하는 개념, 또는 누군가를 붙잡는 것과 같은 등장인물 중 한 사람의 행동 | …… 그는 해적에게 납치되었는데 |
| 내적 반응 (internal response) | 계기 사건에 대한 등장인물의 정서, 생각, 의도와 같이 등장인물이 보이는 반응으로, 내적 반응은 등장인물에게 동기를 제공한다. | 그는 자기 개를 보고 싶어 했어. |
| 내적 계획 (internal plan) | 목적을 이루기 위한 등장인물의 전략을 말한다. 어린 아동은 이 요소를 거의 생략한다. | 그래서 그는 탈출하기로 마음먹었지. |
| 시도 (attempt) | 목적 달성과 같은 특정 결과를 초래하는 등장인물의 외현적 행위 | 그들이 모두 식사를 하고 있을 때, 그는 밧줄을 끊었어. 그리고 |
| 후속 결과 (direct consequence) | 시도한 결과에 따르는 목적 달성의 성공 및 실패 여부 | …… 도망쳐 버렸어. |
| 반응 (reaction) | 결과 또는 앞서 일련의 사건들에 대해 등장인물이 가지는 감정 상태나 생각 또는 등장인물의 특정 행위 | 그리고 그는 어떤 섬에서 자기 개랑 함께 살았지. 그리고 그들은 매일 모래밭에서 놀았어. |

출처: From Owens, Robert E. *Language Development: An Introduction*, 5/e © 2001. Published by Allyn and Bacon, Boston, MA. Copyright © 2001 by Pearson Education. Reprinted by permission of the publisher.

**표현적 정교화** Ukrainetz와 동료들(2005)은 **표현적 정교화**(expressive elaboration)라는, 이야기 말하기의 풍부하고 예술적인 방식 속에 담겨 있는 내러티브 요소의 조합에 대해 기술하였다. 그것은 내러티브에 포함된 이야기 문법에 추가되어 이야기의 전체적인 표현적 질을 강화시킨다. 이 연구자들은 293명의 5~12세 아동들의 이야기를 조사하고, 아동들의 표현적 정교화 발달을 다음의 세 가지 범주에 입각하여 분석하였다.

① 부가(appendages): 청자에게 이야기가 진행 중이거나 끝났음을 알려 주는 단서(예: "옛날 옛적에……"와 같은 형식적인 이야기 도입 표현, 이야기가 시작되기 직전에 제공하는 전체적인 요약, "끝[The end]"과 같은 형식적인 이야기 종료 표현)다.

② 소개(orientations): 배경이나 등장인물에 대해 보다 상세히 기술하는 요소(예: 등장인물의 이름, 등장인물 간의 관계, 등장인물의 개인적 특징)다.

③ 평가(evaluations): 이야기 화자(narrator)가 자신의 관점 또는 등장인물의 관점을 전달하는 방식(예: 흥미로운 수식어, 강조를 위한 반복, 내적 감정을 나타내는 낱말, 대화와 같은 방식들을 사용)이다.

이 연구의 결과, 표현적 정교화의 세 가지 주요 범주 모두 아동의 연령에 따라 증가하는 것으로 나타났다. 아동들을 세 연령 집단으로 분류했을 때, 5~6세 아동은 7~9세 아동 및 10~12세 아동과 이 세 범주의 사용에서 차이를 보였다. 그렇지만 7~9세 아동과 10~12세 아동들은 오직 소개의 범주에서만 통계적으로 차이가 났다.

## 학령기 아동과 청소년, 성인의 개인적인 언어 성취에 영향을 미치는 요소

유아, 아장이, 학령 전 아동들과 마찬가지로 학령기 아동, 청소년, 성인들은 언어 발달과 관련하여 몇 가지 측면에서 각각 동년배들과는 서로 다른 점들을 보인다. 이 절에서는 학령기 및 그 이후의 언어 발달 및 사용에서의 성 차이에 관해 설명할 것이다.

학령기와 청소년기에는 어휘나 대화 스타일에 있어서 남성과 여성 간의 성차가 나타나게 된다. 많은 사람들이 이러한 차이가 얼마나 큰 것인가에 대해서는 이미 잘 알고 있는데, 이는 주로 Deborah Tanen(1991)의 『당신은 이해하지 못한다: 대화할 때의 남성과 여성(*You Just Don't Understand: Women and Men in Conversation*)』과 John Gray(1993)의 『화성에서 온 남자, 금성에서 온 여자: 의사소통의 개선 및 관계 속에서 원하는 바를 얻기 위한 실질적 지침(*Men Are from Mars, Women Are from Venus: A Practical Guide for Improving Communication and Getting What You Want in Your Relationships*)』의 영향 때문일 것이다. 이 유명한 책들은 성에 따른 언어적 차이가 타인과의 관계나 일상의 상호작용에 얼마나 중요한지를 잘 묘사하고 있다.

앞의 장들에서 논의하였듯이, 남성과 여성 간의 언어 발달에서의 차이는 초기 연령, 어쩌면 심지어 태어나는 그 순간부터 나타나기 시작한다. 연구 결과들은 언어의 사회화가 이러한 차이에 커다란 역할을 한다는 것을 입증하였다. 예를 들어, 부모들은 아들보다는 딸에게 감정적인 부분을 보다 자주 언급하며 슬픔이나 미움과 같은 부정적 정서 역시 딸에게 더 자주 설명한다(Adams, Kuebli, Boyle, & Fivush, 1995). 부모-아동 대화의 정서적 내용에서의 차이는 아동이 이후 6세경에 드러내는 정서적 언급과도 관련이 있다. 소녀들은 특별한 정서적 용어들을 소년들보다 더 많이 사용한다(Adams et al., 1995). 이제는 성차가 영향을 미치는 주요 두 가지 언어 영역, 즉 (1) 어휘 사용 및 대화 스타일, (2) 대화 화용론(conversational pragmatics)에 대해 논의할 것이다.

## 어휘 사용과 대화 스타일에서의 성차

어휘 사용 및 대화 스타일에서의 남녀 간 차이를 입증해 주는 양적, 질적 증거들이 있다. 최근의 많은 연구들보다는 1960년대부터 1980년대 초반까지의 연구 결과들이 성에 따라 어휘 사용과 대화 스타일에 있어서 커다란 차이가 있음을 밝힌 바 있다. 예를 들어, 과거의 연구들은 여성이 please나 thank you와 같이 보다 정중한 낱말들을 더 많이 사용하는 반면, 남성은 보다 거칠거나 선언적인 말을 더 자주 한다고 하였다(Grief & Berko Gleason, 1980). 다른 선행 연구들은 남성의 언어가 여성의 것보다 더 단호하며, 여성 언어는 다음과 같은 세 가지 특징을 포함하는 보다 덜 단호한 스타일이 반영된 것임을 밝힌 바 있다(Lakoff, 1975).

① 부가의문문(tag questions)을 더 많이 사용한다("You like lasagna, don't you?").

② 서술문(declarative sentences)에서 억양을 올림으로써 서술한 내용을 의문형 처럼 들리도록 한다.
③ 명령형보다는 정중한 요구(polite requests)를 더 자주 사용한다.

그렇지만 보다 최근의 연구들은 언어의 사용에는 성차에 따른 효과보다 맥락이나 사회적 신분이 미치는 효과가 더 크다는 점을 시사하고 있다(예: Dixon & Foster, 1997; Hannah & Murachver, 1999; Koike, 1986; Robertson & Murachver, 2003). 그 한 예가 **안전책**(hedges), 즉 about, sort of, you know, possibly, perhaps와 같이 명확하지 않고 다소 모호한 입장을 드러냄으로써 발화를 부드럽게 만드는 언어적 장치와 관련된 것이다. Dixon과 Foster(1997)는 대화 중 화자의 안전책 사용에 있어 성에 따른 효과가 없었지만 발화 맥락의 효과는 있었음을 발견하였다. 특히 이 연구에서 남성과 여성 모두 비경쟁적 맥락에 비해 경쟁적 맥락에서는 안전책을 더 적게 사용했으며, 남성에게 말할 때에는 여성에게 말할 때에 비하여 두 집단 모두 안전책을 더 많이 사용한 것으로 나타났다.

학령기 아동 역시 내용에 따라 남성 취향적 스타일과 여성 취향적 스타일에 맞도록 자신의 말을 조정해 낼 수 있다. Robertson과 Murachver(2003)는 학령기 아동이 대화 상대자의 성별과는 무관하게 상대자의 말에 따라 자신의 말을 조절하는 모습을 발견하였다. 예를 들어, 아동은 대화 상대자가 부가의문문이나 순응의 표현들(여성 취향적 말 스타일)을 사용할 경우에는 자신도 이러한 표현을 더 많이 사용하였고, 상대자가 부정적 진술, 반대, 지시적 표현들(남성 취향적 말 스타일)을 사용했을 때는 자신도 이러한 말 스타일을 사용하였다.

## 대화 화용론에서의 성차

남성과 여성들은 사용하는 언어의 **종류**(kind)뿐 아니라, **어떻게**(how) 언어를 사용하는가에서도 다르다. 예를 들어, 신체 자세나 눈 맞춤도 남성과 여성에 따라 서로 다르다. 여성은 일반적으로 대화 상대자를 정면으로 응시하고 눈을 맞추는 것에 비해, 남성은 상대와 더 거리를 두고 눈 맞춤도 덜 하는 경향이 있다(Tannen, 1994). 남성은 또한 여성보다 대화 화제를 더욱 자주 변경시키는 반면, 여성은 대

남성과 여성은 각자가 사용하는 언어의 종류에서뿐 아니라, 언어를 사용하는 방식에서도 서로 다르다.
사진 출처: © Michael Keller/Corbis.

화 화제들을 보다 철저히 고수한다(Tannen, 1994). 여성은 uh-huh나 yeah와 같은 삽입어(filler)를 남성보다 더 많이 사용함으로써 자신이 화제에 관심이 있음을 표현한다. 또한 여성은 일반적으로 오직 메시지를 명료화해야 하거나 화자를 도와야 할 경우에만 화자의 말을 끊는 경향이 있다. 남성과 여성은 대화에서 화제가 유지되는 비율과 관련하여 큰 차이가 있다. 비록 대화 안으로 화제를 도입시키는 일은 여성이 보다 자주 하지만, 이러한 화제는 오직 약 36%만이 유지된다. 그러나 남성이 도입한 화제는 96%가 유지된다(Ehrenreich, 1981, Owens, 2001에서 재인용). 어휘 사용에서 남성과 여성의 대화 화용론은 성보다는 맥락에 더 영향을 받는다. 여러 다양한 상황적 맥락에 따르는 남성과 여성의 대화 방해를 비교한 43개의 연구들을 메타분석한 K. J. Anderson과 Leaper(1998)의 연구는 성에 따른 이러한 차이들을 탁월하게 요약해 놓았다.

## 연구자와 임상가는 학령기 및 학령기 이후의 언어 발달을 어떻게 측정하는가

연구자와 임상가들은 표준화 검사, 자연스러운 언어 상황에서의 언어 표본 수집 및 발화 유도 절차 등을 통해 학령기 언어 발달을 다양한 방식으로 측정한다. 이 절에서는 학령기 및 그 이후에 사용되는 여러 평가 유형을 기술한 다음, 언어의 형식, 내용, 사용에서의 발달을 측정하는 방식들에 대해 논의할 것이다.

### 평가 유형

임상가, 연구자 또는 교사들이 언어 발달을 측정하는 방식은 주로 그들이 측정을 하는 이유에 따라 달라진다. 교육자들은 자신들이 사용할 언어 학습 활동에 관한 지침을 얻고자 할 때, 그리고 언어가 발달되어 가는 **과정**(process)에 주목하고자 할 때 **형성 평가**(formative evaluations)를 사용한다. 예를 들어, 교사들은 새로운 교과 단위를 시작하기에 앞서 아동들에게 그 교과 단원에서 직면하게 될 특정 낱말들에 대해 정의해 보도록 요구함으로써 그들의 어휘 지식에 대한 비공식적 형성 평가를 시행해 볼 수 있다. 이후 교사는 그 단원을 진행하는 동안 아동이 알지 못하는 낱말에 초점을 둘 수 있다.

반대로 언어 학습 및 언어 발달의 산물이나 최종 결과에 대해 주목하고자 할 때는 **요약 평가**(summative evaluations)를 사용한다. 예를 들어, 임상가는 어휘 수준을 동년배 수준으로 상향시키기 위해 설계된 1년간의 어휘 중재에 참여한 아동의 수행을 평가하기 위하여 PPVT-III(Peabody Picture Vocabulary Test, third edition; Dunn & Dunn, 1997) 또는 PPVT-4(Dunn & Dunn, 2006)와 같은 어휘 지식에 관한 요약 평가를 시행할 수 있다.

과정 대 결과에 주목하는 것 외에도, 교육자들은 학령기 아동의 언어 발달을 위한 보다 특별한 목표를 염두에 둘 수도 있다. 이러한 목적을 이루기 위해 그들은 다음과 같은 네 가지 형태의 평가를 사용한다.

① **선별 검사**(screenings)는 일반적으로 학령기가 시작되는 시점(또는 그 밖의 핵심적 발달의 간극이 존재하는 시점)에 특정 영역에서 특별한 지원이 요구되는 아동들을 가려내기 위해 실시하는 간단한 평가를 말한다.

② **진단 평가**(diagnostic assessments)는 특정 아동의 교육적 요구에 대한 상세한 지침을 얻기 위해 학령기 동안 어느 때든 시행될 수 있는 평가를 말한다. 이 평가는 전형적으로 언어장애를 판별하기 위해 사용된다.

③ **진전 점검 평가**(progress-monitoring assessments)는 일정 영역에서 아동의 개선 비율을 기록하거나 또는 교과 과정이나 중재의 효율성을 점검하기 위해 정기적으로(최소한 연간 3회) 시행되는 평가다.

④ **결과 평가**(outcome assessments)는 특정 영역에서 예상된 결과와 관찰된 결과 사이의 차이를 확인하도록 돕는다.

## 언어 내용 평가

연구자나 임상가들은 자발적으로 생성된 언어 표본을 분석함으로써, 그리고 구조화된 유도 절차(elicitation procedures)를 사용함으로써 아동의 언어 내용 영역을 평가할 수 있다. 표준화 검사 역시 어휘 의미, 추상적인 관계적 의미, 상징언어에서의 성취들을 포함하여 학령기 아동의 언어 내용을 측정하기 위해 사용된다.

### 어휘 의미 평가

연구자나 임상가들은 언어 표본이나 유도 절차를 이용하여 아동의 어휘 의미에 대한 이해 정도를 측정할 수 있다(Lund & Duchan, 1993). Lund와 Duchan은 언어 표본을 분석하는 다음과 같은 절차를 제안하였다.

① 표본으로부터 낱말을 성인의 방식과는 다르게 사용한 예를 분석한다(예: 과잉일반화와 과소일반화, 부정확한 참조물).

② 표본으로부터 특정 낱말을 대치하여 사용한 몸짓, 대명사, 불명확하거나 특이한 용어들을 분석한다. 이것은 아동이 가지는 특정 의미 범주(예: 움직임 관련 동사, 상위 범주 용어)에서의 결함을 밝혀 줄 수 있다. 이 결함이 하나의

범주에 국한된 것인지 혹은 복수의 범주인지를 결정한다.

③ 표본으로부터 명사 수식어나 접속사와 같은 특정 낱말 범주가 결여되어 있는지를 조사한다.

아동의 어휘 의미를 조사하기 위한 유도방식에는 아동에게 낱말을 정의하도록 하는 방식(아동이 그것을 부정확하게 사용하고 있다고 의심될 경우)과 의심이 가는 낱말 범주를 사용하도록 구조화시킨 놀이방식이 포함된다. 예를 들어, 사이먼 가라사대 게임(Simon Says game)은 아동으로 하여금 "사이먼 가라사대, 뛰어 올라라. 이제 기어가라……." 와 같이 말하게 함으로써 움직임 관련 동사(motion verbs)를 사용해 보도록 유도할 수 있다.

어휘 의미를 측정하는 표준화 검사에는 앞서 언급한 PPVT-III(Dunn & Dunn, 1997)나 PPVT-4(Dunn & Dunn, 2006), TOWK(Test of Word Knowledge; Wiig and Secord, 1992)와 같은 것들이 있다. 우리는 제7장의 학령 전 아동의 언어 발달 평가를 다룬 절에서 PPVT- III를 언급한 바 있다. 연구자나 임상가들이 PPVT-III와 PPVT-4를 성인기 전역에 걸쳐 사용할 수 있다는 사실은 학령기 아동과 청소년들에게 특별한 중요성을 가진다. PPVT는 **수용어휘**(즉, 사람들이 이해하는 낱말)에 대한 규준 참조적인 검사임을 상기하라.

TOWK는 5~17세 아동에게 적합하며, 어휘 이해 및 사용 능력을 검사하여 학생의 의미 어휘적 지식을 평가한다. PPVT와 비교하여, 이 검사는 아동의 어휘 능력에 대한 보다 포괄적인 분석을 제공한다. 연구자와 임상가들은 TOWK를 포괄적 언어 진단 검사의 한 부분으로 사용할 수 있다. 이 도구의 수준 1(Level 1, 5~8세용)은 표현어휘, 낱말 정의, 수용어휘 및 반의어 낱말을 측정하는 하위 검사를 포함한다. 그리고 5~8세용 선택적 하위 검사는 동의어를 측정한다. 수준 2(Level 2, 8~17세 용)는 낱말 정의, 다중적 맥락, 동의어, 상징언어 사용을 측정하는 하위 검사를 포함한다. 보조 하위 검사는 반의어 낱말, 수용어휘, 표현어휘, 접속사 및 접속 부사(transition words)를 다룬다. 검사 개발자들은 임상가들이 TOWK를 의미 지식이 높은 학생을 판별하기 위한 영재 평가 자료로도 사용할 수 있음을 제안하고 있다.

### 추상적인 관계적 의미 평가

연구자와 임상가들은 언어 표본이나 유도 절차를 이용하여 추상적인 관계적 의미(abstract relational meaning)에 대한 아동의 이해를 분석할 수도 있다. 그들은 언어 표본으로부터 전사된 언어를 다시 조사하는데, 이때는 특히 아동이 전치사와 같은 관계어들을 어떻게 사용하는지에 관심을 가진다. 아동이 공간 전치사(예: among, between, through)와 같은 관계어를 사용한다면 특정 사물의 **속성**(properties)에 관한 것뿐 아니라 **상태**(state)에 관한 것 역시 이해하고 있는 것이다. 인지 이론가들은 이러한 아동들의 추상적인 관계어 사용에 특히 관심을 가진다.

유도 절차는 아동에게 지시 따르기, 이야기 다시 말하기, 상위언어적 과제를 수행하게 하는 것과 관련이 있다. 아동에게 지시 따르기를 실시하면서 연구자나 임상가들은 아동들의 공간 전치사(Put the ball under the cup) 또는 여격 관계(dative relations; Give the monkey the cat 대 Give the cat the monkey)에 대한 이해 수준을 평가할 수 있다.

이야기 다시 말하기에서는 검사자가 아동에게 특정 언어적 장치들(예: first, second, third와 같은 시간 표지)이 포함된 이야기를 말해 주면서 그것들이 이야기 속에서 조직되는 방식을 모델링해 준다. 그다음 아동이 그 이야기를 다시 말하기 하면 검사자는 모델링된 특징들이 이야기 속에 통합되어 있는지를 경청한다.

상위언어 과제에서 검사자는 아동에게 다음과 같은 진술을 제공한 후에 그것을 반추하고 분석하며 해석하도록 한다(Lund & Duchan, 1993).

"John will go and Henry will go. Who will go?"
(존이 갈 것이고 헨리가 갈 것이다. 누가 갈 것인가?)
"John will go or Henry will go. Who will go?"
(존이 가거나 헨리가 갈 것이다. 누가 갈 것인가?)
"John will go so Henry will go. Who will go?" (p. 262)
(존이 갈 것이므로 헨리가 갈 것이다. 누가 갈 것인가?)

### 상징언어 평가

자발적 발화에서 아동들의 상징언어(figurative language) 사용은 빈도가 낮기 때문에 은유, 관용어, 격언과 같은 그들의 상징언어 이해를 평가하기 위해서는 유도 절차 사용이 최선의 선택이 될 수 있다. 연구자나 임상가들은 아동의 은유 이해를 평가하기 위해 인터뷰 형식의 절차를 이용할 수 있는데, 이 방식에서는 아동들에게 특정 낱말의 문자 그대로의 의미를 제시한 후에 그 낱말이 은유적으로 사용된 문장을 설명하도록 요구한다.

관용어 이해를 평가하는 적절한 방식은 그림 선택 과제(picture selection task)를 이용하는 것이다. 이 과제는 아동으로 하여금 특정 관용적 표현과 일치하는 내용의 그림을 고르도록 하는 것이다. 보다 나이 든 아동들의 격언 이해를 평가할 때는 아동에게 하나의 또는 여러 격언들이 가지는 의미를 설명하도록 단순히 요구하는 방식을 쓴다(예: "A stitch in time saves nine." 이라는 말에 숨겨진 의미를 설명해 볼래?).

## 언어 형식 평가

언어 형식 평가(assessment of language form)에서는 음운 발달 및 구문 발달을 평가한다. 이러한 유형의 언어 발달을 검사하는 몇 가지 방식은 다음과 같다.

### 음운 발달 평가

학령기 아동들의 음운 발달 평가에는 Goldman-Fristoe Test of Articulation-2(Goldman & Fristoe, 2000)와 같은 표준화 검사를 사용할 수 있다. 이 검사는 아동, 청소년 및 21세까지 적용 가능하다. 이 검사는 그림이나 구어 단서를 이용하여 자음의 자발적 산출이나 모방된 산출을 수집한다. 이후 검사자가 아동 또는 청소년이 다양한 맥락(예: 낱말 내의 중성 또는 종성 위치)에서 특정 말소리 또는 소리 시퀀스를 정확히 산출하는지를 확인한다.

### 구문 발달 평가

학령기 및 그 이후의 구문 발달 평가에는 언어 표본, 유도 절차 및 표준화 검사 중 무엇이든 사용 가능하다. 언어 표본은 진보된 구문을 측정할 때 유용하다. 이를 위해 연구자나 임상가들은 구어 또는 문어를 전사한 후 **의사소통 단위**

(communication units: C단위)나 **종결 단위**(terminable units: T단위)로 쪼개어 낸다. C단위와 T단위는 모두 독립절과 그 수식어구(예: 종속절)로 구성된다. C단위와 T단위의 차이는 C단위는 구어 분석에 사용된다는 점이다. C단위는 불완전한 문장이나 문장의 일부분을 분석할 수 있다. T단위는 문어 전사 자료(예: 글로 쓴 에세이), 그리고 오직 완전한 문장만을 분석할 때 쓰인다. 전사된 문장들을 T단위나 C단위로 분절한 후 이 단위들을 낱말의 평균 길이나 종속절을 포함하는 단위의 비율로 계산하는 것과 같은 다양한 방식으로 분석해 낸다. 단순히 표본에 담긴 단위의 수를 측정하는 것 역시 아동이 산출한 언어의 양, 즉 **언어 생산성**(language productivity)에 관한 중요한 정보를 제공해 준다. 언어 표본을 수집한 연구자나 임상가는 아동이 구어나 문어 표본에서 산출한 명사구, 동사구, 의문문, 부정 표현 장치의 수나 유형을 조사하는 것에 역시 관심을 가진다.

유도 절차도 보어, 동사절, 복수절(multiclause) 발화, 의문문 형태, 부정 등을 포함하는 보다 진보된 구문을 검사하는 데 유용하다. 예를 들어, 아동에게 실현 불가능한 내용이 담긴 그림을 보여 주는 일은 동사절을 유도하는 좋은 방법이 될 수 있다. 왜냐하면 아동은 그 그림을 보고 무엇이 잘못되었는지 말할 수 있기 때문이다(예: "아기가 코끼리를 붙잡았어!"). 부정 형태를 유도하기 위해 검사자는 눈앞에는 존재하지 않는 어떤 사물이 필요한 상황을 구성해 낸다. 예를 들어, 어떤 부정 형태("펜이 안 써져요.")를 유도해 내기 위해 아동에게 펜(잘 써지지 않는)과 종이를 주고 무엇인가를 그리도록 요구할 수 있다. 그 밖에 고장 났거나 작동하지 않는 사물들 역시 부정 형태를 유도하는 데 사용된다.

구문 발달 측정에 사용되는 표준화 검사 중 하나는 TOLD-I:3(Test of Language Development-Intermediate, Third Edition; Hammill & Newcomer, 1997)다. TOLD-I:3는 8세에서 12세 11개월까지의 아동에게 적합하다. 이 검사는 아동의 구어 낱말의 이해 및 사용뿐 아니라 그 밖의 다른 문법 측면에 대한 평가에도 사용될 수 있다. 구문을 측정하는 TOLD-I:3의 하위 검사에는 문장 결합, 낱말 순서, 문법적 이해가 포함되어 있다. TOLD-I:3는 다른 표준화 검사들과 마찬가지로 언어장애로 진단될 정도로 언어기술의 심각한 지체를 보이는 학생들의 평가에 유용하다.

## 언어 사용 평가

연구자와 임상가들은 언어 표본을 이용하여 학생들이 대화 중 그 화제를 통제하는 능력과 화제에 포괄되는 적절한 반응 대 부적절하고 화제를 벗어난 반응을 보이는 정도를 측정함으로써 그들의 언어 사용 능력을 평가할 수 있다. Justice와 Kaderavek(2003)은 학령 전 언어장애 아동과 그들의 어머니 사이의 담화 패턴을 조사하는 코딩 시스템을 개발하였다. 연구자나 임상가는 이 시스템을 학령기 아동 및 청소년에게도 적용시킬 수 있다. 〈표 8-5〉에는 한 아동이 대화에 참여하는 양상을 조사하기 위해 사용되는 담화 코드에 관한 설명이 제시되어 있다.

**논의 요점**
설득적인 글쓰기 과제를 유도해 내기 위해 사용될 수 있는 기타 화제들에는 어떤 것들이 있는가?

학령기 아동들의 언어 사용 능력을 측정하기 위한 표준화 검사 중 하나는 TLC-Expanded(Test of Language Competence—Expanded Edition; Wiig & Secord, 1989)다. TLC-Expanded의 하위 검사는 보다 상위 수준의 언어 기능들, 즉 모호한 문장, 듣기 이해: 추론하기, 구어 표현: 화행(speech acts) 재현, 상징언어를 평가한다. TLC-Expanded에는 보조 검사로서 기억 하위 검사와 학생들에게 심화

〈표 8-5〉 담화에서의 상호작용 조절을 분석하는 코딩 시스템

| 범주 및 코드 | 설명 |
|---|---|
| NTO | 신규 화제(new topic): 대화 상대가 새로이 화제를 도입하는 발화를 산출. 그 화제가 대화 상대자들 간 최근 발화의 초점이 아니라면 새로운 것으로 간주된다. |
| OTO | 자기 화제(own topic): 상대가 자신의 신규 화제(NTO)의 개시 또는 기존의 공동 화제(JT)의 연장에 뒤이어 해당 화제에 대한 통제가 유지되는 발화를 산출 |
| PTO | 상대 화제(partner topic): 한 사람의 상대가 다른 상대가 산출한 이전의 신규 화제(NTO)의 개시 또는 자기 화제(OTO)의 지속적 산출과 관련되어 있는 발화를 산출 |
| JT | 공동 화제(joint topic): 한 상대가 자기 차례에서 동일한 화제(PTO)와 연관된 발화를 산출. 그 발화는 짧을 수도 있고 길 수도 있다. |
| EXT | 화제 연장(extension of topic): 한 상대가 자신의 공동 화제(JT)를 연장하는 발화를 산출 |

출처: From "Topic Control During Shared Storybook Reading: Mothers and Their children with Language Impairments," by L. M. Justice and J. N. Kaderavek, 2003, *Topics in Early Childhood Special Education, 23*, p. 142. Copyright 2003 by PRO-ED. Adapted with permission.

검사 실시 여부를 결정하기 위한 선별 검사도 포함되어 있다. 이 검사의 수준 1(Level 1)은 5~9세에 적용하고, 수준 2(Level 2)는 10~18세에 적용한다. 연구자들이 언어의 사용을 포함한 후기 언어 습득 발달을 평가하기 위해 사용하는 패러다임에 관한 논의는 〈연구 패러다임: 후기 언어 발달 평가〉에 제시되어 있다.

연구 패러다임

### 후기 언어 발달 평가

후기의 구문, 의미, 화용 영역에서의 언어 발달을 평가하기 위해, 연구자들은 구어 검사에 추가하여 문어를 검사한다. Nippold, Ward-Lonergan과 Fanning(2005)은 설득적인 글쓰기 과제(persuasive writing task)를 이용하여 아동과 청소년, 성인들을 대상으로 구문, 의미, 화용 영역에서의 발달을 조사하였다. 참가자들에게 서커스 공연을 위한 동물 조련에 대한 반론을 자필로 쓰도록 한 후, 검사자들은 이 에세이에 나타나는 구문, 의미, 화용 발달을 특별한 지수들로 코딩하였다. 그들은 11~24세의 참가자들에 의해 제공된 이러한 발달적 정보가 구문, 의미, 화용 영역에서의 후기 발달에 관한 기대 성취 수준을 확립하는 출발점이 될 것이라고 제안하였다. Nippold와 동료들은 또한 자신들의 연구 결과는 설득적인 글쓰기에 중요한 이러한 언어 영역에 어려움을 가지는 개인들을 위한 시사점을 가진다고 주장하였다.

후기 언어 발달은 글쓰기 양식을 통해서도 평가될 수 있다.
사진 출처: Scott Cunningham/Merill.

# 요 약

우리는 초기 언어 발달과 학령기 언어 발달을 구별해 주는 주된 언어 과정에 대한 논의로 이 장을 시작하였다. 이 과정은 언어 입력 원천의 전환 그리고 상위언어 능력의 습득을 말한다. 학령기 아동은 문어 텍스트를 통한 확장된 언어 입력을 가지기 시작하며, 상징언어에 접했을 때와 같이 언어를 하나의 관심 대상으로 분석하는 작업에 참여하게 되면서 상위언어 능력이 증가한다.

두 번째 절에서는 학령기 및 그 이후의 언어 내용, 형식, 사용에서의 주요한 성취에 관해 설명하였다. 언어 내용과 관련된 특정 성취에는 직접 교수, 맥락으로부터의 추출, 형태론적 분석을 통한 어휘 발달; 다중적 의미의 이해; 어휘 및 문장의 모호성 이해; 정교한 명사구, 부사어, 접속어, 정신적 및 언어적 동사의 사용을 통한 문해언어 스타일의 발달이 포함된다. 언어 형식과 관련된 특정 성취에는 복합 구문의 발달(이 중 일부는 문어 양식에서 주로 사용), 파생접두사 및 파생접미사와 같은 형태론적 형식 발달, 형태 음소론적 변화와 강세 및 강조의 사용과 관련된 음운론적 형태 발달이 포함되어 있다. 언어 사용과 관련된 특정 성취에는 기능적 유연성, 대화 붕괴를 감지하고 이를 교정하는 등의 대화기술, 표현적 정교화의 사용 등을 포함하는 내러티브 발달이 포함된다.

세 번째 절에서는 개개 언어 능력에 따라 학령기 아동, 청소년, 성인들이 어떻게 서로 다른지에 관하여 논의하였고, 언어 형식과 사용에 영향을 미치는 성차 및 맥락의 영향에 관해 논의하였다. 마지막으로는 연구자와 임상가들이 학령기 및 그 이후의 언어 내용, 형식, 사용에서의 발달을 측정하는 방식에 대해 설명하였다. 특히 언어 발달 및 언어 능력을 평가하기 위해 사용하는 자연스러운 언어 표본, 유도 절차, 표준화 검사에 관해 설명하였다.

# 핵심 용어

격언(proverbs) 364
결과 평가(outcome assessments) 389
과장(hyperbole) 362
관용어(idioms) 362
기능적 유연성(functional flexibility) 378
다의적(polysemous) 371
동음이의어(homonyms) 372
동음이형어(homophones) 372
동형이의어(homographs) 372
문장의 모호성(sentential ambiguity) 372
문해언어(literate language) 373
상위언어 능력(metalinguistic competence) 359
상징언어(figurative language) 360
선별 검사(screenings) 389
심층 구조의 모호성(deep-structure ambiguity) 373
어휘적 모호성(lexical ambiguity) 372
역설(irony) 363
요약 평가(summative evaluations) 388
은유(metaphor) 360
음운적 모호성(phonological ambiguity) 373
의사소통 단위(communication units: C units) 392
읽기 전 단계(prereading stage) 355
종결 단위(terminable units: T units) 393
직유(similes) 361
진단 평가(diagnostic assessments) 389
진전 점검 평가 (progress-monitoring assessments) 389
표면 구조의 모호성 (surface-structure ambiguity) 373
표현적 정교화(expressive elaboration) 383
형성 평가(formative evaluations) 388
형태 음소론적 발달 (morphophonemic development) 377

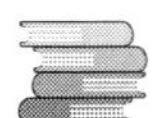

오디오 샘플, 관련 웹사이트, 추천 도서 및 혼자 풀어 보는 퀴즈를 포함하여 이 장의 내용과 관련된 온라인 자료를 구하려면 웹사이트 http://www.prenhall.com/pence를 찾아보라.

**제9장**

# 언어의 다양성

## ❐ 핵심 문제

이 장에서 우리는 다음의 네 가지 문제에 관해 살펴볼 것이다.

1. 언어와 문화 사이에는 어떠한 관련성이 존재하는가?
2. 언어는 어떻게 진화하고 변화하는가?
3. 이중언어와 제2언어 습득이란 무엇인가?
4. 제2언어 습득에 관한 주요 이론들은 무엇이며, 그것이 임상에 주는 시사점은 무엇인가?

세상 사람들 대부분은 일생 동안 하나 이상의 언어를 습득한다(Grabe, 2002). 사실상 세계 인구의 약 60~75%가량이 하나 이상의 언어를 말한다(C. Baker, 2000). 다중언어(multilingualism)는 인접국 국민들이 서로 다른 언어를 말하는 지역에서는 더더욱 지배적인 현상이다. 예를 들어, 유럽연합(EU)은 회원국 간의 다중언어를 권장하며, 특히 시민들에게 모국어 외에도 2개의 언어를 더 배워야 한다고 주장한다. 언어를 공유하는 사람들은 중요한 공통적 유대의식을 가지는데, 언어란 개개 낱말의 의미 이상의 무엇인가를 전달하는 것이기 때문이다. 언어를 통해 역사, 전통 및 정체성, 간단히 말해 결국 인간 집단의 문화가 다가오는 것이다. 이 장에서는 우선 언어와 문화 사이의 관련성에 대해 논의할 것이다. 두 번째로는 방언에 따른 변이, 피진어(pidgins), 크레올어(creoles)를 통해 언어의 변천 및 진화 과정을 살필 것이다. 세 번째로는 이중언어와 제2언어 습득에 관해 논의하고, 마지막으로는 제2언어 습득과 관련된 지배적인 이론들 및 그에 따르는 임상적 시사점에 관해 논의할 것이다.

**논의 요점**
세상에 존재하는 언어의 정확한 수를 제시하는 일도, 특정 언어를 말하는 사람의 수를 측정하는 일도 가능하지 않다. 왜 그럴까?

## 언어와 문화의 관련성

### 언어와 문화의 상호 관련성

인류학자인 Franz Boas는 언어가 문화의 특징에 대해 성찰하는 개념적 사고와 형태를 반영한다고 보았다(Lucy, 1992). 더 나아가 언어학자이자 인류학자인 Edward Sapir(1921)는 문화와 분리된 언어란 존재하지 않는다고 진술하였다. 언어와 문화의 상호 관련성을 표현하는 이러한 견해들은 여러 차원의 의미를 갖는다. 사람들은 자신의 문화를 통해서 언어를 배우기도 하며(예: 상호작용 양식이나 언어의 사용역[register]과 같은 화용론), 반대로 언어를 통해 문화를 배우기도 한다(예: 문화적인 특정 현상을 기술하기 위한 어휘).

언어와 문화의 관련성은 종종 TV 쇼나 특히 같은 언어를 말하는 사람들 사이의 상호작용에서 명백히 드러난다. 미국은 문화적 용광로(melting pot; 역자 주: 여러 인종이 뒤섞여 사는 현상을 비유한 용어)로, 미국인들은 세계의 여러 문화로부터 단어나 구를 차용해 왔다. 이디시어(Yiddish)가 그 한 예다. 소설가이자 교수인 Michael Wex는 국영 라디오 프로그램인 프레시 에어(Fresh Air)에서 이디시어를 유창하게 말하는 사람은 적지만 거기서 유래된 많은 단어와 구들이 미국 영어에서 사용되고 있다고 논평하였다. Wex는 이디시어 낱말들을 기술하며 다음과 같이 말하였다.

> 이 낱말들은 기본적인 영어 번역으로는 표현할 수 없는 어떤 것들을 전달한다. 여기에는 당신이 갖지 못한 어떤 정서적인 색채가 있다……. 유대인들의 삶의 너무나도 많은 부분이 좌절을 극복하는 데 바쳐져 왔기 때문에, 많은 북미인들의 삶을 그려 내는 방식 안에는 이 이디시어 낱말들이 들어서서 그 빈틈을 채워 주어야 할 여백이라는 것이 존재한다. 한때는 매우 고상한 언어였던 영어는 더 이상 그러한 간극을 메울 만한 단어를 가지지 못한 것 같다(Gross, 2005).

언어와 문화가 밀착되어 있음을 받아들이는 일은 자연스러운 것 같지만, 이러한 과정에는 여전히 '그렇다면 무엇이 먼저인가?'라는 질문이 야기된다. 언어와 문화 간의 상호 관련성에 관한 한 가지 유망한 견해는 인간이 출현한 순간부터 우리는 언어의 사용을 **거치면서**(through) 동시에 언어의 사용을 **향해**(to) 사회화되었다는 것이다(Schieffelin & Ochs, 1986). 우리가 막 언어를 배우고 있는 유아나 어린 아동들과 상호작용하는 방식들은 우리가 언어 사용을 통해 그리고 언어 사용에 이르도록('through and to' language use) 타인들을 사회화시키는 방식에 관해 통찰할 수 있는 창을 제공해 준다.

## 영아 지향적 말

모든 문화는 어린 언어 학습자와 상호작용하는 저마다의 특별한 방식을 가지고 있다. 미국과 같은 서구 문화에서는 성인들이 **영아 지향적**(infant-directed: ID) 말이라고 불리는 독특한 말 등록기(speech register, 사용역)를 이용하여 출생 직후부터 유아들에게 직접적으로 말을 건다. 영아 지향적 말의 뚜렷한 특징은 성인 지향적(adult-directed: AD) 말에 비해 전반적으로 높은 음도, 과장된 음도 변화, 느린 템포를 보인다는 것이다. 영아 지향적 말은 효과적으로 유아의 관심을 끌고 지속시킬 수 있으며, 유아는 성인 지향적 말보다 영아 지향적 말을 더 선호하는 것으로 여겨진다(Cooper & Aslin, 1990; Fernald & Kuhl, 1987). 관심 유도 외에도, 영아 지향적 말은 모음의 명료화(Bernstein Ratner, 1986; Kuhl et al., 1997)와 낱말 학습 지원(Fernald, 2000; Fernald & Mazzie, 1991; Golinkoff & Alioto, 1995)과 같은 몇몇 측면에서 언어 습득을 촉진시킬 수 있다.

여러 서구 사회에서의 이러한 특별한 말 등록기(사용역)의 존재를 입증하는 명백한 근거에도 불구하고, 서구의 영아 지향적 말이 보편적인 것은 아니다. 미국 동부의 흑인 노동자 계층, 아타파스카 인디언(Athapaskan Indians), 사모아인(Samoans), 칼루아인(Kaluli)의 경우는 그 문화에 영아 지향적 말의 특징으로 요약될 만한 것들이 존재하지 않는 것으로 알려져 있다(Schieffelin & Ochs, 1986). 대신 Schieffelin과 Ochs는 성인과 어린 아동 간의 의사소통적 상호작용에서의 차이는 "의사소통, 의미, 아동의 사회적 위치에 따라 다양한 문화적 지향으로 아동을 사회화시키는 것" (p. 174)이라고 요약하였다. 예를 들어, 아타파스카 인디언 성인들은 아동에게 성인의 언어에 숨겨진 의미를 이해하지 못하는 채로 그냥 따라 할 것을 기대한다. 더욱이 그들은 아동의 불명료한 발화에 기저하는 의도들을 재형성해 주려 하기보다는 그 발화를 상황 및 문화적으로 적합한 다른 것으로 바꾸어 들려줌으로써 아동이 전통적인 맥락 특정적(context-specific) 반응에 익숙해지게끔 만든다. 미국 흑인, 사모아인, 칼루아인들은 일반적으로 아동의 불명료한 말에 대해서는 그것을 재형성하거나 또는 아동의 의도를 탐색하지 않고 그냥 무시해 버리는 경향이 있다. 따라서 여러 문화마다 영아 지향적 말은 그 **의사소통적 수용성**(communicative accommodation)이라는 측면에서 고도로 아동 중심적인(child centered) 것에서 고도로 상황 중심적인(situation centered) 것까지 다양한 범위를 이룬다.

극단의 아동 중심으로부터 극단의 상황 중심에까지의 연속선상에 의사소통적 수용성이 위치하는 정도는 아동의 연령에 따라서도 달라질 수 있다. 예를 들어, 칼루아인과 사모아인 부모들은 유아기와 초기 아동기 내내 고도의 상황 중심적 의사소통을 강조하는 반면, 마야인(Mayan) 부모들은 어린 유아와는 상황 중심적 의사소통을, 그리고 명료한 발화를 산출하기 시작하는 아장이와는 아동 중심적 의사소통을 사용한다.

**논의 요점**
어떠한 한 문화가 가지는 유아와의 주된 상호작용 양식은 그 문화가 초기 언어 발달을 조망하는 문화적 관점과 관련하여 우리에게 무엇을 말해 주는가?

# 언어는 어떻게 진화하고 변화하는가

## 방언

**방언**(dialects)은 발음, 어휘 및 문법 면에서 서로 차이를 보이는 지역 또는 사회적인 언어 변이를 말한다. 이와 달리 **악센트**(accent)는 오직 발음에서만 서로 다른 언어 변이를 말한다. 방언은 사람들이 산이나 강과 같은 지리적 장벽 또는 사회적 계층 간 차이와 같은 사회적 장벽으로 인해 분리된 지역에서 장기간에 걸쳐 발전된다. 거의 모든 언어마다 방언이 있다. 따라서 모든 이들이 방언, 즉 언어적 변이를 사용한다. 일반적으로 한 언어의 서로 다른 방언을 사용하는 사람끼리는 서로의 말을 이해할 수 있다. 그렇지만 사회적 계층의 차이로 인해 어떤 방언은 다른 방언들보다 더 상위의 것으로 존중되기도 하며, 때로는 특정 방언이 그 언어의 표준으로 간주되기도 한다. 예를 들어, 미국 표준 영어(Standard American English[SAE] 또는 General American English[GAE])는 미국에서 최상의 위치를 차지하며, 영국에서는 표준 발음(received pronunciation: RP)이 마찬가지의 대접을 받고 있다.

### 미국 영어의 지역 방언

미국 영어의 지역 방언(American English regional dialects)은 식민지 시절까지 거슬러 올라가는데, 당시는 영국의 여러 지역으로부터 이주한 사람들이 동부 해안을 따라 그리고 내륙의 여러 지역에 정착하기 시작했다(Wolfram & Schilling-Estes, 2006). 이 초기 정착민들은 지형학적 및 지역적으로 다른 저마다의 고유한 어휘 및 발화 양식을 신세계로 가져왔으며, 이를 자신들의 정착지에서 처음부터 살고 있던 원주민 부족의 어휘와 통합하거나 또는 원주민의 어휘를 그대로 사용하였다. 미국 영어에서 지역 방언의 생성과 유지에 작용한 몇 가지 요인들에는 언어 접촉, 인구 이동, 수송망 및 통신망의 확장, 문화적 중심지의 전환이 포함된다(Wolfram & Schilling-Estes, 2006).

**언어 접촉**(language contact)은 영어 이외의 언어를 사용하는 화자들이 주변 지역 영어의 발음, 문법 및 어휘들을 형성해 가는 과정을 말한다. 멕시코 국경 지역

방언이란 발음, 어휘 및 문법 측면에서 차이를 보이는 지역 또는 사회적 차원의 언어적 다양성을 말한다.
사진 출처: Mark Scott/Getty Images Inc.—Taxi.

의 히스패닉계가 영어에 영향을 미쳤던 것이나 아메리카 원주민이 미대륙 초기 정착민의 영어에 영향을 미친(특히 어휘 측면에서) 사실이 한 예가 될 것이다.

**인구 이동**(population movement), 즉 한 방언 지역에서 다른 지역으로의 이주는 방언의 유지에 두 가지 방식으로 영향을 미칠 수 있다. 첫 번째로, 다른 지역으로부터 이주민들이 쇄도하는 지역에서는 그 방언이 사라지기 시작한다. 최근 미국 남부의 몇몇 도시에서 이러한 예가 나타나고 있다. 예를 들어, 조지아 애틀란타, 롤리-더럼, 샬럿이 그러하다. 두 번째로, 문화적 및 지역적 정체성이 강한 지방에서는 고유한 방언이 더 많이 산출된다. 예를 들어, fixin'이라는 용어는 즉각적인 미래 시점의 행위 그리고 might could나 used to could와 같은 이중 양식(double modals)의 사용을 표현하는 것인데, 이는 현재 미국의 남부 방언에서는 용인되는 문법 구조로 남아 있다.

**수송망과 통신망의 확장**(expanding transportation and communication networks) 역시 두 가지 양상, 즉 사라지거나 더욱 강화되는 방식으로 지역 방언에 영향을 미칠 수 있다. 이러한 망(network)들은 미국 동부 해안에 위치한 작은 섬들처럼 과거에는 고립되었던 지역에 영향을 미치는데, 수송망의 확장 덕분에 이제는 여러 방언 지역의 관광객들이 운집하고 있다.

**문화적 중심지의 전환**(shifting cultural centers)도 방언의 변화를 초래할 수 있다. 한때는 대도시 지역만이 방언에 영향을 미칠 수 있었으나 이제는 시외 지역 역시 유사한 영향력을 가진다. 대규모 외곽 지역의 문화적 중심지가 어떻게 새로운 지역적 다양성에 생명을 부여했는지를 잘 보여 주는 한 예가 바로 캘리포니아식 영어인데, 대화 삽입구인 like뿐 아니라 dude나 awesome과 같은 낱말들을 도입시킨 장본인이 바로 이곳의 화자들이었다.

**남부 방언** 남부 방언(southern dialects)은 영어에서 나타난 상당히 현저한 변화 가운데 하나다(미국의 주요 방언 지역을 나타낸 [그림 9-1]을 보라). 비록 이 지역의 일반적인 방언은 미국 남부 방언이지만, 애팔래치아 영어, 스모키 산악지대의 방언, 찰스턴 방언, 텍사스 영어, 뉴올리언스 방언, 멤피스 방언과 같이 특별한 남부 방언들도 존재한다. 미국 남부의 방언들은 음운론, 문법, 어휘 면에서 몇 가

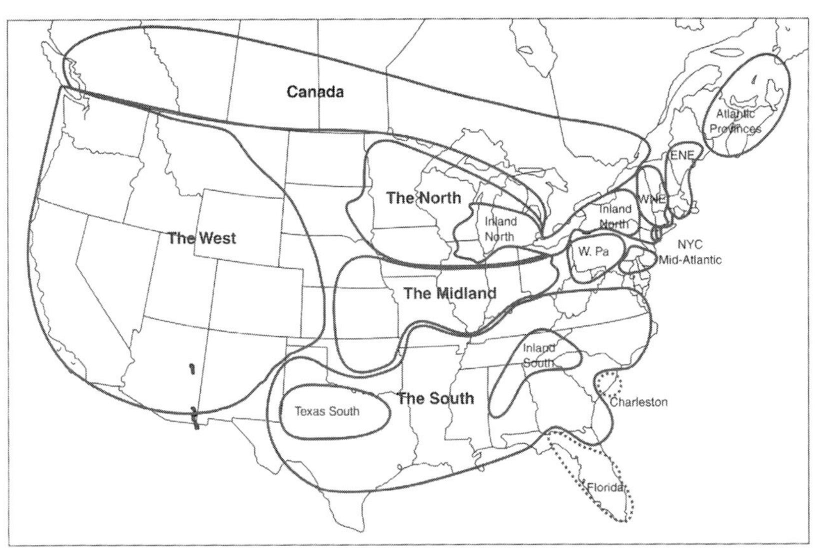


**[그림 9-1] 미국의 방언 지도**

ENE = 동부 뉴잉글랜드(Eastern New England), WNE = 서부 뉴잉글랜드(Western New England)

출처: From "Language Evolution or Dying Traditions? The State of American Dialects," by W. Wolfram and N. Schilling-Estes, in *American Voices: How Dialects Differ from Coast to Coast* (p. 1), edited by W. Wolfram and B. Ward, 2006, Malden, MA: Blackwell. Copyright 2006 by Blackwell Publishing. Reprinted with permission.

지 측면들이 서로 다르다(Bailey & Tillery, 2006). 예를 들어, 남부 방언을 쓰는 화자들은 모음 /ɪ/와 /ɛ/를 동일하게 발음하는데, 이는 곧 pin과 pen이 모두 pin으로 동일하게 발음된다는 의미다. 그들은 또한 낱말 종성 위치의 이중모음, 또는 /d/, /z/와 같은 유성자음 앞의 이중모음들을 **단모음**으로 대치한다. 즉, 그들은 'ride'의 /ra͜ɪd/를 /raːd/('raaad')로, 그리고 'rise'의 /ra͜ɪd/를 /raːz/('raaaz')로 발음한다.

남부 방언은 또한 독특한 문법 구조를 가진다. 어떤 화자들은 축약형 y'all을 2인칭 복수대명사로 사용하며, all y'all은 특히 한 집단의 구성원 각각을 지칭할 때 사용한다. I encourage <u>y'all</u> to visit next summer 또는 I can't wait to see <u>all y'all</u> again과 같은 문장이 그 예다. 앞서 언급한 것처럼, 어떤 남부 방언 화자들은 복수양식을 사용하기도 하며(might could, might should, might should oughta), I'm <u>fixin'to</u> call your mother에서와 같이 즉각적인 미래 행위를 나타내는 축약형 fixin'to를 사용하기도 한다.

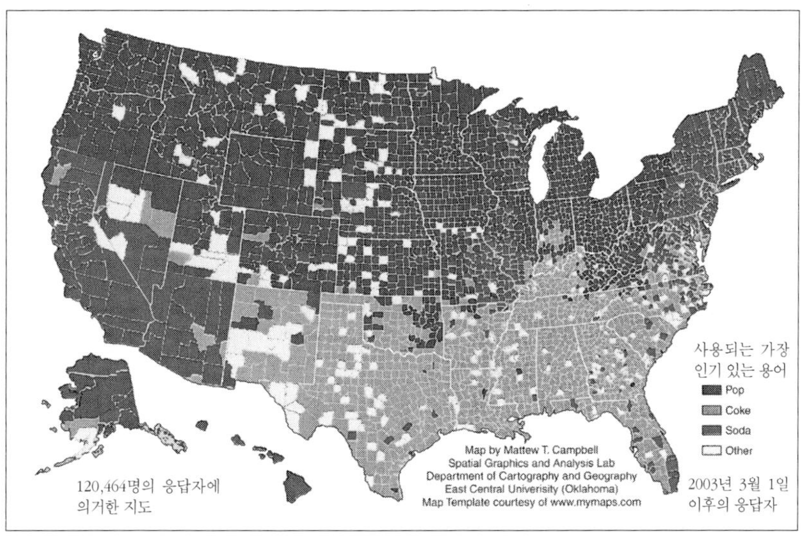


**[그림 9-2] 미국의 각 지역별 탄산음료 명칭**

출처: From "Generic Names fot Soft Drinks by County" [Map], by M. T. Campbell and G. Plumb, in *The Great Pop vs. Soda Controversy*, edited by A. McConchie, n.d. Copyright by Matthew T. Campbell and Greg Plumb. Reprinted with permission. Retrieved September 26, 2006, from http://www.popvssoda.com/countystats/total-county.html.

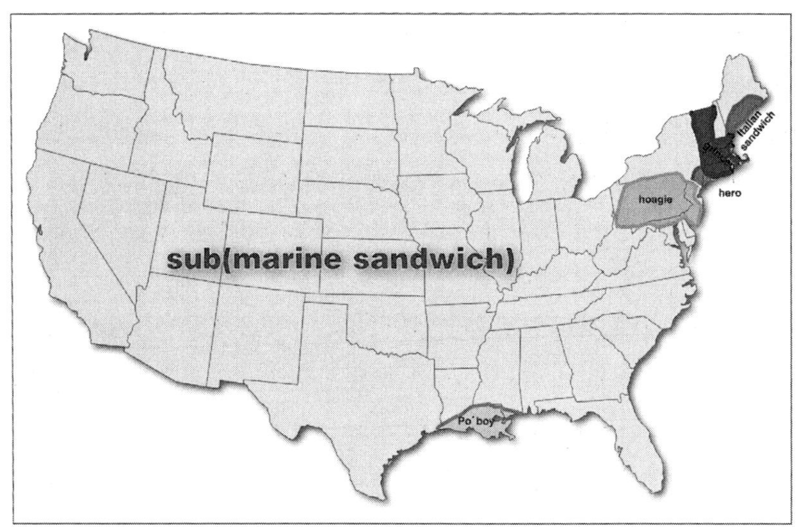


[그림 9-3] Sub, grinder, hoagie, or hero?

출처: From "American Dialects," by B. Vaux, in *Let's Go USA 2004*, edited by J. Todd, 2004, New York: St. Martin's Press. Copyright 2004 by Bert Vaux. Reprinted with permission.

남부 방언은 어휘도 차별화된다. 이에 대한 예시로 McConchie(n.d.), Campbell과 Plumb(n.d.)의 조사 결과를 살펴보자. 그들은 남부 방언 화자들이 단맛이 나는 탄산음료를 지칭할 때 종종 Coke라는 낱말을 쓰고([그림 9-2] 참조), 고기나 치즈, 양상추, 토마토 등을 말아 넣은 샌드위치 종류를 지칭할 때는 sub라는 낱말을 쓴다고 밝혔다([그림 9-3] 참조).

**북부 방언** 북부 방언(northern dialects)에는 보스턴 방언, 메인 방언, 피츠버그 방언, 뉴욕 방언, 필라델피아 방언, 캐나다식 영어가 포함된다. 북부 방언만의 독특한 음운적 특징은 car를 'cah'로, yard를 'yahd'로 발음하는 것처럼, 유성음 뒤의 r소리를 생략한다는 점이다(Roberts, Nagy, & Boberg, 2006). 북부 방언들의 문법은 다른 지역과 크게 다르지는 않지만, 이 지역의 일부 방언들은 2인칭 복수 대명사로 you all, you guys, youse, y'uns와 같은 조합들을 사용하며, 특히 필라델피아 사람들은 전치사 with의 목적어를 생략해 버리기도 한다("Are you coming with?")(Newman, 2006; Salvucci, 2006). 북부 방언의 어휘에는 단맛이 나는 탄산음료를 가리키는 tonic(Fitzpatrick, 2006)이나 soda(Campbell & Plumb, n.d.) 같은 낱말이 있다. 북부 방언 지역 사람들은 또한 sub만큼이나 grinder, hoagie, hero 라는 낱말도 많이 사용하는 경향이 있다.

**중서부 방언** 시카고, 일리노이, 오하이오, 세인트루이스, 미주리, 미시간 같은 지역 출신의 사람들은 중서부 방언(midwestern dialects)을 사용한다. 이 방언은 실제로 다른 방언들과는 명백히 구분되는 음운, 문법 및 어휘상의 특징을 가진다. 어떤 사람들은 악센트를 마음대로 틀리게 사용하거나 또는 이것이야말로 가장 전형적인 '표준' 미국 방언이라고 주장하기도 한다. [그림 9-4]에서 볼 수 있듯이, 음운론 측면에서 중서부 방언은 모음 /o/와 /ɔ/(예: Don-Dawn, hot-caught, dollar-taller, sock-talk)를 하나의 모음으로 합쳐 버리는 경향이 있어서 낱말 'Don'과 'Dawn'은 실질적으로 구별이 불가능하다(W. Labov, Ash, & Boberg, 2005). 일반적으로 서부 펜실베이니아 지역의 말에서는 이 모음들의 통합이 일관적으로 나타나며, 세인트루이스 지역에서는 둘이 구별된다. 그리고 대개 중서부 지역에는 대부분의 맥락에서 지각적으로 유사하게 들리는 모음들이 있다. 중서부 방언 화자들은 그 밖의 모음의 경우 두 모음의 병합을 넘어 기타 지역의 경우와는

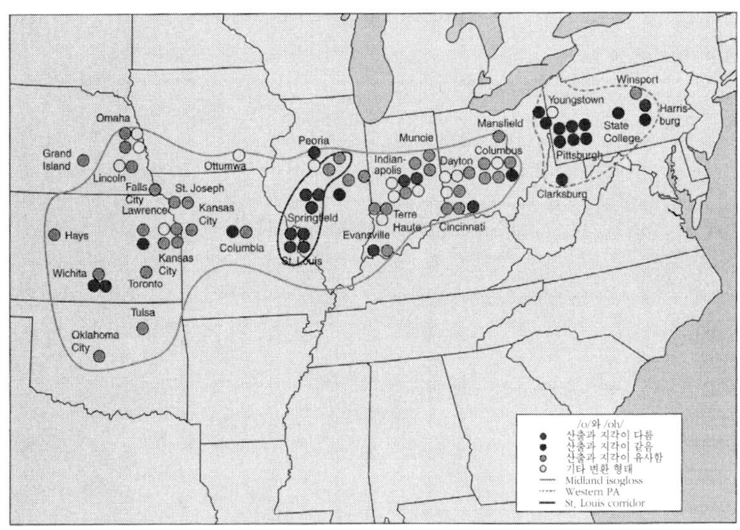


**[그림 9-4] 중서부 영어에서의 /o/와 /ɔ/의 병합(oh)**

출처: From *The Atlas of North American English* (p. 264), by W. Labov, S. Ash, and C. Boberg, 2005, New York: Mouton/de Gruyter. Copyright 2005 by Mouton/de Gruyter. Reprinted with permission.

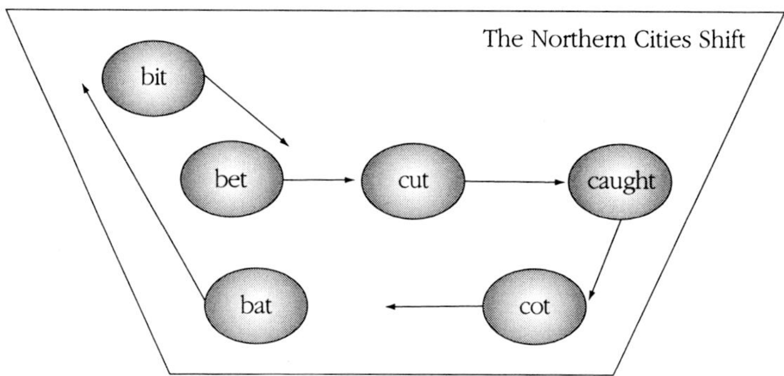


**[그림 9-5] NCS에서 나타나는 모음의 변화**

출처: From "Straight Talking from the Heartland (Midwest)," by M. J. Gordon, in ***American Voices: How Dialects Differ from Coast to Coast*** (p. 109), edited by W. Wolfram and B. Ward, 2006, Malden, MA: Blackwell. Copyright 2006 by Blackwell Publishing. Reprinted with permission.

다른 혀 위치에서 모음들을 산출하기도 한다. 중서부 대도시에서만 지배적으로 나타나는 이러한 패턴을 북부도시전환(Northern Cities Shift: NCS)이라 부른다(Gordon, 2006; W. Labov et al., 2005). [그림 9-5]는 이 NCS를 예시하는데, 예컨대 여기서 낱말 bit와 bet의 모음들은 낱말 but의 모음과 유사하게 발음된다.

중서부 방언의 문법적 특징에는 'need/want/like+과거분사' 구조가 포함되어 있다. 예를 들어, 한 엄마가 저녁에 유모에게 아기를 맡기면서, "I'm so sorry that I have to run. Jeremy's diaper <u>needs changed</u>. Buster <u>wants fed</u> and if he jumps up on your lap, he <u>likes scratched</u> behind the ears(미안하지만 바로 가야 해요. 제러미의 기저귀는 당장 갈아 줘야 하고요. 버스터가 당신 무릎에서 뛴다면 배가 고프다는 거예요. 버스터는 귀 뒤쪽을 긁어 주는 걸 좋아해요)."라고 말할 때 이러한 구조가 나타난다.

중서부에서는 pop이 단맛 나는 탄산음료를 지칭하는 가장 지배적인 말이며(Campbell & Plumb, n.d.), 비록 일부 지역에서는 hoagie라는 말이 쓰이기도 하지만 대부분의 보통 샌드위치는 sub라 한다([그림 9-3] 참조).

**서부 방언** 미국 서부는 다른 지역에 비해 사람들이 보다 최근에 정착한 지역이어서 서부 방언 지역은 대개 분명히 정의되지 않은 채로 남아 있다(Conn, 2006; W. Labov et al., 2005). 서부 방언(western dialects)은 어떤 측면에서는 북부와 남부의 특징들을 공유한다. 음운적 측면에서 많은 서부 방언들은 중서부 방언에서와 같이 낱말 caught와 cot에서의 모음이 같다. 특히 캘리포니아 지역에서와 같은 서부 방언들은 전설음화된 후설모음(fronted back vowels)이 나타나, totally는 'tewtally'처럼, 그리고 dude는 'diwd'처럼 소리나기도 한다(Conn, 2006).

어휘와 관련하여 서부 방언들은 pop-soda-Coke 간의 다툼이 치열하다. 북서 지역의 서부 방언에서는 pop을 쓰는 반면, 남서 지역의 서부 방언에서는 soda를 쓴다. 서부에서 샌드위치를 가리키는 가장 인기 있는 말은 sub이고 hoagie는 거의 쓰이지 않는다. 북서쪽(워싱턴, 오리건) 사람들은 beach에 대해 coast라는 낱말도 많이 쓴다.

### 미국 영어의 사회문화적 방언

사회문화적 방언은 지역을 초월한다는 점에서 서부, 중서부, 북부, 남부의 지리적 방언과는 다르다. 대신에 특정 사회경제적 계층이나 문화적 환경에 놓인 사람들이 이 방언을 사용한다. 사회문화적 방언의 세 가지 예는 미국 흑인 영어, 멕시코계(Chicano) 영어, 유대계(Jewish) 영어다.

**아프리카계 미국 흑인 영어**(African American Vernacular English: AAVE)는 많은 노예 후손들이 사용하는 영어 방언이다. AAVE 방언은 아프리카인들이 노예로 미국에 들어오면서 병합되었다. 폭동을 막기 위해 동일한 아프리카어를 사용하는 노예들은 분리되곤 했다. 게다가 노예들은 일단 미국에 도착하면 학교에 가는 것이 허용되지 않았다. 이러한 관행으로 인해 아프리카계 미국인들은 **피진어**(pidgins, 이 장 후반부에서 논의할 것이다)를 만들기 시작했는데, 이는 그들의 원래 아프리카 언어와 새로이 접한 유럽 언어가 조합된 형태였다. 따라서 노예들은 이를 통해 자기 주인과도, 다른 노예들과도 의사소통을 할 수 있었다.

AAVE에는 여러 독특한 음운 및 문법적 규칙성이 담겨 있다(예: Baugh, 2006; W. Labov, 1998). 화자들은 자음군을 축소한다. 그래서 old는 ol', west는 wes', kind는 kin'으로 바뀐다. AAVE 화자들은 또한 접미사 -s나 소유격 's를 생략하기도 한다. 따라서 50 cents는 50 cent, 그리고 She drives는 She drive가 되며, my sister's car는 my sister car가 된다. 이 밖에 AAVE의 또 다른 보편적 특징은 음운적 도치로, 이에 따라 ask가 aks가 된다.

AAVE만의 특별한 문법 구조는 현재진행형과 연결사 be의 경우 습관적인 것과 일시적인 양상이 구분된다는 점이다. 예를 들어, Anita be working이라는 문장은 습관적인 것으로서 애니타가 정기적으로 일한다는 의미다. 이와 달리 Anita working이라는 문장은 일시적인 것으로 애니타가 현재 발화 시점에서 일하고 있다는 의미다. 또 다른 문법 구조 특징은 "How much it is?"에서처럼 구문적 변화가 사용되는 점이다.

멕시코계 영어(Chicano English: ChE)는 히스패닉계 공동체 내에서 스페인어가 그 구성원들에게 일반적인 제1언어 또는 지배적인 언어가 아닐 경우에 사용되는 방언이다. ChE는 로스앤젤레스나 미국-멕시코 국경 인접 지역의 공동체 내에서 사용되는 것 외에, 스페인어를 쓰지 않는 중서부 지역에서도 문헌에서 언급되고 있다(Frazer, 1996). ChE의 몇 가지 특징에는 lies나 toys와 같은 낱말 종성 /z/의 탈유성음화(devoicing), 낱말 말미의 -ing에서와 같은 이완모음(lax vowel) 대신에 긴장모음(tense vowel) /i/의 사용(즉, /ɪŋ/ 대신에 /iŋ/으로 발음), 스페인식 억양 패턴의 사용이 포함된다.

이 밖에 또 다른 유형의 사회문화적 방언이 유대계 영어(Jewish English) 방언이다. 이것은 이디시어(Yiddish)와 히브리어(Hebrew) 양자의 특징을 모두 가진다. 유대계 영어 발음에는 singer와 같은 낱말에서 **경음**(hard) g 소리의 사용(즉, finger와 같이 발음), /t/ 소리의 과기식음화(overaspiration), 그리고 크고 과장된 억양과 빠른 말 속도가 포함된다(Bernstein, 2006). schlep, bagel, schmooze, klutz, kosher와 같은 많은 유대계 영어 어휘 낱말들이 주류 미국 문화의 일부가 된 바 있다.

**논의 요점**
당신이 사용하는 방언의 특징을 정의할 수 있는 음운, 문법 및 어휘적 특성들에 대해 생각해 볼 수 있는가?

## 피진어

**피진어**(pidgin)는 단일한 공통 언어를 공유하지 않는 화자들이 특정 언어에 장기간 접촉하게 되면서 발전된 하나의 단순화된 언어 형태다. 피진어에는 원어민 화자가 존재할 수 없다. 대신 사람들은 이를 제2언어로 사용하며, 특히 타인과 비즈니스를 하는 특수한 상황에서 쓰기도 한다(Southerland, 1997). 피진어는 전형적으로 두 언어 중 보다 지배적인 언어의 어휘를 사용하면서 음운 구조나 구문 구조는 덜 지배적인 언어의 것을 가져다 쓴다. 그 한 예가 하와이인들의 피진 영어인데, 이것은 1930년대 이전에 하와이의 필리핀 노동자들이 사용했던 것이다(Southerland, 1997). 하와이 피진 영어는 보다 지배적인 영어(미국 영어)의 어휘 목록과 덜 지배적인 언어(필리핀 영어)의 구문 구조를 사용한다. 예를 들어, 이들은 한 인물이나 사물의 항구적인 속성을 기술하고자 할 때는 연결사 to be 동사를 생략한다(예: "Da man tall." "Da lady short.").

## 크레올어

화자들이 여러 세대를 거치게 되면, 피진어가 제1언어로서의 **크레올어**(creoles)로 정착된다. 크레올어는 계속 진화하며, 원어 화자들의 각 세대를 따라 점차 정교하고 안정적으로 변화되어 간다. 어떤 크레올어는 해당 지역에서 소수어로 남는 반면, 또 어떤 것은 공식어로서 자리 잡기도 한다. 〈다문화적 초점: 니카라과

**논의 요점**
언어 발달 이론들 중 어떤 것이 니카라과 수화의 생성을 설명할 수 있는가? 그리고 어떻게 설명하고 있는가?

다문화적 초점

### 니카라과 수화

1970년대 이후의 니카라과 수화(Nicaraguan sign language)의 출현은 언어의 생성과 진화 과정을 관찰할 수 있는 특별한 기회를 제공했다. 1970년대 이전 니카라과의 청각장애인들은 통합적 국가 교육 시스템의 결여로 인해 상호 간 접촉을 거의 할 수 없었다. 청각장애인들은 결국 학교 맥락에서 서로를 접하게 되면서 진정한 청각장애인 사회(deaf community)를 형성하기 시작하였다. 공통의 언어를 가지지 못했던 아동 및 청소년들은 상호 의사소통을 위하여 기존에 집에서 쓰던 수화에 몸짓을 결합시키기 시작하였다. 이 단순한 언어 시스템, 즉 피진어는 일군의 새로운 아동들이 보다 나이 든 동료들과 수화를 나누기 시작하게 되면서 점차 복잡한 크레올어로 진화하게 되었다.

니카라과 수화가 갈수록 보다 복잡한 언어로 진화 중임을 입증하는 증거들은 다양하게 나타난다. 연구자들이 이 진화를 살필 수 있는 한 가지 방법은 화자가 생성하는 **공간적 모듈레이션**(spatial modulations)을 조사하는 것이다. 공간적 모듈레이션이란 모든 수화나 구어에 출현하는 문법 요소로서 수, 위치, 시간 및 동사의 주어나 목적어를 지칭하는 것과 같은 기능을 수행한다(Senghas & Coppola, 2001). Senghas와 Coppola는 니카라과 수화의 보다 새로운 화자 집단일수록 이전의 사용자들이 쓰지 않던 공간 모듈레이션을 더 많이 사용하고 이해한다는 사실을 발견하였다. 예를 들어, 새로운 화자 집단은 공유된 참조물(shared reference)을 표현하기 위해 공간 모듈레이션을 사용하는 반면, 더 나이 든 상대 집단은 이를 사용하지 않는다. 결국 보다 많은 아동 세대가 니카라과 수화를 배울수록 언어의 문법적 특정성 및 정확성이 점차 증가하는 것이다. 이러한 연구는 인간 언어의 생성적이며 변환적인 본질을 보여 줄 뿐 아니라 아동이 언어 생성에 중요한 역할을 담당하고 있음을 명백히 입증해 주는 것이다.

수화〉에는 공통의 언어를 공유하지 않는 집단 속에서 니카라과 수화가 어떻게 진화되었는지에 관한 논의가 제시되어 있다.

## 이중언어 및 제2언어 습득

2000년도 미국 통계에 따르면, 5세 이상 인구(4,695만 1,595명)의 17.9%는 가정에서 영어 이외의 또 다른 언어를 사용한다. 그들 중 일부는 영어에도 능숙한데, 아마도 그들이 2개 혹은 그 이상의 언어를 동시에 배웠거나 또는 출생 후 몇 년 이내에 다른 언어를 더 배우기 시작했기 때문일 것이다. 어떤 이들은 미국 내 학교에서 영어를 제2언어로 배웠거나 또는 다른 나라에서 영어를 외국어로 배웠을 수도 있다. 어떠한 경우건 미국에 살고 있는 많은 사람들은 일생 동안 2개 또는 그 이상의 언어를 습득한다. 이러한 집단을 총칭하는 포괄적인 용어가 바로 **이중언어 학습자**(dual language learners)다(Genesee, Paradis, & Crago, 2004). 이 절에서는 이중언어와 제2언어 습득 사이의 차이점을 설명하고, 그 두 가지 각각의 특별한 다양성에 관한 연구들을 고찰할 것이다.

많은 아동은 태어나면서부터 하나 이상의 언어를 배운다.
사진 출처: Pearson Learning Photo Studio.

# 이중언어

**이중언어**(bilingualism)란 아동이 필연적으로 두 가지의 제1언어를 배우게 되는 과정을 기술하는 용어다. 전세계의 많은 어린 아동들이 2개 이상의 제1언어를 배운다. 이러한 과정을 기술하기 위해 사용되는 용어가 **다중언어**(multilingualism)다. 그렇지만 보다 명료한 설명을 위해 이 책에서는 이중언어라는 좀 더 보편적인 용어를 사용하여 2개 혹은 그 이상의 제1언어를 습득하는 아동에 관해 기술할 것이다. 어떤 아동은 태어나면서부터 2개 이상의 제1언어를 습득하는 반면, 또 다른 아동은 그것을 순차적으로 습득하기도 한다.

## 동시적 이중언어

**동시적 이중언어**(simultaneous bilingualism)란 아동이 두 가지 혹은 그 이상의 언어를 태어나면서부터 함께 습득하는 것을 말한다. 일반적으로 동시적 이중언어 아동은 부모, 조부모, 가까운 친척이나 다른 주 양육자로부터 두 가지 이상의 언어 입력을 받아들인다. 동시적 이중언어는 두 가지 중 어느 하나의 환경에서 발생된다. 즉, 아동이 다수 인종언어 공동체의 일원이거나 또는 소수 인종언어 공동체의 일원인 경우다(Genesee et al., 2004). 어떤 유형의 공동체에 속하는지에 따라 아동이 처음 두 언어를 습득하고 유지하는 성취의 정도는 각각 달라질 수 있다.

**다수 인종언어 공동체**(majority ethnolinguistic community)는 한 지역(예: 국가, 주, 지방)의 대다수가 존중하고 상위 사회 수준으로 인식하는 언어를 사용하는 집단을 말한다. 다수 인종언어 공동체가 사용하는 언어는 그 공동체의 공식어이거나 비공식적인 표준으로 자리 잡는다. 일반적으로 다수 인종언어 공동체의 구성원들은 문화 및 인종적 배경을 공유한다. 다수 인종언어 공동체의 예로는 미국의 표준 미국 영어(SAE 또는 GAE) 화자, 프랑스의 프랑스어 화자, 독일의 독일어 화자일 것이다.

다수 인종언어 공동체에서 동시적 이중언어의 한 예는 캐나다의 몬트리올에서 영어와 불어를 함께 습득하는 어린 아동이다. 몬트리올에서는 그 공동체 내에서 영어 화자나 불어 화자 집단이 모두 인정받는다. 몬트리올에서 불어와 영어 모두를 동시에 습득하는 아동은 두 언어 모두에서 동등한 수준의 능숙함을 습득하고 유지하는 경향이 있는데, 그들에게는 학교, 가정, 공동체 내의 식료품점이나 병원 같은 곳에서 두 언어를 모두 사용할 수 있는 기회가 주어지기 때문이다.

이와 달리 **소수 인종언어 공동체**(minority ethnolinguistic community)는 공동체 내의 소수만이 말하거나 인정하는 언어를 사용하는 집단을 말한다. 소수 인종언어 공동체의 개인들이 사용하는 언어는 사회적으로 낮은 위치를 가지며, 교육적 지원을 거의 또는 전혀 받지 못하는 경향이 있다. 예를 들어, 미국 내 일본어 화자나 독일 내 불어 화자가 소수 인종언어 공동체라 할 수 있을 것이다.

소수 인종언어 공동체에서 동시적 이중언어를 사용하는 일부 아동에게는 공동체 내의 소수 언어를 습득하거나 유지하는 일이 위축될 수도 있다. 예를 들어, 미국 내의 독일어-영어 이중언어 가정의 아동이라면 오직 가정에서만 독일어를 말하거나 듣게 될 뿐, 공동체나 보육기관 또는 그 밖의 다른 상황에서는 그렇지 않을 것이다. 다양한 맥락에서 다양한 원천으로부터의 독일어 입력이 없다면, 그 아동은 거의 비주류 언어인 독일어를 희생시켜 주류 언어인 영어를 사용하기 시작하게 될 것이다. 이러한 주류 언어로의 전환은 소수 인종언어 공동체의 아동에게서, 특히 그들이 공교육에 진입할 무렵에는 더욱 보편적인 현상으로 나타난다.

한편 소수 인종언어 공동체에서 동시적 이중언어를 사용하는 아동들 중 일부는 비주류 언어를 습득하거나 유지해 내는 일에 좀 더 성공적일 수도 있다. 예를 들어, 스페인어와 영어를 동시에 사용하는 남부 캘리포니아의 이중언어 아동들은 학교에서는 영어를 쓰지만 다른 스페인어 화자들이 살고 있는 각자의 가정이나 공동체 내에서는 스페인어를 사용할 수 있다. 이처럼 타인들로부터 받는 지원은 아동이 성인기에 이를 때까지 자신의 이중언어를 유지해 낼 수 있는 기회를 증가시켜 준다.

### 순차적 이중언어

**순차적 이중언어**(sequential bilingualism)는 아동이 두 가지의 제1언어를 습득한다는 점에서는 동시적 이중언어와 유사하다. 다만 아동이 두 언어를 차례대로 습득한다는 점에서 다른데, 두 번째 언어의 습득은 일반적으로 첫 번째 언어가 능숙하게 발달하기 전인 3세 이전에 이루어진다. 아동이 두 가지 이상의 언어를 동시적이기보다 순차적으로 습득하는 데는 다음과 같은 두 가지 원인이 존재한다. 첫째, 어떤 부모들은 태어난 순간부터는 단지 하나의 언어만을 주로 사용하면서 추가적으로 두 번째 언어를 도입시키는 일은 나중으로 미루는 것을 선호하는 경향을 보인다. 둘째, 아동은 출생 후부터 단지 한 가지 언어로부터의 입력만을 직접적으로 이용할 수 있는 것은 아니다. 예를 들어, 아동은 다른 언어를 사용하는 양육자나 조부모의 말을 경청하기 시작하다가, 나중에 첫 번째 언어를 습득하기 시작한 직후부터 스스로 두 번째의 언어 영역으로 이동하게 될 수도 있는 것이다. 두 가지 이상의 언어를 순차적으로 습득하는 아동도 동시적으로 습득하는 아동이 겪는 것과 마찬가지의 이점과 위축됨을 모두 경험할 수 있는데, 이는 다수 또는 소수 인종언어 공동체에서 차지하는 각자의 위치에 따라 달라진다.

### 단일 체계인가 혹은 이중 체계인가

연구자들은 이중언어 아동이 그 출발점부터 두 가지의 독립적인 언어체계를 가지는지, 아니면 하나의 단일 언어체계로 시작하여 종국에 두 가지로 분리되는 것인지에 관해 일치된 견해를 보이지 않는다. Volterra와 Taeschner(1978)에 따르면, 이중언어 아동은 자신이 습득 중인 두 언어 모두의 어휘 항목을 조합시키는 단일 언어체계로 출발한다. 이후 이 아동은 두 언어의 어휘 항목 사이를 구분하기 시작하지만 여전히 단일한 문법체계를 사용하게 된다. 그리고 최종적으로는 3~3.5세 사이에 두 언어 간의 어휘체계와 문법체계를 모두 분리시키기 시작한다. 이 **단일 언어체계 가설**(unitary language system hypothesis)에 따르면, 아동은 두 언어 사이의 차이를 성공적으로 변별해 낼 수 있게 되어서야 비로소 이중언어 사용자가 될 수 있다.

이와 대립되는 견해는 이중언어 아동이 언어 습득의 출발 시점에서부터 두 가지의 독립적인 언어체계를 확립시킨다는 것이다(Genesee, 1989; Genesee, Nicoladis, & Paradis, 1995). 단일 언어체계 가설과는 달리, **이중 언어체계 가설**(dual language system hypothesis)은 아동이 종국에서야 두 언어를 구별하는 단계로 이동한다고 추정하지 않는다.

각 가설은 이중언어 아동의 음운, 문법, 어휘 발달 양상에 대해 서로 다른 예측을 한다. 그리하여 연구자들은 지속적인 논쟁에 휩싸이고 있다. Genesee와 동료들(2004)은 단일 언어체계 가설이 옳은 것이라면 아동이 언어적 맥락이나 대화 상대자를 고려하지 않은 채 두 언어의 낱말이나 구를 섞어 버리는 일이 자주 발생되어야 할 것이라고 제안하였다. 또한 그들은 두 언어의 문법 규칙들이 뒤섞일 것이며, 무엇보다 중요한 것은 두 언어를 구별해 내는 작업이 이루어지는 동안에는 아동의 언어 발달에 위해가 가해지고 그 속도도 느려질 것이라고 언급하였다.

현재까지의 연구 결과들은 이중 언어체계 가설을 보다 선호하고 있다. 예를 들어, 24개월 된 독일어-영어 이중언어 아장이 연구는 그들의 어휘 크기가 영어 단일 화자나 독일어 단일 화자의 어휘 크기에 비해 적지 않음을 밝힌 바 있다(Junker & Stockman, 2002). 더욱이 이중언어 아장이들의 어휘의 절반가량이 독일어와 영어에 각각 나타나고 있었으며, 이는 곧 초기부터 언어 분리가 가능함을 입증하는 것이었다.

이전의 선행 연구에서 다른 연구자들도 유사한 결과를 얻었다. 이 연구는 이중언어 유아와 단일언어 유아를 관찰하였다. 두 집단은 옹알이가 시작된 연령이 유사하였고, 적절히 형성된 음절이나 모음과 유사한 소리의 양도 유사하였다. 이러한 유사성은 중간 수준의 사회경제적 지위나 낮은 수준의 사회경제적 지위에 있는 유아들을 비교했을 때에도, 그리고 적절한 시기에 출산된 아기와 조산된 아기들을 비교했을 때에도 마찬가지로 적용되는 것이었다(Oller, Eilers, Urbano, & Cobo-Lewis, 1997).

이중언어 습득을 두 가지 양식에 따라 조사한 다른 연구에 따르면, Langues des Signes Québécoise(불어로 수화라는 뜻)와 불어를 모두 습득하는 3명의 아동과 불어와 영어를 습득하는 3명의 아동들은 각 언어마다의 초기 언어 이정표에 도달하는 시점이 동일하였다. 이는 단일언어 아동과도 유사한 것이었다. 이들 이중언어 아동들이 첫 낱말을 발화하거나 첫 수화를 사용한 시점 이후로, 그들은 의미적으로 상응하는 상당수의 낱말들을 두 언어 각각에서 역시 유사하게 산출하였다. 이중언어 아동의 초기 연령대부터의 언어 분리를 입증하는 또 다른 방식은 아동이 청자에 따라 말해야 할 언어의 선택을 조절하는 현상을 관찰하는 것이다(Petitto, Katerelos et al., 2001).

**논의 요점**
단일 언어체계 가설 주창자들은 동시적 이중언어를 권장하겠는가? 왜 그런가 혹은 왜 그렇지 않은가?

## 기호 전환

이중언어 아동에게서 보편적으로 나타나는 현상이 **기호의 전환**(code switching) 또는 **기호의 혼용**(code mixing)이다. 이는 하나 이상의 언어를 소유한 화자가 언어를 번갈아 바꾸는 현상을 말한다. 단일한 발화 내에서 변경이 일어날 때를 **발화 내 혼용**(intrautterance mixing; 또는 하나의 문장 내에서 일어날 경우는 **문장 내 혼용**[intrasentential mixing])이라 하고, 발화들 사이에서 일어나면 **발화 간 혼용**(interutterance mixing; 또는 문장 사이에서 일어나면 **문장 간 혼용**[intersentential mixing])이라 한다. 기호 전환이 일어날 때, 이중언어 사용자는 음소, 굴절형태소, 어휘 항목과 같은 작은 언어 단위를 뒤섞거나 구, 절과 같은 보다 큰 단위를 바꾸기도 한다. 아동은 발화 간 혼용보다는 발화 내 혼용을 보다 자주 사용하는 경향을 보이는데, 특히 한 낱말이나 두 낱말 발달 단계에 놓인 아동은 더욱 그러하다(Genesse et al., 2004). 아동의 발달이 진행되어 발화의 길이나 문법적 복잡성이 증가함에 따라 발화 내 혼용이 일어날 기회가 더 많이 생길 것이기에, 이러한 패턴은 발달에 따라 달라지게 된다. 〈표 9-1〉은 언어의 여러 요소에서 일어나는 기호 전환의 예를 제시한다.

〈표 9-1〉 스페인어와 영어에서의 이중언어 기호 전환에 관한 Zentella(1997)의 예

| 혼용된 언어 요소 | 예 | 전환* | Zentella(1997)에서의 페이지 번호 |
|---|---|---|---|
| 음소 | "*he*" | Bach의 ch 소리와 같은 /xi/ | 291 |
| 어휘 항목 | "It's already full, *mira.*" | "look." | 119 |
| 목적어 명사구 | "*Tú estás metiendo* your big mouth." | "You're butting in." | 118 |
| 주어 명사구 | "*Tiene dos* strings, una chiringa." | "It has two." | 118 |
| 등위접속사로 연결된 독립절 | "My father took him to the ASPCA *y lo mataron.*" | "and they killed him." | 118 |
| 종속접속사가 없는 종속절 | "Because *yo lo dije.*" | "I said it." | 118 |

* 예의 이탤릭체 낱말들이 전환된 것이다.

이중언어 아동이 기호 전환을 보이는 것은 다음과 같은 세 가지 원인에 따른 것이다. 첫째는 아동이 어휘 또는 문법적 간극을 메우기 위해 기호를 전환한다는 점이다. 기호 전환에 대한 이러한 증거는 최소한 다음의 두 가지 형태로 나타난다(Genesse et al., 2004). 하나는 아동이 보다 덜 능숙한 언어를 사용할 때 기호 전환을 더 자주 보이는 경향이 있다는 점이다. 즉, 아동은 덜 능숙한 언어에서의 문법 구조나 어휘 항목에 결함을 가질 때는 기호를 전환하여 보다 능숙한 언어의 강점을 끌어온다는 것이다. 다른 하나는 아동이 능숙한 언어를 사용할 때건 덜 능숙한 언어를 사용할 때건 간에 어떤 낱말에 대한 등가의 기호를 알지 못할 때 기호를 전환시키는 경향을 보인다는 점이다.

이중언어 아동이 기호를 전환하는 두 번째 원인은 화용적 효과를 위한 것이다(Genesse et al., 2004). 예를 들어, 아동은 자신이 말하는 바의 중요성을 강조하기 위해, 감정을 전달하기 위해, 또는 누군가가 다른 언어로 말한 것을 인용하고자 할 때 기호를 전환한다는 것이다.

**논의 요점**
기호 전환은 단일 언어체계 가설에서는 입증될 수 없다는 것과 기호 전환을 보이는 아동이 두 언어를 하나로 잘못 다룬 것인지를 어떻게 확신할 수 있는가?

세 번째 원인은 이중언어 아동이 그들이 속한 공동체의 사회적 규준에 따라 기호를 전환한다는 점이다. 예를 들어, 어떤 공동체는 자신들이 두 가지 문화에 소속되어 있음을 드러내기 위해 기호 전환을 보인다. 아동은 주변 성인들의 기호 전환 패턴을 학습한다. 가령, 그들은 공적이고 공식적인 맥락에서보다는 평상시에 그리고 비공식적 상황에서 기호 전환을 보다 자주 보인다.

## 제2언어 습득

**제2언어 습득**(second language acquisition: SLA), 즉 L2 습득은 이미 제1언어(L1)에서 굳건한 기초를 확립한 아동이 추가 언어를 학습하는 것을 말한다. 제2언어(L2) 습득은 그것이 특정 공동체의 다수 언어로든 외국어로서 배우는 것이든, 일반적으로 그것이 발생하는 맥락은 학교다. 이중언어 측면에서 제2언어를 습득하고, 제1언어나 제2언어를 유지하는 것에서의 성공 여부는 그 개인이 다수 인종언어 공동체와 소수 인종언어 공동체 중 어느 쪽의 일원인가와 같은 것들을 비롯하여 기타 여러 변인에 따라 달라진다.

## 중간언어

제2언어 습득 과정 동안, 화자들은 **중간언어**(interlanguage)라 불리는 언어체계를 생성한다. 중간언어에는 제1언어와 제2언어의 요소들뿐만 아니라 두 언어 어디에서도 발견되지 않는 요소들이 포함되어 있다(Gass & Selinker, 2001). 예를 들어, 제1언어의 음운론과 제2언어의 구문론이 혼재하는 증거들이 종종 발견된다(〈표 9-2〉 참조). 개인적으로 이루어진 제2언어에 대한 노출이나 교육에 따라 중간언어의 언어학적 형태는 점차 공고해진다. **언어 안정화**(language stabilization)는 일단 중간언어로의 진화가 멈추고, 제2언어 학습자가 언어 발달에서의 정체기(plateaus)에 이르게 될 때 일어나는 현상을 말한다. Gass와 Selinker(2001)는 제2언어 학습자가 그 발달에 있어서 일시적 또는 영구적인 정체 상태를 경험하게 되는 범주에 관한 연구의 부족을 감안하여, 임상가들은 **언어 화석화**(language fossilization)라는 용어의 사용을 피해야 한다고 제안하였다. 언어 화석화란 다음과 같은 것을 의미한다.

〈표 9-2〉 제1언어가 제2언어에 영향을 미친 예

| L1 | L2 | 예 | 설명 |
|---|---|---|---|
| 불어 | 영어 | "I have([aev]) no money." | 불어에는 음소 /h/가 없다. 따라서 많은 화자들의 중간언어에는 이 소리가 포함되지 않는다. |
| 독일어 | 영어 | "I have([haef]) no money." | 독일어에서는 음절 종성 위치의 /v/가 /f/로 변화된다. 따라서 많은 화자들의 중간언어에 이러한 특징이 포함된다. |
| 영어 | 스페인어 | "Caro" ([karo])<br>"Carro" ([karo]) | 영어에는 탄설음 /r/이나 전동음 /r/이 없지만 스페인어에는 있다. 따라서 화자들은 일반적으로 /r/을 대치한다. |
| 독어 | 영어 | "I bring not the children." | 독일어는 부정의 표지를 문장 주절의 동사 뒤에 후치시킨다. |
| 이태리어 | 영어 | "How many years you have?" | 어떤 언어들(예: 스페인어나 이태리어)은 연령을 "how old one is"가 아니라 "how many years one has"와 같이 표현한다. |

L1 = 제1언어, L2 = 제2언어

그것은 제2언어 학습자의 중간언어가 영구적으로 고착되는 것으로서, 목표 언어의 규준으로부터 일탈된 형태를 가진다. 이 형태는 이후의 목표 언어에의 추가적인 노출과 무관하게 지속적으로 나타난다(p. 12).

제2언어 학습자가 보이는 발달의 고착화와 무관하게, 제2언어 학습자가 잠재적인 투쟁과 오류를 포함하는 새로운 체계로 진입해 가는 과정을 이해하려면 중간언어의 개념에 관한 고찰이 여전히 중요한 영역이 될 것이다. 〈연구 패러다임: 제2언어 학습 연구방법〉은 제2언어 학습을 조사하기 위한 몇 가지 방법에 대해 개괄한다.

연구 패러다임

### 제2언어 학습 연구방법

제2언어 습득 연구자들은 제1언어 습득을 측정함으로써 표현언어 능력을 자연스러운 맥락에서의 관찰과 같은 질적 방식과 규준 검사 등의 도구를 이용한 양적 방식으로 측정할 수 있다. 제2언어 학습자들의 수행은 최소한 Larsen-Freeman과 Long(1991, pp. 27-30)이 요약한 다음의 열두 가지 방식을 통해 수집될 수 있다.

1. 소리 내어 읽기(reading aloud): 대상자에게 조사하고자 하는 소리가 포함된 낱말 목록, 문장, 또는 구를 소리 내어 읽게 한다.
2. 구조화된 과제(structured exercises): 대상자에게 조사하고자 하는 형태소나 구문 형태가 포함된 공백 메우기(completing fill-in-the-blank), 문장 다시 쓰기, 문장 조합하기, 또는 다중 선택 활동을 수행하게 한다.
3. 완성 과제(completion task): 대상자에게 문장의 첫 부분을 듣거나 읽은 후에 문장의 나머지 부분을 각자 낱말로 완성시키도록 한다.
4. 유도된 모방(elicited imitation): 대상자에게 조사하고자 하는 구조가 담긴 문장을 듣고 반복하거나 재구성하여 말하도록 한다.
5. 유도된 번역(elicited translation): 대상자에게 제1언어로 쓰인 문장을 제2언어로 번역하도록 한다.
6. 안내된 작문(guided composition): 대상자에게 그림 같은 자극 세트를 토대로 이야기를 말하거나 쓰도록 한다.
7. (자극을 이용한) 묻고 답하기(question and answer [with stimulus]): 대상자에게 그림을 본 후 특정 목표 형태를 유도해 내기 위한 질문에 답하게 한다.
8. 재구성(reconstruction): 대상자가 이야기를 읽거나 듣거나 본 후에 자신의 낱말로 다시 말하게 한다.
9. 의사소통 게임(communication games): 대상자에게 종종 원어민 화자와 게임을 하게 한다. 이때 특정 언어

형태를 유도해 내기 위해 설계된 자원을 사용한다.

10. 역할놀이(role-play): 대상자를 특정 화행(speech acts)에 초점을 둔 연구자와의 역할놀이에 참여시킨다.
11. 구어 인터뷰(oral interview): 연구자가 대상자와 구어로 인터뷰한다. 이때 특정 구조를 유도해 내기 위해 인터뷰 화제를 제한하거나 또는 대상자가 대화 화제를 선택할 수 있도록 허용할 수 있다.
12. 자유 작문(free composition): 대상자에게 주어진 화제에 대해 글을 쓰게 한다.

## 이중언어 교육에 관한 태도 및 정책

**논의 요점**
제2언어 학습자로부터 언어 자료를 수집할 수 있는 또 다른 방법에는 무엇이 있는가?

이중언어 교육은 지난 역사 동안 중요한 사안이 되어 왔다. 글로 쓰인 자료가 희박하던 고대에는 폭넓게 읽고 싶어 하는 학생이라면 하나 이상의 언어를 익혀야만 했다(Lessow-Hurley, 1990). 따라서 고대 사회들은 이중언어 교육을 존중하고 찬미했다. 이후 시기에는 종교적인 목적에 따라 이중언어 교육이 중요한 영역이 되었다. 예를 들어, 사람들이 가정이나 공동체에서는 사용하지 않게 되었지만 라틴어는 가톨릭이 숭배하는 언어로 남아 있고, 히브리어는 유대인이 숭배하는 언어로 지속되고 있다. 보다 현대에 이르러서는 전 세계 대부분의 지역, 특히 캐나다, 이스라엘, 벨기에처럼 공식적으로 이중언어를 사용하는 나라에서 이중언어 교육이 지속되고 있다.

미국 역시 역사적으로 이중언어 교육을 바라보는 태도나 정책상의 변화를 거쳐왔다(Lessow-Hurley, 1990). 예를 들어, 19세기 미국의 토착민은 학생에게 종종 이중언어 교육을 실시하였다. 미국 중서부의 독일인 공동체 역시 이중언어 프로그램을 가르쳤으며, 이러한 현상은 제1차 세계대전 발발 시점의 강렬한 국수주의적 경향으로 인해 그 프로그램들이 붕괴될 때까지 성공적으로 지속되었다. 결과적으로 이중언어 프로그램은 제1차 세계대전과 제2차 세계대전 사이에는 실질적으로 더 이상 존재하지 않게 되었다. 미국에서는 냉전시대와 시민권 운동이 도래한 이후에야 비로소 이중언어 교육이 다시금 그 중요성을 회복하였지만, 이는 여전히 여러 공동체와 학교 시스템에서 논쟁의 여지로 남아 있다.

## 제2언어로서의 영어

**제2언어로서의 영어**(English as a second language: ESL) 학습이란 영어 이외의 제

이중언어 교육 프로그램을 운영하는 일부 학교에서 학생은 하루 동안에 두 가지 혹은 그 이상의 언어로 교육을 받는다.
사진 출처: Billy E. Barnes/PhotoEdit Inc.

1언어를 사용하는 사람이 이후에 영국이나 미국 같은 영어 사용 환경에서 영어를 배우는 것을 말한다. 두 가지 이상의 언어를 말하는 사람이 계속하여 영어를 더 배우려 할 때는 종종 **추가 언어로서의 영어**(English as an additional language: EAL) 학습이라고 지칭한다. 그렇지만 여러 경우에서 제2언어로서의 영어(ESL)가 두 상황 모두를 지칭하는 보다 포괄적인 용어로 사용된다.

2002~2003학년도에 미국의 학교들은 제2언어로서의 영어를 학습하는 400만 명의 학생(전체의 8%)에게 서비스를 공급했다. 캘리포니아와 텍사스 주에서 가장 많은 수의 학생들이 서비스를 받고 있는 것으로 보고되었다(캘리포니아 전체 학생의 26%, 텍사스 전체 학생의 15%). 현재 ESL 교육을 지지하는 공공정책은 법조항인 아동낙제방지법(No Child Left Behind Act)으로부터 비롯된 것으로, 이를 통해 미국에서 영어 능력이 제한된 아동의 학습 성취를 보장하기 위한 표준적인 개발 및 서비스의 이행이 이루어지고 있다. 두 번째 공공정책은 타이틀(Title) III가 주도한 것인데, 이는 영어 능력이 제한된 학생을 위해 영어언어 습득 사무국이 주관하는 영어 강화 및 학업 성취(Office of English Language Acquisition, Language Enhancement and Academic Achievement for Limited English Proficient Students:

OELA)에 의해 집행되고 있다. 타이틀 III는 여러 주에 언어 프로그램 이행을 위한 기금을 제공하며, 교사들이 효과적인 ESL 교육을 실시할 수 있도록 돕기 위해 과학적이며 효율적인 전문적 청사진을 제공하고 있다.

교육을 위한 일차 언어가 영어인 교실에서 영어 능력이 제한적이거나 전혀 영어를 못하는 아동이 발생하면 일반적으로 제2언어(L2) 발달을 위한 초기 4단계 과정이 이행된다(Tabors, 1997, Genesee et al., 2004에서 재인용). 첫 단계인 **가정언어 단계**(home language stage)에서 아동은 교실의 또래 및 성인들과 각자의 가정에서 사용하는 제1언어(L1)로 말한다. 일반적으로 아동은 이 언어를 오랫동안 고집하지는 않는데, 그것이 타인과의 성공적인 의사소통을 촉진시키지 못한다는 점을 곧 깨닫게 되기 때문이다.

두 번째 단계인 **비언어기**(nonverbal period) 단계에서 아동은 수용언어인 제2언어를 습득하기 전까지는 거의 또는 전혀 언어를 산출하지 않는다. 이 시기에 어떤 아동은 충분한 수의 제2언어 낱말을 습득하기 전까지는 가리키기(pointing)와 같은 제스처를 사용하기 시작한다. 좀 더 큰 아동은 몇 주에서 몇 달까지 비언어적 기간에 남아 있지만, 더 어린 아동은 일반적으로 더 긴 시간 동안 이 시기에 머무른다.

세 번째 단계인 **전보식 및 기계적 사용**(telegraphic and formulaic use) 단계에서 아동은 타인을 모방하고, 항목들을 명명하기 위해 단일 낱말을 사용하며 자신이 외워 둔 단순 구를 기계적으로 사용한다. 이 시기 동안에는 아동이 언어를 산출할 수 있지만 폭넓은 의사소통 기능을 위해 문장을 생성하지는 못한다. 다만 요구("Please."), 부정("No, I don't know."), 긍정("Yes."), 논평("Very good.")과 같은 제한적인 기능만을 표현할 수 있을 뿐이다.

네 번째 단계인 **언어 생산성**(language productivity) 단계에서 아동은 아직 능숙한 제2언어 화자는 아니지만 그들의 의사소통 레퍼토리가 지속적으로 확장되어 나간다. 이 단계 동안에 아동은 주어-동사-목적어(S-V-O) 형식의 단순한 문장을 생성하기 시작한다. 그리고 make, do, go와 같은 **일반 다목적 동사**(general all-purpose verbs: GAP)에 크게 의존한다. 예를 들어, 제2언어로서의 영어를 배우는 학령 전 아동은 "I make picture." "I do that too." "I go home."과 같은 문장들을 말하는 모습을 보인다.

### 외국어로서의 영어

외국어로서의 영어(English as a foreign language: EFL)는 아동, 청소년, 성인들이 영어가 모국어가 아닌 나라에서 영어를 학습한다는 점에서 제2언어로서의 영어(ESL)와는 차이가 있다. 사람들은 여러 가지 이유로 외국어로서의 영어를 배우는데, 영어를 말하는 파트너와 비즈니스에 참여하기 위해 능숙한 구어 능력을 습득하는 경우 또는 영어를 사용하는 대학 교육기관에 입학하기 위해 문법적 능숙성을 확보하는 경우 등 다양하다. 몇몇 나라에서는 영어 원어민이 EFL 교사로 고용되기도 하지만, 많은 교사들이 스스로 EFL을 습득해 온 경우도 있다. 원어민이 아닌 영어 화자를 EFL 교사로 채용할 때는 여러 가지 조건이 필요하다.

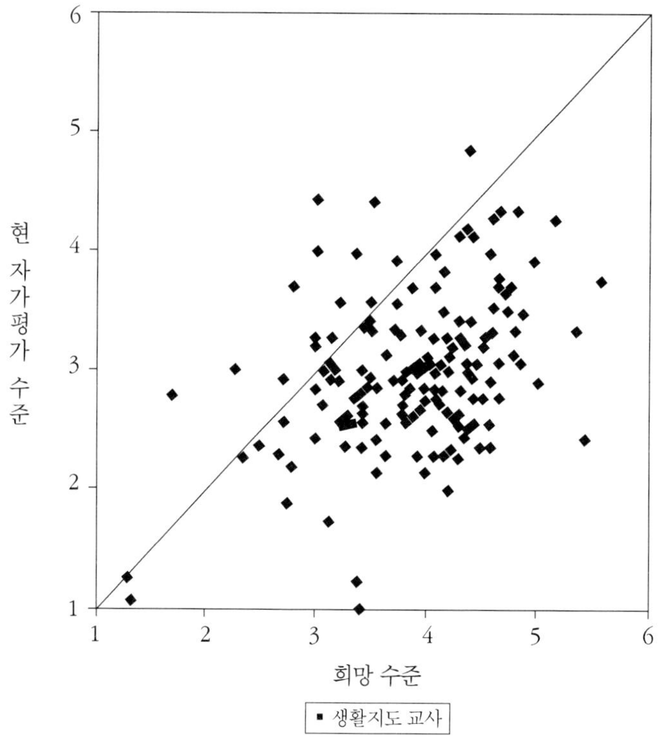


**[그림 9-6] 자신의 영어 능력에 대한 한국, 대만, 일본 교사들의 현재 수준과 희망 수준 간 차이**

출처: From "What Level of English Proficiency Do Elementary School Teachers Need to Attain to Teach EFL? Case Studies from Korea, Taiwan, and Japan," by Y. G. Butler, 2004, *TESOL Quarterly*, *38*, p. 260. Copyright 2004 by Teachers of English to Speakers of Other Languages, Inc. Reprinted with permission.

EFL 교사들의 현재 영어 능력과 스스로 희망하는 능력 수준 사이의 차이를 측정하기 위해, Butler(2004)는 한국, 대만, 일본의 교사 522명을 조사하였다. 연구 결과에 따르면, 대부분의 교사들이 현재 지각하는 능력 수준은 스스로 희망하는 수준보다 더 낮았다. [그림 9-6]에서 이러한 교사들은 평가선의 '아래쪽'에 많은 점들로 표현되며, EFL 교사 대부분이 이 범주에 위치하고 있다. 지각된 영어 능력과 희망 수준 사이의 차이는 교사들의 자신감, 교육적 기술, 학생의 동기에 문제를 부과하며, 결국에는 학생의 영어 학습 성공에 영향을 미칠 수 있다(Butler, 2004).

## 제2언어 습득에 관한 주요 이론과 임상적 시사점

언어 발달에 관한 보다 일반적인 이론에서와 마찬가지로, 제2언어 습득 이론들도 설명적인 기술, 용인되는 원리, 제2언어 습득 분석을 위한 방법론 등으로 구성된다. 그렇지만 제2언어 습득 이론은 특별한 점에서 제1언어 발달 이론과는 차이가 있다. 인간은 태어나면서부터 제1언어를 습득하기 시작하지만, 두 번째 언어는 몇 년 후나 심지어 성인이 되어서 습득할 수도 있다. 따라서 제2언어 습득 이론들은 개인이 제2언어이자 외국어를 습득하는 것에 영향을 미치는 내적 및 외적인 학습자 요인을 포함하여 일련의 추가적인 변인들을 설명해야만 한다. 이 절에서는 제2언어 습득에서의 양육 지향적 및 본성 지향적인 몇 가지 주요 이론들을 개괄할 것이다. 또한 그 이론들이 제2언어 습득에 주는 임상적 시사점에 대해 기술할 것이다.

### 양육 지향적 이론

언어 발달에 관한 양육 지향적 이론(nurture-inspired theories)들은 인간이 경험—특히 타인 및 환경과의 상호작용을 통한 경험—을 통하여 지식을 얻는다는 개념을 강조하고 있음을 상기하라. 우리는 이제 제2언어 학습에 관한 다음의 두 가지 양육 지향적 이론들을 살펴볼 것이다. 하나는 학습에 필요한 인지적 요인을 강조하며, 다른 하나는 제2언어 습득에 미치는 사회적 상호작용의 중요성에 초점을 둔다.

### 인지 이론의 주의 처리 모델

**원리** 제2언어 습득 인지 이론은 학습자의 정신적 및 지적 기능과 관련된 다섯 가지 원리에 기반한다(H. D. Brown, 2001). 첫 번째 원리는 **자동성**(automaticity)이다. 이는 제2언어 학습자가 어떻게 언어에 대해 진정으로 '사고하는(thinking)' 일 없이도 언어를 학습할 수 있는가에 대해 설명해 준다. 이 원리에 따르면, 제2언어 학습자는 언어를 의미 있게 사용함으로써, 언어의 **형식**이 아닌 그 **사용**에 초점을 둠으로써, 무한한 수의 언어 형태를 효과적 및 자동적으로 처리함으로써, 그리고 언어 형태에 관한 분석의 유혹에 저항함으로써 언어를 무의식적으로 습득하게 된다. 언어에 대한 과도한 분석과 의식적으로 언어 규칙 주변에서 머뭇거리는 일은 자동성에 해로운 영향을 미친다.

두 번째 원리는 제2언어 학습자가 **의미 있는 학습**(meaningful learning)에 참여함으로써 자신의 기존의 기억 구조 안으로 새로운 정보를 동화시킨다는 것이다. 학습에의 이러한 참여는 Piaget가 **동화**(assimilation)라고 명명한 인지 과정과 유사하다.

인지 이론의 세 번째 원리는 조작적 조건화(operant conditioning)라는 Skinner의 행동주의 원리(제2장 참조)에 근거한 것으로, **보상에 대한 기대**(anticipation of

외국 여행자와 같은 제2언어 학습자들은 외국어 학습의 특별한 동기를 가지게 된다.
사진 출처: Wilfried Krecichwost/Getty Images Inc.—Photodisc.

reward)와 관련된 것이다. 즉, 제2언어 학습자를 '행동'하게끔 유인하는 한 요인이 바로 보상(물질적이든 아니든, 일시적인 것이든 장기적인 것이든)에 대한 기대라는 것이다.

보상 기대 원리와 대조적으로, 인지 이론의 네 번째 원리는 **내적 동기**(intrinsic motivation)로서, 학습은 제2언어 학습자 내부에서 발원한 동기로부터 기원한다는 것이다. 즉, 제2언어 습득 과정 자체가 보상이어서 학습자에게는 외적 보상이 요구되지 않는다.

마지막 원리는 **전략적 투자**(strategic investment)다. 이 원칙에 따르면, 제2언어 학습자는 학습 과정에서 언어를 이해하고 산출하기 위한 전략을 사용함으로써 개인적으로 자신의 시간, 노력, 주의를 제2언어 학습에 투자하게 된다.

**제2언어 교육을 위한 시사점** 인지 이론에 의거하여, 제2언어 교사들은 다음과 같은 사항을 이행하는 것이 바람직할 것이다(H. D. Brown, 2001).

#### 원리 1: 자동성

- 문법, 음운론, 담화와 같은 언어 시스템에 대한 외현적 주의를 피한다. 오히려 이런 영역을 교수할 때 언어의 이 형식적인 측면들로 학생을 압도하는 것을 피함으로써 학생이 언어를 자동적이고 유창하게 익히고 사용할 수 있다.
- 언어 화용론, 즉 언어를 실제 맥락에서 그리고 다양한 기능에 입각하여 어떻게 의도적으로 사용할 것인가에 수업의 많은 부분을 할애한다.
- 학생이 언어를 유창하고 자동적으로 사용하기 위해서는 많은 시간을 필요로 하며, 또 그 과정 내내 인내심을 가지고 훈련시켜야 한다.

#### 원리 2: 의미 있는 학습

- 학생의 관심과 학업 및 경력상의 목표에 호응하도록 의미 있는 학습을 표방한다.
- 새로운 자료를 학생의 기존의 배경 지식 속으로 녹아들게 하여 동화 및 흡수 과정을 촉진하도록 노력한다.
- 반복적인 연습 및 암기와 같은 진부한 학습 훈련을 피한다.

**원리 3: 보상에 대한 기대**

- 적합한 칭찬을 사용하여 학생이 자신감을 유지할 수 있도록 한다.
- 학생 스스로 칭찬하고 지원할 수 있도록 격려한다.
- 특히 어린 아동에게는 학생 스스로가 각자의 발전을 의식할 수 있도록 단기적인 발전 지표(예: 향상 차트)를 활용한다.
- 교실에서 열정과 신나는 감정을 느낄 수 있도록 한다.
- 학습자가 제2언어 학습이 가져다줄 장기적인 이익을 깨닫도록 돕는다.

**원리 4: 내적 동기**

- 학생의 내적 동기를 고려하여 그것을 고양시킬 수 있는 활동을 설계한다.

**원리 5: 전략적 투자**

- 수업을 설계할 때는 학생의 학습 스타일을 고려한다.
- 모든 학생의 학습 선호도를 수용하기 위해 다양한 기술(예: 집단 활동과 개인 활동, 시각적 제시와 청각적 제시)을 활용한다.

### 상호작용 가설

**원리** 제2언어 학습과 관련된 **상호작용 가설**(interaction hypothesis)은 제2언어 학습자와 다른 사람들 사이의 의사소통적 상호작용의 중요성을 강조한다는 점에서 Vygotsky의 제1언어 발달 이론과 유사하다. 의사소통 상호작용의 송·수신자 모두 의사소통 성공에의 책무를 지니며, 이 가설은 이러한 의사소통적 역학(dynamic)의 중요성을 설명하고 있다. 상호작용 가설은 제2언어 사용자가 말의 수정, 반복의 사용, 종종 대화 중의 명료화와 같은 것들을 통해 의미를 중재할 수 있는 기회를 가질 수 있어야 함을 강조한다.

**제2언어 교육을 위한 시사점** 상호작용 가설의 주창자들은 화자가 타인과의 상호작용 동안에 특정 언어 기능을 전달하기 위해 사용하는 의사소통 전략에 집중할 것을 제안한다. 교사는 특정 의사소통 상황에 적합한 언어 형식을 선택하고 사용할 수 있는 훈련을 제공해야 한다. 또한 언어 발달을 지원하기 위하여 일련의 맥락 속에서 또래 및 또래가 아닌 사람들(예: 성인, 교사) 모두에게 언어를 사용해 볼 수 있는 훈련을 제공해야 한다.

## 본성 지향적 이론

언어 발달에서의 본성 지향적 이론(nature-inspired theories)들은 개인에 기저하는 언어체계가 태어날 때부터 존재하며, 개인은 자기가 태어난 곳의 모국어와 관련된 규칙들을 추출해 내고, 이는 다른 인지 능력과는 별개의 것이라고 주장한다. 다음에서는 제2언어 학습과 관련된 두 가지 본성 지향적 이론에 대해 설명할 것인데, 이 이론들은 인간이 제2언어 규칙을 학습하는 과정과 그 순서에 상대적으로 큰 영향을 미칠 수 없음을 강조하고 있다.

### 보편문법

**원리** 제2장에서 보편문법(universal grammar: UG)이 세계 모든 언어에 일관적으로 존재하는 문법적 규칙 및 제약 시스템이라고 언급한 것을 상기하라. 보편문법은 그 기저 원리가 그것이 오직 언어에만 공헌하는 선천적이며 종 특정적인 모듈(species-specific module)로서 다른 학습 형태에는 적용되지 않는다는 점에서 본성 지향적인 제2언어 학습 이론이라 할 수 있다. 보편문법 주창자들은 제1언어 습득에서와 마찬가지로 제2언어가 다른 사람들이 가르칠 수 있는 것이 아니며, 제2언어 학습자는 오직 입력만으로는 제공될 수 없는 언어 요소를 습득한다고 주장한다. 예를 들어, 모국어 화자가 문장의 부분적 단편들, 잘못된 시작(false starts), 그 밖의 '불완전한' 언어 형태들을 사용함에도 제2언어 학습자는 여러 경우에서 꽤나 적절한 수행을 드러낸다는 것이다. 보편문법 이론에서는 또한 청소년 및 성인이 제2언어 학습에 어려움을 보일 수 있음을 제안한다. Lenneberg(1967, Danesi, 2003에서 재인용)는 **결정적 시기 가설**(critical period hypothesis)을 통해 이를 명확히 밝혔는데, 이 가설은 출생부터 사춘기까지가 언어 습득의 결정적 시기라고 기술하고 있다.

**제2언어 교육을 위한 시사점** 아마도 모든 제2언어 학습 이론 가운데 보편문법이 제공할 수 있는 교육적 시사점이 가장 적을 것이다. 양육 지향적인 제2언어 습득 이론과는 달리, 보편문법은 의사소통 맥락, 학생의 동기, 또는 타인과의 상호작용을 통해 얻을 수 있는 외부로부터의 입력에 관한 시사점을 제공하지 않는다. 대신 보편문법은 제2언어 학습자가 제2언어를 습득하면서 생성해 내는 오류와 그들이 특정 언어 구조를 습득하는 자연스러운 순서에 대한 이해에 필요한 시사점을 제공해 준다.

### 모니터 모델

**원리** 제2언어 학습에 대한 **모니터 모델**(monitor model; Krashen, 1985)은 다음의 다섯 가지 가설, 즉 ① 습득-학습 가설(acquisition-learning hypothesis), ② 모니터 가설(monitor hypothesis), ③ 자연적 순서 가설(natural order hypothesis), ④ 입력 가설(input hypothesis), ⑤ 정서적 필터 가설(affective filter hypothesis)로 구성된다.

① 습득-학습 가설: 습득된 시스템과 학습된 시스템의 두 가지 독립적인 체계가 제2언어 학습 수행의 결정적인 요인임을 강조한다. **습득된 시스템**(acquired system)은 어린 아동의 제1언어 학습방식과 유사하게 제2언어 학습자가 타인과의 자연스러운 의사소통적 상호작용을 통해 습득하는 무의식적인 시스템이다. 이와 달리 **학습된 시스템**(learned system)은 제2언어 학습자가 의식적인 과정을 통해 얻은 제2언어 규칙에 대한 지식의 결과다.

② 모니터 가설: 습득된 시스템과 학습된 시스템 사이의 관계를 설명한다. 모니터는 제2언어 학습자가 생각할 충분한 시간을 가지고 수정에 집중하며 자신이 표현하고자 하는 규칙을 알고 있을 때에 습득된 시스템으로부터 비롯되는 발화를 계획하고 편집하며 조정하는 역할을 한다. Krashen(1985)은 제2언어 학습자는 모니터를 최소한만 사용하고 가능한 한 습득된 시스템에 의존해야 한다고 제안하였다.

③ 자연적 순서 가설: 제2언어 학습자가 자연스러우며 예측 가능한 순서에 따라 문법 구조를 습득하게 된다고 제안한다. 그 순서는 교육에 따라 달라지는 것이 아니라 습득된 시스템의 결과인 것이다.

④ 입력 가설: 제2언어 학습자의 언어 능력이 그들의 현 문법 지식의 수준보다 약간 상위의 입력, 즉 **이해 가능한 입력**(comprehensible input)을 받음으로써 증가하게 된다고 기술한다. Krashen(1985)의 이론은 제2언어 학습자가 이미 숙달한 구조가 포함된 언어는 개인의 습득을 돕지 못하며, 개인의 수준에 비해 지나치게 어려운 입력 역시 습득을 돕지 못한다고 제안하고 있다. 대신 입력 수준은 i+1수준이 가장 이상적인데, 여기서 i란 학습자의 현 지식 수준을 말한다.

⑤ 정서적 필터 가설: 제2언어 학습자가 입력을 처리하는 것을 방해하여 결과적으로 습득을 방해하는 '필터(막)'가 존재한다고 주장한다. 이러한 필터에는 낮은 동기, 부정적인 태도, 낮은 자신감, 불안감 등이 있다. 정서적 필터는 제2언어 습득에서의 개인차를 설명해 준다. Krashen(1985)은 제2언어 습득에서 어린 아동이 보다 많은 성공을 경험하는 이유는 그들에게는 학습을 차단하는 정서적 필터가 존재하지 않기 때문이라고 주장하였다.

**제2언어 교육을 위한 시사점** **자연 접근법**(natural approach; Terrell, 1997, Danesi, 2003에서 재인용)은 Krashen(1985)의 모니터 모델에서 기원한 제2언어 교수법이다. 자연 접근법을 사용하기 위해 교사는 학생의 정서적 필터를 '눌러' 그것이 '일어나지' 못하도록 도와야 한다. 학생은 정서적 필터 수준이 낮아지면 실패할 가능성을 염두에 두지 않게 되고, 따라서 교사가 전달하는 이해 가능한 입력으로부터의 습득에 보다 많은 성공을 경험할 수 있을 것이다. 이후 교사는 문법이나 그 밖의 형식 구조들을 도입시켜 줌으로써 학생이 이 정보들을 통해 기존의 '습득된' 시스템으로부터의 산물을 모니터, 즉 수정할 수 있도록 해 주어야 한다. 마지막 그리고 가장 중요한 것으로, 학생이 점차 상위 수준의 제2언어 능력을 향해 나아갈 수 있게 하기 위해서는 교사가 자신이 제공하는 입력이 학생에게 이해 가능한 것인가를 반드시 확인해야만 한다.

## 기타 이론

비록 이 책에서 모두를 다루지는 않을 것이나, 당신은 그 밖의 많은 제2언어 습득 이론들이 존재하며 그 모두가 제2언어 교수법, 방법론 및 교수기술에 상당한 영향을 미치고 있음을 인식해야 한다. 그 한 예로 신경언어학적 제2언어 교수법에 대해 살펴보려면 〈이론에서 실제까지: 암시적 교수법〉을 보라. Danesi(2003)는 제2언어 교수의 효율성을 보장하기 위해 이론과 실제 사이의 간극을 메워야 하는 딜레마에 대해 다음과 같이 요약하고 있다.

**논의 요점**
당신은 암시적 교수법과 같은 제2언어 교수법에 가장 잘 부합할 만한 목표는 무엇이라고 생각하는가?

> 과학적으로 설계된 교육학적 방법 중 그 어떤 것도 스스로가 보편적으로 효율적임을 입증하지 못하였고…… 이후로 일부 교사들은 이제 개혁주의자들이 주장하는 이론에서 실제로의 패러다임(theory-into-practice paradigm)을 전면적으로 거부하고 있다. 그렇지만 문헌에 언급된 바와 같은 현 몰입식 방법과 여러 언어로 구성된 교과 과정 방식의 성공에도 불구하고 교실에서의 적절한 교육법에 대한 탐사는 현재도 끊임없이 지속되고 있다(p. 3).

### 암시적 교수법

암시적 교수법(suggestopedia)은 1970년대에 출현한 제2언어 학습법이다(Lozanov, 1979, H. D. Brown, 2001에서 재인용). 그것은 학습자를 위한 최적 조건(즉, 이완된 의식 상태), 오감을 통합한 학습, 시각 이미지, 색, 음악, 창의성 활용을 통한 뇌 우반구의 바람직한 통합을 강조하는 학습 이론 등으로부터 기원한 것이다. 암시적 교수법을 활용한 언어 수업은 다음의 4단계로 구성된다.

- 단계 1. 제시(presentation): 교사는 학생들을 이완시키고 그들이 긍정적인 학습 마인드를 채택하도록 준비시킨다.
- 단계 2. 초연(first concert) – '능동적 연주(active concert)': 이 단계에서 교사는 학생들에게 학습할 언어 자료를 제시한다. 예를 들어, 교사는 텍스트에 대한 연극식 읽기를 하거나 클래식 음악을 동반한 읽기를 수행시킬 수 있다.
- 단계 3. 재연(second concert) – '수동적 검토(passive review)': 이 단계에서 교사는 학생들에게 바로크 음악을 들려주며 이완 상태로 이끈다. 그러고는 음악이 연주되는 동안 텍스트를 조용히 읽어 준다. 이 방식은 학생들이 새로운 자료를 별다른 노력 없이 습득하게 해 주는 것으로 가정된다.
- 단계 4. 연습(practice): 마지막 단계에서 학생들은 게임이나 퍼즐을 이용하여 자신들이 학습한 바를 검토한다. 그리고 교사는 학생들에게 잠들기 전에 그날 배운 내용을 한 자씩 읽고, 아침에 일어나면 제일 먼저 그것을 다시 반복하도록 요구한다.

# 요 약

이 장은 언어와 문화 사이의 밀접한 관계에 대한 기술로 시작되었다. 우리는 성인들이 언어의 사용을 통해 그리고 언어의 사용을 향해 어린 아동을 어떻게 사회화시키는가에 대한 예로서 영아 지향적 말에 관해 설명하였다. 두 번째 절에서는 언어의 진화와 변천 과정에 대해 검토하였다. 우리는 일부 지역 방언 및 사회문화적 방언을 포함하여 미국 영어에 존재하는 몇 가지 방언들에 대해 살펴보았다. 또한 피진어와 크레올어를 통해 언어의 진화 과정에 대해 논의하였다.

세 번째 절에서는 이중언어를 정의하고 그 두 가지 유형인 동시적 이중언어와 순차적 이중언어에 관해 기술하였다. 아울러 이중언어를 사용하는 개인들이 이중언어체계를 가지는지 혹은 단일 언어체계를 가지는지에 관한 논쟁에 대해 검토하고, 이중언어 사용자들이 나타내는 기호 전환 과정에 대해 논의하였다. 또한 이중언어와 제2언어 학습을 구별하고, 중간언어에 대해 기술하며, 이중언어 교육과 관련된 입장 및 정책에 관한 역사적 설명을 제공하였다. 제2언어로서의 영어와 외국어로서의 영어에 관한 연구에 대해서도 검토하였다.

마지막 절에서는 제2언어 학습과 관련하여 현재 지배적인 몇 가지 양육 지향적 이론들(인지 이론에서의 주의 처리 모델 및 상호작용 가설)과 본성 지향적 이론들(보편문법 및 모니터 모델)을 비교하였다. 나아가 이론과 실제의 연계를 위해 각 이론들이 제공하는 교육적 시사점들도 제공하였다.

# 핵심 용어

가정언어 단계(home language stage) 425
결정적 시기 가설(critical period hypothesis) 431
다수 인종언어 공동체 (majority ethnolinguistic community) 415
단일 언어체계 가설(unitary language system hypothesis) 417
발화 간 혼용(interutterance mixing) 419
발화 내 혼용(intrautterance mixing) 419
비언어기(nonverbal period) 425
소수 인종언어 공동체 (minority ethnolinguistic community) 416
악센트(accent) 404
언어 생산성(language productivity) 425

언어 안정화(language stabilization) 421
언어 화석화(language fossilization) 421
의사소통적 수용성
(communicative accommodation) 403
이중 언어체계 가설
(dual language system hypothesis) 417
이중언어 학습자
(dual language learners) 414
이해 가능한 입력(comprehensible input) 433
일반 다목적 동사
(general all-purpose verbs) 425
전보식 및 기계적 사용
(telegraphic and formulaic use) 425
제2언어 습득
(second language acquisition) 420
중간언어(interlanguage) 421

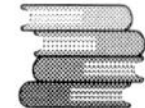

오디오 샘플, 관련 웹사이트, 추천 도서 및 혼자 풀어 보는 퀴즈를 포함하여 이 장의 내용과 관련된 온라인 자료를 구하려면 웹사이트 http://www.prenhall.com/pence를 찾아보라.

# 제10장

# 아동 언어장애

## ❐ 핵심 문제

이 장에서 우리는 다음의 네 가지 문제에 관해 살펴볼 것이다.

1. 언어장애란 무엇인가?
2. 누가 언어장애 아동을 판별하고 치료하는가?
3. 아동 언어장애의 주요 유형은 무엇인가?
4. 아동 언어장애는 어떻게 판별되고 치료되는가?

앞의 여러 장들에서 대부분의 아동들이 유아기에서 청소년기까지 언어를 어떻게 발달시키는가를 특징짓는 발달의 주요 이정표들에 대해 논의하였다. 당신은 모든 아동과 청소년들이 대략 동일한 시기에 동일한 방식으로 이 이정표들에 도달하게 될 것이라고 전제할 수도 있을 것이다. 그러나 불행하게도 우리가 제1장에서 언어장애의 개념에 관해 논의할 때 언급했던 것처럼 이러한 전제는 사실과 다르다. 제1장에서 강조한 것처럼, 언어란 일종의 발달장애나 뇌손상과 같이 언어 기제의 선천적인 취약성에 영향을 받을 수 있는 인간만의 복합적인 특질이다. 그것이 선천적이든 후천적이든 언어장애 아동은 언어 발달에서 심대한 어려움에 직면하게 된다. 선천적으로 언어장애를 가지고 태어난 아동은 전형적으로 생의 첫 1년 동안에 옹알이나 몸짓하기와 같은 결정적인 언어적 전조(precursors)를 획득하는 것에서 지체를 경험한다. 아장이기와 학령 전 기간 동안 그들은 첫 낱말 발화, 낱말을 조합하여 문장 만들기, 성인이나 또래와의 대화 개시와 같은 중요한 초기 언어 이정표에 이르는 것이 늦어진다. 그들은 학령기에는 종종 읽기나 쓰기와 같이 언어적 능숙성에 의존하는 학업기술 영역과 싸워야 한다. 그들은 또한 상징언어(즉, 관용어, 격언)나 추상적인 언어를 사용하고 이해하는 것과 같은 복합적인 언어 과제에서도 결함을 보이게 된다. 언어적 능숙성에 엄청난 가치를 부여하는 사회 안에서 성인이 된 언어장애인들은 삶을 영위하고 직업을 가지는 데 있어 지속적인 어려움에 직면하게 된다. 언어장애가 유아기에서 노년기까지 전 연령대에 걸쳐 영향을 미치지만, 이 장에서는 출생부터 청소년기까지에 영향을 미치는 언어장애에 초점을 맞출 것이다.

## 언어장애란 무엇인가

교육자나 연구자들은 language delay(언어지체), language impairment(언어장애), language disability(언어장애), language-learning disability(언어학습장애) 등 다양한 용어들로 아동의 언어장애를 지칭한다. **언어지체**(language delay)라는 용어는 언어 발달의 문제를 보이는 아동이 언어가 늦게 시작되며, 또래들을 따라잡을 수 있을 것으로 예상된다는 의미를 함축하고 있다(Leonard, 2000). 그렇지만 많은 언어장애 아동들은 끝내 또래들을 따라잡지 못한다. 오히려 정상적으로 발달하는 아동과 언어장애 아동 사이의 간극은 시간이 갈수록 더 커지기도 한다. 그러므로 언어지체라는 용어는 아동의 언어장애를 정확히 특징짓지 못한다. 대신 language impairment(언어장애) 또는 **language disorder(언어장애)**라는 용어가 아동이 보이는 언어적 어려움을 가장 정확히 표상해 준다. 따라서 최근에는 다른 아동들에 비해 언어 발달에서 보다 심각한 어려움을 경험하는 아동을 기술할 때는 이 용어들이 보다 선호되고 있다(Paul, 2001). language disability(**언어장애**)라는 용어 역시 사용되고 있다. 이 용어는 한 아동의 언어적 어려움이 일상생활에서의 활동이나 기능들에 심각하고도 부정적인 영향을 미치고 있음을 함축하고 있다(Paul, 2001). **언어학습장애**(language-learning disability)라는 용어는 종종 읽기, 쓰기 및 철자법과 같이 언어와 연계된 학업 분야의 성취에 어려움을 경험하는 보다 나이 든 아동의 언어장애를 기술하기 위해 사용된다(Heward, 2003).

미국 말-언어-청각협회(American Speech-Language-Hearing Association: ASHA, 1993)에 따르면, **언어장애**(language disorder)란 개인이 다음과 같은 모습을 나타내는 것으로 정의된다.

> 구어, 문어 그리고(또는) 다른 기호체계에 대한 이해, 그리고(또는) 사용의 결함. 장애는 (1) 언어의 형식(음운론, 형태론, 구문론), (2) 언어의 내용(의미론), 그리고/또는 (3) 의사소통에서의 언어 기능(화용론)의 다양한 조합 형태로 나타난다(p. 40).

전문가들이 특정 아동이 언어장애를 가지고 있는지를 판별하기 위하여 이러한 이론적 정의를 적용하고자 할 때는 해당 아동의 언어적 결함이 사회적, 심리적 및 교육적 기능에 해로운 영향을 미치는지, 언어적 차이(language difference)를 드러내는지, 그리고 장애로 간주할 수 있을 만큼 충분히 심각한 결함인지에 관한 정도를 고려해야 한다.

전문가들이 한 아동이 언어장애를 가지고 있는지를 결정할 때는 언어적 결함이 아동의 사회적, 심리적 및 교육적 수행에 영향을 미치는 정도에 관해 고려해야 한다.
사진 출처: Patrick White/Merrill.

## 사회적, 심리적 및 교육적 영향

만일 한 아동이 상당 수준의 언어적 결함을 보이고 있으나 그것이 사회적, 심리적 및 교육적으로 해로운 영향을 미치는 것이 아니라면 과연 그 아동이 실제 언어장애인가에 관해 고민해야 한다(Fey, 1986). 이러한 문제는 **질병**, **활동**, **삶에의 관여**라는 측면에서 중요한 개념적 차별화와 관련된 것이다. 교육자들이 특정 아동이 언어장애를 보이는지에 관해 결정하고자 할 때는 이러한 개념들이 중요한 고려 요인이 된다. 세계보건기구(World Health Organization, 2001)는 이러한 개념들을 다음과 같이 구분하고 있다.

- **질병**(disease)이란 수행을 방해하는 생리학적인 기저 조건들을 말한다. 언어장애와 관련하여 질병이란 개인의 언어 형식, 내용, 사용에서의 이해 그리고(또는) 산출의 결함을 야기하는 기저 신경학적 손상(질병의 **유전형**[genotype])을 말한다.
- **활동**(activity)이란 질병으로 인해 야기된 행동 및 수행상의 결함을 지칭한다.

언어장애에서 이 용어는 일상 환경 속에서 아동의 언어 형식, 내용, 사용에서의 이해 그리고(또는) 산출, 즉 질병의 **표현형**(phenotype)에 미치는 기저 신경학적 손상의 영향을 말한다.

- **삶에의 관여**(participation in life)란 사회적, 심리적 및 교육적 기능에 미칠 법한 영향을 포함하여 질병이 아동 및 그 가족의 삶의 질에 어떠한 영향을 미치는가와 관련된 것이다.

이제 언어장애를 지닌 2명의 아동 샤미카와 조지에게서 이 세 가지 구조가 어떻게 구별될 수 있는지를 살펴보겠다. 샤미카와 조지는 모두 6세 아동이다. 학교 언어치료사는 그들을 기본적인 언어 처리 관련 신경학적 취약성으로 인해 야기된 것으로 가정되는 단순언어장애(specific language impairment: SLI)로 진단하였다. 교실에서 두 아동은 구문론, 음운론, 의미론 발달을 포함하여 언어의 이해 및 산출에서의 중도 결함을 보였다. 따라서 **질병**과 **활동**이라는 측면에서 두 아동은 서로 유사했다. 그렇지만 둘은 단순언어장애가 그들의 **삶에 관여**하는 정도라는 측면에서는 서로 차이가 났다. 즉, 조지는 또래나 교사와 효과적으로 의사소통하는 것에 심각한 결함을 보였고, 글의 이해, 읽기기술 발달을 포함한 수업에서의 언어 과제 수행이 열악하였다. 반대로 샤미카는 교실에서 또래나 교사와 의사소통하는 것에 어떠한 어려움도 보이지 않는 듯했으며 모든 학업 영역에서 적절한 진보를 보이고 있었다. 두 아동 사이의 이러한 차이점은 다양한 발달 요인(예: 기질, 지능, 성) 및 환경 요인(예: 양육자-아동 관계, 수업의 질, 조기 중재에의 접근성)에서 비롯된 것이었다. 어떤 아동에게 이러한 요인들은 서로 상호작용하여 위험(질병의 영향으로부터의 취약성)과 회복(질병의 영향에 대한 저항 능력) 모두를 조장할 수 있다. 비록 샤미카와 조지는 언어장애의 유전형과 표현형 측면에서는 서로 유사하였으나, 기저 장애의 영향이 두 아동의 삶에 관여하는 정도에서는 서로 간에 상당히 달랐던 것이다. 그러므로 샤미카는 언어장애를 가지지 않은 반면 조지는 언어장애를 가진 것이라고 단언할 수 있다. 이러한 구별은 한 아동이 사회적, 심리적 및 교육적 맥락에서 얼마나 적절히 기능할 수 있는가의 여부에 미치는 질병의 영향에 대한 고려를 기반으로 이루어지는 것이다.

## 언어장애와 언어 차이

제1장에서 우리는 언어의 내용, 형식, 사용에 있어서 대략 동일한 연령의 두 아동 사이에도 얼마나 큰 차이가 나타날 수 있는가에 대해 논의한 바 있다. 유전, 발달, 환경의 여러 요인들은 서로 상호작용하여 아동의 언어 발달에 영향을 미친다. 제1장에서 **언어 차이**가 아동들의 언어 발달에서 발견되는 정상적인 변이를 기술하기 위한 일반적 용어임을 강조한 바 있다. 아동의 언어장애를 판별하고 치료하는 이들은 언어장애와 언어 차이 사이에는 종종 정교한 선(line)이 존재함을 깨닫는다. 언어 발달에 있어 정상적인 변이(normal variability)와 언어 발달에 영향을 미치는 기저 신경학적 손상이 반영된 변이라는 두 개념은 서로 구별되어야 한다.

전문가들은 언어장애와 언어 차이를 어떻게 차별화시켜야 하는가? 대개의 경우 이러한 구분을 위해서는 아동이 개인의 언어 능력을 학습하고 적용시키는 **문화적 맥락**(cultural context)에 대한 세심한 이해가 필요하다. 아동을 사회화시키기 위한 특정 문화 공동체의 접근은 아동이 각자의 가정과 공동체 내에서 경험하는 언어의 양과 질에 영향을 미친다. 결국 가정이나 기타 아동이 양육되는 맥락들에서의 언어 노출은 아동 언어 습득의 강력하면서도 특별한 변인이 되는 것이다. 추가적으로 전문가들은 언어 습득이 동시에 여러 언어를 습득 중인 아동(즉, 이중언어) 또는 비주류의 방언을 말하는 아동에 따라 얼마나 다양하게 변화될 수 있는가에 관해 인지해야 한다. 제2언어로서 영어를 배우는 아동은 영어의 발달 이정표에 도달함에 있어 영어 모국어 화자들과는 상당히 다를 수 있다.

어떠한 문화적 공동체라도 아동에 대한 사회화 방식에서는 서로 상당한 차이점이 있을 수 있다. 예를 들어, 어떤 문화 공동체의 성인 구성원들은 아동이란 '보여야 하는 것이지 들려야 하는 것은 아니다(should be seen but not heard).'라는 믿음을 가지기도 한다. 그러므로 이러한 공동체에서의 아동은 성인들의 대화에 거의 참여하지 않는다. 한편 다른 공동체의 성인들은 아동이 성인들의 대화에 자주 그리고 능동적으로 참여해야 한다고 믿는다. 이러한 사회화 방식에서의 관습적 차이는 아동의 언어 발달에 영향을 미칠 수 있다. 또 다른 예로, 한 문화 공동체의 성인들은 부모와 유아 간의 직접적인 말을 통해 유아를 사회화시키는 반면, 다른 공동체의 성인들은 유아에게 거의 직접적으로 말을 하지 않는다. 다시 말하자면, 이렇게 성인들이 자신의 문화적 공동체 내에서 아동을 사회화시키는 방식상의 차이는 공동체의 아동들이 경험하는 언어의 양과 질에 직접적으로 영향을 미치게 된다. 하지만 비록 아동에 대한 사회화 관례의 차이가 아동의 언어 발달 속도에 직접적인 영향을 미칠 수는 있어도 문화적 관점에서 아동들을 공동체 안으로 사회화시키는 특별히 '올바른' 또는 '잘못된' 방식이란 존재하지 않는다.

전문가들은 한 아동의 언어 습득에서의 변이를 언어 차이(언어장애라기보다)로 설명할 때도 그 가족이나 기타 양육자들에게 어떻게 아동의 언어 발달을 극대화시킬 수 있는가에 대해 제안해 줄 수 있을 것이다. 예를 들어, 어떤 전문가는 말이 늦으면서(late talker) 여러 언어를 동시에 습득 중인 아동의 부모에게 언어 입력의 양과 질을 두 언어 모두에서 증대시키는 특별한 전략을 제공해 줄 수 있다. 또 다른 예로, 가정 환경에서의 언어 노출의 제한으로 인해 주요 언어 발달 이정표로의 도달이 지체된 아동을 위해서 전문가는 부모에게 언어 입력이 어떻게 어린 아동의 언어 성장을 촉진시킬 수 있는가에 관한 정보를 제공해 줄 수 있다. 〈다문화적 초점: 언어장애와 언어 차이의 차별화〉에는 언어 차이와 언어장애의 구별의 중요성에 관한 논의가 제시되어 있다.

다문화적 초점

### 언어장애와 언어 차이의 차별화

어린 아동들의 언어장애 진단을 위해서는 전문가들이 언어장애와 언어 차이를 구별해 낼 수 있어야 한다. 전문가가 특히 몇 가지 언어를 말하는 아동(즉, 이중언어 아동), 영어를 제2언어로(ESL) 배우는 아동, 또는 주류 방언과는 다른 영어 방언을 말하는 아동을 다루어야 할 때는 이것이 더욱 중요하다. 불행하게도 전문가들이 언어장애를 판별하기 위해 사용하는 검사나 과제의 많은 부분들이 표준 영어를 사용하는 단일 화자를 위해 개발된 것들이다. 그러므로 그에는 전형적으로 발달하는 아동과 언어장애를 가진 아동을 구별하는 것에서의 민감성이 결여되어 있을 수도 있다.

예를 들어, 전문가들이 아동의 언어 능력을 검사하기 위해 사용하는 절차로서 이 장에서 앞으로 논의하게 될 언어 표본 분석(language sample analysis: LSA)에 대해 생각해 보자. LSA에서 사용되는 일반적인 기법들은 중요한 문법적 역할(예: 복수 및 과거시제 동사의 표지, 조동사, 관사)을 담당하는 특정 의존형태소 출현을 조사하는 것처럼 아동의 문법형태론을 분석하기 위한 것이다. 전문가는 한 아동의 구어에서의 문법형태론 사용을 조사한 후에 그것을 전형적인 언어 발달에서 나타나는 특정 형태소 출현 시점을 알려 주는 발달 규준

(developmental norms)과 비교한다. 수많은 연구 결과들로부터 언어장애 아동들은 문법형태론 발달에 지체를 보이며 자발적 발화에서 종종 문법형태소들을 생략하기 때문에 문법형태론 분석이 언어장애 아동의 판별에 유용하다는 것이 밝혀진 바 있다(Rice, Wexler, & Cleave, 1995; Rice & Wexler, 1996). LSA는 이러한 문법형태소 생략을 판별하는 유용한 방식이며, 또 종종 언어 평가용 표준화 검사들과 함께 병용되기도 한다.

한 능숙한 전문가가 5세 여아의 언어 표본을 수집하고는 3인칭 단수 -s, 과거시제 -ed, 불규칙 과거시제, 조동사와 연결사로서의 be와 do, 복수 -s, 관사와 같은 문법형태소들을 분석하는 시나리오를 가정해 보자(Paradis, 2005). 전문가는 언어 표본으로부터 그 아동이 각 형태소들을 얼마나 자주 생략하는가를 계산하고, 그 비율을 5세 아동들이 이 형태소들을 전형적으로 사용하는 시기를 알려 주는 규준 자료와 비교한다. 전문가는 아동이 이를 기대치보다 훨씬 높은 비율로 생략(예: 3인칭 단수에서 64%, 규칙 과거시제에서 67%)하고 있음을 발견하고, 결국 언어장애가 존재한다고 결정하게 된다.

그러나 이 전문가는 불행하게도 한 가지 오류를 범한 것일 수 있다. 그 아동은 ESL을 배우고 있는 스페인 모국어 화자였던 것이다. 최근 연구들은 ESL을 배우고 있는 아동들의 문법형태론은 언어장애 아동들의 그것과 유사하게 여겨질 수 있으며, 특히 문법형태소의 생략이라는 점에서 더욱 그러함을 밝힌 바 있다(Paradis, 2005). 게다가 어떤 아동은 영어의 문법형태론을 빠르게 습득하는 반면 어떤 아동은 매우 느리게 습득할 수도 있다는 점에서, 문법형태론 숙달은 아동마다 상당히 다를 수 있는 것이다(Paradis, 2005). 따라서 전문가들은 자신이 실시한 아동들의 자발적 언어 표본 분석이 차이와 장애를 구별해 줄 수 있을 정도로 충분히 민감한 것인가를 먼저 확인해야만 한다. Paradis(2005)는 분석의 민감성을 증가시키기 위한 다음의 네 가지 접근에 대해 정의하였다.

1. 가능하다면 아동들을 각자의 모국어로 평가하라.
2. 이중언어 아동, ESL 학습 아동, 비주류 방언 화자의 언어는 어떻게 발달하는가에 대해 알고 그 지식에 기초한 기대치를 정립하라.
3. 아동의 언어기술을 조사하기 위하여 다양한 도구들을 사용하라.
4. 가능하다면 특정 아동의 언어기술을 유사한 언어적 배경을 가진 다른 아동들의 언어기술과 비교하라.

## '유의하다' 는 말의 의미

이 장의 서두에서 제시한 **언어장애**(language disorder)의 정의는 언어장애의 출현을 알리기 위해서 제시되어야 할 구체적 손상 수준의 측면에서는 다소 모호한 것이다. 종종 전문가들은 한 아동이 언어장애를 가지고 있을 때 나타나는 손상 정도를 명시하기 위해 **유의한**(significant)이라는 용어를 사용한다(Paul, 2001). 그렇지만 상대적 측면과 절대적 측면 모두에서 '유의하다'는 것은 무엇을 의미하는가? 현재로서는 언어장애에 적용되는 유의함이라는 용어를 정의할 수 있는 황금률이란 존재하지 않는다.

언어장애를 판별하는 전문가들은 전형적으로 표준화 검사에 의존하는데, 이것은 내용, 형식, 사용 영역에서 아동의 언어 이해 및 표현을 측정하는 것이다. 전문가들은 아동의 언어 능력이 동일 연령 및 동일 문화적 배경의 아동들의 언어 능력에 비해 충분히 부족한 것인가를 판별해 내기 위해 검사를 시행한다. 전문가(또는 공립학교 체제와 같이 그들이 근무하는 조직)는 유의선(line of significance)을 구획하는 역치를 결정하는데, 이것은 아동의 과제 수행이 그것을 초과하는지 혹은 미달하는지를 확인하는 데 사용된다. 검사 점수가 이 역치에 부합하지 못하는 아동들은 정상으로부터 유의하게 다른 언어기술을 가진 것으로 간주된다. 예를 들어, 타당하며 신뢰성 있는 표준화 검사에서 종종 사용되는 역치는 표준점수(standard score) 85 이상이다. 이 표준점수는 [그림 10-1]에 나타난 바와 같이 평균으로부터 1 표준편차(SD) 이내의 점수와 동일하다. 특정 언어 검사를 수행한 전체 아동의 약 16%가 84점 이하의 점수를 얻었으며, 이것이 −1 SD의 역치를 사용하는 전

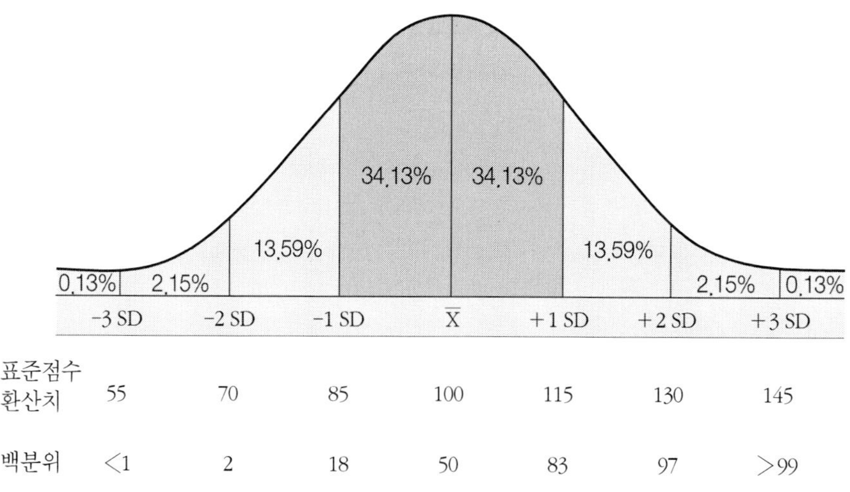


**[그림 10-1] 표준화 검사 점수의 정상(분포)곡선**

SD = 표준편차(standard deviation)

출처: Justice, Laura M., *Communication Sciences and Disorders: An Introduction*, 1st Edition, © 2006. Reprinted by permission of Pearson Education, Inc., Upper Saddle River, NJ.

문가에게 검사받은 것이라면, 그리고 이 장애가 동시에 그들의 삶에 관여한다면, 아동들은 언어장애를 가진 것으로 판별될 수 있다. 반대로 86점이나 87점을 받은 아동들은 언어장애를 가진 아동으로 간주되지는 않을 것이다. 이러한 구획은 과연 검사에서 84점을 받은 아동이 86점이나 87점을 받은 아동에 비하여 상대적인 언어기술이 기능적으로 정말 다를 것인가 하는 의문을 제기하게 된다. 대부분의 경우에 그들은 다르지 않을 것이다.

문제를 더 복잡하게 만드는 것은 모든 전문가들이 동일한 역치를 사용하여 유의성을 정의하거나 정상 언어와 장애를 보이는 언어를 구획하는 것만은 아니라는 점이다. 어떤 전문가들은 이보다 낮은 표준점수인 81점을 역치로 설정하는데, 이는 검사를 받은 전체 아동들의 대략 10%에 해당하는 비율이다. 공립학교 체제에서 일하는 전문가들은 전형적으로 아동이 언어장애를 위해 제공되는 서비스를 받을 자격이 있는가를 결정하기 위해 해당 기관에 따라 독자적으로 채택한 역치를 사용하기도 한다. 여기서 언어 서비스 부여 아동을 결정하기 위해 사용되는 역치란 실질적으로 학군(school districts)에 따라 달라질 수 있음을 알아야 한다. 따라서 특정 구역에서 언어 서비스를 부여받을 수 있다는 자격 조건이라는 것이 언어장애의 출현과 반드시 등가의 것은 아닐 수도 있음을 인지해야 한다.

언어장애와 정상 언어를 구별하기 위한 황금률의 부재나 **유의하다**라는 용어의 모호함을 감안하건대, 우리의 요점은 아동이 결함 있는 언어를 보일 때 그 판별을 위해 사용할 수 있는 명백한 구획방식이란 존재하지 않는다는 것이다. 즉, 표준화 검사의 시행 및 점수 분석의 한계를 보완해 주는 중요한 책략으로서, 전문가들은 언어적 결함이 존재하는지와 장애라는 진단이 보장될 만큼 그 결함이 충분히 유의한 것인지를 확정하기 위해서는 다양한 맥락에서의 대상들에 대한 세심한 관찰을 통해 확보되는 주관적인 인상에 의존해야만 한다.

## 출현율과 발생률

언어장애는 아동에게 영향을 미치는 가장 보편적인 유형의 의사소통 결함이다. 이는 아장이기부터 초등 학령기에 걸친 조기 중재나 특수교육 서비스 시행의 가장 빈번한 원인이다.

**일차언어장애**(primary language impairment), 즉 기타의 발달적 결함(예: 정신지체, 뇌손상)을 수반하지 않은 채 나타나는 심각한 언어적 손상은 5세 이상의 약 7~10%에 해당하는 아동들에게 영향을 미친다(Beitchman et al., 1989; Tomblin et al., 1997). 이 장애는 언어에만 주로 국한된 것이기 때문에 보편적으로 **단순언어장애**(SLI)라고 부른다. 많은 SLI 아동들은 중기 및 후기 청소년기까지 지속적으로 언어기술의 심각한 결함을 경험하게 된다(Catts, Fey, Tomblin, & Zhang, 2002; Catts, Fey, Zhang, & Tomblin, 2001; C. J. Johnson et al., 1999).

기타의 조건들로부터(즉, 이차적으로) 야기된 언어장애인 **이차언어장애**(secondary language impairment)는 이를 사정해 내기가 더욱 어렵다. 이차언어장애의 보편적인 유형에는 정신지체, 자폐, 외상성 뇌손상(traumatic brain injury) 등이 포함된다. 약 1,000명 중 1명이 경도에서 중도까지의 정신지체를 보이며(Fujiura & Yamaki, 1997), 약 500명 중 1명이 자폐 또는 자폐스펙트럼장애(autism spectrum disorder)를 보인다(Ehlers & Gillberg, 1993; Yeargin-Allsopp, 2003). 전형적으로 이 두 가지 발달 조건 모두 언어장애를 초래한다. 매년 전체 아동의 약 2% 가량이 심각한 뇌손상을 보이는데(U.S. Department of Health and Human Services, 1999), 이 역시 심각한 언어장애를 초래할 수 있다. 해당 년도에 공립학교의 약 60만 명의 학령기 아동이 정신지체를 위한 서비스를, 6만 5,000명의 아동이 자폐를 위한 서비스를, 그리고 1만 4,000명의 아동들이 뇌손상을 위한 서비스를 받고 있다(U.S. Department of Education, 2001).

## 누가 언어장애 아동을 판별하고 치료하는가

다양한 전문가들이 아동의 언어장애에 대한 판별과 치료에 관여하고 있다. 어떤 전문가들은 직접적인 서비스를 제공하는 데 비해 다른 전문가들은 간접적인 서비스를 제공한다. **직접 서비스**(direct services)에는 언어장애의 진단과 임상 및 교육적 중재를 통한 장애 아동의 치료가 포함된다. **간접 서비스**(indirect services)에는 언어장애의 가능성을 가진 아동을 선별하고 직접 서비스뿐 아니라 언어 발달

### 가정 환경에서의 언어 중재

부모-아동 대화 상호작용의 질과 아동의 초기 언어적 성취 사이의 강력한 정적 상관을 보여 주는 상당량의 연구들이 있다(예: Baumwell, Tamis-LeMonda, & Bornstein, 1997; Landry, Miller-Loncar, Smith, & Swank, 1997; Rush, 1999). 이 연구는 언어 발달에 대한 사회적 상호작용주의자들의 주장을 지지한다. 그들은 언어를 일종의 심리생물학적 과정으로 간주하는데, 이 과정 속에서 '빈번하며 상대적으로 잘 조율된 정서적으로 긍정적인 구어 상호작용'이야말로 초기 아동기의 언어 성장을 돕는 결정적인 요인이라고 여기고 있다(R. Chapman, 2000, p. 43). 연구자들은 이러한 이론적 조망에 입각하여 부모들이 언어장애를 가진 자녀의 언어 성장을 촉진시키기 위해 가정에서 사용할 수 있는 중재방식을 설계하였다.

이론에서 실제로의 이러한 응용의 한 예가 **상호작용적 집중적 자극**(interactive focused stimulation[IFS]; Girolametto et al., 1996)이라는 중재 접근법이다. 예를 들어, 어휘 용례의 증가를 목표로 부모는 아동과의 대화 중에 목표 낱말(예: 아동이 이해는 하고 있으나 아직 사용하지는 않는 낱말)을 찾아내는 방법을 배운다. 부모는 또한 종종 다양한 대화 행위(예: 낱말 모델링, 아동의 낱말 산출 확대시키기)를 사용함으로써 또는 목표 낱말이 즉각적으로 사용될 수 있는 많은 반복적 일상 활동들을 조성함으로써 아동과의 놀이 속에 그 낱말들을 통합시키는 방식도 배우게 된다. 언어장애를 가진 아장이들의 부모를 위한 11주짜리 IFS 훈련 프로그램 연구에서는 부모들이 IFS의 사용을 증가시키자 아동들이 부모와의 대화 상호작용에서 수용어휘가 증가하고 다양한 낱말을 사용하는 긍정적인 효과가 나타났다(Girolametto et al., 1996). 이 같은 연구들은 초기 언어 중재에 있어 경험 기반적 접근법(evidence-based approaches)에 대한 전문가들의 접근성을 증대시키는 데서뿐 아니라 아동의 언어가 어떻게 발달하는가에 관한 이론적 이해를 공고화시키는 데서도 중요한 영향을 미친다.

을 지원할 수 있는 방식을 교육하도록 부모 상담을 위해 아동들을 의뢰하는 일 등이 포함된다(〈이론에서 실제까지: 가정 환경에서의 언어 중재〉 참조).

직접 및 간접 서비스에 가장 밀접하게 관련된 전문가에는 말-언어치료사, 심리학자, 일반교육자, 특수교육자, 조기중재자, 청각사, 발달소아과 의사, 이비인후과 의사 등이 포함된다.

## 말-언어치료사

말-언어치료사(speech-language pathologists: SLP)는 가장 일차적인 직접 서비스 제공자다. 말-언어치료사의 임상 활동 범위는 [그림 10-2]에 제시되어 있다. 이 그림에 제시된 것처럼, 말-언어치료사가 하는 일은 예방, 선별, 자문, 평가 및 진단, 치료 시행, 상담과 같은 수많은 관련 책무들을 포함한다. 그러므로 말-언어치료사가 제공하는 전형적인 서비스에는 아동의 언어장애 가능성을 선별하고, 언어장애를 가진 것으로 의심되는 아동들을 평가하며, 언어장애를 진단하고, 언어장애를 중재하기 위한 치료의 개발 및 이행이 포함된다.

말-언어치료사는 공 · 사립학교, 병원, 재활시설, 가정건강 관리국, 지역 및 대학 클리닉, 사설 치료실, 집단시설, 주립기관, 대학, 제휴기관과 같은 다양한 환경에서 일한다(ASHA, 2001). 현재 미국에는 미국 말-언어-청각협회(ASHA)로부터 인증받은 10만 명 이상의 말-언어치료사가 있다. 그렇지만 북미 대부분의 지역에서는 말-언어치료사의 수가 심각하게 부족하다. 미국 노동부(Hecker, 2001)가 가장 빠른 속도로 증가하는 상위 서른 가지 직업 중 하나로 말-언어치료 분야를 선정한 만큼, 이러한 현상은 단기간에 해결될 것 같지는 않다. 학교, 클리닉, 병원에서 직접 서비스를 담당할 수 있는 말-언어치료사의 부족 외에도, 대학의 말-언어치료사 양성 프로그램에서 교수로 근무할 수 있는 박사 수준의 말-언어치료사 공급 역시 부족하다.

## 심리학자

심리학자(psychologists) 역시 아동 언어장애를 판별하고 치료하는 것과 관련된 중요한 역할을 담당하는데, 이에는 사람들로 하여금 어떻게 그 장애를 판별하고 치료할 것인가를 이해할 수 있도록 돕는 데 필요한 연구를 수행하는 일도 포함된다(American Psychological Association, 2003). 아동 언어장애에 관련된 연구가 수행되는 심리학의 두 갈래는 **인지 및 지각 심리학**(cognitive and perceptual psychology)과 **발달심리학**(developmental psychology)이다. 이 분야의 연구자들은 인간의 지각, 사고, 기억에 관한 기초 연구와 응용 연구를 수행한다. 특히 발달심

언어치료사의 역할에는 의사소통, 삼킴 또는 기타 상부호흡기(upper aerodigestive) 장애 등에 대한 예방 · 진단 · 재활, 의사소통 행위의 선택적 조정, 의사소통 강화와 같은 것들이 포함된다. 이에는 다음과 같은 열두 가지 책무들이 포함된다.

1. 다음의 장애들에 대한 예방, 선별, 자문, 평가 및 진단, 치료, 중재, 관리, 상담, 추수(follow-up) 서비스 제공
   (1) 조음, 유창성, 공명, 음성을 포함한 말(speech)
   (2) 구어, 문어, 도식 및 수화 양식을 포함한 언어, 언어에 입각한 처리, 문해 전(preliteracy) 기술 및 언어에 기초한 문해기술
   (3) 삼킴 또는 기타 상부호흡기 기능
   (4) 의사소통의 인지적 측면
   (5) 의사소통, 삼킴 또는 기타 상부호흡기 기능과 관련된 감각 인식
2. 보완대체 의사소통 기술 및 전략의 확립
3. 청각장애인, 그 가족 또는 양육자들에게 말 읽기(speech-reading)와 같은 서비스 제공, 청력 선별 서비스 제공
4. 의사소통 및 발판 제공을 위한 변인들 관찰, 자료 수집 및 측정을 위한 도구 사용
5. 의사소통 및 삼킴을 위한 효과적인 보철 또는 보완 장치 사용의 선별, 적합 및 확립
6. 중추성 청각처리장애(central auditory-processing disorders) 평가를 위한 협업, 그리고 말, 언어 및 기타 인지 능력 손상에 대한 치료 제공
7. 개인 및 가족에게 의사소통 및 삼킴에 대한 교육 및 상담 제공
8. 의사소통에의 완전한 참여를 촉진하고 용이하게 하기 위한 지역사회의 인식, 교육, 훈련 프로그램 등을 통한 의사소통장애인 옹호
9. 개인적 요구에 부합하도록 의뢰하는 일을 포함하여 기타 건강 관련 전문가들과의 협력 작업
10. 의사소통 및 삼킴 기능에 영향을 미치는 활동 이행 및 환경 조성
11. 억양 교정과 같은 의사소통 수행의 변경 또는 강화를 위한 서비스, 또는 전문 직업군의 음성이나 성전환자의 음성 관리 및 향상을 위한 서비스 제공
12. 다양한 문화적 배경을 가진 개인들에게 서비스를 제공하고 그들을 적절히 수용해야 할 필요성, 그리고 이런 서비스를 적절히 조정해야 할 필요성에 대한 인식 확대

**[그림 10-2] 말-언어치료사의 역할**

출처: From *Scope of Practice in Speech-Language Pathology*, by the American Speech-Language-Hearing Association, 2001, Rockville, MD: Author. Copyright 2001 by the American Speech-Language-Hearing Association. Adapted with permission.

리학자들은 이러한 능력들에 있어 전 생애에 걸친 성장을 강조한다. 그들은 "한 아동의 초기 언어장애가 지속될지 혹은 회복될지를 예언하는 인구학적 변인은 무

엇인가?" (예: Bishop, Price, Dale, & Plomin, 2003), "교실에서의 교사의 입력이 아동의 언어 발달 속도에 어떻게 영향을 미치는가?" (예: J. Huttenlocher, Vasilyeva, Cymerman, & Levine, 2002)와 같은 주요 질문에 관한 해답들을 제시한다.

**임상심리학자**(clinical psychologists), **임상신경심리학자**(clinical neuropsychologists), **재활심리학자**(rehabilitation psychologists), **학교심리학자**(school psychologists)들은 종종 언어장애 아동을 보다 직접적으로 다루기도 한다. 이들 전문가는 공·사립학교, 클리닉, 병원 등에서 일하며, 많은 수가 사설 치료실에서 서비스를 제공한다. 전형적으로 언어장애의 판별과 치료는 이들 전문가가 하는 일 중의 작은 부분일 뿐이다.

임상심리학자는 여러 발달 영역(예: 비언어성 지능, 지각기술, 학습 태도)에 있어 한 아동의 강점과 요구를 조사하는 것과 같이 종종 보다 일반적인 심리교육학적 평가의 한 일환으로서 언어장애를 선별하고 진단한다. 임상심리학자들은 자폐 또는 청각 정보 처리 결함을 보이는 아동과 같은 다양한 유형의 언어장애를 위해 특화된 치료를 제공하기도 한다.

임상신경심리학자나 재활심리학자들은 후천적 뇌손상과 같은 외상성 손상에 기인한 아동기 및 청소년기 언어장애의 진단과 치료를 감독한다. 그들은 또한 발달장애인(예: 뇌성마비, 자폐)을 대상으로 그들의 지역사회에의 참여와 적응을 촉진시키기 위해 일한다.

학교심리학자는 전형적으로 공·사립학교에서 근무한다. 그들은 학교 조직의 한 구성원으로서 언어장애 아동을 판별하고 그들의 장애를 중재하거나 보상하기 위한 교육 프로그램을 개발하는 등의 필수적인 역할을 수행한다.

## 일반교육자

일반교육자(general educators)는 학령 전 및 초·중·고등학교 교사들을 말한다. 일반교육자는 자기 학급의 아동들 중에서 교육적 맥락에 입각하여 언어적 결함의 징후를 보이는 아동을 발견해 내는 중요한 역할을 담당한다. 일반교육자는 전형적인 언어 발달 과정에 대한 것뿐 아니라 결함을 보이는 발달 징후에 대한 지식을 갖추어야만 한다. 〈표 10-1〉에는 학령 전에서 청소년기까지의 언어장애의 일반적 징후가 제시되어 있다.

〈표 10-1〉 언어장애의 일반적 징후: 학령 전 단계에서 청소년기까지

| 학생의 연령 또는 학령 | 언어적 결함 |
|---|---|
| 학령 전 | • 현재진행(-ing), 복수(-s), 소유격(-s), 과거시제 규칙 및 불규칙 동사, 조동사를 포함한 문법적 굴절 생략<br>• 대명사 발달에서의 지체 및 오류<br>• 짧은 문장 길이<br>• 조동사를 변환시켜야 하는 의문문 생성의 어려움<br>• 미성숙한 요구(더 어린 아동들이 보이는 형태와 흡사)<br>• 집단적 대화(1명 이상과의 대화)에서의 어려움<br>• 갈등을 말로 해결하는 것의 어려움<br>• 요구를 충족시키기 위해 제스처에 의존하는 정도가 큼<br>• 또래에게 말을 거는 것의 어려움<br>• 대화에서 말 차례를 유지하는 것의 어려움<br>• 복잡한 지시나 이야기를 이해하는 것의 어려움 |
| 초등 학령 | • 낱말 찾기(word-finding)에서 휴지(pause) 및 돌려 말하기(circumlocution)가 수반되는 등의 결함<br>• 이름 대기(naming) 오류(예: 바지 → 신발)<br>• 언어 이해에서의 처리 속도가 느림<br>• 간접적 요구에 대한 반응의 어려움<br>• 화제 유지의 어려움<br>• 대화 수정의 필요성을 인식하는 것의 어려움<br>• 상징언어 또는 문자 그대로 해석해서는 안 되는 언어에서의 결함<br>• 추상적인 언어적 개념의 결함<br>• 청자에게 충분한 정보를 제공하는 것에서의 결함<br>• 이야기의 결속력이 부족함<br>• 도움을 요청하거나 명료화를 요구하는 것에서의 어려움<br>• 정보를 상세히 제공하는 것에서의 어려움 |
| 청소년기 | • 언어에 대한 사고를 표현하는 것의 어려움<br>• 질문 또는 논평에 대한 부적절한 반응<br>• 부족한 사회적 언어<br>• 청자에게 충분한 정보를 제공하는 것에서의 결함<br>• 지나친 중복(redundancy)<br>• 한계 또는 경계에 대한 부적절한 감각<br>• 요구나 개념을 표현하는 것에서의 어려움<br>• 또래와의 대화 개시의 어려움<br>• 미성숙한 대화 참여 |

| | |
|---|---|
| 청소년기 | • 도움을 요청하거나 명료화를 요구하는 것에서의 어려움<br>• 정보를 상세히 제공하는 것에서의 어려움<br>• 구어나 문어 형태 내에서 복잡한 정보를 조직하는 것의 어려움<br>• 낱말 찾기에서의 결함<br>• 또래나 성인들과의 담화가 사회적으로 부적절함<br>• 말을 할 때 휴지, 머뭇거림(hesitation) 또는 반복(repetition)의 빈도가 높음<br>• 대화 중 또는 기타 언어 과제 수행 중 반응이 느림 |

출처: Adapted from "Verb Use in Specific Language Impairment," by G. Conti-Ramsden and M. Jones, 1997, *Journal of Speech, Language, and Hearing Research, 40*, pp. 1298-1313; ***Children with Specific Language Impairment***, by L. B. Leonard, 2000, Cambridge: MIT Press; "Intervention for Word-Finding Deficits in Children," by K. K. McGregor and L. B. Leonard, in ***Language Intervention: Preschool Through the Elementary Years*** (pp. 85-105), edited by M. Fey, J. Windsor, and S. Warren, 1995, Baltimore: Brookes; ***Understanding Language Disorders: The Impact on Learning***, by V. L. Ratner and L. R. Harris, 1994, Eau Claire, WI: Thinking; "Verb Use by Language-Impaired and Normally Developing Children," by R. Watkins, M. Rice, and C. Molz, 1993, ***First Language**, 37*, pp. 133-143.

어떤 일반교육자가 자기 반의 한 아동이 언어 능력에 결함을 가지는 것으로 의심된다면 교내 **아동 연구 팀**(child study team, 또는 평가 팀)에 **의뢰 전 중재**(prereferral intervention), 즉 교실 환경에서 아동의 언어기술을 지원하기 위한 판별 절차를 포함하는 체계적인 과정을 이행하도록 요청해야 한다(Heward, 2003). 그러므로 일반교육자는 언어장애를 가지는 것으로 의심되는 아동들에 대한 가장 중요한 의뢰원(referral sources) 중 하나인 것이다. 아동 연구 팀은 전형적으로 일반교육자, 학부모 및 기타 전문가들(예: 학교심리학자, 특수교육자, 말-언어치료사)로 구성된다. 아동 연구 팀은 일반교육자가 교실에서 아동의 언어 수행을 지원하기 위한 접근법들을 찾아낸다. 만일 이 방식들이 아동의 언어 수행에 대한 교사의 우려를 완화시켜 주지 못한다면, 아동 연구 팀은 아동을 세밀히 평가하고 언어장애 여부를 결정하기 위한 **다변인 평가**(multifactored evaluation: MFE)를 수행한다. 만일 언어장애로 확정된다면, 그들은 다시 MFE를 사용하여 아동의 언어장애 치료와 학업 발달 지원을 위해 제공되어야 할 특수교육 서비스의 유형을 결정한다.

언어장애 아동들은 가능한 한 **최소제한환경**(least restrictive environment: LRE)에서 특수교육 서비스를 받아야 한다. 최소제한환경은 미국 장애인교육법(Individuals with Disabilities Education Act: IDEA)의 연방 조항으로서, 장애 아동은 장애를 가지지 않은 또래들과 최대한 동일한 맥락에서 교육받아야 한다고 규

연방 법안에 따르면, 언어장애 아동은 최소제한환경에서 교육받을 권리를 가진다.
사진 출처: Patrick White/Merrill.

정하고 있다. 그러므로 많은 언어장애 아동들은 일반 학급에서 언어장애를 가지지 않은 아동들과 함께 교육받는다. 이에 따라 일반교육자들은 언어장애 아동의 학업 증진을 지원하기 위한 교수의 차별화에 숙련되어 있어야 한다.

## 특수교육자

특수교육자(special educators)는 언어장애로 판별된 아동의 교육적 진보를 지원하는 결정적인 역할을 수행한다. 장애 아동은 미국의 학교에서 적합한 교육을 무상으로 받아야 한다는 연방 법안이 규정한 조항으로 인해 특수교육 분야는 나날이 확대되어 왔다. 현재는 미국 전역의 학교에서 약 30만 명의 특수교사들이 약 600만 명의 장애 아동들을 가르치고 있다(IDEA Data, 2003; U.S. Department of Education, 1999). 이들 아동들의 약 1/4가량이 말-언어장애를 지니고 있다(IDEA Data, 2003).

이들 장애 학생들의 요구에 부합하기 위해 특수교육자들은 학령 전부터 2학년까지의 학생들을 대상으로 학업에서의 성공을 돕기 위한 일반 및 특수 중재를 이행한다. 이를 위해 특수교육자들은 다양한 접근을 수행한다. 그들은 교사나 보조교사를 도와 일차적으로 장애 아동에게 서비스를 제공한다. 그들은 장애 학생을 담당하는 교사들에게 자문을 하거나 그들과 협력한다. 또한 교실 밖으로의 이동 프로그램 내에서 특수한 중재를 시행한다. 어떤 특수교육자들은 **순회교사**(itinerant teachers) 역할을 담당한다. 그들은 자기만의 교실을 가지지는 않지만 수많은 교사들과 함께 가르치거나(coteach) 그들과 협력한다. 많은 순회 특수교육자들은 자폐 아동 교육이나 청각장애 아동 교육과 같은 자기만의 특수한 전문 분야를 가지고 있으며, 따라서 교사들과 함께 이러한 아동들을 가르쳐야 하는 교실이나 또는 최소제한 교실 환경에 투입된다.

비록 특수교육자들도 언어장애에 대하여 아동을 선별하고 검사할 수는 있으나, 그들의 일차적 책무는 개별화 교육 프로그램(individualized education programs: IEP), 개별화 가족 서비스 계획(individualized family service plans: IFSP)을 설계 및 시행하고 모니터링하는 일이다. IEP나 IFSP는 공립학교 프로그램에서 언어장애로 판정되어 특수교육 서비스를 받고 있는 아동들의 교육적 중재와 연간 목표에 대해 명시한 것을 말한다. IEP(3~21세의 장애인)와 IFSP(유아~2세의 장애아)는 IDEA의 의무규정이자 그 후속 개정 조항이다. IDEA는 언어장애 또는 언어지체, 기타 발달 영역(예: 지적 발달이나 운동 발달)에서의 지체나 장애를 가진 유아부터 21세까지를 위한 중재 서비스를 제공하기 위해 50개 주에 연방기금을 지원한다. 또한 여러 조직들 역시 심각한 의료적, 생물학적 및 환경적인 위협 조건들로 인해 이후의 장애에 대해 취약해질 가능성을 보이는 신생아에서 2세까지의 아동들에 대한 중재를 위해 연방기금을 활용하고 있다.

## 조기중재자

조기중재자(early interventionists; 때로는 아동 발달 전문가라고도 한다)는 특별히 유아 및 아장이들을 위한 중재 전문가다. 조기중재자 영역은 1975년에 입법된 최초의 전장애아교육법(Education for All Handicapped Children Act)으로부터 1986년 재승인 및 수정 조항(P.L. 99-457) 이후로 점차 성장하고 있는 새로운 분야다. 원래의 법안은 6~21세를 위한 특수교육 서비스와 3~5세를 위한 학령 전 프로그램에 대한 일부 지원을 명시한 입법이었다. 더 어린 아동을 위한 서비스에의 접근에 대해 제기된 관심의 일환으로, 1986년의 재승인 조항은 출생에서 2세까지 장애로 판명되거나 장애가 의심되는 어린 아동들에게 중재 서비스를 이행할 수 있도록 연방정부가 각 주에 지원을 제공할 것을 명시하고 있다. 각 주들은 조기중재 시스템의 설계와 이행을 지원할 수 있도록 잘 훈련된 전문가, 즉 조기중재자를 필요로 한다. 공법(Public Law) 99-457조는 각 주에 조기중재 전문가에게 요구되는 자격 요건 결정에의 상당한 자율권을 부여하였고, 따라서 이들 전문가들에게 제공되는 훈련이나 그들이 요구하는 훈련 역시 여러 주에 따라 크게 다르다.

조기중재자들은 의심의 여지없이 언어장애 아동의 요구를 위한 서비스 제공에 가장 결정적인 역할 중 하나를 담당하고 있다. 생의 처음 몇 해가 언어 발달에 미치는 중요성에 입각하여, 이 전문가들은 아동의 언어 발달 궤적을 최적화시키기 위하여 최고의 '기회의 창(window of opportunity)'이라 할 수 있는 시기 동안 언어장애 아동들을 다룬다. 조기중재 서비스를 이행하면서 그들은 종종 가정을 직접 다루어, 유아나 아장이의 부모에게 가정 환경에서 언어 학습을 지원할 수 있는 방법들을 가르친다.

전형적으로 조기중재자들은 클리닉, 병원, 또는 특정 지역에서의 조기중재 서비스를 지원하도록 주로부터 기금을 부여받는 지역사회 조직에서 일한다. 이런 조직들은 발달지체(예: 언어 발달의 지체), 종종 발달지체를 초래하는 신체 또는 의료상의 조건(예: 저체중 출산아, HIV), 그리고 이후의 발달적 결함과 연계되는 환경 조건(예: 극빈층, 학대)에 놓인 2세까지의 유아들을 위해 서비스를 제공한다. 조기중재 서비스를 받을 자격을 갖춘 것으로 간주되는 아동들을 위하여, IFSP는 제공되어야 할 특수 조기중재 서비스의 강도, 유형, 서비스 제공 장소 등을 명시하는 청사진을 제공한다. 또한 IFSP는 아동이나 그 가족을 위한 특정 목표를 설정하고, 조기중재자들은 이러한 목표를 향한 진행 과정을 관리한다.

## 청각사

청각사(audiologists)는 청각, 평형 및 기타 신경계의 장애를 판별 및 사정하고 관리하는 전문가다(ASHA, 1996). 청각사는 종종 청력손실과 관련된 언어장애를 치료하는 협업자 중 하나로 참여하며, 중재를 설계하기 위해 말-언어치료사나 기타 전문가들과 매우 밀접하게 협력한다. 예를 들어, 그들은 최중도 청력손실을 지니고 태어난 아동을 위해 아동의 잔존 청력 활용과 언어 산출/이해 양자를 동시에 촉진시키기 위한 청각-구어치료(auditory-verbal therapy)를 시행한다. 또한 청력 손상이 아동의 언어 발달에 해로운 영향을 미친 것으로 의심될 경우에는 아동을 말-언어치료사에게 보내 언어 평가를 의뢰하는 중요한 역할을 담당하기도 한다.

청각사들은 학교, 병원, 재활시설, 지역사회나 대학 클리닉, 사설 치료실, 대학 등의 다양한 환경에서 근무한다. 현재 미국에는 1만 2,000명 이상의 청각사들이 있으며, 청각사는 가장 빠르게 성장하는 상위 30위 이내의 직업 분야인 만큼 향후 10여 년간 그들의 활동 분야는 극적으로 확장될 것으로 예상된다(Hecker, 2001).

## 발달소아과의

발달소아과의(developmental pediatricians)는 모든 연령대 아동들의 언어장애에 대한 조기 판별과 이후의 지속적인 치료에 중요한 역할을 수행한다. 전문 소아과 의사는 어린 아동들의 다양한 발달 측면에 영향을 미치는 복합장애들을 다룰 수 있도록 특화된 전문가다. 예를 들어, 뇌성마비 아동은 종종 다양한 발달적 요구를 지니는데, 이처럼 운동 시스템에 있어 출산 전(prenatal) 또는 주산기(perinatal)의 발달적 결함은 말과 언어에서뿐 아니라 소근육 및 대근육 운동기술, 섭식 및 삼킴 발달, 일반적인 신장 및 체중 증가, 그리고 몇몇 경우에는 지적 기능에까지 영향을 미치게 된다. 발달소아과의들은 뇌성마비에 수반되는 것과 같은 발달장애의 복합적 증후들을 다룬다. 그들은 아동의 여러 가지 발달적 성취를 정기적으로 모니터링하며, 필요할 경우 특수한 평가나 중재를 위해 의뢰를 실시한다. 발달소아과의들은 전형적으로 클리닉이나 병원에서 일하며, 일차적으로는 아동의 뇌성마비뿐 아니라 자폐, 다운 증후군, 레트 증후군(Rett syndrome) 등 수없이 많은 복합적인 발달장애를 다룬다.

## 이비인후과의

**이비인후과 전문의**(ear-nose-throat specialists: ENT), 곧 이비인후과의(otorhinolaryngologists)는 귀, 코, 또는 인후의 질병이나 손상으로부터 기인한 언어장애 진단 및 관리에서 중요한 협력자로서 역할을 한다. 그들은 특히 중이염(otitis media: OM) 또는 기타 유형의 청력손실에 따라 언어 발달의 지체를 보이는 아동을 위한 팀의 주요 구성원들이다. 중이염은 아동기 청력손실의 가장 보편적인 원인 중 하나다. 그것은 중이강(middle-ear space)의 바이러스 감염이나 박테리아 감염에 기인하며, 일부 사례에서는 중이강이 유액으로 차 있어 청력을 저해시킨다. 일부 통계적 자료에서는 전체 아동의 최소 50%가 최소한 한 차례 이상 중이염을 경험한다는 사실을 보여 주는데, 그 징후가 종종 명확하지 않기 때문에 이 수치 역시 낮게 평가된 것일 수도 있다(ASHA, 2005). 중이염이 일시적 질환이건 혹은 만성적 감염으로 지속(1년에 5, 6차례)되건 간에, 이로 인해 아동은 언어 습득에 지체를 보일 수 있다. 이비인후과 전문가들은 항생제를 투약하거나, 중이-외이 압력 일치를 위해 등압 튜브(pressure-equalizing tubes: PE tubes)를 고막에 삽입하거나 또는 중이강의 유액을 뽑아냄으로써 중이염의 진전을 방지하는 결정적인 역할을 한다. 이비인후과 전문가들은 종종 말-언어치료사나 청각사들과 매우 긴밀하게 협력하여 만성적인 청력손실을 가진 아동의 언어 및 청력 발달을 촉진시킨다.

## 아동 언어장애의 주요 유형

이 절에서는 전형적으로 아동 및 청소년의 언어장애와 관련된 다섯 가지 질환, 즉 단순언어장애, 자폐스펙트럼장애, 정신지체, 외상성 뇌손상, 청력손실의 특징, 원인, 그 위험 요인에 대해 설명할 것이다.

### 단순언어장애

#### 특성에 대한 정의

앞서 언급한 것처럼, **단순언어장애**(specific language impairment[SLI], 또는 일차언어장애[primary language disorder]라고도 한다)란 기타의 조건들로부터 기인되지 않은 표현 또는 수용 언어상의 심각한 결함이 나타나는 발달적 장애를 말한다(Tomblin, Zhang, Buckwalter, & O'Brien, 2003). 단순언어장애 아동은 정상적인 청력기술(비록 과거 중이염의 병력을 가지고 있을 수는 있으나), 정상 지능, 그리고 간질이나 뇌손상과 같은 뚜렷한 신경, 운동, 또는 감각의 손상을 가지지 않는다.

일반적으로 단순언어장애는 3세 이후에 진단된다(Rescorla & Schwartz, 1990). 비록 언어적 결함의 징후는 생의 첫해 또는 두 번째 해에 출현하지만, 말이 늦은 아장이들은 언어장애라기보다는 전형적으로 '말 늦은 아동(late talkers)'으로 분류된다. 일부 통계치들은 많은 말 늦은 아동들(약 50~60%)이 3세경이면 자신들의 언어 문제를 극복하게 된다고 시사하고 있다(Paul, Spangle-Looney, & Dahm, 1991; Rescorla, Roberts, & Dahlsgaard, 1997; Thal & Tobias, 1992). 그러므로 임상가들은 아동이 단지 시작이 느린 것이 아니라 진정한 언어장애를 보이는지의 여부를 더 면밀히 확인할 수 있는 3세 이상이 되기 전에는 일반적으로 단순언어장애라는 공식적인 진단을 내리지 않는다.

비록 단순언어장애 아동이 특징적으로 언어의 시작이 느린 양상을 보이기는 하지만, 대부분은 언어에서의 지속적인 결함을 보인다는 점에서 말 늦은 아동(late talkers)과는 구별된다. 최근의 인구통계학적 조사에 따르면, 단순언어장애를 보이는 유치원 아동의 약 50%가량은 4학년이 될 때까지 지속적으로 심각한 언어장애를 보이는 것으로 나타났다(Tomblin et al., 2003). 그 언어적 결함이 언어의 표현 및 이해 모두에서 나타나는 단순언어장애 아동은 표현 또는 이해 중 어느 하나에만 결함을 가지는 단순언어장애 아동에 비하여 유치원에서 4학년까지의 기간에 그 결함이 완화되는 정도가 더욱 낮은 것으로 나타났다(Tomblin et al., 2003).

단순언어장애 아동은 비록 손상된 언어 영역이나 그 손상 정도에 있어 개인차가 매우 크지만, 그들에게는 종종 다음의 다섯 가지 공통적인 특징이 나타난다.

① 많은 단순언어장애 아동들은 어떤 측면에서는 강점을, 그리고 어떤 측면에서는 취약점을 보인다(Conti-Ramsden, Crutchley, & Botting, 1997). 예를 들어, 어떤 아동은 상대적으로 완전한 문법기술을 가졌으나 화용론적 또는 의미론적 수행에서는 저조한 모습을 보인다. 또 어떤 아동은 언어의 표현에서 결함을 보이지만 이해에서는 상대적으로 우월한 모습을 보인다.

② 많은 단순언어장애 아동들은 어휘 발달 지체의 전력을 가지고 있다. 단순언어장애 아동은 평균적으로 약 2세경에 첫 낱말을 산출하며(장애를 가지지 않

은 아동은 약 1세경인 것에 비하여), 초등 학령기 내내 새로운 낱말을 습득하는 데 지속적인 어려움을 보인다(Leonard, 2000 참조). 단순언어장애 아동들은 새로운 낱말 학습의 기회가 주어졌을 때 장애를 가지지 않은 동일 연령의 또래들에 비하여 낱말 습득이 더 느리다(Nash & Donaldson, 2005). 전문가들은 이러한 어휘 학습의 지체를 언어 자극 처리상의 일반화된 결함으로 설명하고 있다(Kail, 1994).

③ 많은 단순언어장애 아동들은 아장이기에서부터 학령기에 이르기까지 지속적으로 문법의 산출 및 이해에서 상당한 결함을 보인다(Conti-Ramsden & Jones, 1997). 아장이기와 학령 전 기간 동안, 단순언어장애 아동은 관사나 조동사와 같은 주요 문법형태소들을 생략하는 경향을 보이며, 짧은 발화를 산출하며 대명사 사용에 결함을 보인다(예: "Her did it."에서처럼 주격대명사를 소유대명사로 대치). 동사 발달은 특히 취약한 영역이다(Leonard, 2000). 단순언어장애 아동은 동일 연령의 또래들보다 동사 사용 빈도가 낮고, 사용하는 동사의 종류 역시 제한적이며, 동사형태론, 특히 조동사 사용 발달에 지체를 보인다(Conti-Ramsden & Jones, 1997; Rice, 1996; Watkins & Rice, 1994).

④ 단순언어장애 아동은 또한 학업적 적응에서의 결함을 보이는 경향이 있다. 예를 들어, 그들은 사회적 기술, 행동 및 주의 영역의 결함(Fujiki, Brinton, Morgan, & Hart, 1999; Fujiki, Brinton, & Todd, 1996; Redmond & Rice, 1998) 뿐 아니라 문해, 수학과 같이 보다 순수한 학업 영역에서도 결함을 보인다(Pence, Skibbe, Justice, Bowles, & Beckman, 2006). 읽기 발달(철자 원리, 읽기 이해 전략 적용에서의 시의적절한 발달 등)의 결함은 단순언어장애 아동이 가지는 학습 문제의 보편적인 근원으로 작용한다(Catts et al., 2002; 〈연구 패러다임: 미래 지향적 종단 연구와 과거 지향적 종단 연구〉 참조).

⑤ 단순언어장애로 진단된 대부분의 아동들은 언어적 성취에 있어 장기적인 결함을 가진다. 유치원에서 단순언어장애를 보인 아동의 60%는 청소년기와 성인기에도 언어적 취약성을 지속적으로 드러내며, 언어의 표현과 이해 모두에서 결함을 보인 아동의 경우 문제의 해결이 가장 어려워지는 경향을 보인다(표현에서만 결함을 보이는 아동이 해결이 가장 잘 되는 경향이 있는 데 반해; C. J. Johnson et al., 1999; Stothard, Snowling, Bishop, Chipchase, & Kaplan, 1998; Tomblin et al., 2003).

## 연구 패러다임

### 미래 지향적 종단 연구와 과거 지향적 종단 연구

수많은 연구들이 언어장애를 가지는 어린 아동들은 이후의 읽기 능력 발달에서 심각한 도전에 직면하게 된다는 점을 밝힌 바 있다(예: Catts et al., 2002; Gallagher, Frith, & Snowling, 2000). 예를 들어, Catts와 동료들은 언어장애를 지닌 유치원 아동의 약 50%가 2학년 때 열악한 읽기기술을 보인다고 보고하였다. 일부 전문가들은 학령 전 언어장애와 학령기 읽기장애는 기저하는 단일의 발달적 언어장애가 두 가지 형태로 발현된 것뿐이라고 주장한다(Scarborough, 2001). 다음에서는 초기 언어장애와 이후의 읽기장애의 공존을 연구하기 위해 적용되는 두 가지 접근방식인 미래 지향적 종단 연구와 과거 지향적 종단 연구에 대해 고찰할 것이다.

**미래 지향적 종단 연구**(prospective longitudinal study)는 아동이 발달해 가는 시간을 따라 앞으로 진행해 나가는 연구 설계를 말한다. 연구자들은 아동들의 발달을 추적해 나가기 위해 간헐적으로(예: 매 6개월) 아동들을 검사한다. 종단 연구에서 연구자들은 몇 달간 또는 몇 년에 걸쳐 아동들을 추적한다. Catts와 동료들(2002)의 연구는 언어장애 아동들의 읽기 수행에 대한 미래 지향적 종단 연구의 한 예다. 이 연구에서 초기 샘플인 7,218명의 유치원 아동에게 언어 이해 검사와 인지 검사를 실시하였다. 그들로부터 언어장애(LI)를 지닌 하위집단(n = 328)을 판별하고, 그들을 이후 2학년, 4학년 시점에서 각각 재검사하였다. 2, 4학년에 사용된 검사 도구에는 언어, 인지, 읽기 능력 검사가 포함되었다. 이 자료들로부터 언어장애 아동 중 2, 4학년에서 읽기장애를 보이는 비율을 산정한 결과, 유치원 때 언어장애를 보인 아동들의 53%와 48%가 각각 2학년과 4학년 때 읽기장애를 지니는 것으로 나타났다. 이러한 미래 지향적 종단 연구는 언어장애 아동에게서 읽기 결함의 요인이 증가됨을 수량화시켜 주었다.

언어장애와 읽기장애의 관련성을 밝히는 또 다른 방식은 **과거 지향적 종단 연구**(retrospective longitudinal study)다. 이 종단 연구는 초등 학령기의 연령대에 읽기장애를 보이는 아동들을 판별한 후, 그들의 과거를 거슬러 올라가 더 이전부터 그들에게 언어장애가 존재했는지를 확인한다. 이러한 유형의 연구 설계가 Scarborough(1990)의 종단 연구인데, 그녀는 78명 아동들의 과거를 아장이기부터 2학년 시점까지 역추적하였다. 그녀는 읽기 문제는 종종 가계 내에 '전승되는' 경향이 있기 때문에, '가족 구성원 중 누군가 심각한 아동기 읽기 결함을 경험한 바 있었던 가계'(p. 1729)로부터 아동들을 모집하였다. 그녀가 이러한 전략을 사용한 이유는 추적할 아동들이 2학년 시점에서 읽기장애를 가지게 될 가능성을 증대시키기 위한 것이었다. 추적한 아동들의 36%가 2학년 때 읽기장애를 가지고 있었으며 그 발생률(한때 읽기장애를 경험했던 비율, 65%) 역시 높았다. 이 연구의 중요한 특징은 이후에 읽기장애를 보였던 아동들의 더 이전의 초기 언어기술에 대해 Scarborough가 실시한 과거 지향적 분석에 있다. 그녀는 30개월, 36개월, 60개월 시점에서 표준화 검사 및 자발적 언어 표본을 포함한 언어 검사 도구를 사용하여 그들을 검사하였었고, 2학년 때 읽기장애를 보인 아동들이 과거 아장이기와 학령 전 시기에 언어 결함을 가지고 있었음을 발견하였다. 예를 들어, 읽기장애 아동들은 30개월 시점에서 읽기장애를 보이지 않는 아동들에 비하여 부족한 문법 및 음운 기술을 보인 바 있었다. 그녀의 과거 지향적 분석에 기초하여, Scarborough는 "결함을 가진 독서자가 되고 안 되고의 함축적인 중요한 차이는 이미 생의 세 번째 해에 증명된다."(p. 1740)라고 주장하였다. 그리고 이런 결과는 미래 지향적 연구 결과(앞서 언급한 Catts와 동료들[2002]의 연구와 같은)와 함께 언어장애 아동에게는 읽기장애의 위험성이 더 높게 존재한다는 결론으로 모아진다.

### 단순언어장애 하위집단

단순언어장애 아동들은 이질적인 집단으로 구성되어 있다. 어떤 단순언어장애 아동은 언어의 표현과 이해 모두에서 결함을 보이는 반면, 다른 아동은 표현에서만 결함을 보인다. 마찬가지로 어떤 단순언어장애 아동은 모든 언어 영역에 결함을 가지는 반면, 다른 아동은 오직 하나의 언어 기능 영역(예: 문법)에만 영향을 받는 보다 국소적인 장애(focal impairment)를 지니기도 한다. 연구자들은 오랜 기간 동안 단순언어장애 아동들이 특정 하위집단으로 분류될 수 있는가 하는 유형학(typologies)에 관심을 가져왔다(예: Aram & Nation, 1975; Fletcher, 1992).

보다 큰 인구집단으로부터 하위집단을 분류해 내는 통계방식 중 하나가 **군집분석**(cluster analysis)인데, 이는 자료들을 의미 있는 점수군으로 층화시켜 내는 방식이다. 연구자들은 군집분석을 통해 일련의 언어 과제(예: 음운, 구문, 형태, 의미, 화용 측정) 점수들을 통계적으로 분석함으로써 단순언어장애 아동들의 하위집단을 판별해 낼 수 있었다(Conti-Ramsden et al., 1997; Rapin & Allen, 1987). 이러한 연구들을 통해 〈표 10-2〉에서와 같은 6개의 단순언어장애 하위집단이 밝혀졌다(Conti-Ramsden et al., 1997; Rapin & Allen, 1987).

### 원인 및 위험 요인

비록 뇌 조영기술의 진보와 역학 연구들이 단순언어장애와 관련된 강력한 생물학적 및 유전학적 요인들을 시사하고는 있으나, 여전히 단순언어장애의 원인으로 명백히 정의된 것은 없다(Gauger, Lombardino, & Leonard, 1997). 현재 언어장애를 보이는 가족 구성원이 있는 아동은 그렇지 않은 아동에 비해 단순언어장애로 발전될 가능성이 보다 높으며, 단순언어장애 아동의 20~40%는 언어장애를 지닌

〈표 10-2〉 단순언어장애의 하위 유형

| LI 하위집단 | 표현 또는 수용 LI | 특징 |
|---|---|---|
| 구어실행증<br>(verbal dyspraxia) | 표현 | • 말소리 조음 및 표현상의 음운론에서의 심각한 결함<br>• 완전한 화용, 구문 및 형태론(그러나 아동의 낮은 말 명료도로 인해 구문 및 형태론적 산출 평가가 어렵다.) |
| 음운 프로그래밍 결함 증후군<br>(phonological programming deficit syndrome) | 표현 | • 중등도(moderate) 수준의 음운 결함과 열악한 읽기 능력<br>• 상대적으로 완전한 화용, 구문 및 형태론 |
| 음운-구문 결함 증후군<br>(phonological-syntactic deficit syndrome) | 표현 및 수용 | • 중등도-중도(moderate-to-severe) 수준의 음운, 구문 및 형태론적 결함<br>• 상대적으로 완전한 의미 및 화용 기술<br>• 전체 6개 하위 유형 중 가장 보편적이다(전체 단순언어장애 아동의 약 1/3이 속한다). |
| 어휘-구문 결함 증후군<br>(lexical-syntactic deficit syndrome) | 표현 또는<br>표현 및 수용 | • 중등도-중도 수준의 구문, 형태론, 그리고 어휘 결함, 특히 낱말 찾기 및 이름 대기 능력의 결함<br>• 상대적으로 완전한 음운 및 화용 기술 |
| 의미-화용 결함 증후군<br>(semantic-pragmatic deficit syndrome) | 수용 | • 경도-중등도(mild-to-moderate) 수준의 의미, 화용 결함, 특히 구어 정보에 관한 이해 결함<br>• 상대적으로 완전한 음운, 구문 및 형태론(이로 인해 타인들이 이 유형의 아동들을 단순언어장애가 아닌 '괴상한[bizarre]' 언어를 가진 것으로 간주하는 결과를 초래한다.) |
| 구어청각실인증<br>(verbal auditory agnosia) | 수용 및 표현 | • 모든 언어 영역에 걸친 심각한 결함<br>• 전체 6개 하위 유형 중 가장 드물게 나타난다. |

LI = 언어장애(language impairment)

출처: Adapted from "The Extent to Which Psychometric Tests Differentiate Subgroups of Children with Specific Language Impairment," by G. Conti-Ramsden, A. Crutchley, and N. Botting, 1997, *Journal of Speech, Language, and Hearing Research, 40*, pp. 765-777; "Developmental Dysphasia and Autism in Preschool Children: Characteristics and Subtypes," by I. Rapin and D. A. Allen, in *Proceedings of the First International Symposium on Specific Speech and Language Disorders in Children* (pp. 20-35), edited by J. Martin, P. Fletcher, P. Grunwell, and D. Hall, 1987, London: Association for All Speech-Impaired Children (AFASIC).

형제나 부모가 있다(Ellis Weismer, Murray-Branch, & Miller, 1994; Rice, Haney, & Wexler, 1998; Tomblin, 1989; van der Lely & Stollwerck, 1996). 단순언어장애의 원인과 관련된 현 이론들은 생물학적 또는 유전학적 요인들이 단순언어장애 아동의 성향을 미리 결정하지만 이후 아동의 발달적 환경에 존재하는 위험 요인들과 부정적으로 상호작용하게 될 수 있음을 시사하고 있다. 단순언어장애에 대한 아동의 취약성을 증대시키는 위험 요인은 환경 요인(예: 방임과 학대) 및 신체적인 건강 요인(예: 독극물에의 노출, 영양실조, 만성 중이염) 모두를 포함한다.

## 자폐스펙트럼장애

### 특성에 대한 정의

**자폐스펙트럼장애**(autism spectrum disorder: ASD)는 자폐증, 소아기붕괴성장애, 아스퍼거 증후군, 달리 분류되지 않는 전반적 발달장애(비전형성 전반적 발달장애)의 네 가지 질환을 지칭하는 포괄적인 용어다. 이 질환들은 종합적으로 500명당 1명의 아동에게 영향을 미치며, 같은 증상을 보이는 가계에 속한 아동이나 남아에서 높은 출현율을 보인다(American Psychiatric Association[APA], 1994).

**자폐증** **자폐증**(autism)은 그 증후가 3세 이전에 나타나는 심각한 발달장애다. 자폐증의 진단을 위해서는 〈표 10-3〉(APA, 1994)에 제시된 세 가지 준거를 충족시켜야 한다. 첫 번째는 타인과의 사회적 상호작용에서의 결함이다. 자폐아는 특징적으로 또래와의 관계를 발달시키는 능력이 부족하거나 그에 대한 관심이 결여되어 있고, 사회적 게임이나 일상사에 참여하는 일에 관심을 보이지 않을 뿐더러, 타인의 감정이나 욕구에 대해서도 거의 자각하지 못한다(APA, 1994).

두 번째 준거는 중등도에서 중도 수준(moderate to severe)에 이르는 의사소통 기술에서의 결함이다. 일부 자폐아들은 기능적인 구어기술을 전혀 발달시키지 않으며, 구어를 발달시킨 아동들의 말도 종종 이질적이거나 반향어와 같은 반복적인 언어라는 특징을 가진다. **반향어**(echolalia)란 특정 낱말이나 구의 상동적인 반복을 말하는데, 이를테면 4세아가 "Ticket, please, Thank you(표를 주세요. 감사합니다)."라고 반복적으로 말하는 것이다. 많은 자폐아들은 타인과의 의사소통적

〈표 10-3〉 자폐스펙트럼장애의 진단 준거

| 장 애 | 발현 시점 | 특징적 준거 |
|---|---|---|
| 자폐증 | 3세 이전 | 사회적 상호작용, 의사소통, 행동에서의 이상 기능이 다음의 결함 중 최소 여섯 가지 이상과 일치해야 한다(최소한 두 가지는 사회적 상호작용에서, 그리고 최소한 한 가지는 나머지 두 범주에서 나타나야 한다).<br>A. 사회적 상호작용<br>1. 다양한 비언어적 행동(눈 맞춤, 얼굴 표정, 자세, 몸짓) 사용에서의 뚜렷한 결함<br>2. 발달 수준에 적합한 또래 관계 형성에 실패<br>3. 자발적으로 또래와의 즐거움, 관심, 또는 성취감을 공유하려 하지 않음<br>4. 사회적 또는 정서적 상호 관계 결여<br>B. 의사소통<br>1. 구어 발달의 지연 또는 전적인 결여<br>2. 타인과 대화를 유지시키는 능력에서의 뚜렷한 결함<br>3. 상동적이며 반복적인 언어 사용 또는 특이한 언어 사용<br>4. 다양하고 자발적인 놀이, 또는 가상놀이나 사회적 모방놀이 결여<br>C. 행동<br>1. 그 강도나 초점이 비정상적이고 한 가지 이상의 상동적인 관심 패턴에 몰두함<br>2. 특정의 비기능적 일상 활동이나 의례적 활동(rituals)에 대한 융통성 없는 집착<br>3. 반복적인 움직임<br>4. 사물의 부분들에 대한 지속적인 집착 |
| 소아기붕괴성 장애 | 2~10세 | 최소 첫 2년간은 정상적인 발달을 보인다. 언어, 사회적 기술 또는 적응 행동, 대소변 조절, 놀이, 운동기술의 영역 중 두 가지 이상에서의 심각한 손상을 보인다. 또한 다음 영역 중 최소 두 가지 이상에서 심각한 결함이 발견되어야 한다.<br>A. 사회적 상호작용: 비언어적 행동 결함을 포함하여 또래 관계 형성의 실패, 정서적 상호 관계의 결여<br>B. 의사소통: 구어의 결여를 포함하여 대화의 유지 또는 개시 능력 부족, 반복적인 언어 사용<br>C. 행동: 제한적이며 반복적인 또는 상동적인 형태의 행동 및 관심 |

| | | |
|---|---|---|
| 아스퍼거 증후군 | 3세 전후 | 언어, 인지, 자조(self-help), 적응 행동기술에 있어서 임상적으로 현저한 지체를 보이지는 않으나 다음 영역 중 두 가지 이상에서의 현저한 결함을 보인다.<br>A. 사회적 상호작용<br>1. 비언어적 행동 사용에서의 결함<br>2. 또래와의 관계 형성에 실패<br>3. 자발적으로 또래와의 즐거움, 관심, 또는 성취감을 공유하려 하지 않음<br>4. 사회적 또는 정서적 상호 관계 결여<br>B. 행동<br>1. 그 강도나 초점이 비정상적인 하나 이상의 상동적인 관심 패턴에 몰두함<br>2. 특정의 비기능적 일상 활동이나 의례적 활동(rituals)에 대한 융통성 없는 집착<br>3. 반복적인 움직임<br>4. 사물의 부분들에 대한 지속적인 집착 |
| 달리 분류되지 않는 전반적 발달장애 | 3세 전후 | 사회적 상호작용, 의사소통, 행동에서의 심각하고도 전반적인 결함을 보이나, 자폐증, 소아기붕괴성장애, 아스퍼거 증후군의 진단 준거를 충족시키지 않는 장애 |

출처: Adapted with permission from the *Diagnostic and Statistical Manual of Mental Disorders*, Fourth Edition, Text Revision (Copyright 2000). American Psychiatric Association.

상호작용을 개시하거나 주고받는 일에 어려움을 보이며, 좀처럼 성인과의 지속적 공동 주의하기(sustained joint attention)에 참여하지 않는다.

세 번째 준거는 제한적이고 반복적이며 상동적인 행동 및 관심이다. 자폐아는 특정 사물이나 행위에만 관심을 가지거나 그에 지나치게 몰두하는 경향을 보인다. 예를 들어, 어떤 아동은 특정 퍼즐에 집착하여 하루에도 몇 시간씩 그 퍼즐을 맞추고 다시 분해하기를 반복한다. 상동적 행동(stereotypical behaviors) 역시 보편적 현상으로서 돌을 앞뒤로 굴리기, 허밍하기, 팔 흔들기와 같은 것이 있다.

**소아기붕괴성장애** 자폐스펙트럼장애의 포괄적 개념 내에 존재하는 **소아기붕괴성장애**(childhood disintegrative disorder)는 2세까지는 정상적인 발달을 보이다가 이후부터 10세 이전에 언어, 사회적 기술, 대소변 조절, 놀이, 또는 운동기술의 영역 중 두 가지 이상의 기술에서 심각한 손상이나 퇴행을 보이는 아동을 지칭한다(APA, 1994). 자폐 아동과 마찬가지로, 소아기붕괴성장애를 보이는 아동은 사회적 상호작용과 의사소통 기술에서의 심각한 결함을 보이며, 제한적이며 반복적인 행동이나 관심을 드러낸다.

**아스퍼거 증후군** **아스퍼거 증후군**(Asperger's syndrome) 아동은 종종 '고기능 자폐' 아동이라고 불리기도 한다. 아스퍼거 증후군 아동 및 청소년은 종종 사회적 상호작용의 실질적 결함을 보이며, 제한적이며 이질적인 행동 패턴 및 관심을 보인다. 일반적으로 아스퍼거 증후군 아동의 언어기술은 적절히 발달하며 임상적으로 장애를 보이는 것으로 간주되지 않는 경향이 있다. 그렇지만 그들은 언어를 이질적이며 비관습적인 방식으로 사용하며 사회적 상황에서 언어를 사용하거나 또는 추상적이고 상징적인 언어를 이해하는 것에 어려움을 보인다. 예를 들어, 그들은 관용어구(예: "We really need to hit the books to prepare for this test[우리가 이 시험을 준비하려면 책을 정말 철저히 공부해야 할텐데]." "She really is out of her mind[그녀는 정말 제 정신이 아냐].")를 오직 문자 그대로의 의미(역자 주: 'hit the book'을 '책을 때리다'로 해석)로만 이해한다. 아스퍼거 증후군 아동은 또한 언어를 사회적 도구로 사용하는 데, 곧 사회적 관계를 발전시키고 유지하기 위해 언어를 사용하는 데에 심각한 결함을 보인다. 그들은 또래와의 대화 개시에 어려움을 보이며 상황에 부적합한 언어를 사용하기도 한다.

**달리 분류되지 않는 전반적 발달장애** **달리 분류되지 않는 전반적 발달장애**(pervasive developmental disorder—not otherwise specified: PDD-NOS, 비전형성 전반적 발달장애)는 사회적 상호작용 및 의사소통에서의 심각한 결함, 반복적 행동 및 뚜렷하게 제한된 관심을 보이나, 자폐증, 소아기붕괴성장애, 아스퍼거 증후군에 해당하는 특정 진단 준거를 충족시키지 않는 아동을 지칭한다.

### 원인 및 위험 요인

자폐스펙트럼장애는 뇌의 유기적 이상에 기인하는 신경생물학적 장애다(Lord & Risi, 2000). 몇몇 요인들이 자폐로 발전할 수 있는 위험을 증대시킨다. 뇌염

자폐 아동은 타인과의 사회적 놀이 또는 일상 활동에의 참여, 또래와의 관계 형성에 무능함을 보이거나 이러한 발달에 대한 관심이 결여되어 있다.
사진 출처: Barbara Schwartz/Merrill.

(encephalitis, 뇌의 염증)이나 약체X염색체 증후군(fragile X syndroem, 정신지체를 초래하는 유전 질환)과 같은 일부 발달적 또는 신체적 질환뿐만 아니라, 특히 산모의 풍진이나 산소결핍증(anoxia, 뇌로의 산소 결핍)과 같은 특정의 산전 및 주산기의 합병증이 자폐의 위험 요인 증가와 관련이 있다(APA, 1994). 자폐 아동의 25%에서 발작장애(seizure disorder)가 발견되는데, 이는 자폐스펙트럼장애나 발작에 의해 영향을 받는 뇌 구조상의 공통성을 시사하는 것이다(APA, 1994). 또한 극단적인 감각 결핍 역시 의사소통 및 사회적 발달에 심대한 영향을 미칠 수 있으며, 가장 심각하게는 자폐스펙트럼장애와 일치하는 발달 패턴이 초래될 수도 있다(Kenneally, Bruck, Frank, & Nalty, 1998).

## 정신지체

### 특성에 대한 정의

**정신지체**(mental retardation: MR)란 "정신의 발달이 정지되었거나 불완전하며, 특히 그 기술의 결함이 발달기에 발현되는 질환"(American Association on Mental

Retardation[AAMR], 2002, p.103)을 말한다. 정신지체는 (1) 지적 기능상의 현저한 제한, (2) 적응 행동(adaptive behavior)상의 현저한 제한의 두 가지 준거를 충족시키는 18세 이하로 진단된다(AAMR, 2002). 따라서 정신지체 아동은 추론, 계획, 문제 해결, 추상적 용어에 대한 사고, 추상적이고 복잡한 개념에 대한 이해, 학습 기술에서의 결함과 같은 지적 능력에서 제한을 보인다. 그들은 또한 개념적 기술(의사소통, 학업 기능, 자기지시[self-direction], 건강 및 안전), 사회적 기술(사회적 관계, 여가), 실용적 기술(자기관리, 가정 생활, 지역사회 참여, 직업)을 포함하여 적응 행동 및 일상생활 활동에서의 제약을 경험한다.

정신지체는 경도(mild)에서 최중도(profound)의 범주에 걸쳐 있는데, 지적 기능과 언어 능력 간의 상호적 관련성으로 인해 대부분의 정신지체 아동은 최소한 경도 수준의 언어장애를 가지게 된다(〈표 10-4〉 참조). 가장 보편적인 유형이라 할 수 있는 경도 수준의 정신지체는 개인에게 오직 최소한의 영향만을 미친다. 따라서 이러한 개인들은 경도 언어장애를 가지기는 하지만 사회에 충분히 참여할 수 있으며, 적응상의 제한이 거의 없이 강력한 사회적 관계를 발달시켜 나갈 수 있다. 상대적으로 그 빈도가 훨씬 낮기는 하지만 최중도의 경우에는 개인의 지적 기능 및 적응 기능에 심각한 위협이 나타난다. 최중도 정신지체를 가진 이들은 스스로를 돌보지 못하며 타인과의 의사소통, 지역사회에의 참여 또는 직업 활동을 영위할 수 없다.

정신지체를 지닌 이들의 언어기술은 일반적으로 그 지적 손상 정도에 비례한다. 일반적으로 정신지체 아동들은 초기 의사소통 행동(예: 사물을 가리켜 요구하기, 음성을 이용하여 논평하기)의 지체를 보이며, 첫 낱말 사용이나 다낱말 조합 산출이 느리다(Rosenberg & Abbeduto, 1993). 경도 정신지체 아동은 잘 발달된 구어 기술을 가지고 있으며, 다만 추상적 개념, 상징적 언어, 복합 구문, 대화 참여, 의사소통 수정에서의 사소한 결함을 보일 뿐이다(Ezell & Goldstein, 1991; Kuder, 1997). 상대적으로 정신지체의 보편적인 원인 중 하나인 다운 증후군 아동 및 청소년들은 전형적으로 짧은 발화 산출(약 3낱말 길이 정도), 상당히 적은 수의 표현 어휘, 느린 말 속도를 보인다(R. S. Chapman, Seung, Schwartz, & Kay-Raining Bird, 1998). 연결사와 조동사(is, were, does) 같은 기능어(function words)뿐 아니라, 대명사, 접속사, 관사도 자주 생략된다. 이 아동들은 언어 표현보다는 언어 이해를 더 잘하는 경향이 있다. 이러한 결함들에도 많은 경도 정신지체 아동들은 학교 교

〈표 10-4〉 정신지체의 범주

| 유 형 | 분포(%) | IQ 범위 | 적응기술 |
|---|---|---|---|
| 경도 (mild) | 85 | 50～69 | • 경도 학습장애를 가지지만 직업, 건강한 사회적 관계 유지, 사회에 대한 공헌이 가능하다.<br>• 약 6학년 수준의 학업기술을 습득할 수 있다.<br>• 성인이 되면 일반적으로 최소한 스스로를 지원할 수 있는 수준의 사회기술 및 어휘기술을 획득할 수 있다.<br>• 일반적으로 지역사회에서 독립적으로 또는 보호감독하에 성공적으로 삶을 영위할 수 있다. |
| 중등도 (moderate) | 10 | 35～49 | • 아동기에 뚜렷한 발달적 지체를 보이나 독립적인 수준의 자기관리(self-care) 능력과 적절한 의사소통 및 학업 기술을 발달시킬 수 있다.<br>• 청소년기에는 사회적 관례에 대한 결함으로 인해 또래관계에서 문제가 야기될 수 있다.<br>• 직업 훈련을 통해 이득을 얻을 수 있다.<br>• 성인기에는 지역사회에서의 삶이나 직업에 필요한 다양한 수준의 지원을 요구하지만, 감독하에 비숙련 또는 준숙련 근로를 수행할 수 있다.<br>• 일반적으로 보호감독 환경 내에서 지역사회의 삶에 잘 적응한다. |
| 중도 (severe) | 3～4 | 20～34 | • 심각한 발달지체, 취학 전에는 말이나 언어 기술을 거의 또는 전혀 습득하지 못하지만 이후에는 최소한의 의사소통 기술을 발달시킨다.<br>• 일부 학업 전 기술(preacademic skills; 예: 중요한 낱말을 한 번에 알아봄)을 숙달할 수 있다.<br>• 자기관리, 지역사회 활동에의 참여를 위한 지속적인 수준의 지원을 요구하지만, 집중적인 감독하에 지역사회 생활에 잘 적응할 수 있다. |
| 최중도 (profound) | 1～2 | <20 | • 자기관리, 타인과의 접촉, 의사소통 능력 및 이동에서의 심대한 제한이 있고, 일반적으로 이러한 제한은 정신지체의 원인이 되는 신경학적 이상으로 판별된다.<br>• 항구적인 원조와 감독을 요구하지만, 일부 개인들은 상당한 도움을 받으면 단순한 과제를 수행할 수도 있다. |

출처: Adapted with permission from the *Diagnostic and Statistical Manual of Mental Disorders*, Fourth Edition, Text Revision (Copyright 2000). American Psychiatric Association.

과목 수업에 완전히 참여하고, 또래 및 성인들과 유능하게 의사소통하며, 자신들의 요구와 관심을 타인에게 전달할 수 있는 충분한 수준의 언어기술을 보인다.

이와 달리 보다 중증의 정신지체 아동은 언어의 표현 및 이해에서 더욱 현저한 결함을 보인다. 일부 정신지체 아동들은 구어로 표현하는 방식을 결코 습득하지 못한다. 그들은 오직 몇 개의 낱말이나 소리, 몇 가지 몸짓 정도만을 산출할 수 있을 뿐이다. 게다가 그들은 구체적인 행위나 사물(예: 앉다, 컵)을 지칭하는 한 가지의 단순한 낱말만을 이해할 수 있을 뿐이다. 일부 중증 정신지체 아동들에게는 보완대체 의사소통 체계(augmentative and alternative communicative system)를 이용하여 그들의 표현을 촉진시킬 수 있다. 예를 들어, 말을 전혀 못하는 최중도 정신지체의 경우 자신의 요구나 희망사항을 표현하기 위한 수단으로 일상 행동(예: 먹다, 마시다, 걷다, 화장실에 가다)을 표상하는 그림을 지적하도록 가르칠 수 있다.

### 원인 및 위험 요인

정신지체는 다양한 원인으로 발생되며 전체 사례의 약 30~40%가 그 원인을 정의할 수 없다(APA, 1994). 나머지 60~70%의 경우는 염색체 이상이나 산모의 중독으로 인한 태아의 산전 손상이 다수의 원인을 차지한다(약 30%). 감각 결핍(예: 방임) 또는 자폐의 출현과 같은 환경적 영향이나 기타 정신적 이상은 전체 사례의 약 15~20%를 차지하고, 임신 기간 및 주산기의 문제들(태아 영양실조, 미숙아, 산소결핍증[분만 중 또는 분만 후 뇌의 산소 결핍], 바이러스 감염 등)은 10% 정도를 차지한다. 그 밖에 외상, 감염, 중독과 같은 의학적 원인이 전체의 약 5%를 차지하고 유전 요인이 5%를 차지한다.

## 외상성 뇌손상

### 특성에 대한 정의

**외상성 뇌손상**(traumatic brain injury: TBI)은 출생 후 어느 때건 개인의 뇌 조직에 발생된 손상 또는 상해를 말한다. 어린 아동, 남자 청소년, 노인들이 가장 위험이 높으며, 남성의 경우 여성보다 그 발생률이 2배 정도로 높다(U.S. Department of Health and Human Services, 1999). 뇌진탕이나 30분 이상의 의식 상실이라는 특징을 보이는 경도 상해가 가장 보편적인 뇌손상 유형이며, 일반적으로 이것이 장기적인 영향을 지속시키는 경우는 거의 없다. 이와 달리 심각한 손상은 6시간 이상의 혼수상태(coma)를 수반한다(Russell, 1993). 이러한 상해는 감염(예: 뇌막염), 질환(예: 뇌종양), 신체적 외상(예: 총상)에 기인한다. 아동에게서 나타나는 보다 보편적인 외상성 뇌손상 유형으로는 학대(예: 흔들린 아이 증후군), 의도적 가해(예: 머리를 폭행당함), 독극물 섭취에 따른 우발적 중독(예: 처방약, 살충제), 교통사고, 추락 등이 있다.

가장 보편적인 외상성 뇌손상 유형은 **폐쇄성 뇌손상**(closed-head injury: CHI)으로, 뇌 내부 물질이 노출되거나 침습되지 않는 상해를 말한다. 폐쇄성 뇌손상은 자동차 사고로 발생되기도 하는데, 차의 뒷좌석에 타고 있던 아동이 앞으로 튕겨 나갔다가 급작스러운 감속으로 다시 뒤쪽으로 되튕겨지는 경우다. 폐쇄성 뇌손상의 또 다른 예는 흔들린 아이 증후군(shaken baby syndrome)으로 인한 뇌손상인데, 유아나 아장이를 너무 심하게 흔들 경우 아이의 뇌에 확산적 손상(diffuse injury)으로 이어지는 것이다. 반대로 **개방형(성) 뇌손상**(open-head injury: OHI)은 총상의 경우에서처럼 뇌 내부 물질이 외부로부터의 침습을 통해 밖으로 노출되는 것을 말한다. 개방형 뇌손상은 폐쇄성 뇌손상에 비하여 보다 국소적 뇌손상을 야기하는 경향이 있다. 그렇지만 폐쇄성 뇌손상과 개방형 뇌손상 모두 뇌의 즉각적인 상해(확산적이건 국소적이건 간에)는 일차적 외상에 의해 수반되는 이차적 뇌손상을 야기한다. 예를 들어, 폐쇄성 뇌손상이 지속된 개인은 이후 산소결핍증 또는 부종(뇌 조직이 부풀어 오르는 것)을 겪을 수도 있으며, 두 가지 모두 추가적인 이차적 뇌손상을 야기한다(Brooke, Uomoto, McLean, & Fraser, 1991).

후천성 뇌손상(acquired brain injury)을 가진 대부분의 아동들은 과거 정상 언어를 보였던 전력이 있다. 뇌의 상해는 전형적으로 뇌의 전두엽과 측두엽을 손상시키는데, 이 부위는 여러 통제적 기능(예: 추론, 계획, 가설 수립) 및 언어 기능의 중추 센터를 구성하는 곳이다. 뇌손상에 기인한 언어장애는 손상 **정도**(severity), 손상 **영역**(site), 상해가 발생되기 이전의 **아동 특성**에 따라 달라진다(S. B. Chapman, 1997). 보다 심각한 손상을 입은 아동일수록 가벼운 손상을 입은 경우에 비하여 언어를 완전히 회복할 수 있는 기회는 더욱 적어진다. 보다 가벼운 외상성 뇌손상 아동의 경우는 손상된 뇌 영역이 특정 기술이나 활동에 적용되기에 이르는 몇

년 후가 될 때까지는 그 영향이 당장 뚜렷하게 나타나지 않을 수도 있으나, 장기적으로는 그 이후 지속적인 인지 및 언어 결함을 나타낼 수 있다(Goodman & Yude, 1996).

외상성 뇌손상으로 인해 결함을 보이게 되는 가장 보편적인 언어 영역은 언어의 사용, 즉 화용 영역이다. 중도의 폐쇄성 뇌손상을 가진 전체 아동의 약 75%가량은 담화에 결함을 보인다. 예를 들어, 그들은 단편적이며 이해하기 어려운 언어를 산출하며 낱말 인출 결함을 보이기도 한다(S. B. Chapman, 1997; Russell, 1993). 뇌손상은 또한 아동의 인지, 중앙 통제 및 행동 기술에도 영향을 미칠 수 있다(Russell, 1993; Taylor, 2001). 이러한 영향은 주의 지속 및 선택적 주의(주의를 흩트리는 요인이 존재하는 가운데 현재 진행되고 있는 활동에 주의를 집중하는 것), 신규 정보 저장, 기존 정보 인출, 계획 및 목표 수립, 조직, 추론 및 문제 해결, 자각하기, 행동 점검에서의 결함을 초래한다(Taylor, 2001). 뇌손상 아동 또는 청소년들은 공격성, 성마름, 우울, 분노를 보이는 경향이 높다. 뚜렷한 신체적 징후와는 달리 뇌손상에 의한 장기적인 영향은 보다 미묘하기에, 뇌손상은 종종 **보이지 않는 전염병**(invisible epidemic)이라고 불리기도 한다(U.S. Department of Health and Human Services, 1999).

### 원인 및 위험 요인

뇌손상의 가장 보편적인 원인은 자동차 사고, 추락, 운동 중의 상해다(Beukelman & Yorkston, 1991). 아동의 경우는 자전거 타기, 축구, 승마와 같은 놀이나 스포츠 활동 중 발생되는 상해가 뇌손상의 보편적 원인이다. 뇌손상을 야기하는 위험 요인에는 (1) 낙상이나 충돌을 초래할 수 있는 신체 접촉이 많은 운동 또는 놀이 활동, (2) 이러한 활동 중 또는 운전 중이나 차량 탑승 시의 약물이나 알코올 섭취가 포함된다.

## 청력손실

### 특성에 대한 정의

**청력손실**(hearing loss)은 일반적으로 인간의 귀에 청취 가능한 전 범주의 소리를 탐지하고 구별하지 못하게 되는 신체 이상을 말한다. 이것은 산전, 분만 중 또는 산후에 외부 세계로부터 청각 정보를 처리하는 뇌 영역까지 청각 정보를 전달하는 구조 중 일부에 발생된 손상에 기인할 수 있다. [그림 10-3]에서 제시한 바와 같이, 외이 또는 중이의 손상에 기인한 청력손실은 **전도성 손실**(conductive loss)이라 하며, 내이 또는 청신경의 손상에 기인한 청력손실은 **감각신경성 손실**(sensorineural loss)이라 한다. 전도성 및 감각신경성 손실은 **양측성**으로(bilaterally, 양쪽 귀가 모두 손상됨) 또는 **편측성**으로(unilaterally, 어느 한쪽 귀만 손상되고 나머지 귀는 무결함) 발생된다. 청각 정보를 처리하는 뇌 영역의 손상에 기인한 청력손실은 **청각처리장애**(auditory-processing disorder: APD)라 한다.

청력손실을 가진 이들은 손상 유형(전도성 손실, 감각신경성, 청각처리장애)뿐 아니라 손상 시기나 정도에 따라 이질적인 집단을 형성한다. 청력손실이 태어날 때부터 존재했을 경우에는 **선천성 청력손실**(congenital hearing loss)이라 한다. 전체

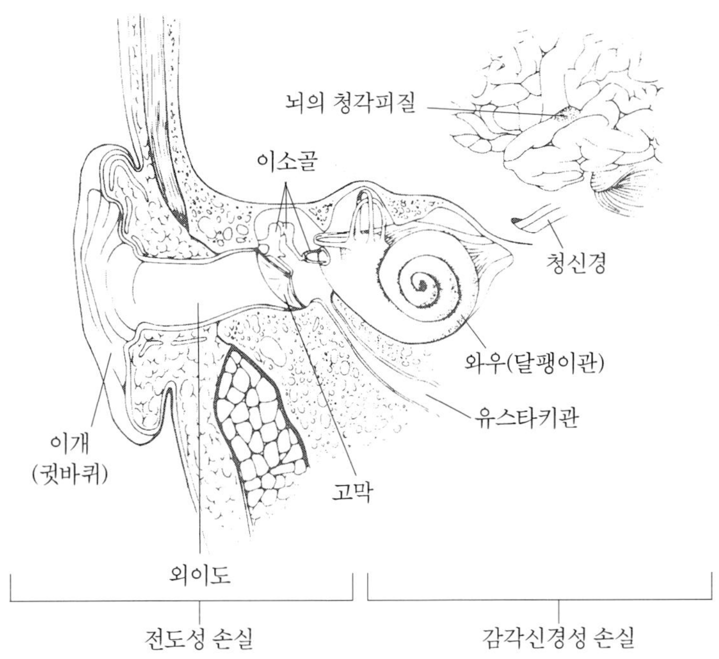


**[그림 10-3] 청각손상 위치에 입각한 청력손실 유형**

출처: Justice, Laura M., *Communication Sciences and Disorders: An Introduction*, 1st Edition, © 2006. Adapted by permission of Pearson Education, Inc., Upper saddle River, NJ.

선천성 손상 사례의 약 50%가량이 원인불명으로 발생된다(Gallaudet Research Institute, 2001). 몇 가지 주요 원인에는 유전(즉, 아동의 부모 중 한 사람 또는 모두가 청력손실 유전자를 전달), 자궁 내 감염(예: 매독, 풍진), 조산, 임신합병증, 분만 과정 중 외상 등이 있다. 출산 후 발생된 청력손실은 **후천성 청력손실**(acquired hearing loss)이라 하는데, 그 주요 원인에는 소음에의 노출, 감염, 이독성 약물(즉, 청각 구조에 손상을 초래하는 약물) 섭취, 만성 중이염이 포함된다(Martin & Greer Clark, 2002). 후천성 청력손실은 종종 후천적이며 언어가 발달하기 전에 일어나는 **언어 전 청력손실**(prelingual hearing loss)과 후천적이나 아동이 언어를 발달시키고 난 후에 일어나는 **언어 후 청력손실**(postlingual hearing loss)로 구별되기도 한다. 언어 후 청력손실은 언어 전 청력손실보다는 아동의 언어 발달에 영향을 덜 미치게 된다.

언어 전이건 언어 후건 청력손실 범위는 경도에서 최중도까지에 이른다(〈표 10-5〉 참조). 전문가들은 보통 **데시벨**(decibel: dB) 척도를 사용하여 손상도를 결정하는데, 이것은 소리 강도(intensity), 즉 크기(loudness)의 표준 단위다. 인간의 청력 범위는 0dB(소리의 역치)에서 140dB에 이르며, 이는 바늘이 떨어지는 소리(0dB)에서 귀 가까이에서 화재 경보가 울리는 소리(140dB)까지의 연속선상에 놓인다. 전문가들은 청력이 손상된 개인이 들을 수 있는 소리의 역치를 판별하기 위해 데시벨 척도를 사용한다(Pakulski, 2006).

- 16～25dB: 최소 손상(minimal loss)
- 26～40dB: 경도 손상(mild loss)
- 41～55dB: 중등도 손상(moderate loss)
- 56～70dB: 중중도 손상(moderately severe loss)
- 71～90dB: 중도 손상(severe loss)
- 91dB 이상: 최중도 손상(profound loss)

청각은 아동이 언어를 경험하는 가장 일차적인 수단이기 때문에 어떠한 청력손실이든 그 영향은 아동의 언어 습득에 큰 영향을 미칠 수 있다.

이러한 사실은 특히 청력손실이 언어 습득 이전에 발생한 아동에게는 더더욱

〈표 10-5〉 청력손실 유형과 그에 따른 영향

| 청력손실 정도 (dB HL) | 말과 언어에 미치는 잠재적 영향 | 학업에 미치는 잠재적 영향 |
|---|---|---|
| 정상 청력 (-10~+15) | 배경 소음 속에서는 말을 구별하기 어려울 수 있다. | • 없다. |
| 최소 손상 (16~25) | 작거나 원거리의 말을 감지하는 것, 소음이 큰 방에서 듣기, 낱말에 담긴 소리(과거시제, 복수형, 소유격)의 구별이 어려울 수 있다. | • 교실 수업의 10%를 놓칠 수 있다.<br>• 부주의하거나 무관심한 학생으로 여겨질 수 있다.<br>• 듣기 위해 많은 노력을 기울여야 하므로 피로감을 더 느낄 수 있다. |
| 경도 손상 (26~40) | 손상 정도에 따라 명료도에 요구되는 여러 자음을 포함하여 말 신호의 25~50%를 놓칠 수 있고, 이것이 언어 발달 및 조음에 해로운 영향을 미친다. | • 공상에 잠겨 있거나 오직 관심 있는 것만을 듣는 것처럼 여겨질 수 있다.<br>• 보다 피로해지거나 짜증이 날 수 있다. |
| 중등도 손상 (41~55) | 소리 증폭이 없다면 말 신호의 70% 이상을 놓치게 될 것이다. 그리하여 구문의 지체, 제한적 어휘, 불완전한 말 산출, 음성 질의 문제를 야기할 것이다. | • 수용 및 표현 언어, 읽기, 철자, 기타 학습 개념에서 결함이 나타날 것이다.<br>• 교실 수업에서 구어로 제시되는 대부분을 놓치게 될 것이다. |
| 중중도 손상 (56~70) | 모든 말 신호의 100%를 놓칠 수 있다. 따라서 일대일 대화 및 집단 대화 모두에서 현저한 결함, 언어 및 구문 지체, 음성 질 및 말 명료도 저하를 보이며, 전체의 75%가 불명료한 발화로 산출된다. | • 구어 지시를 따를 수 없으며 학업에서 뒤처질 것이다.<br>• 전 과목에 영향을 미칠 수 있다. |
| 중도(71~90) 및 최중도(91+) 손상 | 소리 증폭이 없다면 말 또는 언어를 발달시키지 못하거나 또는 후천적 조건으로 인해 기존의 기술들 역시 손상될 수 있다. | • 중재가 없다면 전형적인 학업 환경에 참여할 수 없을 것이다. |
| 편측성 손상 (경도 이상) | 작거나 원거리의 말을 듣는 것, 소리의 위치를 감지하는 것, 열악한 청취 조건에서 말을 이해하는 것에 결함을 가질 수 있다. | • 중요한 구어 지시나 설명을 놓칠 수 있고(특히 소음이 큰 방에서), 이에 따라 개념 발달의 불완전함이나 이해 결여를 초래할 수 있다. |

dB HL = 데시벨 청력 수준(decibels hearing level)

출처: Justice, Laura M., *Communication Sciences and Disorders: An Introduction*, 1st Edition, © 2006. Reprinted by permission of Pearson Education, Inc., Upper Saddle River, NJ. (Adapted from *Facilitating Hearing and Listening in Young Children*, by C. Flexer, 1994, San Diego, CA: Singular.)

그러할 것이다. 그렇지만 청력손실이 아동의 언어 발달에 영향을 미치는 정도는 다음의 네 가지를 포함하여 여러 변인에 따라 달라진다.

① 손상 시기(timing of the loss): 몇 살에 손상이 일어났는가?
② 손상 정도(severity of the loss): 손상이 얼마나 심한가? 편측성인가 혹은 양측성인가?
③ 판별 시기(age of identification): 몇 살에 손상이 판별되었는가?
④ 언어 입력에의 노출(exposure to language input): 아동이 언어에 얼마나 많이 노출되었는가?

이 요인들 중에서 세 번째와 네 번째가 가장 중요한 변인이라 할 수 있는데, 이는 청력손실을 가진 아동이 전형적인 언어를 습득할지 혹은 비전형적인 언어를 습득할지에 가장 관련되어 있기 때문이다. 심지어 최중도의 청력손실이라 할지라도 조기에 그 손상이 판별되고 언어 입력에 노출된 아동이라면 청력손실이 없는 아동과 실질적으로 동일한 속도로 언어를 발달시키는 일이 크게 어렵지는 않을 것이다. 예를 들어, 수화를 하는 부모를 통해 가정 환경에서 수화를 경험한 최중도 청력손실 아동은 정상적인 언어 발달 속도로 진보해 나갈 수 있을 것이다. 마찬가지로 한 최중도 청력손실 아동이 조기에 판별되어 그 직후 구어를 들을 수 있도록 인공와우 수술을 받았다면 말과 언어 습득이 전형적으로 진보해 나갈 것이다(Dawson, Blamey, Dettman, Barker, & Clark, 1995; T. A. Meyer, Svirsky, Kirk, & Miyamoto, 1998). 와우 이식은 중도에서 최중도의 손실을 가진 12세 이상의 아동들을 위한 비교적 새로운 중재방식이다. 이 중재는 청각장애 자녀들이 구어 사용자와 마찬가지로 발달하기를 원하는 부모들에게는 매우 희망적인 방식이다. 미국에서는 2000년에 7,000명 이상의 아동들이 인공와우를 시술받았다(Ertmer, 2002). 인공와우를 위해서는 수신기-자극기(유양골[mastoid bone]의 안쪽 오목한 부분에 이식)와 전극(와우에 이식)의 외과적 이식 및 사용자에게 부착되는 외부 하드웨어(마이크, 어음 처리기, 전달기, 전원 공급 장치)가 필요하다(이에 대한 포괄적 논의를 살펴보려면 Moore & Teagle, 2002를 참조하라). 비록 와우를 이식한 아동들이 다양한 언어적 결과를 보이지만(Pisoni, Cleary, Geers, & Tobey, 2000), 최중도 청력손실을 지닌 많은 아동들에게 인공와우는 정상 발달에 준하는 언어 습득을 촉진시키는 유망한 선택이 될 수 있다(예: Ertmer, Strong, & Sadagopan, 2003).

청력손실이 조기에 판별되지 않았거나 언어 입력(구어든 수화든 간에)을 경험할 수 있는 일관적인 통로를 보장받지 못한 아동들의 경우, 청력의 손상은 그들의 언어 습득을 심각하게 위협할 수 있다. 이러한 결과는 상대적으로 경도의 손상을 가지는 아동들에게도 마찬가지인데, 이를테면 중이에 유액이 차는 만성 중이염 아동도 같은 현상을 경험하게 된다. 경도에서 중도 수준의 청력손실을 지닌 아동으로서 그 손상이 판별되지 않았거나 또는 일관적이며 전향적인 조치가 취해지지 않은 경우에는 종종 언어 습득에 심각한 지체가 발생된다. 이러한 아동들은 종종 언어의 다섯 가지 영역 전체에 걸친 언어장애를 보이게 된다. 형태론 및 구문론과 관련하여, 청력손실 아동은 단순 및 복합 구문 습득과 문법형태소 산출에서 지체를 보일 수 있다(Tye-Murray, 2000). 의미론 영역에서 청력손실 아동은 어휘 성장에서 지체를 보이거나 의사소통 동안에 사용하는 낱말의 수가 적다(Nicholas & Geers, 1997). 그리고 음운론 영역에서는 자음의 왜곡(Shriberg, Friel-Patti, Flipsen, & Brown, 2000)을 포함하여 표현적 음운론 습득의 지체를 보이고, 화용론 영역에서는 또래들과 의사소통을 하는 빈도가 낮으며 여러 가지 의사소통 의도(예: 질문하기, 반응하기) 산출에서 지체를 보인다(Nicholas & Geers, 1997).

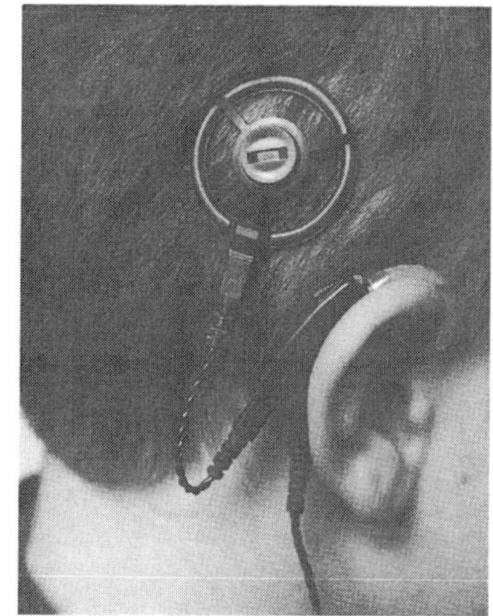

인공와우는 수신기-자극기와 전극의 외과적 이식을 포함한다. 이 요소들은 주변 환경의 청각 정보들을 처리하는데, 이로써 최중도 청력손실을 가진 이들도 들을 수 있게 된다.
사진 출처: James King-Holmes/Photo Researchers Inc.

### 원인 및 위험 요인

청력손실은 아동에게 상대적으로 보편적으로 발생되는 질환이다. 어린 아동들의 약 50%는 만성 중이염으로 인해 청력손실이 나타났다 사라지곤 하는 일을 경험하게 된다(ASHA, 2005). 비록 중도나 최중도의 영구적인 청력손실을 보이는 아동의 수는 상대적으로 적지만(약 1~2%), 약 8%의 아동들이 언어 발달 및 학업 성취에 해로운 영향을 미칠 수 있을 만큼의 심각한 손상을 겪는다(ASHA, 2005). 청력손실의 원인은 수없이 많다. 그중 몇몇 주요 원인들이 [그림 10-4]에 열거되어 있다.

- 선천성 청력손실의 가계력
- 청력손실과 관련된 선천성 감염(예: 매독, 풍진)
- 귀에 영향을 미치는 두개안면기형(craniofacial anomaly)
- 저체중 출산
- 이독성(ototoxic) 약물
- 박테리아성 뇌막염 및 청력손실과 관련된 기타 감염성 질환(예: 홍역)
- 출생 시의 낮은 아프가(Apgar) 점수
- 10일 이상의 기간 동안 기계 장치에 의존한 호흡
- 청력손실과 관련된 증후군 출현(예: 다운 증후군)
- 분만 중 또는 분만 직후의 머리 외상

**[그림 10-4] 청력손실의 주요 원인**

출처: Adapted from "1990 Position Statement," by Joint Committee on Infant Hearing, 1991, *ASHA, 33* (Suppl. 5), pp. 3-6; *Introduction to Audiology* (5th ed.), by F. Martin, 1994, Upper Saddle River, NJ: Prentice Hall.

# 아동 언어장애의 판별과 치료

## 언어장애의 판별

언어장애를 보이는 아동의 판별을 위해서는 **포괄적 언어 평가**(comprehensive language evaluation)를 실시해야 하며, 이는 대부분 자격을 갖춘 말-언어치료사에 의해 수행된다. 평가의 목적은 언어장애가 존재하는지 확인하고, 만일 그렇다면 아동의 언어적 강점과 약점에 관한 프로파일을 만들어 중재 계획을 수립하는 것이다. 포괄적 언어 평가는 전형적으로 사례력과 면담, 이어서 언어기술에 대한 포괄적 평가로 이루어진다.

### 사례력과 면담

사례력(case history)에는 아동의 부모에게 질의응답과 면담(interview)을 시행하는 일이 포함된다. 질문의 예는 [그림 10-5]에 제시되어 있다. 사례력에는 아동의 발달력, 일반적 건강, 의학적 조건 및 알레르기, 가족의 크기 및 자원, 언어 및 의사소통 능력, 현재의 기술, 관심, 행동뿐 아니라 의심이 가는 문제에 대한 부모 및 아동의 지각 정도가 기록된다. 전형적으로 부모가 사례력 질문지를 완성한 후, 전문가는 특히 언어 및 의사소통과 관련된 특정 영역에 초점을 둔 면담을 시행한다. 예를 들어, 전문가는 아동이 가정 환경에서 자신의 요구를 어떻게 충족시키는

1. 아동이 옹알이를 시작한 연령은 언제입니까?
2. 아동이 언제 첫 낱말을 말했습니까?
3. 아동이 말을 시작할 때 사용하는 낱말의 몇 가지 예를 들어 주십시오.
4. 아동이 짧은 문장을 산출하기 시작한 때는 언제입니까?
5. 아동이 스스로를 표현하는 것에 어려워하는 경우를 목격한 적이 있습니까? 어떤 경우에 그랬는지 또 그때 당신은 어떻게 반응했는지 예를 들어 보십시오.
6. 당신은 아동의 대화 스타일에 대해 어떻게 설명할 수 있습니까? 아동은 종종 당신에게 대화를 시도하곤 합니까? 당신이 아동에게 질문했을 때 일반적으로 아동은 반응을 합니까?
7. 당신이 종종 아동에게 던지는 질문의 예를 들어 보십시오. 그때 아동은 보통 어떻게 반응합니까?
8. 아동은 나이가 같은 또래들과 의사소통을 얼마나 잘 합니까? 대화는 전형적으로 얼마 동안이나 지속됩니까?
9. 가정에서 자녀와 저녁 식사를 할 때, 아동이 보통 어떤 말을 합니까?
10. 당신이 특별히 아동의 의사소통, 말, 언어에 대해 염려하는 부분을 말해 주십시오. 당신은 이런 우려 사안을 얼마나 오랫동안 지녀 왔습니까?

**[그림 10-5] 사례력 질문 문항의 예**

지, 종종 어떤 낱말들을 사용하는지, 특정 언어 이정표(예: 두 낱말 조합)에 언제 도달했는지에 관한 요점을 질문한다.

### 포괄적 언어 평가

말-언어치료사는 아동의 언어 능력에 관한 포괄적인 평가를 계획하고 시행한다. 이 평가는 종종 개인적이고 조용한 장소에서 몇 시간 동안 진행된다. 어린 아동의 경우 지루함이나 좌절을 방지하기 위해 평가를 몇 차례의 검사 회기로 나누어 시행하기도 한다. 또한 평가에는 여러 맥락, 가령 학령기 아동의 경우는 교실에서의 모습으로 관찰하는 일이 포함되어 있다. 평가는 언어의 모든 영역에서의 이해 및 산출을 분석하기 위해 설계된다. 아직 말을 하지 못하는 어린 아동의 경우에는 옹알이, 몸짓, 감정 및 표현, 초기 의사소통적 일상사에의 참여, 공동 주의하기 시간(periods of joint attention)을 포함하여 결정적인 언어적 전조(precursors)의 발달을 분석한다. 좀 더 큰 아동의 경우에는 구어 및 읽기, 쓰기, 철자법과 같은 문어기술뿐 아니라 교실 수업이나 교과목 기반 과제에서의 수행을 분석한다.

포괄적 언어 평가의 한 가지 중요한 특징은 그것이 언어의 기능적 측면에 집중함으로써 전문가로 하여금 아동의 언어기술이 가정이나 학교에서 그들이 기능하는 능력에 미치는 영향 정도를 조사할 수 있게 해 준다는 점이다. 어린 아동의 경우, 평가는 아동이 일상생활에서 다양한 의사소통 기능을 통하여 각자의 요구가 충족될 수 있도록 언어기술을 사용하는 능력을 검증한다. 이러한 기능에는 사물이나 행위 요구하기, 관심, 기쁨이나 흥분을 표현하기, 타인의 질문, 요구 및 논평에 대해 반응하기, 타인과 인사를 나누는 것과 같은 사회적 행동 사용하기가 포함된다(Halliday, 1975). 좀 더 큰 아동의 경우에는 아동의 언어기술이 학교 교과 과정에 참여하는 능력에 미치는 영향, 그리고 친구, 교사 및 부모와 효과적으로 상호작용하는 능력에 미치는 영향의 정도를 분석한다.

전문가들은 포괄적 언어 평가를 수행하기 위해 여러 검사 및 과제들을 사용하는데, 여기에는 준거 참조적 과제, 규준 참조 검사, 역동적 평가, 관찰 검사가 포함된다. **준거 참조적 과제**(criterion-referenced tasks)는 아동이 1단계 지시(one-step directions)의 정확한 수행 비율(예: "Give me the cup[컵을 주세요]." )과 같이 특정 유형의 언어 과제에서의 수행 수준을 조사하기 위해 사용된다. 예를 들어,

in, on, under, below, next to, beside, above, behind와 같은 장소 및 공간과 관련된 다양한 용어들에 대한 아동의 이해도를 조사하기 위해 준거 참조적 과제를 사용할 수 있다. 전문가는 아동에게 1개의 공과 1개의 상자를 제공한 후, "Put the ball *under* the box."나 "Put the ball *next to* the box."와 같은 일련의 지시를 사용하여 아동의 수행을 평가할 수 있다. 아동이 보인 준거 참조적 과제에서의 수행은 정확하게 반응된 문항의 수를 시행된 과제의 수로 나누어 계산한다. 준거 참조적 과제는 특정 영역에서의 아동의 기술에 대한 기초선 측정 및 시간의 경과에 따른 아동의 수행상의 이득을 점검하는 일 모두에 활용될 수 있다.

**규준 참조 검사**(norm-referenced tests)는 아동의 언어 수행 수준을 동일한 연령대 또래의 전체 표본으로부터의 수준과 대조할 때 사용된다. 이러한 유형에는 종종 CELF-Preschool(Clinical Evaluation of Language Fundamentals—Preschool; Wiig, Secord, & Semel, 1992)이나 CELF-Preschool-2(Semel, Wiig, & Secord, 2004)와 같이 상업적으로 판매되는 검사의 시행이 요구된다. 규준 참조 검사는 3~7세의 아동들에게 적용되며, 형태론, 구문론, 어휘 영역에서의 표현 및 수용 언어 기술을 다루는 6개의 하위 검사로 구성되어 있다.

**역동적 평가**(dynamic assessment)는 여러 종류의 도움을 제공함으로써 특정 언어 과제에서 아동의 수행이 어떻게 향상될 수 있는가를 검증하기 위해 사용된다. 전문가들은 역동적 평가를 사용하여 아동을 학습 회기에 참여시키고, 아동의 언어 수행을 개선시키기 위해서는 어떤 종류의 도움이 필요하며 그것을 어느 정도까지 제공해야 할지를 정확히 분석해 낸다. 예를 들어, 아동이 오직 한 가지 유형의 의사소통 의도(예: 논평하기)만을 사용한다는 점에 주목하여, 전문가는 아동이 또 다른 새로운 의사소통 의도(예: 요구하기)를 사용하도록 하기 위해 어떠한 종류의 도움이 필요하고 그것이 얼마나 많이 요구되는지를 결정한다. 전문가는 '의사소통 유발(communicative temptation)'을 계획할 수 있는데, 예를 들어 아동으로 하여금 요구하기를 유도해 내기 위해 필요한 도움이 어느 정도인지를 판별하기 위해 상자 안에 아동이 원하는 사물을 넣어 두고 아동에게 요구하기를 모델링한다("Tell me…… 'Want box.'"). 아동이 독립적으로 무엇을 할 수 있는가를 밝혀주는 준거 참조적 과제나 규준 참조 검사와는 달리, 역동적 평가는 도움이나 상호작용이 어떻게 아동으로 하여금 보다 진보된 언어 형태나 기능들을 달성해 내도록 하는지를 설명한다.

**관찰 검사**(observational measures)는 아동이 또래나 부모와의 자연스러운 활동 속에서 보이는 언어 형식, 내용 및 사용을 조사하기 위해 사용된다. 언어 평가 시에는 보편적으로 두 가지 유형의 관찰이 사용된다. 첫째는 **대화분석**(conversational analysis)이다. 전문가는 이 방식을 통해 아동이 타인들과 상호작용하는 모습을 관찰함으로써 대화를 개시하고, 여러 의사소통 의도를 사용하고, 차례를 지키고, 주제를 유지하고, 의사소통 붕괴를 감지하며, 청자의 요구에 주의를 기울이는 능력에 관해 조사한다. 관찰의 두 번째 유형은 **언어 표본 분석**(language sample analysis: LSA)이다. 언어 표본 분석을 통해 전문가는 아동으로부터 전형적으로는 최소 50발화로 구성된 자발적인 형태의 언어 표본을 수집한 후 언어의 모든 측면에 입각하여 그것을 분석한다. 언어 표본 분석에서 사용되는 몇 가지 보편적인 척도들이 〈표 10-6〉에 열거되어 있다. 언어 표본 분석에는 SALT(Systematic Analysis of Language Transcripts; J. Miller & Iglesias, 2006)와 같은 다양한 컴퓨터 프로그램을 사용할 수 있다. 예를 들어, 언어 표본을 SALT 컴퓨터 프로그램에 입력하고, 평균 발화 길이(MLU), 총 낱말 수, 총 다른 낱말 수, 접속사 사용과 같은 표준적 통계치들을 구할 수 있다.

### 진단

일단 포괄적 언어 평가가 종료되고 나면 그 결과를 사정하여 언어장애가 존재하는지를 결정하고, 만일 그렇다면 진단(diagnosis)을 내리게 된다. 진단은 일반적으로 장애 유형(일차적, 이차적), 손상 영역(형식, 내용, 사용), 손상 정도(경도, 중등도, 중도, 최중도)에 관해 명시한다. 또한 진단에는 **예후 진술**(prognosis statement)이 포함되기도 한다. 매우 훌륭하거나 좋은 예후란 그 장애가 해결될 가능성이 있음을 의미하며, 나쁜 예후란 그 장애가 해결되기 어려울 것임을 의미한다. 전문가들은 때로는 다른 전문가들로부터 추가 정보를 획득할 때까지, 또는 아동이 치료에 어떻게 반응하는지를 살피기 위한 관찰 기간을 거치기 전까지는 예후 진술을 기록하지 않는 경우도 있다.

〈표 10-6〉 언어 표본 분석에서 사용되는 다양한 척도의 예

| 언어 영역 | 척도 |
|---|---|
| 의미론 | • 총 낱말 수<br>• 다른 낱말 수<br>• 출현 빈도가 극히 낮은 낱말의 사용<br>• 발화 간에 이어지는 어휘적 결속<br>• 이름대기(naming) 오류<br>• 낱말 찾기(word-finding) 결함(예: 머뭇거림, 돌려 말하기) |
| 음운론 | • 정확히 산출된 자음 비율<br>• 사용된 자음 목록<br>• 자음 오류의 유형(생략, 대치, 왜곡)<br>• 여러 음절 구조에 따른 자음 사용 패턴 |
| 구문론 및 형태론 | • 평균 발화 길이(MLU)<br>• 문법형태소 사용<br>• 문법적으로 정확한 발화의 비율<br>• 복문 발화의 비율<br>• 접속사 사용<br>• 정교한 명사구 사용<br>• 동사구 사용<br>• 문장 유형의 다양성 |
| 화용론 | • 대화 차례의 길이<br>• 개시 수(number of initiations)<br>• 반응의 수반성(contingency of responses)<br>• 의사소통 붕괴에 대한 반응<br>• 의사소통 의도의 다양성 |

## 언어장애의 치료

아동의 언어장애의 특성은 이후의 치료 과정을 이끌게 된다. 예를 들어, 한 아동이 중증의 언어장애를 가지고 있다면 경도 결함을 가진 아동의 경우에 비하여 그 치료는 보다 집중적이고 강력한 것이 될 것이다. 마찬가지로 자폐로 인한 이차적인 언어장애를 가지는 아동은 외상성 뇌손상으로 인한 이차적 언어장애를 가진 아동과는 다른 치료를 받아야 될 것이다. 전문가는 아동의 요구와 강점에 특화된 **치료 계획**(treatment plan)을 수립한다. 그 계획에는 (1) 치료 목표, (2) 치료 전략,

(3) 치료 맥락이 명시된다.

### 치료 목표

치료 목표(treatment targets) 또는 **치료 목적**(treatment objectives)은 치료 중에 초점을 두는 언어의 측면을 말한다. 예를 들어, 2세아를 위한 치료 목표는 의사소통의 요구를 위한 두 낱말 발화의 산출이 될 수 있고, 사춘기 아동을 위한 치료 목표는 상징언어(예: 놀이터에서 듣는 농담)의 이해가 될 수 있을 것이다. 어린 자폐 아동을 위한 치료 목표는 다양한 목적(요구하기, 거부하기, 논평하기)을 위해 비언어적으로 의사소통하기로 정할 수 있고, 외상성 뇌손상을 가진 1학년 아동을 위한 치료 목표는 질문에 대해 적절하고 주제에 맞는 반응으로 답하기로 정할 수 있을 것이다. 어떤 전문가들은 한 번에 오직 한두 가지의 목표만을 강조할 수도 있고, 다른 전문가들은 여러 목표를 동시에 설정할 수도 있다.

치료 목표를 수립할 때, 전문가들은 장기 목표(long-term objectives)와 단기 목표(short-term objectives)를 함께 설정한다. 장기 목표는, 예를 들어 '후안은 같은 나이의 또래들에 비례하는 수용어휘 기술을 성취한다.' 또는 '아니카는 타인과의 상호작용 시 자신의 요구를 충족시키기 위한 모든 범주의 의사소통 의도를 사용한다.' 와 같이 치료를 통해 달성하고자 하는 장기적인 목표를 기술한다. 단기 목표는 일련의 중간 단계의 목표들에 대해 명시하는 것으로서, 이것이 달성되었을 경우 궁극적으로 원하는 장기 목표에 도달하게 됨을 의미한다. 예를 들어, 아니카의 장기 목표에 도달하기 위해 치료 회기에서의 치료 계획에는 다음과 같은 두 가지의 단기 목표가 설정될 수 있다.

① 아니카는 3회기 연속으로 치료사로부터 모델링을 받아 또래에게 다섯 가지 행위 요구하기를 사용한다(몸짓, 발성, 또는 낱말 사용을 통해).
② 아니카는 3회기 연속으로 행동이나 사물 요구하기에 부가되는 낱말을 자발적으로 사용한다.

### 치료 전략

치료 전략(treatment strategies)이란 치료 목표를 위해 수행되는 방식을 말한다.

**아동중심 접근법**(child-centered approaches)은 아동이 "운전석에 앉아 있는(in the driver's seat, 즉 상황을 주도하는)"(Paul, 1995, p. 68) 것을 말한다. 아동이 치료의 속도를 결정하고 자료를 선택하며, 전문가는 아동이 선택한 활동 속에서 언어의 형식, 내용, 사용을 촉진시키기 위한 방법을 모색한다. 아동중심 치료 접근법의 한 예는 **집중적 자극법**(focused stimulation)이다(Cleave & Fey, 1997; Fey, Cleave, Long, & Hughes, 1993; Girolametto, Pearce, & Weitzman, 1996). 집중적 자극법에서는 성인이 아동에게 정향된 언어 목표에 대해 여러 차례 매우 뚜렷한 모델링을 제공한다. 예를 들어, 한 아동이 want라는 낱말을 이용하여 요구하기를 하지 못한다면, 임상가는 놀이 중심의 상호작용 맥락 안에 의사소통 유발(communicative temptations)을 조성하여 아동이 낱말 want를 쓰도록 유도해 낸다. 임상가는 또한 이 낱말의 사용을 반복적으로 모델링해 준다("I *want* the cookie." "The boy *wants* candy." "The dog *wants* the bone."). 임상가는 목표 낱말을 정확히 하기 위해 크게, 느리게, 또는 음도의 극단적 변화를 사용해 가며 낱말을 말할 수도 있다(Fey, Long, & Finestack, 2003). 집중적 자극법을 실시하는 동안에는 아동에게 반응을 요구하지 않지만, 부모나 전문가는 아동의 구어 참여와 언어 목표의 사용을 유도해 내기 위해 환경을 조정하고 구어적 기법들을 사용한다. 집중적 자극법과 기타 아동 중심 전략들은 종종 어린 아동(유아나 학령 전 아동)에게 사용되며, 전문가로부터 훈련받은 부모들에 의해 가정에서 실시될 수도 있다(Girolametto et al., 1996).

**임상가중심 접근법**(clinician-directed approaches)은 성인(치료사, 교사, 부모)들이 운전석에 앉는 것이다. 즉, 성인이 활동과 자료 선택 및 교수의 속도를 결정한다. 특정 치료 목표를 다룰 수 있는 기회가 발생되기를 기다리는 대신, 임상가가 치료 회기를 의도적으로 조직하여 아동이 형식, 내용, 사용 영역의 목표를 경험하고 훈련받을 수 있도록 빈번하면서도 지속적인 기회를 만들어 낸다. 임상가중심 접근법은 특히 큰 아동들에게 더 유용하며 자연스러운 의사소통 환경에서는 잘 발생되기 어려운 목표기술을 다루는 데 유용하다. 이 접근법은 또한 언어장애 아동에게 언어 이해 및 표현에서의 기초 결함을 보상하기 위해 어떻게 특정 전략을 적용할 것인가에 관한 방법을 가르치기 위해 사용될 수 있다. 예를 들어, 전문가(치료사)는 자신과 아동 사이에 장벽을 설치하는 장벽 게임(barrier game)을 이용할 수 있다. 치료사는 아동에게 복합적 사건의 특징을 예시한 후, 아동에게 치료사가 그대로 재생해 낼 수 있도록 특정 그림에 대해 충분히 설명하도록 요구한다. 장벽 게임에서 치료사는 아동에게 **이해 점검**(comprehension monitoring) 전략을 사용하도록 이끈다. 이 전략은 아동이 정기적으로 멈추고 청자가 자신의 지시를 잘 수행하는지 점검하는 것을 말한다.

이해 점검은 언어장애 아동에게 타인과 보다 효과적인 의사소통을 촉진하기 위해 사용하도록 훈련시킬 수 있다. 전략이란 개인이 과제에 접근하는 방식을 말한다. 이것은 인지 및 행동 요소 모두를 포함한다(즉, 한 사람이 무엇인가를 행할 때 생각하고 행동하는 방식이다). **전략 훈련**(strategy training)은 농담 이해, 친구나 성인과의 대화 개시, 읽기 중 모르는 낱말의 판독과 같은 다양한 언어 과제를 수행하는 아동의 능력 개선을 위한 효과적인 방식일 수 있다. 전략 교수에서는 학생이 언어적 과제에 접근하는 특정 방식들을 가르치는 것에 초점을 둔다. 전략 교수는 다음의 여섯 단계로 구성된다(Mercer, 1997).

① 아동의 전략에 대한 지식을 사전 검사한다.
② 전략에 대해 설명해 준다.
③ 전략을 모델링해 준다.
④ 아동과 전략에 관해 논의하고 그것을 시연하도록 한다.
⑤ 아동에게 전략을 훈련시키고 그것을 습득할 때까지 피드백을 제공한다.
⑥ 아동이 다른 환경에서 전략을 사용해 보도록 한다.

### 치료 맥락

**치료 맥락**(treatment contexts)이란 치료의 목표와 전략이 적용되는 배경을 말한다. 치료 맥락에는 치료에서 학습된 기술들의 일반화(즉, 여러 다양한 환경에서 기술을 응용하는 일)를 촉진하기 위해 가능한 한 많은 환경이 포함되어야 한다. 예를 들어, 아동은 치료의 목표와 전략을 가정에서 부모와 함께, 교실에서 교사와 함께, 그리고 치료실에서 말-언어치료사와 함께 경험해 볼 수 있다. 부모, 교사, 말-언어치료사, 그 밖의 전문가들의 협력이야말로 여러 맥락에서 치료가 발생될 수 있도록 보장하는 가장 중요한 요건이 된다.

언어 중재를 받는 많은 어린 아동들에게 치료는 종종 가정에서 제공될 수 있다.

이 방식은 부모로 하여금 치료의 목표와 전략을 직접 관찰하도록 한다. 조기중재 서비스를 통해 언어 치료를 받고 있는 3세 이하의 어린 아동에게는 가정중심 중재(home-based intervention)가 특히 지배적인 방식이다. 보다 큰 아동의 경우에도 여전히 부모의 참여가 중요할 뿐 아니라 치료가 모든 기회에서 발생되어야 하지만 일반적으로 학교 환경에서 치료가 이루어지게 된다(유치원, 초 · 중 · 고등학교). 일부 아동들은 병원의 외래 클리닉이나 사설 센터에서 언어 치료를 받는다.

학교 환경에서 치료 맥락은 다양하게 변화될 수 있다. 아동들은 이전부터 '스피치 룸(speech room)'에서 제공되는 **이끌어 내기 모델**(pullout model)로 언어 중재를 받아 왔으나 이 모델은 점차 덜 보편적인 것이 되어 가고 있다. 이제는 아동들이 교실 환경 내에서 교사와 말-언어치료사가 협력하여 언어 목표를 향해 함께 나아가는 협동적 교실중심 모델(collaborative classroom-based model)을 통해 언어 치료를 받는 빈도가 점차 증가하고 있다(Farber & Klein, 1999). 말-언어치료사들은 교실에서 소집단이나 중심 활동 시간에 개인적으로 일할 수도 있고, 교사와 함께 가르치거나 특정 수업을 개발하기 위해 협력하기도 하며, 언어 강화 기법들을 교실 수업과 통합시킬 수 있도록 교사를 훈련시키는 일을 담당하기도 한다.

## 요 약

언어장애가 존재한다는 것은 개인이 구어, 문어, 또는 기타의 기호체계에서의 이해 및 표현에서 결함을 보인다는 것을 의미한다. 언어장애는 아동에게 영향을 미치는 가장 지배적인 유형의 의사소통 결함이다. 전문가들이 언어장애를 판별할 때는 아동의 언어장애가 (1) 사회, 심리 및 학업 기능에 해로운 영향을 미치는 정도, (2) 언어적 차이를 나타내는 것은 아닌지(언어장애라기보다), (3) 장애라고 간주될 만큼 충분히 유의한 것인지를 고려해야 한다.

다양한 전문가들이 아동의 언어장애 판별 및 치료에 관여한다. **말-언어치료사**(SLP)들은 언어장애 아동을 위한 서비스 공급자들을 이끄는 경우가 많다. 그들의 역할은 예방, 선별, 상담, 평가 및 진단, 치료 서비스의 이행이다. **인지 및 발달 심리학자**들은 언어장애에 관한 이론적 지식과 관련된 중요한 기초 연구 및 응용 연구를 수행한다. **임상심리학자**, **재활심리학자**, **학교심리학자**, **임상신경생리학자**들은 언어장애 아동을 직접 다루며 장애의 선별 및 판별을 담당한다. **일반교육자** 및 **특수교육자**들은 학교 환경에서 언어장애 아동의 교육적 성취를 지원하는 중요한 역할을 담당한다. **조기중재자**는 유아나 아장이에게서 나타나는 발달장애를 평가 및 치료하는 전문가다. 따라서 그들은 언어장애가 의심되거나 언어장애로 진단된 어린 아동을 위한 조기 판별 및 중재에 중요한 역할을 담당한다. **청각사**는 청각 시스템 장애 전문가로서 이와 관련된 언어장애의 평가와 치료에 관여한다. **발달소아과의**는 종종 아동의 언어장애가 보다 복합적인 건강 및 발달적 어려움과 연합되어 있는 경우 그들에 대한 의뢰 절차를 관리한다. **이비인후과의**는 귀, 코, 인후의 질환이나 감염으로부터 기인한 언어장애 아동을 다룬다.

언어장애와 관련되는 다섯 가지의 주된 발달적 질환은 **단순언어장애**, **자폐스펙트럼장애**, **정신지체**, **외상성 뇌손상**, **청력손실**이다. 단순언어장애는 기타의 규명된 발달적 결함이 부재한 채로 언어 발달에 심각한 결함을 보이는 일차적인 언어장애다. 자폐스펙트럼장애는 의사소통의 결함, 반복적 행동, 사회적 관계의 결함, 제한적인 관심으로 특징지어지는 신경학적 기반의 네 가지 발달장애를 아우르는 포괄적인 용어다. 정신지체는 언어장애와 관련된 발달장애로서 그 범주는 경도에서 최중도에 이른다. 외상성 뇌손상으로 인한 언어장애는 전형적으로 담화의 결함 외에도 추가적으로 통제 기능의 결함이라는 특징을 보인다. 청력손실은 조기에 감지하여 중재하지 않으면 언어장애가 수반될 수 있다.

언어장애의 판별을 위해서는 **포괄적 언어 평가**가 이루어져야 한다. 여기에는 전형적으로 사례력과 면담, 그리고 표준화된 준거 참조적 과제, 규준 참조 검사, 역동적 평가, 관찰 검사를 사용하는 포괄적인 언어 검사의 시행이 포함된다. 언어장애의 치료는 전형적으로 치료 목표, 치료 전략, 치료 맥락이 명시된 치료 계획을 이행하는 것이다. 그리고 치료에는 아동중심 접근이나 임상가중심 접근법이 사용된다.

# 핵심 용어

감각신경성 손실(sensorineural loss) 475
개방형(성) 뇌손상(open-head injury) 473
관찰 검사(observational measures) 484
규준 참조 검사(norm-referenced tests) 483
달리 분류되지 않는 전반적 발달장애 (pervasive developmental disorder-not otherwise specified) 468
문화적 맥락(cultural context) 443
반향어(echolalia) 465
삶에의 관여(participation in life) 442
선천성 청력손실(congenital hearing loss) 475
소아기붕괴성장애 (childhood disintegrative disorder) 467
아동 연구 팀(child study team) 454
아동중심 접근법 (child-centered approaches) 487
아스퍼거 증후군(Asperger's syndrome) 468
언어 전 청력손실(prelingual hearing loss) 476
언어 후 청력손실(postlingual hearing loss) 476
언어장애(language disorder) 440
언어지체(language delay) 439
언어학습장애(language-learning disability) 440
역동적 평가(dynamic assessment) 483
유의한(significant) 445
의뢰 전 중재(prereferral intervention) 454
이차언어장애 (secondary language impairment) 448
이해 점검(comprehension monitoring) 488
일차언어장애(primary language impairment) 448
임상가중심 접근법 (clinician-directed approaches) 487
자폐증(autism) 465
전도성 손실(conductive loss) 475
전략 훈련(strategy training) 488
정신지체(mental retardation) 469
준거 참조적 과제 (criterion-referenced tasks) 482
질병(disease) 441
청각처리장애(auditory-processing disorder) 475
최소제한환경(least restrictive environment) 454
치료 계획(treatment plan) 485
폐쇄성 뇌손상(closed-head injury) 473
활동(activity) 441
후천성 청력손실(acquired hearing loss) 476

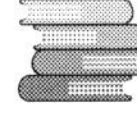

오디오 샘플, 관련 웹사이트, 추천 도서 및 혼자 풀어 보는 퀴즈를 포함하여 이 장의 내용과 관련된 온라인 자료를 구하려면 웹사이트 http://www.prenhall.com/pence를 찾아보라.

# 핵심 용어 정리

**가정언어 단계**(home language stage) 제2언어로서의 영어를 학습하는 첫 단계. 이 단계에서 아동은 교실에서 다른 아동이나 성인들과 가정에서 쓰는 언어를 사용한다. 일반적으로 이것이 타인과의 성공적인 의사소통을 촉진시키지 못한다는 점을 깨닫게 됨에 따라 그 사용을 멈추게 된다. 언어 생산성, 비언어기, 전보식 및 기계적 사용을 보라.

**감각신경성 손실**(sensorineural loss) 내이 또는 청신경 손상으로 야기된 청력손실. 청각처리장애, 전도성 손실과 비교하라.

**감각연합피질**(sensory association cortex) 두정엽에서 일차체성감각피질과 나란히 위치하며 전두엽의 일차운동피질 바로 뒤쪽에 위치한다. 감각 정보의 처리와 관련된 영역.

**강도**(intensity) 소리 생성 시의 전후 운동에서 공기 입자가 얼마나 멀리까지 퍼져 나가는가의 문제. 소리의 크기(loudness). 말의 세 가지 운율 특질 중 하나. 지속시간, 주파수와 비교하라.

**강세**(stress) 구어의 견지에서 다음절 단어의 어떤 음절 위에 놓이는 두드러짐. 억양과 비교하라.

**개방형(성) 뇌손상**(open-head injury) 약어로 OHI. 관통에 의해 뇌 물질이 뇌 외부로 노출되는 외상성 뇌손상(TBI). 총격에 의한 상해가 그 한 예다. 일반적으로 보다 국소적 뇌손상(focal brain injury)을 야기한다. 폐쇄성 뇌손상(CHI)과 비교하라.

**개인적 내러티브**(personal narrative) 실제 사건에 대한 아동의 구두적 또는 문어적 묘사. 허구적 내러티브와 비교하라.

**격언**(proverbs) 한 사회의 전통적 가치, 신념 및 지혜를 표현하는 진술. 일종의 상징언어.

**결과 평가**(outcome assessments) 특정 영역에서 예상된 결과와 관찰된 결과 사이의 차이를 확인할 수 있도록 돕기 위해 사용되는 평가.

**결정적 시기**(critical period) 민감기(sensitive period)라고도 한다. 아동이 가장 빠르고 가장 쉽게 언어를 발달시킬 수 있는 시기를 이르는 기회의 창(window of opportunity).

**결정적 시기 가설**(critical period hypothesis) 출생부터 사춘기까지의 기간이 언어 습득에 매우 중요하며 청소년 및 성인은 제2언어 습득에 어려움을 경험할 것이라는 이론.

**경(질)막**(dura mater) 문자 그대로의 의미는 '딱딱한 어머니'. 외막의 세 번째이자 가장 외부에 위치하는 막. 뇌와 척수를 완전히 둘러싸는 두꺼운 섬유질 조직으로 구성된다. 지주막(거미막), 연막을 보라.

**경험 기대적 가소성**(experience-expectant plasticity) 일반적인 경험의 결과로부터 발생되는 뇌의 변화. 경험 의존적 가소성과 비교하라.

**경험 의존적 가소성**(experience-dependent plasticity) 고도로 특화된 경험 유형으로부터 발생되는 뇌의 변화. 경험 기대적 가소성과 비교하라.

**공동 주의하기**(joint attention) 상호적 대상에 주의 초점을 맞추는 것. 유아의 경우 공동의 주의를 유지하기 위해서는 사회적 파트너와 대상 사이에서 그들의 주의를 조율하는 것이 필요하다. 대화 스키마(도식) 발달의 선결 요건.

**공명**(resonation) 말에 있어서 호흡 기류가 호흡 및 발성된 이후의 국면. 기류가 구강 및 비강을 거치면서 진동하는 단계. 말의 네 가지 체계 중 하나. 조음, 발성, 호흡도 살펴보라.

**과대확장**(overextension) 아동이 만드는 세 가지 유형의 과잉일반화: 범주적, 유추적, 관계적(각각의 예: 개라는 단어를 학습한 후에 네 발 달린 동물들을 '개'라고 부르고, 달을 보고 '공'이라고 부르며, 물뿌리개를 '꽃'이라고 부른다). 중복을 살펴보고 과소확장과 비교하라.

**과소확장**(underextension) 가능한 참조물의 한 부분집합만을 언급하기 위하여 사용하는 단어. 예를 들어, 아기가 우유병에 대한 참조로만 병이라는 단어를 사용하는 것(유리병이나 플라스틱 물병에는 아니고)을 들 수 있다. 중복을 살펴보고 과대확장과 비교하라.

**과잉일반화**(overgeneralization) 경쟁 모델의 한 개념(예: 언어를 배워 가고 있는 아동이 불규칙 과거시제 동사를 /d/, /t/, /id/와 같은 소리들을 첨가시켜 규칙동사처럼 만들어 내는 것과 같은 현상을 기술).

**과장법**(hyperbole) 강조나 효과를 위해 확대를 사용하는 상징언어의 한 유형(예: I nearly died laughing).

**관습성**(conventionality) 아동이 성공적으로 의사소통하기 위하여 자신의 언어 공동체에 있는 사람들이 이해할 수 있는 용어들을 채택해야만 한다는 원리.

**관습적 산출 연령**(customary age of production) 모든 아동들의 50%가 주어진 음을 단어 내의 다양한 위치에서 성인과 같은 방법으로 산출할 수 있는 연령. 숙달 연령과 비교하라.

**관용어**(idioms) 문자적 의미와 상징적 의미가 모두 담긴 표현(예: He got out of the wrong side of bed[그는 아침부터 기분이 좋지 않았다]). 불투명한 것과 투명한 것의 두 가지 유형이 있다.

**관찰 검사**(observational measures) 아동이 또래나 부모와의 자연스러운 활동 속에서 나타내는 언어의 형식, 내용, 사용을 조사하기 위한 분석 방식. 대화분석과 언어 표본분석(LSA)의 두 종류가 있다. 전형적으로 포괄적 언어 평가의 일환으로 사용된다. 준거 참조적 과제, 역동적 평가, 규준 참조 검사를 보라.

**구문론**(syntax) 문장의 내적 구조를 지배하는 언어 규칙. 언어의 형식 영역을 구성하는 한 요소. 형태론, 음운론, 화용론, 의미론을 보라.

**구문적 시동**(syntactic bootstrapping) 아동이 한 동사에 대해 해석해 내기 위해 해당 동사를 둘러싼 구문적 틀을 활용하는 과정. 의미적 시동과 비교하라.

**구심성**(afferent) 뇌를 향해 움직이는 정보 경로를 기술하는 용어. 구심성 전도로는 인체 원위(distal)로부터 뇌를 향해 감각 정보를 전달하고, 상행 전도로(ascending pathway)라고도 한다. 원심성(efferent)과 비교하라.

**구어**(oral language) 말로 산출되는 언어. 내용, 형식, 사용의 세 영역으로 구성된다.

**구어 의사소통**(oral communication) 말하기와 듣기의 조합.

**구의 통합**(phrasal coordination) 접속사를 사용하는 예에서와 같이 구들을 연결하는 능력(예: I'm putting on my coat and my hat).

**규준 연구**(normative research) 전문가들이 언어 발달의 특정 측면에 대하여 개인들로부터 자료를 축적하고, 그로부터 아동이 특정 이정표에 도달하게 되는 전형적인 연령을 결정하는 연구.

**규준 참조 검사**(norm-referenced tests) 한 아동의 언어 수행 수준을 같은 연령대의 전체 표본의 수준과 비교하기 위해 사용되는 검사. 전형적으로 포괄적 언어 평가의 일환으로 이용된다. 준거 참조적 과제, 역동적 평가, 관찰 검사도 살펴보라.

**근원**(source) 한 사건에서 움직임의 시작점. 행위자, 목표, 위치, 주제도 살펴보라.

**근접발달영역**(zone of proximal development) 약어로 ZPD. Vygotsky 이론에서 유래된 개념. 아동이 보이는 실질적인 발달 수준(독립적으로 문제를 해결하는 능력으로 결정된다)과 잠재적인 발달 수준(보다 유능한 성인이나 또래들과의 협력을 통하여 문제를 해결하는 능력으로 결정된다) 사이의 차이를 기술하기 위한 용어.

**기능적 유연성**(functional flexibility) 다양한 의사소통적 목적(예: 요구하기, 진술하기, 설득하기)에 따라 언어를 사용하는 능력.

**기능적 자기공명영상**(functional magnetic resonance imaging) 약어로 fMRI. 연구자나 의사들이 특정 정신 기능과 연관된 뇌 구조를 찾아낼 수 있도록 해 주는 뇌 조영기술 중 하나. 신경 활동 변화에 대응하는 혈중 산소 수치의 변화에 따라 특정 신경 활동을 특정의 신경 영역과 연합시키는 비침습적 절차.

**기질**(temperament) 개인의 선험적 행동 스타일이나 성격 유형(예: 대담함 대 수줍음).

**기초 연구**(basic research) 이론 연구(theoretical research)라고도 한다. 주로 지식 기반을 생성하고 기존 지식을 정교화하기 위해 언어 발달을 연구하는 것. 사용 지향적(use-inspired) 기초 연구도 살펴보고 응용 연구와 비교하라.

**기호 전환**(code switching) 한 가지 이상의 언어를 가진 사람이 관행적으로 언어들을 번갈아 교차하는 현상. 이중언어 아동은 어휘 또는 문법 손실을 메우기 위해, 화용적 효과를 위해, 또는 자신이 속한 공동체의 사회적 규준을 따르기 위해 기호 전환을 하기도 한다(예: 스페인어와 영어의 이중언어 아동이 스페인어 구문으로 영어 문장을 산출한다). 발화 간 혼용, 발화 내 혼용을 살펴보라.

**꼬리쪽**(caudal) 신경축의 수평축과 수직축상의 특정 신경계 구조를 기술하기 위한 위치 관련 용어. 수평축에서 '뇌의 뒤쪽으로'라는 의미이고, 수직축과 관련하여 '척수의 아래쪽으로'(미추 또는 꼬리뼈 쪽)라는 의미를 가진다. 등쪽, 머리쪽, 배쪽과 비교하라.

**내러티브**(narrative) 아동이 과거, 현재, 미래의 실제 또는 가상 사건에 대하여 말하거나 글로 쓴 설명. 허구적 내러티브, 개인적 내러티브도 살펴보라.

**내용**(content) 의미론과 동의어. 언어의 의미. 사용된 낱말과 그 이면의 의미. 세 가지 언어 영역 중 하나. 맥락화된, 탈맥락화된, 형식, 어휘집, 사용을 살펴보라.

**내적 언어**(inner language) 개인이 내적으로 형성하여 간직하고 있는 사고나 개념. 문어(written language)와 비교하라.

**뇌간**(brainstem) 뇌의 세 영역 중 한 부분. 척수의 상부와 직접 연결되며 뇌의 나머지 부분과 척수 사이의 연결 통로 역할을 한다. 중뇌, 뇌교, 연수로 구성. 일차적 기능은 (1) 뇌를 향해 들어오는 감각 정보와 뇌로부터 출발하는 운동 정보의 핵심적 전달자 역할, (2) 머리와 얼굴에 공급되는 대뇌신경의 그리고 시각 및 청각을 통제하는 중간 연계 지점 역할, (3) 신진대사 조절과 각성을 통제하는 센터의 세 가지. 소뇌, 대뇌를 살펴보라.

**뇌량**(corpus callosum) 대뇌의 좌우 반구를 연결하는 섬유 밴드. 두 반구 간의 소통 경로 역할을 수행한다. 세로종렬도 보라.

**뇌막**(meninges) 중추신경계(CNS) 보호 장치 중 하나로서 중추신경계를 완전히 둘러싸는 세 겹의 막으로 구성된다. 연막, 지주막(거미막), 경막으로 이루어져 있다.

**뇌척수액**(cerebrospinal fluid) 약어로 CSF. 뼈와 뇌막을 따라 흐르며, 뇌막의 가장 내부에 있는 두 가지 막인 연막과 지주막 사이를 순환하면서 중추신경계를 보호한다.

**뉴런**(neuron) 신경계를 구성하는 고도로 특화된 수십억 개의 세포.

**느린 연결**(slow mapping) 시간이 지남에 따라 그리고 다양한 맥락에서 해당 낱말에 대해 다중 노출됨으로써 낱말 표상이 점진적으로 정교화되는 것. 빠른 연결 이후에 발생한다. 빠른 연결과 비교하라.

**다수 인종언어 공동체**(majority ethnolinguistic community) 한 지역(예: 국가, 주, 지방)의 다수가 상위 사회계층으로 존중하고 간주하는 언어를 사용하는 이들의 집단(예: 미국의 표준 미국 영어 화자들). 소수 인종언어 공동체와 비교하라.

**다의적**(polysemous) 한 가지 이상의 의미를 가지는 것.

**단순 구문**(simple syntax) 단순 명사구와 동사 구조를 포함하는 문법적으로 잘 형성된 문장.

복합 구문(complex syntax)과 비교하라.

**단순언어장애**(specific language impairment) 약어로 SLI. 일차언어장애를 보라.

**단원성**(modularity) 인간의 정신이 뇌 구조 내에 어떻게 조직되는가와 관련된 인지과학 이론. 인간의 뇌에는 고도로 특화된 모듈의 조합 또는 특정 유형의 정보를 처리하기 위해 발달된 특정 영역이 포함되어 있다고 주장된다.

**단일 언어체계 가설**(unitary language system hypothesis) 이중언어 아동이 하나의 단일한 언어체계를 가지며 그것이 종국에 둘로 분리된다는 개념. 이 이론에 따르면, 아동은 두 언어 사이의 차이를 성공적으로 변별해 낼 수 있게 되어서야 비로소 이중언어 사용자가 된다. 이중 언어체계 가설(dual language system hypothesis)을 살펴보라.

**단일언어**(monolingualism) 오직 한 언어만을 습득하는 것. 이중언어와 비교하라.

**달리 분류되지 않는 전반적 발달장애**(pervasive developmental disorder-not otherwise specified) 약어로 PDD-NOS. 사회적 상호작용 및 의사소통에서의 심각한 결함, 반복적 행동 및 뚜렷하게 제한된 관심을 보이나, 자폐증, 소아기붕괴성장애, 아스퍼거 증후군에 해당하는 특정 진단 준거에 부합하지 않는 장애.

**대뇌**(cerebrum) 대뇌피질이라고도 불린다. 뇌의 주요 세 영역 중 가장 거대한 부분. 언어, 개념적 사고, 창의성, 계획, 인간 사고의 형성과 그 실체를 담당한다. 좌반구와 우반구로 이루어져 있으며 6개의 엽(lobes)—전두엽 1개, 후두엽 1개, 측두엽과 두정엽 각각 2개—으로 조직된다. 이형피질과 신피질로 구성되어 있다. 뇌간, 소뇌를 보라.

**대뇌신경**(cranial nerves) 뇌로부터 뻗어 나가는 12쌍의 신경.

**대상 영역**(object scope) 단어를 전체 대상에 연결 짓는다고 진술하는 원리. 전체 대상 가정도 보라.

**대화**(conversations) 타인과의 교환.

**대화 수정**(conversational repair) 의사소통 붕괴가 발생했을 때, 송신자나 수신자가 이를 수정하기 위해 교환을 조정하는 일. 이때 수신자는 지속적으로 피드백을 제공해야 하며 송신자는 수신자의 피드백을 면밀히 점검해야만 한다.

**대화 스키마**(conversational schema) 대화의 틀(framework)이라고도 하며, 주제의 개시와 확립, 주제가 유지되는 일련의 대화 주고받기에의 참여, 주제의 해결과 종료를 포함한다.

**도상적 의사소통**(iconic communication) 의도적 의사소통(intentional communication)을 보라.

**동시조음**(coarticulation) 인간의 말이 산출되는 동안 나타나는 음소들 간의 교차 현상.

**동음이의어**(homonyms) 철자와 발음이 유사하지만 의미가 다른 낱말(예: brown bear 대 bear weight). 동음이형어의 특별한 한 유형.

**동음이형어(homophones)** 소리가 흡사하며 철자도 유사할 수 있거나(예: brown bear 대 bear weight), 철자는 다를 수 있는 낱말(예: brown bear 대 bare hands). 낱말 수준에서 어휘적 모호성의 한 유형. 동형이의어, 동음이의어도 보라.

**동형이의어(homographs)** 철자가 같고 발음이 흡사하거나(예: row a boat 대 row of homes), 소리가 서로 달라질 수도 있는 낱말(예: record player 대 record a movie). 낱말 수준에서의 어휘적 모호성의 한 유형. 동음이의어, 동음이형어도 보라.

**동화(assimilation)** 아동이 한 음절 내 다른 소리가 가지는 특징으로부터 영향을 받아 동일 음절 내의 다른 소리를 변화시키는 과정. 맥락 의존적인 변화. 연구개 동화를 포함한다.

**두정엽(parietal lobe)** 대뇌의 6개 엽(lobes) 중 2개. 전두엽 뒷부분의 좌우측(귀의 위쪽)에 위치한다. 핵심 기능은 유입되는 감각 및 지각 정보를 지각하고, 이를 전두엽의 통제 기능과 통합하기, 구어 및 문어를 이해하기, 수학적 계산하기를 포함한다. 일차 체성감각피질과 감각연합피질이 위치한다. 전두엽, 후두엽, 측두엽을 보라.

**등쪽(dorsal)** 위치 관련 전문 용어. 신경축의 수평축과 수직축을 따라 특정 신경계 구조를 기술할 때 사용된다. 수평축으로는 '뇌의 위쪽으로'라는 의미이고, 수직축으로는 '척수 뒤쪽으로(등쪽으로)'라는 의미를 가진다. 꼬리쪽, 머리쪽, 배쪽과 비교하라.

**말(speech)** 인간이 언어를 소리 기호로 전환하여 공기를 거쳐(또는 전화선 같은 기타 매체를 통해) 수신자에게 전달하는 신경근육운동 과정. 조음, 의사소통, 청각, 발성, 공명, 호흡도 살펴보라.

**말지각(speech perception)** 뇌가 말과 언어를 처리하는 방식. 모국어의 소리나 낱말을 이해하는 능력. 말지각 연구는 유아가 가지고 태어나는 언어 능력의 유형에 관해, 그리고 아동이 말지각을 이용하여 언어를 배우는 방식에 관해 알 수 있게 해 준다. 청지각과 비교하라.

**말초신경계(peripheral nervous system)** 약어로 PNS. 대뇌신경과 척수신경. 뇌와 척수로부터 또는 뇌와 척수를 향해 정보를 입출력한다. 중추신경계(CNS)와 비교하라.

**맥락화된(contextualized)** 내용을 전달하는 데 현재의 맥락이나 배경에 의존하는 것. 탈맥락화된과 비교하라.

**맥락화된 언어(contextualized language)** 영아기에 시작하여 즉각적인 맥락, 즉 지금 여기에 기초하여 사용되는 언어. 탈맥락화된 언어와 비교하라.

**머리쪽(rostral)** 신경축의 수평축과 수직축상의 특정 신경계 구조를 기술하기 위한 위치 관련 용어. 수평축과 관련하여 '뇌의 전방을 향하는'이라는 의미이고, 수직축과 관련하여 '척수의 상부를 향하는(뇌 쪽으로)'이라는 의미를 가진다. 꼬리쪽, 등쪽, 배쪽과 비교하라.

**명령적 가리키기(imperative pointing)** 영아가 성인이 자신에게 대상을 상기해 내도록 요구하기 위하여 가리키는 것. 10개월경 발생한다. 서술적 가리키기와 비교하라.

**모델(model)** 알지 못하는 사건에 대하여 그것을 지배하는 현재까지의 최상의 근거에 기반하여 표상해 내는 것.

**목표(goal)** 한 사건 내에서 움직임의 종결점. 행위자, 장소, 근원, 주제도 살펴보라.

**문법형태소(grammatical morphemes)** 굴절형태소(inflectional morphemes)라고도 한다. 낱말에 첨가되어 문법적 굴절을 허용하는 미세 언어 단위(예: 복수의 -s, 소유격 's, 과거시제 -ed, 현재진행 -ing). 의존형태소, 자립형태소를 살펴보고 파생형태소와 비교하라.

**문식성 출현(emergent literacy)** 읽기와 쓰기 학습에서 가장 이른 시기. 이 단계에 있는 아동은 아직 관습적인 감각으로 읽고 쓰지는 못하지만, 활자와 음에 대한 이들의 출현하고 있는 지식은 공식적인 학교 수업에서 시작하는 읽기 교수를 위한 중요한 기초를 형성한다.

**문어(written language)** 개인이 사고와 개념을 형성한 후 글로 써 놓은 것. 내적 언어(inner language)와 비교하라.

**문장의 모호성(sentential ambiguity)** 문장의 여러 요소들이 여러 의미를 가지는 경우를 지칭하는 용어. 심층 구조의 모호성, 음운적 모호성, 표면 구조의 모호성을 보라.

**문해언어(literate language)** 의미를 지원하기 위한 맥락 단서 없이 사용되는 언어. 고도로 탈맥락화된 언어.

**문화적 맥락(cultural context)** 아동이 언어를 습득하고 적용하는 문화적 배경. 임상가들은 언어 차이와 언어장애를 구별할 때 이를 반드시 고려해야 한다.

**미엘린(myelin, 수초)** 뉴런을 감싸는 막. 수초는 특히 백질 내에서 신경 임펄스의 빠른 전달을 도우며 뉴런을 보호하는 기능을 담당한다.

**민감기(sensitive period)** 인간 뇌와 관련하여 하나의 발달적 시간의 틀로서, 기존의 감각 또는 운동 능력에 기저하는 신경해부학 또는 신경생리학적 특정 측면에서의 성장 또는 변화가 일어나는 시기. 발달을 위한 결정적인 기회의 창. 예를 들면, 새끼 고양이가 생후 첫 6주 동안(결정적 창 시기) 시각적 입력을 박탈당한다면 영구적으로 실명이 된다.

**반복적 옹알이(reduplicated babbling)** "da da da"와 같이 반복적인 자-모음 쌍으로 구성된 옹알이. 자곤, 주변적 옹알이를 살펴보고 비반복적 옹알이와 비교하라.

**반응성(responsiveness)** 반응이 얼마나 신속하고 적절한가의 여부. 언어 발달이라는 측면에서 낱말 및 그 밖의 수단을 통해 아동이 행하는 일련의 의사소통에 대해 양육자가 제공하는 반응의 즉각성, 수반성, 적합성.

**반향어(echolalia)** 특정 낱말이나 구의 상동적 반복. 일반적으로 자폐스펙트럼장애와 연합되어 나타나며, 아스퍼거 증후군, 자폐증, 소아기붕괴성장애, 달리 분류되지 않는 전반적 발달장애와 관련이 있다.

**발생론적 인식론(genetic epistemology)** 지식 발달에 관한 학문. 프랑스의 심리학자 Jean Piaget는 발생론적 인식론에 관한 이론으로 유명하다.

**발성(phonation)** 호흡된 기류가 날숨 시 성대를 거칠 때의 현상. 말에 포함된 네 가지 체계 중 하나. 조음, 공명, 호흡을 보라.

**발화 간 혼용(interutterance mixing)** 발화 사이의 기호 전환이 일어나는 것. 발화 내 혼용과 비교하라.

**발화 내 혼용(intrautterance mixing)** 단일 발화 내에서 기호 전환이 일어나는 것. 발화 간 혼용과 비교하라.

**방언(dialect)** 지역적 또는 사회적으로 발음, 어휘, 문법 면에서 서로 구별되는 언어적 변이(예: 미국 흑인 영어). 특정한 지형학적 지역이나 사회문화적 공동체 내에서 진화해 나가기도 한다. 일종의 언어 차이(언어장애라기보다). 악센트와 비교하라.

**배쪽(ventral)** 신경축의 수평축과 수직축을 따라 특정 신경계 구조를 기술하기 위해 사용되는 위치 관련 용어. 수평축과 관련하여 '뇌의 아래쪽으로', 수직축과 관련하여 '척수의 앞쪽으로(배 가까이)'라는 의미를 갖는다. 꼬리쪽, 등쪽, 머리쪽을 보라.

**백질(white matter)** 주로 축삭섬유로 이루어져 있는 신경조직으로서 회질(gray matter) 조직들 간에 정보를 전달한다. 회질과 비교하라.

**범주적 영역(categorical scope)** 분류학적으로 유사한 단어들로의 확장에 대한 기초를 제한함으로써 확장성의 원리 위에 세워진 원리.

**베르니케 영역(Wernicke's area)** 독일의 신경학자이자 신경정신과 의사인 Karl Wernicke의 이름을 딴 것으로 수용적 말 영역이라고도 한다. 좌측두엽의 위쪽 그리고 두정엽, 후두엽, 측두엽의 교차 지점에 위치하고 언어 이해에 결정적 역할을 담당한다.

**변곡점(inflection point)** 어휘 발달에서 느린 단계와 빠른 단계를 구획하는 어휘 폭발 시점.

**변이음(allophones)** 음소들이 여러 낱말에 따라 어떻게 산출되는지에 관련된 맥락의 영향으로 기인하는 음소의 미세한 변이. 예를 들어, pop에서의 2개 음소 /p/는 서로 다르게 소리 나므로 이들이 변이음을 형성한다. 음운론(phonology)을 보라.

**보편문법(universal grammar)** 약어로 UG. 전 세계 모든 언어에 공통적으로 일치하는 문법 규칙과 제약 시스템. 언어학자 Noam Chomsky에 의해 주창되었다. 오직 언어 습득에만 공헌하는 선천적이며 종 특정적인 모듈(단원)이므로 제2언어 습득과 관련하여 본성 지향적 이론(nature-inspired theory)이라 할 수 있다. 결정적 시기 가설, 언어 습득 장치를 보라.

**보편성**(universality) 전 세계 모든 사람들이 언어 학습 과제에 적용하는 인지적인 하부 구조를 가지고 있다는 개념.

**복합 구문**(complex syntax) 문장의 내부 구조 조직에 사용되는 구, 절, 접속사들이 포함된 문법적으로 잘 구성된 문장. 단순 구문과 비교하라.

**부정문**(negative sentences) no, not, can't, don't, won't와 같은 낱말에 의존하여 부정을 표현하는 문장. 서술문, 의문문과 비교하라.

**브로카 영역**(Broca's area) 프랑스 외과의사 Paul Broca의 이름에서 유래되었다. 대뇌의 좌측두엽 영역으로서 말 산출의 미세한 협응에 중요한 역할을 담당한다. 전운동피질, 일차운동피질을 보라.

**비반복적 옹알이**(nonreduplicated babbling) 음절성 옹알이로도 알려져 있다. "da ma goo ga"처럼 반복되지 않는 자음-모음 연합으로 구성된 옹알이. 6~10개월경에 나타난다. 자곤, 주변적 옹알이를 살펴보고 반복적 옹알이와 비교하라.

**비언어기**(nonverbal period) 제2언어로서의 영어(ESL) 학습의 두 번째 단계. 이 기간 동안 아동이 언어를 전혀 배우지 않는 것은 아니며, 제2언어를 수용적으로 배우기 시작한다. 이 단계에서 일부 아동들은 제2언어의 낱말을 충분히 획득하게 될 때까지는 의사소통을 위해 제스처를 사용한다. 가정언어 단계, 언어 생산성, 전보식 및 기계적 사용을 보라.

**비언어적 피드백**(nonlinguistic feedback) 송신자에게 그의 메시지에 대한 정보를 전달하기 위해 눈 맞춤, 얼굴 표정, 자세, 근접성(proximity)을 사용하는 것. 언어적 피드백의 보완 차원에서 사용될 수도 있고, 그 자체만으로 사용될 수도 있다. 준언어적 피드백을 보라.

**비외형적 낱말 학습 맥락**(nonostensive word-learning contexts) 추론적 맥락이라고도 한다. 새로운 낱말에 대한 맥락 정보가 없는 상황. 외형적 낱말 학습 맥락과 비교하라.

**빠른 연결**(fast mapping) 아동이 새로운 낱말에 대해 그 참조물을 찾아내는 속도를 조사하기 위한 과제 유형. 느린 연결과 비교하라.

**사건유발전위**(event-related potentials) 약어로 ERP. 언어학적 자극을 포함하여 특정한 자극에 대한 뇌의 전기적인 반응. 뇌영상에서 사용된다.

**사용**(use) 화용론과 동일한 의미. 개인이 타인과의 상호작용에서 개인적 및 사회적 요구를 표현하기 위해 언어를 이용하는 방식. 언어의 세 영역 중 하나. 내용, 형식을 보라.

**사용 지향적 기초 연구**(use-inspired basic research) 이론과 실제 사이의 연계를 형성하는 데 초점을 두는 기초 연구의 한 유형.

**사용역**(register) 서로 다른 상황에서 사용되는 언어 스타일상의 변화(예: 가장 친한 친구에게 요청할 때와 교수에게 요청할 때 언어의 형식, 내용, 사용 영역은 어떻게 달라질 것인지에 관한 문제).

**사정**(assessment) 아동의 요구, 가족의 관심사, 자원을 판별하기 위한 지속적인 절차. 평가(evaluation)보다는 덜 공식적이며, 종종 평가에 비해 부모나 양육자의 참여를 더 독려한다.

**삶에의 관여**(participation in life) 한 질병이 아동과 그 가족의 삶의 질에 영향을 미치는 정도. 사회적, 심리적 및 교육적 기능에 가해질 수 있는 영향이 포함된다.

**상위언어 능력**(metalinguistic competence) 언어를 관심 대상으로 삼고 그에 대해 생각하고 분석하는 능력. 주로 학령기에 습득된다.

**상위언어학적 능력**(metalinguistic ability) 언어를 주의의 대상으로 보는 능력. 예를 들어, 학령 전 아동들은 그들이 쓰는 척하거나 운모를 맞추는 양상을 형성할 때 상위언어학적 능력을 나타낸다. 알파벳 지식, 음운 인식, 활자 인식을 보라.

**상징언어**(figurative language) 문자 그대로의 의미가 아니라 종종 추상적인 방식으로 사용되는 언어. 타인에게 정신적 이미지나 감각적 인상을 촉발하기 위해 사용된다. 과장법, 관용어, 역설, 은유, 격언, 직유를 보라.

**상징적 의사소통**(symbolic communication) 참조적 의사소통이라고도 한다. 개인이 특정 실체(사물이나 사건)에 관해 의사소통할 때, 실체와 그 참조물의 관계(예: 낱말)는 자의적이다. 시간이나 공간의 제약을 받지 않는다. 예를 들면, 한 유아가 무언가 마실 것을 요구하기 위해 'bottle'이라고 말할 때 낱말 bottle과 그 참조물은 자의적이다. 의도적 의사소통, 전의도적 의사소통과 비교하라.

**상호 주관적인 인식**(intersubjective awareness) 한 사람이 어떤 외부의 대상 혹은 다른 사람과의 행위에 정신적인 초점을 공유할 때의 인식.

**새 이름-이름 없는 범주**(novel name-nameless category: N3C) 한 무리의 알려진 대상들에 포함된 이름 없는 대상이 새로운 이름의 수령자가 되어야만 한다고 진술하는 원리. 대상 영역의 원리를 지지한다. N3C 원리는 상호 배타성의 원리에 기초를 두고 있지만 아동이 하나의 대상에 하나의 이름보다 더 많은 것을 붙이는 것을 회피한다는 것을 전제로 하지는 않는다.

**생산성**(productivity) 적은 수의 독립 단위들이 조합되어 일견 무한히 새로운 생성으로 나타나는 조합 원칙. 언어 외에도 인간의 다른 활동, 이를테면 수학이나 음악과 같은 영역에도 적용된다.

**생태학적 타당성**(ecological validity) 사정이나 평가에서 얻은 자료가 아동의 가정과 주간 보호 환경을 포함하여 다양한 맥락으로 확장될 수 있는 정도.

**서술문**(declarative sentences) 진술을 하는 문장. 의문문, 부정문과 비교하라.

**서술적 가리키기**(declarative pointing) 영아가 사물과 그 설명에 성인의 주의를 끌기 위하여 사용하는 가리키기. 영아와 성인 사이의 사회화 과정과 관련이 있다. 10개월 이후에 발생한다. 명령적 가리키기와 비교하라.

**선별 검사**(screenings) 가능한 장애 영역을 판별하기 위한 간단한 평가로서 이후에 심화 검사를 실시해야 할 필요성 여부를 알려 준다.

**선천성 청력손실**(congenital hearing loss) 출생 시부터 존재한 청력손실. 전체 사례의 약 50%는 원인 미상으로 발생된다. 이 밖에 유전적 전승, 자궁 내 감염, 조산, 임신합병증, 분만 과정에서의 외상과 같은 원인이 존재한다. 후천성 청력손실과 비교하라.

**성차**(gender differences) 성별과 관련된 언어 차이(예: 여아는 일반적으로 남아보다 먼저 말한다). 일반적으로 그 차이는 크지 않으며, 특히 아동이 학령 전 연령이 되어 감에 따라 더욱 작아진다.

**세로종렬**(longitudinal fissure) 대뇌의 양반구를 분리시키는 길다란 틈. 뇌량을 보라.

**세포체**(cell body) 뉴런의 중심으로 핵을 포함한다. 뉴런의 네 가지 구성 요소 중 하나. 축삭, 수상돌기, 시냅스전 종단을 보라.

**소뇌**(cerebellum) 뇌의 주요 세 영역 중 하나. 타원형의 '작은 뇌'로 뇌간 뒤쪽에 위치한다. 일차적으로 운동 및 근육 활동을 통제하며, 의식적인 계획 반응과 관련된 뇌의 '이성적' 부분과는 무관하다. 근육운동 조정, 근긴장도 유지, 운동 범위 및 강도 통제, 자세 및 평형 유지에 관여한다. 뇌간, 대뇌를 보라.

**소수 인종언어 공동체**(minority ethnolinguistic community) 공동체의 소수가 말하거나 인정하는 언어를 사용하는 이들로 구성된 집단(예: 미국의 일본어 화자). 다수 인종언어 공동체와 비교하라.

**소아기붕괴성장애**(childhood disintegrative disorder) 10세 이전의 어린 아동에게서 나타나는 장애로서 2세 이전까지는 정상적으로 발달하는 것처럼 보이지만 이후 언어, 사회적 기술, 대소변 조절, 놀이 또는 운동 기술의 영역 중 2개 이상의 기술에서 심각한 손실이나 퇴행을 보인다. 아스퍼거 증후군, 자폐증, 달리 분류되지 않는 전반적 발달장애를 보라.

**송신자**(sender) 의사소통 시의 화자. 자신이 전하고자 하는 정보를 형성하고 송달하는 사람. 수신자와 비교하라.

**수상돌기**(dendrite) 한 뉴런의 단일 세포체로부터 발원하는 구심성 가지들. 다른 뉴런의 축삭돌기로부터 들어오는 신경 임펄스를 세포체 안으로 받아들인다. 뉴런의 네 부분 중 하나. 축삭, 세포체, 시냅스전 종단과 비교하라.

**수상돌기의 발아**(dendritic sprouting) 새로운 시냅스 연결의 형성. 경험 의존적 가소성을 위해 필요하다.

**수신자**(receiver) 의사소통 시의 청자. 의사소통에 참여하고 정보를 이해하는 사람. 송신자와 비교하라.

**수용어휘집**(receptive lexicon) 개인이 이해하는 낱말의 전집. 표현 어휘집과 비교하라.

**수용언어**(receptive language) 사람들이 이해하는 언어. 표현언어와 비교하라.

**수용적 말 영역**(receptive speech area) 베르니케 영역을 살펴보라.

**수직축**(vertical axis) 뇌의 상층부에서부터 척수 전체를 따라 아래쪽으로 이어지는 신경축의 한 부분. 수평축을 보라.

**수초화**(myelinization) 수초가 증가하는 것. 후기 아동기에 이를 때까지 천천히 진행된다.

**수평축**(horizontal axis) 뇌의 전각(anterior pole, 전두엽)에서 후각(posterior pole, 후두엽)을 절개한 신경축. 수직축을 보라.

**숙달 연령**(age of mastery) 대부분의 아동이 성인과 유사한 방식으로 특정 소리를 산출하는 연령. 관습적 산출 연령을 보라.

**습관화**(habituation) 자극에 대한 영아의 주의집중이 사전에 결정된 양에 의하여 감소될 때까지 영아에게 동일한 자극을 빠르게 제시하는 것과 관련 있는 과제를 설명한다. 탈습관화와 비교하라.

**습득 속도**(acquisition rate) 언어가 얼마나 빨리 학습되는가의 문제.

**시냅스**(synapse) 2개의 뉴런이 만나는 지점. 2개의 뉴런이 소통하려면 신경 임펄스가 시냅스를 거쳐야 한다. 신경전달물질, 시냅스 간극을 보라.

**시냅스 간극**(synaptic cleft) 정보를 보내는 뉴런의 축삭과 수신하는 뉴런의 수상돌기 사이의 공간. 시냅스, 신경전달물질을 보라.

**시냅스 생성**(synaptogenesis) 시냅스 연결의 형성. 생애 첫해 동안 가장 빠르게 일어나며, 그 이후 과다한 시냅스의 가지치기(전지)가 일어난다.

**시냅스 전지(가지치기)**(synaptic pruning) 시냅스 생성 이후 과다한 시냅스에 대한 일종의 가지치기(전지)가 생애 첫 1년의 종료 시점에서 사춘기에 이르는 동안 이루어진다.

**시냅스전 종단**(presynaptic terminal) 축삭의 각 종말 가지의 종단점. 다른 뉴런의 수상돌기와 상응하는 뉴런 축삭의 연결.

**신경 가소성**(neural plasticity) 중추신경계의 가연성, 즉 새로운 시냅스 연결 생성에 의해, 또는 기존 시냅스를 대안적 수단으로 사용하기 위해 감각 및 운동 시스템이 조직·재조직되는 능력. 경험 의존적 가소성, 경험 기대적 가소성을 보라.

**신경과학**(neuroscience) 신경계의 해부 및 생리에 대한 연구와 관련된 학문 분야. 신경해부학, 신경생리학을 보라.

**신경생리학**(neurophysiology) 신경계의 해부학적 구조들이 하나의 복합적 단위와 별도의 독립적인 생물학적 단위로 기능하는 방식. 신경해부학, 신경과학을 보라.

**신경언어학자(neurolinguists)** 언어와 관련된 신경계의 구조와 기능을 연구하는 전문가.

**신경전달물질(neurotransmitters)** 두 뉴런 간 시냅스 간극에서의 정보 전달을 돕는 화학 물질.

**신경축(neuraxis)** 인간 신경계가 조직되는 수평축 및 수직축. 수평축, 수직축을 보라.

**신경해부학(neuroanatomy)** 신경계의 해부학적 구조. 신경생리학, 신경과학을 보라.

**신피질(neocortex)** '새로운 피질' 또는 '새로운 껍질'이라는 의미. 진화 과정에서 과거의 인간 뇌, 즉 이형피질을 덮은 뇌 외곽의 확장된 층. 신피질은 이형피질과 대뇌를 구성하고, 말, 언어, 추론, 계획, 문제 해결과 같은 인간의 사고와 언어를 예시하는 대부분의 기능을 통제한다.

**실문법증(agrammaticism)** 문법 표지의 생략. 말에서 '전보식(telegraphic)'이라는 특징을 보인다(예: "Tommy go store now."). 뇌의 좌측 전두엽 영역의 손상과 함께 나타날 수 있다.

**심성 어휘집(mental lexicon)** 개인이 사용하고 이해하는 낱말의 전집. 표현 어휘집, 수용 어휘집을 보라.

**심층 구조의 모호성(deep-structure ambiguity)** 하나의 명사가 행위자로 해석될 수도 있고, 대상으로 해석될 수도 있는 모호한 문장 형태(예: "The duck is ready to eat."은 "The duck is ready to be eaten."으로나 "The duck is hungry."로 해석될 수 있다). 표면 구조의 모호성과 비교하라.

**쌍생아 연구(twin study)** 언어 발달에 유전이 미치는 영향뿐 아니라 언어장애의 유전성을 평가하기 위해 사용되는 일란성 쌍둥이에 관한 연구.

**아동 연구 팀 (child study team)** 평가 팀이라고도 한다. 일반교육자, 아동의 부모, 기타 전문가들(예: 학교심리학자, 특수교육자, 언어치료사)을 포함하여, 일반교육자들이 교실에서 아동의 언어기술을 지원하기 위해 사용하는 접근법들을 개발해 내기 위한 체계적 과정에 참여하는 일군의 구성원. 이 팀은 또한 아동이 언어장애를 가지고 있는지를 결정하기 위해 다요인적 평가를 수행하기도 한다. 의뢰 전 중재를 보라.

**아동중심 접근법(child-centered approaches)** 치료 계획의 구성 전략. 아동이 치료의 진행 속도와 자원을 선택하고, 임상가는 아동이 선택한 활동 맥락 속에서 언어의 형식, 내용, 사용 영역을 촉진시키기 위한 방안을 모색한다. 한 예가 집중적 자극법이다. 임상가중심 접근법과 비교하라.

**아스퍼거 증후군(Asperger's syndrome)** '고기능'으로 간주되는 일종의 자폐. 이 장애를 겪는 개인은 사회적 상호작용 결함, 상징적 또는 추상적 언어의 이해 결함, 제한적이며 이질적인 행동 패턴 및 관심을 보인다. 그들의 언어기술은 적절히 발달되어 장애로 간주되지는 않지만 그들의 언어는 이질적이며 관례적이지 않은 방식으로 사용되기도 한다. 자폐증, 소아기붕괴성장애, 달리 분류되지 않는 전반적 발달장애를 보라.

**악센트(accent)** 어휘나 문법이 아닌 오직 발음에만 변화를 가지는 언어 변이. 방언(dialect)과 비교하라.

**알파벳 원리(alphabetic principle)** 철자 또는 철자의 조합(서기소)과 소리(음소) 간의 관계.

**알파벳 지식(alphabet knowledge)** 알파벳 철자에 관한 지식. 초기 문해(literacy, 문식성) 발달에 중요한 상위언어학적 능력의 한 유형.

**어휘 폭발(vocabulary spurt)** 생후 2년이 지나갈 무렵, 느린 어휘 발달 단계에서 빠른 발달 단계로 전환되는 현상. 변곡점(inflection point)을 보라.

**어휘적 모호성(lexical ambiguity)** 낱말이나 구가 복수의 의미를 가질 때 발생한다(예를 들어, That was a real bear에서 bear는 여러 의미를 지닌다). 농담에 쓰이는 유머, 수수께끼, 희극 등에서 나타난다. 문장의 모호성을 보라.

**어휘집(lexicon)** 낱말체계 또는 '정신적 사전'. 내용을 전달하기 위해 사용된다. 아동은 습득하는 각각의 낱말마다 어휘집 내에 그 목록을 생성해 낸다. 이 목록에는 낱말, 낱말의 소리, 낱말의 의미, 그 발화의 일부를 구성하는 일련의 기호 등이 포함된다.

**억양(intonation)** 문장의 다양한 부분에 자리 잡고 있는 현저성. 강세와 비교하라.

**언어(language)** 공동체 구성원에 의해 공유되는 규칙 지배적이며 기호에 기반한 도구. 기호를 알고 있는 타인에게 사고와 개념을 표상해 내기 위해 사용된다.

**언어 산출(language production)** 언어를 표현적으로 사용하는 능력. 언어 이해와 비교하라.

**언어 생산성(language productivity)** 제2언어 발달의 네 번째 단계. 아동이 아직은 능숙한 제2언어 화자는 아니지만 의사소통 목록은 계속 확장되고 있는 단계. 가정언어 단계, 비언어기, 전보식 및 기계적 사용을 보라.

**언어 습득 장치(language acquisition device)** 언어학 교수 Noam Chomsky의 언어에만 특화되고 다른 학습 형태에는 공헌하지 않는 선천적이며 종 특정적인 모듈(단원).

**언어 안정화(language stabilization)** 제2언어 습득에서 중간언어의 발전이 중단되고 제2언어 학습자가 그 언어 발달상의 고원에 이르게 되는 현상.

**언어 외적 피드백(extralinguistic feedback)** 비언어적 피드백을 보라.

**언어 이해(language comprehension)** 언어를 알아듣는 능력. 언어 생산성과 비교하라.

**언어 전 청력손실(prelingual hearing loss)** 출생 후이기는 하나 언어가 발달되기 전에 발생한 후천성 청력손실의 한 유형. 언어 후 청력손실과 비교하라.

**언어 차이(language differences)** 언어 사용자들 간의 변이(예: 여아는 남아보다 말을 먼저 시작한다). 이중언어, 방언, 성차를 보고 언어장애와 비교하라.

**언어 화석화**(language fossilization) 제2언어 화자의 말이 중간언어 내에서 영구적으로 확정될 때 일어나는 현상.

**언어 후 청력손실**(postlingual hearing loss) 출생 후 아동이 언어를 발달시킨 이후에 발생된 후천성 청력손실의 한 유형. 언어 전 청력손실과 비교하라.

**언어장애**(language disorder) 정상적으로 발달하는 아동이 경험하는 것에 비해 상대적으로 심각한 언어 발달의 결함. 일차언어장애, 이차언어장애를 보고 언어 차이와 비교하라.

**언어장애**(language impairment) 언어장애(language disorder)를 보라.

**언어적 피드백**(linguistic feedback) 송신자에게 그의 메시지에 관한 정보를 되돌려 보내 주기 위해 사용하는 말이나 발화(예: "mm-hmm"). 비언어적 피드백, 준언어적 피드백을 보라.

**언어지체**(language delay) 일정 시점에서 해결될 것으로 기대되는 언어 발달의 늦은 출발.

**언어학습장애**(language-learning disability) 읽기, 쓰기 및 철자법과 같이 언어와 관련된 영역에서 학업 성취의 어려움을 초래하는, 큰 아동들이 보이는 언어장애.

**역동적 평가**(dynamic assessment) 아동이 특정 언어 과제를 수행할 때 여러 종류의 지원을 제공함으로써 그 수행 수준이 어떻게 달라지는지를 조사하는 것. 전형적으로 포괄적 언어 평가의 한 부분으로 사용된다. 준거 참조적 과제, 규준 참조 검사, 관찰 검사를 보라.

**역설**(irony) 화자나 필자가 말한 바와 실제로 발생된 일 사이의 불일치를 포함하는 일종의 상징언어. 익살과 풍자는 역설을 이용한다. 구어적 역설과 연극적 역설이 있다.

**연(질)막**(pia mater) 뇌막의 안쪽 층. 뇌와 척수 둘레를 따라 밀착되어 이들을 감싼다. 지주막, 경막을 보라.

**연결주의 모델**(connectionist model) 다양한 유형의 정보 처리, 특히 추론이나 문제 해결과 같은 상위 수준의 인지에 특화된 뇌 연산 구조를 설명하는 모델. 이 모델에 따르면, 뇌 안에서의 정보 처리는 흥분 및 억제 연결을 통해 상호작용하는 분포적 연산망(network of distributed processors)으로 이루어져 있다.

**영역 일반적**(domain general) 다른 상황에서도 동일한. 언어 발달이라는 맥락에서 영역 일반적 언어 처리는 문제 해결, 환경 속에서의 대상이나 사건에 대한 감지 등 다른 상황에서도 사용되는 동일한 처리를 말한다. 영역 특정적과 비교하라.

**영역 특정적**(domain specific) 오직 특정 과제에만 공헌하는 것. 언어 발달이라는 맥락에서 영역 특정적 언어 처리란 오직 언어의 이해 및 산출에만 적용되는 것을 말한다. 영역 일반적과 비교하라.

**예방**(prevention) 언어장애를 초기에 방지하여 삶의 이후 시점에 그것을 해결해야 할 필요성을 감소시키는 일. 언어 이론 및 연구를 직접 적용하는 세 가지 방식 중 하나. 풍부화, 중재 및 치료를 보라.

**예-아니요 의문문**(yes-no questions) 예 또는 아니요의 대답이 요구되는 의문문. wh- 의문문과 비교하라.

**옹알이**(babbling) 어린 아동이 자음과 모음 쌍을 포함하는 음절을 산출하는 것(자음이 모음에 선행할 경우에는 C-V 시퀀스)으로 구성된다. 일반적으로 6~10개월 사이에 시작된다. 자곤, 주변적 옹알이, 비반복적 옹알이, 반복적 옹알이를 보라.

**외상성 뇌손상**(traumatic brain injury) 약어로 TBI. 출생 이후 개인의 뇌 조직에 가해지는 손상 또는 상해. 그 범위는 경도(30분 이하로 의식을 잃는 충격)에서 중도(6시간 이상의 혼수상태)에 이른다. 손상 원인에는 감염, 질병, 신체적 외상이 있다. 후천성 뇌손상, 폐쇄성 뇌손상, 개방성(형) 뇌손상을 보라.

**외형적 낱말 학습 맥락**(ostensive word-learning contexts) 새로운 낱말에 대하여, 언어적 또는 언어 외적으로 많은 양의 맥락 정보가 제공되는 상황. 비외형적 낱말 학습 맥락과 비교하라.

**요약 평가**(summative evaluations) 언어 학습 및 발달의 산물(과정보다)이나 최종 결과에 초점을 두는 평가. 형성 평가와 비교하라.

**우반구**(right hemisphere) 대뇌의 좌우대칭되는 각각의 절반 중 하나. 뇌량, 세로종렬을 살펴보고 좌반구와 비교하라.

**운율 규칙**(prosodic regularities) 음의 주파수(음도), 지속시간(길이), 강도(크기)를 나타낸다. 운율적인 특징들의 조합은 영아가 구어 흐름을 분석하기 위하여 감지할 수 있는 억양 패턴과 구별할 수 있는 강세들을 산출한다.

**운율 단서**(prosodic cues) 유아가 말의 흐름(speech stream)을 쪼개어 낼 수 있게 해 주는 언어의 낱말이나 음절의 억양 및 강세 패턴. 음소배열론적 단서와 비교하라.

**워그 검사**(Wug Test) 아동의 복수 표지를 포함한 영어 형태소 습득을 조사하기 위한 유도 산출 과제. Jean Berko(현재는 Berko Gleason)에 의해 개발되었다.

**원심성**(efferent) 뇌로부터 뻗어 나가는 정보의 경로를 기술하기 위해 사용한다. 원심성 전도로는 중추신경계로부터의 운동 임펄스를 원위(distal) 인체 구조까지 전달한다. 하행 전도로(descending pathway)라고도 한다. 구심성과 비교하라.

**위치**(location) 한 사건에서 행위가 발생하는 장소. 행위자, 목표, 근원, 주제를 보라.

**유음의 활음화**(liquid gliding) /r/과 같은 유음을 /w/와 같은 활음으로 대치. 예를 들어, rabbit이 "wabbit"으로 발음된다. 이러한 음운 변동은 아동의 다섯 번째 생일이 지날 때까지 지속되기도 한다.

**유의한**(significant) 아동이 언어장애를 가지는 것으로 간주하기 위해 반드시 나타내야 할

손상 수준을 명시하는 용어. 현재로서는 언어장애에 적용될 수 있도록 이 용어를 정의할 수 있는 어떠한 황금률도 존재하지 않는다.

**유전성 언어장애**(heritable language impairment) 일차언어장애(primary language impairment)를 보라.

**은유**(metaphor) 문자 그대로 지칭되지 않는 무엇인가를 참조하는 표현을 통해 유사성을 전달하는 일종의 상징언어. 구성 요소는 주제와 수단. 예언적 은유와 비례적 은유가 있다.

**음성 규칙**(phonetic regularities) 음소(말소리)와 음소의 조합을 지칭하는 것. 영아는 낱말을 배우기 위해 말의 세부적인 음성적 요소에 세심한 주의를 기울인다. 운율 규칙(prosodic regularities)과 비교하라.

**음성 모듈**(phonetic module) 일부 전문가들의 견해에 따르면, 특히 말의 음성학적 분절을 처리하기 위해 특화된 프로세서.

**음성개시시간**(voice onset time) p, b, t, d와 같은 폐쇄음의 해방과 성대 진동의 개시 사이의 간격.

**음소**(phoneme) 의미의 차이를 구별시켜 주는 소리의 최소 단위. 일련의 음소들이 연결되어 음절이나 낱말 산출이 이루어진다(예: /m/ + /a/ = "ma").

**음소 인식**(phonemic awareness) 낱말의 음소 단위에 대해 주의를 기울이는 능력.

**음소 일관 형식**(phonetically consistent forms) 약어로 PCF. 아동이 지속적이며 의미 있게 사용하지만 성인의 형식에는 근접하지 않은 특이한 단어 등을 산출하는 것. 일관적인 음 구조를 가지고 있지만 아동은 하나의 지시 대상보다 더 많은 것을 언급하기 위하여 이를 사용할 수도 있다(예: 자신이 원하여 집어든 것과 물 모두를 언급하는 데 "aaah"라고 한다).

**음소배열론**(phonotactics) 소리들이 낱말 내에서 어떻게 조직되는지를 다루는 학문 영역. 음운론을 보라.

**음소배열론적 규칙**(phonotactic rules) 음절이나 낱말 내에서 소리들의 적합한 배열을 명시하고, 특정 음소가 발생되거나 발생될 수 없는 위치를 규정하는 개인 모국어의 규칙.

**음소배열론적 단서**(phonotactic cues) 모국어의 음소배열론적 규칙을 따르는 소리. 이를 통해 유아는 일련의 말 흐름(speech stream)을 통분해 낼 수 있게 된다. 예를 들면, 영어에서 /g/+/z/의 음소 시퀀스는 일반적으로 낱말의 첫 부분에서는 나타나지 않고 끝부분에서 나타난다(예: dogs). 운율 단서와 비교하라.

**음운 변동**(phonological processes) 음절 구조 변화, 동화, 조음 위치 변화, 조음방법 변화를 포함하여 구어를 특징짓는 체계적이며 규칙 지배적인 구어 패턴.

**음운 산출**(phonological production) 모국어를 구성하는 음소들을 사용하여 음절이나 낱말을 산출하는 일. 음운 지식을 보라.

**음운 인식(phonological awareness)** 내적 또는 외적 분석을 통해 음절이나 낱말에 포함된 소리에 대해 집중하는 능력. 초기 문해(문식성)에 중요한 상위언어 능력. 음소 인식을 보라.

**음운 지식(phonological knowledge)** 모국어를 구성하는 음소들의 내적 표상에 관한 지식. 음운 산출을 보라.

**음운론(phonology)** 음절이나 낱말을 구성하기 위해 사용되는 소리들을 지배하는 언어 규칙. 언어의 형식 영역을 구성하는 한 요소. 변이음, 형태론, 화용론, 의미론, 구문론을 보라.

**음운적 모호성(phonological ambiguity)** 한 문장 내에서 낱말 발음이 변화함에 따라 문장의 의미가 변화되는 문장 모호성의 한 유형(예: She needs to visit her psychotherapist 대 She needs to visit her psycho therapist).

**음절성 옹알이(variegated babbling)** 비반복적 옹알이(nonreduplicated babbling)를 보라.

**음향학(acoustics)** 소리를 다루는 과학.

**응용 연구(applied research)** 실제 세계 환경과 관련된 여러 접근법이나 관행들을 검증하기 위해, 또는 사회 내에서의 특정 결함을 다루기 위해, 그리고 언어 발달과 관련된 훈련에 필요한 정보를 제공하기 위해 언어 발달을 연구하는 것. 기초 연구와 비교하라.

**의도성 가설(intentionality hypothesis)** 아동의 언어 형식과 내용의 발달은 부분적으로는 그들이 타인들과 참여하기 위해 언어를 사용하는 경험에 의해 길러진다는 이론.

**의도적 의사소통(intentional communication)** 도상적 의사소통이라고도 한다. 상징적 의사소통에 비하여 그 의도가 상대적으로 보다 분명한 의사소통(예: When a chimpanzee points to a banana). 그러나 상징적 의사소통과 달리 의사소통 행위와 그 참조물 사이의 관련성은 자의적이지 않다. 오히려 송신자, 수신자, 참조물 사이의 공유된 공간적 위치에 의존한다. 메시지와 그 참조물 사이의 관련성이 투명하다. 전의도적 의사소통을 살펴보고 상징적 의사소통과 비교하라.

**의뢰 전 중재(prereferral intervention)** 한 아동으로부터 언어 능력의 손상이 의심될 때 교실에서 그 아동의 언어기술을 지원하기 위해 사용할 수 있는 접근법을 정의하는 일. 아동 연구 팀 또는 평가 팀이 이러한 중재를 이행한다.

**의무적 맥락(obligatory contexts)** 성숙한 문법이 문법 표지의 사용을 명시하는 것. 예를 들어, 'The girl's hat is lost.'라는 문장에서 소유격 's는 의무적인 것으로 간주된다. 아동의 문법형태론 발달을 조사하는 연구자들이 사용하는 용어.

**의문문(interrogative sentences)** 질문하는 문장. 서술문, 부정문과 비교하라.

**의미론(semantics)** 내용과 동일한 의미. 개별 낱말 및 낱말 조합이 가지는 의미를 지배하는 언어 규칙. 형태론, 음운론, 화용론, 구문론을 보라.

**의미망**(semantic network) 개인의 심성 어휘집 내 목록들이 내부의 연결 매듭에 따라 저장되는 망. 확산 활성(spreading activation)을 보라.

**의미성**(semanticity) 사람들이 세계에 관해 표상해 낼 수 있게 해 주는 언어의 종 특정적 측면. 사람들이 특히 탈맥락화된 사건을 표상해 낼 수 있도록 해 준다.

**의미적 시동**(semantic bootstrapping) 아동이 주변의 사건들을 관찰함으로써 이미 습득한 낱말의 의미를 활용하여 문법 구조를 연역해 내는 과정.

**의사소통**(communication) 개인들 간에 정보를 공유하는 과정. 의사소통은 오직 언어만 포함할 수도 있거나(예: 인터넷 채팅방 언어), 언어, 청각 및 말을 포함할 수도 있다(예: 구어 대화).

**의사소통 기능**(communication function) 도구적, 조정적, 상호작용적, 개인적, 발견적, 가상적 기능과 같이 사회적 맥락에서 사용되는 의사소통의 의도.

**의사소통 단위**(communication units: C units) 하나의 C단위는 하나의 독립절, 종속절과 같은 한정어로 구성된다. 불완전한 문장이나 문장의 일부분만을 포함할 수도 있다. 학생의 언어 형식을 평가하기 위해 언어 표본을 전사한 후, C단위를 코딩하여 기록한다. 종결 단위와 비교하라.

**의사소통 붕괴**(communication breakdowns) 수신자가 적절한 양이나 적절한 유형의 피드백을 제공하지 않을 때, 또는 송신자가 피드백에 주의를 기울이지 않을 때 발생되는 의사소통의 문제. 대화 수정을 보라.

**의사소통적 수용성**(communicative accommodation) 한 문화가 영아 지향적 말을 처리하는 방식. 고도로 아동 중심적인 것에서 고도로 상황 중심적인 것까지의 범주를 이룬다.

**의존형태소**(bound morphemes) 홀로 자립할 수 없는 문법형태소로 다른 형태소와 결합되어야만 한다(접두사와 접미사). 자립형태소(free morphemes)와 비교하라.

**이론**(theory) 특정 현상에 관한 안정적인 해석을 제공하는 설명적 진술.

**이중 언어체계 가설**(dual language system hypothesis) 이중언어 아동이 최초부터 별도의 두 가지 언어체계를 각각 가지고 있다는 개념. 이 이론에 따르면, 이중언어 아동은 궁극적으로 두 언어 간에 서로 다른 단계를 거치는 것이 아니다. 단일 언어체계 가설과 비교하라.

**이중언어**(bilingualism) 사람들이 두 가지의 제1언어를 습득하는 과정을 말하는 용어로, 이 책에서는 명료성을 위해 사람들이 두 가지 이상의 제1언어를 습득하는 과정이라고 정의하였다. 2개의 언어는 동시적 또는 순차적으로 학습될 수 있다. 언어 차이(언어 장애라기보다)의 한 유형. 단일언어, 제2언어 습득과 비교하라.

**이중언어 학습자**(dual language learners) 미국의 학교에서 제2언어를 또는 다른 나라에서 외국어로서 2개 이상의 언어를 동시에 또는 순차적으로 습득하는 사람.

**이차언어장애(secondary language impairment)** 정신지체, 자폐, 외상성 뇌손상과 같은 조건에 기인하거나 이러한 조건에 의해 이차적으로 수반되는 언어장애. 일차언어장애와 비교하라.

**이해 가능한 입력(comprehensible input)** 학습자의 현 문법 지식 수준보다 미세하게 앞서는 수준의 언어 입력. 'i +1 수준'으로 알려져 있는데, i란 학습자의 현재 지식 수준을 의미한다. Krashen(1985)의 이론으로서, 제2언어 학습자가 과거에 이미 숙달한 구조의 언어(L1)는 그의 제2언어 습득을 돕지 못하며, 반대로 지나치게 어려운 입력이란 존재하지 않는다는 것이다.

**이해 점검(comprehension monitoring)** 장벽 게임에서 사용하는 전략. 아동이 주기적으로 멈추어 청자가 자신의 지시를 잘 이행하고 있는지 점검하는 것이다. 언어장애 아동이 타인과 보다 효과적으로 의사소통할 수 있도록 훈련시키기 위한 임상가중심 접근법의 한 부분이다. 전략 훈련을 보라.

**이형피질(allocortex)** 진화론적 용어로서 최초의 원시적인 인간 뇌. 이형피질과 신피질이 대뇌를 구성한다.

**일반 다목적 동사(general all-purpose verbs)** GAP 동사라고도 한다(예: make, do, go 동사). 아동은 제2언어 발달의 네 번째 단계인 언어 생산성 단계에서 이 동사들에 크게 의존한다.

**일반 미국 영어(General American English)** 약어로 GAE. 표준 미국 영어(Standard American English)라고도 한다. 미국에서 가장 보편적으로 사용되는(즉, 최상류 사회 신분에 적용되는) 방언. 39개의 음소를 포함한다.

**일차언어장애(primary language impairment)** 유전성 언어장애 또는 단순언어장애(SLI)라고도 알려져 있다. 다른 발달적 장애(예: 정신지체, 뇌손상)가 부재한 채 나타나는 심각한 언어장애. 5세 이상 아동들의 대략 7~10% 정도에 영향을 미친다. 조기중재 및 아장이에서 4학년까지의 특수교육 서비스 이행이 요구되는 가장 보편적 원인이다. 이차언어장애와 비교하라.

**일차운동피질(primary motor cortex)** 대뇌 전두엽의 한 구성 요소. 말과 기타 운동 기능에 중요한 역할을 담당한다. 숙련되고 섬세한 수의적 운동이나 말의 개시를 통제한다. 전운동피질을 보라.

**일차체성감각피질(primary somatosensory cortex)** 감각 활주로(sensory strip) 또는 일차감각피질이라고도 한다. 전두엽의 일차운동피질 바로 뒤쪽에 위치하며 감각연합영역과 함께 위치하는 두정엽 영역. 신체 전역의 수용기로 유입된 통증, 온도, 촉감, 압력, 움직임에 관한 감각적 경험의 수용 및 처리를 담당한다.

**읽기 전 단계(prereading stage)** 출생부터 공식적 교육이 시작될 때까지의 기간. 아동의 가장 중요한 발달 중 일부(구어, 활자 인식, 음운 인식)가 이 시기 동안에 이루어진다.

**임상가중심 접근법**(clinician-directed approaches) 치료 계획의 구성 전략. 성인(치료사, 교사, 부모)이 치료 활동 및 치료 자원을 선택하고 교육 진행 속도를 설정한다. 한 예가 이해 점검이다. 아동중심 접근법과 비교하라.

**자곤**(jargon) 모국어의 진정한 멜로디 양상을 포함하는 영아의 옹알이 유형. 이 옹알이는 심지어 인지할 수 있을 만한 단어가 없을 때조차도 질문, 감탄, 명령과 비슷하다. 주변적 옹알이, 비반복적 옹알이, 반복적 옹알이를 보라.

**자기공명영상**(magnetic resonance imaging) 약어는 MRI. 과학자들이 신경계의 해부 및 생리 모두에서 보다 상세한 영상을 얻도록 해 주는 기술

**자립형태소**(free morphemes) 홀로 설 수 있는 문법형태소. 뚜렷한 의미론적 참조물을 가지는 낱말(예: dream, dog)뿐 아니라 주로 문법적 용도로 사용되는 낱말들(예: his, the) 역시 포함된다. 의존형태소와 비교하라.

**자아중심적 말**(egocentric speech) 오직 화자의 조망에만 입각한 세계관을 설명하는 말. 자기중심적인 말. 말의 가장 초기 형태 중 하나. 진정한 대화(dialogue)의 전조.

**자폐증**(autism) 증후가 3세 이전에 발현되는 중증의 발달장애. 진단 준거는 타인과의 사회적 상호작용 결함, 중등도에서 중도에 걸친 의사소통 기술의 결함, 제한적이며 반복적이고 상동적인 행동 및 관심이다. 아스퍼거 증후군, 소아기붕괴성장애, 달리 분류되지 않는 전반적 발달장애를 보라.

**전도성 손실**(conductive loss) 외이 또는 중이 손상으로 인한 청력손실. 청각처리장애 및 감각신경성 손실과 비교하라.

**전두엽**(frontal lobe) 대뇌의 6개 엽(lobes) 중 가장 큰 것. 뇌의 최전방 영역, 이마 바로 뒤쪽에 위치. 미세하고 복합적인 근육운동을 활성화하고 통제하며 통제 기능을 조절한다. 전전두엽피질, 일차운동피질, 전운동피질을 포함한다. 브로카 영역, 후두엽, 두정엽, 측두엽을 보라.

**전략 훈련**(strategy training) 다양한 언어 과제, 이를테면 아동이 농담 이해, 친구나 성인들에게 대화 개시하기, 읽기 중에 알지 못하는 낱말 판독해 내기와 같은 과제들에 대한 수행 능력을 증진시키기 위한 방식. 학생에게 언어적 과제에 접근하는 특정 방식을 가르치는 것에 초점을 둔다. 그 한 예가 이해 점검(comprehension monitoring)이다.

**전방화**(fronting) 정상적으로는 입의 더 뒤쪽에서 산출되는 음(예: /k/)을 입의 더 앞쪽에서 산출되는 음(예: /t/)으로 대치하는 것. 맥락 의존적이지 않는 조사 위치 변화(예: cake가 "take"로).

**전보식 및 기계적 사용**(telegraphic and formulaic use) 제2언어 발달의 세 번째 단계. 이 시기

에 아동은 다른 이들을 모방하고, 어떤 아이템을 명명하기 위해 단일 낱말을 사용하며, 암기하고 있는 단순한 구를 사용하기 시작한다. 아동이 표현할 수 있는 의사소통 기능의 다양성은 제한적이다. 가정언어 체계, 언어 생산성, 비언어기를 보라.

**전운동피질**(premotor cortex) 대뇌 전두엽의 한 구성 요소. 말과 기타 운동 기능에 중요한 역할을 담당한다. 근육 통제 및 운동 프로그래밍 패턴과 운동 시퀀스를 통제한다. 일차운동피질을 보라.

**전의도적 의사소통**(preintentional communication) 타인이 의사소통 행위와 그 참조물 간의 관련성을 스스로 예측해야 하는 의사소통. 예를 들면, 유아가 울 때 의사소통 상대는 이 의사소통의 목적 또는 그 행위가 참조하는 바에 대해 스스로 추론해야만 한다. 의도적 의사소통을 살펴보고 상징적 의사소통과 비교하라.

**전전두피질**(prefrontal cortex) 대뇌 전두엽의 최전방 부분. 가장 최근까지 진화되었고, 가장 발달되고 뇌의 다른 모든 감각 및 운동 시스템과 연합된 부분. 우울함, 기쁨, 평온함, 우호감과 같은 감정의 깊이를 통제하며 집행 기능과도 관련이 있다.

**전체 대상 가정**(whole object assumption) 단어가 대상의 부분이 아닌 전체 대상을 명명한다는 가정. 대상 영역을 보라.

**정신지체**(mental retardation) 약어로 MR. 정신의 발달이 정지된 상태. 진단 증거는 지적 기능 및 적응 행동 양면에 있어서의 유의한 제한. 경도에서 최중도 범주를 가진다. 다운 증후군은 정신지체의 보편적 원인이다.

**제2언어 습득**(second language acquisition) L2 습득 또는 SLA라고도 한다. 이미 제1언어(L1)의 공고한 기반을 확립한 아동이 추가적인 언어를 습득하는 과정.

**조음**(articulation) 구어 조음기관—혀, 이, 턱을 포함—에 의한 기류의 조작을 통해 일련의 말소리들이 낱말, 구, 문장으로 조합되어 산출되도록 하는 일. 말과 관련된 네 가지 시스템 중 하나. 발성, 공명, 호흡을 보라.

**조작적 조건화**(operant conditioning) B. F. Skinner의 행동주의 이론의 개념. 다른 행동에 대한 반응으로 새로운 행동이 형성되는 방식에 관한 설명. 이로 인해 강화된 행동은 보다 강력해지고, 처벌된 행동은 보다 약화된다.

**종 특정성**(species specificity) 어떤 것이 오직 하나의 종에만 귀속되는 경우. 언어는 명백히 인간만의 능력이므로 종 특정적인 것이다.

**종결 단위**(terminable units: T units) 각 T단위는 하나의 독립절과 그 한정사(예: 종속절)로 구성된다. 전사된 언어 표본으로부터 T단위를 코딩하여 학생들의 언어 형식을 평가한다. 의사소통 단위(C units)와 비교하라.

**좌반구**(left hemisphere) 대뇌의 좌우 대칭되는 절반의 한쪽. 뇌량, 세로종렬을 살펴보고 우반구와 비교하라.

**주변적 옹알이**(marginal babbling) 일련의 짧은 자음 같으며 모음 같은 음을 포함하고 있는 옹알이의 초기 유형. 대개 5~8개월경에 영아들이 자신의 조음을 통제하게 됨에 때라 출현한다. 자곤, 비반복적 옹알이, 반복적 옹알이를 보라.

**주제**(theme) 어떤 사건에서 행위나 동작을 경험하고 있는 실재. 행위자, 목표, 위치, 근원을 보라.

**주파수**(frequency) 소리 생성 시 공기 입자의 전후 운동 속도. 음도(pitch). 말의 세 가지 운율 특징 중 하나. 지속시간(duration), 강도(intensity)와 비교하라.

**준거 참조적 과제**(criterion-referenced tasks) 한 아동이 장소 및 공간 용어의 이해와 같은 특정 유형의 언어 과제에서 보이는 수행 수준을 검사하기 위해 사용되는 과제. 전형적으로 포괄적 언어 평가의 일부로 쓰인다. 역동적 평가, 규준 참조 검사, 관찰 검사를 보라.

**준언어적 피드백**(paralinguistic feedback) 송신자에게 그의 메시지에 대한 정보를 전달하기 위해 음도, 강도, 휴지(pause)를 사용하는 것. 이 모두 언어적 피드백에 부가되어 사용된다. 비언어적 피드백을 보라.

**준언어학적인**(paralinguistic) 음도, 강도, 자세, 눈 맞춤과 같은 언어학적 정보 이외의 의사소통 측면들. 영아 지향적 말과 함께, 준언어학적 특징들은 성인 지향적 말보다 전반적으로 높은 음도, 과장된 음도 곡선, 더 느린 속도를 포함한다.

**중간언어**(interlanguage) 제2언어 습득 중에 화자가 만들어 내는 언어체계. 제1언어(L1)와 제2언어(L2)의 요소뿐 아니라 두 언어 어디에도 발견되지 않는 요소까지 포함한다(예: 독일어를 제1언어로, 영어를 제2언어로 사용하는 화자가 말한 "I bring not the children."과 같이 제2언어 구문론과 제1언어 음운론의 조합).

**중복**(overlap) 어떤 상황에서 한 단어를 과대확장하고 다른 상황에서는 동일한 단어를 과소확장하는 것(예: 사탕이라는 단어를 젤리 모양의 콩과 할머니의 알약을 언급하기 위하여 사용[과대확장]하지만 초콜릿 바를 언급하는 데는 사용하지 않는[과소확장] 것).

**중재 및 치료**(intervention and remediation) 언어 발달의 일부 영역에서 결함을 가지는 아동, 청소년, 성인들을 돕기 위한 프로그램이나 전략. 언어 이론 및 연구를 직접 적용할 수 있는 세 가지 방식 중 하나. 풍부화, 예방을 보라.

**중추신경계**(central nervous system) 약어로 CNS. 뇌와 척수. 말초신경계와 비교하라.

**지속시간**(duration) 구어의 견지에서 음의 길이. 구어의 세 가지 운율적인 특징 중의 하나. 주파수, 강도와 비교하라.

**지시어**(deictic terms) 특정 상황에서 화자와 청자의 위치에 의존하여 사용되고 해석되는 단어. 이를 정확하게 사용하기 위하여 아동은 자신의 대화 상대방의 관점을 채택할 수 있어야만 한다(예: 화자에 대한 근접성을 나타내기 위하여 사용되는 here과 this라는 단어와 청자에 대한 근접성을 나타내기 위하여 사용되는 there과 that이라는 단어).

**지주막**(arachnoid mater, **거미막**) 뇌막의 두 번째 층. 지주막하 공간(subarachnoid space)에 의해 연막과 분리되는 섬세한 막. 경막, 연막을 보라.

**지지된 공동 참여하기**(supported joint engagement) 성인들이 활기찬 목소리로 말하거나 영아에게 새로운 대상을 보여 주는 것과 같은 기법들을 사용하여 함께 주의집중하도록 하는 것.

**직유**(similes) 일종의 상징언어. 주제와 수단 간의 비교가 like나 as와 같은 낱말에 의해 외현적으로 이루어진다는 점에서 예언적 은유와 유사하다(예: sitting like a bump on a log, flat as a pancake).

**진단 평가**(diagnostic assessment) 아동의 특정 교육적 요구에 관해 면밀히 조사하기 위해 학령기 중 어느 때든 실시되는 평가.

**진전 점검 평가**(progress-monitoring assessments) 일정 영역에서 아동의 증진 속도를 기록하고 교과목이나 중재의 효율성을 비교하기 위해 정규적으로(최소 연간 3회) 실시되는 평가.

**질병**(disease) 수행을 저해하는 생리학적 기저 조건. 언어장애와 관련하여 개인 언어의 형식, 내용, 사용에서 이해 및 산출 결함을 야기하는 기저의 신경학적 손상. 활동, 삶에의 관여를 보라.

**집행(적) 기능**(executive functions) 수의적 행동에 대한 모니터링과 통제, 충동 억제, 정보 처리 조절과 같은 인간의 중요한 행위에 관한 조직적이고 목표 지향적이며 통제적인 집행을 지배하는 기능. 대뇌 전두엽에서 이 기능을 통제한다.

**참조**(reference) 낱말이 사물, 행위, 사건, 개념을 상징화하는 진술 원칙(예: 낱말 Daddy는 누군가의 아버지를 표상하거나 상징한다).

**참조물**(referent) 한 낱말이 지칭하는 세계의 한 측면(예: 영어에서 낱말 happy가 지칭하는 특별한 어떤 감정).

**참조적 의사소통**(referential communication) 상징적 의사소통을 보라.

**참조적 제스처**(referential gestures) 전화기를 나타내기 위하여 귀에 주먹을 갖다 대거나 혹은 안녕이라는 인사를 나타내기 위하여 손을 흔드는 것과 같은 제스처. 준언어학적인 단계에서 한 낱말 단계로 전이하기 시작하는 아동이 사용한다.

**척수신경**(spinal nerves) 척수로부터 발원하는 31쌍의 신경.

**청각**(hearing) 말이 뇌로 유입되고 처리될 수 있도록 하는 감각 시스템. 의사소통, 말을 보라.

**청각처리장애**(auditory-processing disorder) 약어로 APD. 청각 정보를 처리하는 뇌 센터의 손상에 기인한 청력손실. 전도성 손실, 감각신경성 손실과 비교하라.

**청력**(audition) 일반적인 청지각 및 말지각을 포함하는 소리에 대한 지각. 청력(hearing)을 보라.

**청지각**(auditory perception) 뇌가 단지 말뿐 아니라 모든 유형의 청각 정보(예: 손뼉 치기)를 처리하는 방식. 말지각과 비교하라.

**초기 자음**(early consonants) 말소리 발달의 초기에 출현하는 자음들. 후기 자음과 비교하라.

**최소제한환경**(least restrictive environment) 약어로 LRE. 장애아동이 교육을 받아야 하는 환경. 최대한 장애를 가지 않는 또래들과 동일한 것이어야 한다. 미국 장애인교육법(IDEA)의 일부.

**축삭**(axon) 뉴런의 세포체로부터 뻗어 나가는 한 줄기의 원심성 신경 가지. 세포체로부터 1mm에서 1m까지 연장되며, 여러 개의 종말 가지(terminal branches)에 접합된다. 수상돌기들과 함께 세포체가 다른 뉴런과 정보를 주고받는 수단으로 기능한다. 뉴런의 네 부분 중 하나. 세포체, 수상돌기, 시냅스전 종단을 보라.

**측두엽**(temporal lobes) 대뇌 6개 엽 중 2개. 전두엽 뒤, 두정엽 아래에 위치(귀 뒤쪽). 청각 정보 처리와 언어 이해 기능과 관련되고, 헤슬회와 베르니케 영역을 포함한다. 전두엽, 후두엽, 두정엽을 보라.

**치료 계획**(treatment plan) 언어장애 아동이 언어기술을 발달시키도록 돕기 위한 접근법. 치료 목표, 치료 전략, 치료 맥락이 명시된다. 아동중심 접근법, 임상가중심 접근법을 보라.

**탈맥락화된**(decontextualized) 내용을 전달하는 데 현재의 맥락이나 배경에 의존하지 않는 것. 맥락화된(contextualized)과 비교하라.

**탈맥락화된 언어**(decontextualized language) 의미를 구축함에 있어서 언어 자체에 주로 의존하는 언어. 학령 전 기간에 출현하기 시작한다. 맥락화된 언어와 비교하라.

**탈습관화**(dishabituation) 미리 결정된 역치에 따라 어떤 자극에서 영아의 관심을 다시 새롭게 하기 위하여 사용되는 과제의 한 단계를 설명한다. 습관화와 비교하라.

**파생관계**(derivational relations) 어근을 공유하는 일단의 낱말들 사이의 관련성(예: friend, friendless, befriend). 파생형태소를 보라.

**파생형태소**(derivational morphemes) 파생어를 만들어 내기 위해 어근에 첨가되는 접두사와 접미사. 파생관계를 살펴보고 문법형태소와 비교하라.

**평가**(evaluation) 장애인교육법(IDEA)하에 서비스에 대한 아동의 초기와 계속적인 적격성을 결정하기 위하여 사용되는 방법. 발달 영역에 걸친 아동의 상태를 점검하고 결정한다. 사정과 비교하라.

**폐쇄성 뇌손상(closed-head injury)** 약어로 CHI. 외상성 뇌손상(TBI)의 가장 보편적 유형으로서, 뇌 내부의 물질이 노출되거나 관통되지 않는 손상을 의미한다. 유아에게 나타나는 한 가지 원인은 흔들린 아이 증후군(shaken baby syndrome)이다. 일반적으로 보다 확산적(diffuse) 뇌손상을 야기한다. 개방형 뇌손상과 비교하라.

**폐쇄음화(stopping)** 마찰자음(예: /f/, /v/, /s/, /z/, /h/) 또는 파찰자음(예: /ʤ/, /ts/)이 정지자음(파열자음, /p/, /b/, /t/, /d/, /k/, /g/)으로 대치되는 현상. 예를 들면, funny가 "punny"로, jump가 "dump"로 된다.

**표면 구조의 모호성(surface-structure ambiguity)** 문장 내의 강세나 억양 변화에 따라 그 의미가 달라지는 문장 모호성의 한 유형(예: I fed her bird seed 대 I fed her bird seed). 심층 구조의 모호성과 비교하라.

**표현어휘집(expressive lexicon)** 개인이 사용하는 낱말 전집인 '정신적 사전(mental dictionary)'. 수용어휘집과 비교하라.

**표현언어(expressive language)** 다른 사람의 발화를 모방하지 않고 자발적으로 산출하는 언어. 내용, 형식, 사용을 포함한다. 수용언어와 비교하라.

**표현적 정교화(expressive elaboration)** 이야기 말하기(storytelling)에서 이야기 문법의 구성요소들이 표현적 또는 미적 방식으로 결합되어 있는 상태를 기술하는 용어.

**풍부화(enrichment)** 교사, 임상가 및 그 밖의 성인들이 아동, 청소년 및 성인들에게 기존의 기술에 덧붙여 보다 새롭고 진보된 언어기술 발달을 촉진시키기 위해 강화된 언어 학습 환경을 제공하는 과정. 언어 이론이나 연구 결과를 실제에 직접 적용시킬 수 있는 세 가지 방안 중 하나. 중재와 치료, 예방을 보라.

**피드백(feedback)** (1) 말 산출 모델에서는 말 산출의 타이밍, 전달, 정확성에 관한 정보가 지각적 목표 및 운동 스키마의 최초 발원지를 향해 다시 전송되는 것. 지각 및 운동 수준에서 다음에 무엇이 올 것인가에 관한 정보를 제공한다. 화자는 의식적 수준에서는 좀처럼 피드백을 자각하지 못한다. (2) 의사소통 모델에서는 수신자에 의해 제공되는 송신자를 향한 정보. 송신자는 피드백에 반응하여 의사소통의 흐름을 조율해 낸다. 언어적 피드백, 비언어적 피드백을 보라.

**행위자(agent)** 한 사건에서 행동을 수행하는 실체. 목표(goal), 장소(location), 근원(source), 주제(theme)를 함께 보라.

**허구적 내러티브(fictional narrative)** 가상의 사건에 대한 아동의 구어적 또는 문어적 묘사. 개인적 내러티브와 비교하라.

**헤슬회(Heschl's gyrus)** 오스트리아의 해부학자 Richard L. Heschl의 이름을 딴 것이다. 좌측 측두엽의 작은 영역으로 말의 처리, 특히 그 시간적 측면을 위해 특화된 것으로 알려져 있다.

**형성 평가**(formative evaluations) 언어 학습 및 언어 발달에서의 언어 처리(언어 산출이 아닌)를 평가하는 것. 임상가들은 이행해야 할 언어 학습 활동의 유형을 결정하기 위해 이 평가를 사용한다. 요약 평가와 비교하라.

**형식**(form) 내용을 전달하기 위해 낱말, 문장, 소리들이 조직되고 배열되는 것과 관련된 방식. 세 가지 언어 영역 중 하나. 내용, 사용을 보라.

**형태 음소론적 발달**(morphophonemic development) 개인이 특정 형태소를 결합시킴으로써 소리를 변화시키거나(matches에서 /əz/), 모음 변이 사용(decide-decision에서 /aɪ/와 /ɪ/), 복합어와 구를 구별하기 위한 강세나 강조 사용(green house 대 greenhouse) 능력에 도달하는 일.

**형태론**(morphology) 낱말의 내적 구조를 지배하는 언어 규칙. 언어 형식 영역의 한 구성 요소. 음운론, 화용론, 의미론, 구문론을 보라.

**형태소**(morphemes) 의미를 전달하는 언어의 최소 단위. 낱말을 생성하기 위해 결합된다(예: pre+school+s=preschools).

**호흡**(respiration) 발성 직전에 공기를 폐로 또는 폐로부터 유입 및 유출시켜서 기류가 기도, 즉 바람관을 거치게 하는 행위. 말의 네 가지 체계 중 하나. 조음, 발성, 공명을 보라.

**화용론**(pragmatics) 사용과 동일한 의미. 언어가 사회적 의도를 위해 사용되는 방식을 지배하는 규칙. 형태론, 음운론, 의미론, 구문론을 보라.

**확산 활성**(spreading activation) 심성 어휘집의 특정 목록에 대한 활성화가 목록들 간의 연결력에 따라 의미망 내에서 확산되는 과정.

**확장된 연결**(extended mapping) 한 단어의 의미에 대한 전체적이며 완전한 이해.

**확장성**(extendibility) 낱말은 그 최초의 예가 아니라, 사물들의 범주에 이름을 명명하는 것이라는 개념.

**활동**(activity) 질병으로 인한 행동 또는 수행상의 결함. 언어장애와 관련하여 기저하는 신경학적 결함이 개인의 일상생활 환경에서의 언어 형식, 내용, 사용에 미치는 영향. 질병, 삶에의 관여를 살펴보라.

**활성화시키다**(innervate) 특정 지역이나 신체 부위에 신경을 공급하는 것.

**활자 인식**(print awareness) 문어의 형식과 기능에 대한 이해. 문식성(문해) 출현에 중요한 상위언어학적 능력.

**회질**(gray matter) 뉴런의 세포체와 수상돌기를 구성하는 신경조직. 정보가 생성 · 처리되는 지점. 백질과 비교하라.

**후기 자음**(late consonants) 말소리 발달에서 후기에 출현하는 자음들. 초기 자음과 비교하라.

**후두엽**(occipital lobe) 대뇌의 6개 엽 중 하나로서 뇌의 뒷부분을 구성한다. 기능적으로는 시각 정보의 수용과 처리에 특화되어 있다. 전두엽, 두정엽, 측두엽을 보라.

**후천성 뇌손상**(acquired brain injury) 태내(산전)에서 또는 주산기(분만 과정) 및 출생 직후 발생된 뇌손상. 폐쇄성 뇌손상, 개방형 뇌손상, 외상성 뇌손상을 보라.

**후천성 청력손실**(acquired hearing loss) 출생 후에 소음 노출, 감염, 이독성 약물 사용, 만성 중이염과 같은 요인으로 인해 발생되는 청력손실. 선천성 청력손실과 비교하라. 또한 언어 후 청력손실과 언어 전 청력손실을 살펴보라.

**wh- 의문문**(wh- questions) who, what, where, when, why와 같은 wh- 낱말을 사용하는 의문문. 예-아니요 의문문(yes-no questions)과 비교하라.

# 참·고·문·헌


Aboitiz, F., & Ricardo, G. V. (1997). The evolutionary origin of the language areas in the brain: A neuroanatomical perspective. *Brain Research Reviews, 25,* 381-396.

Adams, S., Kuebli, J., Boyle, P. A., & Fivush, R. (1995). Gender differences in parent-child conversations about past emotions: A longitudinal investigation. *Sex Roles, 33,* 309-323.

Adamson, L. B., & Chance, S. E. (1998). Coordinating attention to people, objects, and language. In A. M. Wertherby, S. F. Warren, & J. Reichle (Eds.), *Transitions in prelinguistic communication: Preintentional to intentional and presymbolic to symbolic* (pp. 15-37). Baltimore: Brookes.

Aitchinson, J. (1994). *Words in the mind: An introduction to the mental lexicon* (2nd ed.). Oxford, England: Blackwell.

Akhtar, N. (2005). The robustness of learning through overhearing. *Developmental Science, 8,* 199-209.

Akhtar, N., Jipson, J., & Callanan, M. A. (2001). Learning words through overhearing. *Child Development, 72,* 416-430.

Akhtar, N., & Tomasello, M. (1996). Twenty-four-month-old children learn words for absent objects and actions. *British Journal of Developmental Psychology, 14,* 79-93.

Amayreh, M. M. (2003). Completion of the consonant inventory of Arabic. *Journal of Speech, Language, and Hearing Research, 46,* 517-529.

American Association on Mental Retardation. (2002). *Mental retardation: Definition, classification, and systems of supports* (10th ed.). Washington, DC: Author.

American Psychiatric Association. (1994). *Diagnostic and statistical manual of mental disorders* (4th ed.). Washington, DC: Author.

American Psychiatric Association. (2000). *Diagnostic and statistical manual of mental disorders* (4th ed., Text Revision). Washington, DC: Author.

American Psychological Association. (2003). *Psychology: Scientific problem solvers*. Washington, DC: Author.

American Speech-Language-Hearing Association. (1993). Definitions of communication disorders and variations. *ASHA, 35*(Suppl. 10), 40-41.

American Speech-Language-Hearing Association. (1996). Central auditory processing: Current status of research and implications for clinical practice. *American Journal of Audiology, 5*(2), 41-54.

American Speech-Language-Hearing Association. (2001). *Scope of practice in speech-language pathology*. Rockville, MD: Author.

American Speech-Language-Hearing Association. (2005). Causes of hearing loss in children. Rockville, MD: Author. Retrieved January 5, 2005, from http://www.asha.org/public/hearing/disorders/causes.htm

Ammer, J., & Bangs, T. (2000). *Birth to three assessment and intervention system* (2nd ed.). Austin, TX: PRO-ED.

Anderson, E. (1992). *Speaking with style: The sociolinguistic skills of children*. Exeter, NJ: Heinemann.

Anderson, E. (2000). Exploring register knowledge: The value of "controlled improvisation." In L. Menn & N. R. Ratner (Eds.), *Methods for studying language production* (pp. 225-248). Mahwah, NJl Erlbaum.

Anderson, K. J., & Leaper, C. (1998). Meta-analyses of gender effects on conversational interruption: Who, what, where, when, and how. *Sex Roles, 39*, 225-252.

Anderson, V., & Roit, M. (1996). Linking reading comprehension instruction to language development for language-minority students. *Elementary School Journal, 96*, 295-309.

Apel, K., & Masterson, J. J. (2001). *Beyond baby talk: From sounds to sentences—A parent's complete guide to language development*. Roseville, CA: Prima.

Aram, D. M. (1988). Language sequelae of unilateral brain lesions in children. In F. Plum (Ed.), *Language communication and the brain* (pp. 171-198). New York: Raven Press.

Aram, D., & Nation, J. E. (1975). Patterns of language behavior in children with developmental language disorders. *Journal of Speech and Hearing Research, 8*, 229-241.

Arlt, P. B., & Goodban, M. T. (1976). A comparative study of articulation acquisition as based on a study of 240 normals, aged three to six. *Language, Speech, and Hearing Services in Schools, 7,* 173-180.

Arnold, D. H., Lonigan, C. J., Whitehurst, G. J., & Epstein, J. N. (1994). Accelerating language development through picture-book reading: Replication and extension to a videotape training format. *Journal of Educational Psychology, 86,* 235-243.

Badian, N. A. (2000). Do preschool orthographic skills contribute to prediction of reading? In N. Badian (Ed.), *Prediction and prevention of reading failure* (pp. 31-56). Timonium, MD: York Press.

Bagby, J. H., Rudd, L. C., & Woods, M. (2005). The effects of socioeconomic diversity on the language, cognitive, and social-emotional development of children from low-income backgrounds. *Early Child Development and Care, 175,* 395-405.

Bailey, G., & Tillery, J. (2006). Sounds of the South. In W. Wolfram & B. Ward (Eds.), *American voices: How dialects differ from coast to coast* (pp. 11-16). Malden, MA: Blackwell.

Bakeman, R., & Adamson, L. B. (1984). Coordinating attention to people and objects in mother-infant and peer-infant interaction. *Child Development, 55,* 1278-1289.

Baker, C. (2000). *A parents' and teachers' guide to bilingualism* (2nd ed.). Tonawanda, NY: Multilingual Matters.

Baker, S. A., Golinkoff, R. M., & Petitto, L. -A. (2006). New insights into old puzzles from infants' categorical discrimination of soundless phonetic units. *Language Learning and Development, 2,* 147-162.

Baker, S. A., Idsardi, W. J., Golinkoff, R. M., & Petitto, L. -A. (2005). The perception of handshapes in American Sign Language. *Memory & Cognition, 33*(5), 887-904.

Baldwin, D. (1991). Infants' contribution to the achievement of joint reference. *Child Development, 62,* 875-890.

Baldwin, D. A. (1995). Understanding the link between joint attention and language. In C. Moore & P. J. Dunham (Eds.), *Joint attention: Its origins and role in development* (pp. 131-158). Hillsdale, NJ: Erlbaum.

Baldwin, D. A., & Baird, J. A. (1999). Action analysis: A gateway to intentional inference. In P. Rochat (Ed.), *Early social cognition: Understanding others in the first months of life* (pp. 215-240). Mahwah, NJ: Erlbaum.

Bangs, T., & Dodson, S. (1986). *Birth to three developmental scales.* Allen, TX: DLM Teaching Resources.

Bates, E., Camaioni, L., & Volterra, V. (1975). The acquisition of performatives prior to speech. *Merrill-Palmer Quarterly, 21,* 205-226.

Bates, E., Dale, P. S., & Thal, D. (1995). Individual differences and their implications for theories of language development. In P. Fletcher & B. MacWhinney (Eds.), *Handbook of child language* (pp. 96–151). Oxford, England: Basil Blackwell.

Bauer, D. J., Goldfield, B. A., & Reznick, J. S. (2002). Alternative approaches to analyzing individual differences in the rate of early vocabulary development. *Applied Psycholinguistics, 23,* 313–335.

Baugh, J. (2006). Bridging the great divide (African American English). In W. Wolfram & B. Ward (Eds.), *American voices: How dialects differ from coast to coast* (pp. 217–224). Malden, MA: Blackwell.

Baumwell, L., Tamis-LeMonda, C. S., & Bornstein, M. H. (1997). Maternal verbal sensitivity and child language comprehension. *Infant Behavior and Development, 20,* 247–258.

Bear, D. R., Invernizzi, M., Templeton, S., & Johnston, F. (2004). *Word study for phonics, vocabulary, and spelling instruction.* Upper Saddle River, NJ: Merrill Prentice Hall.

Becker Bryant, J. (2005). Language in social contexts: Communication competence in preschool years. In J. Berko Gleason (Ed.), *The development of language* (6th ed., pp. 191–229). New York: Allyn & Bacon.

Bedore, L. M., & Leonard, L. B. (2000). The effects of inflectional variations on fast mapping of verbs in English and Spanish. *Journal of Speech, Language, and Hearing Research, 43,* 21–33.

Behl-Chadha, G. (1996). Basic-level and superordinate-like categorical representations early in infancy. *Cognition, 60,* 105–141.

Beitchman, J., Hood, J., Rochon, J., Peterson, M., Mantini, T., & Majumdar, S. (1989). Empirical classification of speech/language impairment in children: I. Identification of speech/language categories. *Journal of the American Academy of Child & Adolescent Psychiatry, 28*(1), 112–117.

Bellugi, U. (1967). *The acquisition of negation.* Unpublished doctoral dissertation, Harvard University, Cambridge, MA.

Bereiter, C. (1966). *Teaching disadvantaged children to read.* Upper Saddle River, NJ: Prentice Hall.

Bereiter, C., & Engelmann, S. (1966). *Teaching disadvantaged children in the preschool.* Upper Saddle River, NJ: Prentice Hall.

Berko, J. (1958). The child's learning of English morphology. *Word, 14,* 150–177.

Bernstein, C. (2006). More than just yada yada yada (Jewish English). In W. Wolfram & B. Ward (Eds.), *American voices: How dialects differ from coast to coast* (pp. 251–257).

Malden, MA: Blackwell.

Bernstein Ratner, N. (1986). Durational cues which mark clause boundaries in mother-child speech. *Journal of Phonetics, 14,* 303-309.

Bernstein Ratner, N., Berko Gleason, J., & Narasimhan, B. (1997). An introduction to psycholinguistics: What do language users know? In J. Berko Gleason & Bernstein Ratner (Eds.), *Psycholinguistics* (2nd ed., pp. 3-4). Fort Worth, TX: Harcourt Brace College.

Bernstein Ratner, N., & Pye, C. (1984). Higher pitch in BR is not universal: Acoustic evidence from Quiche Mayan. *Journal of Child Language, 11,* 515-522.

Beukelman, D. R., & Yorkston, K. M. (1991). Traumatic brain injury changes the way we live. In D. R. Beukelman & K. M. Yorkston (Eds.), *Communication disorders following traumatic brain injury: Management of cognitive, language, and motor impairments* (pp. 1-14). Austin, TX: PRO-ED.

Bhatnagar, S. C., & Andy, O. J. (1995). *Neuroscience for the study of communicative disorders.* Baltimore: Williams & Wilkins.

Bialystok, E., & Hakuta, K. (1994). *In other words: The science and psychology of second language acquisition.* New York: Basic Books.

Bialystok, E., & Miller, B. (1999). The problem of age in second-language acquisition: Influences from language, structure, and task. *Bilingualism: Language and Cognition, 2,* 127-145.

Bickerton, D. (1995). *Language and human behavior.* Seattle: University of Washington Press.

Biemiller, A. (1970). The development of the use of graphic and contextual information as children learn to read. *Reading Research Quarterly, 6,* 75-96.

Biemiller, A. (2005). Size and sequence in vocabulary development: Implications for choosing words for primary grade vocabulary instruction. In E. H. Hiebert & M. Kamil (Eds.), *Teaching and learning vocabulary: Bringing research to practice* (pp. 223-245). Mahwah, NJ: Erlbaum.

Bishop, D. V. M., Price, T. S., Dale, P. S., & Plomin, R. (2003). Outcomes of early language delay: II. Etiology of transient and persistent language difficulties. *Journal of Speech, Language, and Hearing Research, 46,* 561-575.

Bloom, A. (1979). *Emile: Or, On Education.* New York: Basic Books.

Bloom, L. (2000). The intentionality model of word learning: How to learn a word, any word. In R. M. Golinkoff, K. Hirsh-Pasek, N. Akhtar, L. Bloom, G. Hollich, L. Smith, et al. (Eds.), *Becoming a word learner: A debate on lexical acquisition* (pp. 19-50). New York: Oxford University Press.

Bloom, L., & Tinker, E. (2001a). V. General discussion. *Monographs of the Society for Research in Child Development, 66*(4), 73-82.

Bloom, L., & Tinker, E. (2001b). The intentionality model and language acquisition. *Monographs of the Society for Research in Child Development, 66*(4), vii-104.

Bloom, P. (2000). *How children learn the meanings of words.* Cambridge: MIT Press.

Bloom, P., & Markson, L. (2001). Are there principles that apply only to the acquisition of words? A reply to Waxman and Booth. *Cognition, 78,* 89-90.

Bono, M. A., & Stifter, C. A. (2003). Maternal attention-directing strategies and infant focused attention during problem solving. *Infancy, 4,* 235-250.

Bookheimer, S. (2002). Functional MRI of language: New approaches to understanding the cortical organization of semantic processing. *Annual Reviews of Neuroscience, 25,* 151-188.

Borden, G. J., Harris, K. S., & Raphael, L. J. (1994). *Speech science primer: Physiology, acoustics, and perception of speech* (3rd ed.). Baltimore: Williams & Wilkins.

Bornstein, M. H., Hahn, C. -S., & Haynes, O. M. (2004). Specific and general language performance across early childhood: Stability and gender considerations. *First Language, 24,* 267-304.

Bortfeld, H., & Whitehurst, G. J. (2001). Sensitive periods in first language acquisition. In D. Bailey, J. T. Bauer, F. J. Symons, & J. W. Lichtman (Eds.), *Critical thinking about critical periods* (pp. 173-192). Baltimore: Brookes.

Bowerman, M., & Choi, S. (2003). Space under construction: Language-specific spatial categorization in first language acquisition. In D. Gentner & S. Goldin-Meadow (Eds.), *Language in mind: Advances in the study of language and thought* (pp. 387-428). Cambridge: MIT Press.

Brackenbury, T., & Fey, M. E. (2003). Quick incidental verb learning in 4-year-olds: Identification and generalization. *Journal of Speech, Language, and Hearing Research, 46,* 313-327.

Bradley, R. H., & Corwyn, R. F. (2002). Socioeconomic status and child development. *Annual Review of Psychology, 53,* 371-399.

Brady, N. C., Marquis, J., Fleming, K., & McLean, L. (2004). Prelinguistic predictors of language growth in children with developmental disabilities. *Journal of Speech, Language, and Hearing Research, 47,* 663-677.

Brenowitz, E. A., & Beecher, M. D. (2005). Song learning in birds: Diversity and plasticity, opportunities and challenges. *Trends in Neuroscience, 28,* 127–132.

Brooke, M., Uomoto, J. M., McLean, A., & Fraser, R. T. (1991). Rehabilitation of persons with traumatic brain injury: A continuum of care. In D. R. Beukelman & K. M. Yorkston (Eds.), *Communication disorders following traumatic brain injury: Management of cognitive, language, and motor impairments* (pp. 15–46). Austin, TX: PRO-ED.

Brooks, P. J. (2004). Grammatical competence is not a psychologically valid construct. *Journal of Child Language, 31,* 467–470.

Brown, H. D. (2001). *Teaching by principles: An interactive approach to language pedagogy* (2nd ed.). White Plains, NY: Addison Wesley Longman.

Brown, R. (1973). *A first language: The early stages.* Cambridge, MA: Harvard University Press.

Brownell, R. (2000a). *Expressive One-Word Picture Vocabulary Test* (2000 ed.). Novato, CA: Academic Therapy.

Brownell, R. (2000b). *Receptive One-Word Picture Vocabulary Test.* Novato, CA: Academic Therapy.

Bruer, J. T. (2001). A critical and sensitive period primer. In D. Bailey, J. T. Bauer, F. J. Symons, & J. W. Lichtman (Eds.), *Critical thinking about critical periods* (pp. 3-26). Baltimore: Brookes.

Bruer, J. T., & Greenough, W. T. (2001). The subtle science of how experience affects the brain. In D. Bailey, J. T. Bauer, F. J. Symons, & J. W. Lichtman (Eds.), *Critical thinking about critical periods* (pp. 209–232). Baltimore: Brookes.

Bryant, G. A., & Tree, J. E. F. (2002). Recognizing verbal irony in spontaneous speech. *Metaphor and Symbol, 17,* 99–119.

Budwig, N. (1995). *A developmental-functionalist approach to child language.* Mahwah, NJ: Erlbaum.

Burgess, S. R., Hecht, S. A., & Lonigan, C. J. (2002). Relations of the home literacy environment (HLE) to the development of reading related abilities: A one-year longitudinal study. *Reading Research Quarterly, 37,* 408–426.

Burnham, D., Kitamura, C., & Vollmer-Conna, U. (2002). What's new pussycat? On talking to babies and animals. *Science, 296,* 1435.

Bus, A. G., van Ijzendoorn, M. H., & Pellegrini, A. D. (1995). Joint book reading makes for success in learning to read: A meta-analysis on intergenerational transmission of literacy. *Review of Educational Research, 65,* 1-21.

Butler, Y. G. (2004). What level of English proficiency do elementary school teachers needs to attain to teach EFL? Case studies from Korea, Taiwan, and Japan. *TESOL Quarterly, 38,* 245-278.

Byrne, B., & Fielding-Barnsley, R. (1995). Evaluation of a program to teach phonemic awareness to young children: A 2- and 3-year follow-up and a new preschool trial. *Journal of Educational Psychology, 87,* 488-503.

Bzoch, K., & League, R. (1991). *Receptive-Expressive Emergent Language Test—Second edition (REEL-2).* Los Angeles, CA: Western Psychological Services.

Bzoch, K. R., League, R., & Brown, V. L. (2003). *Receptive-Expressive Emergent Language Test—Third edition (REEL-3).* Austin, TX: PRO-ED.

Caldera, Y. M., Huston, A. C., & O'Brien, M. (1989). Social interactions and play patterns of parents and toddlers with feminine, masculine, and neutral toys. *Child Development, 60,* 70-76.

Callanan, M., Akhtar, N., Sussman, L., & Sabbagh, M. (2003). *Learning words in directive and ostensive contexts.* Unpublished manuscript, University of California, Santa Cruz.

Camaioni, L., Perucchini, P., Bellagamba, F., & Colonnesi, C. (2004). The role of declarative pointing in developing a theory of mind. *Infancy, 5,* 291-308.

Campbell, M. T., & Plumb, G. (n.d.). Generic names for soft drinks by county [Map]. In A. McConchie (Ed.), *The great pop vs. soda controversy.* Retrieved September 26, 2006, from http://www.popvssoda.com/countystats/totalcoun ty.html

Capirci, O., Iverson, J. M., Pizzuto, E., & Volterra, V. (1996). Communicative gestures during the transition to two-word speech. *Journal of Child Language, 23,* 645-673.

Carey, S. (1978). The child as word learner. In M. Halle, J. Bresnan, & A. Miller (Eds.), *Linguistic theory and psychological reality* (pp. 264-293). Cambridge: MIT Press.

Carey, S., & Bartlett, E. (1978). Acquiring a single new word. *Papers and Reports on Child Language Development, 15,* 17-29.

Cartwright, J. (2000). *Evolution and human behavior.* Cambridge: MIT Press.

Caselli, M. C. (1983). Communication to language: Deaf children's and hearing children's development compared. *Sign Language Studies, 39,* 113-144.

Caselli, M. C., Volterra, V., & Pizzuto, E. (1984, April). *The relationship between vocal and gestural communication from the one-word to the two-word stage.* Paper presented at the International Conference on Infant Studies, New York, NY.

Catts, H. W., Fey, M. E., Tomblin, J. B., & Zhang, X. (2002). Longitudinal investigation of reading outcomes in children with language impairment. *Journal of Speech,*

*Language, and Hearing Research, 45,* 1142-1157.

Catts, H. W., Fey, M. E., Zhang, X., & Tomblin, J. (2001). Estimating the risk of future reading difficulties in kindergarten children: A research-based model and its clinical implications. *Language, Speech, and Hearing Services in Schools, 32,* 38-50.

Chall, J. S. (1996). *Stages of reading development.* Fort Worth, TX: Harcourt Brace.

Champlin, C. A. (2000). Hearing science. In R. B. Gillam, T. P. Marquardt, & F. N. Martin (Eds.), *Communication sciences and disorders: From science to clinical practice* (Chap. 5). San Diego, CA: Singular.

Chaney, C. (1998). Preschool language and metalinguistic skills are links to reading success. *Applied Psycholinguistics, 19,* 433-466.

Chaney, C. (1994). Language development, metalinguistic awareness, and emergent literacy skills of 3-year-old children in relation to social class. *Applied Psycholinguistics, 15,* 371-394.

Chapman, R. (2000). Children's language learning: An interactionist perspective. *Journal of Child Psychology and Psychiatry, 41,* 33-54.

Chapman, R. S., Seung, H. K., Schwartz, S. E., & Kay-Raining Bird, E. (1998). Language skills of children and adolescents with Down syndrome: II. Production deficits. *Journal of Speech, Language, and Hearing Research, 41,* 861-873.

Chapman, S. B. (1997). Cognitive-communicative abilities in children with closed head injury. *American Journal of Speech-Language Pathology, 6,* 50-58.

Charity, A. H., Scarborough, H. S., & Griffin, D. M. (2004). Familiarity with School English in African American children and its relation to early reading achievement. *Child Development, 75,* 1340-1356.

Charles-Luce, J., & Luce, P. A. (1990). Similarity neighbourhoods of words in young children's lexicons. *Journal of Child Language, 17,* 205-215.

Charles-Luce, J., & Luce, P. A. (1996). An examination of similarity neighbourhoods in young children's receptive vocabularies. *Journal of Child Language, 22,* 727-735.

Choi, S., & Gopnik, A. (1995). Early acquisition of verbs in Korean: A cross-linguistic study. *Journal of Child Language, 22,* 497-530.

Choi, S., McDonough, L., Bowerman, M., & Mandler, J. M. (1999). Early sensitivity to language-specific spatial categories in English and Korean. *Cognitive Development, 14,* 241-268.

Chomsky, N. (1965). *Aspects of the theory of syntax.* Cambridge: MIT Press.

Chomsky, N. (1978). *Syntactic structures.* The Hague, The Netherlands: Mouton. (Original work published 1957)

Clark, E. V. (1993). *The lexicon in acquisition*. New York: Cambridge University Press.

Clark, E. V., & Sengul, C. J. (1978). Strategies in the acquisition of deixis. *Journal of Child Language, 5,* 457-475.

Cleave, P. L., & Fey, M. E. (1997). Two approaches to the facilitation of grammar in children with language impairments: Rationale and description. *American Journal of Speech-Language Pathology, 6,* 22-32.

Colombo, J., Shaddy, D. J., Richman, W. A., Maikranz, J. M., & Blaga, O. M. (2004). The developmental course of habituation in infancy and preschool outcome. *Infancy, 5,* 1-38.

Conn, J. (2006). Dialects in the mist (Portland, OR). In W. Wolfram & B. Ward (Eds.), *American voices: How dialects differ from coast to coast* (pp. 149-155). Malden, MA: Blackwell.

Conti-Ramsden, G., Crutchley, A., & Botting, N. (1997). The extent to which psychometric tests differentiate subgroups of children with specific language impairment. *Journal of Speech, Language, and Hearing Research, 40,* 765-777.

Conti-Ramsden, G., & Jones, M. (1997). Verb use in specific language impairment. *Journal of Speech, Language, and Hearing Research, 40,* 1298-1313.

Cooper, R. P., & Aslin, R. N. (1990). Preference for infant-directed speech in the first month after birth. *Child Development, 61,* 1584-1595.

Coplan, J. (1993). *Early Language Milestone Scale* (2nd ed.). Austin, TX: PRO-ED.

Craig, H. K., Washington, J. A., & Thompson-Porter, C. (1998). Average C-unit lengths in the discourse of African American children from low-income, urban homes. *Journal of Speech, Language, and Hearing Research, 41,* 433-444.

Crais, E. R. (1995). Expanding the repertoire of tools and techniques for assessing the communication skills of infants and toddlers. *American Journal of Speech-Language Pathology, 4,* 47-59.

Creusere, M. A. (1999). Theories of adults' understanding and use of irony and sarcasm: Applications to and evidence from research with children. *Developmental Review, 19,* 213-262.

Csibra, G., Bíró, S., Koós, O., & Gergely, G. (2003). One-year-old infants use teleological representations of actions productively. *Cognitive Science, 27,* 111-133.

Curenton, S., & Justice, L. M. (2004). Low-income preschoolers' use of decontextualized discourse: Literate language features in spoken narratives. *Language, Speech, and*

*Hearing Services in Schools, 35,* 240-253.

Dale, E. (1965). Vocabulary measurement: Techniques and major findings. *Elementary English, 42,* 895-901.

Dale, P. (1991). The validity of a parent report measure of vocabulary and syntax at 24 months. *Journal of Speech and Hearing Research, 34,* 565-571.

Dale, P. (1996). Parent report assessment of language and communication. In K. Cole, P. Dale, & D. Thal (Eds.), *Assessment of communication and language* (Vol. 6, pp. 161-182). Baltimore: Brookes.

Dale, P. S., & Fenson, L. (1996). Lexical development norms for young children. *Behavior Research Methods, Instruments, & Computers, 28,* 125-127.

Dale, P. S., Price, T. S., Bishop, D. V. M., & Plomin, R. (2003). Outcomes of early language delay: I. Predicting persistent and transient language difficulties at 3 and 4 years. *Journal of Speech, Language, and Hearing Research, 46,* 544-560.

Danesi, M. (2003). *Second language teaching: A view from the right side of the brain.* Dordrecht, The Netherlands: Kluwer Academic.

Dapretto, M., & Bjork, E. L. (2000). The development of word retrieval abilities in the second year and its relation to early vocabulary growth. *Child Development, 71,* 635-648.

Dawson, P. W., Blamey, P. J., Dettman, S. J., Barker, E. J., & Clark, G. M. (1995). A clinical report on receptive vocabulary skills in cochlear implant users. *Ear & Hearing, 16,* 287-294.

Deacon, T. W. (1997). *The symbolic species.* New York: Norton.

Deák, G. O., & Maratsos, M. (1998). On having complex representations of things: Preschoolers use multiple words for objects and people. *Developmental Psychology, 34,* 224-240.

DeLoache, J. S. (1984). What's this? Maternal questions in joint picture book reading with toddlers. *Quarterly Newsletter of the Laboratory of Comparative Human Cognition, 6,* 87-95.

Demuth, K. (1996). Collecting spontaneous production data. In D. McDaniel, C. McKee, & H. Smith (Eds.), *Methods for assessing children's syntax* (pp. 3-22). Cambridge: MIT Press.

DeNavas-Walt, C., Proctor, B. D., & Lee, C. H. (2005). *Income, poverty, and health insurance coverage in the United States: 2004.* Washington, DC: U.S. Census Bureau.

Dixon, J. A., & Foster, D. H. (1997). Gender and hedging: From sex differences to situated practice. *Journal of Psycholinguistic Research, 26,* 89-107.

Dollaghan, C. A., Campbell, T. F., Paradise, J. L., Feldman, H. M., Janosky, J. E., Pitcairn, D. N., et al. (1999, December). Maternal education and measures of early speech and language development. *Journal of Speech, Language, and Hearing Research, 42,* 1432-1443.

Duffy, J. R. (1995). *Motor speech disorders: Substrates, differential diagnosis, and management.* St. Louis, MO: Mosby.

Dunbar, R. I. M., & Aiello, L. C. (1993). Neocortex size, group size, and the evolution of language. *Current Anthropology, 34,* 184-193.

Dunbar, R. I. M., Duncan, N. D., & Nettle, D. (1994). Size and structure of freely forming conversational groups. *Human Nature, 6,* 67-78.

Dunn, L., & Dunn, L. (1981). *Peabody Picture Vocabulary Test—Revised.* Circle Pines, MN: American Guidance Service.

Dunn, L. M., & Dunn, L. M. (1997). *Peabody Picture Vocabulary Test* (3rd ed.). Circle Pines, MN: American Guidance Service.

Dunn, L., & Dunn, L. (2006). *Peabody Picture Vocabulary Test* (4th ed.). Bloomington, MN: Pearson Assessments.

Eastwood, J., & Mackin, R. (1982). *A basic English grammar.* Oxford, England: Oxford University Press.

Edwards, C. P. (1984). The age group labels and categories of preschool children. *Child Development, 55,* 440-452.

Ehlers, S., & Gillberg, C. (1993). The epidemiology of Asperger syndrome: A total population study. *Journal of Child Psychology and Psychiatry, 34,* 1327-1350.

Ehrenreich, B. (1981). The politics of talking in couples. *Ms., 5,* 43-45, 86-89.

Eisenberg, S. (2006). Grammar: How can I say that batter? In T. Ukrainetz (Ed.), *Contextualized language intervention* (pp. 145-194). Eau Claire, WI: Thinking.

Ellis Weismer, S., Murray-Branch, J., & Miller, J. F. (1994). A prospective longitudinal study of language development in late talkers. *Journal of Speech and Hearing Research, 37,* 852-867.

Elman, J. L., Bates, E. A., Johnson, M. H., Parisi, D., & Plunkett, K. (1996). *Rethinking innateness: A connectionist perspective on development.* Cambridge: MIT Press.

Ely, R., Berko Gleason, J., & McCabe, A. (1996). Why didn't you talk to your mommy, honey? Gender differences in talk about past talk. *Research on Language in Social Interaction, 29,* 7-25.

Ertmer, D. J. (2002). Prologue: Challenges on optimizing oral communication in children with cochlear implants. *Language, Speech, and Hearing Services in Schools, 33,* 149-152.

Ertmer, D. J., Strong, L., & Sadagopan, N. (2003). Beginning to communicate after cochlear implantation: Oral language development in a young child. *Journal of Speech, Language, and Hearing Research, 46,* 328-340.

Evans, M. A. (1996). Reticent primary grade children and their more talkative peers: Verbal, nonverbal, and self-concept characteristics. *Journal of Educational Psychology, 88,* 739-749.

Ezell, H. K., & Goldstein, H. (1991). Observational learning of comprehension monitoring skills in children who exhibit mental retardation. *Journal of Speech and Hearing Research, 34,* 141-154.

Ezell, H. K., & Justice, L. M. (2000). Increasing the print focus of shared reading through observational learning. *American Journal of Speech-Language Pathology, 9,* 36-47.

Farber, J. G., & Klein, E. R. (1999). Classroom-based assessment of a collaborative intervention program with kindergarten and first-grade students. *Language, Speech, and Hearing Services in Schools, 30,* 83-91.

Fazio, B. B., Naremore, R. C., & Connell, P. J. (1996). Tracking children from poverty at risk for specific language impairment: A 3-year longitudinal study. *Journal of Speech and Hearing Research, 39,* 611-624.

Fenson, L., Bates, E., Dale, P., Goodman, J., Reznick, J. S., & Thal, D. (2000). Measuring variability in early child language: Don't shoot the messenger. *Child Development, 71,* 323-328.

Fenson, L., Dale, P. S., Reznick, J. S., Bates, E., & Thal, D. (1994). Variability in early communicative development. *Monographs of the Society for Research in Child Development, 59*(5), 1-185.

Fenson, L., Dale, P. S., Reznick, J. S., Thal, D., Bates, E., Hartung, J., et al. (1993). *The MacArthur Communicative Development Inventories.* San Diego: Singular.

Fenson, L., Dale, P. S., Reznick, J. S., Thal, D., Bates, E., Hartung, J. P., et al. (2003). *MacArthur-Bates Communicative Development Inventories.* Baltimore: Brookes.

Fenson, L., Pethick, S., Renda, C., Cox, J. L., Dale, P. S., & Reznick, J. S. (2000). Short form versions of the MacArthur Communicative Development Inventories. *Applied Psycholinguistics, 21,* 95-116.

Fernald, A. (1989). Intonation and communicative intent in mothers' speech to infants: Is the melody the message? *Child Development, 60,* 1497-1510.

Fernald, A. (2000). Speech to infants as hyper-speech: Knowledge-driven processes in early word recognition. *Phonetica, 57,* 242-254.

Fernald, A., & Kuhl, P. (1987). Acoustic determinants of infant preference for motherese speech. *Infant Behavior and Development, 10,* 279-293.

Fernald, A., & Mazzie, C. (1991). Prosody and focus in speech to infants and adults. *Developmental Psychology, 27,* 209-221.

Fernald, A., & Simon, T. (1984). Expanded intonation contours in mothers' speech to newborns. *Developmental Psychology, 20,* 104-113.

Fernald, A., Swingley, D., & Pinto, J. P. (2001). When half a word is enough: Infants can recognize spoken words using partial phonetic information. *Child Development, 72,* 1003-1015.

Fernald, A., Taeschner, T., Dunn, J., Papousek, M., de Doyson-Baries, B., & Fukui, I. (1989). A cross-linguistic study of prosodic modifications in mothers' and fathers' speech to preverbal infants. *Journal of Child Language, 16,* 477-501.

Fernandez-Duque, D., Baird, J., & Posner, M. (2001). Executive attention and metacognitive regulation. *Consciousness and Cognition, 9,* 288-307.

Fey, M. E. (1986). *Language intervention with young children.* Boston: Allyn & Bacon.

Fey, M. E., Cleave, P. L., Long, S. H., & Hughes, D. L. (1993). Two approaches to the facilitation of grammar in children with language impairment: An experimental evaluation. *Journal of Speech and Hearing Research, 36,* 141-157.

Fey, M. E., & Frome Loeb, D. (2002). An evaluation of the facilitative effects of inverted yes-no questions on the acquisition of auxiliary verbs. *Journal of Speech, Language, and Hearing, 45,* 160-174.

Fey, M. E., Long, S. H., & Finestack, L. M. (2003). Ten principles of grammar facilitation for children with specific language impairments. *American Journal of Speech-Language Pathology, 12,* 3-15.

Fisher, C. (2002). Structural limits on verb mapping: The role of abstract structure in 2.5-year-old's interpretations of novel verbs. *Developmental Science, 5,* 55-64.

Fisher, C., & Tokura, H. (1996). Acoustic cues to grammatical structure in infant-directed speech: Cross-linguistic evidence. *Child Development, 67,* 3192-3218.

Fitch, R. H., Miller, S., & Tallal, P. (1997). Neurobiology of speech perception. *Annual Reviews of Neuroscience, 20,* 331-353.

Fitzpatrick, J. (2006). Beantown babble (Boston, MA). In W. Wolfram & B. Ward (Eds.), *American voices: How dialects differ from coast to coast* (pp. 63-69). Malden, MA:

Blackwell.

Fletcher, P. (1992). Subgroups in school-age language-impaired children. In P. Fletcher & D. Hall (Eds.), *Specific speech and language disorders in children: Correlates, characteristics, and outcomes* (pp. 152-165). London: Whurr.

Flexer, C. (1994). *Facilitating hearing and listening in young children.* San Diego, CA: Singular.

Fodor, J. (1983). *The modularity of mind.* Cambridge: MIT Press.

Frackowiak, R. S. J., Friston, K. J., Frith, C. D., Dolan, R. J., Price, C. J., Zeki, S., et al. (2004). *Human brain function* (2nd ed.). San Diego: Academic Press.

Fraser, C., Bellugi, U., & Brown, R. (1963). Control of grammar in imitation, comprehension, and production. *Journal of Verbal Learning and Verbal Behavior, 2,* 121-135.

Frazer, T. C. (1996). Chicano English and Spanish interference in midwestern United States. *American Speech, 71,* 72-85.

Friederici, A. D., Opitz, B., & von Cramon, D. (2000). Segregating semantic and syntactic aspects of processing in the human brain: An fMRI investigation of different word types. *Cerebral Cortex, 10,* 698-705.

Fujiki, M., Brinton, B., Morgan, M., & Hart, C. H. (1999). Withdrawn and sociable behavior of children with language impairment. *Language, Speech, and Hearing Services in Schools, 30,* 183-195.

Fujiki, M., Brinton, B., & Todd, C. M. (1996). Social skills of children with specific language impairment. *Language, Speech, and Hearing Services in Schools, 27,* 195-201.

Fujiura, G. T., & Yamaki, K. (1997). Analysis of ethnic variations in developmental disability prevalence and household economic status. *Mental Retardation, 35,* 286-294.

Functional MRI Research Center, Columbia University. (2005). *About functional MIR.* Retrieved December 30, 2005, from http://www.fmri.org/fmri.htm

Gallagher, A., Frith, U., & Snowling, M. J. (2000). Precursors of literacy delay among children at genetic risk for dyslexia. *Journal of Child Psychology and Psychiatry, 41,* 203-213.

Gallaudet Research Insitute. (2001, January). *Regional and national summary report of data from the 1999-2000 Annual Survey of Deaf and Hard of Hearing Children and Youth.* Washington, DC: Gallaudet University.

Ganger, J., & Brent, M. R. (2004). Reexamining the vocabulary spurt. *Developmental Psychology, 40,* 621-632.

Gard, A., Gilman, L., & Gorman, J. (1993). *Speech and language development chart.* Austin, TX: PRO-ED.

Gardner, M. (1979). *Expressive One-Word Picture Vocabulary Test*. Novato, CA: Academic Therapy.

Gardner, M. (1990). *Receptive One-Word Picture Vocabulary Test—Revised*. Novato, CA: Academic Therapy.

Gass, S. M., & Selinker, L. (2001). *Second language acquisition: An introductory course*. Mahwah, NJ: Erlbaum.

Gauger, L. M., Lombardino, L. J., & Leonard, C. M. (1997). Brain morphology in children with specific language impairment. *Journal of Speech, Language, and Hearing Research, 40,* 1272-1284.

Genesee, F. (1989). Early bilingual development: One language or two? *Journal of Child Language, 16,* 171-179.

Genesee, F., Nicoladis, E., & Paradis, J. (1995). Language differentiation in early bilingual development. *Journal of Child Language, 22,* 611-631.

Genesee, F., Paradis, J., & Crago, M. B. (2004). *Dual language development and disorders: A handbook on bilingualism & second language learning*. Baltimore: Brookes.

Gerken, L., & Aslin, R. N. (2005). Thirty years of research on infant speech perception: The legacy of Peter W. Jusczyk. *Language Learning and Development, 1,* 5-21.

Gerken, L., & Shady, M. E. (1996). The picture selection task. In D. McDaniel, C. McKee, & H. Smith (Eds.), *Methods for assessing children's syntax* (pp. 125-145). Cambridge: MIT Press.

Gershkoff-Stowe, L. (2001). The course of children's naming errors in early word learning. *Journal of Cognition and Development, 2,* 131-155.

Gibbs, R. (1987). Linguistic factors in children's understanding of idioms. *Journal of Child Language, 14,* 569-586.

Gindis, B. (1999). Language-related issues for international adoptees and adoptive families. In T. Tepper, L. Hannon, & D. Sandstrom (Eds.), *International adoption: Challenges and opportunities* (pp. 98-107). Meadowlands, PA: First Edition.

Girolametto, L., Pearce, P. S., & Weitzman, E. (1996). Interactive focused stimulation for toddlers with expressive vocabulary delays. *Journal of Speech and Hearing Research, 39,* 1274-1283.

Girolametto, L., & Weitzman, E. (2002). Responsiveness of child care providers in interactions with toddlers and preschoolers. *Language, Speech and Hearing Services in Schools, 33,* 268-281.

Girolametto, L., Weitzman, E., & Greenberg, J. (2003). Training day care staff to facilitate children's language. *American Journal of Speech-Language Pathology, 12,* 299–311.

Gleitman, L. (1990). The structural sources of verb meanings. *Language Acquisition, 1,* 3–55.

Gleitman, L. R., Cassidy, K., Nappa, R., Papafragou, A., & Trueswell, J. C. (2005). Hard words. *Language Learning and Development, 1,* 23–64.

Glennen, S. (2002). Language development and delay in internationally adopted infants and toddlers: A review. *American Journal of Speech-Language Pathology, 11,* 333–339.

Glennen, S., & Masters, M. G. (2002). Typical and atypical language development in infants and toddlers adopted from Eastern Europe. *American Journal of Speech-Language Pathology, 11,* 417–433.

Glezerman, T. B., & Balkoski, V. (1999). *Language, thought, and the brain.* New York: Kluwer Academic.

Goldin-Meadow, S. (2000). Beyond words: The importance of gesture to researchers and learners. *Child Development, 71,* 231–239.

Goldman, R., & Fristoe, M. (2000). *Goldman-Fristoe Test of Articulation* (2nd ed.). Circle Pines, MN: American Guidance Services.

Goldstein, B., & Iglesias, A. (2004). Language and dialectal variations. In J. E. Bernthal & N. W. Bankson (Eds.), *Articulation and phonological disorders* (5th ed., pp. 348–375). Boston: Allyn & Bacon.

Golinkoff, R. M., & Alioto, A. (1995). Infant-directed speech facilitates lexical learning in adults hearing Chinese: Implications for language acquisition. *Journal of Child Language, 22,* 703–726.

Golinkoff, R. M., & Hirsh-Pasek, K. (1999). *How babies talk: The magic and mystery of language in the first three years of life.* New York: Dutton.

Golinkoff, R. M., Hirsh-Pasek, K., Cauley, K. M., & Gordon, L. (1987). The eyes have it: Lexical and syntactic comprehension in a new paradigm. *Journal of Child Language, 14,* 23–45.

Golinkoff, R. M., Mervis, C. V., & Hirsh-Pasek, K. (1994). Early object labels: The case for a developmental lexical principles framework. *Journal of Child Language, 21,* 125–155.

Golinkoff, R. M., Shuff-Bailey, M., Olguin, R., & Ruan, W. (1995). Young children extend novel words at the basic level: Evidence for the principle of categorical scope. *Developmental Psychology, 31,* 494–505.

Goodman, R., & Yude, C. (1996). IQ and its predictors in childhood hemiplegia. *Developmental Medicine and Child Neurology, 38,* 881–890.

Gopnik, A., & Meltzoff, A. N. (1997). *Words, thoughts, and theories.* Cambridge: MIT Press.

Gordon, M. J. (2006). Straight talking from the heartland (Midwest). In W. Wolfram & B. Ward (Eds.), *American voices: How dialects differ from coast to coast* (pp. 106-111). Malden, MA: Blackwell.

Goswami, U. (1990). A special link between rhyming skills and the use of orthographic analogies by beginning readers. *Journal of Child Psychology and Psychiatry, 31,* 301-311.

Goswami, U. (1991). Learning about spelling sequences: The role of onsets and rimes in analogies in reading. *Child Development, 62,* 1110-1123.

Goswami, U., & Mead, F. (1992). Onset and rime awareness and analogies in reading. *Reading Research Quarterly, 27,* 152-162.

Grabe, W. (2002). Applied linguistics: An emerging discipline for the twenty-first century. In R. A. Kaplan (Ed.), *The Oxford handbook of applied linguistics* (pp. 3-12). New York: Oxford University Press.

Gray, J. (1993). *Men are from Mars, Women are from Venus: A practical guide for improving communication and getting what you want in your relationships*. New York: HarperCollins.

Gray, S. (2003). Word learning by preschoolers with specific language impairment: Predictors and poor learners. *Journal of Speech, Language, and Hearing Research, 47,* 1117-1132.

Grela, B., Rashiti, L., & Soares, M. (2004). Dative prepositions in children with specific language impairment. *Applied Psycholinguistics, 25,* 467-480.

Grief, E., & Berko Gleason, J. B. (1980). Hi, thanks, and goodbye: More routine information. *Language in Society, 9,* 159-167.

Grodzinsky, Y. (1990). *Theoretical perspectives on linguistic deficits.* Cambridge: MIT Press.

Gross, T. (2005, December 12). Getting the shmootz on Yiddish [Interview with Michael Wex]. *In Fresh Air from WHYY.* Washington, DC: National Public Radio. Available from http://www.npr.org/templates/story/story.php?storyld =5048943

Grunwell, P. (1997). Developmental phonological disability: Order in disorder. In B. W. Hodson & M. L. Edwards (Eds.), *Perspectives in applied phonology* (pp. 61-104). Gaithersburg, MD: Aspect.

Gutiérrez-Clellen, V. F., Restrepo, M. A., Bedore, L., Paña, E., & Anderson, R. (2000). Language sample analysis in Spanish-speaking children: Methodological considerations. *Language, Speech, and Hearing Services in Schools, 31,* 88-98.

Haelsig, P. C., & Madison, C. L. (1986). A study of phonological processes exhibited by 3-,

4-, and 5-year-old children. *Language, Speech, and Hearing Services in Schools, 17,* 107-114.

Hakuta, K. (2001). A critical period of second language acquisition? In D. Bailey, J. T. Bauer, F. J. Symons, & J. W. Lichtman (Eds.), *Critical thinking about critical periods* (pp. 193-208). Baltimore: Brookes.

Hall, D. G. (1996). Preschoolers' default assumptions about word meaning: Proper names designate unique individuals. *Developmental Psychology, 32,* 177-186.

Hall, D. G., Burns, T. C., & Pawluski, J. L. (2003). Input and word learning: Caregivers' sensitivity to lexical category distinctions. *Journal of Child Language, 30,* 711-729.

Halliday, M. A. K. (1975). *Learning how to mean: Exploration in the development of language.* London: Edward Arnold.

Halliday, M. A. K. (1977). *Exploration in the functions of language.* New York: Elsevier North-Holland.

Halliday, M. A. K. (1978). *Language as a social semiotic: The social interpretation of language and meaning.* Baltimore: University Park Press.

Halliday, M. A. K., & Hasan, R. (1985). *Language, context, and text: Aspects of language in a social-semiotic perspective.* Oxford, England: Oxford University Press.

Hammill, D. D., & Newcomer, P. L. (1997). *Test of Language Development—Primary* (3rd ed.). Austin, TX: PRO-ED.

Hannah, A., & Murachver, T. (1999). Gender and conversational style as predictors of conversational behavior. *Journal of Language and Social Psychology, 18,* 153-174.

Harley, T. (2001). *The psychology of language: From data to theory* (2nd ed.). New York: Taylor & Francis.

Hart, B., & Risley, T. (1995). *Meaningful differences in the everyday experiences of young American children.* Baltimore: Brookes.

Hart, B., & Risley, T. R. (1999). *The social world of children learning to talk.* Baltimore: Brookes.

Haviland, S. E., & Clark, E. V. (1974). This man's father is my father's son: A study of the acquisition of English kin terms. *Journal of Child Language, 1,* 23-47.

Hecker, D. E. (2001). Occupational employment projections to 2010. *Monthly Labor Review Online, 124*(11), 57-84.

Hedrick, D., Prather, E., & Tobin, A. (1984). *Sequenced Inventory of Communication Development* (Rev.). Los Angeles, CA: Western Psychological Services.

Heflin, L. J., & Simpson, R. L. (1998). Interventions for children and youth with autism:

Prudent choices in a world of exaggerated claims and empty promises. Part 1: Intervention and treatment option review. *Focus on Autism and Other Developmental Disabilities, 13,* 194–211.

Heward, W. L. (2003). *Exceptional children: An introduction to special education* (7th ed.). Upper Saddle River, NJ: Merrill/Prentice Hall.

Hirsh-Pasek, K., & Golinkoff, R. M. (1996). *The origins of grammar: Evidence from early language comprehension*. Cambridge: MIT Press.

Hirsh-Pasek, K., & Golinkoff, R. M. (2003). *Neistein never used flashcards*. New York: Rodale.

Hirsh-Pasek, K., Golinkoff, R. M., & Hollich, G. (2000). An emergentist coalition model for word learning: Mapping words to objects is a product of the interaction of multiple cues. In R. M. Golinkoff, K. Hirsh-Pasek, L. Bloom, L. B. Smith, A. L. Woodward, N. Akhtar, et al. (Eds.), *Becoming a word learner: A debate on lexical acquisition* (pp. 136–164). New York: Oxford University Press.

Hoff, E. (2003). The specificity of environmental influence: Socioeconomic status affects early vocabulary development via maternal speech. *Child Development, 74,* 1368–1378.

Hoff, E. (2004). Progress, but not a full solution to the logical problem of language acquisition. *Journal of Child Language, 31,* 923–926.

Hoff-Ginsberg, E. (1997). *Language development*. Pacific Grove, CA: Brooks/Cole.

Hoff-Ginsberg, E. (1998). The relation of birth order and socioeconomic status to children's language experience and language development. *Applied Psycholinguistics, 19,* 603–629.

Hollich, G., Hirsh-Pasek, K., & Golinkoff, R. M. (2000). Breaking the language barrier: An emergentist coalition model of the origins of word learning. *Monographs of the Society for Research in Child Development, 65*(3), v–137.

Hollich, G., Newman, R. S., & Jusczyk, P. W. (2005). Infants' use of synchronized visual information to separate streams of speech. *Child Development, 76,* 598–613.

Hollich, G., Rocroi, C., Hirsh-Pasek, K., & Golinkoff, R. (1999, April). *Testing language comprehension in infants: Introducing the split-screen preferential looking paradigm.* Poster session presented at the Society for Research in Child Development, Albuquerque, NM.

Horton-Ikard, R., & Ellis Weismer, S. (2005). *A preliminary examination of vocabulary and word learning in African-American toddlers from low and middle SES homes.* Poster session presented at the 2005 Symposium on Research in Child Language Disorders,

Madison, WI.

Hsu, H, (2001). Infant vocal development in a dynamic mother-infant communication system. *Infancy, 2,* 87-109.

Hubel, D. H., & Wiesel, T. N. (1970). The period of susceptibility to the physiological effects of unilateral eye closure in kittens. *Journal of Physiology, 206,* 419-436.

Hutchison, J. K. (2001). Telephone communications enhance children's narratives. *Dissertation Abstracts International.* (UMI No. AAT NQ72449)

Huttenlocher, J., Haight, W., Bryk, A., Seltzer, M., & Lyons, T. (1991). Early vocabulary growth: Relation to language input and gender. *Developmental Psychology, 27,* 236-248.

Huttenlocher, J., Vasilyeva, M., Cymerman, E., & Levine, S. (2002). Language input and child syntax. *Child Psychology, 45,* 337-374.

Huttenlocher, P. R. (2002). *Neural plasticity: The effects of environment on the development of the cerebral cortex.* Cambridge, MA: Harvard University Press.

Ilari, B., Polka, L., & Costa-Giomi, E. (2002, June). *Babies can un-ravel complex music.* Paper presented at the 143rd meeting of the Acoustical Society of America, Pittsburgh, PA. Retrieved from http://www.acoustics.org/press/143rd/llari.html

Imai, M., Haryu, E., & Okada, H. (2002). Is verb learning easier than noun learning for Japanese children? 3-year-old Japanese children's knowledge about object names and action names. In B. Skarabela, S. Fish, & A. H. J. Do (Eds.), *Proceedings of the 26th annual Boston University Conference on Language Development* (Vol. 1, pp. 324-335). Somerville, MA: Cascadilla Press.

Individuals with Disabilities Education Act Data. (2003). *Annual report tables.* Retrieved from http://www.ideadata.org/AnnualTables.asp

Individuals with Disabilities Education Improvement Act of 2004, Pub. L. No. 108-446, 118 Stat. 2647 (2004).

Ingram, D. (1986). Phonological development: Production. In P. Fletcher & M. Garman (Eds.), *Language acquisition* (2nd ed., pp. 223-239). New York: Cambridge University Press.

Ingram, D. (1989). *First language acquisition: Method, description, and explanation.* Cambridge, MA: Cambridge University Press.

Ingram, D. (1997). The categorization of phonological development. In B. W. Hodson & M. L. Edwards (Eds.), *Perspectives in applied phonology* (pp. 19-42). Gaithersburg, MD: Aspect.

Inhelder, B., & Piaget, J. (1958). *The growth of logical thinking from childhood to adolescence.* New York: Basic Books.

International Phonetic Association. (1996). *The International Phonetic Alphabet (revised to 1993, updated 1996).* Thessaloniki, Greece: Author. Retrieved from http://www.arts.gla.ac.uk/IPA/ipa.html

Invernizzi, M., Sullivan, A., Meier, J., & Swank, L. (2004). *Phonological Awareness Literacy Screening—PreK.* Charlottesville: University of Virginia.

Irwin, J. R. (2003). Parent and nonparent perception of the multimodal infant cry. *Infancy, 4,* 503-516.

Iverson, J. M., Longobardi, E., & Caselli, M. C. (2003). Relationship between gestures and words in children with Down's syndrome and typically developing children in the early stages of communicative development. *International Journal of Language and Communication Disorders, 38,* 179-197.

Jacobs, R. A. (1995). *English syntax: A grammar for English language professionals.* Oxford, England: Oxford University Press.

Jaswal, V. K., & Markman, E. M. (2001a). Learning proper and common names in inferential versus ostensive contexts. *Child Development, 72,* 768-786.

Jaswal, V. K., & Markman, E. M. (2001b). The relative strengths of indirect and direct word learning. *Developmental Psychology, 39,* 745-760.

Jia, G. (2003). The acquisition of the English plural morpheme by native Mandarin Chinese-speaking children. *Journal of Speech, Language, and Hearing Research, 46,* 1297-1311.

Jia, G., Aaronson, D., & Wu, Y. H. (2002). Long-term language attainment of bilingual immigrants: Predictive factors and language group differences. *Applied Psycholinguistics, 23,* 599-621.

Johnson, C. J., Beitchman, J, H., Young, A., Escobar, M., Atkinson, L., Wilson, B., et al. (1999). Fourteen-year follow-up of children with and without speech/language impairments: Speech/language stability and outcomes. *Journal of Speech, Language, and Hearing Research, 42,* 744-760.

Johnson, J. S., & Newport, E. L. (1989). Critical period effects in second language learning: The influence of maturational state on the acquisition of English as a second language. *Cognitive Psychology, 21,* 60-99.

Joint Committee on Infant Hearing. (1991). 1990 Position statement. *ASHA, 33*(Suppl. 5), 3-6.

Junker, D. A., & Stockman, I. J. (2002). Expressive vocabulary of German-English bilingual toddlers. *American Journal of Speech-Language Pathology, 11,* 381-394.

Jusczyk, P. W. (1993). From general to language-specific capacities: The WRAPSA model of how speech perception develops. *Journal of Phonetics, 21,* 3-28.

Jusczyk, P. W. (2003). Chunking language input to find patterns. In D. H. Rakison & L. M. Oakes (Eds.), *Early category and concept development: Making sense of the blooming, buzzing confusion* (pp. 27-49). New York: Oxford University Press.

Jusczyk, P. W., & Aslin, R. N. (1995). Infants' detection of sound patterns of words in fluent speech. *Cognitive Psychology, 29,* 1-23.

Jusczyk, P. W., Cutler, A., & Redanz, N. J. (1993). Infants' preference for the predominant stress patterns of English words. *Child Development, 64,* 675-687.

Jusczyk, P. W., Friederici, A. D., Wessels, J. M., Svenkerud, V. Y., & Jusczyk, A. M. (1993). Infants' sensitivity to the sound patterns of native language words. *Journal of Memory and Language, 32,* 402-420.

Jusczyk, P. W., Hirsh-Pasek, K., Kemler Nelson, D. G., Kennedy, L. J., Woodward, A., & Piwoz, J. (1992). Perception of acoustic correlates of major phrasal units by young infants. *Cognitive Psychology, 24,* 252-293.

Jusczyk, P. W., Jusczyk, A. M., Kennedy, L. J., Schomberg, T., & Koenig, N. (1995). Young infants' retention of information about bisyllabic utterances. *Journal of Experimental Psychology: Human Perception and Performance, 21,* 822-836.

Jusczyk, P. W., Kennedy, L. J., & Jusczyk, A. M. (1995). Young infants' retention of information about syllables. *Infant Behavior and Development, 18,* 27-42.

Jusczyk, P. W., & Luce, P. A. (1994). Infants' sensitivity to phonotactic patterns in the native language. *Journal of Memory and Language, 33,* 630-645.

Jusczyk, P. W., Luce, P. A., & Charles-Luce, J. (1994). Infants' sensitivity to phonotactic patterns in the native language. *Journal of Memory and Language, 33,* 630-645.

Jusczyk, P. W., Pisoni, D. B., & Mullennix, J. (1992). Some consequences of stimulus variability on speech processing by 2-month-old infants. *Cognition, 43,* 253-291.

Justice, L. M. (2006). Communication sciences and disorders: An introduction. Upper Saddle River, NJ: Merrill/Prentice Hall.

Justice, L. M., Bowles, R., Kaderavek, J., Ukrainetz, T., Eisenberg, S., & Gillam, R. (2006). The index of narrative micro-structure (INMIS): A clinical tool for analyzing school-age children's narrative performance. *American Journal of Speech-Language Pathology, 15,* 1-15.

Justice, L. M., & Ezell, H. K. (2002a). *The syntax handbook.* Eau Claire, WI: Thinking.

Justice, L. M., & Ezell, H. K. (2002b). Use of storybook reading to increase print awareness in at-risk children. *American Journal of Speech-Language Pathology, 11,* 17-29.

Justice, L. M., & Ezell, H. K. (2004). Print referencing: An emergent literacy enhancement technique and its clinical applications. *Language, Speech, and Hearing Services in Schools, 35,* 185-193.

Justice, L. M., & Kaderavek, J. N. (2003). Topic control during shared storybook reading: Mothers and their children with language impairments. *Topics in Early Childhood Special Education, 23,* 137-150.

Justice, L. M., Pence, K., Bowles, R., & Wiggins, A. (2006). An investigation of four hypotheses concerning the order by which 4-year-old children learn the alphabet letters. *Early Childhood Research Quarterly, 21,* 374-389.

Justice, L. M., & Pullen, P. (2003). Promising interventions for promoting emergent literacy skills: Three evidence-based approaches. *Topics in Early Childhood Special Education, 23,* 99-113.

Justice, L. M., & Schuele, C. M. (2004). Phonological awareness: Description, assessment, and intervention. In J. E. Bernthal & N. W. Bankson (Eds.), *Articulation and phonological disorders* (5th ed., pp. 376-406). New York: Allyn & Bacon.

Kaderavek, J. N., & Justice, L. M. (2004). Embedded-explicit emergent literacy. II: Goal selection and implementation in the early childhood classroom. *Language, Speech, and Hearing Services in Schools, 35,* 212-228.

Kaderavek, J. N., & Sulzby, E. (2000). Narrative production by children with and without specific language impairment: Oral narratives and emergent readings. *Journal of Speech, Language, and Hearing Research, 43,* 34-49.

Kagan, J., & Snidman, N. (2004). *The long shadow of temperament.* Cambridge, MA: Harvard University Press.

Kail, R. (1994). A method of studying the generalized slowing hypothesis in children with specific language impairment. *Journal of Speech and Hearing Research, 37,* 418-421.

Karmiloff, K., & Karmiloff-Smith, A. (2001). *Pathways to language from fetus to adolescent.* Cambridge, MA: Harvard University Press.

Karrass, J., Braungart-Rieker, J. M., Mullins, J., & Lefever, J. B. (2002). Processes in language acquisition: The roles of gender, attention, and maternal encouragement of attention over time. *Journal of Child Language, 29,* 519-543.

Kelly, S. D. (2001). Broadening the units of analysis in communication: Speech and nonverbal behaviors in pragmatic comprehension. *Journal of Child Language, 28,*

325-349.

Kemler Nelson, D. G., Herron, L., & Holt, M. B. (2003). The sources of young children's name innovations for novel artifacts. *Journal of Child Language, 30,* 823-843.

Kenneally, S. M., Bruck, G. E., Frank, E. M., & Nalty, L. (1998). Language intervention after thirty years of isolation: A case study of a feral child. *Education and Training in Mental Retardation and Developmental Disabilities, 33,* 13-23.

Kent, R. D. (1994). *Reference manual for communicative sciences and disorders: Speech and language.* Austin, TX: PRO-ED.

Keogh, B. K. (2003). *Temperament in the classroom.* Baltimore: Brookes.

Kita, S., & Özyürek, A. (2003). What does cross-linguistics variation in semantic coordination of speech and gesture reveal? Evidence for an interface representation of spatial thinking and speaking. *Journal of Memory and Language, 48,* 16-32.

Koike, D. A. (1986). Differences and similarities in men's and women's directives in Carioca Brazilian Portuguese. *Hispania, 69,* 387-394.

Kovas, Y., Hayious-Thomas, M. E., Oliver, B., Bishop, D. V. M., Dale, P. S., & Plomin, R. (2005). Genetic influences in different aspects of language development: The etiology of language skills in 4.5-year-old twins. *Child Development, 76,* 632-651.

Krashen, S. (1985). *The input hypothesis: Issues and implications.* London: Longman.

Kristal, J. (2005). *The temperament perspective: Working with children's behavioral styles.* Baltimore: Brookes.

Kuder, S. (1997). *Teaching students with language and communication disabilities.* Boston: Allyn & Bacon.

Kuhl, P., Andruski, J., Chistovich, I., Chistovich, L., Kozhevnikova, E., Ryskina, V., et al. (1997). Cross-language analysis of phonetic units in language addressed to infants. *Science, 277,* 684-686.

Kuhl, P. K., & Meltzoff, A. N. (1982). The bimodal perception of speech in infancy. *Science, 218,* 1138-1141.

Labov, T. G. (1998). English acquisition by immigrants to the United States at the beginning of the twentieth century. *American Speech, 73,* 368-398.

Labov, W. (1972). *Language in the inner city: Studies in the Black English Vernacular.* Philadelphia: University of Pennsylvania Press.

Labov, W. (1998). Coexistent systems in African-American English. In S. Mufwene, J. Rickford, J. Baugh, & G. Bailey (Eds.), *The structure of African-American English* (pp. 110-153). London: Routledge.

Labov, W., Ash, S., & Boberg, C. (2005). *The atlas of North American English*. New York: Mouton/de Gruyter.

Lahey, M. (1988). *Language disorders and language development*. New York: Macmillan.

Lai, C. S., Fisher, S. E., Hurst, J. A., Vargha-Khadem, F., & Monaco, A. P. (2001). A forkhead-domain gene is mutated in severe speech and language disorder. *Nature, 413,* 519-523.

Lakoff, R. (1975). *Language and woman's place.* New York: Harper & Row.

Lalonde, C. E., & Werker, J. F. (1995). Cognitive influences on cross-language speech perception in infancy. *Infant Behavior and Development, 18,* 459-475.

Landau, B., & Gleitman, L. R. (1985). *Language and experience: Evidence from the blind child*. Cambridge, MA: Harvard University Press.

Landau, B., Smith, L., & Jones, S. (1998). Object shape, object function, and object name. *Journal of Memory and Language, 38,* 1-27.

Landry, S. H., Miller-Loncar, C. L., Smith, K. E., & Swank, P. R. (1997). Predicting cognitive-language and social growth curves from early maternal behaviors in children at varying degrees of biological risk. *Developmental Psychology, 33,* 1040-1053.

Larsen-Freeman, D., & Long, M. H. (1991). *An introduction to second language acquisition research*. New York: Longman.

Laucht, M., Esser, G., & Schmidt, M. H. (1995). Contrasting infant predictors of later cognitive functioning. *Journal of Child Psychology and Psychology and Applied Disciplines, 35,* 649-662.

Laws, G., & Bishop, D. V. M. (2003). A comparison of language abilities in adolescents with Down syndrome and children with specific language impairment. *Journal of Speech, Language, and Hearing Research, 46,* 1324-1339.

Leavens, D. A., Russell, J. L., & Hopkins, W. D. (2005). Intentionality as measured in the persistence and elaboration of communication by chimpanzees *(Pan troglodytes). Child Development, 76,* 291-306.

Lederberg, A. R., Prezbindowski, A. K., & Spencer, P. E. (2000). Word-learning skills of Deaf preschoolers: The development of novel mapping and rapid word-learning. *Child Development, 71,* 1571-1585.

Lee, L. L. (1974). *Developmental sentence analysis: A grammatical assessment procedure for speech and language clinicians*. Evanston, IL: Northwestern University Press.

Lenneberg, E. H. (1967). *Biological foundations of language*. New York: Wiley.

Leonard, L. B. (2000). *Children with specific language impairment*. Cambridge: MIT Press.

Lessow-Hurley, J. (1990). *The foundations of dual language instruction*. White Plains, NY: Longman.

Levorato, M. C., Nesi, B., & Cacciari, C. (2004). Reading comprehension and understanding idiomatic expressions: A developmental study. *Brain and Language, 91,* 303-314.

Liberman, A. M. (1999). When theories of speech meet the real world. *Journal of Psycholinguistic Research, 27,* 111-122.

Lieberman, P. (1991). *Uniquely human: The evolution of speech, thought, and selfless behavior*. Cambridge, MA: Harvard University Press.

Liiva, C. A., & Cleave, P. L. (2005). Roles of initiation and responsiveness in access and participation for children with specific language impairment. *Journal of Speech, Language, and Hearing Research, 48,* 868-883.

Liu, J., Golinkoff, R. M., & Sak, K. (2001). One cow does not an animal make: Young children can extend novel words at the superordinate level. *Child Development, 72,* 1674-1694.

Locke, J. L. (1983). *Phonological acquisition and change*. New York: Academic Press.

Lonigan, C. J., & Whitehurst, G. J. (1998). Relative efficacy of parent and teacher involvement in a shared-reading intervention for preschool children from low-income backgrounds. *Early Childhood Research Quarterly, 13,* 263-290.

Lord, C., & Risi, S. (2000). Diagnosis of autism spectrum disorders in young children. In A. M. Wetherby & B. M. Prizant (Eds.), *Autism spectrum disorders: A transactional developmental perspective* (pp. 11-30). Baltimore: Brookes.

Lovaas, O. I. (1987). Behavioral treatment and normal educational and intellectual functioning in young autistic children. *Journal of Consulting and Clinical Psychology, 55,* 3-9.

Lozanov, G. (1979). *Suggestology and outlines of suggestopedy*. New York: Gordon and Breach Science.

Lucy, J. A. (1992). *Language diversity and thought: A reformulation of the linguistic relativity hypothesis*. New York: Cambridge University Press.

Lund, N. J., & Duchan, J. F. (1993). *Assessing children's language in naturalistic contexts* (3rd ed.). Upper Saddle River, NJ: Prentice Hall.

Lust, B., Flynn, S., & Foley, C. (1996). What children know about what they say: Elicited imitation as a research method for assessing children's syntax. In D. McDaniel, C. McKee, & H. Smith (Eds.), *Methods for assessing children's syntax* (pp. 55-76). Cambridge: MIT Press.

MacWhinney, B. (1987). The competition model. In B. MacWhinney (Ed.), *Mechanisms of language acquisition* (pp. 249–308). Hillsdale, NJ: Erlbaum.

Maguire, M. J. (2004, September). Children's use of universal and language-specific cues in verb learning. *Dissertation Abstracts International, 65* (03), 1579. (UMI No. 9315947)

Mandler, J. (2000). Perceptual and conceptual processes in infancy. *Journal of Cognition and Development, 1,* 3–36.

Markman, E. M. (1989). *Categorization and naming in children: Problems of induction.* Cambridge: MIT Press.

Markman, E. M. (1990). Constraints children place on word meanings. *Cognitive Science, 14,* 57–77.

Markman, E. M. (1991). The whole-object, taxonomic, and mutual exclusivity assumptions as initial constraints on word meanings. In S. A. Gelman & J. P. Byrnes (Eds.), *Perspectives on language and thought: Interrelations in development* (pp. 72–106). New York: Cambridge University Press.

Markman, E. M., & Hutchinson, J. E. (1984). Children's sensitivity to constraints on word meaning: Taxonomic vs. thematic relations. *Cognitive Psychology, 16,* 1–27.

Markson, L., & Bloom, P. (1997). Evidence against a dedicated system for word learning in children. *Nature, 385,* 813–815.

Martin, F. (1994). *Introduction to audiology* (5th ed.). Upper Saddle River, NJ: Prentice Hall.

Martin, F., & Greer Clark, J. (2002). *Introduction to audiology* (8th ed.). Boston: Allyn & Bacon.

Mattingly, I. G., & Liberman, A. M. (1988). Specialized perceiving systems for speech and other biologically significant sounds. In G. M. Edelman, W. E. Gall, & W. M. Cowan (Eds.), *Functions of the auditory system* (pp. 775–793). New York: Wiley.

Mattys, S. L., & Jusczyk, P. W. (2001). Phonotactic cues for segmentation of fluent speech by infants. *Cognition, 78,* 91–121.

Mattys, S. L., Jusczyk, P. W., Luce, P. A., & Morgan, J. L. (1999). Word segmentation in infants: How phonotactics and prosody combine. *Cognitive Psychology, 38,* 465–494.

McBride-Chang, C. (1999). The ABCs of the ABCs: The development of letter-name and letter-sound knowledge. *Merrill-Palmer Quarterly, 45,* 285–308.

McClelland, J. L., Rumelhart, D. E., & Hinton, G. E. (1986). The appeal of parallel distributed processing. In D. Rumelhart, J. McClelland, & the PDP Group (Eds.), *Parallel distributed processing* (Vol. 1, pp. 3–44). Cambridge: MIT Press.

McConchie, A. (n.d.). *The great pop vs. soda controversy.* Retrieved from http://www.

popvssoda.com

McCune, L., & Vihman, M. M. (2001). Early phonetic and lexical development: A productivity approach. *Journal of Speech, Language, and Hearing Research, 44,* 670-684.

McDaniel, D., McKee, C., & Smith Carins, H. (1996). *Methods for assessing children's syntax.* Cambridge: MIT Press.

McDaniel, D., & Smith Cairns, H. (1998). Eliciting judgments of grammaticality and reference. In D. McDaniel, C. McKee, & H. Smith Cairns (Eds.), *Methods for assessing children's syntax* (pp. 233-254). Boston: MIT Press.

McEachern, D., & Haynes, W. O. (2004). Gesture-speech combinations as a transition to multiword utterances. *American Journal of Speech-Language Pathology, 13,* 227-235.

McEachin, J. J., Smith, T., & Laovaas, O. I. (1993). Long-term outcome for children with autism who received early intensive behavioral treatment. *American Journal on Mental Retardation, 97,* 359-372.

McGregor, K. K. (1997). The nature of word-finding errors of preschoolers with and without word-finding deficits. *Journal of Speech and Hearing Research, 40,* 1232-1244.

McGregor, K. K., Friedman, R. M., Reilly, R. M., & Newman, R. M. (2002). Semantic representation and naming in young children. *Journal of Speech, Language, and Hearing Research, 45,* 332-346.

McGregor, K. K., & Leonard, L. B. (1995). Intervention for word-finding deficits in children. In M. Fey, J. Windsor, & S. Warren (Eds.), *Language intervention: Preschool through the elementary years* (pp. 85-105). Baltimore: Brookes.

Meadows, D., Elias, G., & Bain, J. (2000). Mothers' ability to identify infants' communicative acts consistently. *Journal of Child Language, 27,* 393-406.

Mehler, J., Jusczyk, P. W., Lambetz, G., Halsted, N., Bertoncini, J., & Amiel-Tison, C. (1988). A precursor of language acquisition in young infants. *Cognition, 29,* 144-178.

Menyuk, P. (1999). *Reading and linguistic development.* Cambridge, MA: Brookline Books.

Mercer, C. (1997). *Students with learning disabilities* (5th ed.). Upper Saddle River, NJ: Prentice Hall.

Merriman, W. E., & Bowman, L. (1989). The mutual exclusivity bias in children's early word learning. *Monographs of the Society for Research in Child Development, 54*(3-4), 1-129.

Mervis, C. B. (1987). Child-basic object categories and early development. In U. Neisser (Ed.), *Concepts and conceptual development: Ecological and intellectual factors in categorization* (pp. 201-233). New York: Cambridge University Press.

Mervis, C. B., & Crisafi, M. A. (1982). Order of acquisition of subordinate, basic, and superordinate categories. *Child Development, 53,* 258-266.

Meyer, M., Leonard, S., Hirsh-Pasek, K., Imai, E., Haryu, E., Pulverman, R., et al. (2003, November). *Making a convincing argument: A crosslinguistic comparison of noun and verb learning in Japanese and English*. Boston: Boston University Conference on Language Development.

Meyer, T. A., Svirsky, M. A., Kirk, K. I., & Miyamoto, R. T. (1998). Improvements in speech perception by children with profound prelingual hearing loss: Effects of device, communication mode, and chronological age. *Journal of Speech, Language, and Hearing Research, 41,* 846-858.

Miller, C. L. (1988). Parents' perceptions and attributions of infant vocal behaviour and development. *First Language, 8,* 125-141.

Miller, E. K. (1999). The prefrontal cortex: Complex neural properties for complex behavior. *Neuron, 22,* 15-17.

Miller, J. (1981). *Assessing language production in children: Experimental procedures*. Baltimore: University Park Press.

Miller, J., & Chapman, R. (1981). The relationship between age and mean length of utterance in morphemes. *Journal of Speech and Hearing Research, 24,* 154-161.

Miller, J., & Chapman, R. (2000). *SALT: Systematic Analysis of Language Transcripts*. Madison: Language Analysis Laboratory, Waisman Center, University of Wisconsin—Madison.

Miller, J., & Iglesias, A. (2006). *A systematic analysis of language transcripts* (SALT; English & Spanish, Version 9). Madison: Language Analysis Lab, University of Wisconsin—Madison.

Mistry, R. S., Biesanz, J. C., Taylor, L. C., Burchinal, M., & Cox, M. J. (2004). Family income and its relation to preschool children's adjustment for families in the NICHD study of early child care. *Developmental Psychology, 40,* 727-745.

Molfese, D. L. (1990). Auditory evoked responses recorded from 16-month-old human infants to words they did and did not know. *Brain and Language, 38,* 345-363.

Moore, J. A., & Teagle, H. F. B. (2002). An introduction to cochlear implant technology, activation, and programming. *Language, Speech, and Hearing Services in Schools, 33,* 153-161.

Morales, M., Mundy, P., & Rojas, J. (1998). Following the direction of gaze and language development in 6-month-olds. *Infant Behavior and Development, 21,* 373-377.

Muñoz, M. L., Gillam, R. B., Peña, E. B., & Gulley-Faehnle, A. (2003). Measures of language development in fictional narratives of Latino children. *Language, Speech, and Hearing Services in Schools, 34,* 332–342.

Naigles, L., & Kako, E. (1993). First contact in verb acquisition: Defining a role for syntax. *Child Development, 64,* 1665–1687.

Naremore, R. C., Densmore, A. E., & Harman, D. R. (1995). *Language intervention with school-aged children: Conversation, narrative, and text.* San Diego, CA: Singular.

Nash, M., & Donaldso, M. L. (2005). Word learning in children with vocabulary deficits. *Journal of Speech, Language, and Hearing Research, 48,* 439–458.

Nathani, S. R., Ertmer, D. J., & Stark, R. E. (2000). *Stark Assessment of Early Vocal Development.* Unpublished manuscript, Purdue University, West Lafayette, IN.

National Institute of Child Health and Human Development (NICHD). (n.d.). *The NICHD Study of Early Child Care and Youth Development.* Rockville, MD: Author. Retrieved September 5, 2006, from http://secc.rti.org/

National Institute of Child Health and Human Development (NICHD) Early Child Care Research Network. (1996). Characteristics of infant child care: Factors contributing to positive caregiving. *Early Childhood Research Quarterly, 11,* 269–306.

National Institute of Child Health and Human Development (NICHD) Early Child Care Research Network. (1997). Familial factors associated with the characteristics of nonmaternal care for infants. *Journal of Marriage and the Family, 59,* 389–408.

National Institute of Child Health and Human Development (NICHD) Early Child Care Research Network. (2000). The relation of child care to cognitive and language development. *Child Development, 71,* 960–980.

National Institute on Deafness and Other Communication Disorders. (n.d.). *Milestones in your child's speech and language development.* Bethesda, MD: Author. Retrieved September 5, 2006, from http://www.nidcd.nih.gov/health/voice/thebasics_speechandlanguage.asp

National Institute on Deafness and Other Communication Disorders. (2003). *Traumatic brain injury: Cognitive and communication disorders.* Bethesda, MD: Author. Retrieved July 9, 2006, from http://www.nidcd.nih.gov/health/voice/tbrain. htm

Nelson, K. (1973). Structure and strategy in learning to talk. *Monographs of the Society of Research in Child Development, 38*(1–2), 1–135.

Nelson, N. W. (1998). *Childhood language disorders in context.* Boston: Allyn & Bacon.

Neuman, S. (2006). The knowledge gap: Implications for early education. In D. Dickinson & S. Neuman (Eds.), *Handbook of early literacy research* (Vol. 2, pp. 29–40). New York:

Guilford Press.

Newman, M. (2006). New York tawk (New York City). In W. Wolfram & B. Ward (Eds.), *American voices: How dialects differ from coast to coast* (pp. 82-87). Malden, MA: Blackwell.

Newport, E. (1990). Maturational constraints on language learning. *Cognitive Science, 14,* 11-28.

Nicely, P., Tamis-LeMonda, C. S., & Bornstein, M. H. (1999). Mothers' attuned responses to infant affect expressivity promote earlier achievement of language milestones. *Infant Behavior and Development, 22,* 557-568.

Nicholas, J. G., & Geers, A. E. (1997). Communication of oral Deaf and normally hearing children at 36 months of age. *Journal of Speech, Language, and Hearing Research, 40,* 1314-1327.

Ninio, A., & Bruner, J. (1978). The achievement and antecedents of labeling. *Journal of Child Language, 5,* 1-15.

Nippold, M. A. (1998). *Later language development: The school-age and adolescent years* (2nd ed.). Austin, TX: PRO-ED.

Nippold, M. A. (2000). Language development during the adolescent years: Aspects of pragmatics, syntax, and semantics. *Topics in Language Disorders, 20,* 1528.

Nippold, M. A., Ward-Lonergan, J. M., & Fanning, J. L. (2005). Persuasive writing in children, adolescents, and adults: A study of syntactic, semantic, and pragm atic development. *Language, Speech, and Hearing Services in Schools, 36,* 125-138.

Nittrouer, S. (1996). The relation between speech perception and phonemic awareness: Evidence from low-SES children and children with chronic OM. *Journal of Speech and Hearing Research, 39,* 1059-1070.

Noback, C. R., Strominger, N. L., Demarest, R. J., & Ruggiero, D. A. (2005). *The human nervous system: Structure and function* (6th ed.). Totowa, NJ: Humana Press.

O'Connor, R. E., & Jenkins, J. R. (1999). Prediction of reading disabilities in kindergarten and first grade. *Scientific Studies of Reading, 3,* 159-197.

Office of the Federal Register. (1990). *Presidential Proclamation 6158.* Retrieved December 30, 2005, from http://www.loc.gov/loc/brain/proclaim.html

O'Grady, W. (1997). Semantics: The analysis of meaning. In W. O'Grady, M. Dobrovolsky, & M. Arnoff (Eds.), *Contemporary linguistics* (3rd ed., pp. 245-287). Boston: Bedford/St. Martin's.

O'Grady, W., Dobrovolsky, M., & Arnoff, M. (Eds.). (1997). *Contemporary linguistics* (3rd ed.). Boston: Bedford/St. Martin's.

Oliver, B. R., Dale, P. S., & Plomin, R. (2005). Predicting literacy at age 7 from preliteracy at age 4: A longitudinal genetic analysis. *Psychological Science, 16,* 861-865.

Oller, D. K., Eilers, R. E., Urbano, R., & Cobo-Lewis, A. B. (1997). Development of precursors to speech in infants exposed to two language. *Journal of Child Language, 24,* 407-425.

Owens, R. (1996). *Language development: An introduction* (4th ed.). New York: Allyn & Bacon.

Owens, R. E. (2001). *Language development: An introduction* (5th ed.). Needham Heights, MA: Allyn & Bacon.

Owens, R. E. (2005). *Language development: An introduction* (6th ed.). Boston: Allyn & Bacon.

Pakulski, L. (2006). Pediatric hearing loss. In L. Justice (Ed.), *Communication sciences and disorders: An introduction* (pp. 428-467). Upper Saddle River, NJ: Merrill/Prentice Hall.

Pallier, C., Dehaene, S., Poline, J. B., LeBihan, D., Argenti, A. M., Dupoux, E., et al. (2003). Brain imaging of language plasticity in adopted adults: Can a second language replace the first? *Cerebral Cortex, 13,* 155-161.

Papousek, M., Papousek, H., & Symmes, D. (1991). The meanings of melodies in motherese in tone and stress languages. *Infant Behavior and Development, 14,* 415-440.

Paradis, J. (2005). Grammatical morphology in children learning English as a second language: Implications of similarities with specific language impairment. *Language, Speech, and Hearing Services in Schools, 36,* 172-187.

Paul, R. (1995). *Language disorders from infancy through adolescence: Assessment and intervention.* St. Louis, MO: Mosby-Year Book.

Paul, R. (2001). *Language disorders from infancy through adolescence: Assessment and intervention* (2nd ed.). St. Louis, MO: Mosby.

Paul, R., & Smith, R. L. (1993). Narrative skills in 4-year-olds with normal, impaired, and late developing language. *Journal of Speech and Hearing Research, 36,* 592-598.

Paul, R., Spangle-Looney, S., & Dahm, P. S. (1991). Communication and socialization skills at ages 2 and 3 in "late talking" young children. *Journal of Speech and Hearing Research, 34,* 858-865.

Pence, K., Skibbe, L. E., Justice, L. M., Bowles, R., & Beckman, A. (2006). *Chronicity and timing of early childhood impairment and adjustment to kindergarten.* Manuscript under review.

Peterson, C. (1990). The who, when, and where of early narratives. *Journal of Child Language, 17,* 433–455.

Peterson, C., Jesso, B., & McCabe, A. (1999). Encouraging narratives in preschoolers: An intervention study. *Journal of Child Language, 26,* 49–67.

Petitto, L. -A., Holowka, S., Sergio, L. E., & Ostry, S. (2001). Language rhythms in baby hand movements. *Nature, 413,* 35–36.

Petitto, L. -A., Katerelos, M., Levy, B. G., Gauna, K., Tétreault, K., & Ferraro, V. (2001). Bilingual signed and spoken language acquisition from birth: Implications for the mechanisms underlying early bilingual language acquisition. *Journal of Child Language, 28,* 453–496.

Phillips, C. (2001). Levels of representation in the electro-physiology of speech perception. *Cognitive Science, 25,* 711–731.

Piaget, J. (1923). *The language and thought of the child.* London: Kegan Paul.

Piaget, J. (1970). *Structuralism.* New York: Basic Books.

Pinker, S. (1984). *Language learnability and language development.* Cambridge, MA: Harvard University Press.

Pinker, S. (1994). *The language instinct: How the mind creates language.* New York: Morrow.

Pinker, S. (1999). *Words and rules.* New York: Basic Books.

Pisoni, D., Cleary, M., Geers, A., & Tobey, E. (2000). Individual differences in effectiveness of cochlear implants in children who are prelingually Deaf: New process measures of performance. *Volta Review, 10,* 111–164.

Poole, I. (1934). Genetic development of consonant sounds in speech. *Elementary English Review, 11,* 159–161.

Poplack, S. (1978). Dialectical acquisition among Puerto Rican bilinguals. *Language in Society, 7,* 89–103.

Prather, E. M., Hedrick, E. L., & Kerin, C. A. (1975). Articulation development in children aged two to four years. *Journal of Speech and Hearing Disorders, 40,* 179–191.

Pulverman, R., & Golinkoff, R. M. (2004). *Seven-month-olds' attention to potential verb referents in nonlinguistic events.* Paper presented at the 28th annual Boston University Conference on Language Development, Boston, MA.

Purnell, T., Idsardi, W., & Baugh, J. (1999). Perceptual and phonetic experiments on American English dialect identification. *Journal of Language and Social Psychology,*

*18,* 10–30.

Pye, C. (1992). The acquisition of K'iche' Maya. In D. Slobin (Ed.), *The crosslinguistic study of language acquisition* (Vol. 3, pp. 221–308). Hillsdale, NJ: Erlbaum.

Quinn, P. C., Eimas, P. D., & Rosenkrantz, S. L. (1993). Evidence for representations of perceptually similar natural categories by 3-month-old and 4-month-old infants. *Perception, 22,* 463–475.

Radford, A., & Ploennig-Pacheco, I. (1995). The morpho-syntax of subjects and verbs in child Spanish: A case study. *Essex Research Reports in Linguistics, 5,* 23–67.

Ramus, F. (n.d.). *Non-nutritive sucking at birth.* Paris: Laboratoire de Sciences Cognitives et Psycholinguistique Ecole Normale Supérieure.

Rapin, I., & Allen, D. A. (1987). Developmental dysphasia and autism in pre-school children: Characteristics and subtypes. In J. Martin, P. Fletcher, P. Grunwell, & D. Hall (Eds.), *Proceedings of the First International Symposium on Specific Speech and Language Disorders in Children* (pp. 20–35). London: Association for All Speech-Impaired Children (AFASIC).

Ratner, V. L., & Harris, L. R. (1994). *Understanding language disorders: The impact on learning.* Eau Claire, WI: Thinking.

Redmond, S., & Rice, M. L. (1998). The socioemotional behaviors of children with SLI: Social adaptation or social deviance? *Journal of Speech, Language, and Hearing Research, 41,* 688–700.

Reid, D. K. (2000). Ebonics and Hispanic, Asian, and Native American dialects of English. In K. R. Fahey & D. K. Reid (Eds.), *Language development, differences, and disorders* (pp. 219–246). Austin, TX: PRO-ED.

Reid, D. K., Hresko, W., & Hammill, D. (2002). *Test of Early Reading Ability* (3rd ed.). Austin, TX: PRO-ED.

Rescorla, L. (1980). Overextension in early language development. *Journal of Child Language, 7,* 321–335.

Rescorla, L. (1993a). Language Development Survey (LDS): The use of parental report in the identification of communicatively delayed toddlers. *Seminars in Speech and Language, 14,* 264–277.

Rescorla, L. A. (1993b, March). *Outcomes of toddlers with specific expressive language delay (SELD) at ages 3, 4, 5, 6, 7, and 8.* Paper presented at the biennial meeting of the Society for Research in Child Development, New Orleans, LA.

Rescorla, L., Roberts, J., & Dahlsgaard, K. (1997). Late talkers at 2: Outcome at age 3. *Journal of Speech, Language, and Hearing Research, 40,* 556-566.

Rescorla, L., & Schwartz, E. (1990). Outcome of toddlers with specific expressive language delay. *Applied Psycholinguistics, 11,* 393-407.

Reznick, J. S., & Goldfield, B. A. (1992). Rapid change in lexical development in comprehension and production. *Developmental Psychology, 28,* 406-413.

Rice, M. L. (1996). *Toward a genetics of language.* Mahwah, NJ: Erlbaum.

Rice, M. L., Haney, K. R., & Wexler, K. (1998). Family histories of children with SLI who show extended optional infinitives. *Journal of Speech, Language, and Hearing Research, 41,* 419-432.

Rice, M. L., & Wexler, K. (1996). Toward tense as a clinical marker of specific language impairment in English-speaking children. *Journal of Speech and Hearing Research, 39,* 1239-1257.

Rice, M. L., Wexler, K., & Cleave, P. L. (1995). Specific language impairment as a period of extended optional infinitive. *Journal of Speech and Hearing Research, 38,* 850-863.

Richards, B. J. (1990). *Language development and individual differences: A study of auxiliary verb learning.* Cambridge, England: Cambridge University Press.

Rizzolatti, G., & Craighero, L. (2004). The mirror-neuron system. *Annual Review of Neuroscience, 27,* 169-192.

Robbins, C., & Ehri, L. C. (1994). Reading storybooks to kindergartners helps them learn new vocabulary words. *Journal of Education Psychology, 86,* 54-64.

Roberts, J., Nagy, N., & Boberg, C. (2006). Yakking with the Yankees (New England). In W. Wolfram & B. Ward (Eds.), *American voices: How dialects differ from coast to coast* (pp. 57-62). Malden, MA: Blackwell.

Roberts, J. A., Pollock, K. E., Krakow, R., Price, J., Fulmer, K., & Wang, P. P. (2005). Language development in preschool-age children adopted from China. *Journal of Speech, Language, and Hearing Research, 48,* 93-107.

Robertson, K., & Murachver, T. (2003). Children's speech accommodation to gendered language styles. *Journal of Language and Social Psychology, 22,* 321-333.

Robinson, N. M., Dale, P. S., & Landesman, S. (1990). Validity of Stanford-Binet IV with linguistically precocious toddlers. *Intelligence, 14,* 173-186.

Rosenberg, S., & Abbeduto, L. (1993). *Language and communication in mental retardation.* Hillsdale, NJ: Erlbaum.

Rossetti, L. (1990). *Infant-Toddler Language Scale.* East Moline, IL: LinguiSystems.

Rumelhart, D. E. (1980). Schemata: The building blocks of cognition. In R. J. Spiro, B. C.

Bruce, & W. F. Brewer (Eds.), *Theoretical issues in reading* (pp. 34–58). Hillsdale, NJ: Erlbaum.

Rumelhart, D. E., & McClelland, J. L. (1986). On learning the past tenses of English verbs. In D. E. Rumelhart & J. L. McClelland (Eds.), *Parallel distributed processing: Explorations in the microstructure of cognition: Vol. 2. Psychological and biological models* (pp. 216–271). Cambridge: MIT Press.

Rush, K. L. (1999). Caregiver–child interactions and early literacy development of preschool children from low–income environments. *Topics in Early Childhood Special Education, 19,* 3–14.

Russell, N. K. (1993). Educational considerations in traumatic brain injury: The role of the speech–language pathologist. *Language, Speech, and Hearing Services in Schools, 24,* 67–75.

Safran, S. P., Safran, J. S., & Ellis, K. (2003). Intervention ABCs for children with Asperger syndrome. *Topics in Language Disorders, 23,* 154–165.

Salvucci, C. (2006). Expressions of brotherly love (Philadelphia, PA). In W. Wolfram & B. Ward (Eds.), *American voices: How dialects differ from coast to coast* (pp. 88–92). Malden, MA: Blackwell.

Sander, E. K. (1972). When are speech sounds learned? *Journal of Speech and Hearing Disorders, 37,* 55–63.

Sapir, E. (1921). *Language: An introduction to the study of speech.* New York: Harcourt, Brace.

Saylor, M. M., & Sabbagh, M. A. (2004). Different kinds of information affect word learning in the preschool years: The case of part–term learning. *Child Development, 75,* 395–408.

Scarborough, H. (1990). Very early language deficits in dyslexic children. *Child Development, 61,* 1728–1743.

Scarborough, H. S. (2001). Connecting early language and literacy to later reading (dis)abilities: Evidence, theory, and practice. In S. B. Neuman & D. K. Dickinson (Eds.), *Handbook of early literacy research* (pp. 97–110). New York: Guilford Press.

Schieffelin, B. B., & Ochs, E. (1986). Language socialization. *Annual Review of Anthropology, 15,* 163–191.

Schull, W. J. (1998). The Japanese experience, 1947–1997. *Proceedings of the National Academy of Science, 95,* 5437–5441.

Semel, E., Wiig, E. H., & Secord, W. H. (2004). *Clinical Evaluation of Language*

*Fundamentals—Preschool* (2nd ed.). San Antonio, TX: Harcourt Assessment.

Sénéchal, M. (1997). The differential effect of storybook reading on preschoolers' acquisition of expressive and receptive vocabulary. *Journal of Child Language, 24,* 123-138.

Sénéchal, M., Thomas, E., & Monker, J. (1995). Individual differences in 4-year-old children's acquisition of vocabulary during storybook reading. *Journal of Educational Psychology, 87,* 218-229.

Senghas, A., & Coppola, M. (2001). Children creating language: How Nicaraguan Sign Language acquired a spatial grammar. *Psychological Science, 12,* 323-328.

Shatz, M., Hoff-Ginsberg, E., & Maclver, D. (1989). Induction and the acquisition of English auxiliaries: The effects of differentially enriched input. *Journal of Child Language, 12,* 199-207.

Shavelson, R. J., & Towne, L. (Eds.). (2002). *Scientific research in education.* Washington, DC: National Academy Press.

Shaywitz, B. A., Shaywitz, S. E., Pugh, K. R., Constable, R. T., Skudlarski, P., Fulbright, R. K., et al. (1995). Sex differences in the functional organization of the brain for language. *Nature, 373,* 607-609.

Shonkoff, J. P., Phillips, D. A. (Eds.). (2000). *From neurons to neighborhoods: The science of early childhood development.* Washington, DC: National Academy Press.

Shriberg, L. D., Friel-Patti, S., Flipsen, P., Jr., & Brown, R. L. (2000). Otitis media, fluctuant hearing loss and speech-language delay: A preliminary structural equation model. *Journal of Speech, Language, and Hearing Research, 43,* 100-120.

Simon, C., & Holway, C. L. (1991). Presentation of communication evaluation information. In C. Simon (Ed.), *Communication skills and classroom success* (pp. 151-199). Eau Claire, WI: Thinking.

Sinclair-de-Zwart, H. (1973). Language acquisition and cognitive development. In T. E. Moore (Ed.), *Cognitive development and the acquisition of language* (pp. 9-26). New York: Academic Press.

Skinner, B. F. (1957). *Verbal behavior.* New York: Appleton Century Crofts.

Sloutsky, V. M., & Napolitano, A. C. (2003). Is a picture worth a thousand words? Preference for auditory modality in young children. *Child Development, 74,* 822-833.

Smiley, P., & Huttenlocher, J. (1995). Conceptual development and the child's early words for events, objects and persons. In M. Tomasello & W. Merriman (Eds.), *Beyond names for things: Young children's acquisition of verbs* (pp. 21-61). Hillsdale, NJ: Erlbaum.

Smith, L. B., Jones, S. S., & Landau, B. (1992). Count nouns, adjectives, and perceptual properties in children's novel word interpretations. *Developmental Psychology, 28,* 273-286.

Smith-Hefner, N. (1988). The linguistic socialization of Javanese children in two communities. *Anthropological Linguistics, 30,* 166-198.

Snow, C. E. (1972). Mothers' speech to children learning language. *Child Development, 43,* 549-565.

Snow, C. E., & Ferguson, C. A. (1977). *Talking to children: Language input and acquisition.* New York: Cambridge University Press.

Sorsby, A. J., & Martlew, M. (1991). Representational demands in mothers' talk to preschool children in two contexts: Picture book reading and a modeling task. *Journal of Child Language, 18,* 373-395.

Southerland, R. H. (1997). Language in social contexts. In W. O'Grady, M. Dobrovolsky, & M. Arnoff (Eds.), *Contemporary linguistics: An introduction* (3rd ed., pp. 509-551). Boston: Bedford/St. Martin's.

Spaulding, T. J., Plante, E., & Farinella, K. A. (2006). Eligibility criteria for language impairment: Is the low end of normal always appropriate? *Language, Speech, and Hearing Services in Schools, 37,* 61-72.

Speece, D. L., Roth, F. P., Cooper, D. H., & De La Paz, S. (1999). The relevance of oral language skills to early literacy: A multivariate analysis. *Applied Psycholinguistics, 20,* 167-190.

Spelke, E. S. (1979). Exploring audible and visual events in infancy. In A. D. Pick (Ed.), *Perception and its development: A tribute to Eleanor J. Gibson* (pp. 221-233). Hillsdale, NJ: Erlbaum.

Spinath, F. M., Price, T. S., Dale, P. S., & Plomin, R. (2004). The genetic and environmental origins of language disability and ability. *Child Development, 75,* 445-454.

Stager, C. L., & Werker, J. F. (1997). Infants listen for more phonetic detail in speech perception than in word-learning tasks. *Nature, 388,* 381-382.

Stanovich, K. E. (2000). *Progress in understanding reading: Scientific foundations and new frontiers.* New York: Guilford Press.

Stein, N. (1982). What's in a story: Interpreting the interpretations of story grammars. *Discourse Processes, 5,* 319-335.

Stoel-Gammon, C., & Dunn, C. (1985). *Normal and disordered phonology in children.* Austin, TX: PRO-ED.

Stokes, D. E. (1997). *Pasteur's quadrant: Basic science and technological innovation*. Washington, DC: Brookings Institution Press.

Storkel, H. L. (2001). Learning new words. I. Phonotactic probability in language development. *Journal of Speech, Language, and Hearing Research, 44,* 1321-1337.

Stothard, S. E., Snowling, M. J., Bishop, D. V. M., Chipchase, B. B., & Kaplan, C. A. (1998). Language-impaired preschoolers: A follow-up into adolescence. *Journal of Speech, Language, and Hearing Research, 41,* 407-418.

Strommen, E. F., & Frome, F. S. (1993). Talking back to Big Bird: Preschool users and a simple speech recognition system. *Educational Technology Research and Development, 41,* 5-16.

Stromswold, K. (2001). The heritability of language: A review and metaanalysis of twin, adoption, and linkage studies. *Language, 77,* 647-723.

Tabors, P. O. (1997). *One child, two languages: A guide for preschool educators of children learning English as a second language*. Baltimore: Brookes.

Tamis-LeMonda, C. S., Bornstein, M. H., & Baumwell, L. (2001). Maternal responsiveness and children's achievement of language milestones. *Child Development, 72,* 748-757.

Tannen, D. (1991). *You just don't understand: Women and men in conversation*. New York: Ballantine Books.

Tannen, D. (1994). *Talking from 9 to 5: How women's and men's conversational styles affect who gets heard, who gets credit, and what gets done at work*. London: Virago.

Taylor, G. R. (2001). *Educational interventions and services for children with exceptionalities*. Springfield, IL: Charles C Thomas.

Templin, M. C. (1957). *Certain language skills in children* (Institute of Child Welfare Monograph Series 26). Minneapolis: University of Minnesota Press.

Terrell, T. D. (1977). A natural approach to second language acquisition and learning. *Modern Language Journal, 61,* 325-337.

Thal, D., & Tobias, S. (1992). Communicative gestures in children with delayed onset of oral expressive vocabulary. *Journal of Speech and Hearing Research, 35,* 1281-1289.

Thiessen, E. D., & Saffran, J. R. (2003). When cues collide: Use of stress and statistical cues to word boundaries by 7- to 9-month-old infants. *Developmental Psychology, 39,* 706-716.

Thompson, C. K., Shapiro, L. P., Kiran, S., & Sobecks, J. (2003). The role of syntactic complexity in treatment of sentence deficits in agrammatic aphasia: The complexity account of treatment efficacy (CATE). *Journal of Speech, Language, and Hearing*

*Research, 46,* 591-607.

Throneburg, R. N., Calvert, L. K., Sturm, J. J., Paramboukas, A. A., & Paul, P. J. (2000). A comparison of service delivery models: Effects on curricular vocabulary skills in the school setting. *American Journal of Speech-Language Pathology, 9,* 10-20.

Tomasello, M. (1987). Learning to use prepositions: A case study. *Journal of Child Language, 14,* 79-98.

Tomasello, M. (1988). The role of joint attentional processes in early language development. *Language Sciences, 10,* 69-88.

Tomasello, M. (2003). *Constructing a language.* Cambridge, MA: Harvard University Press.

Tomasello, M., & Todd, J. (1983). Joint attention and lexical acquisition style. *First Language, 4,* 197-212.

Tomblin, J. B. (1989). Familial concentration of developmental language impairment. *Journal of Speech and Hearing Disorders, 54,* 287-295.

Tomblin, J. B., Records, N. L., Buckwalter, P., Zhang, X., Smith, E., & O'Brien, M. (1997). Prevalence of specific language impairment in kindergarten children. *Journal of Speech, Language, and Hearing Research, 40,* 1245-1260.

Tomblin, J. B., Zhang, X., Buckwalter, P., & O'Brien, M. (2003). The stability of primary language disorder: Fours years after kindergarten diagnosis. *Journal of Speech, Language, and Hearing Research, 46,* 1283-1296.

Trainor, L. J., & Desjardins, R. N. (2002). Pitch characteristics of infant-directed speech affect infants' ability to discriminate vowels. *Psychonomic Bulletin and Review, 9,* 335-340.

Treiman, R., & Broderick, V. (1998). What's in a name? Children's knowledge about the letters in their own names. *Journal of Experimental Child Psychology, 70,* 97-116.

Trouton, A., Spinath, F. M., & Plomin, R. (2002). Twins Early Development Study (TEDS): A multivariate, longitudinal genetic investigation of language, cognition, and behaviour problems in childhood. *Twin Research, 5,* 444-448.

Tsao, F. M., Liu, H. M., & Kuhl, P. K. (2004). Speech perception in infancy predicts language development in the second year of life: A longitudinal study. *Child Development, 75,* 1067-1084.

Tye-Murray, N. (2000). The child who has severe or profound hearing loss. In J. B. Tomblin, H. L. Morris, & D. C. Spriestersbach (Eds.), *Diagnosis in speech-language pathology* (2nd ed.). San Diego, CA: Singular.

Ukrainetz, T. A., Justice, L. M., Kaderavek, J. N., Eisenberg, S. L., Gillam, R. B., & Harm, H. M. (2005). The development of expressive elaboration in fictional narratives. *Journal of Speech, Language, and Hearing Research, 48,* 1363-1377.

U.S. Department of Education. (1999). Assistance to states for the education of children with disabilities and the early intervention program for infants and toddlers with disabilities: Final regulations. *Federal Register, 64*(48), CFR Parts 300 and 303.

U.S. Department of Education. (2001). *Twenty-third annual report to Congress on the implementation of the Individuals with Disabilities Education Act.* Washington, DC: Author.

U.S. Department of Education, National Center for Education Statistics. (2005). *Public elementary and secondary students, staff, schools, and school districts: School year 2002-03* (Rep. No. NCES 2005-314). Washington, DC: Author.

U.S. Department of Health and Human Services. (1999). *Traumatic brain injury in the United States: A report to Congress.* Washington, DC: Author.

U.S. Department of State. (2005). *Immigrant visas issued to orphans coming to the U.S.* Washington, DC: Author. Retrieved December 30, 2005, from http://travel.state.gov/family/adoption/stats/stats_451.html

Valdez-Menchaca, M. C., Marta, C., & Whitehurst, G. J. (1992). Accelerating language development through picture book reading: A systematic extension to Mexican day care. *Developmental Psychology, 28,* 1106-1114.

van der Lely, H. K. J., & Stollwerck, L. (1996). A grammatical specific language impairment in children: An autosomal dominant in heritance? *Brain and Language, 52,* 484.

Van Hulle, C. A., Goldsmith, H. H., & Lemery, K. S. (2004). Genetic, environmental, and gender effects on individual differences in toddler expressive language. *Journal of Speech, Language, and Hearing Research, 47,* 904-912.

Vasilyeva, M., Huttenlocher, J., & Waterfall, H. (2006). Effects of language intervention on syntactic skill levels in preschoolers. *Developmental Psychology, 42,* 164-174.

Vaux, B. (2004). American dialects. In J. Tood (Ed.), *Let's go USA 2004.* New York: St. Martin's Press.

Volterra, V., Caselli, M. C., Capirci, O., & Pizzuto, E. (2005). Gesture and the emergence and development of language. In M. Tomasello & D. I. Slobin (Eds.), *Beyond nature-nurture: Essays in honor of Elizabeth Bates* (pp. 3-40). Mahwah, NJ: Erlbaum.

Volterra, V., & Taeschner, T. (1978). The acquisition and development of language by bilingual children. *Journal of Child Language, 5,* 311-326.

Vygotsky, L. S. (1978). *Mind in society: The development of higher psychological processes.* Cambridge, MA: Harvard University. (Edited by M. Cole, V. John-Steiner, S. Scribner,

& E. Souberman)

Wallace, I. F., Roberts, J. E., & Lodder, D. E. (1998). Interactions of African American infants and their mothers: Relations with development at 1 year of age. *Journal of Speech, Language, and Hearing Research, 41*, 900-912.

Walley, A. C. (1993). The role of vocabulary development in children's spoken word recognition and segmentation ability. *Developmental Review, 13,* 286-350.

Wang, Q., & Leichtman, M. D. (2000). Same beginnings, different stories: A comparison of American and Chinese children's narratives. *Child Development, 71,* 1329-1346.

Washington, J., & Craig, H. (1994). Dialectal forms during discourse of poor, urban, African-American preschoolers. *Journal of Speech and Hearing Research, 37,* 816-823.

Wasik, B. A., Bond, M. A., & Hindman, A. (2006). The effects of a language and literacy intervention on Head Start children and teachers. *Journal of Educational Psychology, 98,* 63-74.

Watkins, R., & Rice, M. L. (Eds.). (1994). *Specific language impairments in children.* Baltimore: Brookes.

Watkins, R., Rice, M., & Molz, C. (1993). Verb use by language-impaired and normally developing children. *First Language, 37,* 133-143.

Waxman, S. R., & Booth, A. (2000). Principles that are involved in the acquisition of words, but not facts. *Cognition, 77,* B33-B43.

Waxman, S. R., & Booth, A. E. (2001). On the insufficiency of evidence for a domain-general account of word learning. *Cognition, 78,* 277-279.

Weijer, J., van de. (2001). Vowels in infant- and adult-directed speech. In A. Karlsson & J. van de Weijer (Eds.), *Papers from Fonetik 2001 held at Örenäs, May 30-June 1, 2001* (Working Paper 49, pp. 172-175). Lund, Sweden: Lund University.

Weismer, S. E., Plante, E., Jones, M., & Tomblin, J. B. (2005). A functional magnetic resonance imaging investigation of verbal working memory in adolescents with specific language impairment. *Journal of Speech, Language, and Hearing Research, 48,* 405-425.

Weismer, S. E., & Thordardottir, E. (2002). Cognition and language. In P. Accardo, B. Rogers, & A. Capute (Eds.), *Disorders of language development* (pp. 21-37). Timonium, MD: York Press.

Weiss, C. E., Gordon, M. E., & Lillywhite, H. S. (1987). *Clinical management of articulatory and phonologic disorders* (2nd ed.). Baltimore: Williams & Wilkins.

Weist, R. M. (2002). Temporal and spatial concepts in child language: Conventional and configurational. *Journal of Psycholinguistic Research, 31,* 195–210.

Weitzman, E., & Greenberg, J. (2002). *Learning language and loving it: A guide to promoting children's social, language, and literacy development in early childhood settings* (2nd ed.). Toronto, Ontario, Canada: The Hanen Centre.

Wellman, B., Case, I., Mengert, I., & Bradbury, D. (1931). Speech sounds of young children. *State University of Iowa Studies in Child Welfare, 5,* 2.

Werker, J. F. (1995). Age-related changes in cross-language speech perception. In W. Strange (Ed.), *Speech perception and linguistic experience: Issues in cross-language research* (pp. 155–169). Timonium, MD: York Press.

Werker, J. F., & Tees, R. C. (1992). The organization and reorganization of human speech perception. *Annual Reviews of Neuroscience, 15,* 377–402.

Westby, C. E. (1985). Learning to talk—Talking to learn: Oral-literate language differences. In C. S. Simon (Ed.), *Communication skills and classroom success: Therapy methodologies for language-learning disabled students* (pp. 181–218). San Diego, CA: College-Hill Press.

Westby, C. E. (1991). Learning to talk—Talking to learn: Oral-literate language differences. In C. S. Simon (Ed.), *Communication skills and classroom success: Assessment and therapy methodologies for language and learning disabled students* (Rev. ed., pp. 334–357). Eau Claire, WI: Thinking.

Westby, C. E. (1998). Communicative refinement in school age and adolescence. In W. O. Haynes & B. B. Shulman (Eds.), *Communication development: Foundations, processes, and clinical implications* (pp. 311–360). Baltimore: Williams & Wilkins.

White, T. G., Sowell, J., & Yanagihara, A. (1989). Teaching elementary students to use word-part clues. *Reading Teacher, 42,* 302–308.

Whitehurst, G. J. (1997). Language processes in context: Language learning in children reared in poverty. In L. B. Adamson & M. A. Romski (Eds.), *Communication and language acquisition: Discoveries from atypical development* (pp. 233–265). Baltimore: Brookes.

Whitehurst, G. J., Arnold, D. S., Epstein, J. N., Angell, A. L., Smith, M., & Fischel, J. E. (1994). A picture book reading intervention in day-care and home for children from low-income families. *Developmental Psychology, 30,* 679–689.

Whitehurst, G. J., Falco, F. L., Lonigan, C. J., Fischel, J. E., DeBaryshe, B. D., Valdez-Menchaca, M. C., et al. (1988). Accelerating language development through picture book reading. *Developmental Psychology, 24,* 552–559.

Whitehurst, G. J., & Lonigan, C. J. (1998). Child development and emergent literacy. *Child Development, 68,* 848-872.

Wiig, E. H., & Secord, W. (1989). *Test of Language Competence—Expanded.* San Antonio, TX: Psychological Corporation.

Wiig, E. H., & Secord, W. (1992). *Test of Word Knowledge.* San Antonio, TX: Psychological Corporation.

Wiig, E., Secord, W., & Semel, E. (1992). *Clinical Evaluation of Language Fundamentals—Preschool.* San Antonio, TX: Psychological Corporation.

Wolfram, W., & Schilling-Estes, N. (2006). Language evolution or dying traditions? The state of Ameircan dialects. In W. Wolfram & B. Ward (Eds.), *American voices: How dialects differ from coast to coast* (pp. 1-7). Malden, MA: Blackwell.

Woodward, A., & Hoyne, K. (1999). Infants' learning about words and sounds in relation to objects. *Child Development, 70,* 65-77.

World Health Organization. (2001). *International classification of diseases, disabilities, and handicaps.* Geneva: Author.

Yeargin-Allsopp, M., Rice, C., Karapurkar, T., Doernberg, N., Boyle, C., & Murphy, C. (2003). Prevalence of autism in a U.S. metropolitan area. *Journal of the American Medical Association, 289,* 49-55.

Yoder, P. J., & Kaiser, A. P. (1989). Alternative explanations for the relationship between maternal verbal interaction style and child language development. *Journal of Child Language, 16,* 141-160.

Zemlin, W. R. (1988). *Speech and hearing science: Anatomy and physiology* (3rd ed.). Upper Saddle River, NJ: Prentice Hall.

Zentella, A. C. (1997). *Growing up bilingual.* Malden, MA: Blackwell.

Zimmerman, I., Steiner, V., & Pond, R. (1992). *Preschool Language Scale—3.* San Antonio, TX: Psychological Corporation.

Zimmerman, I. L., Steiner, V. G., & Pond, R. E. (2002). *Preschool Language Scale* (4th ed.). San Antonio, TX: Psychological Corporation.

# 찾·아·보·기

## 《인 명》

《내 용》

## ▨ 저자 소개 ▨

**Khara L. Pence** 박사는 어린 아동의 언어와 초기 문해 성취 촉진을 위해 설계된 커리큘럼과 중재 방안을 포함하여, 언어 및 초기 문해 발달 영역에서의 연구를 수행해 왔다. 그녀는 해당 영역에서의 수많은 논문과 저서를 집필했고, 현재 워싱턴 D.C.에 거주하며 일하고 있다.

**Laura M. Justice** 박사는 CCC-SLP(미국 ASHA의 공인언어치료사)로서, Ohio State University의 School of Teaching and Learning 교수로 재직 중이다. 그녀는 공인 임상자격을 갖춘 언어병리학자로서 언어장애 및 문해장애 위험군 아동에 초점을 둔 응용 연구를 수행하고 있다. 『의사소통 과학 및 장애: 현시대적 조망(*Communication Sciences and Disorders: A Contemporary Perspective*)』을 포함하여 이 영역 및 관련 주제에 대한 10권의 저서를 집필하였다.

## ▨ 역자 소개 ▨


김성수 (2, 3, 4장)

단국대학교 대학원 특수교육학과 교육학 석·박사(언어청각장애교육전공)

을지대학교, 명지대학교 겸임교수 역임

현 동신대학교 언어치료학과 교수

　한국언어청각임상학회 상임이사, 국제다문화교육학회 상임이사

　한국언어치료학회 이사, 한국언어장애전문가협회 상임이사

김화수 (1, 9장)

이화여자대학교 대학원 특수교육과 문학 석사(언어장애전공)

이화여자대학교 대학원 언어병리학과 언어병리학 박사

명지대학교, 루터대학교 교수 역임

현 대구대학교 언어치료학과 교수

　국제다문화교육학회장, 대한구순구개열학회 부회장, 한국언어치료학회 이사

　한국언어청각임상학회 이사, 한국언어장애전문가협회 부이사장

이상경 (8, 10장)

단국대학교 대학원 특수교육학과 교육학 석사(언어청각장애교육전공)

단국대학교 대학원 특수교육학과 박사 과정 수료(언어청각장애교육전공)

명지대학교 언어치료학과 겸임교수 역임

샘벌언어인지연구소 부설 발달지원센터 소장 역임

현 국제다문화교육학회 상임이사

　한국언어장애전문가협회 언어치료사(1급)

황보명 (5, 6, 7장)

대구대학교 대학원 재활과학과 석·박사(언어치료전공)

현 대불대학교 언어치료청각학과 교수

　한국언어치료학회 이사, 한국언어청각임상학회 이사

　한국음성학회 이사, 한국언어장애전문가협회 이사

　한국언어장애전문가협회 언어치료사(1급)

# 언어발달

## 이론에서 실제까지

**Language Development from Theory to Practice**

2010년 3월 27일 1판 1쇄 발행
2023년 1월 20일 1판 8쇄 발행

지은이 • Khara L. Pence · Laura M. Justice
옮긴이 • 김성수 · 김화수 · 이상경 · 황보명
펴낸이 • 김 진 환
펴낸곳 • (주) 학지사
04031 서울특별시 마포구 양화로 15길 20 마인드월드빌딩 5층
대표전화 • 02) 330-5114 팩스 • 02) 324-2345
등록번호 • 제313-2006-000265호
홈페이지 • http://www.hakjisa.co.kr
페이스북 • https://www.facebook.com/hakjisabook

ISBN 978-89-6330-320-8 93370

정가 **20,000원**

역자와의 협약으로 인지는 생략합니다.
파본은 구입처에서 교환하여 드립니다.